《纽约时报》畅销书《海神的地狱》作者最新力作

巨浪上的舰队

海陆空三军血战太平洋
1944—1945

[美] 詹姆斯·D. 霍恩费舍尔（James D. Hornfischer）◎著

王祖宁　李文远◎译

SPM
南方出版传媒
广东人民出版社
·广州·

图书在版编目（CIP）数据

巨浪上的舰队 /（美）詹姆斯·D. 霍恩费舍尔著；
王祖宁，李文远译 . — 广州：广东人民出版社，
2019.3
　ISBN 978-7-218-13315-7

　Ⅰ.①巨…　Ⅱ.①詹…②王…③李…　Ⅲ.①太平洋
战争—史料　Ⅳ.① E195.2

中国版本图书馆 CIP 数据核字（2019）第 000263 号

The Fleet at Flood Tide: America at Total War in the Pacific, 1944-1945 by James D. Hornfischer
Copyright © 2016 by James D. Hornfischer
This translation published by arrangement with Bantam Books, an imprint of Random House, a division of
Penguin Random House LLC.through Big Apple Agency, Inc., Labuan, Malaysia
Simplified Chinese edition copyright © 2019 by **Grand China Publishing House**
All rights reserved.

Julang Shang de Jiandui

巨浪上的舰队

[美]詹姆斯·D.霍恩费舍尔　著　王祖宁 李文远　译　　　　　版权所有　翻印必究

出 版 人：肖风华

策　　　划：中资海派
执行策划：黄 河　桂 林
责任编辑：胡艺超　李梦泽　赵冬骏
特约编辑：羊桓汶辛　王 影
版式设计：吴惠婷
封面设计：汪勋辽

出版发行：广东人民出版社
地　　址：广州市大沙头四马路 10 号（邮政编码：510102）
电　　话：(020) 83798714（总编室）
传　　真：(020) 83780199
网　　址：http://www.gdpph.com
印　　刷：深圳市精彩印联合印务有限公司
开　　本：787mm×1092mm　1/16
印　　张：36　字　数：552 千
版　　次：2019 年 3 月第 1 版　2019 年 3 月第 1 次印刷
定　　价：69.80 元

如发现印装质量问题，影响阅读，请与出版社（020-83795749）联系调换。
售书热线：(020) 83795240

从道德上讲，一场合法的战争要具备两个必要条件，即正当的理由与获胜的机会。毫无疑问，我们的理由目前是正当的。敌军太不可一世了。

——伊夫林·沃
《军人》(*Men at Arms*，1952年出版)作者

THE FLEET
AT
FLOOD TIDE

目 录 | THE FLEET *** AT *** FLOOD TIDE

第一部分　海　1

从空袭特鲁克岛到开始策划中太平洋攻势最后阶段的"奇袭行动"，美国海军在中太平洋实施的"跳岛战术"令日军节节败退。斯普鲁恩斯带着第五舰队一路向西，迎击小泽治三郎。日军为打击美国舰队，重启"阿号作战"计划。然而，第五舰队的目标是西加罗林群岛还是马里亚纳群岛？战略误判使日军舰队损失惨重，折戟太平洋。

第二部分　陆　107

1944 年 6 月 15 日，盟军横渡英吉利海峡攻入法国诺曼底地区；太平洋上，美军正面登陆有数万防御兵力的塞班岛。在关岛上空，美日舰队展开对战，小泽治三郎全面溃败，其快速航母在美军炮火打击下相继沉没，“马里亚纳射火鸡大赛”由此而来。7 月，美军剑走偏锋，决定在关岛的白滩登陆，之后全歼该岛守备部队。在短短两个月内，美军相继攻入塞班、关岛、天宁三岛，剑指日本本土的“没落行动”开始酝酿。

第三部分　空　373

"曼哈顿计划"造出了原子弹，也加速了日本的失败。在萨马岛海战中日军战果寥寥；塞班岛上，与部队失去联系的大场荣带着几十个人进行游击战；在洛斯阿拉莫斯，蒂贝茨带领手下驾驶 B-29 轰炸机进行投掷原子弹后的逃生演练。继杜利特尔空袭东京之后，美军再次火攻东京……冲绳岛战役彻底消灭了日本海上和空中力量，为"二战"胜利奠定了基础。然而手握终止战争决定权的日本人却不愿按下停止键。当保罗·蒂贝茨驾驶的 B-29 轰炸机从空中驶过，广岛成为一片废墟。

第四部分　地　497

日本宣布投降后，"没落行动"利剑归鞘。此时，征服者变成了占领者。盟军驻日最高司令官麦克阿瑟开始实施人道主义救援计划。他的任务是让日本永远臣服于美国。人口众多、饱经战争创伤的日本从倡导虚无主义的全面战争向仁慈的和平社会迅速转变。"大东亚共荣圈"分崩离析仅数周，一个自由的国家开始从废墟中重生。在随后的几十年里，关于美国是否有必要向日本投下原子弹的争论无休无止。然而，正如战争终结者蒂贝茨所说："那些人从来没有在鬼门关前徘徊过。"

詹姆斯·D. 霍恩费舍尔简介 | THE FLEET *** AT *** FLOOD TIDE

詹姆斯·D. 霍恩费舍尔出生于马萨诸塞州，毕业于科尔盖特大学和得克萨斯大学法学院。他是美国作家协会（Authors Guild）、得克萨斯文学研究所（Texas Institute of Letters）、梅伯恩纪实文学会议咨询委员会（The Mayborn Literary Nonfiction Conference，由北得克萨斯大学梅伯恩新闻学研究生院赞助）的成员，得克萨斯律师协会（State Bar of Texas）的非执业会员，同时也是美国海军协会和美国海军联合会的成员。霍恩费舍尔曾经在纽约当过图书编辑，为《华尔街日报》等报纸杂志撰稿。现在是得克萨斯州奥斯汀市霍恩费舍尔文学管理公司的总裁。

霍恩费舍尔是第二次世界大战海军史学院院长，曾经在美国海军学院、美国海军陆战队大学和位于新奥尔良的美国国家"二战"博物馆发表过专题演讲，他经常向退伍军人组织、青年民间团体以及专业军事组织讲述他著作中激动人心的故事。他担任过历史频道、福克斯新闻频道的《与奥利弗·诺斯一起讲述战争故事》（*War Stories with Oliver North*）节目以及公共事务电视台的读书频道（*Book TV*）嘉宾。

霍恩费舍尔毕生致力于研究第二次世界大战太平洋战争史，被誉为"太平洋战争最佳记录者"，他一共推出了四部关于"二战"期间美国海军史的著作，包括：

《巨浪上的舰队：海陆空三军血战太平洋 1944－1945》（*The Fleet at Flood Tide: America at Total War in the Pacific, 1944－1945*）

1

★海军准将约翰·巴里文学奖（美国海军协会设立的图书奖）获奖作品。

★美国海军退役上将、北约盟军前司令詹姆斯·斯塔夫里迪斯（James Stavridis）倾力推荐。

《莱特湾大海战：美国海军在"二战"时期的巅峰时刻》（*The Last Stand of the Tin Can Sailor：The Extraordinary World War II Story of the U.S. Navy's Finest Hour*）。

★塞缪尔·埃利奥特·莫里森海军文学奖（由美国海军历史中心设立的文学奖）获奖作品。

★本书让我们感受到海军指挥官和水手们扣人心弦的经历，同时了解了他们的战略、他们的军舰、他们所做出的极大牺牲以及富有传奇色彩的胜利。书中有大量传神的描述和引人入胜的细节，让读者沉浸在美国海战的跌宕起伏中。

——《海军时报》（*Navy Times*）

《幽灵船：富兰克林·罗斯福座舰"休斯敦号"的失踪之谜及其幸存者的传奇故事》（*Ship of Ghosts：The Story of the USS Houston，FDR's Legendary Lost Cruiser，and the Epic Saga of Her Survivors*）

★《纽约时报》（*The New York Times*）畅销书。

★美国海军学院《学刊》（*Proceedings*）将本书列为优秀读物。

《海神的地狱：瓜达尔卡纳尔战役中的美国海军》（*Neptune's Inferno：The U.S. Navy at Guadalcanal*）

★此书堪称20世纪海军史巨著。

——鲍勃·沙科齐斯，著有《完美入侵》（*Immaculate Invasion*）

★这本文学杰作注定要成为与瓜达尔卡纳尔战役相关的权威论著之一。霍恩费舍尔巧妙地捕捉到了这场太平洋战争关键战役的本质。

——《圣安东尼奥新闻快报》（*San Antonio Express-News*）

权威推荐 | THE FLEET ★★★ AT ★★★ FLOOD TIDE

《华尔街日报》(*The Wall Street Journal*)

　　整本书脉络清晰。霍恩费舍尔非常善于刻画人物，在这本宛如《荷马史诗》的作品中，霍恩费舍尔清晰地刻画了数百个人物，巧妙地推动整个故事的进展，让读者兴味盎然。在这本迷人又大获好评的书中，霍恩费舍尔指出美国之所以没有使用最可怕的武器只是因为那种武器还未诞生，这种武器将意味着成千上万的死亡，参战双方都无可幸免。

《外交政策》(*Foreign Policy*)

　　太平洋战争的关键时刻不是在中途岛或瓜达康纳尔岛发生的海战，而是日本司令长官山本五十六在策划偷袭珍珠港之前针对美国战争经济总动员所发出的警告。由此导致在中央太平洋地区开展了以攻占塞班岛为代表的"跳岛战术"。如同霍恩费舍尔对其他海军历史的精彩描写一样。

　　在本书中，霍恩费舍尔将"跳岛战术"与美国在太平洋的战略目标挂钩，尤其是作为 B-29 轰炸机的基地。另外需要注意的是，霍恩费舍尔还在书中关注了太平洋战争中的军事后勤问题。

《战略桥梁》(*The Strategy Bridge*)

霍恩费舍尔通过不带感情色彩的历史语言，向我们讲述了太平洋战争时期的道德故事。《巨浪上的舰队》不仅讲述了一个个吸引人的故事，而且记录了一段真实存在的、不屈不挠的历史。在太平洋海域之上的所有国家都被迫与死亡崇拜进行抗争。我们能从这段真实的历史中吸取丰富的教训。

《达拉斯早报》(*The Dallas Morning News*)

历史学家詹姆斯·D.霍恩费舍尔在关于太平洋战争的最新著作中，探索了1944年马里亚纳群岛战役中，美国为了遏制日本不得不使用原子弹武器的惊人教训。本书是一部丰富严谨的军事史，有着新颖的批评性分析方式。《巨浪上的舰队》是对太平洋战争最后阶段的描写，作者写作技巧娴熟、观点新颖，对著名的海军史学家塞缪尔·艾略特·莫里森（Samuel Eliot Morison）的研究做了补充。本书中，霍恩费舍尔分析世界冲突，拷问人性，让我们去思考"二战"以外的意义。

小 W.J. 霍兰德（W. J. Holland, Jr）
美国海军退役少将，著有《齐心协力》(*Pull Together*)

霍恩费舍尔的作品再一次震撼了读者！他的叙事手法不仅关注人物的性格和决策，而且充满了新颖的解说。他将战争场面描写得栩栩如生，这在同类题材中并不多见。这种别开生面的写法让读者沉浸其中，欲罢不能。无论你读了多少描写西太平洋战争的书，这本书一定不能错过！

克雷格·L. 西蒙兹（Craig L. Symonds）
著有《海军史》（*Naval History*）

霍恩费舍尔撰写的所有的书，都备具权威性和可读性，他善于使用富含隐喻与细节的散文写作手法……霍恩费舍尔很早就赢得了"太平洋战争记录者"的称号，而《巨浪上的舰队》这本书更是为他锦上添花。

维克托·戴维斯·汉森（Victor Davis Hanson）
斯坦福大学胡佛研究所古典著作与军事历史高级研究员
著有《杀戮与文化》（*Carnage and Culture*）

霍恩费舍尔在本书中将原创的学术研究、迷人的散文写作手法、出色的历史判断力以及同情兵士的胸怀完美结合，全面讲述了太平洋战争的最后一年，试图向读者揭示为什么美国打败日本付出了惨重的代价，为什么美军行动如此高效，为什么美军最终表现出了人道主义倾向。

《巨浪上的舰队》通俗易懂，又不乏学术风格，深受读者喜爱，是学术性军事史著作中的佼佼者。

格哈德·L. 温伯格（Gerhard L. Weinberg）
北卡罗来纳大学历史名誉教授
著有《战争中的世界》（*A World at Arms*）

《巨浪上的舰队》从美日双方的视角出发，细致地剖析了太平洋战争最后阶段的关键事件。其中对马里亚纳群岛战役以及原子弹轰炸背景和现状的描写引人深思。

詹姆斯·斯塔夫里迪斯（James Stavridis）

（退役前）美国欧洲司令部司令，欧洲盟军最高司令部司令

塔夫茨大学弗莱彻法律与外交学院院长

《巨浪上的舰队》是描写太平洋战争最后阶段的权威著作，相比于当前对美国海军历史关键时刻的描写，它是关于美国海军这段历史最激情、最雄辩、最深刻的作品。霍恩费舍尔结合喧嚣的生活描写全面战争时期，从开掘战壕、两栖作战、担惊受怕的日本平民集体自杀，到做出令人恐惧但十分必要的投掷原子弹的决定的过程。这本书带领我们见证了一个人间地狱，纪念了那些曾经的勇士，也给现在这个暗潮涌动的世界一记警醒。

唐纳德·L. 米勒（Donald L. Miller）

著有《太平洋的作战日》（*D-Days in the Pacific*）

《巨浪上的舰队》是一部关于太平洋战争关键时刻的鸿篇巨制。作者是当代杰出的历史学者之一，他用诗歌般的语言，从宏观角度描述了太平洋战争的决定性时刻，记录了那片被海洋包围着的广阔土地及其上空所发生的、传奇般的陆、海、空战。他的文字让读者身临其境：航空母舰上的甲板，处于激烈争夺战中的岛屿洞穴以及扔下原子弹的四引擎轰炸机驾驶舱。

小约翰·F. 雷曼（John F. Lehman, Jr.）

美国海军部前部长，著有《制海权》（*Command of the Seas*）

《巨浪上的舰队》源自严谨的研究，是一本观点独到的杰作。詹姆斯·霍恩费舍尔的文风清新明快，在这部引人入胜的著作中，

他从多方面描述了这座巨大战场上的地缘政治、个人野心和军事战略之间的较量，最终引出为了结束这场战争而做出的投掷原子弹的痛苦决定。情节交叉环绕，跌宕起伏。

奈杰尔·汉密尔顿（Nigel Hamilton）
著有《战时的罗斯福》三部曲（*FDR at War*）

霍恩费舍尔将焦点集中在1944年至1945年间,将读者带入海、陆、空战的现场。对于美国为什么最终决定使用原子弹来结束日军疯狂的自杀式袭击,《巨浪上的舰队》做出了最佳的阐释。

詹姆斯·M. 斯科特（James M.Scott）
《查尔斯顿邮信报》（*Charleston Post and Courier*）**记者**

霍恩费舍尔是第二次世界大战海军史学院的院长,尤其擅长节奏明快的叙事方式。在他的巧手下,这个故事如同一部紧张刺激的惊悚小说,同时又有着如同散文诗般的语言。《巨浪上的舰队》是同类书中最好的纪实类文学,是一本不容错过的书!

THE FLEET AT FLOOD TIDE | **地图与示意图**

部队番号与军事术语 | THE FLEET *** AT *** FLOOD TIDE

指挥系统

COMINCH：美国海军司令部，总司令

CINCPAC：太平洋舰队司令部，总司令

COMFIFTHFLT：第五舰队，司令

COMFIFTHPHIB：第五两栖部队，司令

COMPHIBPAC：太平洋两栖部队，司令

COMSUBPAC：太平洋潜艇舰队，司令

COMGEN：指挥将领

CTF：特混舰队，司令

CTG：特混大队，司令

BatDiv：战列舰分舰队

TransDiv：运输舰分舰队

2/8Marines(e.g.)：海军陆战队第 8 团第 2 营

美国飞机类型

B-17：波音公司"空中堡垒"，重型轰炸机，美国陆军航空队使用

B-24：团结公司"解放者"，重型轰炸机，美国陆军航空队和海军使
用（海军称为 PB4Y）

B-25：团结公司"米切尔"，中型轰炸机，美国陆军航空队使用

B-29：波音公司"超级空中堡垒"，重型轰炸机，美国陆军航空队使用

C-54：道格拉斯公司"空中霸王"，运输机，美国陆军航空队和海军使用（海军称为 R5D）

F4U：钱斯－沃特公司"海盗"，陆基和舰载战斗机，海军和海军陆战队使用

PBM：团结公司"水手"，水上飞机，用于远程侦察

SB2C：柯蒂斯公司"地狱俯冲者"，舰载俯冲轰炸机

SBD：道格拉斯公司"无畏式"，舰载俯冲轰炸机

F6F：格鲁曼公司"地狱猫"，舰载战斗机

FM-2：格鲁曼公司"野猫"，舰载战斗机

OY-1：史汀生公司"哨兵"，联络 / 观察机

P-47：共和公司"雷电"，陆基战斗轰炸机，美国陆军航空队使用

P-51：北美航空公司"野马"，陆基战斗机，美国陆军航空队使用

TBM/TBF：格鲁曼公司"复仇者"，舰载鱼雷轰炸机

VB：海军俯冲轰炸机中队

VF：海军战斗机中队

VMF：海军陆战队战斗机中队

VT：海军鱼雷轰炸机中队，亦可指变时近炸引信

日本飞机类型

贝蒂：三菱公司 G4M 一式陆基轰炸机

艾米丽：川西公司 H8K 二式水上飞机

弗朗西斯：横须贺公司 P1Y1 "银河"陆基轰炸机

弗兰克：中岛公司 Ki-84 "疾风"四式战斗机

汉普：参见零式战机

欧文：中岛公司 JIN "月光"二式双引擎夜间战斗机和侦察机

吉尔：中岛公司 B6N "天山"舰载鱼雷轰炸机

朱迪：横须贺公司 D4Y "彗星"舰载俯冲轰炸机

凯特：中岛公司 B5N 九七式舰载鱼雷轰炸机

马维斯：川西公司 H6K 九七式水上飞机

内特：中岛公司 Ki-27 九七式战斗机

奥斯卡：中岛公司 Ki-43 "隼"一式战斗机

托尼：川崎公司 Ki-61 "飞燕"三式战斗机

瓦尔：爱知公司 D3A 海军九九式舰载俯冲轰炸机

齐克：三菱公司 A6M 零式舰载和陆基战斗机

零式：参见零式战机

美国军舰类型

BB：战列舰，3.5 万～ 4.8 万吨

CA：重型巡洋舰，1 万～ 1.7 万吨

CL：轻型巡洋舰，6 000 ～ 10 000 吨

CV：航空母舰，2.7 万～ 3.4 万吨

CVE：护航航空母舰，7 800 吨

CVL：轻型航空母舰，1.1 万吨

DD：驱逐舰，1 600 ～ 2 500 吨

DE：护航驱逐舰，1 200 吨

OBB："一战"前的老式战列舰，2.7 万～ 3.3 万吨

美国两栖登陆艇类型

amtank：参见 LVT(A)

amtrac：参见 LVT

APD：由驱逐舰或护航驱逐舰改造成的快速运输舰，用于将海军突击队、陆军游骑兵或海军水下爆破队等连级部队运往敌方的滩头堡

DUKW：载重 2.5 吨的六轮两栖卡车，用于运送物资和人员。
DUKW 非首字母缩略，而是制造商通用汽车公司指定的类型编号

LCM：中型登陆艇。一种运输艇，可运送一辆 30 吨重的中形坦克或 6 万磅（1 磅 ≈ 0.4536 千克）物资

LCPR：人员登陆艇，船首开门。1942 年被 LCVP 取代，后者体形稍大、数量众多

LCT：坦克登陆艇。一种大型运输艇，可运送多辆坦克和卡车以及大批装备和补给

LCVP：车辆人员登陆艇。一种小型登陆艇，可运送 36 名士兵或 1 万磅物资

LSD：船坞登陆舰。一种大型舰艇，用于越洋运送士兵、车辆和物资，可运送 240 名士兵或 18 辆装有坦克的中型登陆艇

LST：坦克登陆舰。用于运送士兵、车辆和装备

LVT：履带式登陆车，又名两栖登陆车。一种轻型战术装甲车，可渡过暗礁，将士兵和装备送往滩头堡

LVT(A)：履带式装甲登陆车，又名两栖装甲登陆车。配备有一门 75 毫米口径或 37 毫米口径主炮的履带式登陆车

美国地面部队（1944 年 3 月后称为美国海军陆战队）

班：13 人；班长为中士

排：三个或四个班，40 ～ 50 人；排长为中尉

连：四个排，约 250 人；连长为上尉

营：三个步兵连加一个营部连；约 900 人，营长为中校

营登陆队：加强步兵营，用于发起两栖进攻；1 100 人，营长为中校

团：三个步兵营加一个武器连以及团部和勤务连；约 3 300 人，团长为上校

团战斗队：由两个营登陆队组成的加强步兵团，用于发起两栖进攻；
团长为上校

师：三个步兵团加一个炮兵团、一个工兵营和一个特种兵营；约 1.7
万人，师长为少将

军：2～5 个师；军长为中将

集团军：2～5 个军；集团军长为上将

SFC：岸上火力控制队，代号"查理"

跨越半球的全面战争

1944 年 6 月 15 日清晨，两栖登陆车满载海军陆战队四个团的兵力驶过岸礁，闯入塞班岛西岸的潟湖后，太平洋战争进入恭行天罚的阶段。这是迄今为止美国海军开展的最大规模的两栖作战行动。在此之前，美军已经经历了 30 个月的鏖战。中途岛反败为胜后，美军向瓜达尔卡纳尔岛和布干维尔岛发起了第一轮袭击。1944 年初，吉尔伯特群岛和马绍尔群岛的小股日本守军在条形和环形的珊瑚岛上进行了激烈抵抗。接着，数个美军师以远超敌军的兵力在塞班岛登岸。随后的四周内，在恐怖和暴力的肆虐中，美军对日军开展了大规模清算。

马里亚纳群岛战役是对美国太平洋舰队实施越洋打击能力、综合作战能力的首次重大考验，它的发生不仅引出了日本的整个航母舰队，而且引发了太平洋战争中最大规模的海空战役，即菲律宾海海战，同时引发了多次大型潜艇战和空战。在太平洋中部的攻势中，美军在塞班岛首次遭遇了大批当地土著和日本平民。随后发生的一系列事件暴露了双方的文化差异，也改变了这场战争的性质，成为美军从马里亚纳群岛实施无情空袭战略的根本理由。

自 1942 年起，日本士兵就用行动证明他们宁愿战死也不愿投降。更为疯狂的是，在塞班岛，美军不得不面对这样可怕的一幕：包括妇女和儿童在内的大批平民举家赴死，从高高的悬崖上纵身跳入大海。在日军的危言恐吓下，他们宁可自尽也不愿被美军俘虏，还有人用手榴弹炸死自己和孩子。接着，这幕惨剧在天宁岛和关岛不断重演。从中可以看出，这一令人恐怖的事件绝非偶然。

美国的指挥官们很快意识到这种残酷事实的意义所在。他们清楚，随着美军继续向西推进，对于即将遭遇的情况，这只不过是一种预演。因此，在最高统帅的指示下，他们跨越了全面战争的门槛。但是要想迫使决心顽抗到底的敌国主动投降，他们必须突破道德界限。在马里亚纳群岛战役中，日本人近乎谵妄的自杀行为令富兰克林·D.罗斯福感到异常震撼。因此，1944年9月，盟国召开重大策划会议后，经罗斯福授意，美国官方发表了一则声明。正是在这则声明的纵容甚至刺激下，美国在开战过程中使用了极权的、残酷无情的手段。在马里亚纳海战中，美国陆军航空队首次大范围空投凝固汽油弹。配备喷火器的坦克和携带燃烧弹的步兵小队开展了进攻马里亚纳群岛的"奇袭行动"，使在劫难逃的敌军陷入了地狱般的火海。随后，第20航空队将这个群岛改造成B-29"超级空中堡垒"的基地，最终使日本本土诸岛化为一片焦土。

虽然从数十年前起，美国海军就开始对攻打太平洋中部进行演练，但正是陆军航空队向全球扩张的野心促使海军来到马里亚纳群岛。由于亨利·哈普·阿诺德、柯蒂斯·李梅和保罗·蒂贝茨等人急于进攻日本腹地，道格拉斯·麦克阿瑟终于不再反对海军选择的跨太平洋作战路线。在马克·A.米切尔的指挥下，雷蒙德·A.斯普鲁恩斯出动了第五舰队的航空母舰。随着里奇蒙德·凯利·特纳率领的两栖部队大举进犯，太平洋中部的局势已不可逆转。海军、两栖部队和战略空军三管齐下，发动了强大攻势，开辟了通向日本的空中走廊，使美军得以向日本本土投掷原子弹——这是人类有史以来第一次在战争中动用核武器。如果美军没有攻克塞班岛、天宁岛和关岛，这场战争就不会在1945年结束。

本书着重讲述了步兵营、海军特遣队和航空中队等形形色色的作战部队在马里亚纳群岛战役中如何进行调遣，如何同仇敌忾，打赢了这场跨半球的全面战争。与此同时，本书还隐藏着另外一条主线，即美军如何一次又一次打破了界限。战争中的道德问题总是令人困扰。要想消灭对手，是否存在合乎道义的方式？比起将敌人活活饿死，用子弹射杀是否更加人道？而比起将其烧成灰烬，任其饿死是否更加可取？无论按照法律还是惯例，对于战争中不肯屈服的一方，哪些才是合法的攻击目标？在这种情况下，我们理应首先考虑那些无辜者。当平民加入战斗后，要依据何种原则区分哪些人才能成为猎杀的对象？对于陷入殊死搏斗的指挥官来说，他们的行为应当受到什么限制？在战争中，一个国家的行为模式是否应当主导另一方的战略战术？上述道德问题有待读者自行做出回答，而笔者也将对其进行明确探讨，因为在马里亚纳群岛之战中，攻守双方所采取的手段及其想要达到的目的无疑是对这些问题极为鲜明的写照。

虽然本书对处于这场风暴中的日本平民做了深入刻画，但笔者的叙述仍将围绕美方三位重要的指挥官展开，即第五舰队司令雷蒙德·斯普鲁恩斯、第五舰队两栖部队司令凯利·特纳以及全球首支核打击队伍的创立者和指挥官保罗·蒂贝茨。他们的所作所为决定了太平洋战争最后阶段的胜负。有读者也许会质疑，认为应当由柯蒂斯·李梅少将取代蒂贝茨。但是，鉴于本书涉及武器技术的惊人变革（这种武器诞生自洛斯阿拉莫斯，最终从马里亚纳进行发射），指挥官蒂贝茨不仅参与了武器研发，而且亲自执行了投掷任务，从而决定了马里亚纳群岛的战略命运，因此理应成为本书三大主角之一。

除了上述三人以外，还有一些不同级别的军官也起到了重要的辅助作用，其中包括塞班岛及其后几场战役中在特纳手下担任两栖军军长的霍兰德·史密斯，快速航母特混舰队第 58 特混舰队司令马克·米切尔，水下爆破队的成立者德雷珀·考夫曼，海军王牌飞行员、舰载机大队队长戴维·麦坎贝尔，还有总部位于马里亚纳群岛的第 20 航空队第 21 轰炸机联队第二任指挥官李梅。他们见证了美国海军的空中力量进入鼎盛时期、海军陆战队日趋成熟、海军水下爆破队（即今天的海军海豹突击队）的成立以及核时代的降临。最终，一位海军上校将原子弹“武器化”并与蒂贝茨一起飞往广岛。虽然道格拉斯·麦克阿瑟的救世主情结一直令海军感到头疼，但最后这个阶段仍由他指挥。在日本投降和美国占领的过程中，麦克阿瑟表现得十分机敏。他既与战败后的天皇保持合作，又通过对方发号施令。

在战略策划方面，雷蒙德·斯普鲁恩斯的影响十分有限，太平洋地区联合部队司令切斯特·尼米兹对华盛顿战略的形成起主导作用。然而，在征服西太平洋的过程中，斯普鲁恩斯是一个不可或缺的人物。他既是一位策划者，也是一名舰队司令。虽然他身居高位，很容易倾向于将战争视为谋略之争，但他向来不会远离双方角逐的战场，并且能够紧紧抓住人的因素。斯普鲁恩斯思维全面缜密、态度冷静理智、行事有条不紊，与日本疯狂绝望、不惜死战的将领形成了鲜明对比。斯普鲁恩斯在感情上的克制以及条分缕析的思维方式与"曼哈顿计划"和陆军航空队的战略策划者们所反映出的理性心态如出一辙。正是由于他的胜利，陆军航空队的战略策划者才得以大展身手。虽然斯普鲁恩斯此举有助于美国向日本发动核打击，但是为了减轻其危害，他的部下第一时间参与其中，组织美国战俘进行疏散。与此同时，他手下的医疗队也来到长崎，对"原爆症"的受害者展开医治。他们的做法预示了美国后来对这个战败的敌国所采取的复兴手段。

在许多军事历史爱好者乃至历史学家看来，哈里·S. 杜鲁门总统做出投掷两颗原子弹的决定无可指摘，这种看法已经成为他们某种神圣不可侵犯的信念。在这个问题上，我不想自命高明，因为要想对战争的利害关系及其间所做的决定进行全面衡量，各方均应保持谦逊态度。无论是自鸣得意、横加谴责还是追悔莫及，都无助于在理智上或感情上正视这场野蛮战争中的残酷现实。对于战争所造成的后果，当时的人们尚难以预料。而历史记叙者的任务正是再现当时的情景。我希望读者能够认识到，人们在其中做出的反应不可能毫无差错。他们经历了种种挣扎。在马里亚纳群岛战役期间及其后，美国在太平洋规模巨大的地缘政治中占据了主动。然而，一切历史终归是人的历史。

当时，距离美军攻占马里亚纳群岛还有十个星期，而攻打菲律宾群岛的战略仍然存在争议。在1944年的海军节上，美国国务院远东事务负责人约瑟夫·L. 格鲁发表全国广播讲话，向海军致以敬意："三年来，我们建立起了全世界最宏伟、最强大，当然也是最有效和最高效的海军，以往我们所兴建的任何'梦之堡'都无法与之相提并论。"虽然美国国内的态度不一，但格鲁已经下定决心与日本奋战到底，以确保该国嗜血成性的军国主义不会卷土重来。当第五舰队，也就是被他誉作"梦之堡"的大型舰队来到马里亚纳后，美国已经具备了实现这一目标的手段。

折戟阿尔及尔

糖果商的儿子酷爱飞行，对有关此事的一切都充满了好奇："你翻过筋斗吗？在旋尾降落时，你会不会感到头晕？"

问题的答案无关紧要。对一个 12 岁的孩子来说，能够在父亲办公室亲眼看到一位"一战"老兵，已经令他心驰神往。面对这位身穿飞行夹克和马裤、戴着硬皮头盔和护目镜的飞行员，保罗·蒂贝茨心想，这可是一位活生生的英雄。他马上要和这个人一同飞上天空！

蒂贝茨的父亲是寇蒂斯糖果公司的一名经销商。他聘请道格·戴维斯来开展促销活动。这名飞行员将驾驶韦科九式飞机，先后前往海厄利亚、迈阿密海滩等人员密集的地方，在跑道上空进行巡回表演，宣传寇蒂斯公司的新型巧克力棒。接着，他会向围观人群抛撒"小露丝"糖果。

20 世纪 30 年代，佛罗里达州经济繁荣，民航产业正处于黄金时期，保罗·蒂贝茨父亲的事业也风生水起。三年前，他接手寇蒂斯的工作，从伊利诺伊州的昆西市举家南迁。他的到来可谓恰逢其时。20 世纪 20 年代，房地产开发商在一片沙丘上打造出了迈阿密海滩。1926 年，飓风摧毁了这里的大部分建筑。后来，随着该地区的情况不断好转，新的居民和度假者纷纷乘坐克莱德公司的轮船，或者驾驶帕卡德和皮尔斯箭头汽车返回迈阿密海滩。因此，这里孕育着大量商机。当时，蒂贝茨和史密斯的糖果批发公司是该州最大的糖果经销商。

戴维斯和老蒂贝茨决定，在海厄利亚开展活动时请一个帮手。保罗可以帮他们把糖果搬上飞机。两人还教保罗将纸做的小降落伞绑在包好的糖果上。接着，戴维斯说，他需要有人和自己一起飞上天空，当他驾驶飞机时，另外一个人负责抛撒糖果。"让我来吧。"保罗脱口而出。于是，他们很快来到了三十六街的机场。

对保罗·蒂贝茨来说，眼前的这架韦科九式飞机是他生平见过的最美丽的东西。飞机的复翼是鲜红的，机身是白色的，上面还点缀着品蓝色的花纹，也就是"小露丝"包装纸的颜色。当天晚上，保罗给数百个糖果绑上了降落伞。等到完工后，一想到自己即将飞上云霄，他便激动得无法入眠。次日，当戴维斯拉动油门杆，操纵飞机隆隆驶过跑道，开始向上攀升时，保罗·蒂贝茨向下望去，只见家乡迈阿密在下方缓缓移动。他不禁觉得，自己是全世界最幸运的孩子。

从那天起，保罗开始梦想，有朝一日自己也能飞上蓝天。16年后，在北非的阿尔及尔，身为少校的保罗·蒂贝茨站在十字路口，凝望着道路的尽头。

那是1943年2月，作为一名超级飞行员，仅在几个月前他还认为，无论遇到任何险情，自己都能凭借高超的飞行技术，平安返回家园。他曾经一马当先，亲率轰炸机队伍从英国出发，深入希特勒军队占领的欧洲腹地，向敌军发起突袭。1942年8月，蒂贝茨率领一支B-17轰炸机队伍前往鹿特丹，途中遭到了高射炮和歼击机的袭击。他眼睁睁地看着手下一架轰炸机在被击中后起火，划着陡峭的弧线在浓烟中疾速坠落。在飞机撞向地面前，约翰·利普斯基以及十名机组成员的降落伞均未成功打开。

在接下来的一次任务中，他对位于法比边界的一处德国军事设施发动了袭击，但险些重蹈利普斯基的命运。返回英国时，蒂贝茨的编队遭到了梅塞施密特敌机的突袭。这种机头呈黄色的战机从三个方向包抄过来，但真正引起蒂贝茨注意的是来自正前方水平方向的小规模进攻。蒂贝茨猛地一拉操纵杆，躲开了一束曳光弹。它们飞驰而过，迅速模糊下来。接着，蒂贝茨的挡风玻璃突然被震裂，驾驶舱开始剧烈摇晃。他感到身体右侧被狠狠击中，弹片像雨点般射向他的腿脚。

坐在蒂贝茨右侧的副驾驶员情况更糟。吉恩·洛克哈特中尉的左手被炸断，手腕处鲜血四溅，喷向残缺不全的仪表盘。蒂贝茨竭力想要让这架"空中堡垒"保持航向，但是由于遭受重创，飞机抖动不止。当洛克哈特不知所措时，蒂贝茨感到另有两只手正试图与自己争夺操纵杆。此人是一名上校，来自另外一个轰炸机组。作为蒂贝茨的好友，他只是临时随行。在惊恐万状中，他开始拉扯操纵杆，与蒂贝茨争抢仪表盘上的按键和开关。

蒂贝茨要在四个发动机之间保持微妙的力量平衡，同时操纵负伤飞机的液压系统。冒着有可能失去控制的危险，他挣扎着，试图制止上校的干扰。他用一只手保持平稳航行，另一只手按压洛克哈特的伤口。随着冷风呼啸着穿过驾驶舱，蒂贝茨喝令上校到一边去，但上校不肯罢手。虽然这名军官平日颇受爱戴和尊重，但是此时他已经完全丧失了理智。蒂贝茨只好松开洛克哈特的手腕，用左脚抵住舱底，右肘向后猛捣上校的下颌。上校踉跄着跌倒在地，顿时晕了过去。

就在这时，顶部炮塔的炮手由于头部被擦伤，突然从后上方的树脂玻璃舱顶掉落，倒在上校身上。这名炮手并未阵亡，但是人事不省。德国飞行员携带的燃油似乎仅够发起一轮袭击。由于子弹不再飞来，蒂贝茨才得以随编队航行。当英吉利海峡映入眼帘时，他如释重负。

随着洛克哈特的体征趋于稳定，上校也逐渐恢复了理智。在接下来的半个小时里，他开始帮忙照料伤员。即将抵达波尔布鲁克时，上校接管了右座的位置并发射了信号弹，示意命悬一线的炮手和副驾驶员需要救护车。从基地医院出院后，上校向蒂贝茨坦承："在这件事情上绝对是我犯浑。保罗，你做得对。要是我再犯浑，我希望你还这样做。"此事过后两人仍然关系亲近。但是对蒂贝茨来说，这是一个终生难忘的教训，那就是在遭到攻击的时候，再出色的人也有可能惊慌失措。

在精心策划和成功实施了一系列袭击后，保罗·蒂贝茨一跃成为陆军航空队最杰出的飞行员和中队指挥官之一，很快被擢升为中校。1942 年底，他掌管的第 97 轰炸机联队调往北非，他晋升为陆军第 12 航空队阿尔及尔总部的参谋，在德高望重的吉米·杜利特尔少将手下任职。1942 年，杜利特尔对东京发动空袭，这次行动后来也以他的名字命名。正是在阿尔及尔，强烈的自尊心将蒂贝茨的事业推向了十字路口。

在一间陈设简陋的会议室里，蒂贝茨坐在桌旁，决定他命运的关键时刻即将来临。作为第 12 航空队的作战指挥官，劳里斯·诺斯塔德上校主持会议，讨论接下来的行动。由于航空队分散在撒哈拉沙漠边缘，而且只能依靠单轨铁路输送补给，因此他们的策划能力往往受到严峻考验，但这正是诺斯塔德的强项。当天，他宣布了轰炸突尼斯海港比塞大的方案，该市是轴心国在北非的供应基地。然而，当诺斯塔德要求在 6 000 英尺（1 英尺 ≈ 0.3048 米）的高度进行低空飞行时，蒂贝茨怒不可遏。"他惯于认为，在他宣布计划后，其他军官会点头同意，只对一两处细枝末节提出建议。"蒂贝茨后来写道。诺斯塔德原以为像平常一样，这次会议只不过是走个过场，但是鉴于以往残酷的经验，蒂贝茨立即出言反对，而且毫无遮拦。

面对德军 88 毫米口径的炮口，有多少轰炸机能够游刃有余？作为欧洲战场公认最出色的 B-17 飞行员，他再清楚不过。蒂贝茨知道，这座港口一定有高射炮保护，如果按照诺斯塔德建议的高度飞行，飞行员就有性命之虞，因此他当即提出异议。"不能这样做。"蒂贝茨说。诺斯塔德问为什么。蒂贝茨抢白他道："我有过这种经验，所以我清楚。如果让他们在 6 000 英尺的高度飞行，他们就会被全歼！"

诺斯塔德认为，这名无礼的飞行员着实令人泄气，他说："看来蒂贝茨中校参加的飞行任务太多了。他也许患上了战斗疲劳症。"如果他所谓的"疲劳"是指学会如何在死亡率高达 20% 的行动中幸免于难，或者对每周都有好友丧生的事实感到麻木，那么蒂贝茨也许的确如此。此时，任何建议都徒劳无益。"这位英俊的军官戴着鹰徽肩章，只会纸上谈兵，竟然把我说成了一个懦夫。"蒂贝茨写道。

蒂贝茨的反应十分迅速，几乎是不假思索。在法国西北，为了挽救机组成员的性命，他的做法曾如出一辙。他腾地站起身，紧握双拳道："我告诉你我会怎么做，上校。只要你来当我的副驾驶员，我会亲自率队在 6 000 英尺的高度发动突袭。"他承认，诺斯塔德是一名精明强干的参谋，但不是飞行员。在他看来，诺斯塔德与其说表现出色，不如说擅长结交权贵。此人不过是个"聪明的投机分子"，是"生平见过最自高自大的军官之一"。虽然蒂贝茨同样自负，但他能清清楚楚地说明，自己是如何赢得众人尊重的。他不会听凭一个只会夸夸其谈的文官告诉自己和手下怎么执行任务。

蒂贝茨清楚，诺斯塔德肯定会拒绝自己的建议，而这位上校的反应也不出所料。于是，蒂贝茨冷静地分析了敌军会利用高射炮进行密集掩护，同时指出 6 000 英尺的飞行高度可能造成的致命后果，最后他如愿以偿地推翻了诺斯塔德的提议。也许当天人们尚未意识到，但蒂贝茨的观点显然是明智的经验之谈，因此会议宣布延期。

在总部，人们纷纷传言，诺斯塔德准备向蒂贝茨摊牌，甚至有可能对他进行某种形式的惩罚。不久，杜利特尔将军召见了蒂贝茨。这位富于传奇色彩的飞行员向蒂贝茨撂下了一枚重磅炸弹。

"劳里斯·诺斯塔德想要送你上军事法庭。我拦不住他。"

杜利特尔精通各种机型，是一位飞行奇才，但对政治毫无兴趣。反之，诺斯塔德却熟谙此道。他结交的显贵之一是霍伊特·范登堡准将，此人兼具两种相互关联的身份：既是一位美国参议员之侄，还是杜利特尔的参谋长。诺斯塔德和范登堡关系密切。范登堡在华盛顿极具政治影响力，而诺斯塔德擅长对此加以利用，因此杜利特尔无力阻止这对野心勃勃、互相利用的搭档对蒂贝茨进行报复。

但这位空袭东京的策划者手中还攥有一张秘密王牌。事实上，当蒂贝茨到他办公室后，他便亮出了这张王牌。面对即将到军事法庭受审的消息，蒂贝茨半天没有回过神来。杜利特尔告诉他说："我刚刚接到亨利·阿诺德的电报。他想要一名经验丰富的轰炸机飞行员回国，协助他开发一种更大的新型轰炸机。我向他推荐你担当此任。"这项调动很快得到了批准，杜利特尔让蒂贝茨立即收拾行装，他的指挥车正在门外待命。就这样，蒂贝茨返回了国内。

蒂贝茨乘坐笨重的军用运输机漂洋过海，于七天后抵达迈阿密的霍姆斯特德军用机场。他准备在中途作短暂停留，以稍事休憩，然后再奉命到华盛顿报到。他需要见一见母亲。自从他开始从事危险的航空事业，艾诺拉·盖伊·蒂贝茨常常为他感到担忧。老蒂贝茨认为，他放弃早年行医的宏愿实在是一种疯狂之举。如今，在远离战场、重返故土后，他才理解父母的担忧。蒂贝茨总是神经紧绷，只要听到警报声，就会战战兢兢。母亲常对他说："我知道你一定会没事的，孩子。"这句话更像是一种祈祷，令他宽慰不少。在海外服役期间，由于日夜操劳，他的体重减少了 37 磅。回到家后母亲设法为他增重，蒂贝茨回忆起在海厄利亚跑道上空抛撒糖果的往事。正是这种儿童时期的嬉戏，让他开始了云霄上的生涯。就像其他轰炸机飞行员一样，他清楚任何人都有可能遭遇意外。作为一名军人，在其他方面，他的生活同样变动不定。虽然这次权术之争险些危及他的事业，但事后来看，他逐渐认为这次挫折毋宁说是一个机遇。因此，他迫切希望见到陆军航空队的指挥官亨利·哈普·阿诺德将军。由于对未来充满了憧憬，他不愿继续留在迈阿密虚掷光阴。

杜利特尔所说的轰炸机是 B-29"超级空中堡垒"，当时仍处于测试阶段。蒂贝茨曾经因驾驶 B-17 轰炸机而声名鹊起，但与其相比，B-17 无论是从外观还是性能上都相形见绌。B-29 带来了巨大的革命性变化，因此阿诺德认为，盟军的作战战略也应当随之改变。这种超远程轰炸机有可能成为战争的决胜因素。由于前线急需 B-29，军方在仓促之间完成了评估过程。保罗·蒂贝茨登上了前往华盛顿的火车。在即将开展的试飞项目和太平洋的越洋行动中，他将成为首屈一指的人物。

1943 年 2 月，蒂贝茨在华盛顿报到后发现，这个旨在研制全球最大型轰炸机的项目正处于混乱之中。2 月 18 日，波音公司首席试飞员、飞行研究主任埃德蒙·T. 艾伦驾驶实验机型 XB-29 从西雅图起飞后，发动机突然起火。他使尽浑身解数，也未能扑灭火焰。大火很快蔓延到机翼上的燃料箱，导致试飞以失败而告终。飞机烈焰熊熊，艾伦在失去控制后撞向西雅图南部工业区的一家肉类包装厂。由于军方急于求成，艾伦本人、1 名副驾驶员、9 名机组技师和地面上的 20 名工人不幸遇难。"不知道我们还能不能造出一架 B-29 来。"尤金·尤班克少将对蒂贝茨哀叹道。

1941 年 5 月，当军方下令开始批量生产时，试飞工作尚未完全结束。虽然波音、贝尔和格伦·L. 马丁公司密切协作并竭尽全力，但这种飞机仍不可避免地存在缺陷。例如，在流水线上作业的工人缺乏经验，炸弹舱门和机头前轮无法缩回，发电机出现接线错误，内部照明灯开关会触发警报器，燃油继电器功能失常，起动器开关会启动错误的发动机，电器短路会烧坏电线和绝缘层。此外，克莱斯勒公司制造的莱特 3350 发动机容易因过热而起火。由于各种状况层出不穷，工人们只能费尽心力做系统检查。即使每天工作 12 个小时也不足以解决问题，而是需要他们夜以继日地进行维修。

由于波音公司的进展极其缓慢，为了打发时间，蒂贝茨奉命到奥兰多报到，执行了一次地面任务。随后，他返回飞行队，前往密尔沃基的第19运输大队，接受模拟飞行训练。在远离战场的地方，蒂贝茨驾驶着笨重的运输机，机舱里装的有可能是炸弹，也有可能是"小露丝"糖果。这一切让他觉得无比乏味。作为一名战斗机飞行员，蒂贝茨满心希望自己能够重返战场。但与此同时，他还是一名多发动机飞行专家。事实证明，这次训练带来的机遇远超出他的预期。他得以与运输大队屈指可数的顶尖飞行员一道航行，获益匪浅，而鲜有轰炸机飞行员能够有此经历。蒂贝茨一向认为，自己最擅长的是精准飞行，但是在模拟舱内的严格训练及不计其数的紧急情况演习让他对大型飞机的作用刮目相看。训练结束后，他被授予一张卡片，证明他达到了所有要求，批准他"在无需他人许可的情况下随时"驾驶飞机。

"当我走出办公室时，我觉得自己如同上帝一般，"他写道，"除了第19运输大队的飞行员以外，其他任何人都没有这个特权。现在只要我愿意，即使能见度为零，我也可以立即起飞，没有哪个地面作战军官能够阻止我。"

蒂贝茨一直梦想，自己能够成为道格·戴维斯那样的飞行员。他一度认为，战争需要的也许正是这种人才。此时他并不知道，尽管命运多舛，他终将实现这一夙愿。

第一部分

★★★★★

海

从空袭特鲁克岛到开始策划中太平洋攻势最后阶段的"奇袭行动",美国海军在中太平洋实施的"跳岛战术"令日军节节败退。斯普鲁恩斯带着第五舰队一路向西,迎击小泽治三郎。日军为打击美国舰队,重启"阿号作战"计划。然而,第五舰队的目标是西加罗林群岛还是马里亚纳群岛?战略误判使日军舰队损失惨重,折戟太平洋。

Engine of Siege

☆☆☆

第1章
反守为攻

抢占特鲁克岛

虽然太平洋战争爆发已近两年，但这场海军之间的较量尚未演变为全面战争。事实上，有人甚至将其称为"假战"。所谓假战，本来是指在欧洲战场上，从盟国对德宣战到1940年首次在西线开展大规模行动之间为期八个月的静止状态。而在太平洋战场，对美国海军来说，1943年则是重整旗鼓和等待时机的一年。

1942年8月进攻瓜达尔卡纳尔岛是盟军在太平洋发动的首次攻势。虽然这场登陆战规模较小，而且只制订了粗略的应急计划，但历经六个月的消耗战后，美军于次年2月取得了胜利。直到九个多月后，海军陆战队才向日本占领的另一座岛屿发动进攻。当道格拉斯·麦克阿瑟将军率部在新几内亚拖垮日军时，陆军的吉斯卡岛特遣队收复了阿留申群岛。在此期间，海军经历了集结与调整、筹备与策划、招募与训练、重建与整编。尤其是在最后一方面，造船厂创造了英勇的壮举。

1942年底，"埃塞克斯"级航空母舰的首舰开始服役。这艘排水量为3.4万吨的航母将成为美国海军作战部队的标志。1943年底之前，另外四艘航母也陆续竣工。当年，两艘"依阿华"级战列舰奔赴太平洋。与此同时，另外四艘 4.5 万吨级巨舰即将出厂。仅在 1943 年下半年，就有超过 500 艘新型驱逐舰和护航驱逐舰入海。在建造商船的过程中，美国的规模经济效应进一步凸显。富兰克林·D. 罗斯福总统下令美国海事委员会在 1943 年年内制造出总吨位为 2 400 万吨的货轮。由于船舶数量激增，酿酒厂甚至来不及生产足够的瓶装酒来满足船只下水时举行的掷瓶礼。此外，物资奇缺引起了连锁反应，导致供应链吃紧。由于润滑油被分配给作战部队专用，得克萨斯州博蒙特的造船厂只好另寻替代品，用熟透了的香蕉给滑行台的轨道润滑。由于求职者寥寥，造船厂的人事管理员只能雇用妇女和青少年做工，同时前往内陆地区进行招聘。他们认为，这些经历过 20 世纪 30 年代"黑色风暴"的农民一定不乏才智，有可能在建造船只时派上用场。对于那些刚刚走出"大萧条"的人们来说，没有人会错过这个赚钱的良机。

正是因为美国倾其人力，再加上工业部门的鼎力支持，美国海军才得以实现其长期以来的梦想，前往太平洋中部一试身手。自 1909 年以来，"太平洋问题"就是美国重要的研究对象。美军假设，日本将对菲律宾群岛发动袭击，届时海军需要收复该地。早在 1933 年，海军上将欧内斯特·金就曾提出借道马里亚纳群岛攻打菲律宾，因为它是"通往西太平洋的要冲"。美国海军总部设在华盛顿。瓜岛战役结束后，海军总司令欧内斯特开始不断施压，敦促参谋长联席会议批准进攻马里亚纳群岛。迄今为止，美国所占领的岛屿只不过是一片海拔极低、面积很小的珊瑚礁。无论是从行动规模还是攻打难度来看，此前的夺岛战役与马里亚纳群岛相比都相形见绌，因为该群岛位于日本所谓的"内防卫圈"。

1943 年 11 月，当海军上将威廉·F. 哈尔西率领南太平洋的部队向布干维尔岛发动袭击时，海军中将雷蒙德·斯普鲁恩斯指挥中太平洋的部队开始进攻吉尔伯特群岛的一处弹丸之地——不知名的塔拉瓦珊瑚环礁。经过惨烈血腥的战斗，海军陆战队第 2 师很快取得了胜利。接下来是马绍尔群岛战役。1944 年 1 月，斯普鲁恩斯的舰队抵达该地后，出动海军陆战队第 4 师和陆军第 7 师占领了夸贾林环礁。岛上有一座臭名昭著的监狱，盟国许多被俘的飞行员和水兵在此惨遭杀害。

拿下夸贾林环礁后，尼米兹颇为振奋，问斯普鲁恩斯接下来该怎么办。斯普鲁恩斯提出迎头前进，立即进攻马绍尔群岛西部的锚地埃尼威托克。

这将是美军在太平洋战争中推进到的最远的地方。斯普鲁恩斯表示，他能够攻克此地，但前提是首先出动航母进行相关准备。这一点十分重要。所有攻打埃尼威托克的舰艇必将处于特鲁克岛空军的打击范围之内，而该岛是日本在太平洋中部最大的基地。因此，斯普鲁恩斯提出，美军应当派遣快速航母特混舰队对其发动袭击。

在此之前，这座要塞是一个鲜为人知的地方，从未遭受过任何袭击。特鲁克岛属于加罗林群岛，是一个由多座岛屿组成的巨大潟湖。其外堡礁是一个庞大的三角形珊瑚岬，包括 84 座珊瑚和玄武岩岛。其中大多数岛屿适合架设高射炮，因此其地理位置至关重要。此外，那里还有四座内岛建有机场。潟湖的港湾和锚地海水很深，足以停泊大型军舰。由于这座基地具有上述承载能力，再加上地处太平洋中部和南部的交界点，因此适合用作海军前线基地、舰队司令部、空军基地、无线电通信中心以及供应基地。日本海军可以在特鲁克岛集结兵力，对从所谓的东南区到南太平洋深处的几乎任何地方发起的攻击进行防御。

然而，只有等到斯普鲁恩斯的突袭结束后，美军才能最终确定如何对付特鲁克岛。目前有两种方案可供选择。美国参谋长联席会议批准了两条横跨太平洋中部的路径：其一是海军直接进攻特鲁克岛，于 6 月 15 日前占领该地，随后在 9 月 1 日登陆马里亚纳群岛；其二是绕过特鲁克岛，径直跳往马里亚纳群岛，并于 6 月 15 日登陆塞班岛。

尼米兹认为，美军必须拿下特鲁克岛，但他手下的两栖作战参谋表示，以他们现有的能力无法实现这一目标。特鲁克岛的堡礁易守难攻、十分危险，而且范围广阔，即使海军从外部开炮，也不会危及其内港。这座环礁的主要岛屿包括埃腾、莫恩、帕拉姆、费方和杜伯伦，它们相距较近，可以互相支援，因此很难对其进行攻击。经过深思熟虑，尼米兹及其手下认为，占领特鲁克岛的胜算很小。

1944 年 2 月 12 日，斯普鲁恩斯和米切尔率领九艘航母，从马绍尔群岛的泊地马朱罗出发，驶向深海。他们的任务是捅一捅特鲁克岛这个马蜂窝，试探一下其潜在的战斗力。如果这次代号"冰雹行动"的突袭进展顺利，特鲁克岛上的日军飞机将悉数出动，那么他们就无法阻挠美军登陆埃尼威托克岛。此外，这场战役的结果也将对下一个战略目标产生影响。

虽然斯普鲁恩斯一向以指挥战列舰而闻名，但他最令人称道的是率领航母作战。1942 年 6 月，在中途岛战役中，他对"企业号""大黄蜂号"和"约克城号"航母运筹帷幄，调遣其飞行员摧毁了四艘日军航母。虽然"约克城号"被击沉，但美军最终赢得了胜利。这场战役后来在历史上赫赫有名。随后，斯普鲁恩斯被提拔为海军上将切斯特·尼米兹的参谋长，前往珍珠港的指挥中心任职。直到 1943 年 8 月，斯普鲁恩斯才重返海洋，负责指挥中太平洋的军队。当斯普鲁恩斯开始迅速崛起时，这支部队的快速航母特混舰队也不断壮大。无论从哪个方面看，与这支舰队相比，他在中途岛战役中所率领的任何航母群都黯然失色。这些埃塞克斯级航母威力强大，舰上的航空大队由 90 架飞机组成，包括一个战斗机中队、一个轰炸机中队和一个鱼雷轰炸机中队。截至 1944 年，上述中队还配备了当时最先进的飞机，分别是 F6F-3"地狱猫"战斗机、SB2C-1"地狱俯冲者"轰炸机（或旧式的 SBD-5"无畏式"俯冲轰炸机）以及 TBF-1c"复仇者"鱼雷攻击机。

鉴于过去航空母舰的数量稀少，关于如何调遣某一艘航母或者某一个航母群，海军要么是进行解释说服，要么是凭借以往的战斗经验，并没有形成任何定论。随着航母产量激增，人们在此事上的争辩逐渐平息。按照以往的作战策略，人们通常认为，航母只能打了就跑，因为一旦敌军下定决心发动空袭，它们将难以幸免。但面对新的现实，这种看法发生了改变。大批航空母舰的出现不仅是一种优势，而且带来了全面革新。例如，航母特混舰队可以集中飞机和高射炮进行防御，对敌军的空袭予以牵制。由于舰载飞机配备了无线电应答器，经过专门训练的战斗机指挥队伍可以利用远程搜索雷达对其进行识别和指挥。新成立的舰上作战情报中心负责搜集和传达此类重要情报。尽管在战斗空中巡逻、舰艇编队和防空策略上，传统观念仍占据主导地位，但航母特混舰队具有一定灵活性，其作战范围和耐力也成倍增加。如果每个航母群由三到四艘航母组成，几个航母群联合行动，完全可以互相照应。随着美军逐渐靠近特鲁克岛，斯普鲁恩斯和米切尔即将证明这一点。

他们将九艘航母编入三个特混大队，这三个大队彼此遥遥相望，开始疾速前行。斯普鲁恩斯在"新泽西号"战列舰上升起了三星将军的旗帜，与"邦克山号"航母以及"蒙特利号"和"科本斯号"轻型航母形成了一个巨大的圆圈。在他北方的地平线上,是以"企业号""约克城号"航母和"贝劳伍德号"轻型航母为中心的特混大队。他的右侧则是"埃塞克斯号""无畏号"航母和"卡伯特号"轻型航母。这种部署使它们得以根据任务要求进行集中或分散。一般情况下,只有在靠岸停泊时,特混舰队才会集体现身。在海上,这种情况很少出现,因为如果整个舰队聚集在一起,水深需要达到数千英尺。

1944 年 2 月 16 日,距离日出还有 90 分钟时,舰队来到了特鲁克岛外 90 英里(1 英里 ≈1.6093 千米)的海域。作为斯普鲁恩斯的战术指挥官,米切尔下令舰队迎着五级风前进。与此同时,战机也开始起飞。随着轮挡被依次撤去和莱特星形发动机的轰鸣,大批 F6F-3"地狱猫"冲向白浪翻滚的海洋。

曙光乍现时,五个战斗机中队的领头机转了一个大弯,开始在空中盘旋,等待其他战机的到来。当 70 架"地狱猫"集合完毕后,它们一路向西驶去。接下来,美军即将开展为期两天的行动,攻占特鲁克岛,使其不再对美军在太平洋的宏图大略构成威胁。

经过近一个小时的航行,美军已经可以遥遥望见目标。太阳刚刚从东方的地平线升起,在阳光的照耀下,群山仿佛环绕着一个巨大的珊瑚浴盆。特鲁克岛的堡礁呈圆角三角形状,中间是一座潟湖。当美军继续靠近该岛时,"邦克山号"航母上的 12 架飞机飞上两万英尺的高空,准备进行掩护。与此同时,四个分队中有两个分队拉开了距离,以便进行侦察。"企业号"和米切尔旗舰"约克城号"上的 24 架"地狱猫"组成了低空攻击大队。"无畏号"和"埃塞克斯号"上也派出了规模相近的分队,从中海拔发动袭击。"邦克山号"航空大队的大队长是绰号"野兽"的罗兰·H. 戴尔中校。作为进攻协调员,他独自驾机起飞。他的任务是确保剩余的 48 架飞机在发动进攻时能够找准目标,进行低空扫射。另外三个航空大队的指挥官将充当目标观察员,为他们提供协助。

"无畏号"第 6 战斗机中队的 12 架飞机远远地包围了这座环礁,只等高空掩护就位。其中一名飞行员亚历克斯·弗拉丘中尉诧异地发现,日军竟然没有出动飞机进行拦截。美国飞行员并不知道,这座基地的海军指挥官刚刚放松了警惕。然而,在日本海军指挥官做出这一决定的同时,美军

航母已经靠近了海岸。两周之前，即 2 月 4 日，美军首次出动侦察机对特
鲁克岛进行侦察。从那时起，岛上的日军就处于高度戒备状态。日军第 4
舰队司令小林仁中将清楚，手下的飞行员早已精疲力竭，因此下令大部分
飞行员登岸休息。他们所在的营区毗邻杜伯伦岛上的主要机场，中间仅隔
着一条堤道。正是因为日军在空中疏于防范，斯普鲁恩斯才得以在无人觉
察的情况下接近特鲁克岛。拂晓之前，当美军的机群出现在该岛上空时，
日军绝大多数可供调遣的战斗机仍停在岸上。

　　在进行战机扫荡时，美国海军的战术原则可以概括为如下几条：让"地
狱猫"留在高空；要集中力量作战；首先消灭敌军的战斗机，接着进攻机
场。一开始，战斗机可以盘旋五分钟左右，以便进行高空掩护的"地狱猫"
就位。除此之外，不要进行任何盘旋和逗留，否则敌机就会趁机紧急起飞。
戴尔等飞行员如法炮制，只不过顺序可能有所不同。直到第 6 战斗机中队
不断逼近，准备进行低空扫射时，他们才发现有几架敌机开始升空。在此
之前，据太平洋舰队情报部估计，日军至少有 190 架飞机在守卫特鲁克岛，
其中包括 75 架战斗机、28 架侦察轰炸机、12 架鱼雷轰炸机、12 架中型轰
炸机、5 架大型巡逻机和 58 架水上飞机。事实证明，"至少"一词尤为关键，
因为敌机的数量远远超出这一数字。日本飞行员也终于得以驾机起飞。当天，
美国飞行员将在空中和地面遭遇 300 多架敌机。

　　随着高射炮隆隆作响，浓烟直冲云霄，一支"地狱猫"队伍直奔莫恩
岛而去，该岛上修建有特鲁克岛最主要的机场之一。亚历克斯·弗拉丘和
僚机驾驶员卢·利特尔发现，两人前方的 10 架"地狱猫"已经开始俯冲，
而他们位于这支队伍的末尾。为安全起见，弗拉丘扭头向身后望去。他早
已不是新手，因此清楚四周的云层足以作为屏障，敌机驾驶员有可能隐匿
其中，伺机发起伏击。正是因为小心谨慎，他才得以逃脱一劫。随后，他
隐约看到一架三菱公司 A6M 零式战斗机的轮廓。这架代号零式战机的飞
机正俯冲过来，整流罩和机翼在炮火中闪闪发光。

　　弗拉丘拉回操纵杆，和利特尔一起向上攀升。接着，他猛地调转头来，
瞄准敌机一阵猛轰，迫使对方改变航向并急剧下降。直到这时，弗拉丘才
注意到，上方出现了大群敌机，约有数十架之多，包括日军使用的各种机型。
双方立即开始交火。

　　就像其他许多和他处境相似的年轻飞行员一样，亚历克斯·弗拉丘也满怀抱负，痴迷于自己的事业，对他所在飞行中队的徽标和魅力深信不疑。他听说过许许多多老飞行员足智多谋的故事，正是这些人锻造了他们。早在印第安纳州曼西市迪堡大学高年级就读时，弗拉丘就参加了飞行训练。他在圣地亚哥北岛首次加入飞行中队后，很快被指挥官布彻·奥黑尔另眼相看，并视为飞行奇才。奥黑尔甚至选择这名新手担任自己的僚机驾驶员。随后，这位机长依照自己当年接受的训练方式，开始向他传授空战经，即让他参加"出丑训练班"。

　　这种教学方法成效显著。所谓"出丑训练班"，就是让那些未经训练的新飞行员与一群经验丰富的老手开展模拟空中格斗。正如奥黑尔曾经师从约翰·S.吉米·萨奇和吉米·弗拉特里等传奇王牌战斗机飞行员，如今轮到弗拉丘接受严苛的训练了。但是，面对荣誉勋章获得者奥黑尔，弗拉丘的表现足以令人称奇。因此，奥黑尔让他参加了新的训练项目，以培养其夜间作战技巧。在这支"蝙蝠队"中，两架"地狱猫"和一架配备有雷达的"复仇者"负责在夜间追击敌机。1943年11月的一天晚上，他们离开马绍尔群岛执行任务，面对敌军在夜间发动的空袭，奥黑尔在护卫"企业号"特混大队时不幸身亡。珍珠港事件已经让弗拉丘怒火中烧，奥黑尔的遇难无异于火上浇油。正是这种复仇心理驱使他开始了航空生涯。当美军的航母群接近特鲁克岛时，他已经是一名杰出的飞行员。

　　弗拉丘目测了一下敌机编队的规模，认为以目前250节（1节≈1.852千米/小时）左右的空速足以甩掉所有穷追不舍的敌机。格鲁曼公司制造的"地狱猫"战斗机迅猛而坚固，在高速航行时会使零式战机相形失色。因此，他可以俯冲下去，以加快速度，然后急转跃升，使追击的敌机冲向前方。当这架零式战机飞过身旁时，他就可以一个横滚，猛扑下去。此时，敌机飞行员处于弗拉丘后方，而这正中他的下怀。

　　当弗拉丘急转跃升时，敌机试图紧跟上去，但这架零式战机失去了控制，在急转时突然滑向一侧。弗拉丘摆好了架势，准备进行偏角射击，将其置于死地。就在此时，他蓦地发现，数架敌机从上方猛扑下来。弗拉丘立即收敛起兴奋之情，转而变得格外谨慎。他没有立即开火，使敌机得以冲向下方逃之夭夭。

弗拉丘高兴地发现，卢·利特尔始终如一地守护着自己的侧翼。他和这名僚机驾驶员以 S 形从相反方向交叉移动，使敌机只得尾随其后。这种战术名为"萨奇穿梭"，源自第三战斗机中队队长吉米·萨奇。在面对零式战机等机动性更强的飞机时，两名战斗机飞行员可以借此互相掩护，使后方免遭攻击。弗拉丘正是采用了这一战术，诱使敌机逐渐下降。等到日本飞行员在海拔上丧失了优势，弗拉丘注意到，他们似乎也丧失了决心。他接连绕到三架零式战机的尾部开火，然后望着这几架褐绿斑驳的飞机跌入潟湖。当天上午，美军占据了主动权。经过十分钟的激战，弗拉丘看到，不少日本飞行员打开降落伞，从空中缓缓降落。其中几人甚至仍然身着睡衣。

在这次战机扫荡中，美军出动大批飞机涌向莫恩岛巨大的环礁，消灭了日军空中和地面的所有战机。在第 6 战斗机中队副队长 G.C. 布拉德上尉的率领下，弗拉丘等人 12 次掠过岛上的机场，将一排排战机付之一炬。第 5 战斗机中队的特迪·斯科菲尔德向一架零式战机开火，目标顿时燃烧了起来。于是，他开始尾随敌机下降，直奔埃腾岛的机场。这名日本飞行员很可能已经负伤，因为他在着陆时竟然没有放下机轮。这架飞机来回晃动，最后翼梢触地，向一侧滚去。翻了几个身后，零式战机冲过飞机库前的停机坪，点着了停在那里的三架鱼雷轰炸机。斯科菲尔德看到，这架飞机又转了几个弯才硬生生地停了下来，飞机早已面目全非，距离停机坪尽头的一架大型四引擎飞机仅有咫尺之遥。

布拉德上尉没有与"无畏号"上的其他战机会合。他在中途发现一艘日本轻型巡洋舰正赶往环礁北部的出口——北关，因此立即集结分队，开始进行低空扫射。但敌舰上的高射炮击中了他驾驶的"地狱猫"，致使引擎失去了动力。布拉德只好转向大海，一边下降一边放慢速度，将战机缓缓驶入浪尖，最后猛地停了下来，只见海面上白浪四溅。当战机开始下沉时，他挣扎着钻出驾驶舱。另一名飞行员见状立即向布拉德抛下一艘救生艇，然后一个横转，吸引了巡洋舰及其炮手的注意力。此人对准敌舰一阵猛轰，点燃了弹射器上的水上飞艇。这一系列紧张事件牵制了敌军的炮火，使布拉德得以划向北关以西 5.5 英里处的一座小岛。在历尽艰难来到岛上后，他花费大量时间，在岩石上刻下自己的名字，最终被救援人员发现。在距离此处几英里的地方，出现了数艘日本驱逐舰。显然，它们在等待与离开港口的轻型巡洋舰会合，然后伺机逃跑。

扫荡日军舰艇

米切尔及时制订并实施了空袭计划，源源不断地为这次行动提供飞机。这项计划取得了显著的效果，简言之，绝不给敌军任何均等的机会。当天，每架航母要发动六轮袭击，每轮袭击之间的间隔时间很短。黎明前进行扫荡的战斗机离开甲板不到 30 分钟，发起第二轮猛攻的轰炸机就飞上了天空，其目标是日军的舰艇。每轮袭击要出动 19 架"地狱俯冲者"或"无畏式"俯冲轰炸机、9 架"复仇者"鱼雷轰炸机和 12 架"地狱猫"战斗机。飞行员接到命令，其攻击目标从主到次依次为：航空母舰、战列舰、重型巡洋舰、轻型巡洋舰、潜水艇、供油轮、辅助舰船和驱逐舰，其次是空军设施和舰船检修设施。

美军发现，约有 40 艘敌军船只被困在港口，令人失望的是，这些船只全都价值不大。两周前，当美军侦察机飞越基地时，日本联合舰队司令长官古贺峰一就预料到接下来会发生的事情。有情报称，在美军登陆马绍尔群岛前，超级战舰"武藏号"仍在特鲁克岛，但如今已经和日军其他所有航母和重型巡洋舰撤往帕劳。然而，对于即将到来的暴风雨，无论眼前的目标为何物，都将遭受其无情的打击。

上午 10 点左右，美国飞行员对停泊在特鲁克中部岛屿附近的日军辅助舰船发起袭击，导致大量碎片飞进了旁边的疏散机场。直到最后，美军才对燃料库发起了进攻，这样其他目标就不会被浓烟遮蔽。戴尔中校通知从"邦克山号"起飞的"地狱俯冲者"和"复仇者"，一艘日本巡洋舰出现在环礁西南约 20 英里处。美军战机按照戴尔提供的方位，找到了敌舰"那珂号"并将其击沉，眼看着船首和前炮塔渐渐被海水淹没。

当天下午，逃往北关的日本战舰也被悉数摧毁，其中为首的是老式巡洋舰"香取号"。在"舞风号"和"野分号"驱逐舰以及"昭南丸号"扫雷舰的护卫下，"香取号"和载有 600 多人的"赤城丸号"商用武装巡洋舰企图溜回日本。10 点 38 分，海军上将米切尔监测到敌舰的无线电信号，并通知手下指挥官，对新出现的目标实施打击。

这次行动也关系到斯普鲁恩斯。在他的指挥下，"依阿华号"战列舰、"明尼阿波利斯号"和"新奥尔良号"重型巡洋舰以及四艘驱逐舰离开航母编队，开始全速前进，共同追击"香取号"等敌舰。斯普鲁恩斯决定亲自指挥这次行动。接下来，米切尔手下的飞行员以及他们的顶头上司将展开一场出生入死的鏖战。

斯普鲁恩斯手下的许多人认为，由一位舰队司令官负责水面作战中队的战术指挥，是一件再糟糕不过的事情。斯普鲁恩斯向来十分审慎。时年57 岁的他从未认为自己是一名具有战术头脑的军官。他是一位战略家、思想家，关注的是战争的大局。正是因为拥有这种天赋，他曾经是海军战争学院的明星教官。中途岛战役后，他又成了尼米兹的左膀右臂。一个对他知之甚深的朋友说过："我记得有人告诉我，对伟大的数学家艾萨克·牛顿爵士来说，他之所以会写书，只不过是为了向其他人证明他一眼就能看懂的事情。海军上将斯普鲁恩斯也是如此。由于天赋异禀，他总是能够抓住问题的要害。"出于对斯普鲁恩斯的信任以及对国家利益的考虑，尼米兹升任他为中太平洋部队司令，这支部队很快被更名为第五舰队。

斯普鲁恩斯在巴尔的摩度过了童年，并且在孤独中逐渐长大。他的母亲安妮·艾姆斯·希斯十分强势，对他态度冷淡。但她聪慧过人，具有极强的求知欲和远大的抱负，喜欢到世界各地旅行和求学。斯普鲁恩斯的父亲寡言少语，对妻子殷勤顺从。据说安妮曾经表示，"虽然所有人都应该有个家，但这个家显然是个累赘"。由于斯普鲁恩斯的弟弟菲利普生来就有心智障碍，安妮感到更加紧张，所以将雷蒙德·斯普鲁恩斯送往新泽西州的东奥兰治，与三个尚未出阁的姑妈住在一起。当斯普鲁恩斯来到美国海军学院就读时，他的性格变得越发孤僻，甚至还有些笨手笨脚，只喜欢宁静舒适、独来独往的生活。虽然他对例行的军事训练不以为然，并且认为安纳波利斯的课程颇有职业技术学院的色彩，但是出于对知识的渴求，在1906 届 209 名见习军官毕业时，他仍然列第 25 名。加入海军后，他很快成为众所周知的机械专家。

斯普鲁恩斯一向严于律己，格外注重自己的体形和饮食。为此，他经常长时间到户外散步。在他看来，健康的体魄与敏锐的头脑相辅相成。他虽然调得一手好酒，但除在适当的场合，有朋友劝他往自己的橘子汁里兑入一些朗姆酒之外，他几乎滴酒不沾。他的朋友背景各异，但大都是彬彬有礼的绅士，为人正派、品行端正、立场坚定、不乏风趣。在"新泽西号"的旗舰司令台上，站在他身旁的参谋长查尔斯·J.卡尔·摩尔上校便是如此。1913年，卡尔·摩尔曾在"班布里奇号"驱逐舰上担任轮机长，直接听命于斯普鲁恩斯。54岁的摩尔既是一位方位测定专家，也是一名严谨细致的参谋，极其擅长起草作战命令。截至1944年，随着海军的规模不断壮大，特混舰队日趋复杂，他所精心拟就的文件在海军的文字记录中举足轻重。但摩尔关注的是具体任务，所以总是备感紧迫，而斯普鲁恩斯需要保持超然的态度，以使自己的思维有条不紊，因此两人经常发生冲突。当斯普鲁恩斯坐下来读小说时，很少有人敢去打扰。尽管摩尔对此经常难以忍受，但斯普鲁恩斯仍坚持自己的这一特权。当两人发生不快时，这位一向勤勉的参谋长甚至认为，自己的上司过于懒散。

摩尔上校固然了解斯普鲁恩斯将军的性情和想法，但是对目前美军在特鲁克岛开展冒险行动的意义何在，他或许有些难以理解。在他看来，既然美军航空兵拥有强大的威力，就没有必要出动战列舰和巡洋舰。他认为，这种只图痛快的做法属于策划失当，比怠惰懒散更加糟糕。派遣战舰一事并不令人意外，因为作战命令提出了这种可能，但斯普鲁恩斯竟然要亲自率兵，这一点出乎所有人意料，尤其让参谋长摩尔目瞪口呆。

摩尔站在船首左舷，看着"新泽西号"逐渐接近特鲁克岛。只见在浴盆状的潟湖中间，一座座山脉连绵起伏。他猜测，斯普鲁恩斯此举与其说是为了击沉日军的某艘重要战舰，不如说是为了拿下富于传奇色彩的特鲁克岛。众所周知，珍珠港事件发生后，尼米兹曾多次雄心勃勃地表示，有朝一日要将自己的司令旗插上特鲁克岛，因为那里是日本海军联合司令部的所在地。摩尔心想，斯普鲁恩斯之所以甘冒风险，让总排水量为12万吨的舰队加入特鲁克岛附近展开激战，大概正是因为如此。此举无异于给了海军高级军官一个参与行动的机会。作为一名传统主义者，斯普鲁恩斯一向认为，战列舰才是舰队的核心。1940年，他不再担任"密西西比号"战列舰舰长。对他来说，这两年任期很可能是他职业生涯中最引以为傲的时光。此时，海军中队的影响力已经日渐式微。至于这些队伍是否能够发挥重要作用，几乎不再取决于海军的高级军官。他们必须紧跟战机的步伐，而控制这些战机的是一群飞行员。因此，斯普鲁恩斯显然想要抓住这个机会进行最后一搏，以迎来海军的辉煌时代。

在"新泽西号"的率领下，美军舰队以 25 节的速度向西行进。与此同时，大批战机从"埃塞克斯号"上起飞，准备对日军的护航队发起痛击。"舞风号"驱逐舰在遭到一群"地狱猫"的扫射后，又险些撞上一架"无畏"式轰炸机。由于船身开始漏油，"舞风号"只能一路跛行。不远处，数架"复仇者"发现了"赤城丸号"旁边的"香取号"。它们滑翔到低空，立即开始投弹。其中两枚炸弹击中了巡洋舰的后甲板，甲板内部顿时升腾起阵阵黄色的浓烟。美军飞机离开后，这股烟幕冲上了 500 英尺的高空。在 30 英里开外，斯普鲁恩斯对此情形看得一清二楚，并且开始迅速靠近。

当戴尔在"邦克山号"上稍事停顿，准备再次升空时，一名日本飞行员发现了斯普鲁恩斯，并率领手下的轰炸机中队穿过云层的间隙，悄悄向其逼近。他向"依阿华号"投下一枚炸弹，但炸弹在战舰右舷 100 英尺开外落入水中。由于险遭意外，摩尔上校建议斯普鲁恩斯下令舰队列成环形，以抵御来自敌机的炮火，但被断然拒绝。"我们到这里不是为了与飞机较量，而是为了与水面舰船作战。我希望继续保持纵队。"因此，战舰上的所有人员必须投入战斗。这几艘战舰开始颠簸前行："新泽西号"一马当先，"依阿华号""明尼阿波利斯号"和"新奥尔良号"紧随其后，"伊泽德号"和"伯恩斯号"负责掩护主舰的船首，"夏洛特号"和"布拉福德号"分别护卫两舷。

由于潟湖内的大部分舰船已经着火、正在下沉或沉入湖底，攻打特鲁克岛的飞行员开始对小型船舶进行扫射。巡逻船和豪华快艇反而成为较有价值的袭击目标。"企业号"上的一名飞行员发现，环礁北部仍有数艘着火的敌舰，因此向上级报告："袭击行动指挥官，潟湖正北方有一艘日军巡洋舰遭到重创。我将前往此处将其击沉。"他随即听到，一位长者斩钉截铁地做出了回应，此人正是海军上将米切尔。"山猫队长，我是秃鹰。不要行动。重复，不要击沉这艘舰艇。听到请回答。"

言下之意是：不要挡斯普鲁恩斯的路，老大想要亲自动手。

"伊泽德号"和"伯恩斯号"很快就撞沉了"赤城丸号"。一开始，"赤城丸号"的舰长忽左忽右，企图避开美军的驱逐舰，但这种"之"字形的行进方式反而使对方借机迎头赶了上来。在猛烈的炮火下，"赤城丸号"无法再前进一步。随后，"伯恩斯号"和"布拉福德号"同时向"香取号"开火，而这艘日本巡洋舰的船尾已经下沉，船身正向右侧倾斜。斯普鲁恩斯下令"明尼阿波利斯号"和"新奥尔良号"立即靠近，并将其击沉。

"新泽西号"超过港口附近的"昭南丸号"，从 800 码（1 码 ≈ 0.9144 米）外用 5 英寸（1 英寸 ≈ 2.54 厘米）速射炮对这艘扫雷舰一顿猛轰，将其打得遍体鳞伤。几乎与此同时，"昭南丸号"上的大炮和火药轰然爆炸。在一片残骸中，只剩下一艘空荡荡的小艇。一名日军士兵拼命扒着船帮，还有两人紧紧搂住漂浮在海面上的木梯。

"舞风号"虽然遭到重创，但仍向"新泽西号"接连发射了数枚鱼雷。摩尔看见，四道波涛翻滚的尾迹疾驰而来。这一景象令他感到又惊又愧。美军的做法愚蠢至极，摩尔表示。他们既没有信号官和策划队，也没有负责与火力控制和枪炮射击队伍进行沟通的联络员，所以在他看来，斯普鲁恩斯的手下根本无权指挥水面战斗。当这四枚鱼雷擦过"新泽西号"的船尾，另外两枚划破"依阿华号"的尾迹，激起阵阵波浪时，斯普鲁恩斯看着司令秘书查尔斯·F. 巴伯，面带嬉色地说："刚才可真悬。"但卡尔·摩尔不打算就此作罢，并建议斯普鲁恩斯立即将部队的节制权交给巡洋舰指挥官、海军少将罗伯特·C. 吉芬，因为后者的参谋人员在水面战术行动上训练有素。但是此时，这一建议已经没有任何实际意义。斯普鲁恩斯早料到他会作此劝告。吉芬手下的巡洋舰经历了短暂交火，目前已接近尾声。斯普鲁恩斯已经决定，一俟战斗结束，立即将指挥权交给吉芬。在阳光的照耀下，海面上出现了"明尼阿波利斯号"斑驳的蓝色倒影，而"新奥尔良号"的倒影则呈橘色。这两艘巡洋舰包围了"香取号"，"明尼阿波利斯号"对其发动了猛攻。接着，"依阿华号"也发现了"香取号"。虽然这艘日本巡洋舰竭力横向倾倒，避开了"依阿华号"的炮火，但还是不可避免地翻了船，在短短两分钟内葬身海底，船上人员无一生还。下一个遭殃的是"舞风号"。当斯普鲁恩斯旗舰上的副炮向其开火时，"舞风号"仍利用尾炮进行还击，企图溜之大吉。但这艘驱逐舰的中部突然爆炸，霎时间火光冲天，火焰迅速向两端蔓延。"舞风号"从头到尾开始熊熊燃烧，最终裂为两半后沉入海底。

面对日本战舰的残酷遭遇，斯普鲁恩斯和摩尔唏嘘不已。几个月前，美军在塔拉瓦岛登岸后，目睹了战争的惨状。对于战争造成的巨大浪费和沉重损失，两人同样颇为感慨。"对于海滩上炸弹横飞、炮火连天、燃料库和弹药库被炸到半空的情景，我变得越来越麻木。"摩尔说，"但这是我生平第一次看到如此精美的舰艇被炸掉、烧毁，然后沉入大海，根本没有还手的机会。这种情况即使不能说令人恐怖，也多少有些压抑。正如雷蒙德所说，这是战争最槽糕的一面。"

日军最后一艘驱逐舰"野分号"向地平线方向逃去。在此之前，"新泽西号"向其发射了数枚 16 英寸口径的炮弹。但"野分号"侥幸得脱，很快在下午耀眼的阳光下和海面升起的雾霭中消失得无影无踪。下午 4 点左右，雷达显示器上已经看不见"野分号"的踪迹。

多年以前，英国著名海军将领霍雷肖·纳尔逊子爵眼看自己的舰队被岸上的敌军炮火挫败，不由慨叹道："让舰艇去攻打城堡是一桩蠢事。"说完，他沉默良久。然而，到了 1944 年，航母特混舰队威力强大，完全可以利用地面防御工事普遍存在的弱点。这些弱点大都显而易见，航母部队可以出其不意发动袭击。有了无线电静默的掩护，在密布的阴云和弥漫的大雾中，航母部队可以在不被敌军察觉的情况下发动猛攻，使其根本不可能进行还击。此外，海军的机动性即将突飞猛进。在随后数月中，军方就此展开了激烈争论。斯普鲁恩斯虽然不会驾驶飞机，但在这场革新中发挥了关键作用。无论从哪个方面来看，日本在中太平洋最大的基地气数将尽。在打赢中途岛战役后，战舰指挥官们开始对进攻特鲁克岛指手画脚，这让海军航空兵的鼓吹者们恼怒不已。但只要米切尔和航母部队仍然听命于斯普鲁恩斯，他就会表示支持航母的发展。这一点更令航空部队的拥护者们感到不快。

当斯普鲁恩斯手下的舰船开始在各自的战位上供应三明治时，一架"无畏式"轰炸机正从相反航向接近这列纵队。这架掉队的飞机显然想要追上他们，在侧身转弯后飞向"依阿华号"。在"依阿华号"上，站在驾驶台左翼的约翰·L.麦克雷上校及其副手、炮手指挥官和一名高级飞行员发现，这是一架友机，因此立即命令传令员晓谕众人："这是友机。跟踪航行，不要开火。""依阿华号"的炮手指挥官也通过对讲机播报："这是友机。"尽管如此，还是有人听错了命令。在战列舰左舷，几门大炮的炮手在亲眼看到这架飞机后当即开火。随着飞机越来越近，有人看见飞行员倒向驾驶舱一侧。飞机险些擦过船体，随后开始迅速下坠。接着，这架"无畏式"轰炸机一侧机翼朝下，在距离"依阿华号"右舷约 500 码的水面坠毁。在此之前，机上的飞行员保罗·E. 塔帕斯上尉本来准备通知"依阿华号"，自己正在进行空中搜索，但他和后座炮手哈罗德·F. 利奇均不幸罹难。

这起惨剧发生一个小时后，"依阿华号"报告称，西侧出现了另一个目标。"伯恩斯号"奉命查看情况。最后，这艘驱逐舰上的观察员在落日余晖的反照下，发现了一艘小型舰艇。这是一艘排水量仅有 450 吨的日本猎潜艇。这艘猎潜艇立刻用三英尺的前炮向"伯恩斯号"开火，"伯恩斯号"随即发起还击，使其开始从船尾下沉。海面上零零星星地漂浮起一些幸存的敌兵。在接近这些敌兵时，"伯恩斯号"舰长 D.T. 埃勒少校通过无线电联络到"伊泽德号"上的舰艇分队队长。"要不要我带几个礼物回去？"在得到命令后，"伯恩斯号"从一侧放下一艘救生艇，由艇长驾驶，向漂浮着敌兵的水域开去。海面上约有 60 名水兵，但几乎所有人都拒不合作。为了将他们拖上甲板，美军费尽了力气。经过一番劝说后，其中六人改变了主意。这六人获救后，救生艇被拉回甲板。随后，出于冷酷的军人思维，埃勒下达了一道命令，决定了其他大多数敌兵的命运："鉴于日方极有可能对幸存者展开营救，而他们返回后必然继续采取行动，况且他们拒绝我方舰船的营救，因此我们向幸存者所在区域 50 英尺下方投放了三枚深水炸弹，以将其彻底消灭。"

虽然斯普鲁恩斯本人并不为此事感到骄傲，但是当他手下的舰队包围了日军的要塞后，他还是下令所有船只升起名为"凯旋旗"的最大舰旗。事实证明，斯普鲁恩斯执着于动用重型舰队作战本身就是一种夸张的做法。更为残忍的事实是，在对敌军进行人道致死时，他们的处理方式十分潦草。思想家们关于"适度杀戮"的设想似乎已经落伍。这早已不再是一场绅士之间的战争。

策划中太平洋攻势最后阶段

暮色降临后，马克·米切尔手下的三个航母大队在特鲁克岛东侧等待时机。与此同时，"无畏号"航母上的雷达捕捉到，西南方向有一架飞机正在水面上空低飞。这架日本侦察机绕着海军少将阿尔弗雷德·E. 蒙哥马利手下特混舰队的外围兜了半个小时圈子，然后隐没在西方。没过多久，第二架飞机在东侧出现。这架飞机在防空炮的射程之外短暂盘旋后随即消失。当天夜里，日军的侦察机要么单枪匹马，要么三五成群，不断在米切尔舰队的附近出没。当另外两架敌机靠拢过来时，美军的掩护舰艇发射了数轮雷达控制的防空炮，似乎成功将它们赶出了这片水域。但子夜刚过，又有一架日军侦察机出现在雷达显示器上，并且不断接近美军的特混舰队。

这架敌机在低空飞行，其用意十分明显。训练有素者会立即明白，敌机的飞行员正在对他们进行雷达定位。距此 20 英里开外，"企业号"上的战斗机指挥团队正利用无线电，为"约克城号"上一架装有雷达的"地狱猫"导航，以拦截敌机。美军飞行员在绕到其尾部后，对方圆七英里的范围进行了追踪，但没有发现任何敌军的影踪。更为糟糕的是，当这架夜间战斗机靠近蒙哥马利手下的特混舰队后，他不得不下令防空炮手不要开火。子夜刚过，当"地狱猫"的飞行员端详雷达显示器，试图在"海面回波"的电子干扰中搜寻敌军的蛛丝马迹，或者在前方茫茫的夜色中分辨敌舰排出的一缕火焰时，他惊讶地发现，刚才距离自己仅有四英里的日军鱼雷轰炸机霎时间消失得无影无踪。此时，美军指挥官不得不做出最坏的打算。

蒙哥马利命令手下的舰艇紧急转向进行躲避，但一切为时已晚。突然，不知从哪儿冒出一枚鱼雷，击中了"无畏号"航母的右舷船尾，不仅船舵被击弯、卡住，驾驶舱也开始进水，强烈的冲击波还将甲板上的两架"无畏式"轰炸机掀到半空，就连正在就寝的亚历克斯·弗拉丘也从铺位上跌落下来。附近船舱内的六名水兵因为受到强烈碰撞当场毙命，还有六人在失踪后再也不见踪影，而他们的 20 毫米口径炮管被从炮身上扯了下来，跌入黑沉沉的大海。

当托马斯·L. 斯普拉格上校利用发动机恢复了对方向的控制后，米切尔立即下令"无畏号"航母与"旧金山号"和"威奇托号"巡洋舰、"卡伯特号"轻型航母以及四艘驱逐舰列队，向埃尼威托克岛驶去。黎明时分，斯普鲁恩斯率领"新泽西号"及全体船员加入了"邦克山号"的特混大队。随后，米切尔等人的舰船驶离了特鲁克岛。这支快速航母特混舰队在白天看似神勇无比，但是一名胆大妄为的日本飞行员却对其紧追不舍。他驾驶的鱼雷轰炸机最后一次出现在雷达显示器上时正向西驶去，随后便消失不见了。1944年2月17日清晨，美军向特鲁克发动了最后两轮空袭。时至中午，斯普鲁恩斯和米切尔决定，他们可以打道回府了。

　　进攻特鲁克岛是对美国海军在中太平洋战略的严苛检验。这场战役不仅是众多空勤人员在待命室闲谈的话题，也成了许多老飞行员向刚刚结束训练的新手进行吹嘘的资本。在特鲁克岛战役中，美军在交战中损失了25架飞机，在行动中损失了8架飞机，再加上"无畏号"上遇难的12人，共有41人阵亡，17人受伤，但摧毁了日军200余架飞机，烧掉了1 700吨储存燃料，击沉了40艘敌军船只，其中包括3艘轻型巡洋舰、4艘驱逐舰、9艘辅助舰和24艘大小货轮。虽然斯普鲁恩斯未能亲自击沉日本海军的舰艇，但他所表现出来的策划和执行能力让美军中最强硬的人物海军总司令、海军上将欧内斯特·J.金留下了深刻印象。斯普鲁恩斯的参谋后来写道："斯普鲁恩斯不仅制订了出色的计划，而且他手下部队执行命令的时机几乎无可挑剔，金对此大加赞赏。在他看来，这次行动堪称榜样，足以引起所有人重视，因为良好的参谋工作和高效的作战行动，再加上杰出的指挥，必然会产生这一结果。"在此之前，"特鲁克岛"一词十分刺耳，令人谈之色变，而这场突如其来的打击却使其威风不再。快速航母特混舰队的时代已经来临。

　　这次行动结束后，"明尼阿波利斯号"的舰长理查德·W.贝茨在报告中进行了极其详尽的个人描述。他首先对日本的军事特点作了评论，其中既有警告又有钦佩，接着对斯普鲁恩斯行动之迅速感到大为惊奇。他写道："上述事实说明什么问题？一言以蔽之：目前战势极大地有利于我方，我们应当利用这一事实，继续直接连续地对敌军施加进攻压力，并充分利用我方的制海权，以最低的代价实现目标，即将我们的阵地继续向西推进。"

　　2月18日，当斯普鲁恩斯率众与舰队的油轮会合时，美军两个团在米切尔"萨拉托加号"航母特混舰队的掩护下，向埃尼威托克的两座主要岛屿发动了袭击。海军陆战队第4师和陆军第7步兵师速战速决，以372人阵亡、1 600人负伤的代价，打垮了散布于这座环礁上的8 000日本守军。按照以往的做法，他们应当首先进攻侧翼，然后再开展大规模行动，但这次却一反常态。尼米兹也支持发动奇袭，使敌军没有时间集结力量进行防御。在马绍尔群岛战役之初，他就派遣手下的两栖部队，直接对其中面积最大、最重要的岛屿夸贾林环礁发动袭击，而绕开了其他次要目标。

当斯普鲁恩斯正在为下一个作战目标（日本的水上飞机基地、特鲁克岛以东的波纳佩岛）制订计划时，他收到了一份电报，电报中对他最近的表现予以肯定。现在，他需要为袭击马里亚纳群岛做好准备。尼米兹下令这支快速航母特混舰队于2月21日对该地最大的三座岛屿——塞班岛、天宁岛和关岛发动进攻。届时，他们将绕过而非进攻日军最大的基地特鲁克岛。"冰雹行动"的成功说明，任何岛屿或堡垒都难以抵御快速航母的威力。美军应当继续向西推进。

斯普鲁恩斯和米切尔在各自的旗舰"新泽西号"和"约克城号"上，用闪光信号灯发送消息，就如何向未知海域发起突袭交换了意见。在此之前，美国海军从未如此大规模深入西太平洋。自1942年4月吉米·杜利特尔空袭东京后，美国更是从未涉足这一海域。斯普鲁恩斯被米切尔的回复所打动，最终建议他单独行动。这位航母司令将率领手下的三个大队，向西北方向的马里亚纳群岛进发。与此同时，斯普鲁恩斯返回马绍尔群岛，接受海军四星上将的晋升，并且开始策划中太平洋攻势最后阶段的"奇袭行动"。18日晚，"新泽西号"加油结束后离开了"邦克山号"特混大队，在一艘驱逐舰的护卫下向东驶去。抵达马朱罗后，斯普鲁恩斯开始集中精力策划"奇袭行动"，而米切尔的航母将为其铺平道路。三天后，美军即将开始对三座目标岛屿发动空袭。

On the Western
Warpath
☆☆☆

第2章
勇闯
太平洋
中部

马里亚纳群岛：跨越太平洋的载体

虽然战略的选择往往受制于地形，但在太平洋战争中，一个很少有人注意到的事实是，穿越中太平洋的最佳途径不仅取决于自然地理条件和敌军基地所在的位置，而且取决于测风学，即对风进行研究的科学。在太平洋，一座岛屿的价值在于它是否适合作为空军基地，而一座空军基地的价值在于其跑道是否与东风或东北信风的风向一致。太平洋舰队两栖作战专家之一、海军少将哈里·W.希尔曾经表示，这类岛屿"用两只手屈指可数，而日本佬显然已经在上面建立了基地，它们已被占领完毕！因此，如果要跨越太平洋，我们就需要一座空军基地，除此之外别无选择。我们只能从日本佬手中夺取一座岛屿。这一点再简单不过，却遭到了很多历史学家的严重误解"。

其中一些岛屿上的机场可以不予考虑，因为附近有其他机场可作代替，尤其是马绍尔群岛的米利、沃特杰、马洛埃拉普、贾卢伊特环礁。但是目前，鉴于信风的风向，美军必须浴血奋战，拿下瓜达康纳尔、塔拉瓦、夸贾林、莱岛和埃尼威托克岛。借助B-29轰炸机的尖端技术和强大威力，美军很快在东京以南发现了其中最有价值的岛屿——马里亚纳群岛，而该群岛位于

B-29 的航程之内。这种轰炸机机身呈银色，装有四部莱特 R-3350 双旋风发动机，在研发过程中费尽了周折。

九个月前，即 1943 年 5 月，美英联合参谋长委员会在华盛顿召开的"三叉戟"会议上制定了备忘录《打败日本的战略计划》。该备忘录明确表示，盟军的目标是"通过位于中国的基地对日发动大规模空袭后真正攻入日本"。联合参谋长委员会还批准了一项方案，规定"最迟在 1944 年秋对日本本土的关键目标实施有效袭炸。只有尽快开展这一攻势，才能直捣并摧毁日本运输系统的关键节点及其经济、军事和政治帝国的神经中枢"。有了这项计划，哈普·阿诺德为其手下 B-29"超级空中堡垒"机群构想的全球使命才能转变为切实的政策。但是一开始，联合参谋长委员会并不认为太平洋诸岛能够充当上述行动的基地，而是在 1943 年 8 月断定，只有中国大陆的基地才能为 B-29 轰炸机提供容身之所。

三个月后，在开罗会议上，有人首次提出进攻马里亚纳群岛的主张，但是当时联合参谋长委员会收到了众多方案。乔治·C. 马歇尔将军最初也不赞同海军借道马里亚纳群岛向中太平洋发动攻势，但是哈普·阿诺德对此明确表示支持，从而打破了僵局。在太平洋战场上，陆军航空队之所以站在海军一边，是为了确保自己在战败轴心国的全球计划中能够扮演主要角色。因此，B-29"超级空中堡垒"轰炸机机群需要在中太平洋拥有一座战略基地。

阿诺德一开始认为，为了对日本发动空袭，最好将 B-29 基地建在中国。这一提议也顾及总统的意见，因为他迫切希望尽快为蒋介石及国民党提供援助。但这位陆军航空队司令清楚，一旦他手下的 B-29 遭遇空袭，美军需要有更合适的基地，因为中国境内的机场难以输送补给，而且容易遭到地面打击。

有鉴于此，阿诺德及其手下的主要策士始终力主在马里亚纳群岛建立 B-29 基地，其中包括陆军航空队欧洲战略司令、《打败日本的战略计划》主要制定者之一海伍德·汉塞尔少将。早在 B-29"超级空中堡垒"投入战争前，陆军就对这个群岛觊觎不已，希望将其用作太平洋战场的空军基地。B-29 远程轰炸机问世后，马里亚纳群岛的价值进一步凸显。尽管麦克阿瑟敦促参谋长联席会议取消中太平洋的整个作战计划，并且按照他的方案集中精力攻打西南太平洋，但是在就下一个袭击目标展开的辩论中，以阿诺德和汉塞尔为代表的陆军出人意料地与海军站在了一起。1943 年 11 月，金在这场辩论中胜出：参谋长联席会议同意 1944 年 12 月 B-29 从马里亚纳群岛对日本发动袭击。哈普·阿诺德也乐于让金手下的海军陆战队为自己拿下一座更合适的基地。

随着远程轰炸机时代的来临，太平洋诸岛的地形及分布使其不可避免地具有重要战略价值。参谋长联席会议急于推动战局，并且高兴地发现，陆军和海军终于达成了一致，因此批准中太平洋的行动与麦克阿瑟开展的攻势同时进行。

届时，美军将绕过并孤立特鲁克岛，任其在岸基轰炸机的炮火下自生自灭。6 月 15 日，美军在马里亚纳群岛登陆后，阿诺德手下的 B-29 "超级空中堡垒"将很快拥有一个新的大本营。

当快速航母特混舰队向西北方向进逼，准备对马里亚纳群岛发动袭击时，米切尔将军手下的一名副官发现，他正在旗舰指挥室一侧的露天耳房内，待在他平时待的位置上，这里是他手下旗舰的战术控制中心。只见他坐在一个板凳上，双脚跷到陀螺罗盘架上。米切尔一向喜怒不形于色，所以当助手看见，他望着"约克城号"的飞行甲板面露悦色时，不由得感到十分诧异。米切尔也发现了来人，因此主动坦承："我刚才还在想，今天国内的鳟鱼节可要开始了。"

对于一名指挥官来说，在作战行动闲暇的间隙偶尔出出神，再正常不过。米切尔出生于威斯康星州希尔斯伯勒，在华盛顿特区接受教育。虽然他在海军学院表现很糟，但最终顺利毕业。一向特立独行的米切尔顺理成章地进入了航空领域。1916 年，他成了第一批能够驾驶飞机的 36 名海军军官之一。作为"33 号飞行员"，在接下来的 20 年中，他不断呼吁建立一支独立的海军航空联队。在他看来，这一点不仅至关重要，而且这支队伍必将发挥极大的潜能。在"二战"之初的两年中，他就职于华盛顿航空署，即海军负责航母航空兵的部门。他的上司是好友、"3 号飞行员"约翰·托尔斯。此人明确支持积极动用快速航母特混舰队。美国参战六个月后，中途岛战役以胜利告终。作为"大黄蜂号"航空母舰的舰长，米切尔在这场海战中的表现令人失望。由于指挥不力，再加上海上谍报能力不强，"大黄蜂号"航空大队的大部分飞机均未能找到日军的航母,因此灾难接踵而至。这艘航母上的第 8 鱼雷轰炸机中队因为擅自行动,几乎被日本海军全歼,只有一名飞行员侥幸得脱。在军界,一个人的声望就像便士股一样涨跌无常。对米切尔来说,这次惨败有可能意味着他的仕途到此为止。据说后来担任米切尔参谋长的阿利·伯克上校曾经说过:"一名军官从好变坏只需要十秒。"这句话用来形容米切尔再合适不过。

巧施"跳岛战术"

一个人对另外一个人的信任往往来自一系列成功的行动,但是只需要一次打击,这种信任就可以被摧毁殆尽。中途岛战役后,米切尔丧失了指挥航母特混舰队的机会。作为惩罚,他被差遣到珍珠港指挥巡逻机联队。被打入冷宫后,他的职业生涯似乎走到了尽头。但是,当尼米兹将他派往哈尔西手下,担任南太平洋岸基航空兵团指挥官时,他获得了第二次机会。1943 年 4 月,米切尔时来运转,他手下的战斗机中队在执行拦截任务时,击毙了日本海军联合舰队司令长官山本五十六。这名 P-38"闪电"战斗机驾驶员的成功挽回了他的声誉。九个月后,他奉命接替海军少将查尔斯·A.波纳尔指挥中太平洋的快速航母特混舰队。波纳尔由于在马绍尔群岛战役中缺乏进取心被解除了职务。太平洋舰队航空兵司令约翰·托尔斯对波纳尔和斯普鲁恩斯的航母在登陆时"按兵不动"感到怒不可遏。在"独立号"轻型航母被一枚鱼雷击中后,托尔斯极力游说将波纳尔撤职。据说,他还希望撤掉一向力主发展战列舰的斯普鲁恩斯,并且由自己取而代之。

但斯普鲁恩斯对波纳尔十分中意,即便他同意将其撤换,米切尔也并非他的首选。因为斯普鲁恩斯很可能认为,米切尔在才智上根本无法与自己相提并论。然而,在美军摧毁特鲁克岛后,斯普鲁恩斯很难不注意到,米切尔能够充分调动部队的积极性。他经常与手下的飞行员待在一起,与他们同甘苦、共患难。但凡"约克城号"上的飞机执行任务,只要有机会,他就会从旁观测,亲眼看着手下的飞行员进入降落航线、接近航母、挂住阻拦索、被拖进升降台后送往甲板下方,如此反复且不厌其烦。他们都是"他的孩子"。米切尔经常与他们促膝交谈。在做任何决定时,他们的安危都是他最关心的事情。东山再起后，米切尔在手下特混大队的舰队司令之间创造了某种严酷的竞争氛围。他和斯普鲁恩斯也发展起一种互相尊重的合作关系。"两人的性格截然不同，"伯克说，"但他们不仅是挚友，而且完全理解对方。"

航空母舰和快速战舰就像海军的代言人，但太平洋舰队的另一个分支同样重要。作为破坏者，米切尔手下的战士无可匹敌，但他们不是征服者。征服的任务由海军的另一支部队承担，他们负责进攻和把守太平洋中偏远的岛屿，因为在这个浩瀚无垠的战场上，只有这些岛屿才能为他们提供坚实的土地。斯普鲁恩斯手下的两栖战舰分队，即第五两栖部队，由一群"丑小鸭"组成。这支部队的指挥官海军中将里奇蒙·凯利·特纳称它们是一群"怪模怪样的船只"。这些船只不仅难以命名，只能用单词首字母缩写来表示，而且外表都同样沉闷单调，它们装有船首吊门的鞋形登陆艇、沼泽装甲车和载重六吨的水陆两用货车等。陪伴它们同行的除了支援舰上的小股部队外，就是一支由老式战舰和微型航母组成的行动迟缓的舰队。这些像鞋子一样的登陆艇可以用于运送人员和货物，但适航性较差，速度很慢。此外，它们也不怎么上相。这些登陆艇用途广泛、便于行动，可以被系在大型战舰的吊柱起重机上或藏在货舱内，等到达目的地后向堑壕内的敌军发起冲锋。它们就像海军任劳任怨的劳工，负责将有生力量运往岸上。特纳及其手下的舰队司令当然清楚这一点。因此，他们为第五两栖部队选择的标志是一条蜿蜒曲折、疯狂勇猛、从海洋深处跃起的腾龙。

1943 年 8 月 24 日，特纳抵达珍珠港，在斯普鲁恩斯手下担任第五两栖部队司令。在此期间，他按照尼米兹的"跳岛战术"，开始在中太平洋攻城略地，并且将对两栖部队的粗放式应用发展成为一门精妙的军事艺术。在他来到玛卡拉帕的总部后，大楼里仿佛刮起了一阵烈风。卡尔·摩尔后来在国内写道："特纳来了，秉持着一贯的严厉作风，但我很庆幸他能来到这里，因为他善于调兵遣将，而我对此感到欣慰。"

这一描述显然远远不够。特纳所做的不仅是调兵遣将，还有据理力争、疾言厉色、令不虚行。如果哪个低级军官当着特纳的面弄错了事实，那他只有靠老天爷保佑了，因为特纳对他们的工作往往十分了解。"凯利·特纳是个怪人，他喜欢考验手下的军官，"在马绍尔群岛战役期间担任特纳参谋

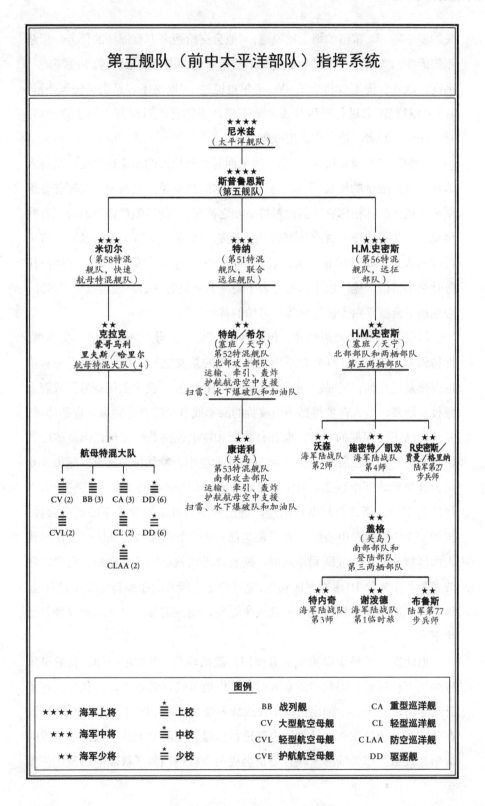

第五舰队（前中太平洋部队）指挥系统

★★★★
尼米兹
（太平洋舰队）

★★★★
斯普鲁恩斯
（第五舰队）

★★★
米切尔
（第58混
舰队，快速
航母特混舰队）

★★★
特纳
（第51特混
舰队，联合
远征舰队）

★★★
H.M.史密斯
（第56特混
舰队，远征
部队）

★★
克拉克
蒙哥马利
里夫斯／哈里尔
航母特混大队（4）

★★
特纳／希尔
（塞班／天宁）
第52特混舰队
北部攻击部队
运输、牵引、轰炸
护航航母空中支援
扫雷、水下爆破队和加油队

★★
H.M.史密斯
（塞班／天宁）
北部部队和两栖部队
第五两栖部队

航母特混大队

CV (2)　BB (3)　CA (3)　DD (6)

CVL(2)　　　CL (2)　DD (6)

CLAA (2)

★★
康诺利
（关岛）
第53特混舰队
南部攻击部队
运输、牵引、轰炸
护航航母空中支援
扫雷、水下爆破队和加油队

★★
沃森
海军陆战队
第2师

★★
施密特／凯茨
海军陆战队
第4师

★★
R.史密斯／
贾曼／格里纳
陆军第27
步兵师

★★
盖格
（关岛）
南部部队和
登陆部队
第三两栖部队

★★
特内奇
海军陆战队
第3师

★★
谢泼德
海军陆战队
第1临时旅

★★
布鲁斯
陆军第77
步兵师

图例

★★★★ 海军上将　　≡(上) 上校　　BB 战列舰　　CA 重型巡洋舰

★★★ 海军中将　　≡(中) 中校　　CV 大型航空母舰　　CL 轻型巡洋舰

★★ 海军少将　　≡(少) 少校　　CVL 轻型航空母舰　　CLAA 防空巡洋舰

CVE 护航航空母舰　　DD 驱逐舰

长的罗伯特·E.霍格伯姆上校说道，"他会交给两名军官同样的任务，但是不告诉他们实情，并依据他们提交的结果对他们进行衡量。"特纳手下的一名高级副官、海军少将哈里·W.希尔也说过："他决不容忍出现任何差错，并且会对犯错者进行严厉斥责。他不仅严于律己，对待部下也十分严格。对于任何反对者，他一向态度强硬。"

特纳很容易遭到误解。"第一次见面时，他给人的印象仿佛是一位待人苛刻、举止威严的校长。"霍兰德·S.史密斯将军说。史密斯曾在斯普鲁恩斯手下担任部队指挥官，因此对特纳知之甚深。"他看似严谨谦恭，还有些学究气。乍见之下，你会不禁以为，他是一个寡言少语、性情温和、富于理性的人。但是这远非事实。凯利·特纳咄咄逼人、精力旺盛，在执行任务时毫不留情。他一丝不苟的外表下隐藏着坚毅的决心。他脾气相当暴躁，否则也不会被平白无故地称为'可怕的特纳'。"

尽管特纳喜欢大声咆哮，但在内心深处，他为人热情真诚。私下里，性格谦和的雷蒙德·斯普鲁恩斯便是特纳的挚友之一。特纳出生于加利福尼亚州斯托克顿，"一战"前曾与斯普鲁恩斯同在"宾夕法尼亚号"战舰上服役。后来，两人在罗得岛州纽波特的海军战争学院既是同事，也是邻居，并从此结下了深厚的友谊。斯普鲁恩斯和特纳性格截然相反，但是彼此赏识对方的才智。在海军学院1908届的毕业生中，特纳排名第五。他很喜欢斯普鲁恩斯的两个孩子，对于自己膝下荒凉似乎不无遗憾。在接管中太平洋的美军后，斯普鲁恩斯很清楚，自己希望由谁来执掌手下的两栖兵种：凯利·特纳指挥牵引舰队，故交霍兰德·史密斯指挥两栖部队。早在担任大西洋舰队海军陆战队司令期间，斯普鲁恩斯就结识了史密斯。后来，在波多黎各作为第10海军军区司令，他曾与史密斯共同在加勒比海开展演习。斯普鲁恩斯早就做出决定：一旦战争爆发，他一定要把这两人网罗到自己手下。

但此次特纳被委以重任另有原因。就像马克·米切尔一样，特纳早年曾经犯下过错误，因此遭到众人敌视，但他最终得到宽恕，并从此打开了升迁之路。1940年，他出任海军作战计划处处长，并极力支持海军的发展。在此期间，他曾在作战计划处内部进行操纵，使陆军无法干预海军赞成的战略和政策。作为陆海军联合委员会成员，特纳积累了极高的声望。在参谋长联席会议成立之前，该委员会负责战时计划，有权直接向总统汇报。此外，他既是联合计划委员会成员，也是陆海军联合委员会的一员，而前者负责制订整体作战计划，明确应当开展哪些战役，后者负责批准上述计划。这样一来，特纳无异于同时拥有设计权与执行权，因此能够有效地否决自己不赞成的任何观点。卡尔·摩尔曾在数个理事会和委员会中与特纳共事，也在他手下任职。他说过，特纳尤其厌恶来自敌对兵种的战略与观念。特纳不仅挑起了摩尔所说的陆海军之间的"激烈摩擦"，而且激化了双方争辩的许多话题，例如两个兵种之间指挥权的划分以及不同战场上飞机的分配等等。"其结果往往是，无论联合委员会意欲何为，除非得到特纳的批准，否则就会出现严重的拖延、摩擦和困难。"摩尔说。

1941 年 5 月，在海军部和陆军部的宽松监管下，来自陆海军的一批中级军官制订了代号"彩虹五号"的作战计划，这项计划得到了罗斯福总统的口头批准。从几十年前起，陆军和海军的参谋们便就如何在全球从两条战线上作战展开了激烈的争论。美西战争后，美国作为太平洋的军事强国崛起，并开始进行战略策划，其中包括打败日本的战略蓝图"橙色计划"。"彩虹五号"便起源于此，并囊括了其早期方案，包括通过中太平洋开展两栖攻势，首先从吉尔伯特群岛和马绍尔群岛登陆，随后攻占加罗林群岛的特鲁克岛。

1943 年底，在经过太平洋战争初期的一系列失败后，特纳凭借"彩虹五号"作战计划的开展保住了自己的前程。不能不说这是一个奇迹。作为海军作战计划处处长，特纳负责将情报从华盛顿传向战场，包括有关资料及分析报告。珍珠港袭击发生后，有证据显示，夏威夷的陆军和海军指挥官未能接到重要情报，其中包括 1941 年 12 月 7 日前，火奴鲁鲁的日本特务已经向东京方面报告了美军战舰在珍珠港的停泊地点。在这起灾难性的事件中，虽然特纳不无责任，但他却利用自己的职务进行规避，以免成为调查的焦点。1942 年 7 月，他终于离开华盛顿，奉命指挥攻占瓜达尔卡纳尔岛的登陆部队。但他一开始就出师不利，再次因为指挥不力而酿成灾难。在萨伏岛战役中，美军损失了四艘巡洋舰和 1 000 名士兵，他的仕途也又一次走向绝境。

一名参议员之子在战斗中阵亡，因此此人在参议院对美军的这次失败大加斥责。据特纳手下的一名两栖大队指挥官理查德·L.康诺利说，这些不幸的意外事故使特纳晋升中将的事情一再搁浅。海军部长弗兰克·诺克斯只好派康诺利少将向国会山陈词，称特纳总体上表现良好，理应受到提拔。当有人提到萨伏岛战役时，康诺利说："至于此事是否完全由特纳负责，历史自有公论。我不会在这里对他说长道短，因为我对此所知有限。但是，他从那以后所做的一切，以及想方设法登陆瓜达尔卡纳尔岛，无疑取得了杰出的成就。即便他犯过错误，我们也有许多肯定的因素需要加以考虑。"不久之后，特纳终于被提升为中将。作为一名官场老手，他可以轻而易举地将责任推卸到低级指挥官身上。对于海军在南太平洋战役初期的平庸表现，海军陆战队感到十分愤怒，但特纳却设法让上司弗兰克·杰克·弗莱彻来承担这股怒火。

在对特纳的表现进行最后审查时，金将军为他及其英国同僚、海军少将维克多·克拉奇雷的过失进行了开脱。在盟军惨败的当天晚上，两人负责对巡洋舰进行部署。"这两人虽然身处窘境，但已经竭尽所能，利用了他们所能利用的一切手段。"金写信给海军作战处处长哈罗德·R.斯塔克称。金向来以严厉而著称，但这次却网开一面，或许是因为所有人都清楚，在这场全球范围内的海战中，海军仍有许多方面有待加强，所以急需特纳这样才具非凡、精力旺盛的人物。正因为如此，金很难像往日那样施以严刑峻法。如果不允许指挥官们从失败中吸取教训，他们就永远不会取得进步。米切尔便得益于此，而此举有利于国家。出于同样的理由，特纳也应当得到擢升。

1943年8月，当"可怕的特纳"出现在珍珠港时，卡尔·摩尔惊奇地发现，此人不仅亲切友善，而且热诚周到。"我对他几乎可以无话不谈，"这位斯普鲁恩斯的参谋长说，"但凡遇到那些他不愿与斯普鲁恩斯交流的话题，他总是来找我商量。"在成功夺取马绍尔群岛后，特纳已经精疲力竭。"凯利是在高度紧张的情况下开展行动的，"尼米兹将军说，"在此期间，有时我真想过去跟凯利握握手。"但斯普鲁恩斯答应，一旦遇到困难，他一定会管好凯利。他也的确是这么做的，因为他清楚特纳身上存在一些缺陷。

特纳曾向斯普鲁恩斯夫人坦承，自己有酗酒的问题。每隔一段时间，他就会酩酊大醉一次。长期以来，斯普鲁恩斯一直对这一点忧心忡忡。有不少同事在目睹此事后，也开始担心特纳。但不容否认的是，特纳是一个出类拔萃的人物。1944 年 2 月底，他的一名老部下从华盛顿写信给他说："人们十之有九都希望在你手下工作，所以要是收到仰慕者的来信，不要觉得奇怪。"据说欧内斯特·金曾经慨叹道："人们只要遇到麻烦，就会去找这些狗娘养的家伙。"果真如此，那么凯利·特纳的出头之日已经来临。

特纳思维敏捷、头脑聪明，工作起来孜孜不倦，善于对两栖战的陈规进行创新，这一点在海军无人能及。斯普鲁恩斯往往从大局着眼，所以他很清楚自己需要特纳这样的人才及其坚持己见、注重过程的处事方式。斯普鲁恩斯在提到特纳时总是会说："那些令我头疼的大量细节问题，他处理起来却得心应手。"他早就知道，特纳对海战的未来深感关切，无论这个未来是属于舰载航空兵还是两栖部队。1939 年，在波多黎各附近海域开展的一次演习中，斯普鲁恩斯无意中看见，特纳身穿泳裤站在潮头，示意两艘试验登陆艇的艇长加大油门，驶入巨浪。斯普鲁恩斯看着这两艘登陆艇冲上海滩，然后依靠自身的力量返回浪涛之中。他清楚，尽管当时用于发明创新的资金十分有限，但特纳对新事物的追求却矢志不渝。特纳明白，太阳底下无新事。在观看英军或日军开展两栖行动时，他的神色不无钦佩，但他知道，这两者并非两栖战的鼻祖，因为这种战术可以追溯到美国独立战争时期乃至遥远的古代。他愿意虚心借鉴历史，哪怕是最近的历史。他手下一些登陆艇的原型正是受到了敌军的启发。特纳注意到，日军向中国出动了一些令人瞩目的新型船只。船坞登陆舰，简称 LSD，是美国海军两栖部队体形最大的船只，它是根据日军的模型研制而成。

但特纳对两栖战的贡献远不止于此，而是可以分为三个方面。按照他本人的解释，第一个方面是"技术装备"，即大小各异的船只，从用于进行"搬运"的大型运输艇和登陆艇，到用于向岸上运送部队的"连接船"，例如绰号"短吻鳄"的履带式登陆车、履带式装甲登陆车以及各式各样的小型登陆艇。他将第二个贡献称为"重型兵力"，即适于远洋航行的突击队，这支队伍由配备有重型精良武器的机械化步兵部队组成，既可以从海上发动进攻，也可以登上和把守所夺取的土地。简而言之，这支部队即美国海军陆战队，而太平洋舰队陆战队司令、为人强硬的霍兰德·史密斯后来成了特纳最亲密的战友。特纳的第三个贡献是使用战列舰进行对岸轰击，其中包括部队登陆前进行的预射以及登陆后进行的近距支援射击。即使是在珍珠港事件后，老式战列舰也并未落伍。

技术装备、重型兵力和海上轰炸本身固然十分重要，但特纳清楚，即便他能在这几个方面取得成功，他仍然需要在部队登陆和战斗时为其提供给养和支援。两栖登陆车、驳船、起货机、吊车必须按照适当的次序将燃料、口粮、弹药和药品运到岸上。海岸勤务队必须用货板和滑橇将上述物品在炮火中运抵战士们的身旁。海上和空中支援必须在正确的时间和正确的地点开展，片刻也不能耽搁。突击队还要离开岸边，建立易于把守的防御圈，并且为下一轮进攻留出空间。此外，他们也不能速度过快，以免供给跟不上来。要想所有各方顺利配合、协同作战，特纳及其部下必须掌握人员、物资、流程方面不计其数的细节，并使其处于控制之中。虽然特纳凡事都要亲自指挥，但在内心深处，他始终保持着谦逊的态度。

突袭帕劳

特鲁克岛战役证明，第五舰队的航母威力之强大，足以打开任何禁区的大门，并安全地停留一段时间，对敌军进行破坏。至于两栖部队能否拿下诸如塞班岛或关岛之类的大型岛屿，则另当别论。当米切尔将军手下的飞行员从待命室里鱼贯而出，准备向马里亚纳群岛发起首轮进攻时，这也正是斯普鲁恩斯和特纳所考虑的问题。

第一轮攻击的首要目标不是摧毁日军的飞机和设施，而是从空中拍摄照片，因为太平洋舰队掌握的马里亚纳群岛的照片全都在 20 年以上。在将近一代人的时间里，这是航母飞行员首次向地面指挥官提供该群岛的确切信息，好让他们明白航母部队即将在塞班岛、天宁岛和关岛面临何种局面。因此，米切尔的突击队包含有数架被改造为摄影侦察机的"复仇者"。这几架飞机的后座炮手为摄影军士所代替。当轰炸机开始进行低空扫射时，摄影侦察机就会盘旋、俯冲，拍摄塞班岛和天宁岛的海岸线、防御工事以及其他设施，并对这次进攻造成的损失进行评估。

2 月 21 日下午晚些时候，来自天宁岛的一架日本搜索飞机在马里亚纳群岛以东大约 300 英里的地方发现了米切尔的特混舰队，而天宁岛是日本海军岸基第一航空队总部的所在地。米切尔立即通过无线电向斯普鲁恩斯报告："我军已被敌军发现。我们准备开火，以继续前进。"卡尔·摩尔曾在特鲁克岛附近亲眼看见，一架敌机对"无畏号"航母造成了多大损失，因此他向斯普鲁恩斯请示，为谨慎起见，应当撤销此次空袭，但遭到了否决。

虽然日本海军岸基第 1 航空队出动了 20 架代号"贝蒂"的三菱 G4M 中型鱼雷轰炸机以及其他一些新型飞机，但这些日军飞行员大都经验稚嫩，很难在夜间对美军特混舰队造成太大损失。2 月 21 日夜间，共有三波日本轰炸机发现了米切尔的特混舰队，并对其发动了袭击。但这些飞机极易遭到无线电控制的防空炮袭击，其中 12 架很快被击落，所以美军认为他们"肯定只是一些二流货色"。天色放亮后，空袭仍然断断续续。虽然没有敌机能够得逞，但美军必须设法躲避，从而使米切尔在拂晓前发动进攻的计划被延误。

2 月 22 日清晨，天空乌云低垂，TBM"复仇者"的飞行员只好启用机载雷达，对塞班岛和天宁岛进行定位。米切尔手下的航空大队在暴风中穿行，将他们凡是能够看清的东西烧成灰烬。在向天宁岛俯冲时，"蒙特利号"上的飞行员发现，有 50 架"崭新锃亮"的飞机在机场跑道北端东西两侧和停机坪上一字排开，其中大多数都是"贝蒂"轰炸机。他们焚毁了至少六架飞机，但随后被浓烟屏蔽了视线。在此次袭击中，共有六架美军飞机被击落，其中包括两架来自"约克城号"上的"地狱猫"。飞行员伍迪·麦克维上尉和 A.F. 戴维斯中尉在对阿斯利托机场进行扫射时钻入了云层，随后再也没有人见过他们的踪影。

当特混舰队接到报告，称有飞行员在近海水上迫降后，正在天宁岛以西执行护卫任务的"太阳鱼号"潜艇奉命前往搜救。2 月 23 日下午，"太阳鱼号"共接到六组坐标，但当时大雨倾盆，再加上附近日军飞机和舰艇信号的不断干扰，该潜艇一边竭力与友机建立双向超短波无线电联系，一边仅用了三个半小时，对其中五组坐标进行了调查。

在为期两天的空袭中，第 58 特混舰队的飞行员们在地面摧毁敌机 72 架，在空中击落 51 架，并击沉了数艘被困在港口的货轮。尽管如此，摄影情报仍然十分珍贵。这些从不同高度和角度航拍的照片虽然不足以构成可以测量精确海拔的真映射，但可以为飞行员们提供大致的方向。

　　塞班岛长 14 英里，宽 6 英里，是日本在马里亚纳群岛的行政中心。第一次世界大战后，国际联盟将这座群岛交给日本托管。随后，日本人对这片殖民地进行了大规模开拓，日本工人与查莫罗人一起，在当地生意兴隆的蔗糖种植园里工作。西岸的弹丸之地加拉班是塞班岛的首府。岛上最大的海港塔腊潘港位于加拉班附近，是往来于日本的船只补充给养和燃料的地点。南部的阿斯利托机场是岛上的主要机场，可以对该岛进行空中防御，也是日本和南太平洋之间诸岛飞行员航行时的中途停留地。塞班岛北岸和西岸没有珊瑚礁，而是峭壁林立。东北岸有一处深坑，形成了一道巨大的海湾。在塞班岛西岸塔腊潘港以南的查兰卡诺亚村有一座大型制糖厂和一条通向机场的铁路。2 月，尼米兹手下的情报人员估计，该岛有 8 000 多人驻防，另外还有 2.5 万名日本平民和大约 3 000 名查莫罗土著。

　　尼米兹对情报行业兴趣浓厚。1942 年 9 月，他在夏威夷设立了"太平洋地区情报中心"（ICPOA）。早在中途岛战役之初，该指挥所便遭到了华盛顿职业情报官员的反对甚至谩骂。在借用了夏威夷海军军区的军需处总部后，尼米兹意识到他还需要陆军的摄影技术。因为陆军指挥官需要研究的是陆地地形，而显示潮汐、水流以及海洋特征的地图未必能派上用场，所以尼米兹将沙夫特堡负责基础地形测量的第 64 工程营并入了这项行动。有了陆军的参与，瓦胡岛的情报机构便成了海军与陆军的联合行动机关，因此被更名为 JICPOA，即"太平洋地区联合情报中心"。在约瑟夫·特威蒂准将的指挥下，该中心逐渐发展成为一个极为活跃和日渐庞大的机构。其中一名分析师唐纳德·"马克"·肖沃斯说："我们的目标只有一个，那就是打赢这场战争。"

　　太平洋地区联合情报中心密码破译处的第一位负责人约瑟夫·J. 罗奇福特中校是一位公认的天才，正是因为他破译了日军的密码，美军才得以对中途岛进行伏击。评估处最初负责根据无线电截获的情报和密码分析推测敌军的意图，后来增加了摄影侦察和照片判读队。第一批空中侦察摄影师由飞行员充当，在航行过程中，他们会手持照相机，将身体探出驾驶舱外。随着时间的推移，经过专门训练的摄影军士可以利用两部相机，采取立体照相术和斜向摄影。立体照相术是指在同一海拔以同一速度航行的多架飞机可以拍摄出精度极高的图像。如果云层较薄，斜向摄影可以显示地表物体的高度以及悬崖和山洞。最后，尼米兹将手下的照片判读队从火奴鲁鲁市区的一家柯达胶片冲洗店迁往玛卡拉帕山太平洋司令部的情报中心，靠近他总部所在的防空掩体。这是一处由多座实验室和制图室构成的建筑群。在这里，一群庭园建筑师、地质学家以及陆海军的工程师们在海军上校霍华德·J.戴森的指挥下，通过发光放大镜和立体镜对航拍照片进行研究，以绘制目标岛屿的等高线图、橡胶地貌模型和大尺寸网格地图。随后，这些地图会被印在八英寸见方的纸张上，并压缩装订小册子，分发给飞行员、舰长和地面指挥官，以便帮助他们协同配合。

除了在空中开展侦察以外，尼米兹在水下也做好了准备。米切尔发动进攻后，尼米兹已经预料到日军会在马里亚纳群岛集结。因此，他和太平洋舰队潜艇部队司令、海军中将查尔斯·A.洛克伍德在群岛北侧部署了一连串潜艇，以便进行阻拦。马绍尔群岛陷落后，日军统帅部虽然拿不准美军的下一个登陆地点，但仍然下令对马里亚纳群岛进行增援。2月22日，一支由五艘日军舰船组成的护航队在靠近塞班岛时，与美军"刺尾鱼号"舰艇不期而遇。"刺尾鱼号"的舰长理查德·H.奥凯恩袭击并击沉了两艘货轮。2月23日，在"太阳鱼号"潜艇干掉了两艘货船后，奥凯恩又击沉了三艘。但是由于麦克阿瑟进攻新几内亚，并不断向菲律宾进逼，日本联合舰队司令部猜测，美军下一步将进攻他们在比亚克岛的基地。

日本不仅在情报的运用上没有美国熟练，而且时常为陆海军之间没完没了的不睦和宿怨所掣肘。所幸在双方正在开展的间谍战中，他们意外收获了一些情报。1944年1月，联邦调查局的特工闯进位于63街和麦迪逊交叉口的纽约银行，打开了银行的保险库，拘捕了一名脚踢手挠、不肯就范的女子。此人名叫韦尔瓦丽·迪金森，是一名古董玩偶商人。在与所谓的外国客户通信时，她使用了一种复杂晦涩的密码。她还在信中提到古董玩偶，从而引起了战时书信检查员的注意，检查员将这些信件交给了联邦调查局。事实证明，他们有充分理由感到怀疑，因为这些信件暗含了她在西岸港口所看见的美军战舰及其作战状态。然而，即便此类离奇的阴谋诡计也于事无补。1944年春，日本联合舰队司令长官、海军大将古贺峰一不仅未能预见未来，也没有意识到自己大限将至。

3月22日，凯利·特纳及其部下正集中精力，为6月15日登陆塞班岛做准备。与此同时，斯普鲁恩斯在"新泽西号"上升起舰旗，率领第58特混舰队的三个大队从马朱罗出发进攻帕劳，以支援麦克阿瑟向新几内亚的霍兰迪亚推进。3月30日，米切尔首次向帕劳发动袭击。这次往返600海里（1海里≈1.852千米）的行动充分展示了航母无与伦比的机动性。次日，米切尔手下的数艘航母向关岛以南约350英里的西加罗林群岛发动了进攻。在这几次袭击中，美军损失了25架飞机，直接摧毁或重创了敌军在雅浦岛和沃莱艾环礁的29艘辅助舰船和214架飞机。最重要的是，美军的袭击迫使古贺峰一再次将联合舰队撤出美军航母的打击范围。3月31日，古贺及其部下登上两架水上飞机前往菲律宾达沃，途中遭遇台风，随后便下落不明。日本海军司令部对这位联合舰队司令长官之死极为震惊，但仍然认为新几内亚附近的比亚克岛是美军进攻的下一个目标。

4月7日，在突袭帕劳后，斯普鲁恩斯和米切尔返回了马绍尔群岛的马朱罗。金认为，美军的航母一路从新不列颠驶向帕劳，在陆上飞机的炮火下竟然毫发无伤，这"简直是个奇迹"。尼米兹也和两人一起，讨论他们手下的舰队如何继续为麦克阿瑟提供支援。接着，太平洋舰队和中太平洋舰队司令飞往珍珠港，和特纳共同策划攻打马里亚纳群岛的行动。众人离开后，斯普鲁恩斯的舰旗被从"新泽西号"的前桅冠上摘下，再次悬挂到停泊在一侧的"印第安纳波利斯号"重型巡洋舰上。米切尔手下的飞行员几乎没有时间休息。三天后，即4月13日，第58特混舰队再次分三队从马朱罗出击，支援麦克阿瑟登陆霍兰迪亚。从4月21日起，这几艘航母连续四天在南太平洋开展行动，随后在返回马绍尔群岛途中，又一次袭击了特鲁克岛。

此时，特鲁克岛的神秘色彩已经消失。这座日军的大型基地一度神气活现，如今却被美国海军的航空兵打得落花流水。4月，在"列克星敦号"上，"东京西方传教士协会"获批成立，准备对帕劳发起突袭，因为帕劳所处经线位于日本首都以西。该协会的纲领写道，在这次行动中，这些"传教士将使用炸弹打醒日本，让30艘异教船只化为废铁"，并"积极谋求占领日本这座负隅顽抗、气数将尽的港湾"。首个加入该协会的成员是吉米·杜利特尔，此人因轰炸东京而闻名遐迩。海军上将米切尔作为"传教主持"，第二个接受了该协会会员证。第16航空大队队长、陆军航空队司令哈普·阿诺德之婿欧内斯特·M.斯诺登中校被任命为"首席传教人"。

尽管海军航空兵意气风发，在 4 月再次进攻特鲁克岛时，其佼佼者亚力克斯·弗拉丘还是遭到了高射炮的袭击。"无畏号"航母受损后前往美国西岸进行维修，但弗拉丘还是设法返回海上。由于他参加过九次激烈的空战，所以只需略施小计，便被调往"列克星顿号"航母的航空大队。在向特鲁克岛一座环礁的机场俯冲时，弗拉丘的"地狱猫"被地面炮火击中。弹片撕裂了液压管，打碎了挡风罩。刹那间，防弹玻璃像雨点般砸在他身上。飞机剧烈抖动，但是没有坠落。返回"列克星顿号"上空后，弗拉丘发现，自己的起落架卡住了。他只好在一艘驱逐舰旁迫降，舰上友军立即将他救了上来。

当这艘小型舰艇跟随屏护舰队一路颠簸前行时，弗拉丘和舰长坐在操舵室里闲聊。他问舰长是否可以向"列克星顿号"发送一条消息。得到允许后，弗拉丘向老朋友、米切尔的行动指挥官格斯·韦德海姆草草拟就一封电报。"格斯号"灯闪烁道："把我从这辆过山车上弄下来，否则我就投麦克阿瑟的票，救我。"

一个小时过去了，弗拉丘没有得到任何回应。他开始怀疑，老朋友是不是没有理解自己的幽默，甚至暗暗担心自己在海军航空队的前程。回信随即抵达，只不过是发给舰长的。"为节约飞机，希望我舰飞行员留在你处。抵达乌利西后，我们会派橡皮艇将其接回。"

45 分钟后，当弗拉丘还在对这封回信感到纳闷时，韦德海姆示意他所在的驱逐舰靠近航母，放下吊索，让弗拉丘返回。韦德海姆一边看着他滑向机库甲板，一边咧嘴笑了起来。随后，韦德海姆带着弗拉丘去见米切尔，并介绍说，这就是"刚才发来消息的那个家伙"。米切尔对手下飞行员特立独行的精神十分赞赏。至于是否有人告诉罗斯福总统，这位海军王牌飞行员在选举中会给谁投票，或者米切尔是否因此对弗拉丘进行了处分，我们无从知晓。

3 月 28 日，尼米兹终于就进攻马里亚纳群岛下达部署指令。斯普鲁恩斯手下的中太平洋部队也很快被更名为第五舰队。长期以来，麦克阿瑟一直希望攻占卡维恩和拉包尔，从而彻底包围南太平洋。但是，当参谋长联席会议正式批准"奇袭行动"后，麦克阿瑟清楚，他的计划已经告吹。此外，

35

他还奉命向尼米兹交出太平洋司令部为上述计划分配给他的运输船和货船，
这更令他感到愤愤不平。与此同时，美国海军的一幕重头戏即将开演。

6 月 13 日，斯普鲁恩斯的舰队，包括米切尔的航空母舰、特纳的两栖
部队和霍兰德·史密斯的部队将在登陆前对塞班岛实施空袭和轰击。

第3章
整军待命

创建水下爆破队

毛伊岛的内陆公路始于卡胡鲁伊港，穿过大片蔗糖和菠萝田后，便来到一座植物园。这里是两栖部队接受训练的地方。美军从当地农场主和私人手中租下了1 600英亩（1英亩≈0.4047公顷）土地，建立了毛伊营。海军陆战队第4师的将士们在这里总结了最近在夸贾林环礁得到的教训。距此东南100英里，在夏威夷的大岛上，海军陆战队第2师在顶端积雪的莫纳克亚和莫纳罗亚火山之间建立了塔拉瓦营，并设法解决之前血战中遇到的难题。1943年11月，在吉尔伯特群岛战役中，海军陆战队第2师在塔拉瓦岛伤亡惨重，打开了太平洋舰队通向中太平洋战场的第一步。

对于前车之鉴，这两个奉命进攻塞班岛的陆战师始终铭记在心。这段历史的初稿是他们用鲜血写成的，他们研究过其中每一个环节，因为这些事关他们的生死存亡。在战火中，他们所经历的一切给他们留下了深刻的印记，并且教育和改造了他们。正是两栖进攻的独特战术将他们与其他部队区分开来。在陆海相接的过渡地带作战，无疑需要具备特殊的本领。60天后，他们所掌握的技巧将再次接受考验。

美国陆军第27师也将加入霍兰德·M.史密斯少将第五两栖部队的战

斗序列。这是海军将领首次指挥级别如此高的梯队，而且还节制着一个陆军师。霍兰德·史密斯认为这对海军陆战队来说意味着某种转折。"当海军陆战队的官兵得知，我们将第一次作为一支必不可少的部队作战，而非处于联合指挥之下时，我简直无法形容众人的欢腾之情。"史密斯后来写道"作为一支海军野战军，我们将在海军将领的指挥下，独立开展打击日军的行动。这是提高海军陆战队威望的良机。海军战争学院再也不会有人用'二流部队'的可恶说法了。"

海军陆战队第 2 师的托马斯·E. 沃森少将及其手下指挥官都无法忘却塔拉瓦岛。由于策划时出现严重误判，登陆该岛的战役几乎演变为一场灾难。该师的参谋推断，海水将超过礁盘五英尺，但未能预测当地的低潮。当登陆艇抵达暗礁后，船底触到了珊瑚的边缘，部队被迫在距离岸边 500 码的地方弃船涉水。他们被困在礁盘之上，无法占领任何立足之地，只能等着被载往岸上。在敌军的猛烈炮火下，许多人不得不身背全副武装，在深深的潟湖中无助地跳来跳去。经过惨烈的交叉射击，数波突击队终于来到岸上。正是因为连排两级的出色指挥，这次行动才得以继续进行。假如上尉阵亡，中尉完全清楚自己的职责，中士和下士同样如此。校级军官也从中得到了教训。特纳的参谋长罗伯特·E. 霍格伯姆说："当时，海军陆战队第 2 师的指挥官们都坚信他们能够迅速占领这座岛屿。"乐观轻敌只会葬送自己的性命，而最好的解药就是认清残酷的现实。

训练场最主要的目的就是使美军认清现实。夏威夷地形多变，既有高耸的山峰和干旱的丘陵，也有开阔的海岸。既有刺状的玄武岩，也有帕克农场上的田间土路。天然的地理优势为美军提供了足够的空间，以便进行实弹操练、火炮和迫击炮训练、坦克演习、伪装练习、夜间袭击、丛林训练以及爆破、柔道和喷火器练习。虽然这座训练场有诸多优点，但还是缺少至关重要的一点。"如果你不了解敌人，你就不知道该如何面对他，所以我们必须熟知敌人的习性。"海军陆战队第 4 师有人表示。"在训练过程中，教官告诉我们，日本人十分顽固。也就是说，他们不在乎自己的性命，但我们在乎。因此有一点我们必须明白，即绝不能给敌军任何机会。"可是训练场上不可能面对活生生的敌军进行作战模拟。所有人都清楚，夏威夷的演习只不过是在做戏。

他们必须做好一切准备。因为情报人员无法准确描述，他们即将在塞班岛遇到何种状况。航空照片也未能像特纳希望的那样，为他们提供足够信息。由于云层很厚，再加上飞行员缺乏经验，无论是出于专业训练还是自身本能，他们更关心的是如何躲避敌军的炮火，而非如何方便后座的摄影师拍摄照片，所以塞班岛和天宁岛的照片都很不全面。要到几个星期以后，这些照片才能进一步完善。"我们来到珍珠港，试图剖析自身的问题。显然，我们手上的任务十分艰巨。"特纳手下的两栖部队副司令、海军少将哈里·希尔说。据情报人员估计，当地的日军兵力已经增长到 9 000 ～ 10 000 人。此外，人们始终担心，岛上的山峰、洞穴和珊瑚峭壁会出现意料之外的状况。

凯利·特纳清楚，自己唯一能做的就是在力所能及的范围内，继续加强对可变因素的控制。他手下的远征部队即将在马绍尔群岛的多座岛屿上开展大规模战斗，因此必须做到有备无患。他所掌握的 56 艘攻击运输舰和 20 艘货船一次可以输送四个师的兵力。金将军曾向参谋长联席会议提出了这一要求。但这些船只的实际运力既取决于行动的准确性和时机的选择，也取决于船上人员的素质以及支援炮火的口径和初速。

从夏威夷各地和加利福尼亚沿岸就可以看出这次两栖演习的盛况。驾车从圣克莱门特驶往欧申赛德的人们偶尔能够目睹演习的过程。一些形状奇特的船只摇摇摆摆地爬上岸边，大批士兵从中挤出，卸下装载的货物，上方的悬崖上还有观察员进行观测和记录。各大军区正加班加点，对特纳手下的水兵进行训练。两栖部队的士兵被送往科罗拉多的登陆艇学校、海军舰炮联络官学校和空军联络官学校。负责装载货物的运输舰军需官则要到圣地亚哥以北的艾略特营接受训练。坦克登陆舰用途广泛，其成员被派往弗吉尼亚州小溪基地的布拉德福德营，他们的教官是参加过北非登陆战役的老兵。附近的两栖训练基地是各式各样登陆艇成员的校舍，他们主要负责运载步兵、坦克、车辆和人员。特纳手下的两栖部队士兵分别来自海军、海岸警卫队、海军陆战队和陆军，这些人有着各自独特的作战技能。陆军将其小型海上船舶驾驶员称为两栖工兵，认为海洋只不过是陆地的延伸部分，但是气候相对恶劣。正如一本训练手册所写："就像作战士兵必须熟悉地形那样，两栖工兵必须熟悉海洋。你们必须完全掌握利用水体作为道路的本领，将部队、设备和给养运往战场。你们的职责是运送地面部队，为他们提供补给，撤出所有伤员、俘虏以及值得维修的设备。在大型舰艇到来和建立码头之前，这项工作将持续下去。这也许需要相当长的一段时间……在你们开展行动时，两侧将由海军护卫，上空由航空队的飞行员确保安全。你们的船舶均配备有炮火和装甲。你们应当试图对敌军发动奇袭。以上都是简单的常识。你们的职责是向岸上运送有生力量，而不是堆积尸体。"

塔拉瓦的经历令凯利·特纳难过不已。对于那些易于掌握的事实，譬如潮汐，如果不能进行认真调查，从海上进攻将变得十分困难。塔拉瓦战役结束后，特纳在报告中写道："如果没有掌握水深等详细信息，或者不具备在登陆前消除障碍的能力，我们绝不能再次开展两栖行动。"正是基于这一认识，作为海军登陆行动的首要研究者，特纳将在两栖战术上引发重大变革。

近来，特纳逐渐对一种新的军事活动——水下爆破，产生了兴趣，而这种活动有助于两栖部队开展行动。海军有一批所谓的"蛙人"，他们既是游泳侦察专家，还擅长使用炸药清除浅滩和海岸上的障碍。他们对进攻海滩的侦察十分独特，被称为水文侦察，即测量礁岩以上以及整个潟湖的水深，以确定士兵在全副武装的情况下是否可以徒步前进而不被卷入水底，还可以确定坦克可以从哪些地方经过而不会颠簸或被淹没。如果这些专家参与了塔拉瓦战役，特纳认为，数百名海军陆战队员就不至于在挣扎着渡过潟湖时淹死或被射杀。自1943年底，海军就开始在佛罗里达州对"海军战斗爆破队"（NCDU）进行训练，但华盛顿将其中大部分人员送到了欧洲。32名海军战斗爆破队员来到英国，为进攻诺曼底做准备。但塔拉瓦战役的结果证明，东半球也需要他们。海军在佛罗里达州的皮尔斯堡建立了一个专门的营地，对有志于从事此类工作的人员进行训练。而在太平洋，特纳打算将海军的蛙人特种部队据为己有。

1944年4月20日，"埃塞克斯号"航母在西岸经过改装后抵达珍珠港。大约300名特殊的乘客从机库甲板走下跳板，踏上福特岛。他们是第5、第6、第7水下爆破队（UDT）的全体人员，奉特纳之命来到此地。他们的队长叫德雷珀·考夫曼，是一名身材修长、体格健壮、颇有几分书卷气的海军少校。上岸后不久，有人便开车来接他前往总部，拜见特纳将军。

除了通常的寒暄，特纳对考夫曼格外热情，因为在特纳看来，此人不只是一位革新者，他的工作将为两栖部队开拓全新的领域。考夫曼的父亲、海军少将詹姆斯·L."雷吉"·考夫曼在太平洋司令部任参谋之职，曾在瓦胡岛与特纳比邻而居。由于父亲的缘故，德雷珀无论走到哪里，都会受到欢迎。但父子两人均强调，其中绝不涉及裙带关系。实际上，正是因为德雷珀从一开始就违背了父亲的建议，才得以成立并指挥海军的第一支水下爆破队。早在美国参战前，这名 1933 届的安纳波利斯海军学校毕业生由于视力不佳，未被批准服现役，但他还是穿上军装，开始寻找参战的机会。为了能够参战，他不惜到英国皇家海军预备役部队服役。

1940 年，作为美国志愿救护队的一名驾驶员，考夫曼被派往法国，在那里待了几个月。一天，他执行了一次危险任务，自告奋勇运送八名伤员，前往一家已被德军占领的法国医院。这次任务预示着他的事业即将出现转机，而他从那之后所从事的行业仍然危险不断。考夫曼抵达法国的一处前哨站后，他向卫兵说明了自己的意图，卫兵向他指了指通向前线的蜿蜒的道路。途中，他遭遇了一个全副武装的德军班，并被俘虏。在随后的四个星期里，考夫曼被关押在吕内维尔的俘虏营。这名美国籍的非交战人员成了一名名不副实的战俘。美国在巴黎的海军武官联系到考夫曼将军，并从中调停使德雷珀获释。但德雷珀并没有到此为止。1940 年 8 月，考夫曼返回伦敦后设法进入皇家海军预备役部队服役。当时，德国开始对英国实施空中闪电战，考夫曼的爆破专长派上了用场，挽救了许多受困平民的生命。

德国空军留下了大量未引爆的炸弹，这让伦敦的交通陷入瘫痪。其中一些是哑弹，另一些装有延期引信，被设定在德军空袭的间隙爆炸，有的甚至时长数周。一个周四夜晚，考夫曼正在旅馆休息，德军突然发动了空袭。在旅馆外，一枚炸弹滚落街头，但没有立即引爆。一个英国拆弹小组很快被调往此处。轰隆一声巨响过后，拆弹小组几乎全军覆没，只有一人死里逃生。次日清晨，有人到考夫曼所在的预备役部队征募志愿者，但没有人敢挺身而出。第三天，当有人再次向他们征询意见时，考夫曼等 20 人举起了手。一名英国军官走近考夫曼问："小伙子，你是否非常希望从事此类工作？"他答道："不，长官。"而这正是招募者所需要的回答。凡是回答"是"的士兵，往往被认为过于狂热，不适合从事拆弹工作。因为这项专长需要在每一步都做到头脑冷静、有条不紊。

　　此外，拆弹工作单调乏味。由于多数炸弹都埋在地面 30 英尺以下，来到事发地点后，考夫曼首先需要挖开一个通向炸弹的洞穴，接着对洞穴进行加固，然后才能开始拆除引信。很快他发现自己要与狡猾的德国军械士展开智力较量。他们在炸弹上安装了忌动装置，一旦引信被移除，炸弹就会引爆。此外，振动器如果探测出一丝颤动，同样会引发爆炸。对于第二种情况，考夫曼学会了一个技巧：在引信上方钻一个小口，注入某种加热后的液体。这种液体会在冷却后固化，并在原位冻结振动器。他还注意到，德军会使用炸弹序号的最后一位数字来确定引信的类型。考夫曼推测，这样做很可能是为了在处置炸弹时确保他们自身的安全。工作过程中，为保险起见，他始终与位于安全距离外的一位同事保持电话联络，并大声说明自己的每一个动作，以免其他人犯下致命的错误。随后，考夫曼升级到另外一个小组，开始从事"更加冒险的行当"，即排除德军投进港湾之中的磁性和音响水雷伞，拆除内部一旦见光就会引爆的光电诡雷。直到此时，考夫曼意识到，自己的行业充满了魅力。当拆弹小组将失效的炸弹抬上平板卡车，目送它们在警车的护送下前往有"炸弹公墓"之称的处理厂时，周围的人会纷纷探过身来，钦佩地望着他们。

　　1941 年 5 月，闪电战结束后不久，考夫曼的同胞便听说了他的本领。11 月 1 日，美国海军军械局向英国人提出申请，要求让考夫曼回国。一开始，考夫曼表示反对。他担心，如果到这支和平时期的海军服役，自己将一辈子无所事事。但时任海军军械局局长、绰号"尖钉"的威廉·H.P. 布兰迪少将告诉他："如果你以为美国海军没有仗打，德雷珀，我建议你问问你的父亲。昨天，我军舰艇'鲁本·詹姆斯号'刚刚遭到一艘德国潜水艇的袭击。"随后，考夫曼奉命在华盛顿海军大院成立了海军第一所拆弹学校。

　　德雷珀·考夫曼之所以能够在事业上有所成就，完全是建立在志愿兵的力量上。在他看来，一个人无论参加过哪个团队，其经历的价值大小，取决于其战友的水平和动机。他认为，当志愿兵不仅是一种服役方式，而且是结交精英人才的途径。只有这样，一个人才能展现出最佳的自我。

　　考夫曼得到批准，他可以亲自遴选拆弹学校的第一批学生。于是，他挑走了西北大学和哥伦比亚大学海军预备役军官培训班的尖子。1941 年 12 月 15 日，在战火烧到夏威夷一周以后，考夫曼被召往斯科菲尔德堡负责拆除弹药库铁门外一枚尚未引爆的日本炸弹。由于在排爆过程中表现出色，他荣获了一枚海军十字勋章，从此名声大噪。在瓜达尔卡纳尔岛战役中，海军上将哈尔西目睹绰号"滚球"的炸弹空炸引信，对美军造成了巨大伤亡，因此要求制造这种引信。考夫曼及其手下参与了引信的设计。在15天内，他们为南太平洋部队制造了250枚此类引信。这不啻是对军械局的一种侮辱，因此他们十分不快，但布兰迪将军乐于从中调停，并要求手下的设计人员到考夫曼开设的学校深造。当校舍被迁往美国大学时，海军在兄弟会的地盘为其租下了一片地方。这支队伍后来演变成为海军海豹特种部队，对于这支富于传奇色彩的非常规部队来说，这个地点似乎再合适不过。

一天，考夫曼在造访金将军总部时，金将军手下的一名参谋拦住他问道："德国人在他们占领的法国海滩上建立了许多障碍，你见过这些障碍的照片吗？"考夫曼回答没有。"他们正在水深五英尺的地方建立障碍，这些障碍能够阻拦登陆艇，所以士兵只能在水深六英尺的地方下船。你知道一名步兵背包的重量吗？"

"不知道，长官。"

"我也不知道，但我知道的是，他们会被淹死。希望你能够阻止此事的发生。去见见我的副官吧。"

考夫曼的脑海中顿时充满了疑问：我要何时着手，又该怎样着手？人称"智多星"的杰弗里·梅泽勒上校并没有回答他的问题。他的副官递给考夫曼一沓诺曼底的照片。只见在靠近希特勒"大西洋壁垒"的海滩上，横七竖八地矗立着许多巨大的水泥多面体建筑。考夫曼猜测，自己将很快被派往法国的被占领土，设法消除这些障碍。他虽然在拆弹方面阅历丰富，但在如何发挥炸弹本来的作用上毫无经验可言。

接到命令后，考夫曼成立了一个培训班，以训练有关人员在部队进攻前炸毁敌占海滩上的障碍物。时间极其宝贵，所以这名向来我行我素的预备役军人得到批准，可以自行其是。也就是说，他可以自行挑选训练地点，自行选拔手下人员。

在佛罗里达州的皮尔斯堡，考夫曼的第一批学员来自他的拆弹和排雷学校以及号称"海蜂"的海军工程营。"他是一名了不起的推销员，"水下爆破队的军官罗伯特·P.马歇尔后来回忆道，"他来到我们军营，向我们这群人推销说，这项任务不仅极其危险，而且我们必须立即投入真刀真枪的战斗，此外还没有额外的报酬。这番说辞效果显著，其中数百人纷纷报名参加爆破队，并且开始在军营接受基础训练。教官是几名为人亲切的海军陆战队员，他们十分乐意传授自己的诀窍。"四五个星期后，这些人被送往皮尔斯堡。1943 年 7 月，考夫曼的第一批学员抵达了维罗海滩的水下爆破队训练基地。

考夫曼之所以热衷于创新，是因为他意识到，未来的情况将与现在大不相同。他绝不会任由自己因为年龄的增长而身体衰弱、一事无成，同时会不断地自我提高。当考夫曼发现自己不擅长演讲时，他在海军学院建立了一个公共演讲俱乐部，后来还参加了戴尔·卡耐基本人开设的卡耐基训练课。比起要求学员循规蹈矩，他更看重容忍错误；比起减少繁文缛节，他更希望学员们能够追逐奇思妙想。

在为皮尔斯堡的训练班选拔人才时，考夫曼认为，他需要的是那些富有创造性和灵活性的人。为此，他为学员创造了大量机会，以培养他们的上述品质。为了使学员身体强健，他还请陆军侦察与突击队开设了体能锻炼课。这就是考夫曼所谓的"地狱周"，是对学员心理和生理全天候的严酷磨炼。在这个过程中，那些朝气蓬勃的年轻人会脱颖而出，因为较为年长的人往往会瞻前顾后，选择放弃并返回海军，所以留在考夫曼手下的个个都是生龙活虎的小伙子。

考夫曼清楚，他们即将开展的行动十分危险。对于这样一支非同寻常的队伍，海军也给予了前所未有的鼎力支持。因此，他在水下爆破队大力提倡发扬团队精神。此外，考夫曼的另一个当务之急是，掌握和应用前沿科技研究成果。当他向军械局提出，将美军最出色的爆破专家派给自己时，他的脑海中立即浮现出了一个名字：乔治·基斯塔科夫斯基。考夫曼喜欢将此人称为"俄国疯子"，但他实际上出生于乌克兰。考夫曼对基斯塔科夫斯基十分着迷。在他看来，这位化学家是"一个疯狂的家伙"。这位 43 岁的中年人看起来不像常春藤名校的化学教授，但他的确在哈佛大学任职。基斯塔科夫斯基擅长热力学和化学动力学。由于才能出众，他被任命为罗斯福总统"科学研究和开发办公室"成员，负责研究爆炸物和推进剂。可以说，基斯塔科夫斯基比考夫曼对炸药有着更深的认识。对此人来说，炸药不仅是一柄铁锤，更是一把尖刀。当两人坐在一起谈论爆破时，就像钟形曲线的两端一样，他们在理论和应用上的见解不谋而合。两人都特立独行，也同样才智出众。

关于如何使用炸药，基斯塔科夫斯基有着各种各样的主意，例如为了某项任务要使用何种类型的炸药，以及如何进行组装和部署。他发明了天然和合成炸药、可食炸药、成形炸药以及制造上述炸药的工业过程。他清楚冲击波和水力理论的价值。考夫曼也不失时机地将尖端应用化学运用于自己的非常规战术中。据考夫曼回忆，基斯塔科夫斯基曾经提出了一个主意，在橡胶制成的消防软管中装满小块"特屈妥儿"（即 Tetratol，一种烈性炸药），再装上一根长长的传爆索和雷酸汞盖作为引信。游泳队可以将这一装置送往岸边，放在布满障碍的浅滩上。其中的化学物质被引爆后，整个软管会瞬间爆炸。雷酸汞盖引燃传爆索后，传爆索会立即引爆炸药。如果软管足够长，比如相当于足球场的长度，一支小型游泳战斗队就可以利用这一装置掀起一面巨大的水墙，从而有可能摧毁整个海滩上的水泥多面体，为运送海军陆战队员的登陆艇扫清道路。

一天夜里，吃过晚饭后，两人像往常一样在考夫曼家中谈论炸弹的事情，但这一次，他们早早结束了谈话。当基斯塔科夫斯基返回汽车旅馆后，两人决定次日清晨 5 点在皮尔斯堡碰面，然后开始工作。第二天早上，考夫曼如期而至，但基斯塔科夫斯基一直没有露面。考夫曼担心自己的搭档也许身体有恙，因此驱车来到汽车旅馆，却发现他已经退房。考夫曼大为光火，立即打电话到军械局，声称这名化学家失踪，但是一名参谋告诉他："冷静一下，小伙子。关于此事，我希望你不要向任何人走漏半点风声。"

"可是，这里很多人都知道这件事。你说不要走漏风声是什么意思？"

"不要走漏风声就是不要走漏风声。不管怎样，我不想再谈论这个话题。"就这样，考夫曼的爆破专家一去不返。考夫曼或许早就清楚，基斯塔科夫斯基是一个神秘莫测的人物。从此以后，水下爆破队及其后来衍生的机构始终带有某种神秘色彩。最后，基斯塔科夫斯基的替代者被送往皮尔斯堡。考夫曼发现，此人的确十分出色，但仍然无法与超凡绝伦的"俄国疯子"相提并论。此时，考夫曼不得不暂停对锥形装药和水力波技术的探索，因为特纳敦促他开展另一方面的研究。随着一场大规模行动即将开展，考夫曼需要在皮尔斯堡全力以赴。

海军水下爆破队简称 UDT，分六人一组进行训练。至于他们在军纪方面是否合乎规矩，考夫曼并不在意。"基地的主管对我们十分绝望。"考夫曼经常说，因为每天都会有人违反军礼。"他是对的，的确是我们的错。但我没有时间对这些小伙子解释，否则我就无法教给他们我想要教给他们的东西。"考夫曼向手下的所有士兵承诺："我会竭尽全力确保，从这所学校毕业的每一名军官都是合格的军官，我将乐于在战场上服从他们的指挥。"与此同时，考夫曼还想方设法避免手下的官兵骄矜自大，而对此最好的办法就是绝对保密。因此，他会严格控制所有信息，以免外界知道这支部队的存在。

在皮尔斯堡，他们每天早上先进行障碍跑，然后开始上课，课程包括"爆破理论""联合作战"以及"引信与雷管的安装"等。接着，在练习游泳、潜水、划船后，他们会学习发送信号、航海、射击和工程，在晚饭后精疲力竭地回到秘密驻地。考夫曼的学员需要佩戴头盔，身穿绿色作战服，脚蹬野战靴，不分昼夜地驾驶橡皮艇，在泥泞污浊、杂草丛生的印第安河逆流而上，炸毁前方的障碍物。此外，他们还要学习操控小型船舶、夜间导航、通信联络、轮廓识别和海岸侦察，后来还增加了爆破软管、突袭问题、做标记和音频信道等课程。

考夫曼开设的部分课程源自"侦察与突击队"以及美国战略情报局下属的一个水兵机构，"侦察与突击队"能够在水陆空作战，当时正在他们的正南方进行训练。不过，他们的主要课程是爆破，游泳被当作副业，但这一缺陷后来逐渐凸显出来。第 5 水下爆破队的蛙人鲍勃·马歇尔表示："当时我们没有料到，今后需要经常游泳。大家原本以为，我们会乘船抵达目的地，然后跳入水中，清除障碍以及发现的地雷，再返回船上，撤离该地。"在对"莫姆森肺"进行试验时，考夫曼手下的一名学员在游泳池中丧生，因此他放弃了这种脱险呼吸设备。"我们只有一个面罩，"马歇尔说，"面罩不是他们现在使用的那种质地上乘、触感柔软的橡胶，而是用废旧轮胎翻新的橡胶制成的。所以你必须将其打磨成型，以适合自己的面部轮廓。此外就是海军标配的深蓝色泳裤，还有用来翻越礁石的帆布鞋、护膝和手套。我们腰间的标准枪带上系有一把较大的匕首，这是我们唯一的武器。一般腰带上还系着一个急救包。我们会随身携带一个标配的救生圈，里面有两个二氧化碳（CO_2）气罐。你可以按动按钮使其膨胀，如果你愿意，也可以手动充气。"

日军也成立了经过专门训练的水下队伍，并且派遣他们前往马来半岛附近海域，搜寻英国主力舰"反击号"和"威尔士亲王号"的残骸，以找到其中的电报密码本。但是，据一名日本情报官员回忆称，他们仅能够在水下停留五分钟，因此只能下潜到 60 米。由于"潜水技巧落后"，他们最终空手而归。考夫曼清楚，自己在开展水下谍报工作方面经验有限，但是希望手下能够在这一方面有所提高。"我们希望学员们自己开动脑筋，创造出任何有可能提高我们目前所采取的技巧的方法。"

考夫曼曾经告诉手下的学员，这是一个危险的行当，而他也毫不怀疑，自己将为他们带来诸多风险。但在此过程中，令他感到烦恼的是，他所教给学员的东西将来也许无法在战场上应用。他不清楚自己会到哪里开展任务，但可以肯定的是，他是否能够取得任何战果，仍然有待于敌军的检验。

作为"陆海军联合实验与测试委员会"（JANET）首任主席，考夫曼在皮尔斯堡举行了一场演习，以证明美军有必要开展广泛彻底的水下侦察与爆破。皮尔斯堡的基地主管克莱伦斯·加尔布兰森上校感到非常震撼。他写信给金将军，信中称："我们必须考虑加大物力的使用。如果 1 000 磅可以完成任务，那就不妨使用 8 000 磅。一些观察员建议，应当把我们对炸药使用量的估计数字乘以十。"他提出在登陆艇上加装 155 毫米口径火炮，并且利用海军存放在各地仓库中多余的数百磅炸弹清除铁丝网。加尔布兰森还敦促，使用自航筏、"霹雳艇"、无线电控制的无人驾驶船来运送炸药，以应对重型钢铁障碍。水下爆破队的领导层对此欣喜若狂。

在 1943 年 12 月的最后一周，凯利·特纳提出，将考夫曼的整个行动迁往珍珠港的威庇欧两栖行动基地，"以带头提高在珊瑚礁和海滩开展两栖行动时水下爆破战术计划的实用方法和进展速度"。在那里，考夫曼将更加容易使谍报战术跟上形势，将实验成果应用于前线，并组织和训练自己手下的队伍。

然而，这一切只不过是一个开端。翌年春，"埃塞克斯号"航母抵达夏威夷。

"奇袭行动"

1944 年 4 月，考夫曼在珍珠港和特纳坐下来商谈时首次得知，特纳计划让自己手下初出茅庐的水下爆破队参与马里亚纳群岛之战。特纳在一张纸上画出了塞班岛的大致轮廓及其西部沿岸一英里外礁盘的形状，但没有说出该岛的具体名称。

"你们的当务之急是开展侦察，对这里的水深进行测量，"特纳指着潟湖说，"我认为你们可以在 8 点左右前往勘查。"

"唔，将军，这要取决于当天的月相。"考夫曼以为侦察任务一定会在夜间开展，所以如此回答。但这一回答让特纳大发雷霆。特纳祖籍爱尔兰，向来以脾气暴躁著称。

"月相？这到底跟月相有哪门子关系？我说的 8 点，当然是指早上 8 点。"

考夫曼倒抽了一口冷气："在光天化日之下，长官？在敌军占领的海滩上？"

"没错。我们会为你进行大规模火力掩护。"

特纳说到做到。尼米兹手下的巡洋舰和驱逐舰司令正是考夫曼的父亲，他当然比别人更希望这次行动能够开展。水下爆破队已经向夸贾林环礁派出一支特遣队，他们穿着笨重的靴子，戴着沉重的头盔，将自己系在船上，开始搜寻障碍物。特遣队队长约翰·T. 科勒少校被任命为考夫曼的副手，负责为"奇袭行动"在毛伊岛建立训练基地。特纳希望成立五个满编的分队，每个分队由 100 人组成。其中三个前往塞班岛和天宁岛，另外两个前往关岛。一艘旧式四烟囱型驱逐舰被改装为辅助人员运输舰（APD），并分配给上述几个分队，用于快速运输人员。考夫曼既是水下爆破队的总指挥，也是第 5 分队队长。后来，杰克·伯克少校接管了第 7 分队，其目的地也是塞班岛。

虽然德雷珀·考夫曼嘴上回答："明白，长官。"但是他愁眉苦脸地离开了特纳。在返回毛伊岛后，当地美军对水下爆破队的到来表示了热烈欢迎。当第 7 分队的学员来到营地后，一场大火烧毁了基地的厨房和餐厅。于是，这些蛙人只能用 55 加仑（1 加仑 ≈3.7854 升）的鼓形弹匣做饭，在尘土飞扬的大风中就餐。但他们没有时间为此感到烦恼，因为"奇袭行动"的全面演习即将开始，他们还有大量工作要做。

首先，他们必须忘掉在皮尔斯堡学会的内容。接下来，他们学习的重点将是耐力游泳、爆破以及远离橡皮艇开展行动。长靴和头盔可以暂时放到一边。泳裤、脚蹼和面罩在当时还属于新式装备，科勒在夸贾林的手下对其进行了改造。为了炸毁礁石，水下爆破队将在涨潮时，利用登陆艇把炸药运到礁盘边缘。他们将列为两队迅速前进，并且用抓钩将登陆艇固定在礁岩上，以免船只被系在船尾的铁锚拖跑。每个蛙人将携带25磅重的炸药包，并将大小各异的珊瑚礁炸碎，或者在其间炸开一条通路。

为了抵达岸边，海军陆战队第 4 师的坦克驾驶员希望在潟湖中间开辟一条不深于三英尺半的道路，当考夫曼得知此事时，他想出了一条新的计策，以便侦察通向礁盘的航道。考夫曼联系到珍珠港的军需官，要求为自己准备 55 英里长的钓鱼线。军需官以为他神经错乱。但这一技巧后来被称为"线绳侦察法"，改变了海军蛙人测量潟湖的方式。第 5 分队的蛙人将化身量尺，在举起双臂后从上至下在双腿和躯干四周每隔六英寸的地方画上黑色的圆圈和短横。为了记录他们测量的水深，这些蛙人会把所有钓线的一端系在礁岩外侧的带旗浮标上。蛙人们一边将钓线拉过潟湖，一边每隔25码打一个结。这样一来，他们就可以形成一个格网，并通过钓线上的结数计算潟湖的长宽。随后，他们在每一个打结处测量水深，然后用油彩笔进行记录。与此同时，分队队长将在一艘漂浮于湖面的机械艇上进行指挥，绘制湖底的水文轮廓，并在整个潟湖的格网图上标注其深度。这项行动将在白天对岸敌军的注视下进行，因为水面下的美军难以被击中。不同的分队可以自行设计行动方案，但考夫曼和第 5 分队赞成采取上述方法。

4 月 23 日，尼米兹将军发布了作战计划，阐述了第五舰队进攻塞班岛的行动方案，其中许多方面取决于美军登陆的方式。届时，两个陆战师将齐头并进，率先向西岸发起登陆进攻，并分别派出两个团在海滩上的四个区域登陆。这四个区域从北至南被命名为红滩、绿滩、蓝滩和黄滩。接着，他们将在盛产蔗糖的查兰卡诺亚镇会合。第五舰队司令雷蒙德·斯普鲁恩斯将亲自指挥参与这次行动的所有部队——海军、海军陆战队、陆军以及海岸警卫队，其中包括四个支援航母大队以及届时会被派往岸边的陆基航空队。凯利·特纳将担任两栖舰队"联合远征军"的总指挥。特纳手下的特混舰队将分为两个梯队，其中北部特攻部队负责夺取塞班岛和天宁岛，南部特攻部队负责拿下关岛。每个梯队都是一个独立的两栖部队，并配备有运输艇、登陆艇、战列舰和巡洋舰提供火力支援。6 月 15 日，北部特攻部队将派遣海军陆战队第 2 师和第 4 师，由陆军第 24 炮兵队和其他部队作为援军，其中陆军第 27 步兵师将充当后备部队。占领塞班岛后，经过短暂的休整和补给，他们将呈蛙跳式交互前进，赶往数英里以南的天宁岛。南部特攻部队将视情况而定，于数日后在海军中将理查德·L.康诺利的率领下，从瓜达尔卡纳尔岛出发攻打关岛，其中第三两栖部队将由海军陆战队的罗伊·S.盖格少将指挥。凯利·特纳将亲自指挥北部特攻部队和登陆部队，而他的副手、海军少将哈里·W.希尔定于 6 月 15 日上午 8 点 30 分接管塞班岛的两栖部队。在陆军与海军陆战队登岸后，在旗舰"洛基山号"上与特纳同行的海军陆战队陆军中将霍兰德·M.史密斯将接管所有参战部队。

随着春暖花开，夏威夷的训练节奏也不断加快，直到逐渐接近实战速度。海军陆战队第 2 师的三个团在登岸后进攻毛伊岛，并在马亚拉伊海湾进行了长达数周的登陆演习。在他们上方哈雷阿卡拉的矮坡上，是海军陆战队第 4 师的营地和操场。随后轮到他们冲上马亚拉伊的海滩，而海军陆战队第 2 师和陆军第 27 步兵师的部队向毛伊岛更加荒凉偏僻的东岸推进，对登陆塞班海滩进行全面演习。他们在模拟的城镇里作战，并精确地画出了"阶段线"，即按计划向内陆地区推进过程中不同阶段的标记。其中弃船登岸的过程最为困难，因此需要勤加演练。他们会严格按照时间要求，从船舱的隔间内鱼贯而出，来到登艇站，走向站台一侧，迅速爬下绳网，进入在波涛中起伏不定的登陆艇，然后立即驶离。接下来，他们要在海上度过漫长的时间，并且不停地打转，直到他们浑身湿透，饥肠辘辘，心生厌倦。尽管他们考虑了所有可变因素，但敌军的计划和天气状况难以预料，而有经验的老兵都知道，这两个因素有可能让所有计划临时生变。

在这场战役中，共有超过 700 辆两栖登陆车可供支配。两栖登陆车的正式命名为"履带式登陆车"，简称 LVT，绰号"短吻鳄"。在瓜达尔卡纳尔岛之战中，两栖登陆车被用于运送补给。在登陆夸贾林环礁时，这种车辆能够爬上崎岖不平的礁石，因此立下了汗马功劳。这些新式车辆虽然款式各不相同，但都源自20 世纪 20 年代佛罗里达州发明家和企业家唐纳德·罗布林为了开展飓风营救而设计的"沼泽车"。

当时，海军正设想利用舰艇上的小船将部队送往岸边，因此这一观念极具革命性。多年来，海军陆战队一直试图对此做出改进，并不断用新型船只进行演练。设计者希望，这些船只能够抬高船首，在无需驳船、码头和吊车的情况下，将人员、重型装备和车辆送上岸。然而，由于资金匮乏，舰船局的设计师不愿改变。斯普鲁恩斯写信给朋友说："有人认为，海军希望士兵从船上登陆敌方海滩只是一时心血来潮，这种看法是错误的。多年以来，海军和陆战队通力合作，在船只和装备不适合的条件下，一直在对两栖登陆进行演练。"但在这一点上，海军自身不无责任。

霍兰德·史密斯等人始终在推动两栖作战船只和战术的革新。在进行战前演练时，他经常与时任太平洋舰队司令的欧内斯特·金在这一话题上产生争执。1940 年底，当美军在加勒比海举行演习时，海军陆战队负责两栖登陆车部队的维克多·克鲁拉克上尉为了逞能，亲自驾驶一辆两栖登陆车，来到"怀俄明号"战舰旁，将满腹狐疑的金将军接了上来。但是，当他们开上一块礁石后，克鲁拉克窘迫地发现，登陆车的一条履带由于遭到撞击而松动，脱落到了珊瑚岬上。当登陆车在潟湖里拼命挣扎时，愤怒的金将军向克鲁拉克"直言不讳地说了一番话，这番话让我在很长一段时间内都寝食难安"，然后不顾自己还穿着白色礼服，不耐烦地跳下船去，自行蹚水上岸。在随后的数年中，这种外形细长的"短吻鳄"多次发生机械故障，人们对是否将其投入使用始终争执不下，而这次事件只不过是个开端。但负责这次演习的史密斯坚持认为，两栖登陆车潜力巨大。在呼吁上级接纳这种登陆车时，他吸取了克鲁拉克的教训，以免遭到金出言讥讽。正是史密斯这种不服输的劲头从一开始就引起了雷蒙德·斯普鲁恩斯的注意。

海军陆战队首批生产的两栖登陆车样车被命名为 LVT-1，它们在陆地上的时速为 18 英里，在水中为 7 英里。但每天都有车辆出现故障需要维修，这一事实打消了海军为全军配置这种车辆的热情。1944 年，当凯利·特纳考虑是否在"奇袭行动"中动用两栖登陆车时，它们再次暴露了极其严重的缺陷。

在 5 月的前两个星期里，当美军的补给和人员从码头送上第五两栖部队的运输船时，毛伊岛的卡胡鲁伊港和大岛的希洛港对所有船舶关闭。一个师有三个团，每个团需要四艘运输船运送人员以及一艘货船运送装备。每个海军陆战师需要首先将其坦克装上中型登陆艇，然后再将中型登陆艇装上船坞登陆舰，以便进行海上运输。这只是海军陆战师所需载荷空间的一小部分。为了运送 700 辆两栖登陆车、两栖运输车、火炮、反坦克炮、航空工程师以及其他部队，每个师需要 56 艘坦克登陆舰，而登陆舰前方四分之三的位置基本上相当于一座车库，用于停放各种货物，其中包括各式各样的小型船舶。

特纳有三天时间来装载武装运货船，其中两天时间用于装载武装人员运输船。因此，在海军陆战队第 2 师的集结区希洛以及海军陆战队第 4 师的集结区卡胡鲁伊，工作量巨大。18 枚 8 英寸口径的舰载炮弹（每枚重 260 磅）和 6 480 枚 6 英寸口径的舰载炮弹被分配在十艘船上。这些船只必须随时待命，对巡洋舰进行补给，而巡洋舰负责轰击塞班岛。另外六艘船堆满了成桶成桶的航空汽油（合计 15 万加仑）、润滑油以及一箱接一箱点五零口径的航空弹药（合计 150 万发）。由于缺少船坞起重机、吊杆、绞车和系泊设备（将船系靠于码头、浮筒、船坞或邻船用的设备），他们的负担变得更加沉重。船只设计的意外改变也会对他们的装载计划造成严重影响。货舱口位置的变化以及吊杆和吊车地点的调整让货船上的军需官经常急中生智、临时凑合。他们不仅需要对空间感觉敏锐，而且需要了解战术计划。按照后进者先出的原则，弹药和饮水应当最后装进货舱。但问题往往十分复杂。为了平衡一艘满载的坦克登陆艇的重量，有时候火炮不得不与其牵引车分开放置，而负责为突击部队服务的岸勤队需要了解这些细节，因为这也许关系到岸上人员的生死存亡。

由于太平洋战场的弹药船严重匮乏，仅有 6 艘可以使用，特纳只好借助坦克登陆舰运送军火。在珍珠港的海军军火库，其中 26 艘已经预先装上了 5 英寸口径的舰载炮弹和 4.5 英寸口径的火箭。剩余的坦克登陆舰按照标准负荷装载部队的军火，即 71 吨弹药，其中近一半是点三零口径的带式弹药，将近每船 100 万发，还有 1 600 枚手榴弹、200 枚 2.36 英寸口径的巴祖卡火箭筒、1 400 枚 60 毫米口径的迫击炮弹、450 枚 81 毫米口径的迫击炮弹、3 000 枚 37 毫米口径的炮弹、450 枚 75 毫米口径的榴弹炮炮弹、500 磅重的 TNT 炸药、500 吨重的 C2 炸药以及 200 枚 M1 爆破筒。

美国海军各类舰艇年产量

	1942年	1943年	1944年
航空母舰	1	15	8
战列舰	4	2	2
巡洋战舰	0	0	2
重型巡洋舰	0	4	2
轻型巡洋舰	8	7	11
护航航空母舰	13	50	37
辅助舰艇	184	303	630
驱逐舰	81	128	84
护航驱逐舰	0	306	197
潜水艇	34	56	77
巡逻艇及扫雷艇	743	1,106	640
登陆艇	9,488	21,525	37,724

来源：美国海军人事局，信息公告，1945年2月

© 2016年杰弗里·L.沃德

5月中旬，"奇袭行动"开展了一系列演习，并进行了最后调整。特纳决定对最近想到的两个计策进行测试。他早就认为，应当为两栖部队增加进攻火力，因为他担心，在预定的轰击后和登陆艇抵达海滩前之间的这个时间段极其危险，所以他非常希望知道，在天气和潮汐允许的情况下，自行火炮和坦克炮是否可以从中型登陆艇上开火。

当年早些时候，斯普鲁恩斯就毙掉了一个主意，即在缴获的部分意大利战舰上加装重型迫击炮，将它们停泊在进攻目标岛屿的岸边。还有人提出，建造载重两吨的某种大型驳船，除了操纵船上可稳定火炮、迫击炮和火力控制系统炮位的机械装置外，不再安装任何设备，但斯普鲁恩斯对此毫无兴趣。提出这个主意的是一位疯狂的科学家、太平洋司令部分析处的 R.C. 帕克上校。帕克建议，将这些巨型船只拖到岸边，安置在海滩上面。"这样一来，我们就可以从一个稳定的炮台上，对布拉加布拉的日本守军予以痛击，一开始由空中观察组指挥，随后由岸勤组控制。行动结束后，如果可能的话，可以将这些船只拖走。如果船只遭到重创，不妨将它们留在岸上，只搬走火炮等设备，再放到其他船上。如此我们不会有太大损失。这种固定炮台既不会移动或扭摆，也不会晃动不定。在进行高射界射击时，大炮可以精准地集中火力，或者像安全剃刀一样准确地对岛屿进行密集火力进攻。"在签署这份备忘录时，帕克在注释中写道："这一设想不收取专利使用费。"

在海滩上首次交锋过后的关键阶段，要想将重型炮火运到岸上，还有更多成本低、效率高的方法。一位陆军上校提出，可以将自行榴弹炮和两栖登陆车结合，也就是将两栖登陆车改造成两栖装甲登陆车，或称履带式装甲登陆车。这种登陆车的最初版本配备了一门37毫米口径的榴弹炮，而"升级版"在开顶型炮架上安装了一门75毫米口径的榴弹炮，其攻击力相当于一辆轻型坦克的8倍。在进攻部队前往马里亚纳群岛数周前，第一辆样车被分配给隶属于海军陆战队第4师第23团和第25团的陆军第708两栖坦克营。

此外，海军还对结实耐用的步兵登陆艇进行了改造，为其加装了三门40毫米口径的博福斯式高射炮，并在两扇船首吊门上安装了4.5英寸火箭的发射架。除了这种步兵登陆炮艇以外，特纳还批准了另一项由希尔将军提出的实验，在坦克登陆艇上安装数组大型迫击炮身管。这种加装了迫击炮的驳船不仅射速快，而且可以进行高弹道射击，十分适合在进攻塞班岛等大型岛屿时使用，因为该岛地形崎岖，山坡背面足以为敌军的火炮和迫击炮手提供掩护。唯一能够对付他们的办法就是进行高射界俯射。因此，上述经过特别改装的两栖船只也加入了行动。数艘坦克登陆舰也经过了改造，其甲板上可以停放多艘配备有 4.2 英寸口径迫击炮的坦克登陆艇，而舱内的标准载荷是 17 辆两栖登陆车。

在两栖特遣大队离开珍珠港进行演习的两天前，特纳下令考夫曼在总管三个水下爆破队的同时，直接指挥第 5 分队。演习当天，考夫曼拜访了特纳将军，提出了一个特别的要求。

"长官，我想向您借用两艘战列舰、巡洋舰和驱逐舰，只用一个周末。"

"你为什么要借用我的战列舰、巡洋舰和驱逐舰？也许我应该说，这是你父亲的战列舰、巡洋舰和驱逐舰？"

"这个嘛，长官，您曾经说过，要为水下爆破队提供强大的火力支援。据我推断，这将是一次极不寻常的经历。在我们游泳前进的同时，8 英寸口径的火炮几乎就在我们的头顶平射。"考夫曼认为，面对如此严峻的考验，他们需要进行空弹演练。

特纳决定在无人居住的卡霍奥维拉岛举行实战演习，这不仅有助于水下爆破队，而且对他手下的舰艇指挥官也不无裨益。经海军陆战队提议和尼米兹批准，美军在该岛建立了对岸轰击靶场。随后，炮兵队与海军陆战队的火力控制专家一起，在老式战列舰和巡洋舰里开展了密集训练。

5 月 13 日夜，狂风大作、波涛汹涌，北部特攻队的主力部队涌向卡霍奥维拉岛。凌晨两点，坦克登陆舰中部纵队的主舰在以 9 节的速度向前推进时，被抛上了潮头。这艘 LST-485 运送的是海军陆战队第 8 团第 2 营的一个连。他们当中大多数待在运兵舱里，但有一些在船舱内的两栖登陆车里，还有一些在甲板上或坦克登陆艇内休息。这艘坦克登陆艇满载弹药，被固定在主甲板上，也可以当作小型兵舍。当登陆舰的船首跌入浪潮低谷时，登陆艇上的弹药突然松动，并冲破了绳索，致使登陆艇倒向左舷的栏杆。登陆艇在侧翻过程中卷走了两根 20 毫米钢制炮管和登陆舰的跳板。当时，海军陆战队第 8 团第 2 营一个排的陆战队员正在登陆艇中睡觉，被全部掀进了海里，导致 19 人溺水身亡。当舰队中的其他登陆舰着手搜寻幸存者时，其中数艘登陆舰被海浪击中舷侧，由于船上的弹药移位，再次损失了两艘登陆艇。当天晚上，这些运输船返回拉海纳湾后，特纳决定取消对坦克登陆炮艇的实验。随后成立的调查委员会很快发现，造成这次意外事故的原因是军火超重。

虽然这些损失令人悲伤，但卡胡拉威岛的演习成效卓著。特纳和海军上将考夫曼一起，对舰炮支援的做法进行了完善。他们锐意求新，提出成立舰炮火力岸上控制组。控制组将由各师的通信连组成，包括两名军官和11名海军陆战队员，并分为两个小队：前方观察员队，由一名炮兵中尉指挥；海军舰炮联络队，由一名负责为陆战营进行参谋的海军少尉或中尉指挥。前方观察员队配备有一辆能够直接与舰艇取得联系的吉普车，在来到前线附近后，他们可以通过无线电对战舰上的火炮进行指挥。此外，他们还有机会从海上进行观察，站在近海船只的角度上去切身感受周围的情况。至于在即将发起进攻时，特纳手下的"短吻鳄"部队将如何开展行动，这次演习给所有人留下了明白无误、强烈真实的印象。在为夺取塞班岛做准备时，特纳表现出了创造性的态度。一言以蔽之，他的信条就是：如果说一条坏主意得以实施是一件糟糕的事情，那么比这更糟的是，人们根本没有机会提出好主意。

"科罗拉多号"战列舰在完成射击演练后，前往卡胡拉威岛西南部海滩，为爆破队举行近战火力支援演习。射击结束15分钟后，当"科罗拉多号"来到卡胡拉威岛灯塔以西三英里处一块未经标记的尖形礁石附近时，突然发出一声震耳欲聋的巨响，然后开始不住颤抖。为了"减轻舰艇的重量"，船员抽出了五百多吨燃油和饮水，将其倒入海水之中，并且向"麦克德莫号"抛出一条拖索。当这艘驱逐舰开始后退时，排水量为3.2万吨的"科罗拉多号"战列舰纹丝不动，最终扯断了拖索。于是，"科罗拉多号"的甲板工向"麦克德莫号"抛出了一条更加结实的钢索，但钢索再次被拉断。"麦克德莫号"只得靠了过来，用钢丝绳和马尼拉麻绳将自己与"科罗拉多号"固定在一起，然后在这艘战列舰自身发动机的配合下，开始全速后退。但这一次同样徒劳无功。下午晚些时候，这两艘舰艇终于放弃努力。"科罗拉多号"由于隔舱大量进水，向右舷倾斜了4度。

要想对"科罗拉多号"进行救援，只有依靠大自然的力量，即月亮对海潮的影响。"麦克德莫号"只好暂时抛锚,并且拉紧与战列舰之间的拖索,等待下一次涨潮。

午夜时分,当潮水滚滚而来并且达到高潮后,龙骨被撞碎的"科罗拉多号"借助海水的力量,终于浮了起来,脱离了尖形礁石。在完全漂浮起来后,这艘战列舰缓慢而吃力地驶向珍珠港,以接受维修。

一路向西

1944年5月17日,特纳将手下的两个陆战师以及为其服务的舰艇派往毛伊岛的马亚拉伊海湾,对登陆行动进行全面演练。他的首支突击队是行动缓慢的两栖登陆车部队,包括坦克登陆舰及其运载的两栖登陆车,他们将于5月24日启程,前往马里亚纳群岛。6月15日,海军陆战队第2师和第4师将在塞班岛西岸登陆,并各派两个团攻打四片相邻的海滩。因此,他们没有时间可以浪费。虽然毛伊岛非常适合进行实战演习,但是由于岛上人口密集,演习过程中不能使用真枪实弹。然而,对他们来说最重要的不是实弹演练,而是把握时间。

演习一开始,登陆艇、两栖登陆车和车辆人员登陆艇清空了舱内人员,然后在集结地点列队,与其他空荡荡的登陆艇形成了一个圆圈。在运输舰发出信号后,舵手加大油门,停靠在岸边,等待人员登船。"绝不允许擅离职守,""阿瑟·米德尔顿号"攻击运输舰舰长警告道,"船员表现的好坏有可能成就或破坏整个行动。"在接下来的几分钟里,所有人都开始忙碌。运输舰上的甲板水手放下护板,派人负责撑篙钩杆。与此同时,舵手降低了速度,小心翼翼地靠岸,竭力避免对运输舰坚固的船身造成破坏性冲击。当运输舰在岸边来回晃动时,有人将船首缆系在操艇索上,向登陆艇的货舱放下并拉紧吊货网。随后,士兵开始向下爬行,进入即将把他们送往战场的登陆艇。

与此同时,两栖登陆车部队在距离各自海滩出发线1 200码的地方就位,包括34艘坦克登陆舰、舰载的两栖登陆车以及车中的突击队员。其中八艘负责运送各师的火炮,另外两艘运送高射炮,还有两艘运送陆战师的大炮。站在后方的是两艘载有中型登陆艇的船坞登陆舰,而机械化登陆艇负责运载坦克，并根据突击队指挥官的命令，运送坦克登岸。

在将两栖登陆车卸入浪潮之中后，攻击登陆舰退回海中。与此同时，两栖登陆车和车辆人员登陆艇来到会合地点，一边打转，一边慢吞吞地起伏摇摆。它们前方的四片海滩分别以红色、绿色、蓝色和黄色为代号，通向海滩的航道由一艘被称为控制船的登陆艇作为标记。控制船停泊在出发线上通向各海滩航道的中央。在接收到控制船的旗语信号和重复播送的无线电之后，它们来到各自的旗帜下集合。随后，经特纳授意，被派往各师的控制官下令，第一波突击队向海滩发起冲锋。

在这个节骨眼上，突击队只能前进。第一波进攻一旦开始，就没有后退的余地。战争机器开始运转。特纳手下的长龙已经伸出了利爪，准备发起攻击。接着，参与第二波进攻的突击队离开会合地点，在出发线处列队。他们无需等候信号，而是在间隔一定的时间后便开始进攻。随后是第三波、第四波。剩余的两栖登陆车在一旁待命，待各团团长在指定海滩登岸后下达命令。

当部队离开以后，运输舰上的船员开始忙碌。他们打开舱口，将部队上岸后所需的重要物资拖到甲板上：成桶的饮水和燃料、弹药箱以及带刺的铁丝网。因为敌军一定会发起反击，试图将来者赶回海上。船员们工作的效率，即他们是否能够迅速准确地把弹药、饮水、药品和其他重要物资从船上转移到岸上，关系到登陆的成败。由于沙滩地势狭窄，历史上，许多两栖行动都是因为未能把握这一独特的战场才酿成惨祸。1915 年，英军在登陆加利波利海滩、试图占领君士坦丁堡时，被土耳其军赶回了海里，造成 25 万人伤亡。如此可怕的失败在每一位两栖部队指挥官的脑海中都挥之不去。

参与这次演习的人员极为分散，所以大多数人很晚才得知这一计划。再加上当时的风速为 35 节，这对他们是否能在波涛汹涌的海水中开展行动来说，无疑是一种严峻的考验。而身背重负的两栖部队士兵费尽力气才抵达岸边。很多指挥官认为，这次演习缺乏协调、指挥无方。由于无法事先向所有人说明情况，整个局面变得更加糟糕。海军陆战队第 6 团的一名营长表示，这次演习无异于一场"灾难"。他发现，两栖登陆车的驾驶员难以保持正确的方向，因为装甲板部分阻碍了前方的视线，他们很难通过装甲的缝隙看清道路。为此，他提出了一个简单的办法。他让手下两栖登陆车指挥官在其驾驶员的肩膀四周系上一根长绳，然后利用绳子从车辆的露天隔舱里控制方向，并且通过护板上方观察前方。

在如何使用两栖登陆车的问题上，凯利·特纳和霍兰德·史密斯"针锋相对"。海军陆战队第 4 师的参谋长格雷夫斯·B.埃斯金准将决定，将它们用于运送补给的同时用于战术作战。他认为，这些"短吻鳄"能够越过礁石直接登岸，翻越海滩上的障碍物，迅速占领整个滩头堡，然后充当坦克对步兵进行支援。"即便我们会损失一些两栖登陆车，我也希望能够借助它们登岸，并且尽可能冲向前方。这样可以节约大量时间。如果突破了敌军的机枪防御，继续开展行动就容易得多。"史密斯和海军陆战队第 4 师的哈里·施密特少将表示赞同。但特纳不赞同这种看法，海军陆战队第 2 师的托马斯·E.沃森少将也对此感到怀疑。沃森担心，这种笨重的车辆会让士兵更容易遭到攻击。当登陆车爬上岸后，它们高大的外形十分惹眼，因此易于成为打击目标。即便装甲登陆车也要参与第一波进攻，他还是不愿将它们直接暴露在敌军的炮火之下。

演习结束后，登陆车部队返回了瓦胡岛。在珍珠港的西湾，沿海的弹药库里熙熙攘攘。码头工人正在搬运沉重的迫击炮弹药。正是这些弹药在卡胡拉威岛引发了一场灾难。在 43 号坦克登陆舰上，一辆盖着防水油布的坦克登陆艇被绑在甲板上。海军陆战队第 23 团第 2 营 E 连的士兵在里面脱剩了内裤，懒洋洋地躺在床架上。整个下午，他们有的看书，有的闲聊。与此同时，电焊碳弧火星四射，搬运工来来往往，不时有轮船和小艇驶过，而他们背后就是夏威夷岛的一片甘蔗林。

突然之间，一切都发生了改变。一阵强烈的震荡过后，火光冲天、热浪滚滚、帐篷、纸张、被褥、水手袋和衣物正在熊熊燃烧。海军陆战队第 23 团第 2 营的一名海军陆战队员罗伯特·格拉夫一睁眼，发现坦克登陆艇上的油布已经掉落。在正午的阳光下，艇身的舱壁开始起火。甲板四处固定的货桶里装满了高辛烷值汽油。他接连听到两声爆炸，一声较远，一声较近。当坦克登陆舰被浓烟笼罩、金属碎片像雨点般飞落时，格拉夫以为登陆舰遭到了日军飞机的袭击，但空中并没有敌机的影子。方才还坐在燃料桶上的人们已经在烈焰中消失不见。格拉夫也和众人一起匆忙逃离了登陆舰。他看到，爆炸中心与自己所在的舰艇仅仅相隔几条船，并且引燃了周围所有的东西。在弹药库附近，另外五艘全副武装的坦克登陆舰也已经起火。

在这六艘着火的坦克登陆舰上，数百名海军陆战队员纷纷丢下武器、装备和服装，纵身跃入海湾，试图逃离火海。但四处都是燃烧的汽油，这增加了他们逃生的难度。当海湾中的其他船只试图前往救援或者躲避火灾时，其中一些不慎撞上了水中的幸存者。这些人因为被螺旋桨拖住而葬身海底。还有一些幸存者或者被掉落的弹片击中，或者吸入了浓烟，最终无力继续逃生而溺水身亡。

希尔将军称赞赶往救援和控制火势的坦克登陆艇水手和消防人员个个都是"超人"。在此期间，特纳将军登上一艘拖船，亲临现场监督。来到弹药库后，他看到一艘拖船试图后退，以躲避熊熊的烈火。特纳对着船上惊慌失措的士官大声喝道："立即返回原地，不准离开，否则我就毙了你。"这名士官只得依令而行。

除了损失六艘登陆舰外，更为严重的是，这次事故导致 163 人丧生，近 400 人残疾。人们很快议论纷纷，认为这是敌方间谍的蓄意破坏，还有人开始怀疑由平民组成的焊接队。美军为那些尚有行动能力的幸存者配发了新的服装、武器和野战装备等。但格拉夫写道，许多士兵暗中传言称："我们已经遭受重创，即将开展的进攻行动无望成功。"但特纳的司令部再次成立调查委员会。数周以后，该委员会认定，这起灾难源于意外。按照凯利·特纳的命令，陆军作业队在从 353 号坦克登陆舰上搬卸 4.2 英寸口径的迫击炮弹时疏忽大意，从而酿成了惨剧。烧焦的船身很快被从西湾运走，代之以八艘重新分配到南太平洋的舰艇。数个遭到重创的连队也增加了补充兵员。

在两栖登陆车部队离开珍珠港赶往马里亚纳群岛数日前，海军陆战队第 24 团的武器连在一处悬崖上举办了一场盛大的啤酒宴会。这里绿草如茵，可以俯瞰太平洋。当管弦乐队在篝火旁演奏乐曲时，该团举行了晋升和授勋仪式。营长埃文斯·卡尔森中校是一个富于传奇色彩的人物。海军陆战队突击队的成立离不开他的功劳。他和手下的士兵一起排队取餐，并且与他们闲聊。作为一位中校，这一举动并不常见，但是很符合他的作风。夸贾林环礁战役过后，他的部下早已做好了准备。

高级军官们也趁机稍事喘息。在"奇袭行动"的计划制订完毕后，雷蒙德·斯普鲁恩斯回国休假，返回了加利福尼亚州蒙罗维亚。这让他的妻子玛格丽特和女儿又惊又喜。在她们的陪伴下，他得以暂时离群索居、免受打扰。斯普鲁恩斯的女儿清楚，父亲正承受着巨大的压力，但是他却表现得镇定自若，这让她极为钦佩。每当谈到有关战争的话题时，斯普鲁恩斯就会迅速岔开。但她还是利用父亲的责任感，希望他就战局和当地的扶轮社谈上几句。斯普鲁恩斯虽然答应了女儿的请求，但提出了一个条件：他不穿军装。妻子玛格丽特告诉他，邻居家一个 16 岁的男孩对他十分崇拜，正是因为他身披戎装。"如果你穿着过去的便服出现，他会以为你只不过是一个普通老头。"她说。在午宴上，斯普鲁恩斯被当成名人对待，为此他深感不安，但还是向众人简要谈到了战争的进展。宴会结束后，当他急于离开时，市长将他介绍给一位年长的伤残军人。斯普鲁恩斯一向不喜欢与人寒暄，但是发现此人虽然因为体弱多病而足不出户，却精通地缘政治和军事战略。当天，斯普鲁恩斯与此人闲聊了几个小时。显然，他对这位退伍军人的陪伴感到十分快慰。

在随后的一个星期，斯普鲁恩斯返回珍珠港，发现故交凯利·特纳面容憔悴。特纳一直饮酒过量。他抱怨说，自马绍尔群岛战役过后，自己就精疲力竭。如今，他似乎在自我毁灭的道路上陷得更深。尼米兹难以容忍特纳的这种状态，但每当他准备惩罚特纳时，斯普鲁恩斯就会出面阻拦说："让我来处理此事。"他说到做到。斯普鲁恩斯对特纳的友情包含着谅解、容忍和宽恕。他下定决心，要让特纳留在战场上。

在尼米兹看来，这场战争已经经历了三个阶段。在第一阶段，日军扩张而美军重建，保住了通往澳大利亚的要道，并且在中途岛阻止了日军的扩张。第二阶段始于 1942 年 8 月的瓜达尔卡纳尔攻势，到 1943 年年中占领南所罗门群岛为止。第三阶段从进攻塔拉瓦开始，直到 1944 年 2 月攻占马绍尔群岛，确立了美军的战术和兵力优势，打入了日本的外防御圈。1944 年 5 月 29 日，尼米兹为手下的指挥官撰写了一份题为"战术展望"的备忘录。他写道：

在当前阶段，日本海军所采取的谨慎策略对他们来说合乎逻辑。

但如果他们妄图通过拖延增加胜算，那么在守卫外防御圈时，利用实力已经被削弱的舰队决一死战就是一种糟糕的战略。从某种程度上来说，拖延有利于他们，因为在战争中，距离本身就是一种优势。一个人的手臂离身体越近，他所能举起的物体就越重。随着我们不断推进，我们的交通线路就变得越来越长，越来越宽，越来越容易遭到攻击。反之，他们的交通线路就变得越来越短，越来越集中，（在一定程度上）也就更容易进行防卫。前线每向西移动一英里，我们就需要更多油轮、货轮、护航队和护卫舰，更多空中巡逻队、部署基地、守备部队和后勤保障，以支援我军在更大的范围内作战。对日方来说却恰恰相反。因此，尽管这一点看似矛盾，但随着战场不断向日本本土逼近，就某种意义来看，我们反而缓解了他们在舰船上的巨大损失。甚至在继续向西推进的过程中，我们的舰队一旦遭到挫折，其影响就会更加严重……因为那里既没有固若金汤的基地和海军船坞为我们的舰队提供屏障、维修受损的船只、替换被击落的舰载飞机，也没有陆基航空兵控制的地区对我军进行保护和对敌军造成威胁。

这就是说，美军的舰队正在成为一座孤岛。它必须自行担当守卫和空中防御的职责。尽管在茫茫海洋中，这支舰队就像电线上的一只小鸟，它也须完全自立。随着它不断深入日军占领的海域，它面临的风险也与日俱增。要想抵消上述风险，美军必须取得真正的战略突破。如果拿下马里亚纳群岛，仍在艰难破茧的 B-29 "超级空中堡垒" 就可以将日本纳入其航程之内。"他们很可能意识到，"尼米兹写道，"他们的城市和防空力量无法承受德国所承受的打击。盟军可以利用英国的基地和资源，开展持久频繁的轰炸，而我们无论从西太平洋的任何基地，都很可能难以做到这一点。"

5 月 24 日，据陆军第 7 航空队的侦察机报告，日本大大加强了在马里亚纳群岛的防御力量。随后，坏消息接踵而至。太平洋联合情报中心对塞班岛日军作战部队的估计增加了三分之二，从原来的 9 000 至 1 万人增加到 1.5 万至 1.8 万人。沿海炮台和高射炮的数量激增，海岸线边缘布设了长达数英里的壕沟。但凯利·特纳不愿推迟原定的时间安排。尽管有坦克登陆舰爆炸，尽管情报人员做出了不利的预测，但他手下的两栖登陆车部队认准了一个方向，一路向西。

翌日，登陆艇载着两栖登陆车部队离开了霍斯皮特尔岬角，在护航舰的掩护下向西进发。他们比原定计划晚了 24 小时。在惨剧发生后，特纳只能做出这样的妥协。但是在前往突击地点的途中，他一定会设法把在西湾耽搁的时间赶上来。

A Charge for Ozawa
☆☆☆

第4章

直逼小泽

第五舰队的目标：西加罗林还是马里亚纳？

黎明前，千早猛彦中尉进入驾驶舱，系好安全带，从天宁岛呼啸升空。他是陆基第1航空战队的一名侦察机飞行员。他首先向南飞往特鲁克，在岛上加油后再次起飞，驶向东南方向的瑙鲁，然后再次加油，向北飞往这趟漫长旅程的最后一站马朱罗。来到马朱罗基地后，千早向下望去，只见美军快速航母特混舰队的全体舰船正在休息。于是，他拿起相机，开始按动快门。当天是1944年5月30日。

返回天宁岛后，千早带着胶卷匆忙来到暗室冲洗照片。这些照片显示，美军第五舰队威力强大，其主力部队正蓄势待发。其中共有5艘航母、2艘护航航母、3艘战列舰、3艘巡洋舰、10艘驱逐舰、2艘运输舰和16艘油轮。另外还有两艘航母在护航舰的掩护下，正向海洋进发。

六天后，这名飞行员再次来到马朱罗，以拍摄最新情况。美军的战斗序列有所扩大。千早猛彦已经探清美军三个特混大队主力部队的位置，其中包括6艘"埃塞克斯"级和"企业"级快速航母、2艘"独立"级轻型航母、6艘护航航母、8艘以上的重型巡洋舰、16艘以上的驱逐舰、10艘油轮以及大批其他船只。"我们可以利用这些侦察机查明敌军的位置，但无法预知敌军将前往何处。是塞班还是帕劳，我们还不清楚。"日军联合舰队参谋长草鹿龙之介写道。

日本密码局虽然未能破译美国海军的密码，但是轻松解开了商船通信所使用的密码，并借此探知夏威夷集结了大量运输船以及大批航空部队正从美国向西进发。马绍尔群岛失守后，日本将马里亚纳群岛、加罗林群岛西部和新几内亚西部连接起来，建立了巨大的防御圈。正如日军一名军事分析员所言，他们将这条战线视作一道绊网，并且准备"奋战到底"。

第1航空战队的司令是整个日本海军中最富有经验的老手小泽治三郎中将。小泽得到命令，必须打赢这次战役。早在"二战"爆发前，由于才智出众、举止得体、品行端正，他备受众人尊敬，并历任海军要职。1942年11月，小泽接替南云忠一担任日本快速航母特混舰队司令长官，随后接管了新成立的第1机动舰队，而该舰队是联合舰队的首要航母打击力量。这样一来，无论是航空母舰还是为其提供支援的战列舰和巡洋舰均归他指挥。虽然小泽素来以水面战斗和鱼雷战术闻名，但他很早之前就开始鼓吹航母的力量。小泽承认，美军快速航母特混舰队的实力几乎是日军的两倍，而空中力量是日军两倍还多。他手下的9艘航母上载有450架飞机，其中包括小泽的旗舰、排水量3.7万吨的"大凤号"，3.2万吨的"翔鹤号"和"瑞鹤号"，2.5万吨的"隼鹰号"和"飞鹰号"（由远洋客轮改造而成）以及轻型航母"龙凤号"、"千岁号"、"千代田号"和"瑞凤号"。日本海军的火炮力量也十分强大，主要包括5艘战列舰，即"大和号"和"武藏号"，它们是全球最大的两艘战列舰，威力无比，以及"长门号""金刚号"和"榛名号"。此外，他的手下还有16艘重型巡洋舰、27艘驱逐舰和6艘舰队油轮，外加24艘潜水艇。

小泽的旗舰"大凤号"很难对付，是日本第一艘装有防弹装甲飞行甲板的航母。但小泽的部队存在一个严重的缺陷，其手下飞行员所接受的训练水平欠佳。由于舰队规模庞大，燃料储备匮乏，小泽被迫在棉兰老岛西南苏禄群岛最西端的塔威塔威岛建立基地。虽然他希望尽可能留在苏门答腊岛的林加锚地，对手下人员进行训练，但是随着计划已久的决战日渐临近，联合舰队总部坚持认为，航母部队应当向美国的舰队推进。按照"Z计划"，一旦美国海军对下一个目标发动进攻，联合舰队将倾尽全力，与美军决一死战。塔威塔威岛位于西加罗林群岛的射程之内，因此是开展大规模海军行动最合适的地点，但该岛距离打拉根的储油场仍有一天的航程。

5月16日，小泽抵达塔威塔威岛后不久，便发现自己进退两难。他的到来立刻引起美军的注意。美军出动潜水艇进行挑衅性巡逻，使他的航母被困在港口。由于燃油奇缺，再加上该地区没有合适的机场，小泽手下的飞行员停止训练，逐渐失去了作战优势。因此，尽管第1机动舰队配备有威力强大的新式飞机，包括中岛公司制造的B6N"天山"舰载鱼雷轰炸机（代号"吉尔"）以及横须贺公司制造的D4Y"彗星"舰载俯冲轰炸机（代号"朱迪"。两者分别是凯特鱼雷轰炸机和瓦尔俯冲轰炸机的替代品，日本对这两种机型一度引以为傲），但它们的潜力很难发挥。更为糟糕的是，西南太平洋的季节性信风风力很小，不足以使这些新型高性能飞机执行常规航空任务。燃料供应上的障碍也使第1机动舰队无法做到"机动"。即使在日本本土，燃油储备也严重不足，致使飞行员训练"基本停止"。但帝国司令部的态度十分坚定。自1943年9月起，其作战方针就原封未动，要求无论美国的太平洋舰队出现在何时何地，作战舰队必须全体投入战斗，"一击"毙敌。考虑到小泽面临的燃油短缺问题，这将是一项极为艰巨的任务。所谓"一击"毙敌，与其说是一种战略，不如说是一种态度，毫无意义。当大批美国海军出现在塔拉瓦、夸贾林、特鲁克、马朱罗和埃尼威托克，而日军无力执行上述方针时，这一点体现得尤为明显。

5月23日，联合舰队新任司令长官、海军大将丰田副武接替了因飞机失事身亡的古贺峰一。随后，他下达将令，要求将日军重要基地雅浦和沃莱艾的所在地帕劳和西加罗林群岛作为日本海军集中力量、与美军进行"决战的区域"。联合舰队总部发出指令，要求第1机动舰队和第1航空战队全力以赴，抵抗美军。"决战要尽可能在接近我军机动舰队前沿基地的地区展开。"参谋长告诉小泽。

丰田手下的高级将领在飞往塞班岛后，接到了联合舰队参谋长、海军中将草鹿龙之介命令的副本。显然，仅有航母不足以抵御美军。源自"Z计划"的"阿号作战计划"要求，第1航空战队在小泽抵达战斗区域前拖垮美军。而角田觉治中将手下的陆基航空中队应当摧毁美国航母部队三分之一的力量。但日军必须同时与麦克阿瑟作战，从而使这一野心勃勃的计划更加复杂化。由于日军在西南太平洋遭到围攻，第1航空战队不得不将马里亚纳群岛的半数飞机调往西新几内亚。日军兵力在其主要据点的部署极为分散，这本身就是一个棘手的问题，他们无法集中力量进行有效防御。美国航母部队的机动性和快节奏加剧了这一问题，对日军产生了严重影响，即使没有使其陷入瘫痪，也为其带来了混乱。

截至6月1日，第1航空战队散布于从菲律宾群岛到马里亚纳群岛的中太平洋和西南太平洋，共有21个航空大队，约600架飞机。这是一个高度现代化的战斗机群，主要由零式战机、"吉尔"和"朱迪"组成，还有中岛公司生产的"欧文"双引擎夜间战斗机和横须贺公司生产的"弗朗西斯"双引擎轰炸机。但这支部队缺少训练有素的人员。由于各战区人员和物资的频繁调动，再加上燃料始终短缺，严重影响了飞行员的战斗状态。当年2月，米切尔对塞班岛发动航母打击，迫使角田将绰号"猎豹"的第263航空队派往关岛，将绰号"猛虎"的第261航空队派往塞班岛。但是，在这两个航空队的飞行员中，有一半刚刚完成飞行训练，没有接受过任何空中射击或空中格斗练习。他们唯一能做的就是保持队形。当这些新手开始从本土飞往硫磺岛再到马里亚纳群岛时，他们需要依靠引导飞机为其导航。2月28日，12名飞行员驾驶新型五二型零式战机离开日本松山市，只有一人最终抵达塞班岛，但援军陆续到来。3月底，"猎豹"航空队中25名最有经验的飞行员从关岛被调往贝里琉岛。3月31日，他们的飞机在野外加油时遭到美军空袭，这25名老兵当中有18人丧生。当噩耗传到关岛后，日军的新兵感到极为震惊。"塞班岛和贝里琉岛的空战夺去了我军最有经验的飞行员的性命，只剩下我们这些新兵自己照顾自己。失去这些老飞行员着实令人心痛，因为再也不会有人向我们传授诀窍了。""猎豹"航空队队员笠井智一说。

如果日军准备与美军展开最后决战，丰田希望"尽可能选定在接近我军机动舰队待命的地点"开战。3月3日，海军军令部向联合舰队也下达了同样的命令。"在情况允许的条件下，努力进行奇袭性作战，以求挫败敌军进攻的气势。"这道命令指出。由于马里亚纳群岛位于日本"决战到底"防线的最东端，因此不再是防守的当务之急。

在联合舰队参谋部，只有一名情报官认为，美军将向马里亚纳群岛发动袭击。此人名叫中岛亲孝，他从截获的美国海军电报中得出了这一结论。但没有人希望听到此言。小泽手下的参谋大前敏一大佐询问联合舰队参谋长草鹿，海军将如何防守马里亚纳群岛？草鹿回答，鉴于燃油奇缺，在1944年下半年之前，日军不可能在此地开展决战。如果美军发动袭击，陆军第31军司令小畑英良中将会命令手下驻军在海滩进行顽强抵抗，同时从帕劳调来陆基飞机。当前最重要的是比亚克。5月27日，麦克阿瑟率军攻击了该岛。为了增援比亚克，日军将开展大规模行动。丰田希望借此吸引美国海军，在该岛开展决战。但尼米兹并没有上钩。

事实上，尼米兹侥幸得到了日军"Z计划"的副本。4月初，在美军击落了载有联合舰队司令长官古贺峰一及其部下的两架水上飞机后，菲律宾渔民从海上打捞上来一个皮面装订的文件夹，上面盖有日本海军的印信。其中文件的标题为"联合舰队第73号密令"，于1944年3月8日由古贺签署。有人将其交给了与菲律宾游击队一同作战的一名美国军官詹姆斯·M.库欣。日军对菲律宾游击队进行了数日追捕，因为他们不仅俘虏了古贺的参谋长福留繁，而且扣留了古贺的尸首。于是，库欣开始与日本人进行交涉。如果他们能够减轻高压政策，停止屠杀平民，游击队就会归还古贺的尸体。在此期间，库欣趁机暗中将文件带出了菲律宾。

麦克阿瑟的情报总部意识到这份文件的价值和来源，立即将其呈给尼米兹。在太平洋联合情报中心，语言学家将文件翻译出来，分发给斯普鲁恩斯及其主要将领。虽然这份文件没有提到日本海军的具体部署方式，算不上一份全面详细的作战计划，只是简要阐述了总体的战略概念，但是从中可以看出，日本人断定，美军进攻的下一个目标将在西南或中太平洋，届时小泽将进行大规模抵抗。

直到此时，日本人才开始进行两手准备，将第1航空战队的飞机分散到整个太平洋战场。其中134架调往帕劳，67架调往特鲁克，35架调往塞班，67架调往天宁，70架调往关岛，其中塞班、天宁、关岛是马里亚纳群岛的主要岛屿。如果美国果真对马里亚纳群岛发动袭击，这172架陆基飞机足以在航母到来之前应对敌军，而小泽需要四天进入打击范围之内。

1944年5月底，随着美国潜水艇频繁离开菲律宾前往马里亚纳群岛进行观测，日本海军情报部门警告称，美军的下一个目标将是马里亚纳群岛。

但丰田的司令部坚持认为，西加罗林群岛才是双方展开决战的地点。斯普鲁恩斯曾在2月对特鲁克岛发动猛烈空袭，并于4月再次攻打该地，不正可以说明这一点？此外，千早猛彦有关马朱罗出现大批美国航母部队的报告，以及密码局对美国无线电传送的分析也同样说明，美军即将前往加罗林群岛。

1944年6月6日，盟军登陆法国北部的消息被世界各国争相报道。对此，第五舰队既有人欢欣鼓舞，也有人漠然置之。卡尔·摩尔的态度无疑影响了斯普鲁恩斯的所有部下："很快我们就会自顾不暇，所以我宁愿我们忘记欧洲战场。"在"洛基山号"指挥舰上举行的新闻发布会上，霍兰德·史密斯似乎只关注他的手下即将面临的目标："虽然我们学会了如何捣毁环礁，但是现在我们面对的是高山和洞穴，日本佬可以在那里掘壕防守。所以，一周以后，将有大批海军陆战队员阵亡。"

就像其他坏消息一样，诺曼底的战局在日本国内并没有得到广泛报道。数日后，千早中佐再次经过多个站点进行远程航行，对马朱罗展开侦察，但侦察结果令他不寒而栗——美军的锚地已经空无一人。

The Outer Colony
☆☆☆

第5章
克复外殖民地

日机孤军作战

当美国的潜艇成群结队地肆意游荡时，面对通往马里亚纳群岛的航道，南云忠一感到十分绝望。他一度指挥着日本海军的骄傲，担任航母舰队机动部队司令。在中途岛战役中，他与雷蒙德·斯普鲁恩斯狭路相逢。从此以后，他的光环开始迅速消退。随着小泽治三郎接管了航母特混舰队，南云被调往塞班岛担任守备队总指挥，而这一职责对他来说无比乏味。

1944年2月底，一支护航队从中国东北地区出发，向马里亚纳群岛运送日军的三个师团，但"鳟鱼号"潜艇发现了他们，并且发起了伏击。负责运送日军第18师团前往塞班的"崎户丸号"被击沉，前往关岛的一艘运输舰也遭到重创。在该师团4 000人中，最后仅有1 720人成功登岸，而三分之一的人需要入院治疗。其中一人是后方卫生连连长、陆军大尉大场荣。在"崎户丸号"被击沉后，这名29岁的军官被拖上救生筏，转移到一艘驱逐舰上。这艘驱逐舰将他和其他幸存者载往塞班岛首府加拉班水上飞机基地的码头。大场荣身穿破烂不堪、满是油污的工作服，被送往医院接受救治，然后住入由一所中学改造的临时营房。在那里，他奉命接管一个临时营级指挥部，手下225人当中有一半是卫生连的幸存者，其余的都是一些装备不足、与隶属部队失联的士兵。他们按照上级命令，加入了一个防御工事建造营，以便在加拉班的山坡上架设炮台。大场的卫生连以及其他工兵、坦克手大都装备不全，组成了一只混杂的队伍。除了他之外，其中仅有一名战斗部队军官。此人名叫板野，性格十分开朗。他和板野一起为其他士兵安排营房、配发服装，然后开始勤勤恳恳地工作。由于该地存在大量硬质岩石和珊瑚，再加上缺少建筑材料，整个工程的进展速度还不到预计的一半。

大场还在马昆沙内陆的一座山谷里建立了医疗救助站。马昆沙村坐落在塞班岛西岸，恰好位于加拉班和马尔皮角之间。救助站包括一间茅草屋顶的医疗室，可以容纳24副担架，还有两个大型洞穴，可以用于存放补给，另外还有几间狭小的营房。截至5月中旬，随着持续进行的潜艇战，大场荣的救助站已经设置完备。

1944年6月的第一个星期，美国潜艇对日本向塞班岛运送援军的护航队发起了袭击。"宾塔图号"和"鲨鱼号"击沉了三艘大型货轮，导致船上的士兵伤亡惨重。日本海军在前往马里亚纳群岛途中未能确保陆军的安全，从而使南云和第43师团师团长斋藤义次中将之间的关系进一步恶化，而斋藤义次是塞班岛上级别最高的日本军官。斋藤的第43师团下辖的第118联队在抵达加拉班后，只剩下不到一半的兵力。即使是最久经沙场的师团，在来到海上以后，也只能沦为虚弱无助的观光客。尼米兹将军手下的所有航空兵在三天内为一个师团带来的损失，也比不上洛克伍德手下潜艇群在三个小时内在海上对敌军运输舰所造成的打击。

运送建筑材料的货船情况也不容乐观。由于海上补给线不断收缩，斋藤将军所属第31军的参谋长警告南云将军称："除非向部队提供水泥、钢筋、带刺铁丝网和木材等无法从那些岛屿上获得的东西，否则，无论我们派去多少士兵，他们所能做的也只是袖手旁观。这种局面无法容忍。"斋藤经常向南云哀叹，如果海军不增派护航舰，船队根本无法抵达目的地。他只能依靠手头的物资见机行事。

斋藤手下最大规模的炮兵队拥有8门英国制造的6英寸口径火炮、9门140毫米口径和8门120毫米口径高平两用炮以及4门200毫米口径迫击炮。斋藤下令将其分散在塞班岛内陆高地上的水泥工事和碉堡里，以及经过伪装的露天阵地上。其中两门 6 英寸口径大炮被放置在塞班岛西南端阿劲岗角的炮塔里，另外四门被分散到东南端纳富坦角和马格西尼湾上劳劳角之间的地带。这些大炮和数门 140 毫米口径两用炮都被架设在地下，从海上很难发现。在塞班岛最高峰塔波查峰的山坡及其西侧的小山上，日军部署了大量迫击炮、75 毫米口径山炮和 150 毫米口径榴弹炮。斋藤的炮兵队在所有可能被敌军视作滩头堡的地点预先布设了武器。小型野战炮被架设在高崖上的掩体和碉堡里，还有其他突出的岬角上，并辅之以迫击炮、大型火炮和榴弹炮。斋藤希望借此对海滩进行致命的纵深射击。他还沿着大多数海滩挖掘了两条相互平行的壕沟，其中一条位于高潮线上方，另一条距离内陆约数百码，以便在有山梁、沟壑、珊瑚天坑掩护的阵地上埋伏步兵和架设机枪。此外，斋藤在面对马格西尼湾的战壕、散兵坑和机枪阵地上布设了重型铁丝网。

与马绍尔群岛和吉尔伯特群岛上外围基地不同的是，马里亚纳群岛拥有大批非军事人口。仅在塞班岛就有 2.8 万平民从事海上贸易，包括查莫罗土著和日本人。战争爆发后，这里的生活异常艰难。斋藤将军迫使所有人在塞班岛西岸首府加拉班和查兰卡诺亚制糖中心之间修建机场，就连妇女、儿童和老人也不例外。他们有的带着铁锹和木锯，负责挖掘树根，有的负责搬运石头，有的排成一队用木桶运水。其中一些人忠心耿耿，甚至把手上的燎泡当作忠于天皇的证据夸耀。但日本在当地的殖民统治方式既高度偏执，又掠夺成性，因此没过多久，就在当地居民中引起了怨恨和恐惧。从战争一开始，就不断有人因为谋反而失踪，或者遭到逮捕、流放和处决。即便如此，塞班岛上的局势仍在迅速恶化。

16 岁的曼纽尔·萨布兰是查莫罗邮局的一名工人。他月薪 45 日元，是日本警察局的信使。在这个特殊岗位上，他得以亲眼见证日本驻军对当地人民的镇压，并且对日本人的种种钳制痛恨不已。查莫罗人向来遵纪守法。战争爆发前，每天晚上，当地只有两名警官在加拉班街头巡逻，以保护九万人的安宁。因此，7 点钟的宵禁无疑是对当地文化的一种侮辱。日本人不准查莫罗土著使用自己的母语，禁止天主教牧师做弥撒，并且关闭了所有学校。即便在鸡毛蒜皮的事情上违反了军纪，也会不由分说被监禁一个月。而懂英语的查莫罗人则会遭到逮捕和审讯。日军将市区居民驱赶到农村，然后将住房拆毁，当作建筑材料。父亲去世后，曼纽尔·萨布兰眼看着母亲和弟弟被日军赶出加拉班的家，他们被重新安置到岛屿南端阿斯利托机场附近的一座农场上。这一切都让他难以接受。

历史上，查莫罗人多次遭到外族欺凌。1521 年，斐迪南·麦哲伦来到马里亚纳群岛，当地土著划着独木舟，带着刚刚采摘的水果作为礼物，对他表示欢迎。在参观麦哲伦的船队时，有人很喜欢船上的一些铁器，由于他们从小在公社文化中长大，所以擅自拿走了它们。盛怒之下，麦哲伦发动了惩罚性突袭，烧毁了当地的一座村庄。从此以后，他便将马里亚纳群岛称为"强盗群岛"。一个世纪以后，在奥地利女王玛丽亚娜的资助下，一批天主教传教士来到这里，将其更名为马里亚纳群岛。当查莫罗人揭竿而起反对西班牙的统治时，这座岛屿及其居民面临着一场灾难。叛乱和报复以及反复爆发的疾病使查莫罗人口从 4.5 万人减少到 5 000 人。随着加罗林群岛移民的逐渐到来，该地人口开始增加。但大国博弈仍在继续。1898 年，美西战争结束后，美国人在合约中将关岛作为战利品据为己有，同时接管了波多黎各和菲律宾群岛。次年，西班牙将马里亚纳群岛卖给了德国。就在日本在"一战"中向德国宣战前，这里一直是恺撒·威廉二世的一座小型贸易站。当德国从东半球撤走其东亚舰队后，日本人乘虚而入。1914 年 10 月，随着"香取号"战列舰在加拉班下锚，马里亚纳群岛迎来了新的统治者。日本兵不血刃便占领了该岛，因为当时德国忙于欧洲的战事，无暇与日本展开角逐。从 1914 年到 1922 年，按照国联的要求，帕劳成立了文官政府。由于日本海军占领着马里亚纳群岛，这里就成了日本的"托管领土"，有些类似夏威夷之于美国。

在随后的 30 年间，查莫罗人逐渐了解了日本主义及其所谓的"大东亚共荣圈"。日本人对岛上的蔗糖、干椰肉和椰子进行开发，使该岛成为旧日商业机器中的重要一环。在由军方和"南洋贸易株式会社"（简称"Nambo"）等公司经理把持的等级制度中，查莫罗人表现得十分恭顺。他们当中有许多人在劳工营供职，而这些工作繁重的公司中不乏从日本本土运来的囚犯。就连很多日本人也对这种状况感到痛恨不已。18 岁的三浦静子在天宁岛上的南洋贸易株式会社工作。第 1 航空战队来到天宁岛后，那些飞行员喜欢喧哗吵闹，搅扰了她平静的生活。"街头成了醉鬼的场所，"静子说，"这些海军航空兵总是在唱一些令人悲观沮丧的歌曲。"这种状况令她难以忍受。这位年轻的女生虽然缺乏教育，但是积极进取，因此她搬到了加拉班，开始在另一家公司工作。

直到当年 2 月，当美国航母发动突袭后，当地的人们才意识到，战争已经到来。但是在此之后，所有人都学会了循规蹈矩，不开口乱问任何问题。作为警察局的信使，曼纽尔·萨布兰享有一定特权，可以继续留在加拉班。日本人鼓励人们向当局报告所有潜在的颠覆活动。

6 月的第一个星期，日本人偷偷将特权阶级人士的妻子和孩子撤回国内。当"桑托斯号"和"亚美利加号"轮船停靠在加拉班附近的塔腊潘港后，曼纽尔·萨布兰奉命为警察局长夫人打包个人物品。这两艘轮船起航后不久，便有消息传来，称"亚美利加号"被鱼雷击中，船上所有人员全部罹难。三浦静子的四个姐妹之一惠子也在其中一艘船上。听闻噩耗后，静子写道："加拉班仿佛已经死去。一切都发生了改变。"所有商店停业默哀，无论是店主还是工人，大家看起来都精神恍惚、目光呆滞。日军加强了控制，并且放出谣言称，美军一旦登陆，将首先冲向妇女和儿童。

萨布兰听说，两名美国飞行员在东北海岸的一艘橡皮艇上被俘。于是，他骑自行车来到监狱。只见有人从一辆卡车上押下来四名男子，他们全都被蒙着眼睛，双手捆在背后。"他们都是白人，体形格外高大，"萨布兰说，"他们的头发是金黄色的。对于这两个美国人，我看清楚的不多。一周后，当我们返回监狱时，他们已经不在那里了。"一个日本老人说，他们已经从海上被运往日本。

不久以后，又有两名美国人被押到这里。据说他们是在特鲁克岛被击落和俘虏的飞行员。这一次，萨布兰还是想要过去看看。他说："一位查莫罗警官，好像叫安东尼奥·卡布雷拉，让我们不要过去，但是我们不听。我们偷偷溜了进去，看见两个美国人分别被关押在两间牢房里。其中一个坐在角落里，用手捂着肚子，好像很疼的样子。另一个虽然手臂中弹，但是在牢房里走来走去，边说边笑。"其中一个美国人个子很高，另一个稍微矮些，也就是胳膊负伤的那个人。

6 月 11 日，被俘美国飞行员的同胞返回了塞班岛，开始发动预备空袭。在加拉班市区，三浦静子正在两层楼的办公室里坐着，突然听到外面响起警报器的呜咽声和防空炮凄厉的爆炸声。"当我抬头望着天空，寻找敌机的踪迹时，"她回忆道，"我下意识地发出了惊呼。编队的规模非常庞大，好像有数百架，不，数千架飞机。一个编队紧接着一个编队。"随着一波又一波满载炸弹的战斗机对小镇和港口发动袭击，玻璃窗被震碎，大楼开始不停摇晃。

静子和同事们立即离开办公室，浑身战栗着朝楼下的地下防空洞奔去。随后，第 58 特混舰队开始发动猛攻。在接下来的 30 分钟里，空袭仍在继续，他们只能蜷缩在防空洞里。但是静子再也无法忍受，她很想知道接下来会发生什么，所以离开了防空洞。虽然空中密密麻麻都是美军的飞机，但当她再次看到蓝天时，她还是感到一丝安慰。她冲上楼，来到办公室。静子向窗外望去，只见阳光穿过浓烟，变成了刺眼的棕色。有两架飞机在起火后向海上疾驰。她以为那一定是美国飞机，所以不禁脱口而出："万岁！"

一开始，美军飞行员避开了民宅，集中打击日本的海军设施。但是现在，面对早已彻底军事化的加拉班和幢幢大楼里连天的炮火，"地狱猫"的飞行员开始袭击城区。日本飞机拼死抵抗，然而由于它们大都是孤军作战，并没有进行任何配合，所以这很难称得上是一场会战。第 58 特混舰队开展的战斗机扫荡不啻一场严峻的考验，令人欣慰的是，它们经受住了这场考验。

第 58 特混舰队首战告捷

由于日本航母不知去向，对于是否在登陆日前三天，即 6 月 12 日发动猛烈空袭之前进行战斗机扫荡，雷蒙德·斯普鲁恩斯一直犹豫不决。起初，他没有签署命令，而是表达了非正式的认可：如果在 6 月 10 日仍未发现日本航母舰队，马克·米切尔手下的战斗机可以起飞。但米切尔表示反对，他认为无论敌军是否开展水面交火，战斗机扫荡都应当进行。米切尔说，即使他手下的航母全部出动，袭击马里亚纳群岛，备用的 200 架"地狱猫"也足以进行防御。这项计划是米切尔手下的作战参谋约翰尼提出的，故而以这名年轻军官的名字命名，称为"约翰尼计划"，并最终得以实施。

6 月 11 日下午，第 58 特混舰队的战斗机飞行员从关岛以东的阵地来到飞行甲板上，其中每个大队负责袭击一座机场。"大黄蜂"特混大队的目标是关岛和罗塔。"邦克山"特混大队将进攻天宁岛,并集中打击乌希角的机场。"企业号"特混大队的目标是塞班岛南部以及岛上最危险的据点阿斯利托机场。第15航空大队指挥官戴维·麦坎贝尔及其在"埃塞克斯号"上的手下负责进攻塞班岛西岸,那里从查兰卡诺亚到马皮角均有敌军重兵把守。两架配备有橡皮救生筏的TBF-1c"复仇者"在前方探路,紧随其后的是一支由39架"地狱猫"组成的队伍,它们分别来自"埃塞克斯号""考佩斯号"和"兰利号"航母。在麦坎贝尔的率领下,它们开始向220英里外的塞班岛进发。

中午刚过,战斗机群便来到了该岛1.2万英尺的上空。阳光透过天窗,洒在座舱罩上。麦坎贝尔首次向塔腊潘港口进行俯冲。当七架载有炸弹的"地狱猫"分别向水上飞机的停机坪投下350磅重的瞬发炸弹时,负责低空扫射的飞行员对水上目标发起了袭击:停泊在港口的大型水上飞机、小型货船以及自此向北直到马皮角的岸上设施。一艘油轮被击中后,滚滚黑烟直冲云霄。在向西南侧翻后,这艘货轮燃烧了一个半小时,然后葬身海底。

第一波进攻结束后,日军在东岸点燃了发烟罐。随着东风刮起,厚厚的烟幕笼罩了整座岛屿,但麦坎贝尔手下的飞行员仍然发现了许多目标。他们以两人为一小队、四人为一分队进行低空扫射,使敌机很难对其进行干扰。但敌军布设了大量高射炮,而且命中率很高。在首次向港口发起冲锋时,麦坎贝尔手下一名年轻的海军中尉L.T.肯尼被高射炮击中,直接坠入海中。他是当天阵亡的12名"地狱猫"飞行员之一。

在海上,距离马皮角西北数英里的地方,双方战斗正酣。第15战斗机中队队长查尔斯·W.布鲁尔中校摧毁了两架川西公司生产的深绿色H8H"艾米丽"水上飞机,然后在加拉班西部盯上了三架零式战机,但是在他靠近这三架飞机前,它们已经化为焦炭。中队的副队长詹姆斯·F.里格在击中了停泊在港口的一架"艾米丽"后,发现一架绰号"东条"的Ki-44日本战斗机就在自己5点钟方向的下方。于是,他倾斜转弯后盘旋下降,当敌机从左至右侧滑时绕到其尾部,射中了敌机的翼根,并眼看着机翼从机身裂开。当里格再次来到高空后,他发现一架零式战机正迎面冲来。这是一场勇敢者之间的博弈,只有身在防弹挡风玻璃后的飞行员们才会爱上这种游戏。两架飞机始终保持航向,就在相撞前几秒钟,零式战机突然上升，将机腹暴露了出来。里格立即开火，将对方的发动机舱打成了筛子。零式战机在调头后失去控制，猛地坠入海中。

1944 年 6 月第 58 特混舰队
由海军中将马克·A. 米切尔指挥

第 1 特混大队：“大黄蜂号”（海军少将 J.J. 克拉克）、
"约克城号"、"贝劳伍德号"和"巴丹号"

第 2 特混大队：“邦克山号”（海军少将 A.E. 蒙哥马利）、
"胡蜂号"、"卡伯特号"和"蒙特利号"

第 3 特混大队：“企业号”（海军少将 J.W. 里夫斯）、
"列克星敦号"、"圣哈辛托号"和"普林斯顿号"

第 4 特混大队：“埃塞克斯号”（海军少将 W.K. 哈里尔）、
"兰利号"和"考佩斯号"

麦坎贝尔手下的航空大队在马里亚纳群岛首战告捷。后来，这支队伍成为太平洋战场上击落敌机最多的海军航空兵部队，但是现在他们仍有很长的路要走。在为执行扫射任务的飞行员进行低空掩护时，队长麦坎贝尔首次击落了一架敌机。在塞班岛西南三英里的地方，麦坎贝尔发现身后的一架零式战机正冲下云层。当日本飞行员在他左侧做高空半滚时，麦坎贝尔转向敌机，绕到其后方，并将其击落。

在塞班岛，麦坎贝尔手下的飞行员面对日本飞行员表现出色，摧毁了17 架敌机。对他们来说，最大的威胁是高射炮。在攻占阿斯利托机场时，"列克星敦号"上第 16 航空中队最杰出的飞行员之一、海军中尉比尔·伯奇霍尔特不幸遇难。此人曾击落过六架敌机，是一名一级飞行员。在进行低空扫射时，他被敌机击中，于是立即下降，准备在纳富坦角以东大约六英里处进行水上迫降。由于是逆风降落，飞机的尾翼首先接触水面。他只好降低速度，使飞机垂直入水。推开座舱罩后，他爬上左翼，却发现降落伞已经打开。因为身上的救生衣充气胀开，他够不到背带上的带扣。此时，他看见降落伞被挂在驾驶舱里，自己相当于和正在下沉的飞机绑在了一起。在不到30秒的时间里，伯奇霍尔特迅速坠入水中，再也没有出现。

日本人本以为，美军会在黎明时分发动空袭，因此当天下午的扫荡令他们措手不及。由于疏忽大意，他们未能及时进行巡逻和侦察，最终造成了惨重的损失。"因为敌军没有在清晨发动突袭，"草鹿写道，"我们就以为当天不会遭到袭击……由于麻痹大意，我军的损失更加惨重。"第1航空战队当中缺乏经验的年轻学员为此付出了代价。从关岛的奥陆半岛，到塞班岛的马皮角，美军的战斗机扫荡使主要由新手组成的日本航空队高下立见。一支"地狱猫"队伍从"大黄蜂号"上出发，在关岛遭到了零式战机袭击。他们速战速决，摧毁了其中23架，但这个数字比他们预计的要少。在天宁岛，"卡伯特号"和"蒙特利号"上的战斗机中队清除了敌方的拦截机后发现，一队双引擎"贝蒂"轰炸机在着陆后刚刚停稳。他们立即抓住机会向地面俯冲，并将其中9架焚毁。

"我们注意到，敌方战斗机飞行员从未开展过团队合作，或者采取有效的防御和进攻战术，而是擅长进行特技飞行，并且常常在水面上空低飞。结果是，至少有一架日本飞机一头扎进海里，在做超低空半滚倒转时，无法回到水面上方。"一名海军分析师写道，"这次扫荡的最终结果是，摧毁和重创了空中以及地面上的大约150架敌机。这次打击不仅使第58特混舰队得以安全进入该地区，有助于第一天的轰炸行动，而且迫使敌军采取极端措施，以寻求增援。"

直到6月11日下午晚些时候，三浦静子才听到解除危险的警报声。由于海军医院已经废弃，那些尚有行动能力的伤员只能到别处寻找落脚地点，其中很多人来到了她的办公室。静子曾经参加过妇女辅助部队，接受过急救训练，于是开始为伤员清洗消毒、包扎伤口。一开始，办公室里只有8个病号，后来增加到16人，全都是被榴霰弹弹片和点五零口径子弹击中后流血不止。其间，她抽空到街上稍事喘息，遇见了一个名叫后藤的士兵，他正坐在两名战友的尸体旁啜泣。"从我出生之日起，到塞班岛爆发战事，18年来，我从未见过死人的面孔，"她写道，"所以对死亡也许一无所知。但是在我眼前，这两名士兵躺在那里，了无生气，仿佛在对我说：'瞧，这就是死亡！'"静子忽然想起了哥哥真一。真一是一名陆军坦克手，也是满洲战役的老兵，是一个奇迹般的人物，后来被调到塞班岛，在坦克部队服役，驻扎在查兰卡诺亚。当年春初，当坦克部队经过镇上时，她还见过哥哥。他看起来沧桑了许多。他的装甲车上写着一个汉字"忍"。她不禁向南方六英里的天宁岛张望，不知道父母和姐妹们在那里过得如何。她相信，父母一定也和往日一样，正在农舍中担心自己相隔不远，但又身处异乡的女儿。在考虑过自己的生死之后，在将恐惧置之度外之后，她默默为自己打气：妈妈，静子现在元气满满！

敌机消失后，街头到处都是日本士兵。作业队把重伤员抬往较高的山坡上躲避。加拉班和塔腊潘港的上空浓烟升腾。就像军方曾经警告的那样，现在洋鬼子来了，他们急于奸淫掠夺，一定会把年轻人杀光。这就是日本官方在民间散布的信息。在听到这些可怕的警告后，静子感到浑身战栗。

在海上，距此西南大约两百英里的地方，马克·米切尔的四支航母特混大队已经蓄势待发，准备发起下一轮袭击。

A Rumor of Fleets
☆☆☆

第6章
敌舰传言

占领机场

美军发动的战斗机扫荡大获全胜。6月12日拂晓前,麦坎贝尔再次升空,以乘胜打击敌军。"埃塞克斯号"上的所有航空大队均归他指挥,其中包括数个鱼雷轰炸机中队。在逼近塞班岛时,麦坎贝尔发现海面上亮起了一盏白色的桅冠灯,在下方漆黑的海面上闪闪烁烁,十分显眼。他立即下令"考佩斯"上的一个"地狱猫"小队前往应战。当24挺点五零口径的机枪开始扫射时,日军舰艇的舰长才幡然醒悟,想起了夜间不应开灯的纪律。

在塞班岛上空,麦坎贝尔没有发现任何敌机。于是,他开始在上空盘旋,一边为轰炸敌军火炮和士兵的"复仇者"和"地狱俯冲者"提供掩护,一边忙里偷闲,记录并报告了登陆海滩的海浪情况。在返回"埃塞克斯号"后,他发现,除了有三架"地狱猫"被敌军的小口径炮火击中而出现凹坑外,自己的中队几乎毫发无损。当麦坎贝尔准备再次对塞班岛发动袭击时,他突然接到命令,要求他对新的目标进行打击。有消息称,塞班岛西北出现了一支日本商船队。因此,他将改变方向,指挥手下的28架"地狱猫"以及同样数量的"地狱俯冲者"和"复仇者"对其进行追击。来到高空后,麦坎贝尔命令手下的飞行员排成20英里宽的两列横队,对下方的海域开展搜索。在塞班岛以北 65 英里，麦坎贝尔发现，这支货船队伍排成三列纵队，以一艘老式驱逐舰为首，四周还有 13 艘小型巡逻艇。此时，太阳渐渐升起，这对船上的水手来说无疑是一件残酷的事情。

当空中的半月在西方隐没后，四周到处都是美军飞机活塞发动机的低沉轰鸣。一群"地狱猫"突然出现，开始发射曳光弹和子弹。它们的机翼拖出一股烟雾，仿佛是在发送信号。每架飞机分别执行六次任务，麦坎贝尔戏称，这是在轮流进行"割草机演练"。没过多久，日方的旧式驱逐舰和一艘小型商船就燃起大火。所有护航船只纷纷向前逃去，其中两艘被点五零口径的枪弹从中炸开后沉船。

随后，轰炸机开始登场。正在进行掩护的麦坎贝尔从 1.2 万英尺的高空看到，由于船只四散奔逃，下方的局势一团混乱，麦坎贝尔手下的飞行员不可避免地遭到了损失。其中最大一艘船只在遭到数架飞机夹叉射击后停止了移动。随后，轰炸机对其进行了猛烈炮轰，致使这艘体形庞大的船只燃起大火。一架"地狱俯冲者"对一艘已经遭到重创的小型货船投下两枚炸弹，炸弹在船首附近爆炸，撕裂了整个甲板，大量碎片和残骸被抛入空中。另一艘货轮的左舷险些被炸弹击中，因此放慢了速度。一架"复仇者"立即滑翔俯冲，向其靠近，并投下四枚炸弹，致使其甲板严重塌陷而葬身海底。另外一艘 5 000 吨的货船两侧被火箭击中，从船桥到船尾被烧成了灰烬。尽管日本的造船技术了得，但面对麦坎贝尔手下摧毁舰船的行家，它们仍然不是对手。

麦坎贝尔围绕日本船队兜了两圈，确认美军对其造成的损失，并登记可供袭击的目标以便采取后续行动。随后，当剩余的日本船只一边漏油，一边向西逃离时，他率队向"埃塞克斯号"返航。他们一共击沉了 5 艘船只，还有 4 艘船舰很可能下沉。另外 20 艘被击毁，其中 6 艘遭到重创。具体的人员伤亡无从得知，但是有一艘船上有大约 30 名日本水兵幸存，其中一半都是当地的渔民。他们爬上安纳塔汉岛的海岸，消失在丛林之中。这座岛屿是一座火山岛，位于塞班岛以北 90 英里。对他们来说，战争已经结束，他们只能靠四处劫掠为生。

当天下午晚些时候，第 15 航空大队返回了"埃塞克斯号"。随后，布鲁尔中校率领 12 架"地狱猫"和 15 架"地狱俯冲者"，这些战机满载炸弹，对敌军的残兵败将发起了袭击。这支日方船队原本由一艘驱逐舰打头，现在只剩下六艘小型货船和五艘护卫船。前者刚刚加入这支船队，但这次护航任务给了它一次严酷的教训。在遭到美军飞行员袭击后，它被点五零口径的子弹打得体无完肤。在向其中一艘货船俯冲时，布鲁尔将外部油箱当作炸弹丢了下去，击中目标，货船的甲板上到处都是熊熊燃烧的汽油。在这支船队最初的 30 艘船只中，一半已经确认被美军击沉，或者被认定已经下沉，6 艘遭到重创，还有 9 艘被损毁。最终，美军共找到了七名幸存者，并将其带往"埃塞克斯号"。这些战俘证实了上述可怕的事实。这一天属于第 58 特混舰队。因为这支队伍可以随心所欲地发动打击，而实力悬殊、经验稚嫩的日军第 1 航空战队几乎毫无抵抗之力。

翌日清晨，麦坎贝尔的航空大队对遭到重创后仓皇逃走的日本船队发动了最后一轮扫荡，然后加入了对塞班岛机场和防空部队的袭击。他和手下的飞行员清楚：虽然小型船只很难击中，但它们有一个特点，那就是一旦被击中，会很快下沉。然而要想攻占一座机场，他们面临的任务将更加艰难。你可以击落和炸毁敌军的飞机，也可以进行低空扫射，击毙敌方人员。但是，要想彻底摧毁一片方圆 50 英亩、被泥土和珊瑚覆盖的地方，让次日来自其他基地的敌机无法使用，几乎是不可能完成的任务。航母发动的空中袭击既不够猛烈，也难以持久，根本赶不上作业队填补弹坑的速度。

防空炮是所有目标中最棘手的一个。因为它们不仅能够自我保护，而且需要极为精确的准头才能摧毁它们。海军中的有关专家已经对此进行了运算。面对直径 25 英尺的大炮护墙，俯冲轰炸机飞行员直接命中的概率为 1/300。在进行滑翔轰炸袭击时，这一概率会下降到 1/600。如果从高海拔进行水平轰炸，这一概率仅为 1/10000。翼吊火箭的问世大大增加了飞行员命中火炮的概率，使其提高到 1/21。海军发现了一条规律，即炮弹的口径越大，所得的回报就越小。要想使护墙中的大炮失去作用，一枚 500 磅重的炸弹需要在距离其 20 英尺的范围内着地，一枚 2 000 磅重的炸弹需要在距离其 30 英尺内的范围内着地，因此小型炸弹往往更加可取。"要想有30%的机会直接命中双炮位中的一门大炮，需要在俯冲轰炸时投掷 100 枚炸弹，或者在滑翔轰炸时投掷 135 枚炸弹。而实现这种密集轰炸唯一可行的办法就是使用小型炸弹。"因此，对于空袭来说，更加现实的目标是暂时压制敌方的火力，即消除火炮的威胁，而非直接将其摧毁。要想实现这一目标，最可靠的办法是出动一架未装载炸弹的"地狱猫"，发射数百枚点五零口径子弹对其进行扫射。

在 6 月 13 日发动的袭击中，"列克星敦号"上的特混大队动用了几乎所有飞机：62 架"地狱猫"、53 架"地狱俯冲者"和 22 架"复仇者"，其中大多数"复仇者"都配备有火箭。在杂散高空的卷云下，它们列队出发，迎着高射炮的火力，向阿斯利托机场发动了猛攻。能够发射火箭的"复仇者"在进行滑翔袭击时很容易遭到攻击。对于体形庞大、速度缓慢的飞机来说，机动性强的中型防空炮足以构成致命的威胁。第 17 鱼雷轰炸机中队的海军中尉弗兰克·F. 德尔加多摧毁了机场北侧的一座飞机库，但是在撤离时被一枚 75 毫米口径炮弹的大型碎片击中。他和另外两名机组成员逃离了飞机，飞机坠毁后燃起熊熊大火。他们顺风飘浮，先向南随后向西来到海上，但是遭到了沿岸日军炮手的袭击。人们最后一次看到德尔加多时，他距离水面还有 400 英尺，但降落伞因为着火而收缩。随后，海军对三人展开了认真搜救，但始终没有发现他们的踪影。

"列克星敦号"上第 16 鱼雷轰炸机中队指挥官、海军中校罗伯特·R. 艾斯利率队向阿斯利托机场附近的火炮阵地发动了火箭袭击。在进行滑翔时，他驾驶的"复仇者"被击中并开始起火，但他还是继续前进。在艾斯利的飞机撞向机场南端前，没有人看见有降落伞打开。从此以后，使用笨重的鱼雷轰炸机发射火箭的做法在航母特混舰队的待命室里遭到了强烈抗议。因为飞行员的伤亡数字意味着，一旦航母开始向重兵把守的地带发动进攻，他们将面临极大的艰险。1944 年 6 月，防空火力取代空中拦截，成了对美国飞行员最大的威胁。在战斗开始的最初三个星期内，对敌军火炮阵地的打击使米切尔在塞班岛损失了 19 架飞机，在关岛损失了 35 架，在天宁岛损失了 17 架，相当于每执行 100 次任务就有 1.25 架飞机被击落。

目前，斯普鲁恩斯和米切尔已经牢牢控制了马里亚纳群岛四周的航道。6 月 13 日，随着四个特混大队在关岛以东 40 英里的地方开展行动，空袭仍在继续。72 小时前，凯利·特纳的两栖部队离开埃尼威托克岛，浩浩荡荡地向西推进。此时，这支队伍已经来到了距离特混大队以东 600 英里的海域。

重启"阿号作战"

特纳和霍兰德·史密斯在"洛基山号"旗舰上，率领着声势浩大的第五两栖部队以及船上进攻部队的7.1万名士兵。上午8点之前，在扫雷艇清除了梅陆河的地雷后，在杰西·科沃德上校的率领下，数艘载着反潜屏护部队的驱逐舰离开了夸贾林环礁的安克雷奇河。它们在重型舰艇四周列队，形成了一个保护圈。旧式战列舰"田纳西号""加利福尼亚号""马里兰号"和"科罗拉多号"率先通过了河口，接着是护卫航母"基昆湾号"和"甘比尔湾号"以及负责运载德雷珀·考夫曼及其水下爆破队的快速人员运输舰"吉尔默号""克莱姆森号"和"布鲁克斯号"。整个途中，轰炸机大队负责从空中保卫舰队的安全。在战列舰后，以"基昆湾号"为首的护航队一字排开，其他舰艇则列成了环形的巡航编队。它们严格保持无线电静默，以10节的速度向马里亚纳群岛缓慢前进。

特纳的舰队仿佛隐没于汪洋大海之中的一股巨浪，只有当它朝你猛扑过来时，你才能感受到它的力量。从船上士兵的角度来看，负责运输和保卫他们的海军舰队来去神秘，就像突然从深海之中冒出的鱼群。"经过一夜的休息，今天早上我走出船舱时，"海军陆战队第4师的一名工兵唐纳德·布茨说，"我简直不敢相信自己的眼睛。只见黑压压一片舰艇。我生平还从未见过这种景象！我们当中总是有人会说：'看看我们有多重要！你瞧，我们可是在正中央，整个美国海军都在保卫我们。'"

每隔一段时间，在以13节的速度乘风破浪时，他们还会进行极其乏味的防空和损害控制演习。只有当偶尔有潜水艇经过，或者有驱逐舰离开队伍，发起试探性袭击时，随着声呐不断发出咻咻声，舱口盖被关死，整个场面才会活跃起来。

七天前，盟军开展了"诺曼底行动"，进攻部队从英国这个航海大国的现代化港口横渡宽120英里的英吉利海峡。相比之下，"奇袭行动"更加雄心勃勃。届时，第五两栖部队将从埃尼威托克出发，横跨1 000英里的航程，而埃尼威托克距离珍珠港足有2 700英里，不啻一次洲际旅行。

从某种意义上来讲，长途跋涉反而对特纳有利。因为日本联合舰队总部怀疑，美军可能正在开展大规模行动，但是在发现任何潜艇或飞机之前，他们对此并不肯定。他们始终不愿相信,美军的下一个目标是马里亚纳群岛。直到 6 月 13 日清晨,斯普鲁恩斯从护航队中抽调了七艘快速战舰,用来轰击塞班岛西南海滩上的火炮阵地,日军才不得不面对现实。海军上将威利斯·A. 李负责从旗舰“华盛顿号”上指挥分队舰艇“印第安纳号”和“北卡罗来纳号”,再加上“依阿华号”“新泽西号”“南达科他号”和“阿拉巴马号”。在接近塞班岛西岸时,这支舰队分头行动,于上午 11 点开始进行猛烈轰击,并持续到下午 3 点左右,为前往浅滩执行任务的扫雷艇提供掩护。

尽管所有舰艇在报告时都对这次轰击的结果表示乐观,但这些快速战舰均未参加过凯利·特纳在卡霍奥拉维岛开展的火炮演习,结果显然不尽如人意。这次进攻火力强大,一共发射了 2 400 枚 16 英寸口径炮弹和 12 500 枚 5 英寸口径炮弹。然而,由于炮弹的出口速度过高且弹道低平,除了海岸线和正面的斜坡外,大炮很难击中任何目标。它们虽然焚毁了查兰卡诺亚的大型农舍和制糖厂,但布设在地下掩体内的炮位却毫发无伤。因此,特混舰队有人戏称:“由海军出资开展的这次垦荒行动不仅可以耕种田地、修剪树木、收割庄稼,还为土壤里增加了不少铁元素。”但这次行动对海军陆战队员来说却毫无益处,因为他们即将向敌占海滩发起冲锋,从躲在山顶碉堡里的敌军手中夺取这片陆地。

虽然日军尚未发现美军的进攻部队,但斯普鲁恩斯在 6 月 13 日开展的大规模活动最终使日本海军总参谋部相信,美军的下一个登陆目标是塞班岛。即便如此,丰田大将仍然十分谨慎,不愿轻易启动“阿号作战计划”。由于燃料匮乏,他在调动舰队时绝不能出现任何差错。当丰田获悉,美军扫雷艇正在加拉班执行任务,一群快速战舰对海滩发动了袭击后,他已经清楚,美军的目标是塞班岛,因此可以启动“阿号作战计划”。随着小泽治三郎及其第 1 机动舰队即将起航,日军停止增援比亚克。他手下的九艘航母及其僚舰准备离开塔威塔威岛,同时密切关注塞班岛的情况。

联合舰队参谋长草鹿为此感到振奋。在他看来,小泽的此次出击并非孤注一掷,而是一个巨大的陷阱。“如果第 1 机动舰队过早出击,敌军有可能停止登陆行动,或者就此撤退,”他写道,“因此有必要确保敌军在开展空袭和军舰炮击后登陆。如此敌军将陷入困境,除了设法营救自己的士兵外,他们别无选择。”“等到敌军无路可退时”,陷阱就在他们面前。

　　当美国第五舰队开入马里亚纳群岛南部时，海军少将洛克伍德清楚，日本对手一定会悄悄接近斯普鲁恩斯，因此下令潜艇群撤离岛屿附近的战场，转向船只稀少的海域。他既不希望潜艇群的出现阻碍斯普鲁恩斯指挥驱逐舰对敌军进行追剿，也不希望自己的潜艇遭遇美军雨点般抛落的深水炸弹。有许多迹象显示，战场越是向西推进，新的花样越是层出不穷。

　　太平洋舰队的 48 艘潜艇分别从特鲁克岛和帕劳附近、菲律宾群岛的苏里高和圣贝纳迪诺海峡、琉球和博宁群岛附近的巡逻站出发，开始四处漫游，以拦截靠近马里亚纳群岛的日本舰船。此外，海军少将拉尔夫·W.克里斯蒂西南太平洋司令部六艘用于支援麦克阿瑟的船只正在苏禄海和菲律宾海西南执行任务。"这一布局看起来再好不过，而我们可以高枕无忧了，"洛克伍德后来写道，"濑户内海和东京湾以及日本沿岸各个地区的出口均已被堵死。"

　　6 月 13 日黎明，"红鳍号"潜艇发出了警报。斯普鲁恩斯的对手已经离开了塔威塔威岛，其中包括日军六艘航母、五艘重型巡洋舰、一艘轻型巡洋舰和六艘驱逐舰。"红鳍号"所处的位置不足以对其发动袭击，不过这无关宏旨，它发往布里斯班的敌情报告远比这更加重要。毫无疑问，这一定是小泽治三郎的队伍。三天前，"鲻鱼号"潜艇曾经报告，这一海域出现了三艘敌军的战列舰，包括一艘巨型的"武藏"级战列舰。"日军已经被引诱出来，"米切尔的参谋长阿利·伯克写道，"它们一定会有所行动。也许是发动袭击，也许是进行佯攻，也许是返回国内，我们尚不清楚。"

　　不出数日，眼下的一切疑问，包括有关敌军舰队的所有传言，都将得到解答。

第 7 章
OBB
和 UDT

捣毁日军据点

　　1944 年 6 月 14 日，在黎明前的黑暗中，凯利·特纳的大规模杀伤性武器——两栖部队，以环形巡航编队的形式靠近塞班岛东部。凌晨 2 点 25 分，战斗警报拉响。月光穿过乌云，发出暗淡的光芒，海军少将杰西·奥登多夫轰炸机大队的搜索雷达上显示，塞班岛就在 14 英里以西。从空中望去，这座岛屿宛如一头栩栩如生的怪兽哥斯拉，正迈着沉重的步伐，向东方的夏威夷走去。

　　奥登多夫从重型巡洋舰"路易斯维尔号"上率领"田纳西号""加利福尼亚号""马里兰号"和"科罗拉多号"，包围了塞班岛的北角。这里距离马皮角仅有 12 英里。日军在岸上的两门火炮对美军发起了三轮轰击，但奥登多夫继续前进。舰队向南接近了登陆海滩，并在离岸 8 英里的地方排成了与海岸平行的纵队。与此同时，海军少将瓦尔登·L.安斯沃斯率领另一个大队，包括"宾夕法尼亚号""新墨西哥号"和"爱达荷号"，正绕过纳富坦角，穿越塞班岛及其近邻天宁岛之间 3 英里宽的航道。

　　早在珍珠港的硝烟尚未散尽时，太平洋舰队的老式战列舰中队就已经遭到淘汰。在遭到袭击后，美军花了数月时间对它们进行海上打捞和现代化改造，但仍然难以克服其落伍的设计与结构。由于最高时速仅为21节，老式战列舰行动缓慢，跟不上航母的步伐，也无法保护船上突击部队的安全。除了飞速消耗大量燃油以外，它们毫无用处。在与敏捷的巡洋舰和驱逐舰一起开展行动时，它们不够灵活，无法像巡洋舰那样闪展腾挪。随着古老造船术的不断发展，早在"二战"爆发前，新型战舰就在速度、尺寸和火力上超越了老式战舰。本来，这些为"一战"设计的老式战舰只能作为昔日海军的代表，发挥象征性作用，但凯利·特纳将它们转变为一支特殊的队伍，使其发挥着不可或缺的作用，即为海军的"短吻鳄"部队充当海上移动炮队。现在这支队伍的任务是进行炮击。队员们学习并掌握了炮击的所有种类和形式，包括扰乱性射击、火力支援、压制射击、破坏射击和遮断射击等。其中每一种都具有独特而确定的目的，也将在这一新型战术中发挥重要作用。有时候，海上移动炮队的任务经过事先安排，需要按照计划执行，但大多数时间需要随时待命，根据岸上的情况采取行动。

在战舰的炮舱里，炮塔成员要经常进行清洁和检查。他们每天都要拆下击发锁和尾栓，将其清洗后用蓖麻油润滑。此外，火炮需要每天进行炮膛校正，即将炮膛对准用于进行瞄准和加大仰角的瞄准具。试射结束后，需要使用圆柱钢丝刷，擦除炮管上残留的火药。炮手们对此经过了反复演练。"如果一切顺利，我们可以每13秒发射一枚炮弹。""加利福尼亚号"战列舰上的利奥·瓦拉纳说。

6月14日凌晨4点25分，第一缕阳光射向海面。45分钟后，在太阳即将升起之前，"田纳西号"甲板上的飞机弹射器向空中发射了两架水上飞机，以进行射弹观测。当安斯沃斯的巡洋舰在纳富坦角的悬崖间对日军的火炮阵地开火后，藏在树木后操纵武器的日军炮手发起了还击，但炮口喷出的橘黄色火焰暴露了他们的方位。在轻型巡洋舰"火奴鲁鲁号"上，刚从哈佛大学历史系调到美国海军的高级观察员塞缪尔·艾略特·莫里森，被眼前的景象吓得目瞪口呆。20分钟后，随着射弹观测飞机各就各位，美军的战列舰开始发起猛攻。

"加利福尼亚号"按照原计划，从阿菲特纳角向北对打击目标一顿猛轰，包括日方的壕沟和火炮。斯普鲁恩斯向来喜欢站在能够目睹轰击结果的地方亲自指挥，为敌方理一个"斯普鲁恩斯式发型"。上午 6 点整，他在旗舰"印第安纳波利斯号"上亲临战场。随后，海军少将霍华德·F. 金曼手下的第一火力支援分队也从"加利福尼亚号"和"田纳西号"战列舰上加入了进攻队伍。

在北方，"蒙彼利埃号"瞄准马皮角四周的海防炮台，而"克利夫兰号"将引向器锁定了敌军的大型两用防空炮。这些防空炮位于马皮角机场以南，被架设在悬崖边的台地上。第一轮轰击未能命中目标。随后，"克利夫兰号"探明了打击目标所在的位置，其 6 英寸口径火炮击中了台地上方的建筑以及日军在悬崖较为崎岖的一面挖掘的炮台。但日军并未还击，于是"克利夫兰号"缓慢向南移动，有条不紊地对卡格曼半岛东北沿岸海滩上的碉堡和炮位进行轰击。随后，"克利夫兰号"转为间接射击，向半岛颈部的山谷开火。炮弹在飞入高空后越过山谷，以纵向角度射向马格西尼湾劳劳角附近的防御工事。其间，一架飞机负责进行射弹观测，随着"克利夫兰号"距离卡格曼半岛越来越近，悬崖东南方的峭壁阻断了炮火的行进线。于是，"克利夫兰号"转而进行定点投射，向远处的纳富坦角发射了数轮炮弹。当天上午，在将近一个小时的时间里，"克利夫兰号"围绕马格西尼湾沿岸，对其北侧海滩进行近距离直接射击，然后向东撤退，将负责射弹观测的水上飞机吊上甲板进行了二次检修。随着海军一艘接一艘派出战舰，日本内防御线的大型堡垒也被一个目标接一个目标、一座据点接一座据点干掉。这里距离最近的前线基地埃尼威托克足有 1 000 英里，与下一座海军军火库也相距遥远，因此美军没有弹药可供浪费。

当天清晨的炮火显示了炮击部队的机动性和强大威力。面对地面炮火难以企及的日军据点，在占据有利的发射点后，炮击部队充分发挥了上述优势。然而，对于这次炮击是否有效，目前尚难做出评估。打击目标被浓烟笼罩后，人们往往以为，目标遭到了彻底摧毁，实际上这只不过是一种幻象。炮击的真正结果要等尘埃落定后，根据该地区敌军的活动程度来确定。6 月 14 日上午，也就是登陆日前一天，德雷珀·考夫曼及其水下爆破队即将大显身手。

"这肯定是一场硬仗"

距离登陆日已经不到 24 小时，但特纳和霍兰德·史密斯还有一些尚未解决的问题，其中包括水下爆破队。有些是技术问题，譬如步兵登陆炮艇如何列队，而这支队伍负责在两栖登陆车之前推进，同时需要发射大量火箭。有些是组织问题，例如根据营登陆队的构想，重新编组陆战师及其武器。每个营登陆队 1 100 人，两个或三个营登陆队组成一个团，其核心是常规步兵营，除此之外还增加了炮兵队、两栖突击车辆排、战斗工兵排、轻型装甲侦察连、坦克排、侦察排以及其他执行任务时可能需要的分队，以加强战斗力。还有一些是战术问题。特纳专门抽出一个运输师，以便将陆战团运往加拉班北部最大的港口城市塔腊潘，佯装在海滩登陆。他希望借此牵制日军的兵力，使其困在海滩之上，远离美军真正进攻的地区。在策划过程中，海军陆战队突发奇想，意欲诓骗日本海军，使其按照自己的意图行事。

霍兰德·史密斯的参谋长格雷夫斯·埃斯金准将提出，让一个海军陆战队的某个营乘坐橡皮艇，然后在夜色的掩护下，用登陆艇将他们拖上马格西尼湾北部的海滩，而岛屿的另一侧才是美军的主要登陆地点。海军陆战队第 2 团第 1 营的伍德·B.凯尔中校将在白天登岸，并保持机动。届时，他们将只携带步枪和数门 60 毫米口径迫击炮，在拂晓前从劳劳角向内陆快速推进，然后攻打塞班岛的最高峰塔波查峰，其海拔相当于硫磺岛上摺钵山的三倍。待第 1 营拿下塔波查峰后，日军必然会发起反击，届时他们的任务是守住该地，并由空投物资进行补给，直到海军陆战队第 2 师和第 4 师一路冲杀过来。

"这只不过是我的一番花言巧语。"埃斯金说。他之所以胆大妄为，敢于信口开河，是因为他相信这能够吸引斯普鲁恩斯和特纳，而迅速攻占主要目标向来为两人所看重。对海军来说，为地面行动提供支援是一项危险任务，很容易遭到攻击。埃斯金清楚，他的上级绝不会批准这项提议，但重要的不在于计划本身，而在于计划中涉及的兵力。"我本想至少增加一个加强营，但海军声称船只不够用。"

霍兰德·史密斯决定赌一把。在讨论这项提议时，他极力表示怀疑，并提出了许多问题，声称为了让海军陆战队第 2 团第 1 营攻打重兵把守的高峰，他绞尽脑汁，历经多个不眠之夜，仍未能解决有关战术问题，因此最终极不情愿地取消了这一行动。但在此之前，海军已经同意，为海军陆战队突发奇想的妙计增派船只。

不出埃斯金所料，凯尔中校率领的第 1 营加入了总预备队，这也是史密斯和他一直期望看到的结果。海军没有取消增派的船只。埃斯金后来表示，这是"一招锦囊妙计"。"在策划过程中，为了得到在我们看来开展行动真正需要的东西，我们只能做出许多诸如此类的事情。"他接着说道。在五角大楼的会议室里，双方一向争执不断。海军总是试图通过各种途径对海军陆战队进行打压和羞辱，海军陆战队也以不惜采取一切手段达到目的而著称。但在塞班岛，海军陆战队却笑到了最后。自奥班农中尉席卷巴巴里海岸后，他们还没有在哪次"特别行动"中如此高效地取得过胜利。

登陆日前一天，即 6 月 14 日日出时分，德雷珀·考夫曼及其手下的两支水下爆破队离开了"吉尔默号"和"布鲁克斯号"快速人员运输舰上狭窄的船员舱，准备投入行动。他们涌入运输舰旁的四艘登陆艇。这些人员登陆艇长 36 英尺，每艘可容纳 16 名蛙人，负责勘探通向各自海滩的航道。日本人没有料到，美军的炮火会如此猛烈。他们也没有料到，随着天色破晓，他们会看见一批蛙人以侧泳姿势向他们游来，而指挥这支队伍的军官所在的旗舰充其量就是一块机械化的黑色铁板。在电动马达的推动下，这些"铁板"正向日军防守严密的海滩驶来。

像平时一样，考夫曼及其队伍希望尽可能减少自身的装备，因此只穿了泳裤、潜水鞋，戴上面罩，还佩有一把鞘刀。他们没有携带鳍板和通气管，而是每两人带着一个浮标、一个绕线轮、一个树脂玻璃板和一支油彩笔。虽然他们接受过使用氧气－氯化铍呼吸器的训练，但同样没有随身携带，因为这套设备过于沉重。此外，为了加快游泳速度，考夫曼手下的大部分分队长决定放弃笨重的无线电。在翻越礁石后，他们采取基本的侧泳姿势进入潟湖，这种姿势被称为"入侵式爬泳"。比起手举过肩的爬泳，这种姿势消耗体力较少，产生的水花也较小。

考夫曼清楚，他们不可能毫发无伤地完成任务。在考夫曼率领下，第 5 水下爆破队负责对红滩和绿滩进行侦察，第 7 水下爆破队由理查德·F.

伯克中尉指挥，负责侦察蓝滩和黄滩。考夫曼私下里估计，这次行动的伤亡率将高达 50%，因此将第三支队伍，即第 6 水下爆破队作为后备部队，以备不测。

当人员登陆艇靠近礁岩时，在日军的炮火下，他们四周的水面浪花四溅。每隔 25 码就有两名蛙人翻过船舷，跃入水中。每两人会投下一个红色浮标，将其系在用于标记来时路线的尖桩上，以便在返回时确定方向。当日军开始沿着这些浮标开火时，第 7 水下爆破队的副队长西德尼·罗宾斯指示手下，不要再放置浮标。就在此时，他决定放弃使用考夫曼教给他们的"线绳侦察法"。这肯定是一场硬仗，他想。所以面对前方猛烈的炮火，他们随身携带的物品越少，生还的可能性就越大。8 点 30 分刚过，考夫曼和搭档蛙人佩吉开动小型尾挂发动机，开始在光天化日下向日军占领的海滩进发。

尽管这些被充当旗舰的"电动铁板"极其简陋，考夫曼还是希望，各队队长能够留意手下八对散布于水中的蛙人所在的位置，并尽可能地加以控制。但他很快意识到，这是"很长时间以来我有过的最蠢的主意，因为这些蛙人已经成了最惹眼的目标"。在战前的任务说明会上，有人曾经提到，该海域以大型鲨鱼和食人巨蛤著称。但考夫曼建议手下不要理会这些，因为最大的威胁来自前方——日军在沿岸布设的大炮、海滩上的碉堡和迫击炮，而这只是开始。

随着轰击继续，海滩上的低空中硝烟弥漫。刚进入红滩，一些登陆艇的储油槽就开始熊熊燃烧。"加利福尼亚号"的压制炮火本应阻止日军炮手向水下爆破队开火，并封锁日军从加拉班挥师直下的道路。即便美军在卡霍奥拉维开展了实战演习，考夫曼也没有料到会发生这种情况。他看到潟湖中浪花四溅，情况异常危险，炮弹就在他手下蛙人的附近炸开，有的落在他们前方，有的落在他们后面。于是，考夫曼通过无线电对副队长约翰尼·德博尔德说："鸣枪，这是鸣炮。看在上帝的分上，告诉火力支援舰，它们发射的是近弹。"

德博尔德沉着冷静地答道："队长，那不是近弹，而是远弹。那不是我方发射的！"

考夫曼不禁"哦"了一声。

这位水下爆破队队长虽然天资过人，但是视力欠佳。事实上，考夫曼严重近视，只能依靠佩吉帮忙看路，但佩吉是个色盲。在向海滩进发时，佩吉负责向考夫曼描述看到的物体，而考夫曼负责向佩吉描述物体的颜色。这听起来像个笑话，却是事实。然而，让考夫曼惊讶的是，在敌军连续不断的猛烈炮火下，他手下所有人都接近了距离海滩 50 码的地方，其中大部分人甚至距离更近。

在阿菲特纳角以西逾一英里的战位上，雷蒙德·斯普鲁恩斯的旗舰"印第安纳波利斯号"负责对这次潟湖侦察行动进行炮火掩护。随着二号炮组向蓝滩发动了猛烈袭击，日军还击的炮弹开始在舰艇附近坠落，但他依然沉着地观察着这一切。当舰艇四周巨浪飞溅，E.R. 约翰逊上校一面反复操纵舰艇急剧转向，以使舷侧面对敌军，一面预计下一枚炮弹坠落的地点。但斯普鲁恩斯旗舰后方的"伯明翰号"似乎更容易吸引对岸的炮火。由于配备了大型 6 英寸 47 倍径速射炮组，这艘巡洋舰被视为更大的威胁。当"伯明翰号"以五节的速度缓慢行驶时，日军的炮火仿佛一把铁钳，在距离左右舷 200 码的地方纷纷坠落。随后，又有两枚炮弹迅速飞来，在距离左舷仅有 25 码的地方掀起了浪涛。托马斯·B. 英格利斯上校立即倒转发动机，并加大转速迅速撤退，但是随即在前方 75 码遭到夹叉射击，一枚炮弹再次坠落在距离右舷更近的地方。英格利斯上校注意到，加拉班的高地上有一座滨海炮台。他推测这是一门 3 英寸口径火炮，于是下令炮手将二号炮组对准了前者。首轮轰击结束后，只见对岸喷出一阵黄白色的浓烟，表明他们直接命中了目标。但日军的炮火仍在继续，有的擦过巡洋舰的桅杆，有的在其上空呼啸而过，还有的掠过其船尾、船首和左舷。数枚炮弹击穿了巡洋舰对空搜索雷达的平面阵列天线。当一枚炮弹在甲板附近炸开，炙热的弹片飞向一门 40 毫米口径火炮，导致两名炮手负伤，并引起了一场小火时，英格利斯才意识到，日军使用的是迫击炮弹。弹底的残片被抛向甲板，上面旋转状的弹带显示，这是由重型防空炮发射的。此时此刻，英格利斯突然觉得，在战争的巨大轮盘之上，小球仍在不停滚动，而胜负尚未见分晓。

9 点刚过，日军将炮口对准了运气不佳的"加利福尼亚号"。105 毫米口径榴弹炮和大型迫击炮齐声轰鸣，炮弹分别射向其左舷、船首左舷和上空。随后，"加利福尼亚号"突然中弹。炮弹几乎垂直落下，击中了主炮的火力控制台，导致一人阵亡、九人负伤。虽然"加利福尼亚号"的大小相当于

"伯明翰号"三倍还多，但损失同样惨重。其前方的搜索雷达和射击雷达遭到损毁。在长达 15 分钟的时间里，由于主炮动弹不得，火力控制只能被转到其他战位。

英格利斯上校站在"伯明翰号"的舰桥上，看着水下爆破队有条不紊地对潟湖进行测量，不禁对他们的勇气感到钦佩。

"他们是在日军的炮火下执行任务的，而且极易遭到海滩上机枪的射击，所以他们的工作的危险程度超乎想象。"随着这些蛙人和登陆艇之间水花四溅，"伯明翰号"在查兰卡诺亚制糖厂的正北方发现了一座炮台，于是立即对其开火。一声巨响过后，这座炮台被彻底摧毁，同时临近的弹药库被引爆。英格利斯看见，在靠近海边的地方，日军士兵正在几个炮位之间来回移动。而考夫曼手下的人员登陆艇正使用船首吊门两侧的两挺点三零口径机枪，压制蛙人头顶的炮火。但是由于无法确认日军炮手的位置，他们几乎无计可施。

由于日军的炮火异常猛烈，考夫曼只好放弃了对人员登陆艇的实验。他意识到，当天清晨海军进行的轰击于事无补，而他所制订的不合常规的计划也显然不可能成功。凯利·特纳懊丧地发现，尽管他下令火力支援舰首先瞄准海滨，并逐渐向内陆推进，但这一命令在很大程度上并未得到执行。第一轮轰击过于靠近内陆，因此无法压制海滨的防御炮火。"加利福尼亚号"指挥官亨利·波因特·伯内特上校对这次行动的基本情况缺乏了解，甚至误以为考夫曼的手下将登上海滩。"由于通信不畅，我舰得到的消息不足，所以未能对他们开展的行动进行有力保护，这一点的确令人遗憾。"伯内特坦承。由于海军的炮火对准了内陆，海滩附近的日本狙击手和机枪手可谓毫无阻碍。日军架设在阿菲特纳角的大型火炮位于绿滩二区和三区之间，可以对从南至北的整个登陆区域进行纵深射击。当地的一些日本炮兵躲过了当天凌晨奥登多夫火力支援舰的轰击，整个早上，他们都把炮口对准了考夫曼及其手下。因此，这位水下爆破队队长和向导佩吉决定放弃已经推进了三百码的人员登陆艇，不再将其作为临时指挥所。"我们只能就地抛锚，游泳前进，因为继续向前开去无疑是一种愚蠢的做法。"考夫曼说。

由于蛙人与轰炸舰艇之间没有直接的无线电联络，所以面对种种意外，他们几乎毫无防范。第 7 水下爆破队的西德尼·罗宾斯惊愕地发现，十数艘日本驳船停泊在蓝滩一区的码头,而日军在这些驳船上建立了火炮阵地。日军对罗宾斯手下的蛙人发起了密集炮火阻击,使其根本无法对黄滩进行侦察。经过多次尝试后,这支分队返回"布鲁克斯号",仅有两人身负重伤。在这种情况下,这一伤亡率可以说很低。

令考夫曼困惑的是,竟然没有人对他进行空中火力支援。日出后不久,"胡蜂号"曾派出飞机,准备为水下爆破队提供掩护,但空中协调员却将其调往其他目标。这一做法可谓明智之举,因为当时奥登多夫的重型炮火已经展开了全面攻击。第 14 鱼雷轰炸机中队的"复仇者"对阿斯利托机场四周的炮位进行了打击,并试图用磷弹烧毁附近的蔗田。其余的"地狱俯冲者"和"地狱猫"一起,对纳富坦角发动了空袭。照片判读人员发现,该地区的岸边布设有数门 6 英寸口径火炮,这也是岛上规模最大的火炮。

上午 10 点整,按照计划,本应有大批"地狱猫"对长约两英里的四座登陆海滩进行扫荡,从而分散、击毙或压制在海滨执行任务的大部分日军士兵。然而,令考夫曼恼火的是,战斗机根本没有出现。这很可能是因为在登陆日前一天,特纳手下的空中支援指挥官理查德·F. 怀特海德上校尚未抵达,从而引起了混乱。直到登陆日当天,他才登上"洛基山号",与特纳会合。这种情况让"田纳西号"上的空中支援协调员无法确定是否还需要执行掩护任务。按照计划,由于当天任务繁重,这艘战列舰还要开展多次轰炸行动,所以空中掩护任务最终被其他一些重要事项所取代。

鉴于上述情况,考夫曼的损失不算太大。第 5 水下爆破队共有六人因海水冲击而负伤,仅有一人阵亡。此人名叫罗伯特·克里斯滕森,是一名海军上士,也是第 5 水下爆破队最有人缘的蛙人之一。在人员登陆艇上协助比尔·朗宁少尉指挥所在的排时,克里斯滕森头部中弹身亡。第 7 水下爆破队有五人负伤,一人阵亡。阿尔伯特·G. 魏德纳是伯克上尉人员登陆艇的舵手,在艇上的蛙人来到礁石上后,艇身被击中,他也被爆炸抛离了轮舵。伯克身负重伤,最终死里逃生,但"布鲁克斯号"上的一名船员当场阵亡。

11 点 30 分,在向塞班岛发射了 1 300 多枚 6 英寸口径炮弹和将近 1 200 枚 5 英寸口径炮弹后,"伯明翰号"的炮管像熔炉般灼热,因此暂停开火。大约同一时间,考夫曼下令众蛙人返回礁盘,登陆艇已经在那里等候。这一命令似乎作用不大，因为他的手下尚有两人下落不明。但是随着迫击炮弹不断砸向人员登陆艇四周，他不愿丢失业已得到的有关礁盘和潟湖的任何重要资料。第7水下爆破队已经损失了一艘人员登陆艇，而特纳、希尔和史密斯将军及其师团指挥官正等着他们完整的报告。当蛙人们陆续爬上人员登陆艇时，"吉尔默号"和"布鲁克斯号"向海面上喷出了阵阵浓烟。"田纳西号""加利福尼亚号""印第安纳波利斯号"和"伯明翰号"也进行了最后一轮轰击，随后陆续撤离，将各自的水上飞机吊回甲板，为下一轮袭击做准备。次日清晨，随着四个海军陆战团向岸上发起猛攻，它们即将面临更加严峻的考验。

两万美军登陆

凯利·特纳仍然怀疑，让两栖登陆车开进内陆是否明智，同时也担心它们是否能够翻过礁石并穿越潟湖。但是，当第7水下爆破队队长登上"洛基山号"，向他和史密斯将军呈交当天上午的战果后，特纳改变了主意。德雷珀·考夫曼也向特纳的副手、海军少将哈里·希尔和海军陆战队第2师师长汤米·沃森将军汇报了有关情况。

考夫曼带来的消息十分有利，礁盘上的水深约两英尺，潟湖的水深不超过八英尺。他还表示，由于礁盘表面平坦，两栖登陆车和两栖卡车完全可以通过。虽然海滩上储存的带刺铁丝网、水泥和木桩说明，日本人已有准备，但潟湖中没有任何人造的障碍或地雷。同样重要的是，第7水下爆破队还在蓝滩一区发现了一条天然航道，足以使坦克登陆舰通行。除了用浮标对其进行标记外，几乎不需要做任何修整，便可以利用。在两栖车登陆过后，要想在礁石中间炸开一条航道，实属不易之举。因为该地区珊瑚密布，经过沙石黏合后无法自行分解，这里形成一条遍布卵石和弹坑的小道，需要进行爆破。

此外，水下爆破队还发现，如果海军陆战队在突击队登陆之后，让两栖登陆车按照原定的道路涉水前进，它们必将面临一场灾难。因为这条道路坑洼不平、海水较深，而临时建造的两栖设备本身不能泅水，很容易中途沉没。考夫曼认为，自己找到了一条更合适的道路。这条道路穿过潟湖，位于红滩三区与绿滩二区对角线的前方，地势相对平坦。考夫曼戴着厚厚的眼镜，一身学究气，讲话时措辞谨慎。面对这样一个书呆子般的人物，海军陆战队不知该如何处理。"他根本不像一个外表粗犷强悍的水下爆破队员，"罗伯特·E. 霍格伯姆上校说，"但是他的能力、决断和勇气不容置疑。"考夫曼递过去一份地图，上面标出了日军火炮和狙击手所在位置。此外，他还标出了敌军架设迫击炮的驳船据点，以便提醒奥登多夫的火力支援队对这些地点多加注意。

当天晚上，考夫曼让手下最敏捷的绘图员根据侦察结果画出了潟湖的海图。当进攻部队在日出前抵达时，两栖登陆车和装甲登陆车营以及运输大队的各位指挥官将分别拿到这份手绘地图。

夜里，希尔将军叫来考夫曼，带他一起去见沃森将军。这位海军陆战队第 2 师师长质问："听说你要改变我的战车行进路线，这到底是为什么？"他本来打算让两栖战车穿过红滩二区前进。

"将军，他们不可能从那里通过。"考夫曼指着海图说。

"好吧，小伙子。但是你得在第一辆战车上开路，因此你最好给我保证，所有战车都能安全抵达，不能有一辆沉没。"

鉴于考夫曼严谨的报告、沉着的态度和十足的自信，凯利·特纳开始认为，让两万名海军陆战队员乘坐这种新奇的两栖战车登陆，也许不失为一个良策。

Heavy Weather
☆☆☆

第8章
恶劣天气

美军航母新策："只换驾驶员不换马"

在"红鳍号"首次发现日本航母特混舰队离开塔威塔威岛的同一天早上，"刺鳍号"潜艇在塞班岛西北 800 英里浮出水面，只见海上散落着许多断裂的软木塞。到了下午，气压计开始下降，海面上刮起了大风。随着海浪越来越猛，潜艇不断剧烈颠簸，艇长赫尔曼·K.科斯勒决定下潜到较为平静的水下。在上方海水的重压下，潜艇在水下同样只能以缓慢的速度驶向菲律宾群岛的巡逻站。但他之所以需要下潜，更直接的目的是为了准备晚餐。来到水下后，艇身不再晃动，晕船的水手可以趁机恢复体力，众人也可以享用一顿像样的晚餐。

6 月 14 日，子夜刚过，在黎明前的黑暗中，科斯勒再次浮上水面，发现潜艇正处于台风的边缘。面对排山倒海般的巨浪和持续不断的狂风，他不得不竭尽全力以保持艇身平稳。滔天的海浪一次又一次砸向舰桥，少量海水流入了潜望塔打开的舱口中。作为水兵，没有人介意身上被打湿，但如果科斯勒任凭海水灌入潜艇就会导致电子设备或无线电设备失灵，他将无法确定日军舰队的方位，而他的首次作战巡逻也将毫无意义。因此，在接下来的一个小时里，他仍然停留在海面上，并试图向洛克伍德将军发去天气报告,但这一切显然徒劳无益。随后,科斯勒下令"刺鳍号"再次下潜。

当天,科斯勒一共三次来到潜望深度以观测海相,但每一次都有巨浪袭来,他只好使尽浑身解数,在浅海中保持潜艇直立。下午,科斯勒再次浮出水面,但潜艇的一部主发动机进水,气压计迅速下降。随着暴风雨似乎开始向北移动,他决定继续在海面上驶向巡逻站,无需再担心发送天气报告的事情。日落时分,他接到另一艘潜艇"飞鱼号"发来的信息。按照原定计划,"刺鳍号"本应在圣贝纳迪诺海峡的隧道与"飞鱼号"会合,而那里是该地区的战略要地。于是科斯勒加快脚步,以 12 节的速度向会合地点驶去。当他确定暴风雨已经离开后,为了弥补之前耽误的时间,他不惜冒险将速度提高到 16 节。

对于洛克伍德手下潜艇的巡逻结果,雷蒙德·斯普鲁恩斯、马克·米切尔及其参谋均漫不经心。从现有的情报来看,他们几乎可以确定,日军的联合舰队正朝着他们进发。问题在于该如何应对——固守待敌,还是主动出击?

米切尔的参谋长阿利·伯克虽然不是飞行员,但他清楚来自东方的盛行风有何战术意义。他知道,为了弹射和回收飞机,航母特混舰队不得不经常转向东方,逆风而行。在这种情况下,如果向东方走得过远,第 58 特混舰队很可能会发现,海上的航行区域过于逼仄。最终,航母有可能局限在岛屿之间来回移动。如果航母因为水域有限而无法保持向东的航向,就会延误重要的空袭行动。因此,伯克建议米切尔极力向西行驶,这样,即便在遭遇日军时,航母距离马里亚纳群岛足够远,在即将开展的空战中也能保持行动自由。米切尔将这一看法转告了斯普鲁恩斯,但他断然表示反对。斯普鲁恩斯说,特混舰队的任务是为特纳的登陆部队提供掩护和支援。他不会让航母向西航行,否则就会将两栖部队暴露在日军的炮口之下。米切尔虽然提出了异议,但是徒劳无益,最后仍要服从上级的意愿。

从华盛顿到中太平洋,人们就如何部署航母展开了激烈的辩论。斯普鲁恩斯比大多数人都更加清楚其中的微妙之处。他知道,自己的决定将面临严格的审查,因为即使是在中途岛战役获胜后,仍然有人对他进行苛责。这场战役并没有使同僚对他刮目相看,反而招致了嫉妒和批评。虽然很多人认为,这次海军航空兵历史上最大的一场胜利应当归功于这位非飞行员出身的指挥官，但斯普鲁恩斯还是惊讶地发现，他的一些非难者来自上级。

1942 年 11 月，在太平洋舰队司令部的任务说明会上，作为尼米兹的参谋长，斯普鲁恩斯找到联合情报中心主任埃德温·T. 莱顿。后来，莱顿对斯普鲁恩斯的传记作者描述了当时的情形：

> 当我们交谈时，我发现，（面对众人的质疑）斯普鲁恩斯将军比我之前预计的更加紧张和激动。当时他告诉我说，（海军）战争学院对他在中途岛战役中的行动——尤其是他在 6 月 4 日夜向东撤退的做法进行了分析，而这一分析令他如芒在背。欧内斯特·金对战争学院的分析表示强烈支持，并在签署后将其转交给了尼米兹。这份调查报告声称，斯普鲁恩斯向东撤退是一个错误的决定，他应当在夜间继续向西行进，以便来到一个有效的战位上，并于 6 月 5 日拂晓对日军进行打击。

当斯普鲁恩斯问莱顿，他所搜集的情报是否能够澄清这一事实时，这位联合情报中心主任拿出了缴获的日军海图。这份海图显示，如果斯普鲁恩斯趁夜前进，他将径直撞向联合舰队重型水面部队的枪口，而他的做法正是战争学院那些高官所希望看到的，否则就会铸成大错。莱顿写道：

> 我们逐一对所有事项进行了认真检查，然后一边回顾，一边由他做记录。随后，他让我将记录呈给尼米兹将军，并且告诉我说，现在他可以据此对（海军战争学院院长）海军上将派伊的批评和苛责进行明确的反驳了，而他的"肩上仿佛卸下了 20 年的重担"！他（在内心）坚信，自己的做法是正确的，但却遭到了不公正的批评。可想而知，在这一切得到了证实后，他会感到多么高兴。

与将岛屿作为基地相比，航母最大的优势在于速度以及能够出其不意发动袭击。斯普鲁恩斯已经在特鲁克岛、夸贾林环礁、埃尼威托克岛和对马里亚纳群岛开展的战斗机扫荡中证明了这一点。岛屿本身固定不动，其作战半径显而易见。然而，尽管斯普鲁恩斯十分看重发动奇袭，但他不会高估机动性的作用。因此，就像在中途岛一样，他认为自己的责任是为地面部队提供掩护，不能为了追逐敌军舰队的幻影而擅离职守。在中途岛发动伏击时，他所处的位置仍然能够为岛上提供空中支援，而这是他的职责所在。这一次，即便会因此丧失对日本航母发动突袭的机会，他的做法也没有改变。

5 月初，金和尼米兹在旧金山会面，制订了一套新的指挥方案，即由斯普鲁恩斯和哈尔西轮流担任特混舰队指挥官，而米切尔和海军少将约翰·麦凯恩分别作为两人的下属，轮流节制快速航母特混舰队。这种安排可以确保海军继续对航母部队指挥原则上的分歧进行研究。当斯普鲁恩斯和米切尔担纲时，他们的部队被称为第五舰队和第 58 特混舰队。到了秋季，当哈尔西和麦凯恩接管后，它们将更名为第三舰队和第 38 特混舰队。"在公共马车制度中，马车不换驾驶员只换马，"哈尔西后来写道，"但我们的做法恰恰相反，我们只换驾驶员不换马。这对马来说十分困难，但是行之有效。此外，这种做法往往能够误导日本人，使其对我们的海上力量做出过高的估计。"这种安排一方面确保了航母部队的连续性，因为斯普鲁恩斯和哈尔西指挥的是同一支舰队；另一方面，在如何对其进行调遣的问题上，指挥官的思维模式将定期发生重大变化。在哈尔西看来，这就意味着航母能够有效发挥自身的作用，对观测到的日军进行追剿。

从珊瑚海到中途岛，从瓜达尔卡纳尔岛到吉尔伯特群岛和马绍尔群岛，每当美国航母参加战斗时，人们就会产生不同意见。斯普鲁恩斯满足于将航母用于防御，也就是让航母靠近重要的战略目标，然后派遣麦坎贝尔、弗拉丘、布鲁尔和里格之流的飞行员在空中筑起一道"铁穹"。但哈尔西和尼米兹手下野心勃勃、性格执拗的太平洋舰队航空兵司令约翰·托尔斯认为，如果不能对航母特混舰队来去自由的机动打击力量加以利用，就是高级指挥官在玩忽职守。

面对第 1 机动舰队已经出现的情报，海军应当如何应对？斯普鲁恩斯认为，航母特混舰队如果向西行驶，可能会遭到日军的迂回进攻，但也有人对他的看法嗤之以鼻。米切尔及其绝大多数手下均对此表示怀疑。绰号"黑猩猩"的约翰·J.克拉克是米切尔手下的一名特混大队指挥官，这位脾气暴躁的海军少将后来写道："如果能对航母加以正确利用，水面舰艇就不可能在其附近发动迂回进攻。"对于这种说法，斯普鲁恩斯也许会回答：说得对，所谓"正确利用"，就是要求我们不能擅离职守。第 58 特混舰队航空大队的打击范围为 450 英里，因此理论上来说日军很难绕开特混舰队。但斯普鲁恩斯清楚，这一点并非没有可能。此前，在珊瑚海、中途岛和瓜达尔卡纳尔岛，日军就曾经兵分两路，试图进行迂回进攻（1944 年 10 月，在莱特湾海战中，哈尔西的航母曾经远离阵地，足以说明斯普鲁恩斯所言不虚）。他们越发意识到，日本人的思维十分刻板。而"奇袭行动"至关重要，不能出现任何闪失，否则就会危及整个战局。因此，尽管顶头上司在自己背后中伤，斯普鲁恩斯仍然决定让第 58 特混舰队在岛屿以西的巡逻区域坚守。

在斯普鲁恩斯看来，作为一名指挥官，既不能一时冲动，也不能咄咄逼人。他曾经这样写道：

> 所谓领导之才，需要具备一系列心理素质，例如魄力、主动性、行事果敢、强烈的正义感、对上级和下属的忠诚、良好的判断力、慷慨大度、处变不惊、精力充沛以及决断力。良好的领导能够激发下属的忠诚，再加上对指挥官职业能力的信任，此人就能赢得众人的热情支持，并且在危急关头，提出看似不可能的要求，完成看似不可能的任务。历史上，能够激发下属信任和热诚的伟大领导人不胜枚举……包括亚历山大大帝、汉尼拔、恺撒、腓特烈大帝、拿破仑和纳尔逊。要想成为一位杰出的领导人，心理素质和聪明才智缺一不可，而这两者均可以通过应用、学习和反省得到提高。

对斯普鲁恩斯来说，除了上述三点，还有焦急不安的踱步。每当需要做决定时，他就会在"印第安纳波利斯号"的舰桥上一边踱来踱去，一边喃喃自语。如果信号声、命令声和发报声过大，影响到他对大局的思考，他会离开舰桥，走上巡洋舰的甲板。中途岛战役后，人们各执一词，甚至有人抨击斯普鲁恩斯的判断力，尤其是海军战争学院的分析报告。这所位于纽波特的学校是他的母校，历来为他所珍视。因此，当航母部队开始采取行动时，有很多原因令斯普鲁恩斯心神不宁，并且再次来到甲板上踱步。

攻陷加拉班

曼纽尔·萨布兰躲在加拉班警察局山后的一座洞穴里，对塞班岛首府遭到的轰炸感到畏惧不已。这座城市已经变成一片废墟。"那天晚上，我们走出洞穴后发现，所有的建筑都已经倒塌。"他说。显然，死伤者也包括萨布兰在加拉班监狱见过的两名美国飞行员。一名囚犯告诉他说："在轰炸过程中，屋顶掉下来，砸中了其中一个美国人，另一个人被日本人砍掉了脑袋。"事实上，后来有人发现，其中一名俘虏是被点五零口径的子弹击中而身亡。另一名俘虏是约克镇的海军中尉伍迪·麦克维，此人虽然躲过了美军飞行员的猛烈扫射，但是却迎来了更加残酷的命运。四名日本警察将他拖出牢房，双手反绑后，让他坐在地上。接着，两名警察抽出了佩剑。当时，监狱中一个来自帕劳的囚犯内拉塔斯吓得闭上了眼睛，只听到数声剑刃砍向肉体的声音。随后，他被叫过去烧掉尸体。当内拉塔斯把麦克维背到 25 码外的柴堆旁时，麦克维气息奄奄，吃力地喘着粗气。直到他停止呼吸后，内拉塔斯才点燃柴堆，并摘掉他脖子上的十字架项链，用项链做了一个记号，然后匆忙逃进树林。

三浦静子在加拉班的办公室很小，只能容纳 20 副担架。空袭次日，人们进进出出，所有的担架都没有空过。当美军的战舰开始进行轰击后，这间办公室也成了危险场所，因此伤员们被抬到外面，安置在战壕里。在塞班岛各地，躲在街头、机场、山坡上、甘蔗田和军营里的人们纷纷质问：日本海军在哪里？在解除空袭警报拉响后，静子从办公室返回嫂子的家中，发现当局正在劝说人们到山中暂避。据说山上的洞穴可以容纳 1 000 人。平民和伤员必须立即进山。日军士兵正从山上下来，拖着成箱的弹药，向美军进攻的海岸走去。

实施轰击的战舰潜伏在远处的水面上，看起来井然有序，仿佛一只只等待捕食的猛禽。一枚炮弹在静子附近跌落，她以为避弹壕会突然塌陷，将自己和所有伤员埋在里面。静子心想：我的死期已到。"我的头脑变得异常清醒，我反而一点儿也不害怕了。"她后来写道。在得知避弹壕中有两名士兵阵亡后，她立即跑回办公室，拿来毯子，把他们覆盖起来。当静子忙着这件事时，其他人也在抚慰伤员，准备在夜间将他们运往山里。

　　然而，对静子来说，夜晚却提前降临。"突然，一阵可怕的巨响过后，一切都暗了下来。"一定是凯利·特纳手下的战舰发现了他们所在的位置。强烈的震荡仿佛铁锤般砸在静子身上。一瞬间，她什么也听不到，只有耳边嗡嗡作响。接着，她听到有人问："大家都没事吧？"她用手摸了摸身体。士兵们在互相叫喊战友的名字。她竭力让自己冷静下来。大家都没事。随后，她听到远处传来了爆炸声，声音好像就来自办公楼。静子爬出战壕，冲向大楼。这座建筑已经被彻底摧毁。在摇曳的火焰中，地上到处都散落着铁片，储藏食物的仓库一片狼藉。她这才发现，自己的皮肤被炮火烧伤。静子不禁悲从中来。加拉班已经化作了废墟。此时正值漫长的旱季，由于数月无雨，所有的东西见火就着。"整座城市成了一片火海。加拉班市已经不复存在。"

　　南云忠一的总部位于弗罗勒斯角，就在塔腊潘水上飞机基地附近。此时，这位大将的头衔已经名不副实。他只不过是日本海军驻塞班岛名义上的司令。在美军对加拉班和查兰卡诺亚发动空袭时，阿斯利托机场也遭到打击，这次打击摧毁了他的有线通信，彻底切断他与部下的联络。第43师团师团长斋藤义次中将是岛上级别最高的陆军军官，其总部位于查兰卡诺亚南端的一所小学内。随着美军的战列舰发出阵阵怒吼，斋藤的总部被连根拔起。参谋坚持要求他转移到安全的地方。于是，斋藤搬进了半山腰的一座洞穴里，却发现第47独立混成旅团已经在那里建立了总部。因此他只能建立移动指挥所，从而也成了一名傀儡首领。

　　面对尚未部署完毕的防御系统，斋藤只能逐个下达指令。塞班岛上遍布榴弹炮和大型迫击炮，但是为了避免遭到空中和海上炮火的袭击，日军将它们藏在珊瑚洞穴和深谷里。只消再过几个星期，他们所能做的将远不止于此。在纳富坦，水泥炮塔已经修建完毕，只等将藏在加拉班附近的5英寸高平两用炮安装上去。在加拉班的海军驻地，四五十门120毫米口径以及口径更大的火炮不是堆在铁路上的平台货车上，就是被搁置在仓库里。日军建立了严密的滩头防御，战壕可以为步兵提供掩护。此外，他们还在距离海滨数百码的内陆高地上，凭借山脊和峭壁建立了第二道防线。在西岸尽头的山峰和海岬上，日军还修建了碉堡和掩体，以便进行纵深射击，其中架设了多门大型47毫米口径火炮。在较为深入的内陆地区，他们在正对海滩的悬崖上建造了避弹堡垒和露天阵地，并布设了海防炮台，其中包括数门 200 毫米口径反舰炮。炮手已经接到命令，要求他们在登陆部队越过礁岩以后才能开火。斋藤也已下令，让手下部队在海滩进行抵抗。因此，即便美军躲过了日军猛烈的炮火并来到岸上，也会立即遭到还击。

按照计划，日军将分四个区域进行防御。北部区域占该岛面积的三分之一，从塔腊潘开始直到北端的马皮角，由第 135 联队的陆军大佐铃木荣助负责。塔腊潘港被划归海军，由一个联队规模的海军特别陆战队和第 136 联队的一个大队负责。中部区域从加拉班南郊开始，向南直到阿菲特纳角，向东延伸至岛屿中部的山区，由第 136 联队的小川雪松大佐负责。最后是南部区域，从阿菲特纳角开始，直到马格西尼湾，其中包括阿斯利托机场，归第 47 独立混成旅团的冈芳郎大佐负责。此外，后备部队由第 136 联队和第 9 独立混成旅团的四个中队组成，他们被临时安排在塞班岛东南的劳劳角附近。在查查村附近的森林里还藏有 44 辆中型和轻型坦克，归第 9 战车联队的后藤武大佐管理，这支队伍可以对来自两岸的进攻发起反击。从表面上看，帝国参谋本部对塞班岛的守备部队信心十足。"参谋本部的官员不止一次告诉我说，塞班岛固若金汤。"日本外务省官员加濑俊一写道。

三浦静子抬着一副担架，和伤员队伍一起向东方走去，据说那里有可供避难的洞穴。途中，她看见军人和平民的尸体横七竖八地倒在废墟中，其中大部分是陆军士兵。这些小伙子刚刚来到这里，许多人还没有武器。在轰炸过程中，他们四散奔逃、不知所措。海军来到塞班岛时间稍长，所以他们一定有可供躲避的藏身之地，静子心想。

这支临时拼凑的急救队以及四五十名伤兵缓慢地向郊外走去，这让静子心急如焚。笼罩在他们头顶的硝烟渐渐散去。酷热再加上空气中臭烘烘的味道让她感到无法呼吸。太阳即将落山时，他们终于来到了洞穴口，但是发现里面已经挤满了难民。地上七零八落地扔着一些储藏食物的罐子，罐子里空空如也，说明这些人已经来了一段时间。

一名海军军官在自我介绍后，让静子把队伍带往消防局。她清楚这样做很危险，但是现在他们无法进行组织或联络，只能另寻落脚点。于是，这支队伍开始继续前行。在加拉班，街道两边的房子均已着火。由于热浪滚滚，众人感到十分疲倦。空气中还散发着刺鼻的味道。他们急切地想要喝水。静子运动鞋的鞋底已经开始融化。

这座城市的消防站竟然没有倒塌，仿佛在嘲弄这座建筑本身。"在红色的天空下，消防警铃仍悬挂在钟楼上，但是已经没有必要拉响。"静子写道。天空呈现一片刺眼的猩红色，她已经无法分辨现在是白天还是黑夜。最后，一名海军士官长终于露面，但是他的一番说辞却让情况变得更加令人困惑。他命令他们原路返回，前往山中。他说，那里确实有一个洞穴，足以容纳他们所有人。在离开之前，静子趁机绕到自己家中看了看。令人惊奇的是，这座简陋的房屋竟然完好无损，很可能是因为四周的沼泽才没有遭受火灾，静子心想。美军的舰队似乎已经下定决心，要将这座城市变成一片焦土。随着战舰上的火炮不时发出阵阵闪光，它们低沉的吼声此起彼伏拍击着对岸，仿佛万钧的雷霆。这支伤兵队伍只好再次迈着沉重的步伐，在熊熊的火光中，开始向东行进。

当他们终于来到塔波查峰附近的洞穴时，已经过了晚上 11 点。这座巨大的天然堡垒十分宽敞，足以容纳数百人，但是没有医疗设备和药品。由于人数众多，饮水短缺成了眼下最要紧的问题。但是，这些无家可归的人们和伤兵别无选择，只能在这里安顿下来，勉强生存。

在海上，"印第安纳波利斯号"一边怠速行驶，一边与"田纳西号""加利福尼亚号""伯明翰号"以及另外四艘驱逐舰列为一个编队。由于它们距离海滩较远，所以从岸上看不到它们的动静。斯普鲁恩斯在旗舰上为第 7 水下爆破队的蛙人阿尔伯特·魏德纳和另一名在舰上阵亡的水兵 E.J. 帕森斯举行了葬礼。当天夜间，新的队伍悄悄抵达。其中大部分人并不清楚，他们应当感激这些蛙人和火力控制队，因为是这两者为他们铺平了道路。凯利·特纳的两栖登陆车营和运输队来到运输区外各自的战位，开始在黑暗中列队。

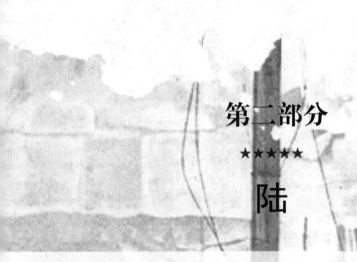

第二部分

★★★★★

陆

1944 年 6 月 15 日，盟军横渡英吉利海峡攻入法国诺曼底地区；太平洋上，美军正面登陆有数万防御兵力的塞班岛。在关岛上空，美日舰队展开对战，小泽治三郎全面溃败，其快速航母在美军炮火打击下相继沉没，"马里亚纳射火鸡大赛"由此而来。7 月，美军剑走偏锋，决定在关岛的白滩登陆，之后全歼该岛守备部队。在短短两个月内，美军相继攻入塞班、关岛、天宁三岛，剑指日本本土的"没落行动"开始酝酿。

Heavier, Higher, Faster
☆☆☆

第9章

更重、更高、更快

构筑 B-29 "超级空中堡垒"

他曾经是希特勒手下货运调度员和港务局长的灾星，也是纳粹德国非洲军团灭亡的"祸根"。保罗·蒂贝茨先后多次赴德国占领的法国和北非执行危险任务。当战火在全球蔓延时，他却只能充当一名机长，势必感到情绪低落。在驾驶运输机时，他偶尔会觉得自己的事业已经走上了坑洼不平的岔道。从密尔沃基到纽约执行战时飞行勤务固然没有横渡大西洋为马拉喀什运送补给那样刺激，但是对于一个具有正确职业观的人来说，这两条线路同样令人宽慰。它们都是战争中必不可少的一环，因为总得有人负责运送货物。在充当"垃圾搬运工"的三个月里，蒂贝茨驾驶四引擎飞机的时间远超过其他任何机型，这既是对他的操作技能和耐力的培养，也是对他的一种考验。这项工作同样将使他获益匪浅。

1943 年夏末，蒂贝茨奉命到堪萨斯州威奇塔的波音飞机工厂报到，难产的 B-29 "超级空中堡垒"便是出自这里。军方并没有取缔这个项目。当测试机在西雅图坠毁后，军方没有放弃这种新型远程轰炸机，而是在重新评估过后加倍努力。比起威猛的 B-17，B-29 体形更大、速度更快，其飞行高度更高，有效载荷也更大。B-17 的翼展为 103 英尺，机身长 75 英尺，而 B-29

翼展为141英尺，机身长93英尺。B-29进行了多项革新，包括配备了中央控制、远程操纵的斯佩里防御武器系统。这一防御系统可以由一个人来控制四个炮塔上的点五零口径机枪，其密封加压舱室使机组成员在执行任务时即便身穿衬衫，也不会感到寒冷。工程师们认为，早期的问题都可以解决。对于这种复杂的新型飞机来说，研发过程必然充满了磨难。由于流水线上的工人缺乏经验，飞机的生产出现了种种问题，例如炸弹舱门和机头前轮无法缩回，发电机出现接线错误，内部照明灯开关会触发警报器，燃油继电器功能失常，起动器开关会启动错误的发动机，等等。鉴于陆军航空队已经预订了1 600架"超级空中堡垒"，而美国必须在两个半球打赢这场战争，B-29的项目经理以及军方的负责人决定继续开工，并且相信问题会在生产过程中得以解决。

在威奇塔以北80英里处的斯莫基希尔陆军机场，蒂贝茨每天要花16小时对机组成员进行训练，好让他们做好准备，在执行海外任务和参加战斗时一丝不苟。这种复杂的飞机不仅在流水线上问题百出，要让新手熟悉情况同样困难重重。这些年轻人有大量内容需要学习，但是可供驾驶的训练机少之又少。为了成为一名合格的B-29驾驶员，蒂贝茨历尽了艰难。而当终于符合要求后，他开始对这种飞机痴迷不已。在第三次高速滑跑（迅速冲过跑道、起飞再降落）过后，蒂贝茨感叹道："这种新型飞机的特性与我过去所熟悉的那些飞机并没有太大不同。"在接下来试飞时，他抓住最左侧的四个油门杆，一直向前推到底，使轰炸机的引擎开足了马力。当飞机升空后，他仿佛再次成了"小露丝"糖果商的投弹手般欣喜若狂。

为了研制B-29并训练其机组成员，蒂贝茨在威奇塔逗留了一年之久。随后，1944年3月，他被调往内布拉斯加州格兰德岛。那里有一个"超级空中堡垒"小分队，而队长正是昔日他在英国战场上的老上司弗兰克·阿姆斯特朗。在格兰德岛，蒂贝茨开设了一个培训班，负责训练B-29的飞行教官。但这次任期很短，他很快被调往新墨西哥州的阿拉莫戈多，研究该飞机在高海拔面对敌军战斗机时有何弱点。

由于拒绝在低海拔飞行，蒂贝茨被迫离开了太平洋战场，因此由他对高海拔航行进行深入研究，似乎再合适不过。在三万英尺的高空，航空动力性能的"情况完全不同"，蒂贝茨后来写道。由于空气稀薄，操纵上稍有不慎就会使飞机失去控制或者失速。这就是说，如果让高海拔的飞行员按照欧洲战场上 B-17 的密集编队飞行，将是一种危险之举，后果难以预料。正因为如此，有人提出了问题：在面对战斗机袭击时，这种轰炸机应当如何自卫？

在超高空面对 P-47 "雷霆"战斗机进行实地模拟过后，蒂贝茨感到，如果让满载炸弹的 B-29 在三万英尺以上的高空与技巧娴熟的战斗机飞行员对战，对于 B-29 的驾驶员是否能够生还这件事，他不禁表示怀疑。在一次测试中，他驾驶着一架拆除了所有机枪的 B-29，并且发现由于重量减轻了 3.5 吨，这架轰炸机的飞行特性发生了彻底改观。其中涉及机翼和引擎功率等数百种物理因素，但是经过多次试验后，蒂贝茨意识到，如果不安装机枪，他就可以攀升得更高、更快，操作也更加容易。他还发现，在 3 万 ~ 3.5 万英尺的海拔，B-29 比 P-47 更容易进行急转。这就意味着，如果遭到敌机追逐，这种笨重的轰炸机就可以通过急转进行躲避，从而迫使敌机撤出战斗。

"马特霍恩行动"

1944 年 4 月，按照开罗会议的要求，美国陆军成立了一支新的队伍——第 20 航空队，以执行对日战略轰炸。这支队伍将由美国陆军航空兵参谋长哈普·阿诺德将军从华盛顿亲自指挥，归参谋长联席会议节制，而阿诺德是参谋长联席会议的成员之一。这一行政安排意味深长。阿诺德认为，B-29 应当用于执行战略任务，因此不希望地方指挥官在战术行动中动用他的新型轰炸机。4 月 2 日，第 58 轰炸联队的第一架"空中堡垒"来到了距离加尔各答港不远的孟加拉南部。一周后，参谋长联席会议批准了"马特霍恩行动"，即从中国境内的秘密机场对日本进行轰炸。两个月后，这项行动才付诸实施。6 月 5 日，肯尼斯·B. 乌尔夫准将的第 20 轰炸机司令部开展了首次空袭，他从印度东部派遣了 98 架"超级空中堡垒"，对泰国曼谷的铁路设施进行打击。1944 年 6 月中旬，中国境内的前线基地已经就绪，准备向日本本土发动首次袭击。

1944 年 6 月 14 日至 15 日，当凯利·特纳的两栖部队抵达塞班岛沿岸时，美军对日本本土发动了首轮打击。75 架 B-29 从中国成都附近的基地起飞，直奔九州八幡的钢铁厂。为了从中国部署轰炸机，哈普·阿诺德费尽周折，所以格外希望看到满意的结果，但这次袭击却不尽如人意。由于日本在中国的特务一直密切监视着美国这种新型轰炸机的一举一动，同时提前向国内发出了警告，日本人熄灭了九州北部城市的灯火。因此，没有一枚炸弹击中钢铁厂，而且有七架 B-29 被击落。这次突袭过后，"马特霍恩行动"在后勤上的缺陷逐渐凸显了出来。如果空运物资，例如炸弹、补给和燃油，必须跨越喜马拉雅山，从加尔各答运往昆明，再转往中国的各个前线基地，那么战略轰炸将很难开展。陆军航空队估计，这项行动需要 28 个轰炸机大队，每个大队配备 28 架 B-29 飞机，在为期六个月的时间里，每架飞机每月执行五次任务，以削弱日本的实力，迫使其投降，或者进行占领。但是，每个轰炸机大队还需要 200 架 B-24 "解放者"充当运输机，仅用于为其运送物资，因此整个行动就需要 4 000 架 B-24 飞机。由于 B-24 "解放者"油耗量很高，在运往加尔各答的补给中，四分之三的补给需要用于对空运线路进行养护，而不能直接用于 B-29 这一刀刃之上。

长期以来，海军和陆军航空队一样，积极希望向中国大陆推进。尼米兹认为，在中国夺取的港口和基地将"向太平洋战争注入全新的活力"，使美军得以向日本本土诸岛实施强有力的轰炸，勒紧对日军的封锁，并再次在中国展开地面攻势，以打击亚洲的日军。

当雷蒙德·斯普鲁恩斯第一次告诉卡尔·摩尔，参谋长联席会议建议进攻马里亚纳群岛时，摩尔对此表示怀疑。"我感到十分愤怒，"这位参谋长说，"我无法理解这项计划用意何在，也不知道其中的缘由。没有人告诉我，他们为什么要攻打马里亚纳群岛……为此，我与斯普鲁恩斯争执了两个星期，直到他对我施压，让我看在上帝的面子上闭嘴，不要继续在这个问题上与他顶撞，而是着手采取行动。因为我相信，其中有什么地方大错特错。此外，我们已经设计出了在中国建立基地的方案，这是唯一可能向日本实施轰炸的途径。"哈普·阿诺德的部下对该方案涉及的数字进行了反复计算。不可否认的是，从成本上考虑，这项方案很难执行。因此，对于陆军航空队的这个问题，珍珠港的司令部需要再次从战略上加以澄清。

陆军部吹嘘八幡空袭令国内人心振奋，而五角大楼则盛赞第 20 航空队

"作为一支空中战队，既可以参与联合行动，也可以……对最需要的地方实施打击"。这些溢美之词已经超出了这支队伍的能力。事实上，阿诺德将军的全球打击部队尚未找到一座参谋长联席会议所期望的，能对日本发动"强大的空中攻势"的基地。

当天夜间，凯利·特纳手下的四个运输队终于接近了塞班岛。在一片寂静中，美军轰炸造成的闪光照亮了前方的地平线。这番景象令所有人感到震撼。随着距离塞班岛越来越近，他们已经嗅到甚至尝到空气中强烈的刺鼻味道。1944 年 6 月 15 日，在东南方涌起的海潮之上，东方的天空渐渐放亮。各海军陆战团陆续登上运输队的船只，来到了塞班岛外水深 100 英寻（1 英寻 ≈1.8288 米）的地方，进入了西岸外侧的运输区。

在一艘运输舰上，一名参加过西西里和萨勒诺战役的老兵望着塔波查峰黑色的轮廓及其背后微熹的曙光说："从这个轮廓来看，这里非常适合在月光明亮的夜晚登陆。所有自然地标都十分突出。可以说一切都完美无缺，可惜这座岛屿被珊瑚包围。这是最难对付的地方。"

第五两栖部队远涉重洋，准备在陆地上大显身手。步兵登陆炮艇是特纳特混舰队中体形最小的船只。在登上炮艇后，全体人员立即忙碌起来，纷纷打开包裹、装载火箭。运输舰、两栖登陆车和坦克登陆舰上的海军陆战队员一边检查武器，一边在做深呼吸，以舒缓紧绷的神经。德雷珀·考夫曼及其水下爆破队再次回顾了潟湖侦察的结果。随后，特纳向哈里·希尔示意："交给你了。祝好运。"随着"另一个登陆日"的到来，在黎明的曙光中，运输舰开始放下登陆艇。

D Day
☆☆☆

第 10 章
另一个
登陆日

两万美军蓄势待发

上午 6 点前,当"企业号"上的航空大队指挥官、绰号"杀手"的比尔·凯恩来到空中协调员的战位上,为当天的袭击提供掩护时,星形发动机在塞班岛上空发出了低沉的轰鸣。他的当务之急是指挥定于上午 8 点 30 分发动的空袭。和他一起执行任务的包括:12 架"地狱猫"负责在登陆部队上空进行战斗空中巡逻,8 架"复仇者"负责使东条英机的潜艇保持一定距离。

凯恩打量着下方的舰队,这支舰队包括载有三个师兵力的运输队、规模不逊于日德兰海战的战列舰以及特纳手下的大批两栖登陆车,登陆车从吊艇柱上被放下之后,来到集结区会合。他心里清楚,当天的任务不会很快结束。当他飞越运输区上空时,空中的爆炸声接连不断。在特纳的进攻部队中,一些炮手由于精神紧张,将炮弹打进了凯恩的航程之内。其中一枚炮弹距离很近,爆炸后的弹片雨点般砸向他的整流罩。在遭到友军炮火误伤后,他的发动机开始冒烟,飞机向海面盘旋而下。但凯恩设法让机头向上,进行水上迫降。他很快被搭救上来,返回"企业号"航母。防空炮手的失误导致凯恩无法继续执行任务,因此第 10 轰炸机中队队长、绰号"吉格犬"的詹姆斯·D.拉梅奇接替凯恩,担任空中协调员,负责监督当天

上午的空袭，并且为随后的登陆行动提供近距离支援。拉梅奇一边在2 000
英尺的高空中盘旋，一边注视着下方惊心骇目的景象，并且与它们保持着
适当的距离。

虽然哈里·希尔奉命直接指挥登陆行动，但凯利·特纳还是保留了整
体指挥的特权。他对行动计划中所有船只的位置都了若指掌。特纳的仰慕
者常说，他擅长亲自制订严谨的作战计划。无论是在华盛顿还是在海军主
楼，他曾经在高层负责制定战略，但进攻塞班岛使他转向了战术方面。为
了拟定作战计划，特纳倾尽全力。"这些都在他脑子里，"霍格伯姆说，"他
很少需要翻阅冗长的行动计划。登陆日当天，当部队和舰船前往各自战位时，
特纳会亲自监督部队的实际部署和舰船的实际位置。他决意要迎接登陆日
的到来，要迎接开战时刻的到来。"而剩下的就是海军陆战队的事情了。

将近6点时，特纳下达命令："登陆部队开始登陆。"在他看来，下达
这一命令是他的职责所在。随着他一声令下，集结区的各色人等纷纷行动
起来。坦克登陆舰的船首吊门被放下，舰内的两栖登陆车缓缓向前驶出。
船坞登陆舰的船尾门也被打开，卸空舰上的中型登陆艇。在中型登陆艇的
井型甲板上，紧密排列着大批装甲登陆车。这些登陆车滑下吊门，进入大
海，在颠簸了一两下之后，开始平稳地在海面上行驶。在来到各自海滩的
出发线后，他们分别向控制官报到，然后原地待命，不参加任何一波进攻。
当两栖登陆车靠近运输舰后，有人在一侧垂下吊货网，海军陆战队员们开
始向上攀爬。

在主集结区以北，另一队运输舰正在海上绕圈。舰上的两个团分别
来自两个海军陆战师。他们的任务是发动佯攻，以牵制日军的力量。特
纳希望借此将日军困在原地，使其无法从塔腊潘港向南进入查兰卡诺亚
的登陆区。

6点30分，在发起进攻时刻的两个小时前，载有牵制部队的运输舰来
到塔腊潘港岸边，用起重机将登陆艇吊往海面。数百艘车辆人员登陆艇在
集结区列队，然后跟在运输舰近旁，佯装要让海军陆战队第2师第2团、
海军陆战队第4师第24团和第29团的一个营登船。在随后的几分钟里，
登陆艇仍然留在运输舰两侧，在吊货网旁起伏不定，接着驶向会合区。与
此同时，烟幕施放艇和控制船靠近假定的出发线，来到各自的战位上。为

了布设这一圈套，美军耗费了一个多小时，他们暗自希望这段时间里日军正在岸上观察。在得到控制组指挥官的信号后，这场表演到此结束。登陆艇按照来时的航线返回运输舰旁，随后被吊上甲板。沃森和施密特将军让它们充当海上后备队。

7 点整，载有海军陆战队第 4 师辖下两个突击团的坦克登陆艇队伍来到会合区外，开始卸载两栖登陆车。海军陆战队员们爬下运输舰的吊货网，纷纷进入登陆车。随着行动即将开始，人们的感受格外强烈。罗伯特·格拉夫首先检查了一下子弹带，里面装满了沉甸甸的弹药，然后挪了挪将肩膀夹得生疼的武装带。接着，他摸了摸自己的急救包和两罐饮水，查看了一下背包，里面装着有可能用到的物品，而这些物品说不定会救某个人一命。在全副武装之下，他的背包十分沉重，一旦着火，很可能先要了自己的性命。格拉夫右腿上的刀鞘里插着一把卡巴格斗刀，还有一把飞刀像手枪一样插在皮套中。防毒面具挂在背后，当他伸手拿枪时会碰到。最后，他检查了一下步枪的功能，又摸了摸身上的救生带。荷枪实弹的格拉夫抬头看了看天空：“我们的队伍已经蓄势待发。”

在他拉伸股四头肌的时候，卡尔·罗斯中尉走过来对他打量了一番，又绕着他转了一圈，以检查他的装备是否齐全。就像其他排长一样，罗斯没有佩戴任何徽章，否则容易引起日方狙击手的注意。部队目前装备不足，所以罗斯配备的不是 M-1 加兰德步枪，而是卡宾枪。罗斯率领手下进入 84 号坦克登陆舰的船舱，找到了分给他们的坦克登陆车。这些陆军车辆属于第 708 两栖坦克营。登陆车正在待命，引擎已经发动，空气中弥漫着难闻的烟雾。海军陆战队员们纷纷登上车辆，找到自己的位置。他们一边等待，一边侧耳倾听，直到齿轮的轧轧声响起，他们清楚自己即将启程。接着，只听船首吊门咣当一声打开，传送装置将他们推向前方。登陆车向下滑去，离开了吊门。随后，这些坦克登陆车鼻部向下，跳入太平洋。舵手立即开足马力，向出发线驶去。尽管发动机嘎嘎作响，但登陆车的速度无异于步行。

由于两栖登陆车人手短缺，这些陆战队员大都是经过仓促训练的坦克手。该营 100 辆坦克登陆车经过匆忙改装，上方加装了圣地亚哥驱逐舰基地多余的钢板：车头和驾驶室的装甲厚 0.5 英寸，两侧和吊门的装甲厚 0.25 英寸。7 点整，登陆车载着海军陆战队第 25 团向集结区驶去。10 分钟后，载有海军陆战队第 2 师两个团的数艘坦克登陆舰也放下吊门，卸下船上的"短吻鳄"。

登陆车的驾驶员一边从距离礁岩 3 000 码的出发线向海滩张望，一边在重要的地标上画圆圈，用以指示方向。其中三处尤为显眼：正东方的塔波查峰、左侧岸上的加拉班码头以及位于绿滩和蓝滩之间的查兰卡诺亚船坞，这个船坞正对着市区和市内许多三角形屋顶的建筑。随着距离越来越近，他们看得越发清楚。这片海滩呈带状，铺满了碎裂的珊瑚，水深 10 ~ 15码。滩头的灌木丛高大茂密，高坡上的树林一直延伸到内陆。一条沿海公路和一条窄轨铁路贯通塞班岛西岸各镇，包括查兰卡诺亚、加拉班和塔腊潘。绿滩后面的林间空地上有一座简易机场，机场北方矗立着三座高高的无线电塔。沃森将军手下海军陆战队第 2 师的第 6 团和第 8 团将从左侧登陆，该地区位于查兰卡诺亚以北，包括红滩和绿滩。海军陆战队第 4 师的第 23团和第 25 团由施密特将军指挥，将在右侧登陆，该地区位于查兰卡诺亚以南，包括蓝滩和黄滩。各团下属的营登陆队分别负责长 600 码的海滩，因为这是运送海军陆战营密集部队和海上补给生命线的最佳长度。

"没有人是绝对安全的"

这支部队的最大作战单位是师和团，分别由将军级的指挥官总体支配和调遣。这些将军大都位于橡胶地形模型前，除了登船或检阅，他们很少露面。一个步兵团约有 3.3 万人，其基本作战单位是营。由中校指挥的营登陆队增加了重武器连和工兵连，共有 33 名军官、2~3 名海军军医和 40名医护兵。营以下的连由上尉指挥，每个连约 250 人。连以下是由中尉指挥的排，每个排由 46 人组成。再往下的作战单位反而更加重要，即中士指挥由 13 人组成的班，下士负责由 4 人组成的火力小组。其中，连、排、班无论规模大小，是对个人影响最大的作战单位，因为它们决定了每一个士兵的命运，承载着每一个士兵的记忆。

当波涛冲上两栖登陆车的车头，咸涩的海水打向海军陆战队员时，罗伯特·格拉夫伏低了身体。前方的炮手被淋得浑身湿透。"由于所处的位置很低，所以我们看不到太多四周的情形，"格拉夫说，"我们缓慢前进，终

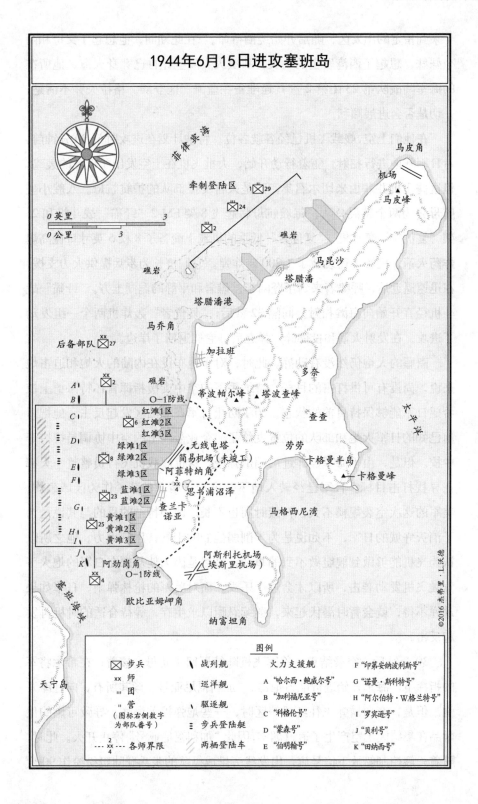

1944年6月15日进攻塞班岛

©2016 杰帝里·L.沃德

于来到指定的出发区，随后开始绕圈待命。"在此期间，他想起了父母和两个妹妹，想起了西湾发生的火灾，那次火灾险些让自己葬身火海。他所在的海军陆战队第23团第2营E连准备在蓝滩二区登陆。格拉夫并不清楚，一切是否会进展顺利。

在他们上空，舰载飞机已经各就各位。特纳计划在进攻时刻90分钟前，对日军阵地进行扫射。随着行动开始，大批飞机在上空发出了低沉的轰鸣。但这些飞机并非由米切尔召集，而是来自支援部队的护航航母。八艘小型航母分为两个特混分队，每艘航母将起飞8架FM-2"野猫"战斗机和25架"复仇者"轰炸机，"复仇者"低垂的机翼上配备了8枚5英寸口径高爆炸药火箭，机腹中还装载了1 200磅炸弹。它们擅长为步兵提供火力支援，在迅速逼近后，呼啸着来到了登陆车、礁岩和平静的潟湖上方。"野猫"战斗机径直开始向海滩扫射。间隔32秒后，"复仇者"轰炸机两个一组发动了进攻。在发射火箭和投掷碎片弹之后，它们退回了岸边。

斋藤的大炮仍然没有动静。此时，对于他布设在内陆的火炮和迫击炮来说，尚没有可供打击的目标。特纳手下的空中支援指挥官怀特海德上校希望日军能够保持目前的状态。为了防止日军在登陆区发起反击，他把目前已知的日军火炮和部队的位置发给了"企业号"上的空中协调员拉梅奇中校。但是，由于海军轰炸过后硝烟弥漫，这位舰载机飞行员整整一天都在寻找打击目标。日军已经转入地下并进行了精心伪装。作为区域轰炸，美军的这次空袭规模不大，持续时间也不长。因为特纳的目的与其说是为了消灭守城的日军，不如说是为了削弱他们的士气，压制火力。他之所以认为飞机能够做到舰艇做不到的事情，显然是因为他从未在日军的炮火下驾驶飞机发动袭击，所以才会过于乐观。面对美军的枪林弹雨，日军如果动弹不得，就会暂时潜伏起来，继续忍耐以求生存，等待合适的时机再发起反击。

30分钟后，空袭结束，美军飞机陆续返回了航母。接着，在希尔将军的指挥下，海军开始进行准备炮击。"加利福尼亚号"倾其所有，向红滩开炮。但是，在白磷弹飞往红滩一区时，一些炮弹提前爆炸，导致可燃的化学品在集结区上空产生了道道烟雾，因此"加利福尼亚号"停止开火。此时，随着一艘控制船放下信号旗，出发线旁排成纵队的步兵登陆艇纷纷作90度转弯，向岸边驶去。它们一字排开涌向前方，在两栖登陆车行动前进行了最后一轮准备炮击。这些炮艇分别安装了 20 毫米口径和 40 毫米口径机炮，船舷上还矗立着密密麻麻的 4.5 英寸口径火箭。当它们驶出 1.5 英里后，日军的迫击炮和火炮开始在它们四周坠落。当时，英格利斯上校正在位于两师分界线上"印第安纳波利斯号"的战位上，向绿滩的目标开火。日军的炮火令他猝不及防。他没有料到，日军还有如此之多的火炮尚能使用。炮艇上的炮手拉开火箭上的系栓，然后推开发射器上的开关。每轮齐射可以发射 500 枚火箭。

随着控制船再次发出信号，第一波两栖登陆车来到出发线前。第一波队伍的中央是七辆两栖登陆车或坦克登陆车，这些登陆车以楔形排列，仿佛一根直指日军的利箭。它们的两侧是负责运载士兵的坦克登陆车横列。在罗宾逊·格拉夫所在的登陆车上，驾驶员悄无声息地加大油门，发动机的声音由弱变强，发出了隆隆的轰鸣。为首的登陆车在前方插着一面数字旗。在它的带领下，19 辆登陆车跟在步兵登陆艇后，驶入海军陆战队第 2 师的登陆区。这支由两个团的兵力组成的队伍在从北部红滩一区到南部绿滩二区的地方一字排开，70 辆两栖登陆车和 48 辆坦克登陆车将 8 个海军陆战队步兵营运往岸边。四分钟后，第二波队伍离开了出发线。六分钟后，第三波队伍也开始行动。当格拉夫所在的登陆车经过"诺曼·斯科特号"驱逐舰时，船上的广播中传来一个声音："愿上帝保佑你们所有人！"

英格利斯还从未见过这种场面：大批小型舰船正列队向礁岩猛扑过去，身后不远处紧跟着一排排坦克登陆车和两栖登陆车。他向海上望去，只见以步兵登陆艇为首，第一波满载士兵的"短吻鳄"正驶向岸边。英格利斯自称，他就像"买了一张贵宾票，可以近距离看清登陆艇上陆战队员紧张不安又毅然决然的表情"。

在步兵登陆艇距离礁岩仅有 50 码的时候，控制船下达了开火信号。三秒钟内，500 枚火箭迅速升空。方才的盛况很快消失在硝烟之中。在礁岩前方，灰色的烟雾笼罩了水面。尽管有风从陆上刮来，但浓雾足以遮挡登陆区的视线。不出意料的是，海滩上没有出现易见的目标。炮艇上火箭手只能对准指定区域进行猛轰。两轮齐射后，其中五艘炮艇将目标对准了悬崖。

接着，舰载战斗机向内陆的目标发动了打击。随着战斗机在第一波队伍上空低飞,黄铜弹壳像雨点般跌向"短吻鳄"。待步兵登陆艇抵达目的地,这支一字排开的队伍仿佛双开滑门一样一分为二,一半向左驶去,另一半向右驶去。第一波登陆车现身于缺口处,在浓烟和翻滚的波涛中向礁岩进发。"当这支队伍齐头并进,经过我们身旁时,"步兵登陆艇上的一名船员写道,"四周出奇的寂静。唯一能够听到的只有两栖登陆车发出的轧轧声。"

罗斯中尉对自己的排下令:"枪机闭锁,子弹上膛,上刺刀!"随着八枚子弹的弹夹被装入步枪,枪机弹向前方,第一枚子弹落入弹膛,耳边只听到清脆的金属撞击声。罗伯特·格拉夫拉开保险,把手伸过肩头,从背包里拿出枪刺,装到步枪前方,然后保持枪托向下、枪口朝上。随着距离岸边越来越近,他的感受也变得越发强烈。

在海军陆战队第4师的登陆区,两栖登陆车载着第23团和第25团的海军陆战队员经过"田纳西号"两侧。这艘战列舰先用主炮向制糖厂开火,然后向最南端的黄滩进行纵射,并将火力集中到阿劲岗附近的火炮阵地上。"虽然海滩上浓烟滚滚,"A.D.迈尔上尉后来写道,"但是MK-VIII雷达的操作员可以在雷达屏幕上清楚地观测到,炮弹打到了海滩上,控制船也一样。"然而,要想在距离显示器上进行精确定位,无疑是异想天开。两天前,"印第安纳波利斯号"曾向这座据点发射了63枚16英寸口径高能弹,但日军仍在活动。试验证明,发射16英寸口径高能弹只能撼动而无法摧毁用沙石和椰木建成的炮兵掩体。"这些射弹能够发挥巨大的破坏作用,但穿透力不强。"希尔将军说。海军陆战队将为此付出代价。

为了保持队形,两栖登陆车的驾驶员需要时刻留意观测镜,在目视前方的同时还需注意两侧的队列。他们既要在波浪和缓慢前进的队伍中保持车身平稳,又要留意日军发射的高射界炮弹,同时还不能过度紧张。此外,驾驶员们会通过无线电互通信息,保持连接紧密的队形。马歇尔·E.哈里斯一边缓慢驶向绿滩一区,一边与罗伯特·B.刘易斯交谈。刘易斯就在旁边的一辆坦克登陆车上,是他在无线电学校的好友。哈里斯问刘易斯,他们是否过于偏左。就在此时,爆炸声突然响起,压过了刘易斯的声音。哈里斯感到一阵强烈的震荡,随后又是一声巨响。他把观测镜对准一侧,看见水面上滚滚的烈焰中冒起了黑烟。"火焰从被熏黑弯曲变形的金属门中窜出,那可是鲍勃(罗伯特的昵称)的坦克。"但排长迈克尔中尉示意他继续前进。从此以后，他再也没有见过刘易斯。

当登陆车的防滑履带攀上礁岩后，其液压传动装置自动转为低速挡，使沉重的车身得以翻越礁石。由于海潮不断涌来，有可能出现危险情况。在红滩外，巨浪猛烈地拍打着悬崖。一名驾驶员看准时机靠近礁岩，浪头包围了登陆车的艉板，然后迅速将其卷上礁岩。他清楚，登陆车必须继续移动，否则下一个浪头有可能把他打翻，并淹没发动机，而此时他仍然困在珊瑚岩上。当登陆车挣扎着驶过礁石时，红滩外的"加利福尼亚号"和黄滩外的"田纳西号"将炮口对准更深的内陆，这超出了霍兰德·史密斯在地图上为海军陆战队首日进攻划定的界限。这条界线被称为"O-1 线"（即 Objective One 的缩写，意为一号目标），大致与海岸线平行，两者相距约 1 500 码。当"伯明翰号"在阿菲特纳角外值守时，"诺曼·斯科特号""蒙森号"和其他驱逐舰奉希尔将军之命开始靠近，按照各自喜好的方式，自行对日军发起反击。"诺曼·斯科特号"来到距离海岸 2 000 码的地方，停在蓝滩和黄滩的航道之间，从蓝滩一区附近的火炮阵地开火。正当舰长西摩·D. 欧文斯在观看第一波登陆车缓慢前进时，一枚炮弹落在前甲板附近，导致三人受伤。为了压制日军的炮火，这几艘驱逐舰向悬崖发起了猛轰，直至第一波登陆车距离岸边还有大约 300 码时，它们才将炮口对准了侧翼。随后，登陆车纷纷跳入平静的潟湖，开始踏上驶向岸边的最后一程。

日军的炮火越来越猛烈，无论是飞机还是海军的火力支援都无法压制日军架设在塞班岛山坡背面的火炮。"巨大的爆炸声在我们右侧响起，"罗伯特·格拉夫写道，"我看到一辆登陆车突然爆炸，半空中血肉横飞。"

卡尔·罗斯下令："解锁武器。祝你们好运。保持低姿前进，尽快登陆并离开海滩。日军正在进行瞄准。"但是特纳高估了海滩防御的威胁，包括安装有机枪的碉堡、防火壕、反坦克壕等等。纵深的火炮和迫击炮才是问题所在，而特纳却低估了这一点。由于云层很厚，当天清晨的侦察照片十分模糊，导致尼米兹手下的分析人员无法确定日军火炮的位置。此时，日军对第一波突击队发起了袭击。

上午 8 点 43 分，蓝滩和黄滩的控制官报告称，海军陆战队第 4 师的第一波突击队已经登岸。五分钟后，一名空中观察员报告，海军陆战队第 2 师的登陆车正涌向红滩和绿滩，其中一些车辆的登陆位置有误。红滩三区后的悬崖上灌木丛生，日军从这里向第一波突击队发动了猛轰。在他们右侧较远处的阿菲特纳角，日军对突击队进行了更加猛烈的纵射。如此强劲的火力令登陆车驾驶员心惊肉跳。潮水向北流去，只要他们稍有迟疑，车轮便会向左侧滑，所以海军陆战队第6团所处的地带要远比预定的位置偏北。第8团也遇到了同样的问题，而且情况更糟。该团的两个营均在绿滩一区登陆，而南侧的绿滩二区空无一人，导致一区交通堵塞。由于大批车辆聚集于此，情况十分危急。阿菲特纳角的一个日军重型机枪和反舰炮炮组连让海军陆战队第2师也陷入了混乱。这个炮台不知怎么躲过了当天清晨"伯明翰号"和"印第安纳波利斯号"的轰击，现在开始大肆逞狂。当罗伯特·格拉夫低头默祷时，发动机平稳低沉的声音突然改变了调门，原来是登陆车触到了陆地。他所在的排终于来到了海滩。在海滩上，最关键的时刻即将来临。随着海军的火力支援转向内陆，这些登陆车必须自行防御。当日军的迫击炮和火炮继续毫不间断地从高空落下时，登陆车的前方炮手将点五零口径的子弹对准了前方呈带状的沙滩和灌木丛。斋藤手下的火炮和迫击炮手虽然在清晨遭到了来自空中和海上的猛轰，但令人惊异的是，他们仍在负隅顽抗。他们从峡谷、沟壑和山背三个方向进行高射界射击，给特纳的部队带来了不小的伤亡。海军陆战队第23团第2营E连登陆的蓝滩二区遭到的轰炸尤为严重。"越来越多的炮弹砸向我们，越来越多的登陆车被击中，"格拉夫写道，"海滩上横七竖八地散落着尸体，有的尚且完好，有的已经面目全非。"格拉夫看到，有的人因为身负致命重伤而气息奄奄，却因身着救生衣而漂浮在海面上。除非在攻击开始的时刻，否则海军陆战队员绝不会落下自己的战友。但是随着进攻时刻来临，他们必须立即离开海滩，因为这关系到整个行动的成败。此时，第二波突击队已经抵达，大批登陆车将航道挤得水泄不通。

两栖登陆车自有其吸引力，尤其是车上的装甲板，几乎可以抵御所有枪炮，除了在极近距离发射的炮弹。但许多海军陆战队老兵还是更喜欢老式的车辆人员登陆艇。这种登陆艇装有船首吊门，当吊门放下时，他们可以压低身体，迅速冲出船舱。相比之下，他们需要从两栖登陆车上站起身来，然后从一侧下车。这意味着他们有可能暴露在日军的炮火之下。当先锋连的唐纳德·布茨来到海滩上以后，日军的炮手已经在等候。布茨所在排的排长和连里的射击中士以及其他数人当场毙命。子弹在他们上方呼啸而过。由于排长阵亡，该排士兵在抵达海滩后，紧紧趴在满地的珊瑚碎片中寻求掩护。布茨立即奔向左侧，和其他几个人跳进了一个大型弹坑。机枪子弹雨点般掠过他们的头顶。当迫击炮弹再次向他们砸来时，布茨根本不敢想象自己竟然能够侥幸生还。

"眼睁睁地看着迫击炮火对我们的士兵造成巨大伤亡，我感到悲痛不已。"英格利斯上校说。

日军的炮火极为准确，当他们沿着海滩进行轰击时，炮弹之间的间隔仅有大约 10 码。一开始，我们的陆战队员毫不畏缩，而是冒着炮火前进，继续整理和向前线运送已经卸到岸上的装备。然而，在两三枚炮弹坠落后，海军陆战队员们显然开始退缩。一开始，他们只是趴在地上，随着轰击的继续，他们最终四散奔逃。通过高倍望远镜，我们甚至可以看清他们脸上的胡须以及虚幻的表情。这种表情你只能在《伦敦画像》之类的作品中见到，因为它们出自艺术家的想象，看起来过于夸张、逼真，仿佛不是真的一样。

日军在沿岸放置的最大火炮十分显眼。因为被固定在炮台上，很容易遭到直接轰击，所以美国海军轻而易举地将其摧毁了。日军设在海滩的阵地也在首轮攻击下烟消云散，但是纵深的阵地十分棘手，即便舰艇指挥官能够看清炮火的源头，也往往束手无策。"大批野战火炮和迫击炮位于海滩后方山坡的背面，由于它们机动性很强，在登上海滩时，我们根本不清楚它们的方位。"

对此，英格利斯上校越来越感到气馁。"我们竭尽全力想要确定炮火的位置，但日本人向来精通蛰伏和伪装之术，并且极为成功地隐藏了他们的炮台，使观测者无法发现。因此无论是舰艇上的观测者，还是岸上的侦察兵，无论是飞机上的观察员，还是航拍的照片，都无法确定炮火的位置。"登陆日当天，尽管美军有许多观测点，但任何人都难以看到日军所有的炮台。突击队员要想在推进过程中保全性命，只能依靠他们自己。

海军陆战队的第 2 两栖装甲营在进攻发起时刻迅速登上红滩一区。沃森将军不愿把普通的登陆车当作陆上战斗车辆使用，因此让手下的士兵立即离开运送部队的两栖登陆车，在潮水尚未退去的地方开始作战。当海军陆战队第6团第2营的士兵陆续离开登陆车时，在海滩较高处，作为机动两栖装甲突击部队，该营的17辆装甲登陆车正向内陆推进。在来到陆地上以后，这支突击部队只能自食其力。也就是说，他们的任务令人望而生畏：在海军陆战队第2、第4师的登陆区，其左翼较远处暴露在日军的炮火之下，而他们只能利用这些板壁较薄的"装甲猪"进行抵御。这就意味着，无论日军从北方发起多么猛烈的进攻，他们都必须顶住。特纳已经料到了这一点。他之所以在加拉班沿岸进行佯攻，为的就是让海军陆战队第6团打头的两个营在日军发起还击前登陆，并掘壕防守。

"我永远不会忘记战列舰上火炮的强烈震荡，以及我们头顶猛烈密集的炮火。" R.J. 李回忆道。他所在的两栖坦克里的驾驶员试图离开海滩，向内陆进逼，但灌木丛后横亘着一条壕沟，使他无法继续向前。于是，这名驾驶员迅速后退，返回水边，然后卸下75毫米口径加农炮，开始向前方射击，试图炸开一条可供通行的道路。由于美军潜艇切断了日军的补给，他们建造的防御工事极为简陋。但是，在来自远处高地火炮和迫击炮的重压下，海滩附近的壕沟、掩体、木制路障得以发挥有效作用。在红滩上，海军陆战队两栖坦克竭力想要翻越海滩前方的陡岸。在进入日军炮火的射程后，李所在的坦克先后四次中弹。其中一枚直接命中坦克炮塔。在黑烟笼罩四周之前，李看到，该排排长及其手下的两名中士均已身亡。

"我们得在坦克爆炸前离开。"另一名中士对五名幸存者说。这种坦克的七缸星形航空发动机中装有航空汽油，随时都能引发火灾。因此，他们钻出安全舱口，跃入水中，然后调转方向，高举武器直奔海滩。李向右侧望去，只见坦克手格斯·埃文斯将步枪举过头顶，在面部中弹后倒地。李正想过去搭救，突然头部中弹。这两枚子弹一枚被头盔弹飞，另一枚穿透头盔，将他击昏。"顿时，我眼前一片漆黑，"李说，"只听到四岁的儿子喊道：'起来，爸爸，起来呀，爸爸！'托上帝和儿子的福，我拼命跑回海滩。"

在红滩三区，三辆两栖坦克在斐洛·皮斯中尉的指挥下，找到了穿越树丛的道路，来到陡坡之上。穿过一条狭窄的道路，他们来到一条壕沟前。打头的坦克本想越过壕沟，但是被紧紧卡住，履带在空中徒劳地转动。驾驶员 S.A. 巴尔萨诺回忆说，日军士兵"就在我们上方，像一群密密麻麻的苍蝇"。

由于最后方的坦克也被卡住，现在他们进退维谷。皮斯中尉意识到，唯一的希望就是挪动坦克，否则炮火一定会朝他们打来。他看到，纵队中的第二辆坦克，也就是他身后的坦克，有可能将第三辆拖出壕沟。于是，他命令自己的手下待在坦克车内，继续设法挣脱出来。与此同时，他跳到外面，不惜暴露自己，以协助后方的指挥官安装拖索。当一群日本士兵向他们靠近时，皮斯手下的一名坦克手勒罗伊·克罗布斯抄起一挺轻型机枪，伸出侧边舱口，扣动扳机，将他们驱散。驾驶员巴尔萨诺也将自己的汤普森冲锋枪架在前舱口，开始猛烈扫射。直到此时，他们才意识到，刚才听到的声音来自下方的壕沟里。皮斯来到身后的两栖坦克旁，发现这辆坦克的指挥官已经阵亡。一名日军士兵瞄准了这名指挥官，将他原地击毙。在日军的炮火中，皮斯压低身体，亲自动手系上拖索。日军再次上膛，击中了皮斯。皮斯手下的一名下士在接管坦克后大声喝令："朝这些狗娘养的开火，能干掉多少就干掉多少！"这名下士发现，附近的一座草房里还藏着一个日军班。于是，他把 75 毫米口径火炮对准草房，径直将其炸毁。这时，一辆日军轻型坦克突然出现，将 37 毫米口径火炮对准美军的第三辆坦克，击毙了驾驶员。虽然海军陆战队用巴祖卡火箭炮击中了日军的装甲车，使其动弹不得，但是他们却暴露在日军无情的直接射击之下。这正是沃森将军一直以来担心的事情：两栖登陆车最容易被日军击中。皮斯中尉手下的生还者不过是侥幸逃脱而已。随后，在检查这辆两栖车时，有人在其底盘下发现了一枚磁雷。但不知为何，这枚磁雷竟然没有爆炸。

在他们南侧，绿滩一区陷入了混乱。在两个营的全体人员抵达后，600 码长的前线人满为患、难以移动。第一波两栖坦克的指挥官试图驶向内陆，以加宽滩头阵地，但是他们的行动引起了山间日军的迫击炮和火炮手的注意。在日军的猛轰下，其中几辆坦克被困在一片稻田里。另外两辆坦克分别由本杰明·R. 利夫西和奥内尔·W. 狄金斯中士驾驶，他们开始继续向前推进。在穿越与绿滩平行的唯一一条跑道后，他们来到一条通往北方的土路上，而这条土路途经日军的无线电台。这条车道十分狭窄，刚刚能够容纳两辆车并行。他们一路向北进发，侥幸躲开了日军的炮火。途中，他们先后遭遇两处日军的机枪据点，但熊熊的火舌暴露了日军目标。两栖坦克手立即开动 75 毫米口径榴弹炮以及点五零和点三零口径机枪一阵猛轰，成功打垮了日军。在经过一座香蕉园时，利夫西发现可以将其作为掩护，于是停了下来。由于迫击炮弹不断跌落，他们只得伏下身来，但是可以听到日军正从道路前方用轻武器向他们开火。"我们连忙钻进坦克，向前方的树林中望去，"利夫西说，"通过瞄准镜和双筒望远镜，我们发现了一座建筑，一些日本兵正在里面来回走动。于是，我们立即集中所有火力，对其发动了袭击。"

两栖坦克手的 75 毫米口径主炮装满了烈性炸药和燃烧弹。其中数枚炮弹在击中目标后发出巨响，随后冒出蘑菇状的火球。显然，他们摧毁的是日军的一座燃料库。利夫西下令驾驶员继续前进，并对该地区进行轰击，以制造更大的效果。在前行了大约一百码后，他再次发现一片林间空地并停了下来，为手下取出饮用水。当狄金斯的两栖坦克驶过时，利夫西和手下跳下坦克，与他们交谈起来。其他海军陆战队员尚未如此深入内陆。"当时我们孤立无援，"利夫西说，"但是胜利让我们感到欣喜。"就在他们搜寻木箱里的弹药，盘点剩余炮弹时，道路前方突然出现了四个庞然大物。

这四辆日本中型坦克排成一列纵队，正向登陆海滩驶去。他们似乎没有看见这些美国人，利夫西等人连忙登上坦克。关闭舱口后，利夫西和狄金斯将 75 毫米口径炮口对准日军，然后立即开火。当负责传递子弹的士兵还在手忙脚乱地寻找穿甲弹时，日军的纵队调转方向，径直向这几个海军陆战队员发起袭击。"在这种情况下，不是你死就是我亡。"利夫西说道。

双方的坦克面对彼此的主炮均不堪一击。利夫西的发动机舱被击中，坦克开始剧烈摇晃，但最终证明 6 月 15 日是他的幸运日，因为日军发射的是一枚哑弹，而机枪的扫射对坦克无可奈何。虽然 75 毫米口径火炮容易卡壳，而且当天的确出现了卡壳，但是炮手和装弹手紧密配合，炮栓不断冒出浓烟。作为海军陆战队员，他们个个擅长射击，这个本领也在此时此地派上了用场。在接连摧毁三辆日军坦克后，他们终于挡住了日军的装甲车队，日军装甲部队在距离他们仅有 50 ~ 70 码的地方停了下来。利夫西看到，其中一名日军坦克手钻出舱口，开始向山上逃去。这正中他的下怀，因为弹药传递手差不多只剩下一些烟幕弹了。利夫西向逃走的日本士兵开了几枪，但是当山上的火炮和迫击炮开始再次向他们夹叉射击时，他和狄金斯以及手下决定离开这里。在他们徒步奔向海滩的途中，一枚迫击炮弹的弹片击中了狄金斯手下一个名叫利奥·普莱彻的二等兵。利夫西和狄金斯发起的独立突袭分别为两人赢得了海军十字勋章。更为重要的是，这次行动削弱了日军装甲部队的战斗力，缓解了海军陆战队第 2 师所在据点的压力，否则第 2 师将有可能对海滩发起突袭，并且很容易成为日军的攻击目标。

在他们左侧，惨烈的战斗仍在继续。海军陆战队第 6 团刚刚推进到红滩后方的滨海道路上，抢占了一片狭窄的滩头阵地，其宽度尚且不足一百码。日军的碉堡和机枪阵地使他们无法继续向前推进。在海滩上，一辆众人以为已经被摧毁的日军坦克突然用 37 毫米口径火炮向美军的坦克登陆车开火。登陆车上运送的是海军陆战队第 6 团的后备部队，即威廉·K. 琼斯中校率领的第 1 营。其中一辆登陆车被击中，琼斯的上级、第 6 团团长詹姆斯·P. 莱斯利也在上面。很多人身负重伤。在登陆后不久，莱斯利才得知，他手下的第 3 营营长约翰·W. 伊斯利中校已经中弹身亡。

当莱斯利在红滩二区中央建立团指挥所时，二三十名日军从北方向海滩发起了冲锋，并且来到了该团第 2 营的后方。许多美军伤员正躺在海滩附近帐篷里的担架上。海军陆战队员迅速集合，组建起一条射击线，消灭了这股日军。但这次险胜说明，在互相渗透的战场上，没有人是绝对安全的。当天，海军陆战队第 2 师四个突击营的营长全都在战斗中负伤：第 6 团第 2 营的雷蒙德·L. 默里（及其副营长）、第 8 团第 2 营的亨利·P. 克罗、第 8 团第 3 营的约翰·C. 米勒和第 6 团第 3 营的伊斯利。夜幕降临后，他们是否能够堵住防御阵线上的缺口，关系到所有人的生死存亡。

为了缓解日军反击带来的压力，莱斯利下令第 1 营穿过第 3 营所在的地区，继续向 O-1 线推进。在他看来，最适合承担这项任务的人选非第 6 团第 1 营营长琼斯中校莫属。莱斯利后来称赞他是"我们师乃至所有师中最出色的营长"。当时，琼斯是唯一一名尚有行动能力指挥突袭的中校。第 6 团第 1 营在向海滩挺进的过程中共有 100 人死伤。来到岸上后，幸存者们扔掉手中湿透了的装备，从前方倒下的战友身上拿走了武器。琼斯将他们召集起来，继续前进。

由于两栖登陆车在海浪和潮水中不断漂浮旋转，所以登陆部队散布在海滩上，互相掺杂。面对日军的猛烈炮火，他们的当务之急是生存下去，而不是做记录，因此很难统计伤员。10点40分左右，第一批伤员被送往岸上，登上两栖登陆车。当天的死伤人数逾2 000人，其中大部分是被火炮和迫击炮所伤。但是，以伊斯利中校为首的许多伤员担心被撤出前线，离开自己的连队，因此拒绝参加伤员鉴别，而这些伤员的人数无法估计。

塞班岛首战

海军陆战队第8团位于第6团正南方，他们也面临重重问题，如果琼斯中校继续向前推进，情况将十分危险。如此一来，他将暴露自己的右翼。运送第8团士兵的两栖战车在登岸后遭到来自阿菲特纳角的袭击，再加上水流的不断推动，他们比原定的位置偏左，因此第2营和第3营都挤在绿滩一区，而与危险重重的阿菲特纳角毗邻的绿滩二区却没有美军登陆。结果，躲在该区地道里的日军士兵利用尚存的反舰炮大肆发威。由于没有遭到正面进攻，他们可以随心所欲地进行射击。

海军陆战队第8团第2营由于偏离了原定路线，所以他们现在的任务是转向南方，用所辖三个营的兵力，从陆地上攻占他们本应从潟湖攻占的海滩。但是，这里存在两个问题。其一，届时他们将向在蓝滩登陆的海军陆战队第23团的左翼推进，所以他们一旦向前方开火，必然会伤及友军。其二，在他们向南移动的同时，为了与琼斯率领的第6团第1营同步，临近的第8团第3营将会向东进发。这样一来，他们就有可能与邻近的部队失去联络，从而出现缺口，导致日军渗透到其后方，发动致命打击。

对于第一个问题，解决办法是大量使用霰弹枪。该团分配到的温彻斯特12号霰弹由第2营G连支配。六发弹仓和泵动式设计使得这种霰弹枪在近战中表现出色，只需要扣动扳机，按下机械装置，就可以对日军进行"扫荡"。由于射程短、杀伤面广，即便没有射中，也不会危及太远，是开展近战的理想武器。

G连翻过沙丘后，遇到了一个可以互相提供火力支援的碉堡网，碉堡内架设有反坦克炮。在露天战壕中，还有日军步兵对碉堡进行掩护。但他们出人意料地取得了突破，因为日军没有躲在掩体后固守阵地，而是高举刺刀和剑，向空地发起冲锋。当海军陆战队接近阿菲特纳角时，该据点的反舰炮也没有调转炮口瞄准他们，而是继续向潟湖中的船只开火。战斗工兵在大炮四周和后方忙碌起来，最终使用喷火器、巴祖卡火箭炮和炸药包，完成了海军力所不及的任务。只有阿菲特纳角的火力得到压制，美军才有可能通过水下爆破队在绿滩二区外发现的航道。中型登陆艇可以借助这条航道直接上岸，无需在礁盘前卸下两栖坦克、让坦克队自行泅水前进，从而避免危险情况的发生。

在南方，日军的火炮和迫击炮不断坠落，对美军造成了巨大破坏。与沃森将军不同的是，哈里·施密特希望手下的士兵乘坐两栖登陆车一直来到 O-1 线前，然后再下车，在立足之处建立防御圈。但是面对日军的猛烈炮火，这项计划很快破产。在距离该师左翼较远的地方，第 23 团第 3 营被困在查兰卡诺亚，正与隐藏在该镇海滨地区的日军作战。随着双方开始在街头交火，以及越来越多的海军陆战队员在他们身后登陆，海滩被严重堵塞。

在海军陆战队第 4 师所在区域的最南端，迫于阿菲特纳角炮火的压力，第 25 团第 1 营的士兵们离开停在岸边的登陆车。登岸一小时后，该营攻占了一小片地区的关键侧翼，但这片地区仅有十几码宽。在距离他们大约800 码开外内陆的高地上，日军至少架设了四门大型火炮。这些火炮可以向海滩进行侧面射击。面对这一危急处境，海军陆战队第 2 师中那些经历过塔拉瓦战役严酷考验的老兵本应重整旗鼓，但在一开始，他们却迟疑不决。"田纳西号"战列舰虽然对这处据点发起了猛攻，但尚未将其打哑。

当第 25 团第 1 营蹒跚前行时，其先头部队遭到了阻击和痛殴。一些登陆车立即调头逃走，甚至来不及卸下弹药、迫击炮和机枪。海军陆战队不仅不相信海军，对作为战友的陆军，他们觉得这些人同样可疑。在很多海军陆战队员看来，无论这种看法是否正确，坦克登陆车上的陆军士兵的确更不靠谱，因为他们驾驶的是水上车辆，但是却从竞争军种领取薪酬。在离开战车前，一名海军陆战队员对车上的驾驶员说："你们把我们扔在这里，然后就可以撒丫子走人了，对吧？"这名驾驶员来自新奥尔良，名叫默林·方特诺特。他操着一口卡真混混的土腔答道："对呀。我们就是要撒丫子走人，然后再拉上更多跟你们一样的家伙，把他们也带回这里！"果然，他说到做到，一次又一次把海军陆战队员送往阵地。

如果一名士兵不再总是为自己有可能丧命或者负伤而忧心忡忡，那么他就会迸发勇气。对那些只关注眼下而非未来的人们来说，他们往往更容易去做需要他们去做的事情。在他们看来，发生在某个人身上的事情就像发生在所有人身上，因此他人的生命也像自己的生命一样宝贵。这就是唐纳德·布茨的看法。"如果我与另一个人朝夕相处，我就会成为这个人的一部分。你也许会做一些所有人都不理解的事情……但你之所以会这么做，是因为你与此人已经情同手足。你们一起自由活动；你们互相照应；你们一起四处旅行；你们共用一个睡铺。这种亲密之情即使死亡也无法隔绝。我不知道该怎么解释这种感情。"

阿菲特纳角的日本步兵试图对美国海军陆战队第4师的右翼发起反击。然而，"田纳西号"发动的空袭和火力支援只能让他们进行零敲碎打，因此效果不佳。此时，海军陆战队第25团第1营背靠大海，因此营长霍利斯·穆斯泰因中校请求上级，让坦克尽快登陆，并增派该团后备部队的一个步枪连。迫击炮和火炮雨点般无情地向第1营以及左侧的海军陆战营砸来，但他们几乎找不到可供隐蔽的地点。因此要想活命，他们必须尽快向内陆推进。

从穆斯泰因遭到袭击的侧翼沿海滩向北，另一个营已经向内陆推进了大约500码，把两栖登陆车一直开到了铁路的路堤上。在距离他们更远的蓝滩，罗伯特·格拉夫所在的海军陆战队第23团第2营在爱德华·J.迪伦中校的指挥下，也向内陆推进了数百码，然后跳下两栖登陆车，开始徒步行军，并艰难地继续前行。

此时，所有开火舰船归特纳将军直接指挥。他要求它们按照自己的直接命令或岸上火力控制队的请求进行射击。但是在战列舰上，这一点却很难做到，因为它们需要打击的目标无法从舰艇上或通过空中侦察机观察到。"加利福尼亚号"的火炮官站在海军陆战队第2师所在的海滩以外，通过双筒望远镜观察这座岛屿，并且表示，他们"极少能够看到炮火的闪光或者发现意外目标"。由于日军擅长伪装，再加上岛上到处浓烟滚滚、尘土飞扬，空中观察员往往一无所获。"有好几次，侦察机报告称，没有在某个地区发现目标或活动。但没过一会儿，日军就开始活跃了起来。"

9点刚过，"田纳西号"在对黄滩和蓝滩进行轰炸时，出乎意料地被击中。三枚来自天宁岛的6英寸口径炮弹，砸向了"田纳西号"未参与交战的右舷。

　　摄影师令海军上将雷蒙德·斯普鲁恩斯感到局促不安。这位第五舰队司令很少在照相时面带笑容，这张是个例外。（摄影师系阿尔弗雷德·J.谢迪维，照片由美国海军学院提供）

　　1944年6月15日，海军中将里奇蒙·凯利·特纳摄于塞班岛外。这位天资聪明、性情多变的军官是斯普鲁恩斯手下不可或缺的两栖部队指挥官。（照片由美国海军提供）

　　霍兰德·S.史密斯少将，绰号"嚎叫的疯子"，是第一位来自美国海军陆战队的作战部队指挥官，并对这一身份十分珍视。他之所以对此引以为傲，主要是因为他与陆军关系糟糕。（照片由美国海军提供）

　　第58特混大队指挥官、海军中将马克·A.米切尔。这支主力作战舰队具有空前强大的威力，本应取一个威风凛凛的名字，但尼米兹一向行事低调。（照片由美国海军提供）

1944 年 5 月，当第五舰队的航母停泊在马朱罗，等待执行"奇袭行动"时，水兵们正在游泳。（照片由美国海军提供）

图为特纳手下第五两栖部队的标志，既突出了其在中太平洋建立的功绩，又表明了其动态作战方式。（照片由美国海军提供）

图为海军的第一批蛙人。这些水下爆破
队成员负责对潟湖进行侦察，炸毁礁石，为
特纳的突击队和补给队开辟道路。（照片由美
国海军提供）

德雷珀·L.考夫曼
中校富有创新精神，是首
支水下爆破队的指挥官。
图为其父、海军少将詹姆
斯·L.考夫曼为其在马里
亚纳群岛战役中的表现佩
戴金星，以临时代替海军
十字勋章。（照片由美国
海军提供）

配备有火箭的步兵登陆
艇在第一波突击队之前，对
塞班岛进行轰击。(照片由美
国海军提供)

一辆两栖登陆车正从船首吊门驶出坦克登陆舰，后面是拖车。（照片由美国海军提供）

1944 年 6 月 15 日，两栖登陆车在塞班岛外。这种履带式登陆车源自为了在飓风中救援佛罗里达州居民而设计的"沼泽车"，是进攻部队登陆重兵把守的海岸时不可或缺的装备。（右：照片由美国海岸警卫队提供；下：照片由美国海军陆战队提供）

　　当第一波突击队发起进攻时，斯普鲁恩斯的旗舰"印第安纳波利斯号"炮弹齐射。在行动过程中，巡洋舰和其他海军舰艇负责为登陆部队提供火力支援和请求射击。(照片由美国海军提供)

　　海军陆战队第2和第4师的人员在登陆后，面临日军迫击炮和山炮的猛烈轰击。(照片由美国海军提供)

　　"列克星敦号"上的"无畏式"俯冲轰炸机正在为登陆行动提供掩护，并竭力压制日军的炮火。这些火炮被巧妙地隐藏在洞穴和沟壑里。（照片由美国海军提供）

　　在对一处日军阵地发起进攻时，海军陆战队员躲在一辆两栖登陆车后隐蔽。远处为一座油库被炸毁。（照片由美国海军陆战队提供）

海军陆战队第2师师长托马斯·E.沃森少将（上）和海军陆战队第4师师长哈里·施密特少将（右），因为在塞班岛的战绩而备受赞誉。(照片由美国海军陆战队提供)

海军陆战队员用缴获的山炮向塞班岛首府加拉班的日军发动袭击。(照片由美国海军陆战队提供)

海军陆战队员在塞班岛作战。(照片由美国海军陆战队提供)

在登陆后的第二天，当日军对滩头堡发动袭击时，一等兵劳伦·H.卡恩和刘易斯·M.诺尔德用巴祖卡火箭筒和手榴弹摧毁了三辆坦克。（照片由美国海军陆战队提供）

日本的轻型坦克敌不过美国海军陆战队员的巴祖卡火箭筒和野战炮。（照片由美国海军提供）

一名海军陆战队员正在喂食小小的"战争难民"。(照片由美国海军陆战队提供)

在塞班岛的甘蔗林,一名海军陆战队员在行动中负伤后,被抬走接受救治。(照片由美国海军陆战队 E.G. 威尔伯特下士提供)

　　海军陆战队员用喷火器逼出了洞穴中的日军士兵。其中一人（下）手拿炸药管出现。当他企图掷出炸药管时，美军士兵将其击毙。（上：照片由美国海军陆战队提供；下：照片由美国海军陆战队罗伯特·B.奥珀提供）

在塞班岛的阿斯利托机场，第27步兵师师长拉尔夫·史密斯少将递给一名日本伤兵一杯水。（照片由美国陆军通信兵提供）

一枚没有爆炸的战列舰射弹成了这名海军陆战队第2师步兵的栖息处。（照片由美国海军陆战队提供）

马克·米切尔（左）和他最钟爱的航母特混大队指挥官、绰号"黑猩猩"的J.J.克拉克（下）不赞同斯普鲁恩斯让航母留在靠近马里亚纳群岛海域的决定。他们急于向日本舰队行进。（照片由美国海军提供）

一架F6F"地狱猫"正准备从"约克城号"上起飞。左下角，有人举起一块黑板，上面记录了最新的雷达情报，以便飞行员能够迅速拦截来犯的敌机。（照片由美国海军提供）

图为第 15 航空大队指挥官戴维·麦坎贝尔摄于"埃塞克斯号"上。作为飞行员、空中射手和指挥官,他才能出众,因此颇受敬重。截至 1944 年底,他是美国在"二战"中击落敌机架数最多的王牌战斗机驾驶员。(照片由美国海军提供)

克劳德·S.普兰特少尉是麦坎贝尔麾下击落敌机架数最多的飞行员之一。(照片由美国海军提供)

在"马里亚纳射火鸡大赛"中,"列克星敦号"第 16 战斗机中队的海军中尉亚历克斯·弗拉丘在发动机受阻后,仍然设法摧毁了六架敌机。1944 年 6 月 19 日,他刚刚着陆后,有人拍下了这张照片,使他成为美国轰动一时的人物。(照片由美国海军提供)

　　1944年6月19日下午，"蒙特利号"轻型航母上的一名摄影师拍下了日军飞机在遭到防空炮袭击后坠落的情景。（照片由美国海军提供）

其中一枚炮弹直接命中了船上一对 5 英寸 38 倍径的炮架，导致十名炮手中有八人阵亡，并点燃船上的燃油，引发了火灾。另一枚炮弹击中了舷侧外板，在吃水线正上方炸开了一个三英尺见方的口子。第三枚穿过主甲板，把舱壁、舱门和通风管炸成了碎片，然后滚入蔬菜储藏室，在一箱土豆前停了下来。除了 8 名炮手阵亡外，共有 26 人负伤。

将近 10 点时，特纳报告称，日军坦克正从加拉班向南进发。当时，"加利福尼亚号"战列舰正在为海军陆战队第 6 团的一个营提供火力支援，舰上人员也发现了日军。于是，伯内特上校下令 5 英寸口径炮组开火，打散了日军的队形，摧毁了其中两辆坦克。随后，海军陆战队第 2 师的左翼出现了不祥的隆隆声，但如果前方观察员和海军联络员没有传话过来，伯内特也无能为力。他只能依靠自己手下观察员所能看到的结果做出决定。经过一小时徒劳的轰炸后，伯内特得到消息称，他的"查理"（即前方观察员或岸上火力控制队）在海滩遇袭。

由于每个营只有一个"查理"，海军陆战队第 6 团第 2 营可谓运气不佳。在战场上，没有人建立观察哨或架设通向总部的电线、设定与伯内特及其参谋共享的无线电频率，也没有人为地图标注方向以确定位于战列舰射程内的重要地标，或者记录友军的活动。最终，"加利福尼亚号"只能依靠侦察机的报告进行打击，所发射的炮弹远超出了战斗前线。当天，"伯明翰号"的英格利斯在大多数时间里都无事可做。在战前演习时，有人曾经刻薄地讥讽快速战舰进行的轰炸是"一次由海军出资的垦荒行动"。现在，这句话也适用于奥登多夫手下的一些舰艇。

2 000 名陆战队员上岸后，尽管美军拥有巨大的潜在火力优势，但进展速度异常缓慢。有人不禁开始担心，这次登陆行动是否能够成功。当第四波突击队开始登陆时，日军将火炮和迫击炮对准礁岩进行猛轰，滔天巨浪瞬间吞没了这支队伍。英格利斯注意到，一些两栖登陆车开始漫无目的地乱转，面对日军的猛烈炮火，这次突袭毫无进展。在蓝滩和黄滩的内陆地区，由于地形差异以及日军的抵抗，海军陆战队第 4 师原计划迅速发起冲锋，但是随着队伍被打散，各海军陆战队的营队不得不采取单独行动。"当时，所有人都感到心焦，"英格利斯说，"但是当两栖坦克部队通过无线电发来报告称，他们已经抵达并越过与海岸线平行的机场跑道后，人们很快如释重负。这条跑道距离海岸（见第 117 页地图"1944 年 6 月 15 日进攻塞班岛"）约有 100 码，位于查兰卡诺亚镇正北方。"这 13 辆坦克来自海军陆战队第 4 师 708 两栖坦克营。它们设法穿过查兰卡诺亚，绕开泥泞潮湿的思书浦沼泽，来到 O-1 线。上午 10 点多，他们占领了俯瞰绿滩的高地。

上午 11 点，在塔腊潘开展佯攻的运输大队返回了主运输区，准备将作为各师后备部队的海军陆战队第 2 团和第 24 团运往岸边。在接到前线营长的请求后，希尔将军下令，由中型登陆艇运送各营的坦克。德雷珀·考夫曼也按照希尔将军之前的要求，跟随第一波突击队驶入他在红滩三区发现的航道。在海军陆战队第 4 师的阵地上，数个中型坦克排在蓝滩二区登陆，准备支援穆斯泰因的第 25 团第 1 营。当坦克部队来到穆斯泰因的右翼时，两个日军中队约有 400 人，出现在阿菲特纳角，试图将该营赶回海上。但是面对海军陆战队的装甲，日军采取了错误的战术，向空旷地带发起了冲锋。在步兵的支援下，坦克部队向暴露在旷野中的日军发起猛轰，在近距离将其困在原地。在其他一些坦克营，由于黄滩外波浪滔天，一些中型登陆艇和坦克登陆车发生了侧翻，致使他们损失了不少车辆。然而，穆斯泰因的前线部队成功登岸，并扩大了该营的立足之地，可以进行重新补给和疏散伤员。更重要的是，他们没有损失一辆坦克。

希尔将军看见，在自己的左翼，也就是距离较远的北方，日军的火炮为海军陆战队第 6 团制造了巨大的麻烦，因此该团需要加强空中侦察，以应对日军的炮火。他转告特纳，该团东向的阵线由琼斯指挥的第 6 团第 1 营把守，这支部队正向北进发，以迎击聚集在加拉班附近的日军。但是，由于海军陆战队的前方观察员同样尚未就位，所以战列舰能够提供的支援十分有限。舰艇无法定位日军的火炮，观察机不仅无法提供帮助，还会制造更多麻烦。米切尔将军已经派出"大黄蜂号"和"埃塞克斯号"特混大队，在绰号"黑猩猩"的约翰·J. 克拉克和威廉·K. 哈里尔的率领下，执行为期两天的支线行动，打击硫磺岛和父岛，以确保这两座基地的日本战机无法干预美军的登陆行动。米切尔麾下的另外两个特混大队仍在按部就班地对塞班岛和天宁岛发动空袭，而他们最大的危险就是有可能与侦察机相撞。特纳对这种干扰十分不满，因此喝令"加利福尼亚号"的火力支援队："让这些飞机闪开。"但美军的战列舰很快发现了另一个目标：大批日军正在查兰卡

148

诺亚内陆思书浦沼泽附近集结，海军陆战队第6团的侧翼出现了越来越多的坦克。"加利福尼亚号"向后者发射了大量的5英寸口径炮弹，彻底打乱了这支装甲部队的队形。随后，应奥登多夫的要求，"加利福尼亚号"将炮口对准了马乔角和阿菲特纳角。顽固的日本守军正从这两处据点对海军陆战队第2师的整个滩头阵地进行射击。当"加利福尼亚号"返回海上，开始回收水上侦察机时，分配给这艘战列舰的"查理"才与其取得联络。"在如此关键的日子里，岸上火力控制队没有让我们的二号炮群发挥太大作用，这一点无疑令人遗憾。"该舰的火炮官说。但是，更加漫长和严峻的日子即将到来。

火炮战（日军的山炮和迫击炮对战奥登多夫手下的火力支援舰）是塞班岛战役的首次重要战斗。早在塔拉瓦战役中，凯利·特纳就开始怀疑海军轰炸的意义，而这次战斗使他更加清醒地认识到：海军的饱和轰击徒劳无益，只会浪费时间和弹药。在他看来，以面积轰击对付防守严密的日军，就像"一战"时期的持久炮火轰击。"超过一定程度后，这两种做法同样无效且浪费。"特纳后来写道。虽然海军的猛烈炮火摧毁了斋藤将军通信网络的大部分线路，但受到惊吓的日军转入塞班岛内陆的丘陵、山谷、崖壁和岩间，开始掘壕固守。就像在其他战场上一样，这座岛屿只能依靠扛着枪支的步兵占领。

在距离登陆海滩两英里的地方，斯普鲁恩斯将军在"印第安纳波利斯号"上满意地望着眼前的情景：当最后几波登陆艇经过战列舰时，里面的士兵一边前进，一边情绪高涨地起身挥手致意。装载着陆战队火炮的水陆两用车也开始驶向岸边。随后，这艘旗舰在一英里长的南北分界线两侧来回移动，对内陆地区的目标发起了轰击。"每当我们来到界线最南端时，四周就会有迫击炮弹坠落。"卡尔·摩尔说。其中一枚距离最近，擦过了战列舰的右舷。斯普鲁恩斯向来不喜欢作秀来当众展示自己的胆量，但是他手下负责拦截日本无线电的情报官吉尔·斯洛尼姆后来写道："当我们对岸上的某个阵地进行轰击时，他完全不动声色……随着敌军的炮弹呼啸着穿过缆索，很多人立即起身隐蔽，但斯普鲁恩斯没有。他甚至连头盔都不戴，而是站在舰桥的侧翼上，头脑冷静地观看这场近距离平射作战。他的旗舰在水面上纹丝不动。"

突破 "O-1 线"

当德雷珀·考夫曼和第一波坦克部队上岸后，他返回"坎贝里亚号"。希尔将军命令考夫曼向岸勤指挥官报到。海军陆战队希望在礁岩间炸开一条航道，这样可以让载有坦克的登陆艇直接开进来。于是，考夫曼和海军陆战队的联络官戈登·莱斯利中尉搭上一辆两栖登陆车前往海滩，一边用铅笔在纸上进行了粗略计算，以确定这项任务需要多少炸药。来到沙滩上以后，两人从车上跳了下来。他们穿着蓝色的"珊瑚鞋"，脖子上挂着面罩，立刻引来了众人好奇的目光。海军陆战队正在挖掘壕沟，偶尔还会与日军交火。其中一个人走了过去，满脸疑惑地打量了这两名蛙人一眼，然后对另一名步兵喊道："我们还没有拿下滩头堡呢，这些该死的游客已经来了！"

考夫曼和莱斯利花了差不多一个半小时，从一个壕沟走到另一个壕沟，才找到岸勤指挥官。岸勤指挥官指着需要开辟航道的地方说："我非常需要这条航道，而且需要火速完成。"要想炸开一条 300 英尺长、40 英尺宽的航道，他们估计需要十万多磅特屈妥儿，而每包炸药重 20 磅，即使在潮水退去时，要放置如此多的炸药也洵非易事，更何况水下爆破队只有三个分队完成这项任务。在成立之初，水下爆破队凡事都竭尽全力。"首先，每一个炸药包必须牢牢固定在珊瑚礁上，但是由于时常有潮水涌来，这一点很难做到。其次，还要用导炸索或传爆索将 5 000 个炸药包连接起来。只有这样，在我们将其点燃后，炸药包才会同时引爆。"考夫曼说。当天夜间，这两名"游客"返回海上，开始执行这项任务。

凌晨两点刚过，"蒙森号"驱逐舰在北部登陆海滩外进行炮火还击和请求射击的同时，将红滩地区海军陆战队第 6 团的一条信息传给了特纳将军。"我军伤亡人员依然在不断增加，而且没有适当的医疗设备。急需血浆。"运送伤患始终是个难题。截至下午 3 点左右，有报告称，共有 142 名海军陆战队员在战斗中阵亡，700 多名伤员被运送到岸边的运输舰上。但实际伤亡总数远不止于此。在开往海上的车队中，还有数百人虽然流血不止，但还是忍着伤痛，将伤员转移到安全地带。海军陆战队第 4 师由于身处困境，登陆日当天没有收到人员伤亡的报告。

三艘配备有医疗设施的坦克登陆舰正在海滩外等候。它们四周很快围满了登陆车，每艘登陆舰要收治 200 名伤员，所以全都人满为患。由于它们已经超负荷运转，许多担架上的伤员只能继续在岸上等候，必须有人将他们抬入两栖登陆车，然后驶过礁岩，来到运输区，再转移到大型舰艇上。随着风浪越来越大，人们无法从船首吊门将伤员运进舰艇，只能使用车载式起重机将他们的担架吊起，然后放到甲板上。特纳手下的每一艘攻击运输舰上都有一个医疗队，包括 4～6 名军官和 30 名左右医护兵，但这些人手仍然不够。普通的水兵、海军工程营的工兵以及舰艇上的其他士兵纷纷向伤员伸出了援手。

"在其中一艘坦克登陆舰上，弹药被从右舷卸下，而伤员们在左舷接受救治。"特纳手下的高级军医写道。

面对突如其来的大量伤员，这艘坦克登陆舰上的医疗人员有些不知所措，以至于未能有条不紊地对他们进行救治。例如，一名伤员肩部重伤，内部关节粉碎，从坦克登陆舰被转移到武装运兵船上，但医疗人员竟然没有对伤口进行包扎，甚至也没有用夹板固定……如果坦克登陆舰不能在天黑之前及时将伤员转移到运输舰上，他们只能在船上过夜。显然，在长达 36 小时乃至更长的时间里，一些胸部和腹部受伤的人员只能留在原地，无法接受手术，以挽救他们的性命……运输舰在登陆后第三天离开了塞班岛，为运送药品和疏散伤员制造了更大的困难。不过，海军陆战队的师级单位一开始就已经将大量药品运到岸上，所以在这一紧要关头，我们还是设法渡过了难关。

天色变暗前，日军山炮和迫击炮的袭击愈发凶猛。在黄滩的控制船上，一名军官说道："在我看来，情况相当严重。我不清楚我们是否能够掌控局势，但是看见沿岸火光四射，而那里到处都是我们的人，所以我认为当时的情况十分危急。"这支队伍的登陆指挥官、绰号"尖嗓子"的查尔斯·E. 安德森中校表现得英勇无畏。此人性格活泼、容易激动，不仅嗓门高，而且说话时带着浓重的瑞典鼻音，还经常荤话连篇，但认识安德森的人大都对他十分尊敬。他刚来美国时身无分文，但设法到了阿拉斯加，并很快融入了当地的生活，还学会了加工鲑鱼罐头。由于从小在困境中长大，他总是能够利用手边的资源解决问题。"他是一个真正的男子汉。"哈里·希尔说。德雷珀·考夫曼也对他的勇敢赞赏不已："他在海滩上走来走去，既不弯腰，也不隐蔽，因为他是个彻头彻尾的宿命论者。他脚蹬锃亮的黑皮鞋，用吊袜带吊住黑袜，上身敞胸露怀，下身穿着海军陆战队绿色的制服裤，但总是把裤腿卷到膝盖上。这个风趣的家伙虽然上了些年纪，但非常能干。"

安德森掌管着运到岸上的所有箱子。他专门负责满足海军陆战队的需求，因此各团的岸勤负责人对他至关重要。当天下午晚些时候，他告诉希尔将军说，由于黄滩仍然激烈交战，所以无法卸载货物。他所在的岸勤队虽然已有伤亡，但他们仍然一边指挥运送人员和装备，一边根据车流量和日军的炮火疏散交通。"到处都有安德森的身影，"希尔说，"但他却毫发无伤。也许真的有天使在守护着他。有朝一日，人们应当听一听这些岸勤队的故事，他们是这场战争中被遗忘的英雄。"海军陆战队第 23 团的琼斯上校回忆说，将该团从血泊中拯救出来的是陆军岸勤队两个由非裔美籍士兵组成的连。登陆日当天，当坦克队驶向岸边时，是他们保持了道路的畅通。

海军陆战队第 24 团的约翰·C. 查宾中尉在登陆后发现，他所在的第 3 营 K 连已经被打散。在日军的炮火下，查宾中尉和副排长奔向前方，穿过一座汽油库，眼前的场景令人难以置信，只见里面横七竖八地堆着烧焦的汽油桶，树木被炸成了碎片，房屋面目全非。在他们到来之前，经过这里的美军和日军都已经被炸死。死尸随处可见，看起来就像有人狠命掷到地上的玩偶一般。查兰卡诺亚东南大约 600 码是海军陆战队第 4 师的集结区。在那里，查宾中尉召集手下的士兵，决心进行抵抗。他跳进壕沟，开始尽可能地向下挖掘，并且让副排长在自己选定的地点监督建立防线。然后，他和医护兵一起，对该地区进行搜索，试图将手下的伤员集合起来。"重要的是我们要在天黑之前，尽可能找到所有伤员，并对他们进行急救，"查宾写道，"天黑以后，我们将无法四处走动。如果等到天亮之后，他们或者会因为负伤而死亡，或者被日本人击毙。所以，我们开始在一片昏暗中匆忙搜寻伤员，没有时间顾及死者。"

很多人都迷失了方向。罗伯特·格拉夫已经与所在的 E 连走散。当时，他们正向前推进，但面对日军猛烈的炮火，他们很快退缩不前。黄昏时分，格拉夫独自一人轻装前进，来到了思书浦沼泽。格拉夫丢下背包，但刺刀还在弹带上，口粮塞在制服裤里。他看到，自己左侧有一个六人小队，其中包括 E 连的马克斯·克莱因中士。除此之外，在第 23 团第 2 营的登陆区，他几乎看不到任何熟悉的面孔。由于日军的阵地很可能遍布沼泽沿岸，所以这几个人组成的小队决定绕开沼泽，以免撞入其中，而是在齐腰深的河水中继续前行。格拉夫突然发现，前方不远处有东西游上了岸。它们"是我生平见过的最可怕的东西之一。它们看起来像是短吻鳄，但事先没有人告诉过我们，这里会出现鳄鱼。我的老天，如果这就是他们所说的蜥蜴，那个头也太大了"。格拉夫担心它们可能有毒，所以与其他人商量是否有必要开火。最后，众人还是放弃了这种可能，以免引起日军的注意。他们刺刀向前，顺着原路向相反方向撤退。随着炮弹继续在身旁坠落，他们被迫躲进弹坑和壕沟里隐蔽。格拉夫发现，他们的队伍已经一路撤退到查兰卡诺亚郊外。据琼斯上校报告，该镇的制糖厂在登陆日当天七八次易手。面对海军陆战队的反复进攻，在隐藏在沼泽地内迫击炮队的支援下，日军严防死守。

"这该死的炮火让我们难以进展，"罗伯特·格拉夫写道，"炮弹将我们炸得魂飞魄散，根本无力还击。据我们所知，日军的大炮架设在几英里开外的山间。他们按照事先确定的模式开火，以便炮弹能够落到每一个区域。因此，躲在之前的弹坑里不见得就是明智的做法，因为日军有可能重复这一模式。至于你是死是活，纯粹是凭一时的运气。"格拉夫发现，E 连绝大部分人都运气不佳。当他来到营总部时，一个熟人把他叫了过去。此人对他仍然活着感到惊奇，并且告诉他说，日军的炮火已经瞄准了他们，罗斯中尉也在炮火中当场遇难。当时，格拉夫浑身战栗，于是来到营总部待了一会儿。从西湾进入枪林弹雨开始，眼前发生的一切令他深受打击，叹息不已。

下午 5 点，特纳下令，特混舰队撤回，在海上过夜。现在只剩下"坎布里亚号"仍守在锚地附近。在岸上建立防空指挥中心之前，希尔的旗舰将暂时代替，其作战信息中心将与防空炮兵部队以及两栖部队的战斗机指挥舰建立联系。雷达也正在监视，探测是否有日军飞机胆敢独自或成对进入该地区。

随着夜幕开始降临，海军陆战队第 2 师师长沃森与施密特来到岸上，接管了一万码长的前线。尽管巨浪已经掀翻了四辆两栖登陆车，沃森和助手梅里特·A.埃德森准将还是安全登陆，并且在红滩二区建立了指挥所。

太阳落山后，他移动了位置。"虽然已经入夜，远处仍旧炮火连天，日军的火炮和迫击炮从未停止开火。"他回忆道。

> 我命令埃德森准将及其小股控制队留在后方，直到我们建立新的指挥所。总部剩余的成员开始沿着海滩北上，在穿过海滨公路后进入内陆，来到公路的隐蔽处。最后，我们抵达了选定的地点，在一片树林间建立了新的指挥所。

他们本打算在日军挖掘的战壕和掩体中建立指挥所，但经过考察后，沃森将军及其部下发现，海军的轰击已经将这些防御工事变成了日军的露天坟墓。于是，岸勤队开始将死尸拖走，把日军储藏的炸药放到安全的地点。当天夜间，日军对海军陆战队第6团的前线发动了数次试探性袭击。

黄滩二区有一座燃料库，燃料库的部分建在地下，附近还有一片椰林。施密特在这片被毁坏的椰林当中，建立了海军陆战队第4师的总部。当天夜间，他的后备部队海军陆战队第24团来到了查兰卡诺亚以南的集结区。经过一天激烈的交火后，塞班岛上只有一个团，即海军陆战队第25团，设法来到了事先确定的首日目标O-1线前，而且进行了有效防守。约有40辆两栖登陆车一路从海上浩浩荡荡地来到这里，在可以俯瞰蓝滩和黄滩的高地上找到了隐蔽地点。

每个师都事先制定了明确的目标。海军陆战队第2师将坚守左翼，击退日军对沿岸的任何袭击，同时准备向塔波查峰推进。海军陆战队第4师将横穿岛屿，攻占阿斯利托机场，然后向北包围该岛的东部。但两者之间出现了一个巨大的缺口。日军中的一些投机分子躲在思书浦沼泽。虽然没有人会羡慕他们所在的位置，因为两个海军陆战队师级作战单位即将包围该沼泽，但是他们威胁到两者的侧翼。海军陆战队第8团和第23团的巡逻队沿着两师之间的界限互相搜寻，但最终未能取得联系。为了减少侧翼受到攻击的可能，霍兰德·史密斯批准海军陆战队第23团的后备部队，即该团第1营开始登陆。当晚，第1营在抵达蓝滩一区后，协助岸勤队抵挡了大批日军的渗透，而哨兵需要按照规定使用密码和口令。

盘问者："站住，你是谁？"

回答："7 月（或其他月份）。"

盘问者："4 月（或其他月份）。"

在双方能够确认彼此的身份之前，盘问者或被盘问人可以随时要求对方"重复口令"，而应答者需要说出不同的月份。五天以后，该口令将改为城市名称。再过五天以后，口令将改为各州的名称。

在礁盘以外，三艘配备有医疗设施的坦克登陆舰上人满为患，伤员们正在接受救治。空气中磺胺类药剂的苦味和血液的腐臭味令人掩鼻。当天夜间，在这三艘坦克登陆艇的停泊地点，巡逻艇往来穿梭，警告日军有可能驾艇或泅水闯入，用人操鱼雷或水雷发动攻击。但日军野心勃勃，并未采取此类不够完善的措施。总部名义上设在塞班岛的第 31 军向东京发去了一封信心十足的电报："今晚我军将以全部兵力发动夜袭，以期一举歼灭所有敌军。"

夜幕降临后，希尔将军下令仍留在西部锚地的舰船执行烟幕计划。随着配备有发烟器的步兵登陆艇在停泊地点从上风头打开发烟罐，一团白色的烟雾开始向外扩散。当天清晨，第 52 特混舰队曾在大海中倏然出现，而天黑以后，在烟幕的遮蔽下，它们又在夜色中倏然消失。此时，这支队伍在清晨运至岛上的海军陆战队的六个团级作战单位正严阵以待，借助照明弹忽明忽亮的光线，在散兵坑和壕沟四周布设了带刺铁丝网。这些照明弹一边在降落伞下缓缓飘落，向地上投下道道阴影，一边有节奏地闪烁摇曳，不禁令人浮想联翩。海军陆战队已经在岸上稳住了脚跟，并将各处防线连接了起来，以等待日军的到来。

第11章
跟踪、袭击、报告

Z字旗升空

　　美军在塞班岛登陆的当天夜晚，联合舰队司令长官、海军大将丰田副武在菲律宾重新加油后宣布："15日晨，一支强大的敌军开始在塞班—天宁海域发动登陆。联合舰队要在'阿号作战'中与敌决战，在马里亚纳海域袭击敌军，歼灭入侵部队。"丰田麾下的特混舰队由九艘航母组成，当舰队在海上执行任务时，他收到了来自东京的急电："皇国兴废，在此一战，望诸君愈益奋勇杀敌。"

　　联合舰队之所以必须采取行动，其压力不仅源于美军在塞班岛登陆，也是因为在美军登陆的同一天，战火正以惊心骇目的方式烧到日本本土。当B-29从中国境内的基地向八幡的炼钢厂发动袭击后，日本国内舆论反应强烈，与杜利特尔空袭东京时如出一辙。横须贺航空队的战斗机王牌飞行员坂井三郎后来写道："在日本，举国上下都在谈论这次空袭，讨论我军战斗机未能阻止轰炸机这一事实。他们都在问同样的问题：下一个目标是谁，美军什么时候会发动袭击，以及会出动多少架轰炸机？"

　　数年来，日本始终对国内宣称，日军一再大获全胜，但美军在马里亚纳群岛登陆的消息戳破了这一谎言。"人们展开地图，寻找距离我们海岸线不远的小点，然后面面相觑，"坂井写道，"对于频传的捷报，他们开始感到怀疑——不是高声谈论，而是私下议论。如果美军已经入侵塞班岛，我们怎么可能捣毁美军的舰艇，摧毁他们的飞机，打垮他们的军队？这是所有人都想要问的问题，但是几乎没有人敢回答。"次日清晨，坂井所在的部队接到新的命令：他们将从横须贺调往硫磺岛。这座火山岛位于马里亚纳群岛交战区 650 英里以北，是一座重要的军事基地。但是美军没有进攻硫磺岛，这让坂井感到十分意外，因为日军甚至尚未开始在该岛设防。"这座岛屿几乎无法开展防御！"他写道。他加入了一支由 30 名战斗机飞行员组成的小分队，随后经历漫长的航程，来到了硫磺岛。

小泽治三郎麾下的所有船只都在吊索上升起了 Z 字旗，这一旗语具有重大的历史意义。1905 年，在日本对马岛战役取得胜利之前，海军大将东乡平八郎曾在旗舰上打出了 Z 字旗。当联合舰队对珍珠港发动袭击时，日军再次升起了这面旗帜。这一次，由于小泽计划开展两栖登陆，所以这次行动同样可以悬挂 Z 字旗。在向美军发动袭击后，日军将在关岛登陆并重新加油。这样一来，小泽的航程就可以增加一倍。为了对日军发起进攻，美军飞机必须双程往返，因此需要储存足够的燃油，以返回最初起飞的飞行甲板。小泽清楚，美军在这一海域共有 15 艘快速航母，而他手下只有 9 艘。此外，还有一群美军护航航母正在岛屿以东开展行动。但他认为，米切尔不会冒险向西深入，对日军发起进攻。按照小泽的设想，日军飞机可以从西加罗林群岛和帕劳出发，向美军发动空袭，以防止其航母向西冒进。

如果小泽手下的飞行员要远程奔袭，那么他们在目标定位上绝不能出现任何闪失。小泽下令天宁岛上的第一航空战队追踪第 58 特混舰队的动向，并监视硫磺岛以南的海域。后来的事实证明，仅凭硫磺岛上的空中力量，日军不足以开展防御。坂井三郎和其他飞行员都没有雷达，一些飞机上甚至也没有无线电。随后，他们遇到一场危险的风暴，切断了他们与日本本土的联系。坂井后来写道："在浩瀚的太平洋当中，两小片凸出的陆地可能相距极其遥远。我们不敢冒险，否则就会丧失大部分飞机……我们无精打采地躺在铺位上，收听所在岛屿驻军的无线电报告。报告中说，美军的空袭持续了整整一天，入夜后仍在继续。"

数日来，角田手下的飞行员白天在天宁岛机场遭到了美军航母的袭击，但他们只能发动零星的还击。6月15日黄昏时分,他集中力量,派出24架轰炸机,向美军"企业号"航母及其特混舰队发动了进攻。"圣哈辛托号"上的四架"地狱猫"在距离"企业号"航母约35英里处,击中并摧毁了其中八架。"企业号"上的两架夜间战斗机在悄悄靠近后,摧毁了日军另一架轰炸机和一架护航战斗机。剩余的日军轰炸机迅疾飞来。随着红色的曳光弹在夜空中闪烁,一架双引擎轰炸机呼啸着掠过"列克星敦号"的舰桥,另一架冲向其船首左舷,在做内侧斜飞后俯冲下来,"在黑暗平静的大海上燃起了熊熊的篝火。"一名战地记者写道。但是,一些日军飞行员在发动自杀袭击前发射了鱼雷。战地记者站在船舷上的栏杆旁,看见海面上突然泛起了涟漪。是鱼雷。这枚鱼雷与航母平行擦肩而过,由于距离极近,其尾迹很快在飞行甲板下方消失不见。另一架日军鱼雷轰炸机从"列克星敦号"上空袭来,在被航母上的大炮击中后,在飞行甲板上方30英尺掠过,烈焰让所有在舰桥上观战的人们都脸颊发烫。随着鱼雷越来越多,"企业号"和"列克星敦号"的舰长英勇无畏,一边迎着日军战斗机前进,一边使航母与鱼雷航线保持相同的方向。

当雷达航迹显示,敌机正从天宁岛、关岛和罗塔岛飞来时,米切尔调整了塞班岛近距离火力支援的方向,将其对准临近的岛屿,但是在珊瑚岩上修建的跑道很难彻底摧毁。不过,斯普鲁恩斯、米切尔及其参谋最担心的向来是小泽手下的航母特混舰队,而不是陆基飞机发动的零星进攻。

四天来,有关日本联合舰队已经开始行动的传闻不断。据太平洋舰队的情报人员估计,该舰队拥有450架飞机和1 285架陆基飞机,但陆基飞机大都散布于西太平洋各个基地。此外,据说日本还研制出了新型的海军拦截机和陆基双引擎轻型轰炸机。海军拦截机是J2M雷电战斗机,代号"杰克",由三菱公司制造,最高速度为310节,能在15分钟内达到3万英尺的升限。双引擎轻型轰炸机是横须贺公司生产的P1Y1陆基轰炸机,代号"弗朗西斯",比其前身"贝蒂"G4M一式陆基轰炸机速度更快、航程更远。

斯普鲁恩斯和米切尔早就料到,小泽会很快露面,但两人并不确定他将从哪个方向出现。小泽有可能从西方直奔马里亚纳群岛,也可能沿吕宋岛北上,再从西北方南下,还可能南下绕过棉兰老岛,从西南发动进攻。从燃料补给方面来看,美国人认为,他们最有可能选择西南方路线。凯利·特纳回忆称："在离开珍珠港前，我们就日军舰队活动的可能性进行了长时间讨论……在某一点上，总司令部的意见完全一致，即无论出现何种情况，在远征军登陆时，第 58 特混舰队最适合为其提供掩护。"

当然，米切尔希望对小泽主动出击。斯普鲁恩斯表示反对。米切尔的参谋长阿利·伯克一向是航母的忠实支持者（尽管他是驱逐舰队司令出身），他担心，如果米切尔穷追猛打，小泽也许会将其引向西方，并派遣另一支队伍迂回包抄或从侧翼包围第 58 特混舰队，然后趁塞班岛外防守空虚时，对进攻部队发起袭击。"日军可以在主力部队继续直接发动进攻的同时，派遣一支小规模快速航母特混舰队接近乌利西，从南方的侧翼或后方进攻我军，"伯克说，"如果我军舰队过于深入西方，而未能向南方的侧翼纵深展开，就有可能中计。"众所周知，日本人善于使用这种战术，伯克也承认了这一点。"黑猩猩"克拉克曾经断言，没有人能够对航母特混舰队进行迂回包抄，因此伯克的上述言论无疑否定了他的看法。当年春天，美军曾在霍兰迪亚缴获了一本关于日军航母作战原则的手册，上面要求航母指挥官在中心地带开展佯攻，同时派遣一支部队绕到敌军侧翼。这本手册也为伯克的观点提供了进一步的佐证。"我们不清楚特纳和米切尔是否看过这本手册，"卡尔·摩尔后来说，"但是在我们看来，这本手册至关重要。"

小泽到底在哪？

第 58 特混舰队的行动指挥官格斯·韦德海姆认为，日本航母一定会主动出击，并且为此下了 1 000 美元赌注。几名战斗机飞行员也纷纷下注，对这一观点表示认同。但问题似乎不在于日军是否会主动出击，而在于日军将在何时何地发动袭击。当两个海军陆战师登陆塞班岛之际，美国潜艇为这一问题的答案提供了新的线索。

当天，"飞鱼号"潜艇的艇长通过潜望镜发现，一批日军飞机整个上午都在圣贝纳迪诺海峡的东侧出口低空盘旋，仿佛预示着大股人马即将到来。他顿感"情况不妙"，于是在马里亚纳时间下午 6 点 35 分，以 20 节的速度向东行进，并且遥遥望见，圣贝纳迪诺海峡的海面上出现了一片黑压压的桅杆。海军少校罗伯特·D. 里瑟尔通过潜望镜仔细观察后，估计对方约有三艘航母、三艘战列舰、数艘巡洋舰和驱逐舰。但是，即使其中最近的舰艇也在 12.5 英里开外，位于他们的视线范围之外，所以他无法靠近并发动袭击，而是继续进行监视，直到日军战舰消失在地平线下。当日军离开后，里瑟尔下令"飞鱼号"浮出水面，来到海峡东侧出口的东北偏北方向，开始发送报告。

马里亚纳时间下午 7 点 45 分，在苏里高海峡以东大约 200 英里的地方，"海马号"潜艇艇长借着黄昏的最后一丝光线，看见四艘军舰的顶端和其他六艘舰艇冒出的烟雾，但这些舰艇均身份不明。10 分钟后，随着夜幕降临，由于天上没有月亮，斯莱德·卡特已经看不见它们的踪影。不到一个小时后，他在进行追踪时通过雷达捕捉到，三艘舰艇正以 16.5 节的速度，按照之字形路线向塞班岛进发。这些舰艇在他东北方向 2.7 万码的海域，相当于 15 英里多。此时似乎是发动袭击的最佳时机，但是当他准备进行跟踪时，靠电池供电的发动机再次出现严重故障，导致轮机舱火花四溅。由于供电中断，"海马号"无法来到进攻位置。卡特中校只得浮出水面，开始发送敌情报告。由于受到"日军的持续干扰"，直到凌晨 4 点，他才得以将电报发往洛克伍德将军的驻地。洛克伍德将报告呈递给身在珍珠港的尼米兹，而尼米兹又将其转给了正在塞班岛外作战的斯普鲁恩斯。

小泽到底在哪？当第三艘潜艇"刺鳍号"通过潜望镜发现新的情况后，这一谜题有了第三条线索。由于里瑟尔中校报告称"飞鱼号"燃油不足，艇长科斯勒在首次进行作战巡逻时接到紧急命令，要求他立即接替里瑟尔中校。但 6 月 16 日凌晨 0 点 30 分，科斯勒观测到一支由两艘日本油轮护航的舰队，于是全速前进，赶往前方。在黎明前的黑暗中，科斯勒来到可以使用雷达的深度，开始操纵潜艇发射鱼雷。为油轮护航的是两艘驱逐舰，其中一艘径直转向了科斯勒。克斯洛立即开始下潜，当潜艇来到水面 75 英尺以下时，他甚至可以听到螺旋桨在他上方高速运转时发出的嗖嗖声。令"刺鳍号"庆幸的是，这艘日本舰艇速度过快，导致声呐失灵，所以操作员没有听到任何回声，也没有投放深水炸弹。但驱逐舰的舰长也躲过一劫，可以继续为天皇效力了。当科斯勒返回雷达深度后，目标已经消失在射程之外。日出之前，他再次浮上水面，并向洛克伍德报告称，他将在当天接替"飞鱼号"。但洛克伍德另有计划。"目前追击油轮更加重要。它们与日军舰队一定有加油会合地点。如果继续对其进行追踪,说不定会钓到一条大鱼。"因此,他指示科斯勒:"跟踪……袭击……报告。打起精神来。"随后,洛克伍德向附近其他三艘潜艇通知了这一情况。于是,"刺鳍号"将四部发动机开足马力,开始追赶日本油轮。但是,由于次日敌机三次出现,科斯勒只能三次下潜,最终还是跟丢了目标。

在这场有可能使以往的所有战争都相形见绌的航母战中,洛克伍德及其麾下的潜艇担任侦察员和排头兵,对于斯普鲁恩斯如何在此棋盘上调遣军舰发挥了关键作用,而这个棋盘就是马里亚纳群岛四周的海域。在得到"刺鳍号"的报告后,太平洋潜艇舰队司令洛克伍德召集全体作战参谋来到海图旁,沿着日军航母有可能选择的路线画了一个边长 60 英里的正方形。洛克伍德认为,日军的特混舰队将在这一海域放慢速度,重新加油。他命令四艘潜艇在该地待命,每艘潜艇位于正方形的一个角,各自覆盖一个半径30 英里、顶角 270 度的扇形地区。在接到上级的急电后,"青花鱼号""邦鱼号""黄貂鱼号"和"长须鲸号"的艇长立即启程,前往各自的战位。

洛克伍德本以为,这封急电一定会引起骚动。时值双方在滩头阵地展开激战,美军已经不顾一切地设法应对,如果一支强大的敌军舰队在此时靠近,必将使情况变得更加复杂。但事实上,这封急电并未引起太大波澜。斯普鲁恩斯的旗舰"印第安纳波利斯号"正在塞班岛以西的夜间撤离区缓慢行驶,其正横方向是"田纳西号"。面对这份报告,他十分镇定。在早年的职业生涯中,斯普鲁恩斯一度喜欢对部下进行惩戒,以便他们有所进益。"他只有在绝对必要的情况下才会开口,而且他在说话时,几乎没有一个多余的字,"一名早在战前就认识他的年轻军官说,"但他所说的每一个字对眼前的情况来说都恰如其分且至关重要。当他对你说话时,他会直盯盯地看着你的眼睛,目光像鹰一样犀利。但是他会让你放心,因为他充满了善意,并全力支持你履行职责。当他对你说话时,他会立即让你稍息。"在研读美军潜艇发来的报告时,斯普鲁恩斯很少说话,但他所说的每一个字都将改变这场战役所涉及的范围。他后来写道,"海马号"和"飞鱼号"发来的消息"极大地改变了战局"。

一开始,斯普鲁恩斯对日军是否会主动出击表示怀疑。他相信,联合舰队在麦克阿瑟进攻比亚克岛时的失败已经暴露了他们的士气。相较而言,位于新几内亚西部的基地距离日军的兵源和补给线更近。如果他们当时没有发动袭击，斯普鲁恩斯认为，那么现在也不会发动袭击。但是，当这位第五舰队司令读到美军潜艇发来的有关日军航母出现在菲律宾附近海域的报告时，他改变了主意。"我认为，我之前对他们战略意向的估计大错特错，"斯普鲁恩斯在写给尼米兹的信中表示，"他们已经下定决心，甘冒一切风险，在我军开展大规模两栖行动的初期和关键阶段，与我们进行决战。"他预计，联合舰队将使出浑身解数，对他发动袭击。

斯普鲁恩斯离开旗舰，乘船来到"洛基山号"上，与凯利·特纳和霍兰德·史密斯一起回顾了岸上的形势，并确定了手下舰队保护滩头阵地的最佳方案。在此之前，他们曾乐观地将登陆关岛的时间定于 6 月 18 日。由于有可能遭到日本联合舰队袭击，斯普鲁恩斯下令无限期延迟这一行动。他指示海军中将理查德·L.康诺利进攻关岛的部队在海上停留，然后返回埃尼威托克岛，等候进一步命令。在霍兰德·史密斯完全掌控塞班岛以后，盖格将军的部队才能开始登陆。由于塞班岛的战斗相当激烈，史密斯请求斯普鲁恩斯批准，让仍在海上待命的后备部队第 27 步兵师于当天登岸。为了对付小泽，斯普鲁恩斯还决定将特纳手下火力支援队的若干巡洋舰和驱逐舰调给米切尔，以壮大特混舰队的力量。6 月 17 日白天，运输舰将继续向塞班岛运送物资，并于天黑以后撤退到塞班岛以东更加安全的水域。只有战场急需的舰艇将于 18 日返回礁盘。此外，火力支援队的战列舰和巡洋舰将在塞班岛以西组成一条长 25 英里的战线，以防日军对登陆区发动直接打击。

斯普鲁恩斯批准了霍兰德·史密斯的请求，同意让后备部队登岸，并指定康诺利手下前往埃尼威托克岛的特混舰队作为塞班岛新的后备部队。但是，由于双方有可能展开海战，他最不希望看到的事情，就是让一个师的兵力留在舰艇上无所事事，等待日军的攻击。因此，当天下午晚些时候，第 27 步兵师的一个团将先行登岸，随后是炮兵部队。

在制订作战计划后，斯普鲁恩斯宣布，他将率"印第安纳波利斯号"重新加入第 58 特混舰队，拦截日军。随后，他告诉这两名部下，也就是他的左膀右臂，称美军已经发现了两个日军特混舰队，并且预计它们将在当天夜间会合。当斯普鲁恩斯登上驳船返回旗舰时，霍兰德·史密斯问："你认为，日军是否会掉头逃跑？"

"现在不会，"斯普鲁恩斯答道，"他们有更大的目标。如果他们想要轻易取胜，他们本可以攻打为麦克阿瑟登陆比亚克提供掩护的舰队，因为比亚克兵力相对较少。但攻打马里亚纳群岛是一个巨大的挑战，日本海军不可能忽视。"

当时，米切尔麾下的航母特混舰队已经被分散。13 日夜，为了让日军的陆基飞机动弹不得，斯普鲁恩斯命令米切尔派遣"大黄蜂号"和"埃塞克斯号"特混大队向博宁群岛的机场发动袭击，包括硫磺岛、父岛和母岛，15 日和 16 日，它们分别开展了战斗机扫荡，并准备在次日发动另一次袭击。但斯普鲁恩斯下令，让它们在关岛以西重新加入第 58 特混舰队。在"大黄蜂号"上，特混大队指挥官"黑猩猩"克拉克对此感到愤怒不已。他已经获悉，有报告称日军的大规模舰队正在靠近，因此要求前往迎战。他相信，如果斯普鲁恩斯允许他继续自由行动，他就有可能溜到日本舰队的后方，让他们有来无回。"对于一名海军军官来说，这是生平难得的一次机会。"他写道。

克拉克性情暴烈、脾气急躁，而"埃塞克斯号"特混大队指挥官、海军少将威廉·K.哈里尔年龄稍长、生性安静。两人已经结下了小小的宿怨。当美军首次讨论攻打硫磺岛时，哈里尔就表示不愿前往。他声称，当地时值暴风雨季，这种天气不适合发动空袭（后来的确有数次袭击遭到恶劣天气影响，从而部分证明他此言不虚）。他还表示，他宁愿留在靠近塞班岛的地方，为登陆行动提供支援。克拉克一向认为哈里尔做事拖拉、优柔寡断，因此对他十分轻蔑。克拉克当即表示，如果有必要，自己愿意单独行动。最后，哈里尔百般不情愿地率领"埃塞克斯号"及其全体人员一同参战。此时，克拉克通过船间通话用短程无线电对讲机（TBS）与哈里尔取得了联系，讨论他们应当如何安排现有的时间。克拉克希望继续自由行动，向东南方追击小泽治三郎。他的搜索飞机已经飞出了 350 英里，但是一无所获。如果他们能够走得再远一些，也许会有所发现。对于哈里尔所作的回应，克拉克后来愤恨地回忆道："哈里尔告诉我说，他还要开展很多独立行动，现在要赶往集合地点，随后径直改变航线，掉头向南进发，只剩下我一个人孤立无援。"就这样，这位航母大队指挥官一次又一次与他对抗。就像克拉克试图带领哈里尔北上一样，现在哈里尔要将克拉克拖回南方。

克拉克写道："我不敢打破无线电静默与米切尔商讨此事，否则就会向日军舰队暴露自己的位置……我不想被大批日本飞机逼入困境，而无法将它们悉数击落。此外，如果我自行其是，有可能会先让米切尔而非斯普鲁恩斯陷入尴尬。我对这两个人都很敬仰，但是在我看来，有一点十分明显。斯普鲁恩斯不是飞行员，所以对我们掌握的优势毫无反应。米切尔麾下的15艘航母一旦联合起来，几乎是一支不可战胜的力量。如果由米切尔掌管第五舰队，我就会继续向西南出击。但米切尔受斯普鲁恩斯节制，我不希望破坏他们之间良好的工作关系。最后，我反问自己，我能否不再将整个世界都扛在自己肩上。"

在对硫磺岛发动袭击后，克拉克和哈里尔暂时切断了日军从本土飞往马里亚纳群岛的航路。但克拉克始终认为，自己错失了一个更大的机会。"我们本来能够为海军赢得一次辉煌的胜利，而我也将成为贝蒂那样的战争英雄。"他对采访者表示。他所说的战争英雄是指英国皇家海军中将戴维·贝蒂。1916年，戴维·贝蒂曾经有过一个类似的机会，可以在日德兰半岛包围敌军的一个分舰队。"在讨论过此事的利弊后，我和参谋决定不再自行出击，"克拉克写道，"因此我掉转方向，跟随哈里尔一起，执行上级的命令。"

同样，斯普鲁恩斯也不反对从外国将领身上得到启发。他向来钦佩日本海军大将、对马海战的胜利者东乡平八郎。1905年，东乡平八郎也曾耐心等待俄国人主动出击。斯普鲁恩斯认为，眼下自己的处境与东乡类似，而唯一的区别在于航母的活动范围更广、打击力量更强。一切有待时间来证明。在这场比赛耐心的战斗中，侦察才是考验胆量的最佳途径。斯普鲁恩斯命令马绍尔群岛的前线指挥官、海军中将约翰·H.胡佛向塞班岛派遣六架水上飞机和一艘补给船。它们在来到锚地后，将听凭凯利·特纳调遣。这种PBM水上飞机可以在夜间进行雷达搜索，将向西推进600英里，以侦察日军航母的一举一动。

☆☆☆

第12章
坦克突击

横跨塞班岛

　　6月16日黎明前，当载有第27步兵师的舰艇以及为其运送装备的队伍抵达塞班岛外的运输区时，人们看到，在他们船首左舷外侧，几艘货船的船身正在着火。海面上漂浮的幸存者都是日本人，他们刚刚遭到了海军的轰炸。在第27步兵师到来之前，这处锚地仍然炮声隆隆、火光冲天。运输大队指挥官、海军少将"尖钉"布兰迪派出数艘小型船只前往救援。幸存者共约50人，其中包括一名九岁的女孩。

　　这场火灾是德雷珀·考夫曼的旗舰"吉尔默号"引起的。在运输区外充当雷达哨舰时，"吉尔默号"捕捉到五艘水面船只，它们正从加拉班港靠近海滩。于是希尔将军指示"吉尔默号"："采取适当行动，'肖号'予以协助。"

　　"肖号"驱逐舰比"吉尔默号"体形更大，但"吉尔默号"的舰长、海军少校杰克·S. 霍纳想要超过这位队友，于是以20节的速度全力向前。他认为，这几艘船只有可能属于友军，也许是路过的步兵登陆艇。于是，他保持一定距离，绕着它们转了一圈，以确认其身份。但他很快发现，这些不明身份的船只沉重迟缓、体形很小，无疑是日本的木制货船。它们从东京出发，负责运载水泥，排水量仅有250吨。这些船只上插着军舰的旗帜，船首还安装有 25 毫米口径防空炮，因此对它们发动袭击公平合理。

霍纳首先发射了照明弹，接着向后撤退，在距其 3 000 码处开火。当曳光弹掠过舱面室时，日军发起了还击，瞄准了美军发射曳光弹的炮口。霍纳立即放下 20 毫米口径机炮，开始使用 3 英寸口径主炮和三门 50 毫米口径火炮发射无焰火药。当"肖号"抵达时，其中三艘船只被困海面，从头到尾均已着火。"吉尔默号"也付出了代价，船身被打出 20 个洞眼，还有 3 名水兵负伤，但是拦下了日军的水泥船，并俘虏了 24 人。当霍纳返回运输区时，日军正在前线各处对美军的防守进行侦察。

在加拉班附近的阵地，特纳开展的佯攻困住了日军第 135 联队的大部分兵力。现在，海军瞄准了沿岸公路，以阻止其向南移动。"加利福尼亚号"发射了 1 000 多枚 5 英寸口径炮弹，其中一半在空中爆炸，同时摧毁了加拉班的无线电台。在分界线左侧，第 6 团一边坚守阵地，一边将兵力连接在一起，仿佛成了海军陆战团这扇大门的"铰链"，而这扇大门长六英里，很快就要横扫塞班岛。海军陆战队第 2 师的后备部队海军陆战队第 2 团也有两个营登陆，并与第 6 团连接起来，把守左翼沿岸的一角。为了让海军为海军陆战队增派运输舰，厄斯金将军曾经设计，提出要让伍德·B. 凯尔中校的海军陆战队第 2 团第 1 营登陆跟进。现在，海军不经意间进行了报复。分配给凯尔的重型迫击炮和机枪由护航航母运送，抵达了塞班岛。但是，在"复仇者"鱼雷轰炸机向查兰卡诺亚机场进行空投时，由于装箱不当，几乎所有物资都毁于一旦。

在北方距离前线较远处，海军陆战队第 10 团的炮兵在高高的甘蔗林间建立了阵地，这片甘蔗林一直延伸到塔波查峰的山麓。"你可以让一个营穿过一片甘蔗林，而看不见一根甘蔗晃动，"榴弹炮手查尔斯·佩斯说，"这才是最让我们担心的事情。我们必须在射界尽可能开阔的地方建立阵地。"这里地势崎岖，遍布沟壑、洞穴，许多深坑里还有珊瑚覆盖的树根，所以很难真正掌控，而海军陆战队火炮的射程必须覆盖这些地方。"当他们架设好火炮以后，就连一只野兔也溜不过去。"佩斯说。

第 2 两栖登陆车营的一名车手罗伯特·E. 沃林一夜无眠。日出之后，他发现自己竟然还活着，不由感慨这是"我生平最重要的经历之一"。他不想走出散兵坑，担心自己一旦迈出去，"炮弹就会铺天盖地地落下"。但是一名高级军官胳膊下夹着轻便手杖，恰好经过此处。他说他们的部队偏离了阵地大约 100 码。"他建议我们向南移动，边走边召集人马，然后告诉我说："不管怎么说，中尉，你总不可能永远活着。'"

"听了这番话后，我的恐惧感烟消云散。我们开始按照他的指点行动。几乎所有和我谈起过战争的人都承认，总会有某个人或某件事在某个时间教他们克服恐惧，去做他们应该做的事情。"

在绿滩以东的内陆地区，海军陆战队第 8 团正与藏在思书浦沼泽的日军交火。整整一天，他们以单兵或班为单位，向海军陆战队发起了袭击。较之于公开进攻，他们更喜欢暗中渗透。为了支援海军陆战队第 3 营，"蒙森号"驱逐舰将炮火对准了该地区的日军。日落时分，"蒙森号"击中了隐蔽在沼泽里的一处弹药库。弹药库轰然爆炸，向空中蹿起 2 000 英尺高的火焰。

在海军陆战队第 4 师的战区，各连、营指挥官继续将战线连接起来，准备横跨岛屿，发动大规模进攻。日军的山炮和迫击炮始终没有停止射击。随着炮弹沿海滩由远及近、由近及远，一小股日军对前线发动了试探性袭击，企图打开缺口。在蓝滩一区和二区，他们暂时取得了突破，将"尖嗓子"安德森的岸勤队从查兰卡诺亚码头赶了出去。美军虽然迅速收复了这片失地，但码头已经被日军毁坏。当海军陆战队第 8 团第 2 营包围阿菲特纳角以后，两师之间危险的豁口终于合拢。随后，他们转向内陆，向思书浦沼泽进逼，与海军陆战队第 23 团像老虎钳般紧紧夹住了日军，而该团也急于堵上暴露在日军炮火下的侧翼。

第 27 步兵师的两个先头团，即第 165 团和第 105 团，在海军陆战队第 4 师以南建立了阵线，其右翼一直延伸到海滩南端。在初次与日军交火后，他们急于向机场推进。但 6 月 16 日夜幕降临后，北方的战局取得了重大突破。

将近子夜时，海军陆战队第 6 团的前方听音哨报告，在其面对加拉班的前线，有日军正在活动。应第 6 团第 2 营新任营长小勒罗伊·P. 亨特少校的请求，停泊海上的驱逐舰向该地区发射了照明弹。随着照明弹缓慢降落，海军陆战队员可以影影绰绰看见，一队日军正在前进。当他们停止活动后，听音哨密报，日军盘踞在距离美军阵线大约 500 码的地方。第 1 营营长威廉·K. 琼斯中校听见，他们边唱边喊，好像是要"鼓足勇气、发起冲锋……

其中一些人听起来仿佛喝醉了一样"。随着沉重的机械声响起,一切再清楚不过。在步兵的掩护下,日军坦克正接近他们的防线。

琼斯下令听音哨撤退,并请求驱逐舰继续发射照明弹。与此同时,日军的野战炮、迫击炮和火炮开始向琼斯防御阵地的前方发动猛袭。在海军陆战队第6团的总部,莱斯利上校命令团武器连出动配备有75毫米口径火炮的半履带车,赶往琼斯所在的地区。

斋藤将军本打算在头一天晚上发起袭击,因为按照他的将令,日军应当在海滩击退入侵者。届时,海军中将南云将亲自指挥这次袭击。但是由于美国海军的轰炸切断了通信网络,各野战司令官很晚才收到这一消息,南云也没有出现。当第136步兵联队的一个大队在陆军大佐小川雪松的率领下,从加拉班以南的阵地出发时,斋藤将军已经退而求其次,承认自己对部将缺乏控制,并且将命令改为:"在任何可能的时间发动袭击。"其战术目标是收复绿滩附近的岛际无线电台,而该无线电台位于美军防线后方大约400码的地方。然后,他们将会合一处,发起进一步攻击。凌晨3点,随着号角声响起,最前排的坦克开始隆隆前行。日本海军特别陆战队的一小股人马也和小川的部队一起,在夜间高举军刀,发起了冲锋。

他们的进攻本应当与坦克部队的突袭协调开展,而这是日军对美军发起的最大规模的坦克突袭。五岛正大佐手下仅余44辆坦克,因此将其中大部分投入了这次进攻。这支坦克部队从西侧出发,横穿从查查村到思书浦沼泽以北的公路。经过仅两天的战斗后,第9坦克联队已经疲敝不堪。其中一个中队在登陆日向美军发动袭击,遭到严重损失,如今几乎只剩下一辆坦克。五岛麾下共有两种中型坦克和一种轻型坦克。中型坦克载重18吨,可以乘坐五人,配备有一门47毫米口径或57毫米口径主炮;轻型坦克可以乘坐三人,配备有一门37毫米口径的火炮。

海军陆战队集中榴弹炮的火力,将五岛手下乘坐坦克或随行的大部分日军步兵或打死或打散,但坦克部队仍在前进。当天晚上,克劳德·B.罗伦上尉已经将B连两人一组的火箭炮小队部署在防线上。当日军的坦克以四辆或五辆一队出现后,罗伦手下的士兵跳出战壕,向前冲去。在距离日军不到75码的地方,他们发动了致命的袭击。由于距离过近,不少人都被爆炸后的冲击波掀翻在地。当罗伦站在B连指挥所的一处散兵坑里时,一辆坦克径直向他冲了过来。他站起身来，举起卡宾枪，用发射器向其发射了一枚枪榴弹。就在此时，日军的一枚子弹直接撞上枪榴弹，并将其引爆。爆炸导致罗伦的两侧耳膜穿孔。这辆坦克在经过罗伦时被击中，开始燃起大火，但仍然冲向海军陆战队的防线。琼斯上校的海军联络官请求夜间火力支援队进行紧急支援。"路易斯维尔号"重型巡洋舰和"哈尔西·鲍威尔号"驱逐舰接受请求，立即向已经被第 2 团第 2 营岸上火力控制队精确定位的日军坦克开火，同时向通往查查村的跨岛公路和海军陆战队防线以北的海滨公路发起了轰击。此时，在照明弹的映照下，海军陆战队员看到，约有三四十辆日军坦克已经跳下公路，直奔美军阵地，进入了美军危险的近距离射程之内。

在得知罗伦负伤后，琼斯上校命令营部连连长诺曼·K. 托马斯上尉率领一个排赶往前线，接管 B 连所在的地区。托马斯立即率领 36 名士兵出发，并且用担架多抬了一些火箭筒。与此同时，一名日军机枪手转动枪口，对准了他们。托马斯的军士长看见了机枪。"我大声喊'卧倒'，"刘易斯·J. 米切伦尼回忆说，"当我卧倒后，我们三人挤在一起。托马斯上尉先是腹部中弹，接着头部中弹。我甚至可以透过他身上的弹孔看见阳光。"米切伦尼在接管指挥权后，看见日军坦克直逼过来，惊恐地命令手下士兵撤退隐蔽。"当时，坦克对我们紧跟不舍，日本军官一边追赶，一边挥起了军刀。不得不说，我吓坏了。"

当五岛的坦克穿过美国海军陆战队的防线后，随着步枪、布朗宁自动步枪、霰弹枪和巴祖卡火箭筒纷纷开火，第 1 营副营长小詹姆斯·A. 多诺万少校写道，"整个战场仿佛炸开了锅，到处都是鬼哭狼嚎，曳光弹不断升起，火光闪闪烁烁。""当有坦克被击中起火后，在黑影中影影绰绰的其他坦克被映照出来，它们要么是已经来到了我们面前，要么就是已经开到了战壕的上方。"突然，军士长米切伦尼看到一个缺口，于是立即从隐蔽地点冲出，集合手下士兵向前奔去。来到指挥所后，他惊讶地发现，罗伦虽然失聪，但仍在指挥 B 连。米切伦尼送来的火箭筒在罗伦手下士兵的手中发挥了巨大作用。据琼斯回忆，由于有多支队伍参战、开火，并且在避弹壕中跳来跳去，导致众人"同时开展行动，而且火力交织，所以很难区分是谁击毙了哪些日军"。但是在这次惨烈的战斗中，其中几名上等兵火箭炮手功绩卓著。例如，赫伯特·J.霍奇斯弹无虚发。他和搭档查理·梅里特用七枚火箭弹击中了七辆坦克。罗伯特·S.里德用四枚火箭弹击中了四辆坦克。在火箭弹打光以后，他拿出燃烧手雷，冲向第五辆坦克，强行打开舱口，将手雷丢了进去。在铝热剂的闪光中，这名坦克手当即丧生。另一名海军陆战队员在战壕中隐蔽时，看见一辆日军坦克从旁边驶过，于是冲上前去，用圆木卡住了其负重轮，导致坦克原地打转。当坦克指挥官打开舱口，想要看个究竟时，这名海军陆战队员爬了上去，将手榴弹丢进炮塔。"坦克顿时像火山喷发一样炸了开来。"琼斯上校写道。

"这次战斗十分精彩，"弗莱彻·普拉特写道，"他们都是参加过塔拉瓦战役的老兵。他们绝不会轻易离开避弹壕，而是等到哐啷哐啷的声响过去以后，在坦克虚弱的后方发起袭击。"日军也突破了三营的防线，向前推进了大约50码，但莱斯利的手下"挺身而出，抵挡敌军的渗透"。日军的坦克手似乎不知道该如何利用刚刚打开的突破口。"当海军陆战队的步枪和机枪击中日军的向导和坦克指挥官时，"多诺万少校写道，"他们很快丧失了刚刚控制的弹丸之地。这些坦克缓慢地向海滩方向驶去，一次又一次被击中，然后在火焰中漫无目的地打转，直到动弹不得，陷进自己的车辙里或者地势较低的沼泽中。"K连的劳伦·H.卡恩和刘易斯·M.诺尔德用火箭筒击中了两辆坦克，在子弹打光后，又用手榴弹摧毁了第三辆坦克，挽救了数名炮手的性命。当时，这门37毫米口径火炮正位于日军的前方。在日军闯入海军陆战队第2师附近后，一个中型坦克排来到危险地带，歼灭了这股人马。日本人可能也不清楚，他们怎么会来到距离沃森将军师总部500码的地方。

在武器连的半履带车到来后，75毫米口径重型火炮将本已败北的日军打得溃不成军，摧毁了7辆企图逃往山中的坦克。海军陆战队第6团在团武器连和炮兵队的支援下，用了仅两个小时，便捣毁了日军24辆坦克。一名被俘的日本情报官后来表示，这次突袭之所以会失败，是因为坦克部队"沿着错误的路线前进，没有按照命令要求一路攻向海滩"。日军第43师团参谋长认为，美国海军发射的照明弹使他们"丧失了夜幕的掩护……在湿地之上的空旷地带对抗美军的炮火是一个巨大的错误"。然而，实际上，日军的这次突袭之所以惨败，是因为五岛大佐不清楚美军阵地的方位及兵力。

在日军耽误的一天时间里，海军陆战队得以建立了防线，部署了火炮支援部队。日军败北后，在火炮和海军炮火的追击下，许多伤员逃进山里，随后自杀身亡。

次日拂晓，岛上满目疮痍。这是自塞班岛战役打响以来，日军首次对美军阵线发起大规模装甲突击。红滩内陆绵延起伏的灌木丛中横七竖八地散落着 700 具尸体，其中包括五岛大佐。海军陆战队第 6 团第 1 营共有 78 人伤亡，在他们左翼的第 2 团第 2 营有 19 人伤亡。美军的火炮遭到日军布设在高地之上的火炮和迫击炮的还击，其中许多已经损毁。藏在山中的日军曾对海军陆战队的炮兵部队进行了仔细侦察，假如五岛也像他们一样，摸清了美军的阵地，这次战役的结果也许会大为不同。斋藤在指挥所接到报告后，承认海滩已经失守。于是，他在地图上画了一条新的防线，从加拉班以南约 1.5 英里处，穿过塔波查峰的南麓，直到劳劳湾。随后，日军第 31 军参谋长悲哀地向东京报告，当地的守备部队已经陷入了混乱。

攻占滩头堡

在这场坦克战中，美军毫不留情、有条不紊地利用了己方的火力优势，但是战争的善后属于法律问题。美军各级指挥官下达命令，要求士兵遵守地面战争的有关协议，禁止掠夺财物以及虐待伤员和死者；要求搜集身份标签，一份用于归档，一份系在尸体身上；要求为阵亡者举行体面的葬礼，将其埋葬在"受人敬重、有可能被再次发现"的坟墓里。海军陆战队第 2 师的随军牧师、来自内布拉斯加州奥马哈的戴维·赫明为阵亡的日军将士举行了简短的仪式，并诵读了一段佛经。

对于太平洋战场上的海军陆战队员来说，如何对待战场上的平民成了一个新的问题。这些平民听说，入侵者会吃掉他们的孩子，侮辱他们的妻女，因此纷纷逃离城市，到乡野避难。但是现在，他们只能走出山涧和洞穴，绝望地举手投降。那些敢于走上前来的人们充满了恐惧，但令他们难以置信的是，美军将他们收容起来，对他们十分友善。在建立较大的避难所之前，美军将数以千计的平民难民安置在查兰卡诺亚附近的一处围场里，并为他们提供膳食。

海军陆战队第2师在查兰卡诺亚的一座前日本医院内，安排了一个营级急救队。急救队的医生和卫生员立即开始忙碌，为伤员实施手术、缝合伤口。一位海军陆战队历史专家写道："所有医疗机构规定，无论此人来自哪个国家、属于哪个部队，都要对其进行救治。在对待死伤者一事上，不存在任何繁文缛节，所有程序要一律简化。"尽管如此，这场危机仍在日益加剧。

当天夜间，德雷珀·考夫曼及其水下爆破队忙碌不迭，将炸药包捆在红滩三区以外暗礁之间的珊瑚岬和大型卵石上。考夫曼担心，不断拍击珊瑚的海浪会切断传爆索的引信，所以为其安装了三联引信。这项任务十分繁重，一直持续到次日清晨。但日军的侦察机注意到了考夫曼手下蛙人的活动。"在最后一个小时里，他们的迫击炮让我们变得处境艰难，"考夫曼说，"我们最担心的是，其中一门迫击炮会打中某一段传爆索，使我们前功尽弃、葬身火海。"但这些蛙人吉星高照。他们顺利为炸药装好了导线，考夫曼亲手拉出来九条引信，每个电路三条。在10分钟的倒计时过程中，水下爆破队员游回登陆艇，迅速离开。

这位水下爆破队的创始人十分谦逊。他总是会说："在使用炸药方面，我们不是专家。"这门行当往往会杀伤过度。6月16日夜，在塞班岛外，水下爆破队在暗礁间放置炸药的当量，不亚于战列舰投掷600枚高爆弹。这次爆破是他们在过去六个月来取得的最大的战绩，也标志着考夫曼将雄心勃勃地继续在这条道路上前进。爆炸掀起的巨浪远远超出了他此前见过的情景。这道长四分之一英里的海浪仿佛"一道漆黑的水墙"，考夫曼回忆道，在冲上天空后四散飞溅。哈里·希尔同样没有见过如此情景，但这一点却引起了麻烦。因为考夫曼事先没有告诉他，自己准备闭合电路。随着水墙轰然倒塌，被特屈妥儿炸药沾染的海水猛地砸向锚地停泊的所有船只，包括希尔的旗舰。玄武岩的渣石和珊瑚颗粒顿时布满了"加利福尼亚号"的每一个角落。

对于眼前的一片狼藉，希尔也许甘愿容忍，因为这次爆破为他开展补给立下了功劳。他总是会说："人们很难意识到登陆日当天岸上的问题。"每一名登陆人员每天需要半吨额外补给，而仅在头两个小时里，就有超过2.5万人登岸。此外，或真或假的空袭警报都会让凯利·特纳丧失数百小时卸货时间。在炸开这条航道以后，蓝滩就可以成为一个巨大的补给库，几乎不用再挪动一步。但是浮箱栈桥就像一个瓶颈，很容易被向岸上运送汽油桶、饮水和燃油等急需物资的小艇和驳船堵塞。"有成千上万的物资需要处理，"希尔说，"我们看着这些物资被从船舱里吊出来，每次只能吊四到六件，再向下放进两栖登陆车里，感觉这项任务仿佛没完没了。于是我问'尖嗓子'安德森，为什么不能利用木馏油处理过的木桩，造一个漂在水面上的栅栏，然后把栅栏拖到海滩外的锚地？这种木桩也是需要卸载的物资之一。如此可以大大提高卸货速度，因为只要放下木桶，吊钩就可以松开。这个主意倒是不错，但是当大约 700 个汽油桶后被放下后，栅栏突然折断。在接下来的一两天里，我们的小型登陆艇只能在整个锚地追赶漂走的汽油桶，再将它们捡回来。"

虽然考夫曼及其水下爆破队在仓促之间开展的大规模爆破为美军带来了种种益处，但是当他被希尔将军召见时，这些功劳并没有让他免遭训斥。这名蛙人脚穿礁鞋，上面布满了烟灰，弄脏了司令舱精致的地毯。"我们讨论的是，当我准备像这次一样起爆时，能否事先告知特混舰队的指挥官。"考夫曼说。但特纳手下的运输舰舰长和军需官对水下爆破队的工作感到非常满意。"尖嗓子"安德森甚至称他们是"他的全美最佳足球队"。当天夜间，他们又花了 12 个小时，用炸药炸平了高低不平的地方和木桩，好让航道变得更加通畅。等这项任务完成以后，从海上通往滩头的道路终于开启，礁岩和海滩旁的隘口也不再拥堵。

下午刚到，霍兰德·史密斯在"洛基山号"上向凯利·特纳告别，然后乘坐登陆车来到海滩，在查兰卡诺亚建立了两栖部队总部。他将在这里接管所有登陆美军的指挥权。第 27 师炮兵部队的三个营也已上路，将于午餐前进入阵地，锁定内陆目标。两艘装载着防空炮的坦克登陆舰穿过了水下爆破队开辟的航道，其中包括第 27 师师长拉尔夫·C. 史密斯少将。他也在登陆后建立了总部。但日军恼人的空袭减缓了卸货速度，因为运载物资的船只不得不立即起航，钻进烟幕中进行隐蔽。但对霍兰德·史密斯来说，更令人烦恼的是，在参谋为他选择建立指挥所的平房前，有一具水牛的尸体散发出阵阵恶臭。很快有部下用推土机将尸体埋了起来。随后，史密斯前往制糖厂附近的海滩，来到第 4 师的总部会见哈里·施密特。在听完该师三个团取得的进展和遭受的损失后，他立即明白，要想赢得这场战役，必须拿下塔波查峰的山坡，否则就会危及所有人的性命。日军就藏在塔波查峰四周的高地上，掩护他们的海军火炮位于山峰下手指状的山脊间，可以对美军进行水平射击。

"我们攻打塞班岛时，我62岁，"霍兰德·史密斯写道，"在那个月里，我多次感到自己就像一个疲惫的老头，因为我所指挥的这场战役需要精神和体力都极为充沛，所以我时常感到压力重重。"许多情况前所未有，例如发动大规模装甲突袭，开展城市作战，翻越遍布沟壑峭壁的山岗，而日军可以狡猾地利用这些地形特征；在进行高射界射击时，日军所在的阵地几乎固若金汤，无法进行火力压制；从日落到日出，日军从未间断对长达一万码的前线进行渗透；还有时刻处于危险之中的平民。但美军只有在需要占领机场时才会进攻岛屿，而他们的首要目标是阿斯利托机场。17日下午，在施密特将军的指挥下，第27师第165团的一个营来到了其西南角。

海军陆战队员向来雷厉风行，因为他们担心的事情只有一件：海军舰队会突然离开，留下他们不管。"我决定迅速出击，占领塞班岛。"霍兰德·史密斯写道。随着美军向内陆推进，同时迅速南下，两个海军陆战队的师级作战单位所抢占的滩头堡就像墨水点一般，开始不断扩大。

The View from the
Mountain

☆☆☆

第13章

山下的景象

乘胜追击

　　如果三浦静子继续待在山上的洞穴深处,她也许无法相信战争仍在继续。因为山洞可以抵御炸弹,还有大块岩石挡住了洞口。尽管美国海军的轰炸震耳欲聋,但在山洞深处,她完全听不到。然而,手电筒的光束打破了这一幻觉。她所熟悉的生活一去不返。在山洞后方长长的石坡上,摆着一排又一排担架,担架上都是身负重伤的人员。其中大部分是军人,还有一对夫妇,妻子已经临产。静子虽然接受过护士培训,但是不知道怎么接生,所以只能坐在这对夫妇的身旁,和他们谈起了战火纷飞的加拉班。

　　静子不喜欢这里污浊的空气,因此乍着胆子来到洞口,想要透口气。她还建议这对夫妇也跟她一起。那个丈夫是南岛事务处的一名行政人员,妻子面色苍白,还很年轻,从日本到这里还不足一个月。她唯一想要的就是水。但是现在饮水奇缺,水甚至能够决定一个人的生死。有人说,山后有一间农舍,里面有一个水池。静子决定去那里看看。其实这段路不远,只要保证美军的侦察机没有发现她即可。

　　她从洞口冲下山坡,向远离加拉班的东侧跑去。大约跑了100米,她来到一间棚屋前,里面有八名伤员,一名士兵正在照料他们。这些伤员没有头发和体毛，身体呈鲜红色，全都水肿得厉害。士兵告诉静子，他们在加拉班被人泡进过滚烫的汽油里。其中几人看见了她，哀求她给些水喝，但士兵说让他们喝水等于送死。这些伤员已经精神错乱，所以分不清好坏，他说。静子心想，也许这句话能够描述她在加拉班见过的所有日本士兵。随后，又有一些士兵经过这里。他们个个面无表情、目光呆滞，"仿佛没有了灵魂。"她写道。这些人有一点全都一样，那就是没有步枪。如果没有武器，他们要怎么阻止美国的恶魔？在美军进攻之前，她只探望过哥哥一次。当时，哥哥正坐在坦克里，坦克上面有一个"忍"字。想起哥哥，静子顿时感到一阵温暖。但她突然回过神来，因为她还要去找那间农舍。

在东侧的山坡下，她发现了一间农舍。一定就是这里了，但水池是干的。她看见另一间农舍，于是又跑了过去。水池还是干的。在返回山洞的途中，她拐到棚屋里看了看，但失望地发现，伤兵的情况已经恶化。有人朝她呻吟："水，水……"她再也忍不下去了，决定继续寻求帮助。于是，她绕着山峰，奔向面向加拉班的一侧。现在天色已经放亮，她向西眺望，远处的景象让她屏住了呼吸。那是成百上千艘美国舰艇。她能够看见，曳光弹正飞向内陆。所有的舰艇都闪烁着火光。它们是不是在对我开炮？这番景象蔚为壮观，她甚至觉得自己像是在看电影。静子已经无所畏惧。她脑子里唯一的想法就是：太令人震撼了！就在此时，一个声音从身后传来，打断了她的思绪。

"那个女的！你在干什么？要是美军飞行员发现你怎么办？"一名男子从一块巨大的岩石后走出来说，"巴格丫路——混账！"他扛着一挺机枪，满脸惊恐。静子认出了此人的肩章，知道他是一名中士。她觉得现在自己更害怕的是这名男子以及他所说的话，而不是美军的舰队。于是，静子退到岩石后土坡上的一处凹地，一边躲避敌机，一边目眩神迷地继续望着远方的舰艇。接着，另一名士兵也走了过来。他脸上毫无表情，静子还从未见过如此茫然的面孔。他的胸前有一块红褐色的血污。静子猜测，他的伤口还没有处理，他的眼里满是震惊。他对外界的声音毫无反应，即使是对中士威严的命令也充耳不闻。"站住！"中士喊道，"那里有危险！嘿——我要开枪了！"士兵突然停了下来，从腰间的刀鞘中抽出一把军刀，猛地向自己脖子一挥。随着鲜血向地面喷溅，士兵倒了下去，踢打着塞班岛的土地。他的挣扎越来越缓慢，流出的鲜血也越聚越多，但没有人敢上前救援，他很快便停止了挣扎。就在这时，一架美军飞机来到他们上空，静子从树上折下一根枝条，将其举过头顶，蹲在地上一动不动。等飞机掠过她的头顶，去寻找其他猎物时，她才想起来自己要做的事情。于是，她继续奔下山坡，去寻找水源。

接下来，静子找到一座发电厂。虽然电厂已被炸弹损毁，但附近有一个储水箱，还有一个露天水池，里面的水是满的。不远处，两名士兵和一名平民的尸体倒在地上，已经开始腐烂。在看到这名平民时，她吃了一惊，因为她认识这个人。他姓山下，是南岛贸易公司的一名员工。但这个名字也仅代表某种事实，而不包含任何情感，因为此时的静子早已顾不上感伤。在听到另一架飞机的嗡嗡声后，她立即躺倒一动不动，仿佛死了一样。飞机过去后，她开始继续行动。静子找来找去，终于找到了救星：一个空空的大木桶。这一转机让她对自己的命运产生了一种奇怪的自信。在塞班岛上的所有人中，只有她平安无事。她用水桶舀满水，一边拼命将水桶拖往山上，一边留心不让水溅出来。返回山洞后，她来到后面密密麻麻的担架旁，用双手充作水舀，为伤情最重的人员喂水。随着水桶越来越轻，她站起身来说道："士兵先生们，非常抱歉，附近还有伤情更重的人们急需饮水。我还会回来的。"

静子回到棚屋里，发现那八名烧伤者的状况极其糟糕。她不禁去想，如果她让他们喝水，结果会怎样。在下午的大部分时间里，她都守候在他们身旁。随着时间的流逝，他们一个个停止了呼吸。她的水桶空空如也，没有水再给人喝了。此时，她已经无泪可流。

在西方，暮色从背后映照着美军庞大的舰队。海军仍在向山间开火。他们什么时候才能把炮弹打光？"接下来突然发生了一件奇怪的事情，"静子写道，"方才向山区轰炸的舰炮把炮口对准了天空。所有舰船同时发出道道闪光，宛如水花四射的喷泉。"随着曳光弹向高空拖出道道流光，静子觉得这一景象异常美丽。只有一种可能：日军飞机发动了袭击，塞班岛没有被遗忘。"友机来了！"一小群人聚集在山坡上，看见其中一架飞机正在水面上低飞，机头直指一艘美国舰艇。"哦，自杀式袭击！"有人喊道。飞机起火后开始燃烧，似乎还丢掉了一个机翼，尾部拖着长长的橘黄色烟雾。由于距离过远，山上的人们听不到任何声响，只见飞机突然跌向海面，结束了自己的使命。在被燃油淤塞的水面上，顿时蹿起了熊熊的火焰。

静子所看到的这次空袭是从雅浦群岛发起的。日落时分，这些敌机出现在凯利·特纳护航航母的雷达上。在塞班岛以东的海域，八艘小型护航航母正沿着之字形路线前行。由于第58特混舰队被派往迎击日本联合舰队，它们将是特纳仅有的空中支援力量。当一支由四五十架飞机组成的编队从南方来到距特纳85英里的地方时，海军少将杰拉德·F.波根和亨利·B.萨拉达开始为战斗空中巡逻指引方向，以拦截敌机。这是两人第一次与特混舰队的防御部队进行合作。由于有多架飞机需要从多艘航母上升空，场面十分混乱。在最终起飞的46架"地狱猫"中，仅有9架执行了拦截任务。

"中途岛号"上的一个飞行大队在航母以南30英里攀升到12 000英尺时，突然发现了上空的日军。12架"凯特"鱼雷轰炸机和"朱迪"俯冲轰炸机位于底层，其上方还有12至18架零式战机为其提供掩护。戈登·A.加伯特上尉率队从下方发起袭击，开始了一场激烈的空中角逐。这场空战一直持续到黄昏最后一丝光线隐去。

当维吉尔·格林所在飞行中队的队友突然喊道"呔嗬！"（美军俚语，意为发现目标）时，他执行战斗空中巡逻已近两个小时。由于燃料不足，他正准备返回航母，所以在听到这个消息后，这名海军中尉在心中暗自诅咒。他向左后方望去，发现一架双引擎飞机绕过了他身后一大团巨石般的白色积云。于是他立即急转，僚机驾驶员查尔斯·弗里尔也紧随其后。格林可以看到，远处云层间有一些小黑点在盘旋，显然其他飞机也在作战。但这架敌机却单枪匹马，很可能是一架装有雷达的侦察机，正在刺探航母的方位。这类飞机的驾驶员一般视力极好，所以他一定是看见了格林。敌机一边俯冲一边转了个大弯，掉转航向向西方逃离。格林对其紧追不舍。

当格林和弗里尔来到晴朗的空中后，那架敌机立即下降，以寻求上方零式战机的掩护。敌机不断下降，直到距离水面25英尺、10英尺的地方，其双螺旋桨形成的洗流激起了两道平行的泡沫，飞机从泡沫中穿过。这名日军飞行员以及机上的七名成员为了保命，疾速向南冲往关岛。在追上这架敌机后，格林认出，这是一架三菱公司生产的九七式Ki-21轰炸机，代号"沙莉"。于是他立即开火，向"沙莉"的右侧发动机作短时间连发射击。格林发射的曳光弹来回翻滚，红色的微光无助于准确定位目标，但敌机的发动机还是在中弹后起火。格林的增压器由于在高增压位长时间运转而过热（即通过压缩稀薄的空气，使更多氧气进入化油器，以提高发动机在高海拔时的性能），所以他的发动机也开始着火。在耗尽弹药后，他降低速度，以便使发动机冷却。弗里尔从正后方呼啸而过，从 2 000 英尺下降后继续追击。"我从来没有如此兴奋过。"弗里尔后来写道。在逼近"沙莉"后，日军飞行员开始左躲右闪，弗里尔向其右侧冒烟的发动机开火。他看到，这架轰炸机的炮塔无法有效保持后转，因此在其火力覆盖的盲区，自己来到了敌机的 6 点钟方向。当他距离敌机仅有 300 英尺时，敌机的机腹掠过一处波峰，然后跳了起来，又掠过一处波峰。弗里尔立即急速上升，经过敌机的瞬间，炮塔的炮手向他开火。他降低左翼，一个急弯从侧面绕开，对敌机机身的上方作偏差角射击。这一次，敌机似乎失去了控制。它左翼低垂，翼尖以 200 节的速度冲入水中。在波光粼粼的大海中，这架飞机翻滚着撞向礁盘，跌了个粉身碎骨。

在塞班岛的运输舰锚地，当三浦静子在山上观看时，幸存的日军飞机来到打击目标前，开始对美军的坦克登陆舰发动进攻。当时，这些登陆舰满载蓝滩的伤员，准备离开。日落时分，一架"朱迪"冲出阴霾，向 84 号坦克登陆艇俯冲下去。飞机在低空掠过目标上方，投下一枚炸弹，但炸弹错过了船首右舷。美军队伍中的所有舰船立即开火。随着防空炮火撕裂了长空，弹片像雨点般跌落，刺穿了登陆舰的甲板，导致 10 名水兵负伤。友军的炮火还点燃了一堆绑在前甲板上的汽油桶。船上顿时火光冲天，但很快消退了下去。

当天傍晚，日本飞行编队中的数架飞机在发现美军的护航航母后，立即发动了袭击。随着四五十架"地狱猫"迅速升空，双方展开了全面混战。由于这次袭击协调不力，日军的一架双引擎轰炸机迎头撞向"甘比尔湾号"，在从"甘比尔湾号"左舷船首擦肩而过时开始扫射。一架"朱迪"俯冲轰炸机向"珊瑚海号"投下一枚炸弹，但未能命中目标。在密集火力的射击下，这架飞机在航母船尾坠毁。一架"瓦尔"俯冲轰炸机向波根少将的旗舰"方肖湾号"扑去，飞机投掷的炸弹在机库甲板爆炸，导致 11 人丧生。幸运的是，散落在甲板上的航空鱼雷没有被引爆，否则这艘航母上的所有人都有生命危险。"方肖湾号"随后返回埃尼威托克岛接受维修，而日本人一厢情愿地以为，他们已经给了第 58 特混舰队一个下马威。

弗里尔和格林返回了"中途岛号"。在挂住第一条拖索后，弗里尔向前滑行经过障碍，然后关掉了发动机。这是他第一次经历空中格斗，再加上要在夜间降落，由于精神过度紧张，他的两腿突然动弹不得。他的体能已经被推向了极限，神经仿佛着火了一般。在队友的搀扶下，他才走下飞机。随后，他来到医务室，想要来一口白兰地。医生给了他整整一瓶酒，让他回去休息。

在关岛的岸边，当第三两栖部队准备离开这里，前往埃尼威托克岛时，数架来自特鲁克岛的鱼雷轰炸机对康诺利手下两栖船队中的一艘登陆艇发动了袭击。这支由坦克登陆舰和步兵登陆艇组成的船队列为方阵，正以六节的速度缓慢前行，所以很容易成为攻击目标。一枚鱼雷击中了第 468 号步兵登陆艇，将其船头炸出 50 英尺开外，导致 15 人阵亡。最后，海军不得不将这艘登陆艇凿沉。尽管这支南方运输队遭到了挫折，但在此前的两天内，它们已向塞班岛运送了 7 万名士兵。

美军的当务之急仍是找到日军航母，但如果要想开展夜间空中搜索，他们需要六架远程 PBM"水手"水上飞机。经斯普鲁恩斯施压，凯利·特纳在加拉班的锚地为第 16 巡逻中队的五艘大型水上飞机腾出了地方。下午晚些时候，这几架"水手"停泊在水上飞机供应舰"巴拉德号"旁，开始重新加油。傍晚时分，一架日本俯冲轰炸机来到锚地进行扫射，于是供应舰解开了水上飞机的缆绳。其中一名飞行员滑向远处，以避免遭到袭击，但天黑以后再也没有返回。在这次重大行动的前夜，由五艘大型水上飞机组成的飞行中队已经损失了 20% 的力量。

与此同时，"刺鳍号"即将取得最重要的突破。黄昏时分，科斯勒上校避开了日军飞机，而夜幕的掩护对他更加有利。晚上 9 点 15 分，他的雷达再次捕捉到 2.2 万码（即 12.5 英里）开外的水面活动。显示器上的反射点看起来像是一支大规模特混舰队。他推测，这支舰队有七艘大型舰艇，其中很可能包括一艘航母。它们正以 19 节的速度，按照之字形路线向东行进，也许当天夜间就能超过他的潜艇。"显然，我们追踪到了一支大规模特混舰队，而这支舰队正匆忙赶往某个地方。"

现在，科斯勒位于日军编队的前方，所处的位置十分有利，足以对日军造成一定损失。于是他决定下潜到雷达深度，来到战位之上。然而，在海浪上方窥探敌情的雷达接收机反映的情况并不全面。声呐员报告称，他探测到大批快速旋转的螺旋桨（至少有 15 艘驱逐舰），但雷达显然没有侦察到这一点。如果情报准确，这支舰队将会是"一条大鱼"。但科斯勒面临艰难的抉择。在此之前，他没有任何与此类特混舰队交火的记录，所以需要首先通知上级。但是，如果他此时发动袭击，势必推迟发送这一重要急电的时间。科斯勒决定放弃袭击，迅速浮上水面，向上级汇报此事。但随着日军的大规模舰队即将到来，他必须首先存活下来。因此，在随后将近一个小时的时间里，他始终保持在 100 码的深度，一边看着日军战舰列队驶过，一边数着上面的桅杆，并"想尽办法进行躲避"。

当这两支长长的护航队驶离这一海域时，塞班岛上已近子夜。科斯勒看着它们在潜望镜中消失后，下令潜艇重新浮上水面，在繁星密布的夜空下，开始向洛克伍德将军发送信息。"在收到他的信息后，"洛克伍德写道，"我们随即通知所有潜艇，我军发现了日军的两支舰队，并且指示它们可以先斩后奏。"此外，洛克伍德告诉他的潜艇舰队："上面的一长串敌舰吓不倒我们的队伍。除了这些舰艇以外，我们还有更多舰艇蓄势待发，它们全都彪悍、顽强而凶险。"随后，科斯勒浮出水面，打开四个发动引擎前进，继续追剿敌舰。子夜过后，当 PBM "水手"机组成员准备执行远程夜间侦察任务时，驱逐舰的碳弧灯照亮了加拉班的锚地。6 月 18 日凌晨一点，最后一架水上飞机破浪前进，速度越来越快，直到最后升空。在黎明前最后几个小时的黑暗中，它们将深入西方，搜寻日军的航母。

第 14 章
首次对阵

"奇袭行动"的目标：攻占岛屿

在"印第安纳波利斯号"的司令室，雷蒙德·斯普鲁恩斯正在与参谋们商讨迅速发展的战局。根据斯普鲁恩斯接受的教育，在考虑战局的时候他应当用敌军的思维模式思考，他也自认为对日本人的思维方式颇有研究。"在这种情况下，如果我是日本海军的将领，"斯普鲁恩斯说，"我会将兵力分开部署，希望敌军能够发现我方留在西方的部队，这样就可以诱使日军舰队主力离开塞班岛。随后，我会将打击部队分成多股进入该岛。如果可能的话，我会毁掉日军的运输舰。我会以保卫塞班岛为己任，而实现这一目标最有效的方法就是摧毁日方的运输舰，消灭日方援军。此时，登陆塞班岛的陆军部队数量足以与登陆的日军抗衡。"

斯普鲁恩斯在海军战争学院任教的时候，通常采用的分析方法是要求指挥官预测"敌军的兵力、部署以及潜在意向"。这个要求看似合乎情理，但斯普鲁恩斯后来意识到，要想预测敌军的潜在意向，往往需要做出危险的假设。因此，在他看来，更为稳妥的做法是在敌军潜在能力的范围内制订计划。因为敌军的潜在能力属于已知因素，而潜在意向难以揣测。当天夜间，新传来的情报廓清了当前局势，潜在能力和潜在意向之间的区别也不再具有任何意义。

6 月 18 日凌晨 3 点，"印第安纳波利斯号"收到了一份来自"刺鲼号"的报告。报告显示，该潜艇通过潜望镜发现了一支大规模特混舰队。这份报告是在近六个小时前发出的，"印第安纳波利斯号"的无线电室直到现在才拿到副本。斯普鲁恩斯内心充满了疑问，这支日军特混舰队和"飞鱼号"在圣贝纳迪诺海峡报告的是否为同一支舰队？"刺鲼号"之后没有再捕捉到这支舰队，阿利·伯克推测，它们一定在继续迅速向东移动。但是这支舰队现在身在何处？在黎明前的几个小时，PBM "水手"展开了远程夜间搜索，没有发现任何敌舰。这意味着，除了火速赶往马里亚纳群岛，小泽还进行了其他行动。黎明时分，第 58 特混舰队的飞机在进行搜索的时候击落了一架敌军的水上飞机。这架水上飞机看起来很像是巡洋舰上的侦察机。这架敌机被歼灭后，小泽和斯普鲁恩斯都明白两人相距不远。根据日军最后的已知地点，伯克对其可能的行经路线进行了研究，并推测次日下午晚些时候，与日军的距离应该在 300 英里以内。"如果我们在下午或晚上接近目标，而日军又有意应战的话，我们应该做好开展夜间行动的准备。"伯克说。

米切尔将这一进展告诉威利斯·李，并询问届时威利斯的战列舰能否做好准备。按照斯普鲁恩斯的命令，为了方便在夜间开展行动，威利斯麾下的快速战列舰是一支单独作战的水面战斗中队，已经脱离了航母大队。事实证明，威利斯·李具有出色的夜间水面作战能力。在瓜达尔卡纳尔岛战役中，他曾率领"华盛顿号"和"南达科他号"两支小分队成功夜袭了一支强大的日军中队。对于米切尔的问题，除了斯普鲁恩斯，威利斯的回答让大家感到意外："不可以，再强调一遍，不要以为我们应该在夜间交战。即便我军在雷达上具有优势，但是我军会面临通信障碍，而且我们的舰队缺乏夜间战术训练。当然，对于遭到重创或逃跑的敌方舰队，不论何时我们都应紧追不舍。"此前，斯普鲁恩斯已在电报中表明，他不赞成在夜间交战。在瓜达尔卡纳尔岛战役中，作为尼米兹的参谋长，他完全理解威利斯的疑虑，尽管威利斯刚刚经历人生中的巅峰时期。在 1942 年 11 月的一次夜战中，"南达科他州号"遭到日军巡洋舰近距离猛攻，最终在海战中险胜。即使情况有利于美军，大型舰艇也容易成为进攻目标。此外，这几个月以来，威利斯手下的战舰一直在单独开展行动，从而削弱了各舰长间的感情，也减缓了他们在夜间轰炸行动中的反应速度。在这个"射击俱乐部"中，不同航母大队的需求各异，整体追求已经被等而次之。因此，尽管威利斯表示乐于追击遭到重创的日军战舰，但他不赞成主动发起夜袭。威利斯之所以反对夜袭，从另一件事也可窥一斑。在特鲁克岛战役中，作为一个热心的外行，斯普鲁恩斯曾自命为战列舰分队指挥官，逞性而为，与他担任"密西西比号"舰长时的作风截然不同。威利斯经过深思熟虑，拒绝让手下的战列舰参与马里亚纳群岛外的海战。令人好奇的是，四个月后，在莱特湾海战中，哈尔西也拒绝让威利斯手下的重型战舰对抗成功穿越圣贝纳迪诺海峡的日军战舰。这两起事件之间也许不无联系。如果有人愿意冒险，斯普鲁恩斯的快速战列舰也将随同前往。然而，鉴于塞班岛上战事吃紧，他认为，让米切尔的舰队远离是一种不明智的做法。

6 月 18 日清晨，斯普鲁恩斯指示米切尔和威利斯：

> 第 58 特混舰队必须为塞班岛以及参与交战的部队提供掩护。我仍然认为，日军的攻击主力将来自西方。当然，日军也可能绕道而行，从西南方向发动进攻。牵制袭击可能来自东西两侧翼，日本也可能增派援军。白天西进、夜晚东撤，这样能减少日军在夜间超过我们的可能性，我们才能更好地保卫塞班岛。你们在白天西进的程度应当以空中行动和节约燃油为限。在敌情需要你们采取其他行动之前，你们应当停留在能够为塞班岛提供空中支援的范围内。

伯克明白，由于航母经常需要逆风行驶，面对来自东方的盛行风，"如果我们能够向西行进 50 英里，已经算是走运了"。

上午 10 点 30 分，当克拉克和哈里尔完成攻打博宁群岛的牵制行动返回后，米切尔与两人通过雷达取得了联系。随着 15 艘航母再次集结，哈里尔奉命将"埃塞克斯号"及其全体人员作为主战航母大队，交由威利斯将军调遣。在航母进行部署时，部分空缺的战列舰将由"伯明翰号""克利夫兰号"和"蒙彼利埃号"替代。这三艘轻型巡洋舰接到命令后离开了塞班岛外的火力支援区。航母指挥官大都喜欢将小型舰艇纳入屏护部队，因为它们比战列舰的速度快了四节，在遭到攻击的时候可以迅速闪展腾挪，跟上航母的步伐。美日双方都清楚接下来会发生什么，白天很快过去。直到下午晚些时候，九艘携带炸弹的日本战斗机向距离塞班岛东南20英里处的第五舰队供油船队发起袭击。"纳沙尼克号"和"萨拉纳克号"各中一弹，但这两艘航母依然表现出色。

在"列克星敦号"的旗舰指挥室，米切尔就斯普鲁恩斯对其手下航母所做的限制十分恼火。入夜后，空中行动停止，米切尔不必再受信风约束，可以向西推进，在黎明时分迎战小泽。米切尔通过信号灯发去急电，请求斯普鲁恩斯重新考虑此事。斯普鲁恩斯回复："按我最初的命令执行。"

6月18日日落后，太平洋舰队司令部通知斯普鲁恩斯，其高频测向（HF/DF）队通过三角测量发现，第58特混舰队西南偏西约355英里处出现了日军的无线电信号。斯普鲁恩斯认为，如果信号真的来自日军最重要的海军特混舰队，鉴于此类无线电违纪事件几乎不可能出现，那这很有可能是一个诱饵，诱使他离开塞班岛。

与手下大部分航母指挥官的看法不同，斯普鲁恩斯认为，他的任务不仅仅是击沉几艘敌舰那样简单，他需要从大局出发。斯普鲁恩斯曾向"印第安纳波利斯号"上的随军记者解释道："这是多月来日军舰队首次大批出动。我们当然希望找到它们，如果能够将其摧毁，我们就能大大缩短战争进程。但我的第一要务是保护塞班岛的登陆船只。在摸清日军的确切位置之前，我们必须确保我军处于日军潜在的方位和登陆船只之间。""奇袭行动"的目标是攻占岛屿而非击沉敌舰。要想完成这项使命，特纳的两栖部队对第五舰队来说至关重要。因此，除非第58特混舰队有能力占领这座防守严密的岛屿，否则，与舰载战斗机飞行员的凌云壮志相比，联合远征军的安全更加重要。

日军借助关岛当地机场的优势，在与美军航母的首次对阵中取得胜利。6月18日下午2点15分，小泽的侦察机发现米切尔麾下特混大队的三架飞机。机腹装有副油箱的"朱迪"俯冲轰炸机作战半径大，速度快，高空飞行时很难被美军拦截机赶上，所以小泽在信息传递上占有一定的优势。由于路途遥远，小泽手下的飞机无法在发动进攻后返回原地。但是，如果飞机发动进攻后在关岛降落，他就可以对美军实施"穿梭轰炸"，将覆盖范围扩大一倍，使飞行员免受长途往返之苦。奥罗特和阿加尼亚的机场是"穿梭轰炸"计划的关键。无论是站在第一机动舰队航母的甲板上，还是在联合舰队位于东京的总部，参谋长草鹿龙之介少将信心满满。"我们对胜利坚信不疑，甚至就要举杯相庆了。"他写道。

美军所有人员都等待着日军吹响进入临战状态的电喇叭，然后顺藤摸瓜发现其航母舰队。但是，夜幕降临后，海面上悄无声息。"印第安纳波利斯号"上，一名年轻的军官一语道破众人心声："如果老爷子这次打赢了，全国各地都有用他名字命名的街道。"事实上，斯普鲁恩斯关心的并不是这名年轻军官期望的虚名，他自己也不能毫无顾忌地追击日军。

晚上 11 点 25 分，米切尔通过船间通话系统与"印第安纳波利斯号"取得联系，并再次提出申请。"计划在 1 点 30 分驶入 270 号航道，以便于 5 点开始行动，特此提议。"不久后，有人将刚刚截获的一条信息呈递给斯普鲁恩斯。这条信息显示太平洋潜艇舰队司令部和"黄貂鱼号"之间在互发电报，但洛克伍德将军和"黄貂鱼号"艇长似乎没有收到对方发来的电报。既然"黄貂鱼号"在反复发送信息，虽然无法获悉信息内容，斯普鲁恩斯认为，这表明日军舰队有可能就在附近。这条信息很可能是一份敌情报告。实际上，"黄貂鱼号"的艇长塞缪尔·C. 卢米斯只是想确认他在塞班岛以西 435 英里的巡逻岗位，而洛克伍德想要告诉艇长塞缪尔，自己的无线电发射受到日军干扰。当潜艇指挥塔突然起火，无线电发射器的导线被烧毁后，卢米斯再次向洛克伍德发去急电。"我们本来是在搜寻日本舰队，现在却把自己搞得像圣诞树一样，"卢米斯抱怨道，"如果眼下我们通话太频繁，日军可能会绕道而行。"斯普鲁恩斯最担心的就是日军绕路。子夜，行动半径较远的 PBM "水手"水上飞机从塞班岛起飞，利用驾驶舱后天线罩内的 AN/APS-15 空对地雷达对菲律宾海域展开搜索，依然没有找到小泽的踪影。整个晚上，日军前来侦察的水上飞机不断对第 58 特混舰队进行骚扰，飞机投掷的照明弹可以漂浮在海面上标记美军的航线。"伯恩斯号"驱逐舰试图用深水炸弹炸毁这些日军水上飞机，最终无果而返。

米切尔认为，小泽对美军方位了如指掌，加上日军燃油有限，急于开战，所以他们一定会从西方直奔过来。斯普鲁恩斯认为米切尔的看法过于轻率，米切尔完全是根据对日军意向的推测得出这一结论，而非其实际能力。

由于 PBM "水手"一无所获，快速航母特遣舰队的飞机在近 500 英里的范围内展开搜索后也空手而归，所以斯普鲁恩斯断定，除了直奔战场，小泽一定别有所图。既然有证据显示，日军参与行动的舰队不止一支，小泽看似无意地集中这些力量，斯普鲁恩斯不得不认为，任何事情都有可能发生。

凌晨 0 点 30 分，斯普鲁恩斯对米切尔的请求做出如下回复："你在船间通话信息中提出的改变不可取。我认为，'黄貂鱼号'的暗示要比太平洋舰队司令部急电中的内容更为准确。倘若果真如此，保持目前状态才是最佳选择。日军仍有可能采取迂回战术，对此不得掉以轻心。"

也就是说，未知因素太多，唯一可以确定的是日军的兵力。

当第五舰队司令最后一次拒绝米切尔向西迎战的建议后，众人开始议论纷纷。阿利·伯克也对斯普鲁恩斯的决定感到怀疑。当天晚上，他和特别助理吉米·萨奇大部分时间都在为米切尔起草电文，请求斯普鲁恩斯改变航向。"我们写了数十封电报，"萨奇说，"一封比一封措辞强硬。最后我们写道：'如果不让我前去迎敌，我就不干了。'米切尔并没有发出这封电报。但如果换成我，我一定会发出去的，阿利·伯克也会。"

在如何部署航母的问题上，人们的争论从未停止。有人辩称，只有保持机动才能使航母免遭猛烈空袭。进攻是最好也是唯一的防御方式，待在战位就是等死。但是，到了 1944 年年中，这种观点就像索普威斯公司生产的"骆驼"战斗机一样已经落伍。15 艘航母上蓄势待发的"地狱猫"是一种防御，在两万英尺高空分层定高盘旋、由王牌飞行员驾驶的 24 架战斗机也是一种防御，通过雷达指挥战斗机的指挥团队也是一种防御，一排排能够发射装有近炸引信 5 英寸口径炮弹的火炮也是一种防御。但是，这把蓝灰相间的保护伞只有在飞行大队进行战术集中的时候才能真正开启。斯普鲁恩斯煞费苦心，打造出这一阵势。莫里森说，如果米切尔执意将麾下的空军分为进攻和防御两部分，那么"马里亚纳射火鸡大赛"就不会取得如此辉煌的战绩。

然而，正如一名记者所写，在"列克星敦号"的军官室里，"低级军官们开始小声议论。胆子较大的几个甚至窃窃私语：'哈尔西肯定不会这么做。'"当然，哈尔西也不会在双方剑拔弩张、战局充满变数的情况下，安详地坐在自己的舱室读小说。但斯普鲁恩斯是这么做的。每读一段时间，他会放下小说，浏览一下破译室送来的急电，然后闭目养神。

米切尔对部下的抱怨充耳不闻。尽管后来他曾亲自向上级提出抗议，但眼下他还是选择禁止部下违抗命令，并接受这一事实。也许像斯普鲁恩斯这样的四星将军看待问题是从大局出发。所以当斯普鲁恩斯休息的时候，米切尔没有再去打扰。

在塞班岛的最高峰，南云大将从设在山洞中的总部向联合舰队总部发去一份报告，就近 24 小时发生的事件提出了五点意见：

1. 自美军登陆起，我军在夜间开展的行动始终不太成功。
2. 美军已于今日登陆完毕。据推测，其兵力约有 13 个师。
3. 今日美军有五艘水上飞机在锚地靠岸。
4. 美军不会立即在天宁岛和关岛开展登陆行动。
5. 美军大多数航母似乎已经离开此地。我担心，如果推迟实施"阿号作战"，不仅会使我军贻误战机，而且将使我军无法保住该岛。

此时，南云曾经指挥过的航母舰队正迅速赶来援助。在首战之中，这支舰队破坏了凯利·特纳精心设计的进攻支援计划。为了迎战小泽，斯普鲁恩斯不仅带走了近距离支援队的航母，而且带走了火力支援队和补给队。由于奥登多夫的战列舰位于西侧的阻击阵地，眼下只有一个人能够提供火力支援，而且必须经过哈里·希尔批准。特纳让运输舰和货轮停泊在东侧的海面上，由护航航母负责保护。

霍兰德·M.史密斯之所以被称为"嚎叫的疯子"，因为他只要遇到不满就会提高嗓门。在他看来，特纳的提议只会让他手下的海军陆战队员再次遭到日军无情的围攻。"在日军的强攻下，我们就像一群无助的孤儿。你了解塞班岛眼下的形势，一旦舰队离开，唯一不确定又极其重要的问题是时间，我们能在这里坚持多久？这个问题的答案取决于斯普鲁恩斯能否战胜日本舰队。"

史密斯告诉尼米兹将军："海军陆战队员就像日本人一样，甘愿为国牺牲。海军陆战队也许会遭到全歼，但他们不会投降。我手下的海军陆战队员们反抗到底，死战到最后一人。他们绝不会被日军活捉。"史密斯还告诉手下的师长：“如果真的到了全军覆没的时刻，没有人能活着讲述我们的故事。我会与你们共同赴死。”

6 月 19 日凌晨 1 点 15 分，斯普鲁恩斯刚睡下，数架 PBM“水手”水上飞机就像张开的手指一样，继续向西搜索，最后终于发现了目标。在距离第 58 特混舰队 330 英里、关岛以西 500 多英里的地方，两支日军特混大队正浩浩荡荡地向东进发。这两支队伍分别由 30 艘和 10 艘舰艇组成。H.F.阿尔勒上尉立即转到基本频率试图发送目击报告，但该线路上没有电台确认收到报告。阿尔勒又尝试着通过其他线路发送，同样无果而终。最后，阿尔勒垂头丧气地决定返回塞班岛，亲自递交报告。这样的话，斯普鲁恩斯要在七个半小时后才能看到目击报告。令阿尔勒惊愕和懊恼的是，七个半小时后，斯普鲁恩斯的旗舰截获了“伊泽德号”驱逐舰发给马克·米切尔的电报，电报中声称已经收到了目击报告。这几架长途跋涉的夜间搜索机已经无力面对来自东方的逆风。

除了委屈，他们还要承受伤害。黎明时分，一架返程中的 PBM“水手”在靠近加拉班锚地的时候被一支由四架“地狱猫”组成的小队发现，飞行员误以为它是日军的“艾米丽”水上飞机。其中两架战斗机向这架“水手”发起猛攻，导致一名机组成员丧生。这架千疮百孔的飞机在水面降落后险些沉没，最终得到救援，幸存的机组成员也被送上救生艇。不可否认的是，美军的通信网络严重失灵。“如果能够早点拿到这份报告，”卡尔·摩尔推断，“斯普鲁恩斯和米切尔很可能会趁夜接近敌军，并于 6 月 19 日清晨对小泽发动袭击。”鉴于斯普鲁恩斯要拼尽全力保卫塞班岛，这种看法只能算作一种大胆推测。

两年来，航母战似乎一直在沿袭某种特定模式：在太平洋战争的每一场战役中，譬如珊瑚海、中途岛以及瓜达尔卡纳尔岛外的两次角逐，都是首先发现敌军的一方取胜。现在，小泽占有优势。黎明时分，小泽的九艘航母开始出击。斯普鲁恩斯和米切尔面临着严峻的考验：面对势均力敌的敌军，这支无与伦比的舰队能否经受即将到来的猛攻，创造史无前例的战绩。

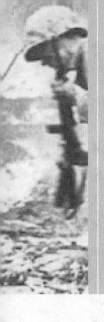

War of the Wind
Machines
☆☆☆

第 15 章
飞机大战

关岛上空的对决

　　黎明时分，关岛仿佛蜂巢般淹没在一片嗡嗡声中。来自特混大队"邦克山号"的雷达操作员发现敌机后开始为"贝劳伍德号"上的四架"地狱猫"导航，帮助它们查看情况。C.I. 奥弗兰德上尉和他率领的第 24 战斗机中队的队友在行驶 90 英里后发现了敌机，数量超出了他们的预期。

　　日军在这一海域约有 20 架零式战机，但它们没有成群飞行。这对美军飞行员来说无疑是一桩幸事。当奥弗兰德和队友到达 1.5 万英尺的高空后，四架零式战机向他们俯冲下来。美军飞行员立即掉头攀升，与敌机相向而行。奥弗兰德和 R.C. 泰布勒中尉在第一次经过敌机身旁的时候射中了其中一架零式战机，飞机下方的重型高射炮同时开火，虽然没有打中对方，但足以构成威胁。趁美军飞行员重新组队的时候，更多零式战机发起攻击。除此之外，关岛的几座机场上还有许多架敌机正在滑行或已经起飞。在短暂而激烈的交锋中，奥弗兰德首次用无线电向第 58 特混舰队报告，称有一支大规模敌机编队正在关岛活动。随后，这群美军飞行员返回"贝劳伍德号"，只有一架飞机受损。卡尔·J.班尼特少尉被树脂玻璃碎片击中了后脑勺。短短几分钟，米切尔手下的特混舰队已经整装待发。

身为第 58 特混舰队的指挥官，米切尔明白，无论日军陆基飞机意欲何为，美军必须尽快瓦解日军的计划。于是，"大猩猩"克拉克的"大黄蜂号"特混大队派出 24 架 F6F"地狱猫"战斗机直奔距离最近的关岛，加入该岛上空的混战。众所周知，关岛是日军的基地。比起基地上空的敌机，斯普鲁恩斯和米切尔更关心小泽的去向。他们已经被日军发现，而日军很快就会发动空袭。"我们一定会遭到猛烈轰炸。"阿利·伯克说道。小泽已经开始行动，他认真听取了角田觉治关于在关岛上空开展空中行动的报告。角田吹嘘说这是日军大胜美国的战机，所以日军在 380 英里外发动了首次袭击。日军的"瑞凤号""千代田号"和"千岁号"三艘航母一共出动了 61 架零式战机和 8 架"吉尔"，其中三分之二的零式战机载有 550 磅炸弹。30 分钟后，规模最大的一个机群分别从"大凤号""翔鹤号"和"瑞鹤号"升空，其中包括 27 架"吉尔"和 53 架"朱迪"轰炸机，每架飞机携带 1 000 磅穿甲弹，由 48 架零式战机负责护卫。

日军航母开始主动出击，虽然"青花鱼号"潜艇对"瑞凤号"穷追不舍，但是"瑞凤号"特混大队火速向东行驶，J.W. 布兰卡德中校始终无法接近。就在他准备放弃的时候，第二支日军特混大队高速朝他的方向奔来，包括日军最大的航母、小泽的旗舰"大凤号"。在"大凤号"的飞行甲板上，一些船员正将大批飞机引向起飞地点，以便对美军发动袭击。与此同时，"大凤号"闯入"青花鱼号"的航道。当"大凤号"穿过潜艇前方 1 500 码、不到一英里的地方时，布兰卡德一边将鱼雷装进炮管，一边等待计算机进行数据测算。机械模拟设备会自动将瞄准的校正值发送给炮管中的鱼雷，遗憾的是鱼雷没有命中目标。眼看机会稍纵即逝，布兰卡德下令开始发射鱼雷。接连发射了六枚鱼雷后，潜艇立即下潜到深水区。

布兰卡德的声呐员已经为每枚鱼雷的航迹标记了时间，前五枚鱼雷的倒计时结束后，声呐员没有听到任何动静。布兰卡德不由得懊丧地认为自己很可能功亏一篑。这几枚鱼雷没有发挥任何作用，只是沿着"大凤号"前进的航路留下了白色轨迹，大凤号"的护航舰完全可以根据这些轨迹反向追踪到他们的潜艇。随后，日军的驱逐舰开始投掷深水炸弹，炸弹朝他们翻滚而下，与第六枚鱼雷应同时引爆。巨大的冲击让"青花鱼号"的船员无法辨别最后一枚鱼雷是否击中了目标，抑或这只是一种巧合。

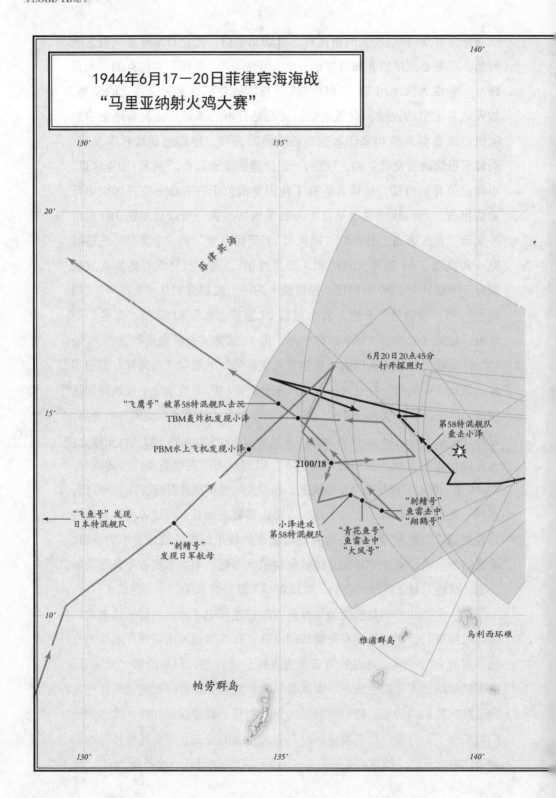

1944年6月17－20日菲律宾海海战
"马里亚纳射火鸡大赛"

菲律宾海

140°

130°   135°

20°

15°

6月20日20点45分
打开探照灯

"飞鹰号"被第58特混舰队击沉
TBM轰炸机发现小泽

第58特混舰队
袭击小泽

PBM水上飞机发现小泽

2100/18

"刺鳍号"
鱼雷击中
"翔鹤号"

"飞鱼号"发现
日本特混舰队

小泽进攻
第58特混舰队

"青花鱼号"
鱼雷击中
"大凤号"

"刺鳍号"
发现日军航母

雅浦群岛

乌利西环礁

10°

帕劳群岛

130°   135°   140°

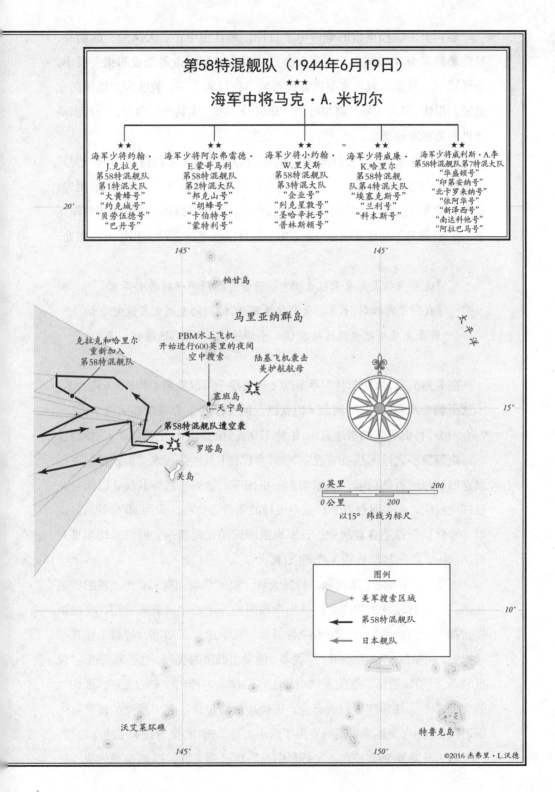

第58特混舰队（1944年6月19日）

★★★
海军中将马克·A.米切尔

海军少将约翰·J.克拉克	海军少将阿尔弗雷德·E.蒙哥马利	海军少将小约翰·W.里夫斯	海军少将威廉·K.哈里尔	海军少将威利斯·A.李
★★	★★	★★	"	★★
第58特混舰队第1特混大队	第58特混舰队第2特混大队	第58特混舰队第3特混大队	第58特混舰队第4特混大队	第58特混舰队第7特混大队
"大黄蜂号"	"邦克山号"	"企业号"	"埃塞克斯号"	"华盛顿号"
"约克城号"	"胡蜂号"	"列克星敦号"	"兰利号"	"印第安纳号"
"贝劳伍德号"	"卡伯特号"	"圣哈辛托号"	"科本斯号"	"北卡罗来纳号"
"巴丹号"	"蒙特利号"	"普林斯顿号"		"依阿华号"
				"新泽西号"
				"南达科他号"
				"阿拉巴马号"

帕甘岛

马里亚纳群岛

克拉克和哈里尔重新加入第58特混舰队

PBM水上飞机开始进行600英里的夜间空中搜索

陆基飞机袭击美护航航母

塞班岛
天宁岛

第58特混舰队遭空袭

罗塔岛

关岛

太平洋

0 英里 200
0 公里 200
以15°纬线为标尺

图例

美军搜索区域

第58特混舰队

日本舰队

沃艾莱环礁

特鲁克岛

©2016 杰弗里·L.沃德

193

事实上，这枚鱼雷的确命中了目标，而且击中了"大凤号"的船身，导致船舰部分区域起火。由于火势很快得到控制，鱼雷造成的损失很小。小泽留下一艘驱逐舰用来继续骚扰布兰卡德及其手下，舰队主力继续向东进发。很快，"大凤号"将与搭档"翔鹤号"和"瑞鹤号"会合，一起出动飞机向美军发动袭击。

直到"青花鱼号"顺利抵达深海，斯普鲁恩斯将军才截获了"伊泽德号"发给米切尔的目击报告，也就是前一天夜间 PBM"水手"试图发送的报告，如今这架飞机已经在加拉班靠岸。该报告称，在关岛以西约 520 英里的洋面上，有 30 艘日军战舰正向东行驶，另一群日军战舰在它们以西约 10 英里处。

"这架飞机没有发来报告吗？"斯普鲁恩斯问送报告的军官。

"我们没有收到，长官。大气状况不好，他们的无线电应该失灵了。"

斯普鲁恩斯把电报递给参谋，平静地说："情况很糟糕，是吗？"

在关岛上空，米切尔将军手下的飞行员终于可以施展手脚。"飞机太多，小伙子们一次打不完。"阿利·伯克说。但小泽的主力进攻部队尚未抵达。9 点 50 分，特混舰队的雷达显示，距此 120 英里的地平线上出现了大批敌机。

这艘旗舰通过无线电喊道："嘿，乡巴佬！"这是要求"地狱猫"飞行员返回航母附近的信号。在米切尔的指挥下，他们来到特混舰队以西后在低纬度列队，准备驱赶日军在低空飞行的鱼雷轰炸机。大约 30 分钟后，这群"地狱猫"抵达各自战位。日军也随即发动首轮袭击。所幸米切尔事先得到情报，所以披坚执锐、严阵以待。

上午 10 点，位于最西侧的特混大队，也就是威利斯·A. 李战舰的雷达显示，小泽首轮攻击的主力部队出现在西方。米切尔戴着鸭舌帽，坐在旗舰指挥室的真皮沙发上，帽檐拉得很低，几乎遮住了眉毛。他脸上挂着一丝狞笑，问参谋："你激动吗？"说着，他发出低沉的笑声，自己回答道："我很激动。"船间通话系统的无线电咔啦咔啦作响，传出纷杂的人声，米切尔的文书军士坐在角落里的书桌旁，飞快地做着记录。在"列克星敦号"内部通话系统中，先是水手长哨发出了两声尖厉的鸣叫，接着拉响了战斗警报。

随着升降梯隆隆开启，飞行员们奔向自己的飞机，15 艘航母的战斗机中队开始分层升空。第 58 特混舰队的每一架"地狱猫"战斗机按照原定计划,首先在上空旋转一圈避开其他飞机。俯冲轰炸机和鱼雷轰炸机也开始行动。部分飞机得到的命令是:"不要挡路,往高处飞。"于是它们奉命向东行驶,在安全地带进行盘旋。

海军战斗机中队向来看重速度、进取心和创造力。这个行当的本质就是杀人。虽然他们的战斗力来自集体,但内部竞争从未停息。每一个中队都认为自己是最出类拔萃的队伍。"约克城号"上的第一战斗机中队自称"要人队"。在"埃塞克斯号"上,查理·布鲁尔中校率领的第 15 战斗机中队取名为"战斗英雄"。轻型航母"卡伯特号"上的第 31 战斗机中队"刀斧手"在机身绘制了一把会飞的屠刀。他们的座右铭是:"横刀克敌。"该航空大队的指挥官罗伯特·A. 温斯顿是当天清晨首批执行空中巡逻任务的飞行员之一。但是他运气不佳,在燃油快要燃尽的时候第一波日军飞机才开始靠近。温斯顿着陆后发现大气状况不佳,导致飞机在两万英尺的低空留下了白色的痕迹。尽管雷达已被普遍应用,但这对日军来说无异于一种诅咒,而对美军来说如有神助。因为在逆风中,日军的行动很容易暴露。在"地狱猫"战斗机接受检修的时候,温斯顿中校一边等着再次轮到自己升空作战,一边观察大气状况。他发现,升空拦截敌机的"地狱猫"留下的白色痕迹与敌机自西向东留下的痕迹汇集在一起。

"埃塞克斯号"特混大队负责为威利斯手下的战列舰提供空中掩护,因此疾速向西行驶,到达战列舰以北 15 英里的地方后,战列舰高高的桅杆已经消失在地平线边缘。哈里尔少将的三艘航母位于前方,因此首先遇到来犯的日军,而第 15 战斗机中队首当其冲。布鲁尔率领 8 架"地狱猫"向日军冲去。在来到 2.4 万英尺的高空后,他发现了 16 架"朱迪"轰炸机,两侧各有 4 架"汉普"战斗机护卫,上方和后方还有 16 架零式战机,于是立即喊道:"呔嗬!"

布鲁尔决定利用自己的高空优势作战。他命令两支各由 4 架飞机组成的分队从敌机头顶发动进攻。他首先选中第一波俯冲轰炸机的长机作为目标。布鲁尔和僚机驾驶员理查德·E. 福勒从敌机侧翼下降,随后迅速逼近,在距离敌机 800 英尺处开火。这架"朱迪"轰炸机顿时灰飞烟灭。在经过其燃烧的残骸时,布鲁尔急剧上升,从下方对另一架"朱迪"轰炸机开火,直到锯断其一侧机翼。这架被击中的"朱迪"轰炸机开始在空中翻滚起火，像树叶般坠落。随后，这位中队长瞄上了另一架零式战机并立即展开追击。福勒没有与他一起行动，而是绕到敌机尾部，向其翼根开火。在这架零式战机开始燃烧坠落的时候，布鲁尔立即转向驶离，躲开一架突然出现并向他俯冲而来的敌机。他先是急转闪避，绕过敌机，随后又掉头绕回这架零式战机尾部。每当布鲁尔开火的时候，狡猾的敌机飞行员就会以机背朝下的姿势半滚，然后开始来回旋转、横滚、横转、侧滑或外滑。这些日军最出色的飞行员在战斗中就像杂技演员一样，个个身手敏捷。尽管零式战机反应迅速、机动性强，但"地狱猫"战斗机天生就是他们的克星，"地狱猫"的速度超过 160 节，是零式战机无法比拟的。因此，布鲁尔一边保持高速行进，一边对敌机的机身、机翼和驾驶舱发起猛攻，直至对方起火、急剧盘旋下落，最终坠入汪洋大海。

由于燃油即将耗尽，布鲁尔与所在分队集结起来准备返回"埃塞克斯号"。在布鲁尔发动第二次袭击时，原本单独行动的福勒少尉也重新加入队伍。当天清晨，福勒的战果不亚于布鲁尔，福勒一共击落了 4 架敌机。布鲁尔手下另一个分队的队长乔治·R. 卡尔中尉击落了 5 架敌机。当他们驶离战场时，布鲁尔欣然发现，日军的编队已经被攻击得七零八落。他手下的小伙子们大显身手，已将日军打散，使其减少了 20 架飞机。

与此同时，威利斯·李麾下的战列舰正以环形防空阵形开足马力向东疾驰。在中央充当向导的"印第安纳号"上，雷达操作员发现日军特混大队分散成了三支规模较小的队伍。火炮手蓄势待发，准备向敌舰开火。

劳埃德·马斯廷是美国海军最杰出的舰队防空专家。他不赞成用曳光弹控制火力。马斯廷认为，如果炮手没有接受过密集训练，那么所谓的"软管战术"基本上毫无用处。"软管战术"被称为"炮手最喜欢的战术"，即进行高速连续射击。当目标沿着与炮手视线垂直的方向移动时，他们会产生错视。"如果炮手使用曳光弹对 1 000 码以外的区域进行火力控制，他射出的炮弹一定会偏低或偏后，"马斯廷说，"物理学无法解释这件事情。"但是，物理学的另一条定律为此提供了解决办法。由微型雷达发射器引爆的"近炸引信"堪称军事科技奇迹。这种引信又被含蓄地称为变时引信，简称VT，以掩盖这一设备真正的原理。1943 年 1 月，"海伦娜号"巡洋舰在南太平洋战斗中首次成功使用了近炸引信。这种引信被装进 5 英寸口径炮弹，在 70 码的范围内足以致命，是目前特混舰队拥有的最尖端的防空武器。

舰炮的炮手禁止向位于特混大队范围之内的目标开火，因为跌落的弹片容易造成危险。只有当敌机所在的高度超出了四周舰艇的发射线之后，20 毫米口径和 40 毫米口径火炮的炮手才能向编队范围内的飞机开火。但如果海军战斗机的王牌飞行员对此提出异议，上述原则不再具有任何意义。

打击第五舰队

艾利克斯·弗拉丘从"列克星敦号"的待命室跑上台阶来到飞行甲板，他看到 12 架"地狱猫"已经完成列队、加油和装弹，蓄势待发。"没有人会踢轮胎，"他说，"而是登上飞机就走。"他被分到后备待命队，随时准备接替遇到麻烦的空中巡逻队。弗拉丘升空后，无线电中传来战斗机指挥官的声音："航向 250，升至 2.5 万英尺，快！"于是弗拉丘迅速升空，没有继续等待第 16 战斗机中队的其他成员。"我们在空中会合。"他说。

战斗机指挥队已经熟练掌握空中搜索雷达的技巧，这也促使他们改变了特混舰队的防空策略，极大地增强了美军飞行员的个人优势。一般来说，战斗空中巡逻需要覆盖大片空域，现在这项任务由舰载搜索雷达完成，战斗机可以结队径直奔向目标，在燃油满箱的时候发动袭击。此外，凝迹效应也有助于他们执行任务。

让吉米·萨奇兴奋的是，他可以将自己中队的"地狱猫"全部用于执行单项任务。"我们不用发动进攻，而是将所有力量和甲板上的所有空间用于开展防御行动。如果你今天有可能被击中，那就没有必要把战斗机留在机库甲板。你必须确保自己不会被击中。这是我们开展行动的原则。"

当艾利克斯·弗拉丘准备加大发动机功率，开始进行拦截的时候，他突然发现自己的飞机出现了故障。格鲁曼公司每月能生产 500 架"地狱猫"，其中大多数被送往太平洋战场，所以这种飞机数量庞大，更换政策也十分宽松。一旦发动机出现任何老化迹象，飞机就会被毫不犹豫地沉入海底。虽然这次袭击有可能成为他参加过的最重要的行动，但幸运的是，在战斗之初，他就发现飞机存在缺陷。弗拉丘一边挣扎着向上攀升，一边无助地望着中队长保罗·布伊操纵崭新的普拉特和惠特尼星形发动机。布伊率领由八架飞机组成的分队冲向高空，远远地甩开了自己。这支队伍很快飞离弗拉丘的视线，并在短短八分钟内开始执行拦截任务。距离"列克星敦号"60英里的地方，共有 70 架日军飞机分列在 1.6 万～2 万英尺的高空。弗拉丘只能原地待命。突然，他的挡风玻璃上出现了一片油迹，这意味着发动机出现了泄漏，他不禁暗自咒骂自己运气太差。弗拉丘轻轻拉回油门杆，他的七名分队队友也只能和他留在一起。布伊中校冲进敌机编队，"列克星敦号"上的战斗机指挥官命令弗拉丘的分队立即返回，绕着特混大队盘旋。

弗拉丘刚要开始执行命令，战斗机指挥官再次呼叫，要求他返回西侧。"从他的声音可以判断，"弗拉丘说，"他一定是发现了一条大鱼。"在 75 英里开外，另一波敌机正向这里飞来。弗拉丘估计自己可以在中途拦住它们。

与此同时，戴维·麦坎贝尔率领第二波"地狱猫"从"埃塞克斯号"升空。麦坎贝尔想赶上查理·布鲁尔的显赫战绩显然不太可能，只能来日再搏。但是，这位舰载机大队的指挥官明白眼前的战机不可多得。在这种情况下，他的中队有望取得骄人战果，到时候能工巧匠们就会为他的机身绘制杀敌标记。于是，麦坎贝尔率领另外 11 架"地狱猫"迅速升空，前往航母约 55 英里开外的地方拦截敌机。

随着特混舰队展开全面防御，米切尔只能暂时放弃接近并攻打小泽的念头。15 艘美军航母正竭尽全力进行防守，甲板上的"地狱猫"中队马不停蹄地忙碌着，弹射、着陆、重新装弹、重新检修、再次升空。从目前形势来看，战斗很可能会持续一天。如果要保证战机可以不断升空，米切尔必须让航母向东逆风而行。他的前方是马里亚纳群岛，日军正准备利用这里的空军基地重新武装自己的战斗机。如果他在夜间向西航行，白天就有足够的海域让他保持向东的航向。如果他转向其他方向，或者被迫在岛屿之间或四周穿行，他将很难继续弹射或回收飞机。当天清晨，日本航母对他发起猛攻的时候，美军的反击几乎对日军没有影响。"每当需要弹射飞机，我们就要朝远离日军战舰的方向行驶，因为风向一直没有改变。"伯克说。他无法靠近敌舰，只能依靠手下的战斗机中队打赢这场战役。

凌晨 4 点，戴维·麦坎贝尔从铺位上翻身下床，开始考虑自己的任务。早餐他几乎没吃什么东西，只是喝了一杯橘子汁。随后，麦坎贝尔来到待命室，开始归档文件、研究情报，并对手下的飞行员进行识别训练。在这一点上，他极为称职。虽然他不喜欢这些工作，但他十分擅长。他会让飞行员每天进行 30 分钟的敌机识别训练，有时候甚至更长。情报人员会在屏幕上显示一系列不同形状的黑色图案，分别代表美日两国所有型号的飞机和军舰。这些图案一闪而过，飞行员需要在眨眼之间做出判断。一名记者引用了奥威尔的名言：“要想看清鼻子前面的东西，往往需要付出持续不断的努力。”后来这句话不胫而走。只有经过反复训练，他们才能在以 300 节速度航行的时候分辨出不同的物体。

随后，情报人员向飞行员简要介绍了目标方位、舰队活动、防空武器的类型和日军飞机及其火炮的最新性能。有一点也许令人惊讶，那就是麦坎贝尔是个烟鬼。由于压力重重，他不仅会在待命室里吸烟，即便是身处 1.8 万英尺高空，戴着输送易燃纯氧的面罩，他也会偶尔抽两口。在驾驶舱内，机工长专门为他钉了一个小型铝制容器，专门用于存放香烟。每次执行任务前都会将其装满。正因如此，当然也有其他原因，在“埃塞克斯号”上，麦坎贝尔只允许两个人做他的“地狱猫”的机工长。

第 15 战斗机中队战功赫赫，自诩“战斗英雄”，也离不开麦坎贝尔严格系统的训练体系。从他在新泽西州海军航空站对中队开始训练的第一天起，麦坎贝尔就大力支持最大限度地开展空中进攻。他对“萨奇穿梭”嗤之以鼻。在他看来，这种战术在当时的确必不可少，但是随着时代的飞速发展，已经不适用于强大的 F6F 战斗机中队。麦坎贝尔认为，战斗机飞行员不应该采取守势。他把每一名敌机飞行员都看成是与自己势均力敌的对手。“你永远也不知道，你会在何时何地遇到一名真正一流的战斗机飞行员。所以我总是要求他们做最坏的打算，我平时也是这样训练他们的。我希望对手竭尽全力，我也会尽我所能，但我们不会因此变得谨小慎微。我知道自己枪法很准，所以我都是按照自己所接受的训练去做。如果我发现对手企图逃跑，我会变得更加勇往直前。如果对手积极好斗，我会稍加收敛，对他更加尊重。”麦坎贝尔向来对自己的空中射击技术引以为傲，他也希望手下中队的队员能够对彼此充满信心。在奔赴太平洋之前，麦坎贝尔要求这些新学员进行投票，看他们最愿意与哪些人共同作战。其中得票最多的前 40 名飞行员将与他同赴战场。

　　麦坎贝尔的中队在升空拦截的时候，两名飞行员由于发动机故障不幸丧生，里格少校和另一名飞行员从飞机上跳伞侥幸逃生，因此中队只剩下10架飞机。到达2.5万英尺高空后，麦坎贝尔命令四名飞行员进行高空掩护。他和僚机飞行员以及另外一支由四人组成的分队发动袭击。也就是说，只有六名飞行员进行战斗。麦坎贝尔认为，罗伊·拉欣（拉欣的英文为Rushing，意思是"急速"）是其中的佼佼者。此人在驾驶战斗机时行动迅速、无愧其名。拉欣在行动中始终紧跟麦坎贝尔的侧翼。为了保持无线电静默，两人用手势和在仪表盘上敲击摩尔斯代码的方式进行沟通。有时候麦坎贝尔不得不挥手示意，让他开远一些。但他总是紧随麦坎贝尔左右，勇往直前。

　　在他们上空，大批飞机留下的白色痕迹向东飘去，它们的源头是一个个黑点。麦坎贝尔立即认出它们分别是"吉尔""朱迪"轰炸机和零式战机。随着敌机越来越近，久经沙场的麦坎贝尔很快分辨出这个编队的结构以及有利的进攻角度。他喊了一声"呔嗬"，然后拉动油门杆，"地狱猫"又短又粗的机头向最前方由"朱迪"轰炸机组成的小队冲去。他手下的另一个小分队负责追击零式战机。此时麦坎贝尔所在的海拔超出敌机将近一英里，他决定好好利用这一优势。

　　麦坎贝尔找到了日军的长机。为了吸引其注意力，他向下俯冲，但是由于速度过快只好掉头返回。他随即对准编队左侧的另一架"朱迪"轰炸机，准备从目标下方穿过敌机编队到达另一侧，然后急剧上升，从下方击中另一架飞机，再急转跃升，从另一侧再次出击。但是在扣动扳机后，他被迫改变了这项计划。麦坎贝尔射得很准，第一架"朱迪"轰炸机在他眼前爆炸。耀眼的火光和飞溅的金属残骸使他不得不迅速上升。在掠过敌机编队时，他不禁有些畏缩，因为对方编队中的大部分机尾炮手已经瞄准了他。子弹呼啸而过，他不知道自己何时才能安全脱身。

　　当其他"地狱猫"开始行动后，"朱迪"轰炸机小队的长机及其僚机也开始摆尾飞行。这种躲避战术作用不大，只能降低它们的飞行速度。美军飞行员可以借此机会接连从一侧经过，在敌机机群前方的有利位置飞行，这样便于发动袭击。麦坎贝尔像砍瓜切菜般减少了敌机的数量。他先后四次出击，摧毁了四架敌机。在第五次出击时，他来到自己最喜欢的进攻位置，即位于目标后方7点钟方向，轻而易举地击落了对方编队长机的僚机。随后麦坎贝尔调头从 8 点钟方向接近长机，准备再次出击。按下扳机后，他突然发现，自己的六挺机枪现在只有一挺可以用。麦坎贝尔没有放弃，他用光了最后一颗子弹，直到敌机在起火后盘旋下降，最终失去控制坠落。

麦坎贝尔注意到，这支轰炸机编队里的零式战机只负责进行高空掩护。其中一些战斗机可能还装有炸弹，他想大概这些飞行员也在乎自己的生死。麦坎贝尔分队的克劳德·普兰特已经击落了两架零式战机。突然，普兰特看见另一架零式战机正在对其右侧下方 2 000 英尺的一架"地狱猫"发起攻击。他立即倾斜飞行，来到这架"零式战机"尾部，从上空接连射击，在其机背、机舱和发动机上打出了一连串洞眼。瞬间，这架零式战机尾翼部分断裂，火焰从机身前部喷涌而出。随着飞行员跌倒在操纵杆旁，失去控制的飞机开始迅速旋转。随后，普兰特冲向另一对敌机，一阵猛烈轰炸导致其中一架失去控制，像树叶般飘落坠入海中。就在这时，另一架零式战机绕到普兰特的尾部。普兰特想尽办法试图摆脱敌机，但是无济于事。他的"地狱猫"由于受到炮弹冲击而不断抖动，机枪子弹冲击着他座位后的钢板。另一架 F6F 击中了位于尾部的敌机，普兰特的机身上已经出现了150 个弹孔。由于无线电设备失灵，他只能打手势表示感谢，然后与搭救他性命的飞行员列队驶离。最终，这两架千疮百孔的飞机平安返回了特混舰队。

当然，米切尔手下的飞行员不可能击落所有敌机。当威利斯麾下的战舰抵达距天宁岛以西约 200 英里处的时候，在"地狱猫"枪口下逃过一劫的日军飞行员取得了突破。当天上午 10 点 40 分左右，约有 30 架敌机向美军战舰尾部发动袭击。威利斯下令四艘驱逐舰后退，为舰队设置地雷拉发线，由编队后部的巡洋舰首先开火。

小泽发起生平最大规模的一次打击，不幸的是，他的打击目标是美军第五舰队最顽强的队伍。小泽的计划正中米切尔下怀。为了掩护"埃塞克斯号"的特混大队，米切尔已经在西侧较远处布置了高射炮陷阱。此外，由于舰载雷达已经发现了敌机，再加上"地狱猫"飞行员在无线电中兴奋的交谈，威利斯的战列舰已经事先做好了战斗准备。

12 ~ 15 架"吉尔"出现在海面上，一边低空飞行一边靠近"青花鱼号"右舷。"青花鱼号"发射的数枚曳光弹聚集在一起，将一架飞机击落。其中三架飞机脱离队伍，在空中绕了一圈后向"南达科他号"上空靠近。一名飞行员在进行闪避时由于摇晃过度失控下坠，这架飞机在下坠途中发射了一枚鱼雷。鱼雷头部向下沉入海中。与此同时，"青花鱼号"和"南达科他号"发射的曳光弹撞上飞机，成功将其击落。

在航母开展空中行动的时候，威利斯始终以船尾对着敌机并疾速向东航行。只有在舷炮齐发的时候他才会稍微改变航向。位于编队中央的"印第安纳号"吸引了日军飞行员的注意。两架"吉尔"从上空发起袭击。其中一架发射了一枚鱼雷，鱼雷坠入海中后爆炸。当飞行员急剧上升驶向左侧时，"印第安纳号"的炮手击中了敌机。这架敌机着火后直奔战列舰，仿佛想要与其同归于尽，但是还未撞上目标就坠毁了。另一架"吉尔"试图靠近"印第安纳号"的右舷船尾，被火炮炸断了尾翼，随后失去控制，旋转着坠入大海，海面上只剩下一团火焰。一分钟后，另一架鱼雷轰炸机从低空接近"印第安纳号"的右舷。在距离战列舰100码的时候，机身着火的敌机撞向其吃水线。被撞弯的敌机迅速下沉，在"印第安纳号"的鱼雷装甲带上留下一块残骸。海面上留着一片闪闪发光的、打着旋儿的燃油，片刻之间被战列舰奔腾不息的尾迹冲刷，消失得无影无踪。

日本飞行员有的单独行动，有的结对发动袭击。一架零式战机滑翔到重型巡洋舰"明尼阿波利斯号"背后投下一枚炸弹。炸弹在离右舷很近的地方爆炸，导致弹片穿过船身，炙热的碎片引燃了一间军官卧舱里的被褥和衣物。一架俯冲轰炸机连续两次险些击中"威奇塔号"巡洋舰，依然坚持与这些庞然大物交叉射击。随后，"北卡罗来纳号"和位于编队正中的"印第安纳号"对这架俯冲轰炸机发射了大量曳光弹，最终将敌机击入水中。

一对"朱迪"轰炸机一边向"南达科他号"巡洋舰猛冲过来，一边进行扫射。投掷炸弹后，它们经船首右舷急速上升。一架敌机在中弹后坠毁，其中一枚炸弹击中了巡洋舰，落在军官室附近，在急救站上方炸开了一个9英尺乘10英尺见方的大洞。当医疗队赶到后，现场一片狼藉，10名水兵遇难。还有两人经过军医长达数小时的"积极救治"后不幸身亡。"南达科他号"共有27人阵亡，27人负伤。

由于敌机从南方和西南方发动进攻，所以位于环形队列北侧的战列舰很少开火。按照规定，它们不能向编队的另一侧射击。而"南达科他号"和"青花鱼号"处于危险地带，因此击落的敌机也最多。由于炮手扣动扳机的手指高度紧张，再加上敌机和友机搅和在一起，所以"南达科他号"的空中火力控制站多次瞄准友机开火。在威利斯舰队附近，许多"地狱猫"飞行员在追击敌机时吃尽了苦头。

当天，艾利克斯·弗拉丘也是心存侥幸的 F6F 飞行员之一。在发现一个至少由 50 架敌机组成的机群后，他立即振翅离队，试图袭击对方编队边缘的一架"朱迪"轰炸机。这时，他发现自己被另一名有同样想法的"地狱猫"飞行员推到一边，后来他回忆说，当时他的肾上腺素"开始飙升"。弗拉丘调转方向，来到编队下方目测，心想：这个盘子里的饼干够所有人吃了。在查完"朱迪"轰炸机、"吉尔"和零式战机的数量后，弗拉丘通过无线电向"列克星敦号"报告，然后找好位置，准备对其中几架"朱迪"轰炸机发动袭击。

弗拉丘在它们后方放慢速度，他挑中了一架正在疯狂逃窜的敌机，这架飞机的机尾炮手见形势不妙立即开火。弗拉丘轻推操纵杆调整方向，直到俯冲轰炸机位于马克 VIII 瞄准器中心的下方。他用六挺机枪将对方打得千疮百孔，一边冒烟一边坠入海底。随后，弗拉丘再次迅速上升，瞄准了一对"朱迪"轰炸机，将其依次击落。第二架飞机爆炸时，由于距离很近，他看得清清楚楚。后座炮手一度瞄准弗拉丘，但是随着飞机急剧下坠，这名炮手很快消失在视野中。弗拉丘在短短几分钟内消灭了三架敌机。在谈到第三架飞机时，他说："有那么一瞬间，我差点为那个敌人感到难过。"

虽然许多敌机已被击落，但仍有大批飞机接踵而至。看起来我们很难大获全胜。我向基地报告了这则信息。空中布满了烟雾和飞机残骸。我们试图将剩余的战斗机集结起来，以免失散。就在这时，另一架印有"肉丸旗"的敌机在上空脱离了编队。我悄悄溜到这架飞机后方，由于燃油弄脏了挡风玻璃，我只能继续靠近对其进行短暂的连发射击。子弹直接命中机翼油箱底部。飞行员的控制电缆也一定被击中，因为飞机在着火后开始疯狂旋转，失去了控制。

尽管我们已经竭尽全力，仍有许多"吉尔"开始下降并发射鱼雷。剩余的"朱迪"轰炸机也纷纷脱离编队，飞往低空投掷炸弹。我直奔排成一列纵队的三架"朱迪"。当我靠近其中一架敌机时,我们已经来到我军舰队最外缘的上空,而且所在海拔相对较高。第一架"朱迪"轰炸机准备俯冲,当飞行员开始作机头着地翻转时,我发现他旁边的空中冒起了黑烟。原来敌机被我们的5英寸口径炮击中。这种做法也许很蠢,但我追上了距离最近的一架敌机。我刚扣动扳机,他的发动机就被打成碎片。随后,这架"朱迪"也开始冒烟,机身不断起火,最后消失在下方。

接着,我看到一架敌机朝我们的一艘驱逐舰俯冲而去,飞机在下降了大约五分之一的距离时被我拦截。这一次,我只打了几梭子弹便产生了惊人的效果。第六架敌机在我眼前轰然爆炸。我想一定是打中了他的机载炸弹。虽然飞机爆炸屡见不鲜,但从来没有一次爆炸像这次一样惊心动魄。我急忙拉动操纵杆,避开散落的碎片和飞溅的火球,然后用无线电报告,"击落第六架!前方还有一架敌机,正冲向一艘战列舰,我猜他到不了战列舰附近。"我话还没说完,这架"朱迪"就被击中,已不足以在战场上构成威胁。随后,这架飞机撞上战列舰上钢板制成的屏障。

此时,我环顾四周,空中似乎只剩下一些"地狱猫"。我扭头望向我们出发的方向,在长达35英里的范围内,水面上到处都是燃烧的浮油,空中烟雾弥漫。让人难以置信这是短短八分钟的袭击留下的战场。这八分钟是我毕生难忘的一次航行。

日军被打得落花流水。"地狱猫"飞行员似乎更容易被前方机翼中抛撒出来的黄铜弹壳打伤,而不是被后方零式战机或"汉普"的子弹击中。

在返回"列克星敦号"上空后,艾利克斯·弗拉丘开始向着陆区盘旋下降,不料成了附近护航航母上一些好战炮手的袭击目标。当曳光弹朝他飞来时,他不禁对着无线电话筒说了一句脏话。然而他并不知道,由于大批飞行员在上空盘旋试图辨认出自己应该降落的航母,情况变得十分混乱。有报告称,至少有一名日军飞行员企图在美军航母上着陆,局面变得更加难以控制。所幸弗拉丘最终安全降落。

按照惯例,安全落地的飞行员们接下来又是一阵忙乱。战斗机飞行员奔向待命室，在餐吧喝上几口菠萝汁，然后按照自己的印象向情报官员讲述执行任务的情况。在听完简单的情况介绍后，飞行员会浏览一下黑板上的通知，接着返回飞行甲板，等待机会再次出击，以提高本人和所在中队的战绩。"从他们的态度来看，"一名战地记者说，"我们完全可以认为，他们所参加的不是一场战斗，而是某种迅速、刺激的比赛，就像马球或者冰球一样。"

作为特混舰队的旗舰，"列克星敦号"上搭载了数量罕见的大批记者。当弗拉丘在填写维修报告时，他们立即围了上来。其中一人曾经看到，当他的"地狱猫"掠过舰桥时，他向米切尔比了"六"的手势。有人举起相机，请他再做一次这个手势。于是，"穿刺王"弗拉丘仰望天空，脸上挂着灿烂的笑容，举起六根手指以显示自己的战果。弗拉丘的飞机管理员发现了一件令人惊异的事情。弗拉丘当天一共发射了360发子弹，击落了6架敌机，相当于每次每挺机枪只发射了10发子弹。这个命中率足以让他引以为傲，同样让他感到骄傲的是他"地狱猫"座舱罩下方手绘的杀敌标记：数轮光芒四射的红日。在军官室举行的宴会上，人们得知第16战斗机中队赢得了与米切尔手下空中行动指挥官格斯·韦德海姆的赌注，现场气氛更加欢腾。毫无疑问，对于这一群人来说，这是一个快乐的日子。美军还未与日军舰队交手，已经有人开始下注，认为他们一定能够打败日军。

正午刚过，威利斯·李的参谋传话称雷达捕捉到的信号均为友机。于是，威利斯下令将所有火炮退出弹药。与此同时，有几名胆识过人的日本飞行员一边伺机等候，一边在附近徘徊，终于他们发现了米切尔的航母。中午，六架"朱迪"俯冲轰炸机发现了"邦克山号"特混大队，开始在云层与火炮手玩起了猫鼠游戏。其中一架敌机向克利夫顿·斯普拉格上校指挥的"胡蜂号"开火，导致一人阵亡、四人受伤。"邦克山号"侥幸躲过了敌机，但人员密布的机库甲板却被打成了筛子，共有两人丧生、84人负伤。

戴维·麦坎贝尔在返回"埃塞克斯号"的时候绕开了战列舰大队上空的危险区域。他看到一枚炸弹击中了"南达科他号"，防空炮手立即发起反攻，致使敌机在靠近战列舰的途中被击落，其飞行员和机组成员均葬身海底，只在水面上留下了一道长长的火焰和浮油的痕迹。麦坎贝尔继续向北航行直到他找到自己的特混大队，驶入着陆路径。当天上午，他手下的"战斗英雄"中队收获颇丰，一共击落68架敌机。但当天的战斗还远未结束。

Fast Carriers Down
☆☆☆

第16章
快速航母
沉没

小泽治三郎全面溃败

潜艇是一个孤独的舰种，往往需要独自航行数日甚至数周。因此潜艇的工作一旦出现差错，就会造成更加紧急和严重的危机。19日深夜，"刺鳍号"的总值日军官便犯了一个错误，由于忽略了搜索雷达信号，被一架飞机打了个措手不及。这架国籍不明的飞机在毫无征兆的情况下突然靠近"刺鳍号"，在其上空发出威胁。当科斯勒上校在控制室里看见总值日军官时，这个小伙子已经吓得面色如土。

随后，第二架飞机在日出前出现在距离雅浦岛不足200英里的地方，这次"刺鳍号"的雷达提高警惕。科斯勒在距离敌机6英里时发现目标并立即下潜。当天晚上，科斯勒感到十分失望。他始终未能靠近之前发现的大规模日军特混舰队，他们于凌晨两点放弃追踪。由于上述报告没有发送出去，科斯勒只能继续向位于菲律宾的巡逻站驶去。日出后，"刺鳍号"浮上水面，开始发送消息。

三个小时后，情况发生了改变。科斯勒从潜望镜中看到，在大约15英里以西的海面上，有四架飞机正在低空航行。紧接着，声呐员报告说除了飞机，还在同一方位听到了船只发动机的声音。科斯勒仔细地向该方位观察，声呐员密切监视着水中测音器。

看到日军战舰的桅杆后，科斯勒发现，威利斯的舰队正迎着小泽的战机航行。"这情形再好不过，"科斯勒写道，"有些令人难以置信。"他一共看到了四艘舰艇，从飞行甲板上部的平面阵列雷达发射器来看，其中一艘是航空母舰，有飞机正在上面降落。科斯勒可以看到，飞行甲板前端停满了飞机，这是"翔鹤号"。即使继续追踪，科斯勒也肯定跟不上这艘航母。幸运的是"翔鹤号"竟然改变航线，循原路向他驶来。因为小泽决定不再靠近米切尔的航母，他打算从僵持距离向米切尔发动打击。此时的"翔鹤号"处于守势，一边缓慢行驶，一边回收飞机，这是它最容易受到攻击的时候。

科斯勒担心距离自己最近的驱逐舰会对潜艇构成威胁，鉴于情况瞬息万变，经过一番权衡后，科斯勒决定承受这一风险。他让副艇长和火炮官来到潜望镜前观看，以确认自己没有看错，然后准备在船首开火。

在距离敌舰 1.2 万码的时候，科斯勒发射了第一枚鱼雷，并将其设定在水下 15 英尺运行。接着，又有数枚鱼雷按照一定的时间间隔冲出炮管。在发射第五枚鱼雷后，他下令向载水舱内注水。当第六枚鱼雷冲出炮管后，"刺鳍号"开始迅速下潜。倒计时很快结束。50 秒钟后，巨大的爆炸声响起。随后每隔 8 秒会响起爆炸声。科斯勒异常激动，他将船舵打向左侧，开始无声航行。

没过多久，日军的驱逐舰就来到科斯勒上方。四枚深水炸弹齐射，分别在他的前方、上方和一侧爆炸。另外两艘驱逐舰也很快到来。在接下来的几个小时里，这三艘日军战舰从上方投掷了超过 100 枚深水炸弹，其中半数炸弹都在附近引爆，科斯勒不禁汗流浃背。他发现，日军的护航舰从不使用主动声呐，因此很容易失去潜艇的踪迹。很快，科斯勒的水中测音器显示附近只剩下一艘驱逐舰。随着深水炸弹此起彼伏的爆炸声，声呐员报告，从鱼雷击中敌舰的方向传来了其他巨大的"水介质噪声"。于是科斯勒冒险上浮，想从潜望镜里一探究竟。

声呐员所听到的"水介质噪声"来自日军的航母。当时，这艘航母正竭力自保。在被三枚鱼雷击中时，"翔鹤号"的机库甲板上遍布正在重新加油和装弹的飞机。鱼雷爆炸后，大火迅速蔓延，舰艇剧烈震荡，将升降梯抬高了三英尺。由于航母向右舷倾侧，松原博大佐下令向左舷注水以平衡舰艇两侧重量，但因为海水阀打开时间过长，导致大量海水涌入，舰艇反而开始向左舷倾斜。

"翔鹤号"上的损害防控人员是日军联合舰队中经验最丰富的专家。他们曾经两度挽救了这艘航母，一次是在珊瑚海战役中，另一次是在圣克鲁兹战役中。他们关闭了通向机库甲板的燃料管线，希望借此控制火势。但是由于全舰电源中断，抽水机无法工作，海水不可遏抑地涌进船舰。机库甲板上的消防水管附近燃起了熊熊大火，消防员无法靠近。手提灭火器和传递水桶灭火在迅速蔓延的火势面前显得毫无用处。洪水淹没了航母前部的舱室，导致船首开始下沉。可燃蒸气遍布整个舰艇。

下午 2 点 30 分，油箱中的航空燃料和氧气瓶加大了船舰火势，大火很快吞噬了机库甲板，将机库分隔的防火板也未能阻止火势蔓延。随着船头继续下沉，海水包围了前甲板，松原大佐下令所有船员到干舷报到点名，准备弃船。这时，轻型巡洋舰"矢矧号"靠近这艘遭到重创的航母，以便提供援助。火势越来越猛，爆炸声接连不断，自由液面效应反而成了致命的威胁。大股水流冲向甲板下的大型舱室，在达到临界点后使整个航母竖立起来。飞行甲板上的人员纷纷摔倒或滑向前方，很多人跌入打开的升降机，然后掉进下方炽热的大火中被活活烧死。四次巨大的爆炸声接连响起，撼动着整艘航母。3 点 10 分，航母船头朝下、船身垂直坠入海中，发出一声"低沉的咆哮"后便消失了。"海面上的幸存者们开始'血泪满面'地唱起了'翔鹤号'的船歌。"一位日本历史学家写道。

"刺鳍号"的水中测音器监测到"翔鹤号"仍然在垂死挣扎。科斯勒来到潜望深度，将润滑良好的潜望镜转向北方，前方海域仿佛刚刚经历了一场暴风雨，现在显现出了一片灰色的虚空。直到晚上 8 点，科斯勒才敢再次浮上水面。随后，科斯勒以三个发动引擎的马力离开这片海域，开始向太平洋潜艇舰队司令部发送消息。

"矢矧号"和"浦风号"穿行在船舰的残骸之间，发现的幸存者少之又少，不足 600 人。也就是说，有 1 200 多人遇难。最后的统计数字显示，阵亡者包括 887 名士官和水手以及 376 名舰载航空兵。松原大佐也是幸存者之一。当航母下沉的时候，他被大水冲下舰桥。出于被击败的羞愧，他下令救援船只离开自己，但最终还是被拖上救援船只，平安登上"矢矧号"。

　　这场灾难迅速演变成一场全面溃败的袭击。当天清晨，遭到"青花鱼号"鱼雷的袭击后，小泽的旗舰"大凤号"一直尝试着恢复正常。由于燃油管线破裂，油气越来越大，小泽不得不让返回的飞机前往"瑞鹤号"降落。损害防控队提出了一个解决办法，即利用航母的通风系统，而"翔鹤号"正是因为缺少这一设备才葬身大海。所以损害防控队队长下令开启通风系统，打开所有舱盖和舱门，让新鲜空气吹散浓烟，使油气在整个航母上扩散开来。

　　虽然"翔鹤号"已经沉没，但小泽并没有就此罢手。他坚信日军还有数百架飞机正在前往进攻美军的途中。第一航空战队司令角田觉治中将通过无线电表示，小泽航母上的大部分飞机已经在关岛着陆。即便如此，其中大多数飞机已变得面目全非。

　　下午3点30分，也就是"大凤号"遇袭六个多小时后，一场爆炸撼动了旗舰内部，灾难即将来临。随着飞行甲板升起，航母两侧被撕裂。舰体严重受损的"大凤号"动弹不得，陷入致命的危险"大凤号"的护航航母见状立即靠了过来。

　　不出所料，当救援队发现小泽后，他极力表示抗议，不愿离开航母。最终参谋说服小泽进行转移。一艘驱逐舰来到一旁，接走了这位大将。临走之前，小泽抢救出天皇的肖像，将其送上重型巡洋舰"羽黑号"。就在这时，第二次爆炸声响起，只有炸弹舱或鱼雷舱才能产生如此强烈的冲击。5点30分，遭到致命一击的"大凤号"船尾朝下沉入海底，导致1 600名军官和士兵丧生。

马里亚纳射火鸡大赛

　　下午3点左右，小泽派往袭击斯普鲁恩斯的飞机大都被米切尔手下的飞行员摧毁或赶走。3点之前，特混舰队的雷达显示，又有一大批飞机开始靠近。但是，在距离舰队尚有135英里的时候，这支队伍分为几路，缓慢地向关岛驶去。原来它们不打算发动进攻，而是准备着陆。

　　斯普鲁恩斯和米切尔一直认为小泽不会冒险在傍晚发动袭击，然后在夜间返回基地。他们认为小泽有可能将飞机部署在关岛，于次日清晨进攻。

他们的预测十分准确。角田已经命令其麾下的所有飞机在关岛集合。虽然他只有 50 架陆基飞机，但是如果与小泽的航空大队联合起来就是一支强大的力量。美军方面也已做好准备。在 2.4 万英尺的高空，戴维·麦坎贝尔已经迫不及待地想要率领"埃塞克斯号"上的 12 架"地狱猫"向日本战斗机直奔而去。

在轻薄的积云下，这三支各由四架飞机组成的分队从东北方向靠近，飞行员发现敌机在关岛南部奥罗特半岛的机场上空盘旋。麦坎贝尔推测，这里共有 16 ～ 18 架崭新的零式战机和 40 架甚至更多的"瓦尔"俯冲轰炸机。零式战机的机身呈浅灰色，机腹配有副油箱。"瓦尔"俯冲轰炸机的机身呈褐绿色。这些日本飞行员正准备降落。

当麦坎贝尔和僚机飞行员雷蒙德·L. 纳尔盘旋下降到 1.2 万英尺的高度时，另一支美军战斗机大队也来到这里并且发现了目标。听到他们的声音后，麦坎贝尔加大油门。敌机两个或四个一组放下起落架开始下降，就在这时，第 15 战斗机中队的小伙子们发起进攻。麦坎贝尔也全速冲了过去。

麦坎贝尔和纳尔盯上了一支由四架零式战机组成的分队。在进行第一次高空袭击的时候，两人都与敌机擦身而过，但在第二次出击时他们分别命中目标。随后，麦坎贝尔和纳尔本打算撤出日本战斗机编队，突然发现一对零式战机俯冲过来并向他们开火。由于空速不够，麦坎贝尔无法脱身，只能径直转向敌机飞行员，机枪子弹擦过两人的机身，撕裂了纳尔的升降舵，击中了麦坎贝尔的机尾和一侧机翼。幸运的是，两人的飞机都没有大碍。

麦坎贝尔看到纳尔的"地狱猫"已经严重受损，无法继续与自己并肩作战。纳尔退到僚机后方，在其尾部以 S 形作剪式运动。当方才的两架零式战机企图再次向纳尔发起袭击时，麦坎贝尔突然现身，将其中一架击落。另一架敌机一个倒翻驶离，准备逃往奥罗特机场。麦坎贝尔命令纳尔返回航母，自己继续追击敌机。靠近这架零式战机后，他立即开火，只见对方正缓慢地作桶滚飞行。由于敌机飞行的流线十分标准，麦坎贝尔几乎不用调整瞄准点。他再次开火，敌机朝机场方向坠落，尾部冒出阵阵浓烟。麦坎贝尔趁机驶离，飞向单架飞机的指定集合地点。

在等待与另一名飞行员组队的间隙，麦坎贝尔看到卡布拉斯岛附近的水面上出现了两顶降落伞。它们像巨大的水母一样顺水漂流。一艘巡洋舰派出两架水上飞机，准备搭救这两名飞行员。就在此时，麦坎贝尔发现数架零式战机一边开火一边向他们冲了过去。于是，他驾驶飞机作半滚倒转，与第 15 战斗机中队的另外两名飞行员乔治·邓肯少校及其僚机驾驶员温德尔·推尔夫斯少尉一起赶往救援。麦坎贝尔首先从上方发动进攻，双方在空中开展了激烈的混战。在这场混战中，邓肯和推尔夫斯一共击落了五架敌机，最后一架被击落的敌机在参战前就已起火，随后滑过水面，留下一道长长的火焰。

敌机散去后，这"埃塞克斯号"的三名飞行员和"企业号"上的另一名飞行员会合，准备返回各自的航母。在向东航行的时候，麦坎贝尔发现在距关岛阿普拉港一英里范围内的水面上共有 17 处火焰或浮油。5 点 30 分，回到航母的麦坎贝尔发现，手下的飞行员无一阵亡，全部平安返回。当天清晨，他所在的战斗机中队共击落 13 架零式战机和两架"瓦尔"，还有 6 架敌机被子弹击中。但是，在 6 月 19 日最后一次出击时，这支战斗机中队却损失惨重。

麦坎贝尔在"埃塞克斯号"上空盘旋着，准备降落，第 15 战斗机中队指挥官查理·布鲁尔正率领另一队"地狱猫"出站，并向航母发出呼叫。"这次飞行我只有这么多飞机吗？"他问。除了自己，布鲁尔手下一共有 6 架飞机。他们的任务是在黄昏时分向小泽运往奥罗特机场的飞机发动最后一次进攻。

麦坎贝尔打开话筒答道："查理，关岛上空有很多日本佬。你发动袭击的时候最好从高空快速进攻并且保持这种状态。"

布鲁尔等人刚来到关岛上空，一名飞行员约翰·R.斯特兰上尉就发现一架敌机正从西方靠近，似乎准备着陆。布鲁尔手下急于赶超麦坎贝尔所率中队的战绩。其中四架"地狱猫"由詹姆斯·里格率领，负责在高空进行掩护。另外三架冲向"朱迪"鱼雷轰炸机将其击毁。几乎在同一时间，四支各由四架零式战机组成的分队向美军战斗机尾部俯冲而来。

麦坎贝尔总是告诫手下，要把敌人当成和自己一样技术娴熟的飞行员。此外，出于谨慎，只有在确认附近没有敌机的情况下，他才会允许部分飞行员留在上空。麦坎贝尔在行动报告中表示，里格等四人未能留在适当的掩护位置，他们的队形"拖得稍微长了些"。因此，布鲁尔、僚机驾驶员托马斯·塔尔少尉和爱德华·W.奥弗顿上尉、僚机驾驶员格伦·梅隆少尉只能从正面迎击敌人。但这四名飞行员每人都需要面对四架零式战机，难免顾此失彼。

布鲁尔一边上升迎敌一边向长机开火，长机被击中后继续俯冲，在一团火焰中坠向地面。塔尔击中了另一架敌机，这架敌机几乎以同样的方式坠毁。从这一刻起，美军飞行员必须为自己的性命而战。

奥弗顿在掠过敌机时展开猛烈攻击，随后发现自己也被子弹击中。在经过这群零式战机的第一支分队时，由于泪滴形的钢制副油箱起火，奥弗顿瞄准了另一支分队的长机。他抛下熊熊燃烧的油箱将其焚毁。随后，奥弗顿的左翼中弹。当左翼开始燃烧，他才意识到僚机驾驶员梅隆已经不知去向。此时，零式战机随处可见。奥弗顿看到，不断有飞机起火坠毁。慌乱中他使尽浑身解数，在一次远程偏角射击中，击中了一架正对友机穷追不舍的零式战机，致使敌机翻滚着坠入海中。接着，在与另一架零式战机交火时，奥弗顿抢先向敌机开火，直至后者冒烟后向下坠落。又有一架敌机呼啸而过，他迅速在其机身上打出了一连串洞眼。待梅隆返回身边，奥弗顿的胜算随之增加。日军飞行员总是单独行动，因此效果不佳。也正因如此，他们可以在转眼之间消失得无影无踪。空中一架零式战机也没有，下方跑道也空无一物。难道他们去了另一座机场？无论如何，这场战斗已经结束。

奥弗顿开始呼叫布鲁尔询问会合地点，没有得到应答。只有两架"地狱猫"与奥弗顿会合。最后，他发现了另外四架无线电均已关闭的飞机。奥弗顿开始在这片海域寻找幸存者，但是一无所获，海面上没有飞行员被击落后留下的绿色染料的痕迹。由于天空阴云密布，天色太暗，他什么也看不见，只能决定放弃搜索。奥弗顿转向东方，返回"埃塞克斯号"，在天黑前一小时着陆。

从此以后，再也没有人见过查理·布鲁尔和僚机驾驶员塔尔。该中队的一名飞行员报告称，他曾经看见一架身份不明的飞机，有可能是布鲁尔驾驶的，在急剧上升，仿佛要作半滚倒转或者翻筋斗，但是由于剧烈抖动而跌落。因为无法确定这架飞机是否就是队长布鲁尔和塔尔上尉驾驶的，所以两人被列入了失踪人员名单。

副队长里格驾驶着千疮百孔的战机返回"埃塞克斯号"上空，降落在"企业号"上。布鲁尔的命运成为所有人关心的话题。麦坎贝尔厉声质问副队长里格，是否清楚这两名飞行员的下落，里格吞吞吐吐回答不上来，麦坎贝尔顿时火冒三丈。"他应该留在高空，掩护查理·布鲁尔及其僚机。"麦坎贝尔后来说，"查理告诉过他，自己要下去袭击这架飞机。他肯定要下去很久，而吉米·里格却不知道他出了什么事。在这种情况下，他的职责就是为查理提供掩护，但他却不知道出了什么事。"

麦坎贝尔一向认为，布鲁尔是自己手下最杰出的"地狱猫"驾驶员，因此始终对他的命运耿耿于怀。这让他想起了此前的一次经历。在发起远程俯冲袭击时，由于气温和气压急剧变化，他的挡风玻璃突然起雾。麦坎贝尔想，布鲁尔在进行追击的时候，由于视野狭窄，前方视线很有可能被浓雾遮蔽，他才会落入水中。

尽管 6 月 19 日的行动令人悲痛，但并没有削弱众人对赫赫战果的欢欣之情。美军飞行员自豪地将这次胜利称为"射火鸡大赛"。这场战役也被称为菲律宾海海战，是美军海军航空兵最光荣的战役之一。在这个最重要的日子里，麦坎贝尔手下的战斗英雄为日后赢得了可供吹嘘的资本。第 15 战斗机中队一共击落飞机 68.5 架，还有 12.5 架可能被击毁。这一战绩在第 58 特混舰队名列前茅。该中队有 6 名飞行员分别击落了 4 架以上敌机。麦坎贝尔一人就摧毁了 7 架飞机，还有 1 架可能被击落。在"列克星敦号"上，第 16 战斗机中队的亚历克斯·弗拉丘击落了 6 架敌机，他的队友一共击落了 40 架，还有 5 架可能被摧毁。经过这次战役，该中队的空战记录增加至 134 架，暂列海军之首。弗拉丘一共击落了 18 架飞机，一跃成为海军首屈一指的王牌飞行员。弗拉丘向布伊中校汇报自己战果的时候，这位队长答道："祝贺你，但你被禁飞了，因为你在战争中私自脱离队伍单独行动。"弗拉丘顿时垂头丧气。在这次行动中，由于增压器失灵，他已经竭尽所能。在与战斗机指挥官交谈后，布伊得知正是弗拉丘驾驶出现故障的飞机展开第二次拦截。布伊立即来到弗拉丘卧舱，为他带来一瓶上好的威士忌作为礼物。

当天，特混舰队的防空炮手同样战绩斐然，他们集体摧毁了 16 架敌机。不同战舰的任务各不相同。"华盛顿号"位于阵列北方，由于视线被遮挡仅有一次开火，在 12 秒钟内发射了 27 枚 5 英寸口径炮弹。"南达科他号"弹如雨下，共发射了 859 枚 5 英寸口径炮弹、将近 1 万枚 40 毫米口径炮弹和超过 1.1 万枚 20 毫米口径炮弹。"阿拉巴马号"和"印第安纳号"各发射了 400 枚 5 英寸口径炮弹。此外，"印第安纳号"还发射了 4 654 枚 40 毫米口径炮弹，其中部分炮弹击中了一架鱼雷轰炸机的尾部，还有不少打进"旧金山号"巡洋舰优美的舰身，导致两人负伤。"这一点虽然令人遗憾，但是不可避免。"该战列舰舰长冷冰冰地说，"一架敌机正准备向我舰发动袭击，所以必须开火将其击落。事实上，凡是靠近我舰的飞机均被摧毁。"其实"印第安纳号"也被其他友舰的炮火击中，导致五名船员负伤。空中爆炸的碎片遍布"哈德逊号"的甲板，使该舰燃起冲天大火。此外，这艘驱逐舰的舰桥被一枚 5 英寸口径炮弹击中，导致两人丧生、六人受伤。"邦克山号"特混大队位于主战场 15 英里外，斯普鲁恩斯和参谋在"印第安纳波利斯号"上亲眼看到威利斯的舰队遭到袭击。这一景象从远处望去蔚为壮观，被摧毁的飞机在蓝色的天空中拖出道道黑色的线条。共有四名飞行员穿过枪林弹雨，对第五舰队旗舰构成威胁，"印第安纳波利斯号"设法击落了一架"吉尔"。"他的鱼雷朝一个方向飞去，他本人朝另一个方向跌落，而一侧机翼又飞往第三个方向，"卡尔·摩尔欣然说道，"你真应该听听众人的欢呼声。"

6 月 19 日的行动告捷促使美国海军的各级指挥官在做筹划时更加大胆。由于美军成功地打击了日军的空中力量，凯利·特纳可以继续依靠护航航母为战斗机提供掩护，或者进行近距离支援。米切尔认为，他已经赢得自己一直以来希求的许可，即继续西进，摧毁小泽航母。米切尔召回在东侧安全区域盘旋的"复仇者""地狱俯冲者"和"无畏式"俯冲轰炸机。大家明白，次日清晨，他们将面临一场决战。

刚入夜的时候，应哈里尔将军的请求，斯普鲁恩斯批准"埃塞克斯号"特混大队离队重新加油。它们将留在马里亚纳群岛，与第五舰队的供油船会合。米切尔率领其他三支特混大队向西追击小泽，哈里尔负责为塞班岛提供掩护、进攻关岛和罗塔岛。随后，作为第五舰队司令，斯普鲁恩斯向米切尔发去一封他渴望已久的电报："如果我军已明确日军方位，望于明日发动袭击。"斯普鲁恩斯认为，如果"水手"水上飞机能够找到小泽，他就没必要动用航母飞机进行搜索，这样可以用航母飞机执行打击任务，在空中行动允许的范围内尽可能向西进行追击。与此同时，"印第安纳波利斯号"

截获了一封加密的无线电电报。这封电报来自日军航母"瑞鹤号",是一则为"翔鹤号"舰长转达的简短信息。"你可以感觉到,这封电报涉及的事情十分棘手,而且在日本的海军通信中享有最高优先权。"斯普鲁恩斯的翻译官吉尔·斯洛宁写道,"虽然我们无法读懂这则信息,但我们明白这份电报传达的内容一定十万火急。"斯洛宁认为,这封电报足以证明,"翔鹤号"遭到袭击,甚至有可能已被摧毁。晚上9点刚过,斯普鲁恩斯和米切尔收到了太平洋潜艇舰队司令部的消息,证实了众人的猜测。"刺鳍号"用鱼雷对一艘航母成功地发动了袭击。

美军的潜艇由雷达导航,不仅经过严格的训练而且数量众多。在对特混舰队进行支援的时候它们表现出色。10点过后不久,米切尔改变航向,加速到23节,开始西进。他不知道斯普鲁恩斯会允许自己追踪敌舰多久。但在他看来,如果此时不采取行动,很可能再也没有机会向西追击了。日军的航母已经打响了第一枪。夜幕降临后,直至次日黄昏,第一机动舰队将成为被追击的目标。

To Build a Better
Airfield
☆☆☆

第 17 章
为了修建
一座更好
的机场

夺取轰炸日本本土的 B-29 基地

随着空战在西南方向展开，空中硝烟弥漫。斋藤将军发现他的处境让人难以忍受。塞班岛上的日本陆军名义上由他调派，但由于没有有线通信网络，他无法与岛上的部队取得联系，部队之间也难以沟通。此外，他没有任何补给线。他手下的士兵只能依靠山洞里储藏的物资生活，一旦这些物资耗尽，他们就只能就地取材。反观美军的滩头堡，补给和援军源源不断。斋藤手下没有可以抵挡美军持续空袭的空中部队，更不能削弱海军猛烈的轰炸。再者，塞班岛地势崎岖复杂，到处都是天堑，虽然难以攻克，但是同样将日军困在原地动弹不得。岛上的塔波查山居高临下，斋藤的守备部队从这里呈车轮状向四周辐射，而这里就像车轮上高耸入云的轮毂，既是一座易守难攻的堡垒，又是一处令他处处受到掣肘的障碍。

6 月 19 日，面对美国两个海军陆战师以及两个步兵团援军咄咄逼人的攻势，斋藤被迫再次迁移总部。美军登陆前一天，斋藤逃离查兰卡诺亚校舍，搬入西北 500 码处一个地势较为有利的洞穴中，这座山岬也被称为 500 高地。在这里，斋藤目睹了美军登陆的全过程，随着美军的不断推进，斋藤不得不离开山洞。空战发生当天，斋藤又一次将总部搬往塞班岛东部一座可以

216

俯瞰查查村的山梁上。这里的地坑中有一座天然的山洞,四周巨大的岩石可以充当屏障。此外,这里储存有足够的粮食,而他手下规模最大的一支部队就在附近的村庄里,因此这个地点再合适不过。

"嚎叫的疯子"史密斯想让斋藤无力喘息。当天下午,他敦促凯利·特纳让第 27 师第 3 团登陆。施密特率领的海军陆战队第 4 师经过快速推进已经穿过该岛南部的平原,于 6 月 19 日来到马格西尼湾沿岸,继续向北方进发。由于地势崎岖,随着各团的持续推进,他们的防线会不可避免地出现缺口。虽然坦克就在附近,但难以穿越诸多溪谷沟壑,排和营一级只能各自为战。

约翰·切宾所在的海军陆战队第 24 团第 3 营 K 连的一个排的伤亡同样惨重。为了将该排的侧翼与邻近的第 23 团连接在一起,这名中尉率领手下的士兵艰难前行。他们经过一辆已经被烧毁的坦克,旁边还有一具海军陆战队员的尸体。约翰·切宾手下的士兵沿着一条通往海湾的狭窄铁轨挖掘壕沟。切宾在一所农舍里建立了指挥所,布设了机枪,其火力范围可以覆盖到四周的小径。在数码开外的地方,约翰·切宾看到地上躺着一枚巨大的炮弹,他猜测这枚哑弹应该是战列舰发射的 16 英寸口径炮弹。切宾不禁担心,要是日本人投过来一枚手榴弹,把这个家伙引爆了怎么办?他辗转反侧还是没有想到解决办法。战场上用于遮挡夜雨的马口铁皮供应短缺,人们只能断断续续地睡一会儿。约翰·切宾觉得,总部那些高级将领根本不了解前线战士的生活。他们只会在无线电中急不可耐地询问各营的推进速度、打击目标以及与其他部队的界限。切宾认为这些将领根本不知道纸质地图与现实战场之间有着巨大的差别。

约翰·切宾发现一名军官正在前线研究塔波查峰东侧的地形。那里有一片长长的洼地,被称为死亡谷。这名军官准备于次日为海军陆战队第 23 团开展的突袭行动提供掩护。此人名叫埃文斯·卡尔森,出身贵族,来自大名鼎鼎的海军陆战队突击营。"他亲自奔赴前线研究地形,与其他不肯露面的高级军官形成鲜明对比。"约翰·切宾写道。总部不可能提前预知战场上应采取哪些措施。霍兰德·史密斯起初并未打算用牛车运送军械,但是由于人力短缺,地势崎岖,许多车辆已被损坏,这项工作只能借用牲畜完成。"塞班岛养有大批健壮、笨重的牲畜,"第 24 团第 1 营的弗雷德里克·斯托特中尉写道，"到了晚上，我们排已组建起一支由六辆双轮牛车组成的队伍。整个排跟着这支原始的运输队缓慢前行，这一场景不禁使人想起一幅描绘古代战场的画作。唯一的区别是现在没有营妓。士兵们用临时制成的鞭子赶牛，还发明了独创的吆喝声。在发起进攻时，其中一些'能手'甚至骑在牛背上，只要它们不出声就可以。"到了晚上，海军陆战队员用木桩建了一个牛圈。据斯托特回忆，海军陆战队员们"醒来后发现有两头牛闯进连队指挥所，它们犄角交叉在一起，在屋子中间刨来刨去。当时，人们更担心的已经不再是日本人，而是这些家伙。其中一名士兵身上还有一个明显的蹄印，由于疼痛难忍，此人搭乘推车被送了出去。"

6月20日清晨，海军陆战队第25团陆续穿过约翰·切宾所在的营，准备发动进攻。海军陆战队第24团奉命安营扎寨、就地休息，他们暂时转为后备部队。日军狙击手并没有就此罢休，他们借着居高临下的地势，时不时地从隐蔽角落朝美军营地放冷枪。约翰·切宾一边趁机稍事休憩，一边观看海军陆战队的进攻情况。该地区的主峰500高地距此仅有四分之一英里。随着海军陆战队第25团开始进军，"一连串场景在我们面前徐徐展开。"约翰·切宾写道。在日军猛烈的炮火中，海军陆战队员们娴熟地与提供掩护的坦克部队相互协助前进，他们在山洞入口处制造烟雾，向里面投掷了大量的凝固汽油弹，又布置爬梯爬上遍布山野的炮架，最终冲上山顶。500高地失守后，斋藤将军再次逃跑。

海军陆战队第4师之所以横跨塞班岛，不屈不挠地向前推进，与他们的危机感息息相关。攻打马格西尼湾很快取得成效，美军成功阻断了日军后备部队前往岛上战略重地阿斯利托机场的道路。该机场的珊瑚跑道纵横交错，呈三角形，就像天宁岛和关岛上的机场一样，都是海军陆战队的进攻目标。根据尼米兹对塞班岛的基地建设计划，占领该岛后，美军将在此建造三座机场并交由陆军管理。同样，在攻克天宁岛和关岛后，美军也将在岛上修建类似的设施。这三座岛屿的机场联合起来将形成全球最大的空军基地。因此，攻占机场的任务落在陆军而非海军陆战队身上，这项首要任务也是美军攻打这座岛屿的原因之一。

摆在海军工程营和陆军航空工程兵面前的任务相当艰巨。因此他们鼓足干劲，早在美军尚未消灭该地区的日军狙击手时，他们就派去了第一支现场勘测队。海军的空中情报技术队在当地缴获了 24 架完好无损的零式战机和 30 多部发动机。很快，这里被更名为加德纳·康罗伊机场，这是攻占该机场陆军部队某团团长的名字。勘测队发现，只需用推土机将单引擎飞机推走，这里即可投入使用。尼米兹下令在 6 月 20 日前，机场要为首架陆军飞机起飞做好准备。尼米兹所说的飞机是指波音公司生产的 B-29"超级空中堡垒"。攻占塞班岛后，当地的守备部队由陆军少将桑德福·贾曼指挥。他说："我知道，当务之急是尽快推动这个超远程轰炸机项目。"这种体形庞大的飞机需要一座坚固耐用、地势开阔的机场，所以现阶段贾曼将军的主要任务是：修建机场、可供卸货的船坞以及连接这两者的公路。"其他事情都是次要的。"他说。

第一条轰炸机跑道长 8 500 英尺，将用柏油铺成。最初调查显示，塞班岛的表层土壤厚达两英尺，土壤下面是坚硬的石灰岩，所以爆破必不可少。海军工程营和陆军航空工程兵所做的工作不亚于德雷珀·考夫曼。他们每天耗费五吨炸药，最终炸出了一条长 1.5 英里的轰炸机跑道。同时修建了采石场，开采珊瑚和岩石以填补 20 多英尺深的泥潭和沟壑。在他们登岸后的前 10 天里，偶尔会有敌机从硫磺岛飞来进行空袭，其他陆上基地需要在夜间实行灯火管制，使他们暂时无法开展工作。但是，随着陆军和海军陆战队 3.2 万名将士在塞班岛战役前线浴血奋战，1.2 万名陆军航空工程兵也随之加快了修建速度。

陆军负责开展地面防御的守备部队，指挥轰炸机大队和战斗机指挥部提供掩护，同时布设了大量防空设施，包括 10 座 90 毫米炮炮台、10 多座 40 毫米炮炮台和 80 挺四联装 50 毫米口径机枪以及用于进行海防的 155 毫米口径火炮。此外，他们还将在该岛安装大量的空中搜索雷达。其他相关任务包括提供水源、电力和制冷服务，最重要的是水源，需要每天为每人提供五加仑饮用水。海军将开发和扩展加拉班和马格西尼湾的港口，修建油箱贮存设施，通过管道将其与油轮的停泊区相连。此外，海军还要修建航空汽油、车用汽油和柴油的储存点。在海滩上，浮桥码头将被扩展至现有设施附近以便装卸货物和运送补给。海军陆战队则负责向当地输送作战部队，帮助部队进行休整和接受训练，从而加强守备部队的力量。

在海军工程营修建机场的时候，日军偶尔会朝他们开火。幸运的是，修建过程中第 24 团炮兵部队的第一支炮兵连从瓦胡岛出发抵达塞班岛。他们可以从位于思书浦沼泽区南部的射击阵地压制日军从塞班岛大部分地区发起的攻击，甚至还可以越过海峡攻打天宁岛的目标，因为该岛恰好位于其南方的射程之内。

6 月 20 日晚，横扫塞班岛后，两个海军陆战师均面朝北方。美军攻占了阿斯利托机场后，塔波查峰成为眼下最大的威胁。这座山峰高耸入云，山上遍布针尖状的珊瑚、凸出的火山石和石灰岩峭壁，这让躲在壕沟里的日军的处境更加危险。

在东京湾的横须贺港，联合舰队旗舰"大淀号"轻型巡洋舰上的参谋大都支持小泽，他们让小泽治三郎就如何在马里亚纳群岛开战自行做出决定。丰田副武的参谋长日下担心，在战斗过程中，指挥官有可能会产生危险心理。日下认为，小泽也许是希望自己可以为舰队一雪前耻，所以在面对第 58 特混舰队时铤而走险。"对于一位指挥官来说，即使是在胜负已分时，他也很难做出撤退的决定，"日下写道，"受到责任感的驱使，他会试图开展毫无希望的行动。"

日下劝说丰田大将召回小泽，择日再战。在日下看来，他这样做是在为同僚减轻负担。"如果由上级下令撤退，他会比较容易下定决心。"日下写道。更为重要的是，统帅部最根本的责任就是避免战略失败。日下认为，命令小泽这样身居高位的指挥官撤退，可能最终"防止此人不顾一切地贸然开战"①。在这一点上，联合舰队总部也很内疚。由于他们过分自信，对角田觉治期望过高，认为角田麾下主要由新兵组成的陆基飞行中队远远超过米切尔手下由一流飞行员组成的队伍。联合舰队总部似乎并不清楚，第一航空战队并没有做好充分的准备。直到一架架飞机在烈火中坠落，他们才如梦初醒。日下后来写道："可以说，失去了飞机的特混舰队就像一具行尸走肉。"横须贺航空队的王牌飞行员坂井三郎少尉获悉日军在塞班岛惨败后，不顾天空阴云密布，于 6 月 20 日再次试图飞往硫磺岛。"我们的长官十分绝望，"坂井写道，"他们知道塞班岛急需援助。但我们无能为力。即便我们的战斗机发动大规模进攻，也是徒劳无益，只能取得一时的效果，塞班岛距硫磺岛以南将近 600 英里。"

----

①日下所言可能并非专指小泽，因为小泽一向由于具备良好的判断能力而受人尊敬。——作者注

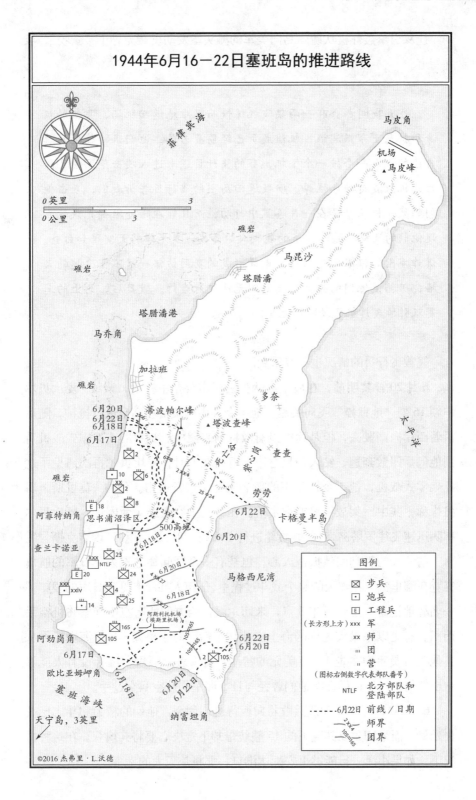

1944年6月16－22日塞班岛的推进路线

让双引擎轰炸机从硫磺岛向美军的滩头堡发动夜袭无异于"蚤咬"，坂井写道。

每天夜间都会有一两架飞机缓慢而艰难地返回机场，飞机的机身和机翼上布满洞眼，机组成员已经筋疲力尽。他们眼睁睁地看着自己的战友一个接一个坠机，有的飞行员还未进入攻击范围便已阵亡。机组成员神色憔悴。少数返回岛上的飞行员告诉我们，袭击他们的战斗机几乎是在一片漆黑中行动，而且能在暗处准确无误地发现他们的飞机。随着美军的舰艇火炮齐发，曳光弹将天空照如白昼。爆炸发出的耀眼闪光以及曳光弹形成的罗网仿佛一道不可逾越的火墙，阻挡了他们的去路，让他们无法进行轰炸。数日后，岛上的三菱双引擎轰炸机已经所剩无几。

舰载飞行员的情况也不容乐观。

6月20日黎明前，在航空大队失去了布鲁尔中校后，戴维·麦坎贝尔率领16架"地狱猫"飞向关岛。他下令其中4架留在高空进行掩护，随后沿着西岸向南驶去，但是途中没有敌机前来阻拦。日军的4架零式战机看到他们后四散奔逃，钻入云层之中。返回北方时，麦坎贝尔再次遇见了这几架零式战机，他下令让手下的数名飞行员进行追击。伯特·莫里斯上尉报告称，其中一架敌机可能被击落。在关岛上空盘旋了两圈后，麦坎贝尔率队迅速飞往罗塔岛,对一艘货轮进行了疯狂扫射,最后返回"埃塞克斯号"。

前一天的胜利固然振奋人心，但是有一个疑问挥之不去：日军的航母究竟在哪里？"在昨天的整个战斗过程中,任何人都没有见到日军的舰艇。"一名战地记者写道。下午3点，米切尔派往西方的所有空中搜索飞机空手而归。有史以来最大规模的海上空战结束后，对于格斯·韦德海姆能否从其他飞行员手中拿走1 000美元的赌注，有人表示质疑，因为没有人能够拿出任何确凿的证据证明他们曾经与日本海军的航空兵交过手。

6月20日，小泽和残兵败将向西行进。如今，他们的精力和斗志已丧失殆尽，而米切尔及其麾下的15艘航母却下定决心要将其擒获。在这种情况下，如果小泽一行能够平安抵达港口，那将是天大的幸事。

Beyond Darkness
☆☆☆

第18章
穿越黑暗

"地狱猫"对阵零式战机

行动初期，作为"印第安纳波利斯号"的观察员，海军少将约翰·麦凯恩曾对雷蒙德·斯普鲁恩斯说："每名指挥官必须是一个赌徒。"斯普鲁恩斯想了想，答道："如果真是这样，那我就是一个职业赌徒，因为我希望所有情况都对我有利。"正因如此，斯普鲁恩斯开始不遗余力地搜寻小泽及其神出鬼没的航母。6月20日子夜过后，"企业号"航母上"蝙蝠"队的15架"复仇者"在茫茫夜色中迅速升空，开始执行远程武装搜索行动。

搜索飞机在向西航行100英里后分为七个小队，每个小队负责宽5度、长200英里的区域。"6月19日黄昏，日军的两支舰队相距很远。"阿利·伯克说，"我们认为日军一定会在黑夜让两支舰队尽量远离。假如我们不能在次日对他们实施打击，他们就有可能完全摆脱我们，所以我们的飞机必须展开大范围搜索。"米切尔认为，日军也许会向北逃往日本本土，或者会朝西北方向前往台湾，或者向西达到菲律宾，抑或是向西南方向返回中国南海。但搜索飞机一无所获。

次日清晨，来自"蝙蝠"队的两架"复仇者"在390英里开外的海域发现了小泽手下正在撤退的舰队，并紧紧尾随了一个小时。清晨6点，"企

223

业号"和"大黄蜂号"分别出动鱼雷轰炸机前往袭击，但是这些飞机燃油有限无法追上日军战舰。于是，米切尔的航母开始疾速向西行驶，以免与敌舰的距离越来越远。

当天下午的追击行动由航程相对较长的"地狱猫"战斗机执行。正午时分，在"圣哈辛托号"上 8 架"地狱猫"战斗机的掩护下，"列克星敦号"上 12 架配有 500 磅穿甲弹的 F6F 朝西北偏北方向出发，航行了 470 英里，打破了当时的纪录。"为了增加航程，我们想尽办法。我们告诉所有人最有效的空速、顺风航行时的最佳海拔、最有效的爬升率以及炸弹的装载量等各种细节。"伯克说。经过 20 英里的下行航线，他们两手空空地返回航母。"我们还是抱着一线希望，但愿日军舰队愚蠢至极。在大多数舰载飞机被摧毁后，我们希望日军仍然逗留在我军航母的打击范围之内。"伯克说，"此外还有一种可能性极小的情况，即敌舰掩护被潜艇击中的航母，以缓慢的速度返回日本本土。我们请求继续追击并获得批准。但是，由于驱逐舰所剩燃料不多，如果可能的话，我们准备于次日清晨为驱逐舰补充燃料。"

6 月 20 日下午 3 点 42 分，"列克星敦号"上的无线电在恢复工作后收到了一份不知来向的报告，报告内容十分混乱。"从第一次发送的内容来看，有人发现了目标，但是没有说明是谁在何处发现了什么样的目标。"伯克说。实际上，这份报告来自第 10 鱼雷轰炸机中队绰号"斯图"的罗伯特·S. 纳尔逊上尉。他所发现的日军舰队包括战列舰、航空母舰、巡洋舰、供油轮和驱逐舰，这些船舰分为三个大队。其中两支队伍正以 20 节的速度向西疾行，另一支队伍以 10 节的速度缓慢北上。报告显示，航母甲板上没有飞机。

随着太阳向地平线缓慢移动，对于是否向日军发动攻击，米切尔陷入两难境地。"即便敌舰所在方位与我们猜测的一致，那么剩余燃油也仅够我军飞机在发动袭击后返回航母。这需要飞行员在行动中最大限度地节约燃油，既不能速度过快，也不能海拔过高。但是在发动袭击的时候，这两点却是必不可少的。"伯克写道。即使是在白天，在开阔的水域航行也十分危险。对于一名飞行员来说，要想在与日军特混舰队的空战中生还，然后在黑夜中驾驶没有多余燃油的飞机航行两百多英里返回航母，这无疑是一件极其凶险的事情。米切尔对手下的飞行员视如己出，绝不会轻率进行调遣。那么，为了对日军发动战略打击，他是否应该拿这些飞行员的生命去冒险？

根据伯克回忆，斯普鲁恩斯本来计划让威利斯及其手下的战舰进行夜间追击以便在天亮之前赶上小泽。伯克表示，斯普鲁恩斯后来改变了主意，决定让特混舰队保持战术集中。斯普鲁恩斯的作战指挥官埃米特·P. 弗勒斯特上校则表示，是威利斯拒绝了斯普鲁恩斯提出的在 6 月 20 日夜间进行追击的建议。无论如何，威利斯不可能赶上小泽。当天傍晚，威利斯的舰队距离日军至少 330 英里。即便他的速度比小泽加快 10 节，一昼夜后他们仍然相距约 100 英里。

不到 10 分钟，米切尔就下定决心。他通知特混大队的各位指挥官，他手下的航母将出动所有飞机，并在天黑后进行回收。同时，米切尔也向斯普鲁恩斯发去急电。"米切尔告诫飞行员要节约燃油，称他们很有可能在黄昏或夜间返回，所以必须为此做好准备。"伯克说。米切尔认为，这将是"抓住日军、摧毁其海军的最后一次机会"，伯克接着说道。

整整一天，艾利克斯·弗拉丘在"列克星敦号"的待命室进进出出，等待着轮到自己起飞。当有关的消息传来后，弗拉丘及其分队刚解除备战警戒，船舰就收到来自敌舰的相关消息。得知此事后，他和手下飞行员立即冲进待命室，开始制订黄昏出击计划。"由于航程过长，我们只好在描迹板上将比例缩减到一半，"弗拉丘说，"我们预估'地狱猫'的燃料足够执行这次任务。但是轰炸机队也许会面临一些困难，因为他们在返程途中可能会燃料不足。"弗拉丘曾经在"蝙蝠"队服役，对夜间飞行较为熟悉。但中队大多数飞行员没有接受过夜间飞行训练。第 16 航空大队的飞行员们纷纷冲上飞行甲板，准备在 16 点 24 分起飞。数分钟后，他们听到"发动引擎"的指令。甲板上的所有飞机，包括 11 架"地狱猫"、7 架"复仇者"和 15 架"无畏式"俯冲轰炸机在 12 分钟内迅速升空。在这次行动中，特混舰队一共集结了 226 架飞机。"大黄蜂号"上，"大猩猩"克拉克让旗舰秘书通过信号灯给"奥克兰号"上的好友索尔·菲利普斯上校发送信息："让'东京玫瑰'做好准备，我们要出击了。"此时，美军 411 名航空兵正蓄势待发。

"地狱猫"战斗机速度较快、功能强劲，起飞时需要的甲板空间较小，因此率先升空，然后改变航向，朝着西斜的太阳攀升。由于所有飞机需要在行进中完成会合，所以战斗机飞行员放慢速度。20 分钟后，俯冲轰炸机和鱼雷轰炸机与战斗机在空中会合。弗拉丘和僚机驾驶员霍默·W. 布罗克梅耶少尉艰难地与战斗机保持一致。每架"复仇者"配有 500 磅炸弹，而每架"无畏式"轰炸机要携带重达 1 000 磅的炸弹，因而速度更慢。为了与"复仇者"和"无畏式"步调一致，"地狱猫"飞行员不得不以 S 形路线进行穿梭。

现在，美军所有航母上的航空大队只有一个目标：尽快找到日军航母。随着第 16 航空大队的飞行员开始前行，其他特混大队的飞机也出现在四周。飞机全部升空后不久，有人对目击报告做出修正。由于最初给出的坐标纬度存在一度的偏差，这意味着目标的实际距离要比预想的远 60 英里。得到这一消息后，"企业号"上的第 10 轰炸机中队队长詹姆斯·D.拉梅奇觉得他们肯定要在大海里"泡澡"了。虽然他手下"无畏式"轰炸机中队的航程比其他中队短，但拉梅奇觉得这次行动多半是有去无回，所以他始终让燃料混合物保持在极贫状态，尽可能慢速巡航。

随着美军飞行员继续向前推进，太阳离地平线越来越近。两个半小时后，这种单调的航行突然被打破。船只在海面上留下的白色尾迹隐约可见。这是小泽手下的乙队，其主力是海军少将城岛高次率领的第二航母中队。该中队包括"隼鹰号""飞鹰号"和"龙凤号"航母以及"长门号"战列舰。"贝劳伍德号"航母上的第 24 航空大队紧跟在"约克城号"的航空大队之后，是首批到达的队伍之一。由于没有空中协调员负责分配目标，飞行员们只能依靠自己。乔治·B.布朗中尉在掠过西侧目标后作 180 度转弯，这样可以让手下的分队背对落日作战。如果他们被日军炮手发现，日军视线会受到阳光的干扰。布朗和中队的两名队友本杰明·C.塔特和沃伦·R.欧马克以 50 度角穿过一片云层，准备发动"铁砧"攻势。这是进攻舰艇的典型战术，即从舰艇正面的三个方向发射鱼雷，使敌舰舰长无法调转方向，只能将舷侧暴露给其中至少一架飞机。欧马克和塔特负责攻击左侧，布朗负责攻击右侧。三人拉开距离，准备从三个不同的象限对"飞鹰号"发动进攻。在整个特混大队中，只有这些 TBF "复仇者"轰炸机配有鱼雷，因此布朗和队友决定善加利用。

在向航母船首左舷发动进攻时，布朗的飞机多次中弹。防空炮撕掉了部分左翼，打穿了机身。由于机翼油箱起火，炽热的火焰迅速蔓延，机上的无线电员和炮手被迫跳伞。但布朗留了下来。在"飞鹰号"向左急转的时候，布朗在水面上方 200 英尺发射了鱼雷。落入水中的无线电员和炮手看到布朗驾驶着熊熊燃烧的飞机，在敌舰上空拖出一道长长的烟迹，然后消失在远方。塔特和欧马克分别掠过"长门号"的船首和船尾，接近了"飞鹰号"的右舷。由于"飞鹰号"的炮手暂时被布朗牵制住，塔特和欧马克趁机进入射程之内，发射了鱼雷。随后，塔特向左撤退，从"飞鹰号"和"长门号"之间穿过，驾驶舱被防空炮打成了筛子。子弹击中他手握的地方，炸掉了控制杆上部，卡住了机尾炮塔。欧马克向右撤退，穿过塔特后方。炮塔和机腹炮手 R.E. 莱恩斯和 J.E. 普林斯报告称，当鱼雷翻腾的氧气气泡碰到敌舰时，他们距离"飞鹰号"船首仅 150 码，因此看得清清楚楚。随着鱼雷在水下爆炸，敌舰开始剧烈震动并喷出阵阵黑烟。

为了节约燃油，"吉格犬"拉梅奇率领"企业号"上的轰炸机中队缓慢前行，于下午 6 点 45 分发现了小泽的供油轮。当拉梅奇看到一些美军飞机正在准备发动袭击时，他打破无线电静默，建议这些"无畏式"轰炸机飞行员不要把精力浪费在日军的支援船只上，而是应该攻打日军的航母。随后，拉梅奇径自联系到另一支航空大队，他说："突击队长，这是 41 号狙击兵，航母就在正前方。你们想要干什么？击沉他们的商船队吗？"拉梅奇看见，在数英里开外的北方，一股黑烟直冲云霄。他心想，混战已经开始了。几分钟后，小泽第一机动舰队的一支大规模分队分别出现拉梅奇西北偏西航线右侧的下方和前方。这支分队距离拉梅奇尚有 20 英里，包括一艘"翔鹤"级的大型航母。这艘航母代号"瑞鹤号"，现在是小泽的旗舰，也是第一机动舰队之前的航空战队里唯一幸存的航母。甲队的"翔鹤号"和"大凤号"已被美军潜艇击沉，目前位于三支航空战队的最北端。眼看即将遇袭，所有舰艇立即开始闪避。

拉梅奇绕过左侧一团高耸的积云，发现眼前的景象格外壮观。这支队伍是小泽的乙队。拉梅奇在 1.6 万英尺的高空俯瞰下方，日军舰艇一览无余。于是，他选中这支队伍作为袭击目标，并打开了麦克风。

"这是 41 号狙击兵。所有轰炸机手听令，第一分队向最大的护航航母俯冲。其余分队向小型舰艇俯冲，除非大型舰艇未被击中。完毕。"实际上，这支队伍里有两艘航母属于"大型舰艇"。"隼鹰号"和"飞鹰号"是姊妹舰，"龙凤号"体形最小。拉梅奇所在的分队和范·V. 伊森上尉所率领的五架 TBF 轰炸机瞄准"龙凤号"。拉梅奇命令副队长路易斯·L. 邦斯上尉率领六架

"无畏"式轰炸机袭击"飞鹰号"。邦斯很快就发现了"隼鹰号",于是将分队分为两个小队。邦斯带领其中两名飞行员,准备向"飞鹰号"发动进攻。剩余三名飞行员负责袭击"隼鹰号"。

绰号"猎犬"的唐·刘易斯中尉和拉梅奇以及另外一名飞行员为一组,他们一边列队对准"龙凤号",一边开始检查注意事项。为了保持机身平衡,刘易斯在两个油箱之间进行切换,然后看了看风向。接着又检查了投弹舱、机枪开关和反射瞄准镜。"我很害怕。不敢相信这种事情会发生在自己身上。在反复检查了需要注意的事项后,我靠近编队。几分钟后,我看见了敌舰。就在这时,我看到前面出现了几个黑色的影子,它们就藏在我下方的云层里。很明显,他们已经开始行动。其中几架飞机正在盘旋,还有几架以'之'字形前行。他们的编队拉得很长,与我军特混舰队的作战方式完全相反。"

到达目标上空后,许多飞行员发现自己飞机的燃油剩下不到半箱。他们清楚,绝不能浪费任何时间或燃油。所以他们迅速选定目标,发动俯冲袭击。"约克城号"和"大黄蜂号"上的"地狱俯冲者"向"瑞鹤号"发起进攻,导致"瑞鹤号"燃起大火。"企业号"上的"复仇者"则冲向"龙凤号",从这艘航母身边呼啸而过,对其造成擦伤。当第 10 轰炸机中队的"地狱猫"战斗机赶走从上空进行扫射的敌机后(登陆塞班岛当天,绰号"杀手"的队长威廉·R.凯恩中校被美军舰艇击落),拉梅奇率领小队开始俯冲。随后的几秒钟内,他们几乎是垂直下坠。在一万英尺高度获得足够空速后,拉梅奇打开了裂式襟翼。一对带有孔洞的巨大襟翼(也被称为俯冲制动器)一上一下展开,这样可以让飞行速度保持在性能极限内。只有在这一性能范围内飞行,飞行员才能对飞机进行操控。拉梅奇听到机尾炮手戴维·J.考利喊道"上方出现了零式战机",于是立即开动了两挺点三零口径机枪。由于襟翼开始发挥制动作用,考利侥幸摆脱了正准备对他发起进攻的零式战机。另一架敌机从考利下方开火,险些与他相撞。另外一边,拉梅奇的反射瞄准器已经锁定目标,所以将注意力和目光完全集中在前方。

当飞机俯冲 5 000 英尺时,拉梅奇竭力保持机身平衡,然后将整流罩上安装的两挺点五零口径机枪对准"龙凤号"。待曳光弹消失在航母前方的升降梯内,拉梅奇根据风速和目标活动做出调整,将中心光点对准航母前方,然后扣动扳机。遗憾的是拉梅奇及其小队的另外两名飞行员似乎都未能命中目标。处在同一高度的第四名飞行员沙尔表示，他击中了航母左舷。
15秒后，考利在麦克风中喊道：“队长，快向后看。航母从屁股烧到了肚子！”
考利看到的很可能是“飞鹰号”，因为邦斯上尉的小队从来没有失误过。

唐·刘易斯在邦斯身后向“飞鹰号”俯冲，这时他看到一架飞机冒出
滚滚浓烟。刘易斯不禁在心中默念：但愿不是友机。“我听到有日本佬在用
我们的无线电频率通话。他们先是数数，然后继续讲话。他们都很兴奋。
谁不是呢？”就在这时，无线电里传来一个美国人的声音：“日军航母，4
点钟方向，5 000英尺。”

令刘易斯难以忍受的是，这一刻，时间仿佛静止了。

> 这是我第一次遇到如此漫长的俯冲过程。风从左侧刮来，我打
出的子弹越过了目标。于是，我向左盘旋前进，又冲了过去。这次
有些效果。下方的航母看起来无比庞大，大得让人难以置信。那一刻，
我由衷地感到欣喜。我经常梦到这种情景。接着，我突然对自己感
到害怕。我怎么会喜欢这种情景呢？我一定是疯了。此刻，我几乎
是垂直冲了下去，恰好位于一团团白色的烟雾中间。这是我第一次
看清这些白色烟雾是从哪里冒出来的。航母两侧下方出现了大量闪
烁的红点。这些红点正缓慢移向左舷，随即停了下来。只见红光一闪，
一枚炸弹击中船侧，虽然位置有些靠前，但也算是命中了目标。

> 我猜这一定是“拳击手”干的，这是我们给路易斯·邦斯起的绰号。
下方航母停止了移动。还有什么比这更好的画面呢？无论刚才是谁
投下的炸弹，我都要对他表示感激，因为是这枚炸弹让航母停在我
的正下方。

后来，邦斯上尉报告，是他击中了航母尾部。炸弹在船尾的一群飞机
间引爆，其中大部分翻滚、碎裂后跌入海中。塞西尔·R.梅斯特尔上尉紧
随其后，用炸弹击中航母的鸭尾艄。接着就是唐·刘易斯。在从3 000英尺
高空向下俯冲时，梅斯特尔将瞄准点对准目标右侧，以抵消风速。在刘易
斯看来，航母仿佛已经停止了移动，也许是因为接连两次被击中船尾，导
致螺旋桨受损。“它完全笼罩在烟霾之中，”刘易斯写道，“我很难在这么长

的时间里一直向下俯冲。在有些情况下，几秒钟就像一生一世那样漫长。时间到了。我不能再向下了。就是现在！"

在投下重达 1 000 磅的炸弹后，刘易斯立即驶离，但飞机好像被地心引力拖住了一样。他被震得两眼淌泪，耳朵生疼。刘易斯向后望去，失望地发现航母冒出的浓烟和火焰并不大。他原本以为，既然航母载有大量燃料和军械，爆炸后的场景应该更加壮观。很快，刘易斯意识到他投下的穿甲弹有可能穿透了甲板，如果在船舱内爆炸，景象当然不够壮观。事实上，炸弹击中了"飞鹰号"的舰岛，爆炸后导致许多人丧生。刘易斯收起俯冲襟翼，加速到 280 节，飞往东南方向，从 1 000 英尺低空撤离。"我的速度似乎还不够快。"刘易斯说。有报告称他命中的目标"船尾向下，右舷倾侧，停在水面上一动不动"。

由于侦察机事先发出警告，美军即将发动进攻，尽管小泽航母的航空大队元气大伤，他还是设法集结了 40 架零式战机和中岛公司制造的 A6M3"汉普"，向美军发起挑战。这些飞机在高空各自就位，以保卫下方的航母。他们个个咄咄逼人、技巧娴熟。在诺曼·A. 斯特利上尉的率领下，"列克星敦号"上的"复仇者"紧盯这支队伍。沃伦·麦克莱伦属于第二支由三架飞机组成的小队。正当麦克莱伦收听无线电中传出的有关附近日军战斗机的消息时，大量曳光弹突然蜂拥而至，将他包围了起来，不断在他四周发出闪光。其中一枚堵住了麦克莱伦下方和后方的道路。数枚子弹穿透了位于中央的主燃料箱，本可以自行密封的橡胶衬板也未能堵住漏洞。短短几秒内，他的驾驶舱开始起火。很快，麦克莱伦困在烟雾和液压机的液体中。即便麦克莱伦用力拉回操纵杆，试图进行闪避，他的轰炸机依旧无法挽回。驾驶舱内迅速升温，虽然手套和飞行服可以防火，但舱内温度令人难以忍受。当另外两名机组成员准备跳伞时，麦克莱伦扭动身躯，从座位上起身。他尽量将身体探出驾驶舱，双脚站在仪表板上，将自己弹射了出去。在距离日军特混大队 1.1 万英尺的上空，麦克莱伦开始自由落体。10 秒后，第一批子弹向他飞来。

为了避免被敌机飞行员的子弹打成筛子，麦克莱伦下降到距离水面数千英尺的时候才拉开了降落伞的索环。待降落伞开启后，麦克莱伦目不转睛地望着一艘着火的日本航母。此时，他下方的海面上激起了巨大的水花。

只见一架飞机在海浪中来回摇摆了几下然后开始下沉。他猜测那一定是自己的飞机。一架零式战机突然俯冲下来，对飞机进行扫射。麦克莱伦和另外两名机组成员在微风中缓缓落到水面上。由于一切发生得太快，他没有做好在水上降落的准备。直到波涛朝他拍去，他才回过神来。麦克莱伦迅速解开降落伞伞带，但是在被海浪砸中时，他仍然没有找到小型救生艇系在降落伞上的搭扣。随着降落伞被海水浸透、下沉，他不得不将其放开。降落伞拖着救生艇一起沉入水中，麦克莱伦只能继续漂浮在波涛之中。日军特混舰队近在咫尺，所以他能够亲眼看到接下来发生的所有事情。

由于空中积云很厚，负责进行掩护的战斗机无法看清下方的俯冲轰炸机。为了不让它们脱离视线，弗拉丘和布罗克迈耶来到积云下方。他们看到一架 TBF "复仇者"起火燃烧，其机组成员先后跳伞。因此他们推断一定是日军战斗机发动了进攻。这架飞机很有可能就是麦克莱伦及其同伴的轰炸机。突然之间，大批零式战机将弗拉丘和布罗克迈耶包围起来。他们都是"出色的飞行员，很清楚自己在干什么"，弗拉丘说。他所在中队的另外七架"地狱猫"仍然留在高空，对云层下方的这场混战一无所知，所以他们只能依靠自己突出重围。由于没有援军，面对他们负责护卫的轰炸机，两人无能为力。弗拉丘和布罗克迈耶被迫采取了早在 1942 年就兴起的"萨奇穿梭"逃生战术。事实上，到了 1944 年，除非在极其必要的情况下，已经很少有 F6F 驾驶员使用这种逃生战术。当弗拉丘从一端返回，沿着反 S 形路线飞行时，他发现僚机驾驶员并没有按照计划从另一端调转过来，经过自己的飞机。弗拉丘很快弄清了原因，原来是一架零式战机在布罗克迈耶后方紧追不舍，将他的"地狱猫"打成了筛子。弗拉丘见状立即跃升转弯，做半滚倒转后靠近日军的战斗机，然后开火将其焚毁。他在无线电中听到布罗克迈耶有气无力地说："我中弹了。"布罗克迈耶的飞机冒着浓烟向下跌去，在海面坠毁。弗拉丘明白，布罗克迈耶一定是伤势过重才没有跳伞。此时如果继续单独作战愚不可及，因此他急剧下降，冲了出去。随后，他在低空加快速度，摆脱了日军的机群。

数十架零式战机开始发起进攻，汤姆·布隆和斯特利上尉手下的其他飞行员互相靠拢，这样便于炮塔和机尾炮手瞄准目标。TBF 机尾的点三零口径火炮由机身下部的无线电员操作，其火力范围能够覆盖下方和后方 40

度的区域。"在一段时间里，情况十分顺利。"布隆在行动报告中写道。美军战斗机继续发动袭击，但日军船舰的防空炮迫使他们暂停行动。在此之前，美军飞行员几乎都遭遇过日军的防空炮，但这一次日军玩出了新花样。"炮弹到达指定高度后本应像往常一样冒出丑陋的灰黑色喷烟。但是，这一次我们看到的喷烟像彩虹一样缤纷多彩。"布隆说道。其实这些彩色的喷烟是用来进行光弹修正的。"看起来更像是国庆节燃放的烟火，而不是日军的炮火。"

随着最后一架"无畏式"轰炸机从"列克星敦号"上升空，每架"复仇者"各携带着四枚 500 磅重的炸弹，开始发动滑翔轰炸袭击。斯特利上尉向"隼鹰号"和"飞鹰号"靠近时，太阳在地平线上仍隐约可见。"当我们向下俯冲时，所有敌舰开始闪避，"布隆说，"我们选中的航母十分配合。在我们投弹前准备转舵。在航母转向前的几秒钟内，其航线相对稳定。"布隆看见斯特利的一枚炸弹击中了航母的飞行甲板，另一枚在航母一侧爆炸。布隆朝船尾向下滑翔，连续发射了四枚炸弹，在继续俯冲数秒后恢复水平方向，从低空迅速驶离。在一万英尺的高空，即使是日落之后光线仍然很充足。随着飞行员不断下降，时间一分一秒地过去。当突击队完成俯冲袭击后，太阳已经消失在地平线后。

由于缺少战斗机的近距离支援，第 16 轰炸机中队为此付出了惨重的代价。发动袭击后，一支由九架"无畏式"和三架"复仇者"组成的队伍前往距日军特混舰队以东 8 ~ 10 英里的地方会合，然后准备返回各自的航母。它们的飞行高度很低，仅有数百英尺。在经过两艘日军巡洋舰时，它们遭到了炮火的猛轰。在闪避过程中，三架"无畏式"与队伍失散。接着，一支由八架甚至更多零式战机组成的敌机分队从高处朝它们左侧扑了下来。日军飞行员依次对这三架美军轰炸机发动了俯冲袭击。由于"无畏式"的后座炮手猛烈开火，一开始数架零式战机停止了进攻，但第三架敌机飞行员依然迎难而上，在靠近 J.A. 希尔兹中尉驾驶的轰炸机时，敌机将希尔兹的驾驶舱打成了筛子。有人看到希尔兹浑身颤抖，最后跌倒在操纵杆上。当这架零式战机经过时，三架美军飞机向其发射了数百枚子弹，依旧未能使其燃烧。敌机飞行员向上攀升后驶离，但很快一侧机翼朝下向海面跌落，最终机毁人亡。希尔兹的飞机机头向下冲向水面，炮手 C.A. 李梅还在对一架已经失控的敌机疯狂开火。在最后几秒钟里，敌机上的炮手从座位上起身准备跳伞，但飞机最终倾斜落入水中，机上成员无一生还。

沃伦·麦克莱伦漂浮在海面上，发现远处有10架零式战机正在空中盘旋，似乎准备降落。接着，他看见一英里开外的一艘日军航母从船头至船尾都燃起了大火，船身严重倾斜，即将沉没。麦克莱伦看到的这艘航母应该是遭到重创的"飞鹰号"。在小泽手下仓皇逃窜的航母中，"飞鹰号"受损最为严重。布朗机上的另外两名成员跳出飞机后落在距离这艘航母较近的海面，因此目睹了"飞鹰号"葬身海底的过程。爆炸声响起后，麦克莱伦和两人顿时觉得五脏六腑在翻江倒海。航母的船尾由于侧滑首先受到冲击，导致250名军官和士兵丧生。其余的船员有1 000多人，被附近的驱逐舰救走。

在距离麦克莱伦较远的地方，炮塔炮手约翰·S. 哈钦森也目睹了这一过程：一艘航母向右舷倾侧，在部分船员被旁边的驱逐舰救走后，航母船头向下、船尾向上跌入水中。在麦克莱伦东侧，另一艘舰艇正在熊熊燃烧，但他分辨不出舰艇的类型。当天傍晚7点38分，麦克莱伦看到舰艇的前半部分发生了巨大的爆炸，蹿出的烈焰高数百英尺。此时，麦克莱伦的无线电员塞尔比·格林哈尔希看到第三艘航母从眼前疾速驶过。这艘航母体形庞大、状况良好。格林哈尔希看到的很可能是"瑞鹤号"，该航母的船员比较幸运，最终控制住了火势。

麦克莱伦不确定自己还能够漂浮多久。由于没有救生艇，他只能紧紧抓住救生包。但是现在，救生包越来越沉。他已经在海上漂浮了大约八个小时，一旦救生包湿透，就会成为拖累。于是他拿出点三八口径手枪和一把维利信号枪，将背包和其他所有东西丢进马里亚纳的深渊。

麦克莱伦的救生衣处在半充气状态，所以他只能将领部以上保持在海面上。虽然他看不到远处，但足以看清接下来发生的事情。麦克莱伦说这是"我摆脱眼下困境的唯一希望"。一艘舰艇向他驶来，是日军的巡洋舰。"我不知道要往哪边游才能躲开这艘舰艇。就在这时，它突然掉头向另一边驶去。"由于巡洋舰的距离如此之近，即便是在黑夜之中，他也能看清船上水兵白色和褐绿色相间的制服。麦克莱伦方才的兴奋一闪即逝，因为数艘日军舰艇迅速驶离这片水域。随着被炸毁的"飞鹰号"继续沉入深海，水下不时传来阵阵爆炸声，他的胃部仍然能感受到强烈的震荡。除此之外，海面上寂然无声。

艾利克斯·弗拉丘觉得自己辜负了麦克莱伦和其他所有因为缺少战斗机掩护而只能跳伞的轰炸机飞行员。除了麦克莱伦的"复仇者"，共有5架俯冲轰炸机被击落。"对我们这些战斗机飞行员来说，这次任务搞砸了。"后来弗拉丘表示。虽然在这片海域，负责提供高空掩护的F6F"地狱猫"的数量相当于日军战斗机的两倍，但只有不到一半的F6F参与了战斗。其中许多飞机或者向敌舰发起俯冲，或者向下方的轰炸机进行扫射。最终有26架零式战机和"汉普"被击落，其中4架是由机尾炮手打中的。然而，由于米切尔决定在黄昏发动进攻，美军付出的代价远不止于此。许多飞行员负伤，大家筋疲力尽。他们的燃油即将耗尽，但是现在距离美军航母还有两百英里之遥，他们要在夜色中驶过空旷的大海。

在飞往会合地点的途中，艾利克斯·弗拉丘和一架受损的"复仇者"结队而行。弗拉丘不知道这架飞机来自哪艘航母，但是他发现机尾印有一个小小的数字"3"。这架"复仇者"的夜航灯不停闪烁，说明其电气系统出现了故障。武器舱门也被卡住，因为不能关闭而拖在下方。这名飞行员的状态似乎不错，他用一根手指比了一个问号，这是询问燃料情况的通用手势。弗拉丘点点头，表示自己燃料应该够用。弗拉丘早就养成了尽可能节约燃油的习惯。除非有日军的子弹打来，通常他对待功能强劲的普拉特和惠特尼R-2800发动机极为吝啬。这是他多年来养成的习惯。弗拉丘已经适应了使用混合物航行。"复仇者"的飞行员向弗拉丘示意，他觉得自己的燃料不足以返回航母。此时，最后一丝阳光即将消失。

还有一些飞机陆续出现在他们附近。这些飞行员都在水面上低空飞行，以贫混合物向东行驶。3号"复仇者"开始调转方向，似乎也要加入其中。这时，弗拉丘听到无线电中有人说话。"我只剩下25加仑燃油，看来只能在水上迫降了。""我还有35加仑，估计得和你一起迫降。"弗拉丘对此无能为力，他的目标只有一个，那就是进行定位，然后平安返回"列克星敦号"。也许到那时，他可以为现在看到的一切作证。尽管这些飞行员燃料不足，但是如果聚在一起，就能增加他们的安全感和生存概率。弗拉丘只能将他们留下，听凭命运的决定。"当时天色已晚，我由衷地向他们行了军礼。"

　　摆脱敌机后，汤姆·布隆来到集合地点，发现斯特利上尉正在 1 000 英尺的高度盘旋。布隆和斯特利以及其他三架飞机一起向东驶去。斯特利已经和其他几名飞行员约好在前方会合。出发后不久，布隆发现飞机的油压过低，并向斯特利告知了这一问题。布隆的无线电员随即获悉此事。由于对讲机失灵，他无法与驾驶员通话，只能匍匐前行到驾驶舱中部，递给布隆一张纸条。上面写着："如果你准备跳伞，就让武器控制开关闪三下。如果准备水上迫降，就闪两下。"这些情况都有可能出现。

　　此时，弗拉丘孤身一人，距离航母仍然很远。他感到极度干渴。黑暗之中，弗拉丘想起"列克星敦号"待命室里汩汩流淌的喷泉，想起了许多事情，只要能够分散他的注意力，让他不再去听无线电中的声音就行。"有人精神崩溃，开始在无线电中呜咽起来。四周是茫茫的黑夜和空旷的海洋。我很同情他们，但有那么一段时间，我不得不关掉无线电。"

　　"吉格犬"拉梅奇性格刚毅。他认为，有些人"破坏无线电和广播纪律的行为可耻至极，令人难以置信"，他对此十分气愤。"如果真的有人出现紧急情况，当然可以发声，但很多人只是惊慌失措。"对于眼下的危急情况，他不再抱有任何幻想。此时，是否能够遵守纪律以及能否专心致志，关系到他们的生死存亡。

　　"疲劳是一件很奇怪的事情。"阿利·伯克后来说，"在那些患有战斗疲劳症的人当中，很少有人能够意识到疲劳的严重性。他们总是加倍努力，同时尝试其他方法。但是他们越努力越疲惫，能做的就越少。所以他们会竭尽全力，到了最后会满不在乎。他们或者在水上迫降，或者跳进海里。他们不惜拿手下的生命去冒险，却不知道自己为什么会这么做。他们只是过于疲劳，所以导致思维混乱。这种情况上至高层，下到新来的水兵，都时有发生。"对于这些返航的飞行员来说，"疲劳症"就像他们背后的零式战机一样，是足以致命的大敌。

　　塔特上尉所在的分队成功地用鱼雷击中了"飞鹰号"。随后，塔特上尉险些被两架零式战机击落，但他很快躲进了云层。塔特继续向东航行，最终冲出敌机的包围，与一架遭到重创的 TBF 结队而行。这架飞机的机腹由于起火已经变成了黑色。飞行员乔治·布朗伤势严重，血流不止。塔特试图让他跟上自己，但布朗开始下坠，无法保持航向。如果和布朗一起待下去，塔特的生存概率只会越来越小。他不得不离开布朗独自前行。过了一段时间，欧马克上尉也遇到了布朗。起初他为布朗领航，但这名负伤的飞行员没有航行灯，而且开始毫无规律地四处乱闯。在穿过一片云层时，欧马克跟丢了他。

在"列克星敦号"上，米切尔焦虑地等待突击队返回。晚上 7 点，这艘旗舰陆续收到几份报告。综而观之，应该有四艘日本航母被击中。"在舰桥上，米切尔临风而坐，不时地摩挲着下颌，"一名记者写道，"从 7 点到 7 点半，他一共抽了三支烟。每一次，米切尔都小心翼翼地从真皮盒子里抽出香烟，用火柴点燃。第一次点烟时，他将手放在烟盒下面，握成杯状。"

为了提高飞行员找到航母的概率，米切尔手下三支特混舰队的分散程度超出往常。扩大特混舰队的覆盖范围不仅能使飞行员更容易发现航母，而且可以在飞机着舰时让舰长拥有更大的操作空间。由于风向多变，舰长们用尽全力才能让航母迎风行驶。飞行员们已经疲惫不堪，所以不需要再从圆形航线切入。此外，米切尔准备采取另一个措施。他将启动一项重要的救援方案。考虑到这项方案至关重要，所以他事先没有告诉任何飞行员。在米切尔看来，他们知道得越少，这项方案的实施效果就越好。

斯特利上尉在距离"列克星敦号"大约 60 英里的时候收到了归航信号。YE-ZB 信标发射器会将不同字母编码发送至圆周的不同扇区，而该字母代表飞行员相对航母的位置。艾利克斯·弗拉丘也向发射器发回一个字母 A。这个字母看起来稳定而牢固，表示自己位于母舰东方。大约晚上 8 点半，弗拉丘看见了灯光。

在弗拉丘前方，雪白耀眼的光束直插空中。他心想，我一定是飞到了雅浦。弗拉丘认为，这里应该是日军的基地。"我不由得想起轰炸机飞行员们常说，战斗机驾驶员不会导航。这些话听起来着实令人生厌。我想，好吧，这回我真是找到家了。"弗拉丘清楚，为了避免被日军察觉，航母要在夜间实施严格的灯火管制，所以这里只能是日军的基地。

当第一架返航飞机出现在雷达上，米切尔下达了一道命令。他通过船间通话系统告诉参谋长，让参谋长代为转达自己的军令："秃鹰，我是水兵本人。立即开灯。"这句话后来成为美国海军航空兵历史上脍炙人口的名言。

"立即开灯"并不是只打开航母的探照灯，而是打开船舰上的所有灯，包括航行灯、桅杆灯以及照亮航母飞行甲板的白炽灯，还有屏护舰队 5 英寸口径炮发射的降落伞照明弹、甲板上船员挥舞着的闪光信号灯和 24 英寸碳弧探照灯。由于可以暂缓执行夜间灯火管制，紧张不安的水手和军官们纷纷点上香烟。没有人比弗拉丘更加感到如释重负。在听到"就近降落，就近降落"的命令时，这名战斗机驾驶员才知道，自己并没有误打误撞进入日军的领空。

至于米切尔开灯的命令是迫于形势所需，还是按照原定计划行事，人们始终存在争议。有人声称，米切尔是因为形势所迫，才孤注一掷，做出这一决定。也有人认为，上述说法不足为凭，因为提供照明是夜间回收飞机的标准操作程序。就连阿利·伯克也觉得出乎意料。

无论如何，对于返航的飞行员来说，耀眼的灯光令人震撼，仿佛是天赐的礼物。正因如此，米切尔才没有提前透露这一消息。他知道这些飞行员正处于危急关头。他们的燃油即将耗尽，身体极度疲乏，甚至还有人身负重伤。因此米切尔希望他们能够专心致志、准确无误地进行导航、返回母舰，而他们的计算将关系到生死存亡。"无论他们是否意识到这一点，他们都会不顾一切、竭尽全力返航。"阿利·伯克说道。接下来，灯光会指引他们在航母降落。

一些驱逐舰打开探照灯，向海面平射，这样可以让飞行员更加安全地进行水上迫降。看到海面风平浪静，他们顿感宽慰。"片刻之间，我们目瞪口呆。这种大胆的举动等于是让日本佬来袭击我们。但是随后，我们由衷地感到欣慰。让周围的日本佬见鬼去吧。看他们敢不敢过来！管他是谁，美国海军会照顾好自己人。我们的飞行员可不能随便牺牲！""卡伯特号"上第 31 航空大队指挥官罗伯特·温斯顿写道。

"飞行员得到命令，他们可以在自己能够找到的任何航母降落，而航母也得到命令，要接受所有的飞机。"巴伯说道。第一批飞机数量很少，着舰信号官以最快速度挥舞着手中的荧光棒，示意它们进入航线。没过多久，大批返航飞机令他们应接不暇。飞行员成群结队地进入着舰航线。当着舰信号官挥手示意他们远离航线，强迫他们绕行时，上空陷入一片混乱。一些飞行员想要分清哪些是航母飞行甲板尽头的探照灯，哪些是驱逐舰和巡洋舰上的照明灯，因为这两种灯一样明亮。

当老旧的"企业号"与崭新的"列克星敦号"并列而行时，弗拉丘立即辨认出了"企业号"样式独特、形状宽大的舰岛。这位夜间航行经验丰富的飞行员发现，自己的燃油还有节余，所以决定再绕行几圈。让那些燃油见底的飞行员先着舰吧，他想。

斯特利上尉率领五架"复仇者"驶入"列克星敦号"的等待航线，他发现自己不得不避开那些插入着舰航线的飞行员。其中包括"贝劳伍德号"的欧马克。欧马克的尾钩钩住了这艘旗舰的一道阻拦索，阻拦索将他的TBM轰炸机拖停。飞机管理员立即围上前来，解开阻拦索，将欧马克的飞机推向前方。他们发现欧马克的油箱中只剩下一加仑汽油。

斯特利上尉返回 1 000 英尺的高度，避免和其他人拥挤。海拔的改变耗尽他手下一名飞行员的最后一滴燃油。巴兹·托马斯上尉被迫在水上迫降。斯特利的情况则乐观很多，在返回 500 英尺的高度后，他找到"列克星敦号"，进入航线，平安降落。

当汤姆·布隆返回时，"列克星敦号"的飞行甲板刚刚关闭。他的燃油表已经到底，之前他进行了两次绕行，希望乱糟糟的甲板能够腾出空位。他不确定剩余的燃油能否让他找到另外一艘航母。如果他必须在水上迫降，油箱中也需要剩余一些燃油。布隆两次按动武器控制开关，让灯光闪烁，示意机组成员自己即将迫降。炮手巴纳扎克取下降落伞吊带，打开安全舱口。林森爬进驾驶舱中部。

　　我看见，在我们前方的左侧，有一艘特混舰队的驱逐舰。当时，我已经放下襟翼。起落架仍然处于收上位。我一边朝驱逐舰做最后一次转向，一边闪起航行灯，希望能够引起他人的注意。然后，我驾驶飞机缓慢地向水面降落。随着我们距离水面越来越近，发动机冒出的排气火焰在水中的倒影变得越来越明亮。飞机接触水面后猛地停了下来，浪花向上喷溅，越过驾驶舱和机翼。我一度以为飞机的机头会向上反弹，但它最终跌落下来，飞机也暂时漂浮在海面上。

布隆和林森攀上右翼，巴纳扎克爬到左翼。三人打开机身的一个舱口，拉出救生艇。

接下来，我们的任务是在飞机下沉之前为救生艇充气，然后登上救生艇。当天晚上，天上没有月亮，也没有人造光源，周围一片漆黑！不幸的是，我们在充气时放反了救生艇。我们来不及采取任何措施飞机就沉了下去。我们紧紧抓住救生艇，但觉得最好的办法是给身上的救生衣充气。这至少可以让我们暂时浮在海面上。我拿起救生衣上系着的手电筒，尽量举起手臂开始晃动，同时大声吹响口哨。落水几分钟后，我们听到驱逐舰上有人喊道："等等！我们马上回来。"

我想，大概就是在这一刻，我们三人已经用光了身上所有的力气。

20分钟后，我们看见，第二艘舰艇靠了过来。舰艇甲板上的探照灯向海面上四处搜索。

我们再次打开手电筒，吹响口哨，还喊了几嗓子。终于，探照灯照向我们。我敢说，虽然当时我们三个飞行员浑身湿透，但是心里肯定倍感欣慰。这艘舰艇是"雷诺号"轻型巡洋舰。有人放下一侧的尖尾救生艇，向我们驶来，然后将我们拉上船。

当空中不再拥挤，弗拉丘觉得可以降落的时候，他发现自己的燃油表已经处于危险区。弗拉丘立即进入圆形着舰航线，目不转睛地看着着舰信号官挥动的荧光棒。按照飞行员们接受的训练，他们必须无条件服从这些信号官的指示。当舰信号官打出着舰信号时，弗拉丘立即毫不怀疑地切断电源，让飞机落向甲板，尾钩挂住了飞行甲板上伸开的一条阻拦索。当飞机停下后，飞行甲板上的工作人员立即解开阻拦索。弗拉丘继续向前滑行，将"地狱猫"停放在用于保护停在最前方飞机的阻拦网后。此时，这名着舰信号官又开始忙着指挥下一架飞机安全降落了。

第一批靠近"列克星敦号"的六架飞机安全降落，但第七架飞机是一架来自"大黄蜂号"的"地狱俯冲者"。由于切入角度过陡，信号官示意飞行员驶离。"这名飞行员身上有伤，而且燃油耗尽，再加上极度疲惫，所以对信号置之不理。他关闭发动机的时间晚了一些。"《人生》（Life）杂志的一名记者写道，"飞机未能挂住阻拦索，撞上了停在船首的其他飞机。在撞进其中一架飞机后，轰炸机的螺旋桨导致其后座炮手遇难。几秒钟前，这名炮手还以为自己在经历过生平最危险的飞行后终于安全返回。舰桥上的探照灯对准事发地点。10 分钟后，从飞机残骸中拖出一名甲板水手的尸体来。"这起惨祸发生后，信号官挥手示意布朗以及其后的一名飞行员驶离。布朗只好放弃"列克星敦号"，寻找另一艘航母降落。

在"邦克山号"上，另一架"地狱俯冲者"未能挂上阻拦索，直接撞在阻拦网上，最终机头朝下停了下来。这名来自"大黄蜂号"上的飞行员及其机组成员均未受伤。当飞行甲板上的工作人员试图将他们拉出飞机时，"卡伯特号"上的一架 TBF 在着舰时失去控制，将这架"地狱俯冲者"撞翻，导致三人丧生、四人受伤。"企业号"上，两架飞机在试图同时降落时险些酿成灾难。其中一架挂住了第二道阻拦索，另一架挂住了第五道，简直就像奇迹一样。

乔治·布朗上尉虽然击中了"飞鹰号"航母，但他的"复仇者"是当天由于"操作原因"坠毁的 79 架飞机之一。其中大多数飞机因为燃油耗尽在水上迫降，或者在飞行甲板坠毁。这个数字远远超过了美军在袭击中击落的 17 架敌机。迄今为止，美军共有 177 名飞行员和机组成员失踪。

大约 11 点 30 分，也就是第一批飞机出现两个半小时后，飞机回收完毕。米切尔请求斯普鲁恩斯批准转向西方，沿着飞机返航的路线寻找失事的飞行员。斯普鲁恩斯立即表示同意。于是，从当天夜晚到次日白天，第 58 特混舰队按照归航飞机的路线向西行进。

沃伦·麦克莱伦及其机组成员的经历十分离奇。他们向西漂流了 300 英里，来到日军舰队附近。麦克莱伦与另外两人失散。在漫长的黑夜里，他继续在海上漂浮。麦克莱伦不知道他们是否还活着。每隔大约三个小时，麦克莱伦会用维利手枪发射数枚信号弹，希望自己可以被友军发现。落水后，他为自己留下这些信号弹，还为点三八口径手枪留了几发子弹。此外，每隔一段时间，他还会吹响口哨，用袖珍手电筒打出闪光。当天夜间，不知什么时候，他的手突然碰到一条鱼。"虽然鱼不算很大，但个头也足以吓了我一跳。"麦克莱伦说。他更担心海水会引起身体不适，由于脱水，他的舌头已经肿了起来。

"我只能等待奇迹出现。我逐渐意识到，自己还没有对这个世界做出过任何贡献。我的人生一无所成。虽然已经 22 岁，但我既没有成家，也没有女友。"在美国本土，这场被称为"马里亚纳射火鸡大赛"的战役已经见诸报端。当麦克莱伦的母亲向他父亲谈及此事时，他父亲说："我已经知道了。我昨晚梦见儿子了。"麦克莱伦表示，那天夜里，他也感到父母正在阿肯色州史密斯堡的家中为自己祈祷。

次日，即 6 月 21 日清晨，麦克莱伦仍然在海面上漂浮。突然，他听到格鲁曼单引擎飞机强劲的轰鸣。这是他所在的第 16 战斗机中队，一定是他们在开展搜救。很快，他们发现了麦克莱伦喷出的海水染色剂。其中一架飞机从低空掠过，抛下一艘充气橡皮艇。麦克莱伦爬上橡皮艇，用藏在里面的船帆裹住身体，然后睡了过去。

下午 3 点左右，在落水 22 个小时之后，麦克莱伦被一架从低空掠过的"地狱猫"的呼啸声惊醒。不一会儿，一架海军水上飞机在海面降落，将他救了上来。返回特混舰队后，有人带他去见米切尔将军。"当我告诉他我所看到的一切时，他对我表示感激，然后说，'我想我们击沉了两艘航母。'我也感谢他对坠机飞行员的关怀，他搭救了我们五个人，包括另一架鱼雷机上的两名成员、我和我的一名机组成员。我们很感激他不惜派遣救援飞机，飞出 300 英里前来搜寻我们。当天晚上，我们共有 42 人阵亡。"

"在水上迫降的飞行员被搭救上船后，我们发现，我们只损失了一小部分人员，比人们在前一天夜里担心的数字要少得多。"罗伯特·温斯顿写道。"正是因为米切尔做出了这一决定，59 名在当晚痛殴日军的飞行员和机组成员得到救援，否则他们会葬身大海。"根据海军的最终统计，在 177 名失踪人员当中，共有 143 人获救，救援率高达 77%，包括在日军舰队附近坠机的 11 名幸存者中的 4 人。

汤姆·布隆从"雷诺号"转移到一艘驱逐舰，然后用救生圈返回"列克星敦号"。他在机库甲板看到斯特利上尉，于是上前询问"列克星敦号"的损失情况。斯特利笑了笑说，沃伦·麦克莱伦及其机组成员均获救，上船后他们仍然精力充沛。而他所在分队的其他人员分别在特混大队或其他航母附近成功水上迫降。

寻找降落点的"吉格犬"拉梅奇发现母舰"企业号"的飞行甲板已经关闭，于是他只好和中队的其他成员另寻他处。"胡蜂号"接收了其中五人，"邦克山号"接收了一人。当拉梅奇终于找到可供着舰的飞行甲板并降落后，有人示意他前往甲板下方。他这才得知，在"约克城号"上，他只能被当做外人看待。拉梅奇在船上遇见了几个熟人，包括"猎犬"刘易斯。在这艘航母上，人们并没有庆祝凯旋。事实上，"约克城号"的航空大队十分沮丧。"他们损失了许多飞机，这种情况令人惋惜。"拉梅奇写道。拉梅奇所在的中队仅损失了一架飞机。驾驶员邦斯上尉在特混舰队附近迫降后，额头被划开一道口子。随后，一艘驱逐舰将他救起，医生为他缝了六针。"企业号"上的战斗机中队队长"杀手"凯恩也在迫降后被一艘巡洋舰上的水上飞机搭救。

入夜后，拉梅奇被分配到船舱里的一个铺位上，这间船舱的另外两名飞行员仍然不见踪影。他来到"约克城号"的军官室内，准备吃点东西垫垫肚子。他的故交、极具传奇色彩的海军飞行员约翰·克罗姆林上校听说后，兴高采烈地找到拉梅奇。"看来今天你们这些家伙干得不错呀！"对此，拉梅奇并不认同。"上校，我觉得你听到的报告有些夸张。我们只击沉了两艘航母。"拉梅奇向克罗姆林描述了后座炮手目睹的情况：其中一艘燃起了大火，另一艘下沉。"我只能保证这些情况是真的，其他事情我没有看到。"克罗姆林说，报告中声称美军击沉了多艘日军航母。拉梅奇回答，他对此表示怀疑。在向特混大队指挥官、海军少将 J.W. 里夫斯汇报情况时，拉梅奇说，他怀疑上述说法过于乐观。此时的拉梅奇满腹委屈。但不久之后，他将会看到真正的大局。在两天之内，美军接连发动了一连串打击，致使日本海军的空中力量所剩无几。据尼米兹估计，小泽中将目前仅剩 35 架飞机。然而，在这次行动中，美军损失了 79 架飞机。

重创日本联合舰队

在菲律宾海海战中，美国海军的胜利不能仅以飞机数量来衡量。正如"卡伯特号"航空大队指挥官罗伯特·温斯顿所言："我不知道其他国家的高级将领是否会像我们一样冒如此巨大的风险去挽救手下的飞行员。我们的飞行员意识到了这一点，从而极大地鼓舞了士气。也正因如此，无论在何时，即使是在敌众我寡的情况下，我们的飞行员也会毫不犹豫地冲向敌军编队，因为他们知道，最高指挥官会不遗余力对他们展开营救。"

　　驱逐舰陆续从搜救岗位返回，特混舰队经过了一段时间的重组。后来侦察机发现，小泽的舰队已经超出了打击范围，所以美军取消了 6 月 21 日清晨的空袭计划。斯普鲁恩斯下令让"印第安纳波利斯号"离开"列克星敦号"的特混大队，加入威利斯将军麾下的战列舰队伍。斯普鲁恩斯希望其水面作战舰艇立即就位，打击因为受到重创而落在后面的日军舰艇。就像在特鲁克岛海战中一样，斯普鲁恩斯热切希望能够亲自参与其中。当他得知空中搜索没有发现任何目标时，他只能认定目前没有穷寇可追。既然日军的舰队不会急于采取行动，斯普鲁恩斯下令战列舰和航母特混大队撤回马里亚纳群岛一带重新加油。6 月 22 日清晨，"列克星敦号"看到哈里尔指挥的"埃塞克斯号"特混大队后向舰队的供油船队靠近。在戴维·麦坎贝尔及其手下飞行员的掩护下，返航的航母进行加油，然后举行了海葬，同时将此前进行营救的人员进行转移。

　　按照斯普鲁恩斯的命令，"印第安纳波利斯号"加入了"埃塞克斯号"特混大队。"埃塞克斯号"仍在塞班岛外开展空中行动。"列克星敦号"特混大队与威利斯的舰队已经在西北方向摆开阵势，对于任何从陆地、海上或空中干扰霍兰德·史密斯部下开展行动的日军，他们必将毫不留情。这场战役不会速战速决，海军陆战队员将在很长一段时间内需要海军的支援。"大猩猩"克拉克率领"大黄蜂号"特混大队向北进发，准备再次攻打硫磺岛。与此同时，"邦克山号"特混大队正开往埃尼威托克岛，以便进行粮食补给、重新加油和装弹，同时替换损毁的飞机。

　　不出意料的是，在这场为期两天的大规模海战中，斯普鲁恩斯的表现在高层间引发了争议。他的批评者们愤怒地表示，是斯普鲁恩斯让六艘日军航母逃之夭夭。其中一些人甚至向尼米兹将军进言，要求撤换斯普鲁恩斯。这些人不仅对海军陆战队在塞班岛的推进速度感到不满，而且认为，负责为其提供支援的舰队虽然本领纯熟，但在实际行动中机械呆板，因此他们对其战略价值不以为然。但是，这位第五舰队指挥官并不后悔自己所做的决定，尼米兹亦是如此。在洛克伍德手下潜艇的大力协助下，第 58 特混舰队将日军的联合舰队打得毫无还手之力。尽管日军舰队尚未葬身海底，但已经形同虚设。此举也确保了凯利·特纳率领的两栖部队的安全。第 58 特混舰队以 130 架飞机和零艘舰艇的损失摧毁了日军三艘航母和 476 架飞机。

因此，斯普鲁恩斯认为，菲律宾海海战取得了决定性胜利，这有助于美军实现重要的战略目标，而他始终清楚自己的职责所在。

6月23日下午，"印第安纳波利斯号"在塞班岛外熄火，在100英寻等深线内下锚后，斯普鲁恩斯前往会见特纳，讨论了岸上的进展情况。当天深夜，这艘旗舰重新起锚，与"科罗拉多号"战列舰和两艘驱逐舰一起进行火力支援。另外一边，霍兰德·史密斯的手下正从上周夺下的滩头向内陆推进。

向塔波查峰推进

第 58 特混舰队的主力部队重新出现在塞班岛周围海域，就像一场没有彩带鲜花的胜利阅兵。当巡洋舰和战列舰抵达岸边的日常战位后，辅助舰和服务舰才得以返回锚地。这样一来，面对空袭的威胁，这块锚地将得到强有力的掩护。在得知他们并没有被海军抛下后，霍兰德·史密斯感到欢欣鼓舞。最为重要的是，美军因此士气大增。

在舰队离开期间，史密斯的手下浴血奋战、迅速推进，从中部将塞班岛拦腰斩断，将重要的南部平原与该岛的战略要地阿斯里托机场分隔开来。除了一小撮日军残部凭借纳富坦角的天然地理优势负隅顽抗，塞班岛南部已经完全被美军控制。海军陆战队第 4 师的三个团共有九个营，已经全部抵达马格西尼湾，准备沿东岸北上。与此同时，海军陆战队第 2 师也占领了加拉班南部。

塔波查峰仍然是日军守卫塞班岛的要塞。这里遍布石灰岩、树根和珊瑚形成的裂隙和山洞，将成为这场战役中最令人望而生畏的进攻目标。

6 月 21 日清晨，史密斯下达了进攻命令。根据这道命令，海军陆战队第 4 师将于 6 月 22 日天黑前来到 O-5 线。这是一项雄心勃勃的计划，要求三个师的所有部队将前线联合起来、齐头并进。O-5 线东起马格西尼湾以北的劳劳村沿岸，然后沿弧形先向北、再向西绕过塔波查峰，到加拉班郊区以南约 1 000 码的西岸为止。海军陆战队第 4 师以强劲之势迅速横扫战场，第 2 师则负责从侧翼进行掩护，直到塔波查峰横亘在他们面前。届时，待美国陆军第 27 步兵师攻占机场后，将迅速向北进发，来到两个海军陆战队师之间，并加入北上的攻势。

霍兰德·史密斯一向是海军陆战队的狂热支持者，他之所以愿意与陆军合作，是因为这次战役由他出任总指挥官。自 1943 年 11 月吉尔伯特群岛战役之后，史密斯对陆军第 27 步兵师的指挥能力、士兵所接受的训练及其斗志颇为轻蔑。在马金群岛，日军不到 300 人的守备部队拦住了该师第 165 步兵团的去路，步兵团几乎是以爬行的速度继续前进。塞班岛南部的机场之所以被命名为康罗伊机场，是因为加德纳·康罗伊上校在登陆当天被一名日军狙击手杀害。在他阵亡后的两天里，他的尸体被丢在原地无人过问。"在我看来，这本应是士兵对指挥官的基本义务。现在士兵们却如此冷酷，这足以说明该团的士气不容乐观。"史密斯写道。

塞班岛的战事已经到了危急关头。第 27 步兵师师长拉尔夫·史密斯认为，在该师向北推进之前，南方还有许多事情要做。拉尔夫手下的四个营虽然将日军赶出机场，但日军并未远离，而是隐匿于纳富坦角四周的悬崖峭壁间，准备背水一战。即便在白天，日军也会发起反击，断断续续的步兵炮火和伏击让该师的进展速度十分缓慢。因此，拉尔夫希望留下至少两个营的兵力用于围歼在纳富坦角附近负隅顽抗的日军。拉尔夫的参谋长也致电霍兰德·史密斯总部，表达了同样的意向。当天晚上，拉尔夫·史密斯请求上级批准，在纳富坦角留下一个团，也就是三个营的兵力。霍兰德·史密斯只同意在南部留下两个营，但是他既没有说明这两个营来自哪个团，也没有下达书面命令，所以拉尔夫·史密斯认为，这也许表明他可以就此事自行裁夺。于是，拉尔夫不是留下了两个营，而是留下了整个陆军第 105 步兵团在纳富坦角开展行动。他命令该团团长于 6 月 22 日晚 11 点发动袭击。

行动开始后，拉尔夫·史密斯和几名参谋驱车来到两个海军陆战师的前线，造访了霍兰德·史密斯的指挥所。参谋会议结束后，这两位将领得以会面。霍兰德·史密斯对纳富坦角的进展表示失望。他表示，自己听说拉尔夫·史密斯手下的一名参谋提议，与其对日军进行追剿，不如将其活活饿死。拉尔夫·史密斯向霍兰德保证，自己会采取更加积极的措施。在所有与会者看来，这次会面再寻常不过。双方在讨论过程中都没有提高嗓门。

当天下午晚些时候，拉尔夫·史密斯拜访了第五两栖部队参谋长格雷夫斯·B.埃斯金准将。埃斯金站在一幅巨大的挂图旁，向拉尔夫表示，虽然卡格曼峰的进攻进展顺利，但海军陆战队第 4 师极度疲倦，有可能需要援助。拉尔夫·史密斯提出，该半岛地势宽阔，他手下现有的两个团很难覆盖所有区域。埃斯金点头表示赞同。埃斯金表示，除了正在纳富坦角进行扫荡的一个营，第 105 步兵团应当加入两栖部队。在这一点上，埃斯金和史密斯意见一致，他们都认为应当将两栖部队部署在两个陆战师之间的前线。

拉尔夫·史密斯仍然对南方的局势感到担忧，因为第 105 团第 2 营仅有 600 人，这个人数不足以把守纳富坦角的前线。一般来说，一个营的兵力只能覆盖 600 码的战线，而纳富坦角的前线长约 3 000 码。6 月 23 日下午，拉尔夫·史密斯曾告诫霍兰德·史密斯，位于机场的人员可能处于危险之中，因为仅靠一个营不足以抵御日军的渗透。如果此时机场遭到日军进攻，会造成无法挽回的后果。因为第 318 战斗机大队的先头部队，即 22 架 P-47D"雷电"战斗机刚刚从"马尼拉湾号"和"纳托马湾号"护航航母上抵达阿斯里托机场，准备开始行动。

这些陆军航空兵是一群喜欢热闹的家伙。他们违反规定，将"加拿大俱乐部"的威士忌藏在麻袋里带上航母。因为日军的一些残兵仍在机场附近活动，他们不得不在船上多待了三天。终于，"纳托马湾号"的舰长忍无可忍，表示如果他们不把威士忌收起来、做好战斗准备，那么在接下来的战斗中，他们只能待在禁闭室里。在这些陆军航空兵离舰的时候，最后一名飞行员在进行弹射时忘了打开停机刹车。他的 P-47"雷电"战斗机一边发出刺耳的声音，一边冲下飞行甲板，在升空前留下一股难闻的烧焦了的橡胶味。数小时后，在加德纳·康罗伊机场，待地勤人员在机翼下方装好火箭，这支队伍准备向驻扎在天宁岛的日军炮兵阵地发动进攻。因为塞班岛的机场在该阵地的射程之内，随时有可能遭到袭击。

1944年6月23-7月9日塞班岛的推进路线

菲律宾海

0 英里　　　　　3
0 公里　　　　3

礁岩

礁岩

马乔角

塔腊潘港
7月3日

7月3日
7月2日

加拉班

6月30日
6月25日

6月23日

阿菲特纳角

查兰卡诺亚

阿劲岗角

欧比亚姆岬角

塞班海峡

马皮角

7月9日：占领塞班岛

机场
▲ 马皮峰

7月9日
7月8日

7月9日

7月7日
7月8日

7月7日，日本最后
一次自杀性
反击部署地

马昆沙

塔腊潘
7月4日

7月5日

7月7日

7月4日

7月3日
7月2日
6月30日

多奈

塔波查峰
蒂波帕尔峰

查查

劳劳
6月23日

卡格曼半岛

▲ 卡格曼峰

6月25日

6月30日

太平洋

500高地

思书浦
沼泽区

马格西尼湾

阿斯里托机场
（埃斯利机场）

6月23日

6月23日

纳富坦角

图例

⊠ 步兵
⊡ 炮兵
E 工程兵

（长方形上方）xxx 军
xx 师
ⅲ 团
ⅱ 营

（图标右侧数字代表部队番号）

---- 7月7日前线／日期

师界

团界

©2016 杰弗里·L.沃德

248

当天夜间，日军对美国陆军第 27 步兵师的北部防线发起攻击，导致霍兰德·史密斯手下共有 600 人死伤，16 辆重型坦克被毁。因此，霍兰德派遣桑德福·贾曼少将请求拉尔夫·史密斯采取行动。贾曼少将此前奉命在塞班岛战斗结束后指挥陆军守备部队，他"以一名军人的名义向另一军人表示，由于他缺乏进取精神，陆军的声誉正在蒙受损失"。尽管数字容易被人忘记，但迄今为止，有报告显示登陆部队已有 7 300 人死伤，其中超过 80% 的伤亡人员来自海军陆战队。刚介入危险战事的陆军同样伤亡惨重，两个陆战师的伤亡人数已经超过 6 100 人，其中新加入的陆军步兵师有 320 人伤亡。1945 年 5 月 13 日，斯普鲁恩斯在给卡尔·摩尔的一封信中写道："我怀疑，从长期来看，陆军这种速度缓慢、有条不紊的作战方式是否真的能够挽救友军性命。这种做法只不过是将人员伤亡分散到一个更长的时间段，而这个时间段增加了海军的伤亡，因为日军对舰艇的空袭是持续不断的。不过，与海军损失的舰艇和人员数量相比，我认为陆军的损失无关痛痒。"

霍兰德·史密斯对陆军的看法每况愈下。霍兰德曾经目睹他们在塔波查峰东麓与海军陆战团会合后未能肃清纳富坦角的日军残部，所以对他们的整体能力颇为怀疑。他的行动官罗伯特·E. 霍格伯姆上校认为，陆军从连排一级起就能力不足："他们开展的任何客观调查都会得出同一个结论，那就是装备未能发挥有效作用。他们只会漫无目的地肆意开火。在看不到日军的踪影时，一打就是一个晚上。这种开火方式完全没有章法，根本不符合职业军人的举止，而拉尔夫·史密斯将军竟然能够容忍这种作战方式。"

第 106 步兵团第 3 营无疑是第 27 步兵师最倒霉的一个营。实际上，当该营准备向岛上最艰险的目标发动袭击的时候，史密斯根本不清楚自己即将面临何种情况。由于西侧遍布峭壁，哈罗德·I. 米桑尼中校率领的连队忙于应付山洞里和悬崖上的日军，无法与海军陆战队取得联系。随着该连队北上，其左翼全部暴露在日军炮火之下。日军的火炮布设在塔波查峰的山洞以及纵横交错的壕沟中。在该连右翼，连绵的紫心岗同样令人望而生畏。斋藤将军在这里修建了错综复杂的防御工事，打算以此赶走从马格西尼湾登岸的入侵部队。据一名被俘的日本情报军官透露，在美军登陆之前，斋藤本来坚信他们一定会从东岸登陆。所以运气不佳的陆军第 106 步兵团第 3 营面对的是一座强大的堡垒。这座堡垒足以抵御一个师甚至更多兵力。

霍兰德·史密斯的情报参谋不知道的是，斋藤已经命令一个 4 000 人的联队在山谷北端进行抵抗。后来，塔波查峰和紫心岗之间的山谷被称为死亡谷。

随着日军动用迫击炮、机关枪、野战炮和中型坦克向孤立无援的第 106 步兵团第 3 营发起进攻，许多军官接连负伤，L 连连长查尔斯·E. 哈尔登中尉只得接管该营四个步枪连中的三个，其中至少有一个连由于遭到重创而丧失了战斗力。由于缺少坦克支援，他们多次请求该师的炮兵部队轰炸这座山岗，但是遭到拒绝，因为塔波查峰上还有美军部队。霍兰德·史密斯的情报官认为，第 27 步兵师面对的不过是"一小撮分散的步兵"。

海军陆战队第 23 团位于死亡谷东侧、第 106 步兵团右侧。此时，该团正准备掉头向东进入卡格曼半岛。第 23 团以距离岸边更近的海军陆战队第 24 团为轴心进行移动，为了跟上战线的转动，其左翼必须迅速行动。位于中部的陆军部队面对日军接连不断的反击，再加上崎岖不平的地势容易令人迷失方向，因此他们很难迅速前进守住陆战团的左翼。在查查村以西，第 165 步兵团的一个营正竭力应付来自三个不同方向的日军炮火。上述种种因素让接下来的局面陷入混乱。由于海军陆战队第 23 团的左翼正迅速移动，为了堵住长达 800 码的缺口，该团不得不放慢向卡格曼半岛推进的速度，交由后备营填补这一空缺。

最后，霍兰德·史密斯认为陆军第 27 步兵师的主要问题在于组织不当和指挥失误。据埃斯金回忆，在马里亚纳群岛战役之前，拉尔夫·史密斯在夏威夷与他共进晚餐时坦承："我想我不适合担任作战指挥官。我接受过大量有关参谋工作的训练，我觉得这才是我的用武之地。"对于这一点，塞班岛的两栖部队总部表示认同。霍兰德·史密斯曾派遣霍格伯姆前往纳富坦角，霍格伯姆对当时陆军在纳富坦角南部的形势感到震惊。"我出来以后，先是碰到一位团长，他距离前线还有大约 300 码。接着，我又来到营总部，该营距离前线还有大约 1 000 码。最后，我找到了一个连。虽然这个连参与了袭击，但是，当该连连长看到我的时候差点儿哭出声来。他说，上级要求他在夜间撤退。他本来已经拿下了一座山头，但是按照命令，他必须退到其他阵地过夜。由此可见，指挥这支部队的人根本不了解情况。"

6 月 23 日下午，美军开始对塔波查峰发动重大攻势。海军陆战队第 8 团第 2 营向来以敢于打硬仗而闻名。该团登陆后，在数日内肃清了日军在阿菲特纳角的巢穴。这一次，他们的任务是攻克这座山峰。与海军陆战队第 8 团第 2 营一同行动的是海军陆战队第 29 团第 1 营，该营将在第 8 步兵团的指挥下展开行动。第 29 团第 1 营营长、人称"汤米"的拉斯范·汤普金斯中校刚刚抵达这里。汤普金斯的前任营长在战斗中身负重伤。他接管指挥权后，该营再次遭遇挫折。思书浦沼泽附近的鏖战导致许多人丧生，包括汤普金斯手下的一名二等兵沃伦·G. 哈定。面对日军的反击，哈定所在的排遭到重创。在该排进行重组的时候，哈定独自一人把守机枪阵地，为战友进行掩护。进攻开始后，该排剩下的人数不到一半。思书浦沼泽附近的地势崎岖陡峭，不适合坦克或吉普车行进，因此必须由步兵来攻克。

6 月 23 日，汤普金斯开始向山上进攻，由海军陆战队第 8 团第 2 营掩护其右翼。这里有两条道路通向山顶，汤普金斯决定首先穿过一座树木茂密的山谷，然后爬上陡峭的南坡向山顶发动进攻。与此同时，第 8 团第 2 营将由威廉·钱柏林少校指挥，绕过南坡向左前进，从东侧发起袭击。虽然在一段时间里，海军陆战队第 6 团的一支部队踞守在塔波查峰以西 1 000 码处的一座伴峰，可以为其提供掩护。但是，在超出支援火力的覆盖范围后，面对难以逾越的地势和隐匿在珊瑚岩洞里的日军，海军陆战队第 29 团第 1 营在树林中陷入停滞。在该营右翼，第 8 团第 2 营迅速来到塔波查峰新月形主峰最东端的悬崖下。钱柏林命令手下的一个排先行登崖，这个排顺利地攀登上去，没有受到任何阻挠。钱柏林的成功让汤普金斯深受鼓舞。为了取得突破，汤普金斯指挥手下的几个连掉头向东，穿过钱柏林的阵线，来到塔波查峰的东侧。当日军开始持续对美军阵地发动试探性袭击时，激烈的交火将汤普金斯的手下逼退。在这次行动中，陆军共有 40 人伤亡，而海军陆战队仅有 3 人伤亡。由于美军阵地已经暴露，迫击炮弹如雨点般从头顶砸下，第 8 团第 2 营不得不向后撤退。

太阳快落山的时候，汤普金斯的手下准备攀登塔波查峰。海军陆战队第 10 团用 81 毫米口径迫击炮向山坡发射了烟幕弹，用 105 毫米口径榴弹炮向疑似日军阵地的位置进行轰炸，随后汤普金斯的步兵开始登山。他们绕开塔波查峰东侧的高峰，穿过一个山口，爬上通向顶峰的山坡。

陆军与海军陆战队的明争暗斗

　　登上位于海军陆战队第 4 师战区内的 500 高地后，弗雷德·斯托特中尉和海军陆战队第 24 团第 1 营 A 连可以清楚地看到塔波查峰的南坡。在他们东侧，大片甘蔗林一直延伸到卡格曼半岛。斯托特通过野外望远镜查看了一下地形，没有发现日军的踪影。近四天来，斯托特的排几乎没有遇到任何规模较大的日军部队。他的通信官甚至半开玩笑地打赌说，他只需要一辆吉普车就能绕塞班岛一圈，而且不用担心会受到任何阻拦。但是没有人愿意跟他打这个赌，因为大家明白野外的真实情况要比从远处看到的景象更加险恶。

　　海军陆战队第 24 团的炮兵部队在天亮之前开展了大规模行动，用烈性炸药对东南山麓进行了地毯式轰炸，山脚下顿时升起阵阵灰色的浓烟。比起海军，海军陆战队员更喜欢由野战炮兵提供火力支援，因为海军反应较慢，无法满足他们的紧急需求。而且按照新的规定，除非情况紧急，为了节约弹药，一个营每天只有两次请求海军提供炮火支援的机会。而且他们必须先向特纳将军的总部提出申请，由特纳指派弹药充足的舰艇执行任务。有时候，海军甚至要在几个小时后才能做出反应。随着一个小型侦察机中队出现在加德纳·康罗伊机场，这项任务的工作效率提高了许多。6 月 21 日，这些 OY-1 史汀生"哨兵"开始全天候侦察。白天，在炮兵观测员登上飞机后，这些小型侦察机会轮流升空，通过无线电与炮兵部队的无线电官保持联系。炮兵部队的掩护炮火日臻完善。在狭窄的壕沟里，即便是身处后方的人员也能感觉到 155 毫米口径炮管造成的剧烈震动。斋藤手下只要有超过 10 人聚集在一起，就会遭到美军的猛烈轰击。在炮兵部队强有力的支持下，地面部队开始向塞班岛中部的山峰和峡谷稳步推进。

　　在塞班岛内陆纵横交错的山谷和丘陵间，美军很难将战线连接在一起，导致其侧翼和后方经常遭到攻击。但霍兰德·史密斯对第 27 步兵师仍然不屑一顾。6 月 24 日清晨，他向拉尔夫·史密斯发去一则电报，表示对该师的作战表现表示失望。拉尔夫·史密斯收到电报后转而指责第 106 步兵团团长拉塞尔·G. 艾尔斯上校称："由于你未能与左翼部队保持联系，导致现在出现了令人尴尬的状况。立即向左翼推进。"

在师总部的压力下，正在死亡谷穿行的第 106 步兵团第 3 营营长米桑尼中校被迫让手下的一个连向左翼推进，而这次行动无异于自杀式袭击。在下令 K 连连长威廉·H. 海明威上尉向塔波查峰的加固炮台推进时，他说："比尔，我真的不愿意这样做，但是我现在必须派你去那里。"

海明威答道："不用道歉，哈罗德。我明白这是怎么回事。再见，哈罗德，很高兴认识你。"15 分钟后，海明威和 K 连的 17 名士兵在战斗中阵亡。

然而，这种毫无意义的牺牲不仅人数过少，而且为时已晚，因为霍兰德·史密斯已经出发，准备面见凯利·特纳。来到蓝滩后，霍兰德乘坐一艘登陆艇，一路颠簸，很快来到了"洛基山号"上。

两位将领见面后，霍兰德要求特纳解除拉尔夫第 27 师师长的职务，声称拉尔夫不仅无视自己有关纳富坦角的命令，而且在前线久拖不决，危及整个战局。事实上，霍兰德低估了第 27 师在死亡谷经历的激战。由于地势险峻，部队难以与两翼保持联系，但特纳还是对霍兰德的看法表示赞同。他担心尼米兹已经对战局的进展急不可耐，同时也不希望因为自己指挥不力而推迟天宁岛和关岛的登陆行动。于是特纳建议霍兰德·史密斯向斯普鲁恩斯汇报这一情况。霍兰德表示，"这是我生平最不愿意执行的任务之一，但是又必须执行。从个人角度来说，我一向认为拉尔夫·史密斯为人和蔼，富有职业头脑。但是有时候，在战场上，作为一名指挥官，出于对国家和部下的责任，我必须表现得苛刻一些。拉尔夫的师不仅作战不力，而且未能完成任务，从而危及到许多人的生命。"

在"印第安纳波利斯号"上的旗舰舱里，斯普鲁恩斯及其参谋与这两名将领就此事商谈了一个多小时。据卡尔·摩尔回忆，史密斯告诉斯普鲁恩斯，他委任的守备部队司令贾曼将军对陆军第 27 师的表现"气愤不已"。贾曼声称，如果由他来指挥这支队伍，他一定奋力一战。尽管霍兰德·史密斯有意减少对陆军在塞班岛战局上的质疑，但第五舰队的两位将领依旧不愿对此事宽大处理。卡尔·摩尔回忆，他们的讨论"似乎没完没了"。最后，斯普鲁恩斯要求摩尔起草一道命令，指示霍兰德·史密斯解除拉尔夫·史密斯的师长之职，由贾曼将军接替。在摩尔将草稿交给霍兰德·史密斯、特纳和斯普鲁恩斯后，"他们一致表示，这正是他们想要表达的内容"。随后，第五舰队司令斯普鲁恩斯签署了一份备忘录，将其送给尼米兹将军过目。

　　此事引发的争议有损于尼米兹的地面部队指挥系统的完整性。拉尔夫·史密斯的解职让陆军方面愤愤不平，因此故意将这一信息透露给美国媒体。战地记者们对此事进行了报道，并发表了自己的看法，公众也纷纷表示反对。然而，他们的愤慨之情对前线部队起到相反的作用。在战场上，一名师长被解职很难不引起日军注意。拉尔夫被替换后，在塞班岛上最致命的火力网中，英勇的陆军战士们所遭受的猛烈炮轰并没有丝毫减轻。

　　从远处看，日军似乎寡不敌众。海军陆战队第24团的炮兵部队指挥官亚瑟·M.哈珀也对日军炮兵的本领表示怀疑。虽然哈珀是一名陆军军官，但是后来在霍兰德·史密斯的麾下飞黄腾达。尽管斋藤将军已经用实际行动证明了日军火炮和迫击炮巨大的威力，但哈珀认为："它们更像是步兵。在执行防御任务的时候他们不仅强度不够、配合较差，而且缺乏持久性。"霍兰德除了在技术上对日军吹毛求疵，而且表示对手还存在更大的问题："日军的确是一个凶险的对手，但是很显然，他们在指挥上存在缺陷。他们并没有做好在战场上与现代化军队较量的准备。"即便他对日军的评价准确无误，但这对战地上的排长们却毫无用处。了解一场战斗真实状况的最好方式是亲自前往前线。

　　只有在前线，人们才能真正了解一场战役的惨烈程度。在战场上，肩负主要任务的是那些上尉和中尉们，而他们没有时间顾及将军们的感受。对于身处总部的高级军官来说，营以下部队的活动往往很难分辨。即便总部对营级部队的活动有所了解，正如陆军部的一份研究报告所说，"在总结某次行动时，档案中会写道，'面对激烈抵抗，第3营奋力向前推进了500码。'但只有那些亲自参与战斗的人们才能明白其中面临的困难及隐藏的意义。"

　　正因为如此，排长弗雷德·斯托特中尉清楚，为了守住查查村附近崎岖不平、树林茂密的数百码的战线，他所在的A连原本就兵力不足，如今只能拼尽全力。A连与该营的另外两个连一样，只剩下两名军官尚有行动能力。在塞班岛战役中，校官的阵亡屡见不鲜。就连后方也经常遭到日军渗透，因此并不是绝对的安全。有时候，日军的袭击是无形的，像幽灵一样，只存在于人们的幻想中。

　　有报告显示，在美军战线后方，即第24师炮兵部队所在的区域，有一次子夜刚过，二等兵康斯坦佐在战壕中睡着了，并且为此付出了沉重的代价。

从此以后，他每到晚上就噩梦不断，甚至还会梦游。一开始，他只是犯了夜惊症，但后来会突然坐起来，在炮兵部队 B 连的火炮掩体间狂奔。有人喝令他停下，但他根本不听。于是，三个人跳上前去，将他拖入战壕。人们以为他是日军士兵，所以用刀刺伤了他的左臂、左胸和后背，刀尖险些穿过心脏。虽然康斯坦佐活了下来，但是对于这起疯狂事件，无论是他自己还是刺伤他的士兵都大惑不解。随后，他乘坐前往蓝滩的一辆两栖登陆车，然后被转移到一艘医疗船上。无论是对康斯坦佐所在的部队，还是对其他部队，这种发自内心的恐惧越来越严重。但霍兰德·史密斯及其参谋对这一现象及其可能造成的后果一无所知。所谓安全是一个相对的概念，不同的排有着不同的境遇，而胜利的概念同样如此。

6 月 24 日，由于斋藤将军的总部受到美军的重重压力，不得不再次迁移。但是海军陆战队第 4 师并没有给他片刻喘息之机。最后，斋藤放弃了查查村上方深藏不露的山洞，搬到一处地势较高的山坡上。短短两周内，斋藤先后四次搬迁总部。这一次，他将总部迁到峭壁上一座巨大的山洞里，这个白色东向峭壁所在的山梁一直向北延伸至塔波查的最高峰。斋藤认为，这是迄今为止他布置的最为周密的一座指挥所。即便如此，斋藤也没有在这里停留很久。海军陆战队第 2 师已经着手攻占该山的最高峰。

6 月 25 日，海军陆战队第 8 团第 2 营和第 29 团第 1 营向这座山峰发起袭击。师总部向第 8 团派去了一个火箭实验小分队，以便进行支援。事实证明，4.5 英寸火网火箭是一种破坏性极强的区域防御武器。这些火箭发射器被三个一组安装在载重 2.5 吨的卡车上，可以在两秒钟内齐射六枚火箭。它们所到之处能够立即将对方的火炮打哑。但是由于没有公路，位于山间的两个营很难对火箭加以利用，只能依靠人力进行运送，因此送往前线的火箭数量十分有限。

第 29 团第 1 营营长汤米·汤普金斯中校率领一队侦察狙击兵，兵分两路从山峰南侧和东侧登上悬崖，火速占领了塔波查峰附近的副峰，虽然居高临下，但是这座山峰暴露在日军炮火之下，很容易受到攻击。"我们没有其他地方可去，这里毫无遮挡。"一名海军陆战队员说。日军的迫击炮立即对准他们，一些日军也开始向山上渗透。山梁下方大约 30 码处的一挺机枪也向下方山谷中的美军士兵开火。与此同时，日军的迫击炮弹几乎要将峭壁上凸出的岩石打掉。"第一天晚上，我们遭到了日军的自杀式袭击，山顶正下方的部队肯定有伤亡。我记得一名海军陆战队员多次喊道：'我的生命之血！'这是战场上友军应答的口令。"

海军陆战队第8团团长克莱伦斯·R. 华莱士上校知道日军就在附近，所以担心他们侧翼无人保护，因此下令让汤普金斯下山。但汤普金斯和手下已经下定决心，即便他们会像阿拉莫战役中的义勇军那样全部阵亡，他们也要守住这座山峰。汤普金斯回复："如果你要我今晚下山，那就给我送一群山羊。等我们喝完羊奶就骑着它们下山。否则我们今晚不会下山。"

"令人恼火的是，我们根本无法进行沟通，"第29团第1营的莫特·汉密尔顿说，"我们既没有无线电也不能站起来打手语。我们只能依靠轻型武器对下方的日本兵开火。总之，当时的处境十分危险。"汉密尔顿手下的布朗宁自动步枪手哈里·尼尔想要为点三零轻型机枪建立支援阵地，所以冲向30码开外的另一个山头。但是没有跑出多远，一颗子弹击中了尼尔的肩头，他被打得转了个身。紧接着，另一颗子弹打中了他的另一侧肩膀。"这肯定是某个枪法极准的日军士兵干的。"汉密尔顿说，"哈里返回山顶后，被送进一个小山洞里接受治疗。"

天黑后，汤普金斯放弃了冒险之举，悄悄返回了第29团第1营在下方的防线。次日，在烟幕弹的掩护下，汤普金斯率领第29团第1营的两个步枪连，排成一列纵队返回峰顶，同时将另外一个连留在山谷里进行掩护。当汤普金斯再次来到山顶后，他翻过山梁，差一点扑倒在莫特·汉密尔顿身上。汤普金斯解开上衣，将怀里的手榴弹倒在地上。汉密尔顿明白他的意思："我们把这些武器留在这里了。"于是，他们开始挖掘战壕，用大块岩石在外围建起堡垒。此时，日军从下方的阵地发起冲锋，但很快被赶了下去。次日，日军藏在山梁下方的机枪突然开火，双方的战斗持续了一整天。直到海军陆战队的爆破队和喷火器队上山，塞班岛最高峰上的最后一批日本守军才被赶走。在山上坚守了两天后，汤普金斯及其手下开始沿着山梁巡逻，他们一边把守这座高地，一边为下方山谷中的部队提供掩护。

在他们下方东南方向近三英里的地方，卡格曼角很快落入海军陆战队第4师之手。占领了长长的战壕后，施密特手下发现，从这里可以对马格西尼湾的海滩进行纵深射击。他们庆幸自己没有从那里登陆。日军的一些

5英寸口径两用海军膛线炮在经过润滑后，被用麻袋包裹起来停放在附近。海军陆战队第24团第1营C连连长被炮弹击中后，由弗雷德·斯托特接管该连并参与了这次进攻。攻下卡格曼半岛后，斯托特终于可以稍事休息，但是他刚刚入睡就突然惊醒。他看着眼前的一切，心想，无论自己能否在战斗中幸存，这个世界都不会停止转动。

当陆军第27步兵师的一个营经过时，斯托特由衷地感到高兴。"很显然，他们已经完成了在纳富坦角的任务。只见一队接一队的步兵在蜿蜒曲折的道路上前行，他们拖着沉重的步伐向我们走来。"他写道，"所有兵种都清楚，海军陆战队员对陆军充满了'关爱、钦佩和尊重'，但是那天，当这些步兵出现后，我们脸上都挂着感激的笑容。战斗能迅速消除双方的许多分歧，所以后来我们与陆军部队展开联合行动时，我们绝不会再牢骚满腹。"

接着，弗雷德的手下吃上了一顿"十合一"大餐，里面除了他们的口粮外，还有刚刚宰杀的鸡、鸭和猪（"它们未能逃出海军陆战队员之手，被一把捉住"）以补充蛋白质。此外，让他们感到高兴的是，军需官还意外发现了许多剃须刀、刮胡膏和牙刷。现在他们终于有充裕的时间好好收拾一下自己了。"我们站在半岛尽头的高地上，满意地回头望着我们方才攻占的地方。这片土地绵延数英里，有的地方十分平坦，有的地方格外陡峭。从地图上根本无法看出塞班岛原来是这样广阔的一片陆地。"

6月26日夜，海军陆战队第24团第1营C连的电话响起，弗雷德·斯托特及其所在的排奉命撤营继续前行。从某种程度上来看，这次休息并不会让他们感到宽慰。对有些人来说，他们反而因此神经紧绷。"人们在后方的时候往往比在前线时更加恐惧。"斯托特写道，"所以当远处的一挺南部机枪突然开火，而我们没有遭受任何损失、平安返回后，所有人都如释重负。"第一次进行巡逻时，他们没有在附近发现日军士兵。"但是日军隐藏的机枪能够准确地向我们开火，这也证实了我们的担忧。我们再次处于日军阵地的下方，他们居高临下。现在最大的威胁不是来自火炮，而是来自机枪。与火炮相比，我们中大部分人更喜欢机枪。"

斋藤新建的总部距离斯托特中尉的驻扎地点不到一英里。这一次，他将总部建在了白色绝壁上的洞穴里。斋藤将从这里尽全力展开防御，美军也将面临自登陆塞班岛以来前所未有的攻势。最残酷的战斗还在后面。

第20章
撒旦
的气息

唯一的出路就是前进

　　6月26日深夜，被困在纳富坦角的日军企图取得突破，阿斯里托机场也遭到日军突袭。由于阿斯里托机场只有第105团第2营负责把守，所以该营的防线十分薄弱。在天亮前的几个小时里，日军冲过防线，向机场发动进攻。眼下的情况不知道该归咎于谁，是因为霍兰德·史密斯仅让一个营来把守这一关键地区，还是因为拉尔夫·史密斯未能确保第105团第2营有效防守该地区？当然，无论是谁的过错，当机场地勤人员开始呼喊着请求支援时，上述考虑已经没有任何实际意义。

　　日军第47独立混成旅团的一位大队长佐佐木大尉亲自挑选了500人率先发动袭击。但他们只能依靠自己，因为日军从海上增派援军的计划已经落空。天黑后，11艘满载日军士兵的驳船准备离开天宁镇附近的桑哈隆港，结果被"班克罗夫特号"驱逐舰和"埃尔登号"护航驱逐舰驱散。同一天夜间，另一批据称配备有37毫米口径野战炮和鱼雷的日军驳船企图从塔腊潘登岸，被海军"短吻鳄"部队的两艘步兵登陆艇击溃。

　　佐佐木清楚，这次突袭可能会让他的手下无一幸存。突袭机场后，所有幸存者将向北进发，前往佐佐木旅团以前的总部500高地集合，等待下一步指令。他打算与斋藤在塔波查峰附近的主力部队联合起来。但是如果他们被逼入绝境，所有幸存者将拼死一战守住他们脚下的土地。"不能参战者必须自尽。"佐佐木写道。当天晚上，他的部队使用的暗号是"Shichi Sei Houkoku。在七生报国"①。这意味着他们将战斗到底。当天夜间，日军士兵正是带着这一信念，从纳富坦角出发。

佐佐木的突击部队以两列纵队前进，躲过美军分布稀疏的观察哨，向第 105 团第 2 营的总部发起进攻。日军涌入美军阵地后，双方经历了短暂而激烈的交火，最终美国陆军第 105 团第 2 营击退了日军。日军共有 27 人丧生，美军有 4 人阵亡，20 人负伤。剩余的日军在重新集结后向机场冲去。他们用刺刀捅破飞机油箱，然后放火焚烧。一架 P-47 被烧得只剩下一副外壳，另外数架飞机被摧毁。

在加德纳·康罗伊机场，陆军航空队的工程兵首先做出回应。他们将推土机作为战车，熟练地用卡宾枪开火。面对突如其来的威胁，留守后方的炮兵部队和海军陆战队也迅速集结起来加入战斗。日军在对陆军航空兵首战告捷后，很快被驱散，其中许多士兵丧生。后来霍兰德·史密斯声称，陆军的步兵营本来可以向前推进 200 码，到达该地区较为狭窄的地带，这样可以将需要把守的前线减少一半，有效抵御日军发起的夜袭。但是实际上，日军的突破反而将看似困难的任务变得更加容易。日军从纳富坦角的珊瑚岩洞中出发，美军所做的只是将其拦截在洞口，直接击溃。

次日，陆军第 105 团第 2 营进入纳富坦角，对最后一批负隅顽抗的日军发动进攻。美军炮轰结束后，该地区横七竖八地躺着 550 具尸体，其中一些已经在战斗中阵亡多时，还有一些是在战败后按照佐佐木的命令自尽。

在此期间，一些部队发明了一种新的作战方式，有效地压制了小型山洞中的日军。按照这种作战方式，喷火坦克对一个由 14 人组成的班进行掩护。这种经过改装的 M3A1 轻型坦克被称为"撒旦"，上面加装了加拿大制造的朗森火焰喷射系统，取消了原来的主炮。其中一支队伍是布朗宁自动步枪队。另一支队伍携带两个巴祖卡火箭筒。第三支队伍为坦克提供掩护。剩余的两名士兵组成通信队，负责与坦克之间保持无线电联络。发动

①语出日本南北朝时期名将楠木正成，意即轮回七次也要报效国家。楠木正成一生效忠后醍醐天皇，在凑川之战勤王兵败后自杀，被后世视为武神。——译者注

攻击的时候，先由自动步枪队从侧翼靠近洞口，用 M1918 自动步枪建立射击阵地。在点三零口径 60 格令装药机枪的支援下，两个火箭筒小队紧随其后，直接冲向洞口。坦克和另外四人则绕到距离山洞较远的一侧，寻找能够直接向洞内喷火的阵地。然后，坦克向洞内接连发射燃烧的凝固汽油弹，火箭筒也同步向山洞深处发射火箭，自动步枪队则在洞口严阵以待，任何冲出洞口的敌兵都会受到阻击。如果地势过于崎岖，部队无法使用装有朗森火焰喷射系统的坦克，他们就会使用便携式喷火器、白磷手榴弹和爆破炸药代替。这是一项艰巨的任务，但只要放慢速度、有条不紊，这种作战方式就一定能取得成功。

"我们在塞班岛得到了严厉的教训。"海军陆战队第 23 团的布朗宁自动步枪手乔治·查兰德说，"我们使用了大量的喷火器，因为这种武器能够引起日军的恐惧。"在此之前，塔拉瓦战役也采用了喷火器。但是在较大规模的战役中，尤其是在地势有利于日军进行躲藏的时候，美军从未使用过喷火器。正因如此，喷火器必须加强机动性。"撒旦"坦克虽然可以喷射浓稠的汽油和加压的二氧化碳，但这种武器尚且处于试验阶段，还不够完善。由于这种坦克的火花塞容易被堵住，士兵们只好用手边的工具点燃喷出的汽油，包括手持式打火机。当这辆可怕的战车开始喷火时，士兵们常常被吓得目瞪口呆。"不知道有多少人能够从大火中逃走。"一名"撒旦"驾驶员说，"这种炙热的火焰能够喷出 60 ~ 80 码远，不仅直达山洞深处，还会包围悬崖顶部和四周。因此，即便藏于洞内的日军没有被火烧到，也会窒息而死。埃德·博拉尔德上尉和布伦登中尉不禁摇头叹息，他们不敢相信即便是在文明时代，生命也会变得如此卑微。"

6 月 28 日深夜，弗雷德·斯托特及其所在的连与海军陆战队第 2 师取得了联系。当时，海军陆战队第 2 师的主力部队驻扎在塞班岛最高峰。这两支部队之间的缺口一直是他们最大的障碍，当日军冒险冲进这个缺口时，由于担心误伤友军，美军无法向日军开火。在塞班岛中部高地展开的混战中，由于无法看清下方的情况，海军陆战队和陆军士兵在攻打山岭、穿越峡谷时，每一步都要冒着生命危险，因为盘根错节的树根后面可能隐藏着日军藏身的山洞。这种进展缓慢、异常残酷的斗争像噩梦般历历在目，但是在行动报告中很难反映出来。目标出现后，出于种种令人沮丧的原因，美军经常无法开火。"我们只能坐在那里望着树林，却无法对日军进行有效射击。每当我们请求开火时，就会遭到上级的拒绝，理由是陆军正在向前推进，很快就会占领这座山头。所以我们只能坐在那里，眼睁睁地看着日军士兵平安无事地在树林间来回穿梭，我们对这里的地形越来越感到憎恶。"对于那些遭到战术夹击的连、团和师一级很难开展救援。因此，当乔治·W. 格里纳少将接替桑德福·贾曼掌管陆军第 27 师时，大家都没有什么反应，因为战局不会因此有所改变。对前线的士兵们来说，唯一的出路就是继续向前。

斯托特手下的一支队伍在向一处幽深的山洞进军时，发现这里可能是日军的指挥所。于是他们驾驶着一辆半履带车和一辆坦克，对这里进行了猛烈轰击。这座山洞位于白色峭壁之上，很有可能就是斋藤将军的第四座总部。就在前一天晚上，在遭到塞班岛东岸巡洋舰和驱逐舰的重创后，斋藤放弃了这座山洞。他将下一个总部建在一座天然岩洞里，这座岩洞位于拉迪奥山南部丛林密布的一小片洼地中。

随着前线不断向北推进，越过塔波查峰继续向东，塞班岛开始变得像烟囱般狭窄，海军陆战队第 4 师不得不攻向陆军行动区域内尚未占领的空地。在该师左翼，查宾中尉率领的第 24 团第 3 营 K 连发现，他们对面树木葱茏的山上出现了大批日军。"他们位于陆军的区域内，但这些步兵没有赶上我们的步伐，也没有剿灭敌人（这种情况我们已经遇见很多次了），所以我们只能等着山上的日军向我们开火。但最终什么都没有发生，我们走下公路，与陆军队伍会合。"

为了堵住缺口，查宾所在的排在向西推进时，被两座山梁挡住去路，其中较大的一座是他们的主要目标，较小的一座更像是丘陵。就在这时，查宾听到队伍左侧传来枪声。枪声来自查宾的兄弟排，该排由以强硬作风著称的麦克·米尼克中尉率领。被日军盯上后，他们的队伍有部分人员死伤。但是当时查宾并不清楚发生了什么事情，他唯一能做的就是集结一个尚有行动能力的排。登陆当天，查宾的排共有 50 多人，现在只剩下 12 个人。

查宾首先登上较小的第一座山梁，命令手下士兵挖掘战壕。由于前方地势开阔，他担心日军会出动坦克，因此要求第 3 营增派一门 37mm 口径火炮。他的手下费尽力气将大炮停放在地势较为有利的地方，在准备开火的时候，他们突然得到命令："准备开拔！"他们只好拔营起寨，再次上路。

查宾一边暗自咒骂自己运气不佳，一边来到连指挥所一探究竟。"在第 3 营右翼的步兵花了一天时间终于赶上了我们，但是现在又退回了发起进攻的地方。这真是好极了。现在我们的右翼将会出现一个巨大的缺口。"查宾明白，位于部队左翼的海军陆战队连队是不会撤退的。所以查宾手下的连长不得不想方设法，将队伍尽可能向右翼延伸，以保持各排之间的联系，防止日军渗透。作为后备部队的海军陆战队第 24 团也派出了两个营，为他们暴露在日军枪口下的左翼部队提供掩护，但仍未与陆军建立稳固的联系。夜幕降临时，海军陆战队第 4 师的四个营被迫转向西方，致使侧翼面对着一小片孤立地区。由于海军陆战队其他部队的速度超出了陆军，所以该地区被孤立了。6 月 29 日入夜时分，陆军第 27 步兵师右翼和海军陆战队第 23 团之间的缺口约有 400 码。一支工程兵小队来到查宾所在的区域以填补空缺。次日，这支队伍再次开拔，向前方较大的一座山梁发动袭击。比起师长走马换将，塞班岛的地形给战争带来的影响更加重要。

美日丛林战

两周前，为了躲避美国海军的轰炸，大场荣大尉来到马昆沙以西的山间，为日本陆军建立了一座医疗救护站。由于茅草屋顶的手术室已被摧毁，他只得将伤员搬进用于存放补给物品的山洞。四名卫生队队员和军医石川健二大尉在山洞中忙碌不停。同年 3 月，他们的运输舰在台湾岛外被击沉，石川是该联队唯一一名生还的大尉，也是大场荣手下 12 名军医中唯一的幸存者。

6 月 30 日，大场荣设立的救助站距离美军主力的前线不到四英里。美军在占领了这里的山峰后，开始沿西岸向加拉班进发。此时的日军没有了高地上的观察哨，无法监视美军的动向，而且缺少还击的武器。石川向大场荣抱怨道："我们本来应该在战地医院工作，现在却连维持伤员生命的设备都没有。我们中间没有人见到过美国人，但是我们的部队竟然被打得溃不成军。这是哪门子战争？"实际上，这是一场生存之战。在悬崖下一座农舍废墟附近有一座蓄水池，水池里的盐水发出阵阵恶臭。但是为了生存，士兵们只能将其煮沸消毒后用来饮用。

当大场荣站在山洞入口处时，一名士兵爬了上来。这名士兵肢体僵硬地鞠了一躬，然后递给他一封急电。"这是团部的命令。"士兵说。这道由第 135 联队铃木荣助大佐签署的命令，要求医疗救护队于当晚迁出山洞，向南来到塞班岛东岸的多奈镇。大场荣清楚，在搬迁过程中，他们难免会与正在向北推进的美军发生冲突。作为一名参加过日俄战争的老兵，他对战斗充满了期待。今天晚上或明天清晨，大场荣心想，我将首次向美军发动袭击。即便难逃一死，我也会手持利剑战死疆场。日落时分，大场荣召集手下人员在山洞外集合，和一名军衔比他更高的军官共同简要说明了情况。

花井少佐鼻子坚挺、双颊瘦削，斥责大场荣是"一个多管闲事的小鬼"。但大场荣还是发表了演讲，而且触动了大多数人的感情，因为这些士兵和他有着同样的心态：

> 邪恶的美军已经成功登岸，但是他们背朝海洋。虽然他们凭借武器赢得了立足之地，但是他们的武器无法与日军的勇气抗衡。此刻，我军致力于效忠天皇。我们要重整旗鼓，准备将这些洋鬼子赶回海上。今晚，我们将参与这场光荣的战斗。我们将阻止美军野蛮的袭击，因为这是对皇军的侮辱。我们的作用是配合帝国陆军的其他部队。我们将在多奈以北建立新的总部，准备和我们的同志们一起，对美国鬼子发动致命一击。

话音刚落，人们起身异口同声地喊道："日本帝国万岁！"

第一批沿着跨岛公路向东迁移的百人队伍包括大场和石川。他们于晚上 11 点出发，之后每隔 15 分钟就会有另一支队伍出发。前行了大约一英里后，大场荣所在的队伍发现了一条通向南方的狭窄土路，于是他们开始沿着这条土路前进。这条公路沿着高耸的山脊一直延伸到塔波查峰，将茂密的山岭与左侧的甘蔗田分隔开来。在距离他们一英里外的地方，借助美军在空中发射的照明弹，大场荣可以看到前方的动向。一大批衣衫褴褛的人正朝他走来。其中有背着婴儿的妇女，也有负伤后面无表情的士兵。这些士兵没有武器，个个步履维艰。在这个地狱般的战场上，他们没有容身之所。每隔一段时间，美军的炮火就会进行骚扰，炮弹砸向他们四周的丛林，其中大多数炮弹在远处坠落。当天晚上，有两枚炮弹在距离他们较近的地方爆炸，足以使他们感受到强烈的震动。

凌晨 2 点，大场荣在一条东西向的道路前停下脚步，用手电筒仔细观察地图。他发现，如果他们转向左侧走下山坡，就会来到与铃木大佐在多奈以北的会合地点。在他们南方，机枪声大作，似乎相距不远。大场在下山时遇到三名日本士兵告诉他说，还有一群人正在坂野中尉的率领下前行，这群人就在他们前方 200 码开外的山谷中。坂野中尉性格开朗，大场荣迅速和他达成一致，联合起来组成一支队伍。接着，他们走下公路，在附近设立岗哨，休息了几个小时。天亮前，他们开始继续前行。

大场荣隐约听到他们南侧的石灰岩间似乎有人在活动。于是，他挑出一个名叫尾藤的中士，告诉他拿起步枪，和自己一起上前探个究竟。但没走出几米，由于林木茂密，他们不得不放慢速度，一步一步缓慢地向前挪去。大场荣听到自己的前方和右侧沙沙作响。他和尾藤立即卧倒。大场荣举起手枪凝视前方，准备对发出声响的地方发动伏击。当一群士兵出现在距离两人 30 码开外的空地时，大场荣紧扣扳机的手指放松了下来。原来是日军的一个排。这支队伍趁着曙光穿过灌木丛和土路，消失在东方的甘蔗田里。片刻之后，刺耳的炮火声朝他们方向传来。随着美军步枪的噼啪声、机关枪的震动声和迫击炮的轰隆声不断响起，他们眼前出现了可怕的景象：一股漆黑的浓烟夹杂着烈焰在灌木丛中蹿了起来。

大场荣等人见状立即向后撤退，希望自己的队伍能避开美军及其炮火。就在他惊魂未定之际，一架飞机呼啸着从他们上空下降。这架水上飞机在掠过他们头顶后做倾斜转弯，随后消失在南方。大场荣手下的几名士兵用步枪朝飞机开火，他下令让士兵们停止射击，到山谷旁的一座山洞中躲藏。数分钟后，飞机返回他们上空，开始在较高海拔盘旋。

又过了几分钟，第一枚重型炮弹在山洞外划破长空，在山谷北端爆炸。在美军飞机保持一定距离、为岸边的舰炮校准时，大场荣和坂野都躲在附近的山洞里。他们用双手掩住耳朵，以免耳膜被震裂。第二次齐射过后，炮弹在距离更近的地方爆炸，就像地震了一样。面对猛烈的炮火，大场荣感到无比愤怒，他后来回忆说："我们根本无法作战。如果在山洞外连手脚都动弹不得，我们如何去战斗？现在的我们只能像受到惊吓的孩子一样躲藏起来，谈何尊严？"炮弹经过在高空飞行员的校准，精确地朝他们打来。只见火光一闪，爆炸声响起后，炽热的弹片飞向山洞入口。大场荣听到有人在尖叫。由于什么也看不见，他顿时陷入恐慌，担心自己会因为中弹而失明。待烟雾散开后，他发现自己仍然能够看清东西，于是他向发出尖叫声的地方匍匐前进。原来是他手下的一名士兵被一大块弹片击中下腹，弹片摸起来仍然十分烫手。美军战舰发起的袭击造成数十人死伤。这些战舰地处遥远的岸边，再加上美军已经占领了附近的山峰和日军的炮台，所以战舰毫无风险，几乎不可能遭到还击。轰炸结束后，大场荣得知他手下有一半人丧生或身负重伤。坂野中尉的队伍虽然毫发无伤，但丢失了大部分装备。他身边的最后一名军医石川，在拖动伤员离开危险地带的时候不幸中弹身亡。

6 月 30 日，另一件微妙的事情也许可以说明不同兵种间存在的激烈竞争。在"列克星敦号"上的鱼雷轰炸机中队抵达塞班岛后，指挥官罗伯特·H. 埃斯利上校在对加德纳·康罗伊机场发动袭击的时候不幸阵亡。为了纪念这名海军飞行员，这座机场被再次更名为埃斯利机场。当天，40 架 P-47 飞机从埃斯利机场出发，分别向塞班岛、天宁岛和罗塔岛目标发动袭击。与此同时，"埃塞克斯号"和"企业号"特混大队上的 48 架"地狱猫"战斗机为塞班岛的部队提供了近距离支援。霍兰德·史密斯决定继续向斋藤施压，因此下令让海军陆战队第 2 师和第 27 师赶上施密特将军率领的海军陆战队第 4 师。当时，施密特将军及其手下正迅速向前推进。

让海军陆战队感到懊恼的是，他们自己的飞行员未能及时提供支援。就像往常一样，陆军总是觉得自己不受尊重，至少很容易被人误解。但是在塞班岛，所有飞行员同样被严重误解。在以 200 节高速行驶时，很少有飞行员能分辨下方复杂的地形，因为所有土地都在他们的机翼下一闪即逝。由于塞班岛地势崎岖，美军前线往往呈弧形，因此飞行员很难找到安全的袭击角度。此外，飞行员的反应时间千差万别，很难进行有效协调。陆军第 105 步兵团的空地联络官表示，从他提出申请到执行任务之间的时间间隔超过一个小时。此外，当飞行员进行空袭时，本来能够提供有效支援的炮兵需要暂时撤离，从而使延误造成的损失又增加了一倍。在关键的几分钟里，战局有可能发生翻天覆地的变化。由于"可供使用"的飞机数量始终不足，所以他们很难按照步兵的需要迅速提供支援。另外，从低空投掷的炸弹在砸向崎岖不平的地面后往往达不到预期效果，也难以满足步兵的需求。

其实步兵部队也很难理解飞行员们面临的难题。登陆塞班岛后，一名地面指挥官请求派遣一队 TBF"复仇者"对日军位于山谷间的一座碉堡进行空袭。"这个请求听起来似乎合情合理。"太平洋舰队分管支援飞机的指挥官 R.F. 怀特海德写道，"但是在朝这个方向发动袭击时，飞行员有可能遭遇侧风、迎光或者在撤离时直接面对 1 500 英尺的山峰。地面部队也不明白飞行大队的指挥官为什么会坚持要求改变进攻方向。"在整个马里亚纳群岛战役期间，每三枚炸弹中只有一枚被直接用于为地面部队提供支援，而这无疑离不开上述令人沮丧的原因。相比之下，飞行员宁愿去打击那些能够对他们发起还击的目标，例如日军的机场和防空炮。这样的结果是，尽管美军有大批飞机飞往塞班岛上空，但它们对解地面部队燃眉之急没有丝毫帮助。

对查宾中尉来说，最理想的情况是提前知晓在战线前方广阔的山岭上，自己将面临多少日军士兵。死亡谷的战斗既不是地图推演，也不是实弹操练。对于日军的具体人数，无论是飞行员还是情报分析员都一无所知。查宾手下只剩下四分之一的兵力，他们奉命率领自己的排开展侦察。现在他们只能依靠自己，因为排和班一级的士兵能依靠的往往只有自己的勇气。7 月 1 日上午 7 点整，随着远处传来阵阵迫击炮单调的响声，查宾开始率队侦察。

塞班岛上唯一一条可供军车通行的道路宽 20 英尺，位于查兰卡诺亚和加拉班之间。这条路和岛上的其他路一样，经过卡车、坦克、步兵的碾压和雨水的冲刷，长此以往，现在几乎无迹可寻。其中大多数路面变成了一些羊肠小道。因此，当查宾及其手下攀上陡峭的草坡时，他们并没有沿着这些道路前行。在距离他们不远的地方，空中响起了爆炸声。班长萨姆·福瑟吉尔大叫一声，突然倒下。原来这是打偏了的友军炮火。查宾立即冲上去，发现这名下士面色灰白。在担架到来之前，医护兵稳定了福瑟吉尔的伤情，但他最终还是没有撑住。现在，该排只剩下 11 个人，而查宾要率领着这 11 个人继续前进。

来到山上后，他们发现这里曾是一个布置周密、人数众多的日军阵地，如今已经成为一片瓦砾，周围还散落着一些用过的弹夹、成袋的大米和鲑鱼罐头。查宾站在山岭背面，向北部和西部望去。他可以清楚地看到下方是一道绵延的山谷。查宾不禁在想：陆军在哪里？查宾留下部分人员把守山顶，然后带领两名布朗宁自动步枪手来到了另外一处地点以便进行观察，同时为主阵地提供火力掩护。他向来时的方向望去，只见西南方向树木丛生。他暗自希望陆军第 27 步兵师就藏在其中某个地方。如果确定自己的侧翼有人把守，查宾会倍感宽慰。这时，查宾手下的一名士兵跑过来说，他打中了一名日本军官，并且从此人身上搜到了一份地图，地图上标出了日军的防御阵地。查宾叫来排里跑步最快的人，让他将地图送往连指挥所。待查宾返回山顶后，另一名士兵跑过来喊道："沙利（沙利文的昵称）中弹了！"

查宾一向认为沙利文是他手下最出色的军士、班长和导师之一，因此感到格外难过。他组织起一支巡逻队，向北穿过迷宫般的岩石、树木和藤条，在数百码开外的地方发现了沙利文。他身旁还有几名海军陆战队员。查宾掀开他的衬衫，看到尘土之下是一块白色的胶布，胶布下鲜血直流。沙利文腹部中弹。"我们距离最近的担架还有几英里，而他现在无法行走。"查宾写道，"日军士兵就在附近，但是和平时一样，我们不知道他们究竟藏身何处。我能做的只有一件事：让手下几名士兵在四周站岗，其余的人用砍刀砍掉一些枝条。接着，我让两个人脱去粗棉布外衣。我们将枝条穿过衣袖，在正面系上扣子，准备用这副简易的担架将沙利抬走。"由于地势险峻，他们需要四个人才能将沙利文送到连总部。这四个人抬起担架，沿着来时的道路迅速返回。这一枚子弹让查宾的排又少了五个人。现在，该排人数远远低于能够"有效作战"的下限。但是只有完成任务，他们才能生存下去，所以查宾率领剩余的五个人，继续对该地区进行搜索。

他们在密林间找到一座由岩石和树根建造的堡垒，发现其间的缝隙足够日军士兵藏身。查宾喊话要其中的日军首领投降，但随即意识到，此举无异于向方圆 50 码内的日军士兵暴露自己的方位。当查宾下令用喷火器向其中一处裂隙进攻时，距离他 20 英尺外的自动武器突然开火。查宾冲自己的左翼喊了一声，无人应答。他喝令手下的两名士兵投掷手榴弹，让另外一名士兵来到自己身边。当他俯身寻找隐蔽地点时，日军的火力似乎变得更加猛烈。"我越来越担心。在这里，我们与连里的其他部队相互隔绝，而且现在我们只剩下六个人，左翼的士兵也不知去向。我们正遭到猛烈袭击，虽然日本兵就在我们身边，但我们既不知道他们有多少人，也不知道他们到底在哪里。"

当日军的火力开始减弱时，查宾竭力镇定下来向山顶缓慢撤退，然后向连长报告，请求另一个排前来支援。他让一名中士负责把守山头，然后开始下山，发现夏乌斯中尉的排就在50码开外。查宾刚来到这里，日军突然枪声大作，并再次将手榴弹掷向山顶。

由于枪炮声四起，查宾无法向手下喊话。因此他尽可能伏低身体，往回飞奔。到达山顶附近时，他累得倒了下来，只能匍匐前进。当他听到前方大约10码的地方传来日军的声音时，他掏出所有手榴弹，将它们放在面前的地上。接着，他向前挪了挪身体，将自己藏在岩石当中，然后开始投掷手榴弹。正当他按住手柄、拔掉安全栓准备投掷时，岩石间突然火光一闪，他的背部被子弹击中。查宾顿时觉得天旋地转，虽然不确定自己伤势如何，但他意识到手里还攥着手榴弹。于是，他竭尽全力将手榴弹扔向日军，然后爬回隐蔽地点，呼叫医护兵救援。

一名医护兵在找到他后，为他包扎了伤口，问他能否勉强起身下山。查宾担心，日军随时可能朝他们扑来，所以决定试试看。"他们将我扶了起来，挽着我的双臂，我们开始下山。这段路走得非常艰难，每一次的磕碰我都被硌得生疼。好几次我们被藤条和岩石绊倒，但最终还是走下了陡峭的山坡。"当他们来到夏乌斯所在的排后，查宾在一旁休息。有人叫来一辆吉普车，将查宾送往连部。抵达连部后查宾高兴地发现，为他治疗的军医曾经是自己在彭德尔顿营的室友。医生剪开上衣，切开他的伤口，对腹部进行了检查，然后告诉他一条好消息：只有一线之差，子弹没有打中肾脏、肋骨和肺部等要害。随后，查宾被抬上担架，和另外几名伤员一起被送往埃斯利机场。"比起我在这里防御的时候，机场发生了巨大的变化！当时这里还是一片废墟，我们竭力全力攻克了这里。现在，大部分日军设施的残骸已被清除，跑道也进行了修整，机场上停放着大批美军飞机，包括P-47、TBF和R5D。运输机体形庞大，着实令人惊叹。"

在军医的安排下，这些负伤的年轻军官乘飞机撤离。查宾的担架被抬上运输机，和其他伤员并排放置在机身两侧。在被陆军的航空护士接管后，他看到货舱门被砰地关上，随后听到发动机隆隆响起。飞机沿着珊瑚跑道驶过，很快开始升空。"永别了，塞班岛。"丛林间的战斗仍在继续，由他的战友们一码接一码地向前推进。

夺岛战役按计划进行

当"刺鳍号"潜艇接近塞班岛的锚地时，艇长科斯勒通过雷达发现，附近停泊着大批舰艇。他从潜望镜中看到许多舰艇正在返航。科斯勒用闪光信号灯与"菲利普号"驱逐舰互致问候，然后跟随"菲利普号"前行。驱逐舰舰长告诫科斯勒，由于岛上正在交战，岛屿四周漂浮着大量残骸，有可能对航行造成危险。对潜艇驾驶员来说，避开危险的漂浮物轻而易举，但是岸上的景象蔚为壮观。日出后，潜艇的船员看到特纳率领的两栖登陆车队正在不屈不挠地执行任务。

科斯勒称，这一场景"令我们难以忘怀"。

这里可以看到书上列出的几乎所有舰船。一大股浓烟出现在塞班岛北端，主要是因为加拉班镇附近的汽油燃起了大火。在塞班岛上，炮弹和炸弹的爆炸声不断。天宁岛上也同样如此。我们本来准备在马格西尼湾补给加油。但是，靠近该岛后，各种各样的舰船映入眼帘，这些舰船停泊在该岛西南部制糖厂外的岸边，而这座工厂早已面目全非。

我们距离海滩只有一英里，所以可以在最前排观看。迄今为止，这是海军陆战队开展过的最为激烈的战斗。海军的舰队不分昼夜地对塞班岛进行轰炸，不给日军任何喘息之机，而且每次轰击都射得很准。在他们的轰炸下，整座岛屿似乎都在颤抖。飞机开展的俯冲轰炸同样令人震撼。最为精彩的是，有时候，我们可以看见岸上的海军陆战队员用坦克和喷火器将日本佬打得屁滚尿流。

立下汗马功劳的不只是海军陆战队员，还有"刺鳍号"潜艇。该潜艇的舰长和船员们都清楚，他们击中了目标，当时情况混乱，他们不知道自己击中的是日军舰队最重要的航母之一"翔鹤号"。"刺鳍号"是美军占领加拉班后第一艘驶入该港的美军潜艇，因此受到了一定的礼遇。随着潜艇驶入港口，斯普鲁恩斯、特纳和希尔一同登舰，紧随其后的记者也急于向科斯勒发问。这次会面持续了一个小时，对船员们来说，他们更感兴趣的是观看岸上的战斗，而不是难熬的新闻发布会。

7月2日，科斯勒带领"刺鳍号"重新加油，供油轮"苏阿米科号"的船员向他们讲述了日军飞机是如何来到这里、在夜间发动袭击的。尽管美军战舰用地毯式轰炸压制日军的炮火，但有时候，日军还是会从天宁岛向锚地开炮。这一消息让科斯勒感到震惊，所以他下令机枪手坚守岗位。虽说是坚守岗位，但科斯勒还是给船员们放假两个小时，好让他们到海边游泳。所有人都需要一个喘息的机会，以暂时忘掉这场战争。

当天下午5点前，"刺鳍号"再次起航。这艘潜艇添加了7万加仑燃油，安装了新的雷达变压器，对发动机进行了维修，用灰色油漆进行了修补，对干舷部做了彻底润滑，然后向西疾驰而去，准备再次投入战斗。船员们士气高涨。科斯勒说："在抵达塞班岛时，我们所受到的接待和礼遇让我们感到作为美国人真是一种荣幸，作为美国海军的一员更让人自豪。"

在"印第安纳波利斯号"上，卡尔·摩尔花了将近两周时间才习惯了从运输区看到的景象。尽管他距离塞班岛尚且有一段距离，但这些景象无比真实，让他既恐惧又新奇。"不出所料，这是一场顽强的战役。"他在给父母的信中写道。

毫不夸张地说，我可以从正面看台的座位上，将一切尽收眼底。枪炮声、爆炸声不绝于耳，熊熊燃烧的飞机和不幸的场景随处可见，险象环生。我们能够听到舰上和岸上火炮的隆隆声。有时候，我们也会开火，或者被击中，其中大部分都是友军的炮火。我们可以目睹轰炸结果。我们不由得想到，当海军陆战队员和陆军士兵在泥泞中匍匐前进时，或者被子弹击中时，我们正坐在洁白的桌布前享用午餐。在靠近我们这边的岛上总是尘土飞扬，所以当观察员返回舰艇时经常满身灰尘。今天，我几乎目不转睛地望着海滩，无法静下心来做任何事情。这番景象既引人入胜，又让人心生恐惧。

但一切并未停止，因为还有两座岛屿等待他们去占领。

此时，斯普鲁恩斯已经登岸。此前他一直待在"印第安纳波利斯号"，该舰的舰长也尽量向滩头靠近，但斯普鲁恩斯最终还是乘船来到塞班岛的滩头堡，面见霍兰德·史密斯。他对美军在几乎同时进攻天宁岛和关岛的情况下，依然能够如此快速地在塞班岛向前推进表示肯定。

7 月 2 日，史密斯将军陪同斯普鲁恩斯视察了战场。他们乘坐吉普车来到塔波查峰。其中位于中央的最高峰令人震撼，是影响美军战局的重大障碍。斯普鲁恩斯向尼米兹报告称，"我亲自查看了塞班岛中部的高峰，这里易守难攻。日本人充分利用地形优势，在此进行防守。夺岛战役之所以久拖不决，大部分时间都花在了这里。"

随后，斯普鲁恩斯和史密斯与关岛行动部队的指挥官、海军陆战队的罗伊·盖格少将及其炮兵指挥官佩德罗·德尔瓦列少将共进午餐。战场上时不我待。空中侦察显示，日本守军正在关岛修筑防御工事，而他们修复机场的速度比美军的破坏速度更快。

关岛的日军守备部队共有 18 500 人，同样是来自不同兵种的大杂烩。高品彪将军手下的帝国陆军第 29 步兵师团是一支作战经验丰富的部队，曾经是满洲关东军的组成部分，但如今已经所剩无几。在遭到美军潜艇的袭击后，其残余势力包括第 18 旅团的两个联队加入关岛的守备部队。这一次袭击也让大场荣大尉登陆塞班岛。剩余的 11 500 人包括步兵第 38 联队、第 48 独立混成旅团和第 10 独立混成联队的部分兵力。此外，关岛的守备部队还包括第 54 警备队的 5 000 名海军士兵和作为步兵部队把守奥罗特半岛机场的 2 000 名海军航空兵。

此外，第 31 军军长、陆军大将小畑英良在塞班岛战役期间从帕劳返回关岛。他的到来极大地振作了当地士气。虽然小畑英良将关岛的防御工作交给了高品彪将军，但在他的监督下，岛上建立起了坚不可摧的防御工事，包括 19 门 8 英寸口径海防火炮、8 门 6 英寸口径火炮、22 门 5 英寸口径两用火炮和一组防空炮，这些武器将用来保卫关岛的重要港口设施和机场。

理查德·康诺利少将的水下爆破队员发现，在阿加特西岸的登陆海滩上遍布着木屋大小的椰木围栏，围栏里填满了阻止登陆车登岸的大块珊瑚。如果能推迟关岛登陆日，美军就有更多时间应对诸如此类的复杂问题。

斯普鲁恩斯认为美军应当尽快将登陆日确定在 7 月 21 日。因为恶劣天气即将来临，台风季节也已不远。不论是推迟登陆关岛的时间，还是原定的于 7 月 24 日登陆天宁岛，都会对美军未来在太平洋的行动造成一连串影响。

斯普鲁恩斯相信美军已经做好了准备。盖格的第三两栖部队将派遣海军陆战队第 3 师和海军陆战队第 1 临时旅作为突击部队。海军的两栖特混舰队即第 53 特混舰队，或称南部突击部队负责实施轰炸和运送物资，相当于特纳在塞班岛开展的任务。尼米兹希望盖格用现有的兵力于 7 月 15 日攻打关岛。他认为盖格没有必要等后备部队陆军第 77 步兵师抵达马里亚纳群岛再发动攻击。但是，当尼米兹向斯普鲁恩斯表达了这一看法时，斯普鲁恩斯表示反对。斯普鲁恩斯认为，在后备部队就位前开始登陆是鲁莽之举。这位第五舰队司令手下人才济济，包括霍兰德·史密斯、盖格、特纳、康诺利等人，而且他绝不允许任何人忽视他们的意见。"如果需要驳回他们有关所需兵力的意见，这一决定应当由更高级别的官员做出，而理由是推迟登陆日期会影响未来行动的开展。"这番言辞可谓大胆。换句话说，斯普鲁恩斯的意思是："如果要驳回他们的意见，就让金将军给我打电话。"

尼米兹听懂了他的言外之意。关岛的登陆日被初步定在 7 月 25 日，但是由于陆军第 77 步兵师可以提前起航，所以日期被提前到 7 月 21 日，也就是一开始确定的时间。凯利·特纳在塞班岛战役后疲惫不堪，担心这次行动需要更多的兵力，但盖格和康诺利认为推迟登陆时间会对部队士气造成影响。他们已经在海上漂泊了几个星期，康诺利说，"到时候让部队再次回归正轨会很难"。

登陆天宁岛的行动将在 72 小时后开始，由参加过塞班岛战役的部队负责执行。这支疲惫的队伍仅有数周时间恢复体力和进行战前准备，仓促之间再次行动无疑是对他们的一场考验。海军陆战队第 4 师的施密特将军出任天宁岛登陆部队的军长，克利夫顿·B.凯茨少将则被升任为师长。在与拉尔夫·史密斯产生过矛盾后，他们对陆军不再抱有任何幻想，也无意让第 27 步兵师充当后备部队。斯普鲁恩斯向尼米兹转达了他们对陆军部队的悲观看法。对于这一点，太平洋舰队司令部早已清楚："这支队伍素质较差。

由他们负责的塞班岛清剿行动久拖不决。战斗结束后，陆军在塞班岛的三个师需要重新休整和装备。"虽然斯普鲁恩斯认为登陆天宁岛是一项非常艰巨的任务，但是他表示陆军第 77 步兵师的一个团足以作为后备部队。在最终制订的计划中，海军陆战队第 4 师将率先发起突袭，海军陆战队第 2 师紧随其后。

当天下午，斯普鲁恩斯前往埃斯利机场参观。这座机场加铺了钢垫，延长了主跑道。他写信给尼米兹，称塞班岛让他想起了毛伊岛。在陆军航空兵到来之前，这里还是一座"山谷之岛"。但两人均十分清楚，马里亚纳群岛的未来取决于陆军及其 B-29 轰炸机。

The Dying Game
☆☆☆

第21章
日军下达死战之令

"你们要光荣地死去"

1944 年 7 月初，由于天气炎热，三浦静子觉得口渴。为此她曾多次冒险跑出山洞寻找水源。如果水质干净，她就直接饮用。如果是脏水，她就烧开再喝。有一次，她看见几名日军士兵围在一台野战无线电旁。一名大尉手持接收器，正面色阴郁地收听里面传出的低沉嘶哑的声音。大尉身旁的一名中尉开始在笔记本上速记。突然，这名大尉抬起头说："司令长官正在下达命令。"

静子侧耳细听，只听到里面提到了马昆沙。马昆沙是塞班岛西岸的一座村庄。随后，无线电信号就中断了。士兵们面面相觑、表情严肃。其中一个人起身鞠了一躬，然后抬头哭了起来。静子问大尉："出什么事了吗？"

大尉回答："是的。上级下令要求死战。"

当天，三个美军师开始行动。他们发起联合进攻，将防线连接成一条横贯该岛的战线。但这个目标未能完全达到，因为海军陆战队第 4 师速度太快。他们已经攻占了多奈，如今正向塞班岛地形较为狭窄的一端逼近。由于他们迅速推进，静子及幸存伤员被迫撤离多奈的野战医院，匆忙将担架抬回山上，再次躲进山洞。这些山洞位于一座遍布岩石的巨大盆地间。

这座巨大的盆地位于马昆沙以北和以东方向，足够容纳一个营的伤员。但是这里林木稀疏，面对上空的侦察机，他们几乎毫无遮挡。岩石边缘下方的一排山洞成了他们的指挥所。

三浦静子还从未听说过这个词语。"死战？"她问大尉，"这是什么意思？"

"现在塞班岛已被美军包围，我们的部队遭到全歼。所以我们必有一死，而且要一起死。"大尉回答。

虽然静子不太明白大尉的意思，但是她知道日军打了败仗，而他们翘首企盼的援军很可能不会到来。静子已经获悉，6 月 16 日，她的兄长在加拉班附近的坦克中阵亡。噩耗传来后，她开始把每一名士兵都当作兄长的化身。她暗下决心，只要自己还活着，就会拼尽全力救治这些伤员。

"马昆沙那边情况如何？"她问。

"总部搬到了马昆沙。"大尉说。静子得知，日本海军的最高指挥部位于山间的某个岩洞中。令她奇怪的是，日军士兵竟然从塔波查峰险峻的高地迁往容易遭到攻击的海滨地带。

当天下午，海军开展的轰炸异常猛烈。加拉班港口停泊着两艘美军巡洋舰。在占领该镇后，"印第安纳波利斯号"开始向郊区开火。"路易斯维尔号"利用侦察机进行校准，而后向距离较远的内陆和北部进行轰炸。打向大场荣大尉的炮火很可能来自这艘巡洋舰。其中一枚炮弹险些击中三浦静子。巨大的爆炸声摇撼着附近的山坡，碎石如雨点般地砸在静子身上。当尘埃落定后，人们发现，附近地上的四名医护兵被炸成了碎片。

天黑后，静子和其他人冒险来到山洞外取水。大尉没有再提起那道死亡令，但是从山洞的氛围看，似乎所有人都已知道此事。他们在山间找到一条小溪，映着月光，她可以看见自己在水中的倒影。她的面孔乌黑肮脏。静子用手舀水将自己清理干净，仿佛从梦中醒来一样，又恢复了往日的自信。"我相信在面对美军的时候，只有我是最安全的。我觉得自己可以在他们中间自由穿行。因为我与那些士兵不同。"

静子带着溪水返回山洞，开始给伤员喂水。她发现，有人找到了这里储存的盒装饼干和罐装食品，此前她竟然没有发现这里藏有这么多食物。既然这里暂时食物充足，方才却没有让伤员们多吃一点，这让她十分愤怒。伤员们需要加强营养。其中一位老人断了一条腿。一名士兵被打掉了下颌，舌头露在外面，口水直流。还有一名伤兵由于腹部受伤，只能用一根绶带进行包扎。绶带上原本有家人的刺绣，现在却被鲜血浸透。静子按照大尉的指示分发食物，每个病号分得一包饼干和一听鲑鱼罐头。随后，大尉指着三个红色的木箱让她打开。静子发现，木箱里装着手榴弹。她奉命为每名伤员分发一枚手榴弹。

大尉站在一块凸出的岩石上，要求大家注意听。山洞里鸦雀无声。他先思考了一会儿，然后大声说道："按照上级命令，为了参与最后一次总攻，这座战地医院将迁往马昆沙。所有能够行走的士兵随我前往。但是出于同情，我会留下那些不能行走的人。作为一名日军士兵，你们要光荣地死去。"

一开始，这道残酷的命令让静子感到恐惧。年长的士兵们谈起了孩子，年轻一些的谈起了父母。但这类言论往往被视作缺乏男子汉气概，还有一些人在谈起家人时讲起粗话，甚至开起了玩笑。作为这里唯一一位女性，静子发现自己的地位十分特殊。她随即意识到，大尉的做法是正确的，他的确是一位了不起的指挥官。此时此刻，优柔寡断只会让人失去勇气，从而无法完成任务。"大尉，我要留在这里，"她说，"我要和我的伤员们同生共死。"

大尉目光犀利地盯着静子说："在这所医院，你是陆军的一名志愿护士。上级已经下达了总攻令。这里是军队。既然你还能行走，就必须和我们一起。这是命令。"静子只能留下伤员离开这里，因为只有无法行走的人才能留在这所战地医院。

7月1日半夜，斋藤将军放弃了拉迪奥山南部的野战总部，撤往一座遍布岩石的山谷中藏身。这条山谷长达两英里，一直延伸到加拉班的东北角。现在，他的指挥彻底涣散，对部下完全失去了控制。第136步兵联队被孤立在塔波查峰东坡，而第135步兵联队被美军的海军陆战队第2师赶下山头。随后，在海军陆战队第4师的压力下，该联队撤往塞班岛东北塔洛佛佛附近的海滩。他们的撤退比斋藤预期的早了一天。这样一来，对负责把守海滩的部队来说，其朝向东侧的左翼便暴露在外。他们很有可能被彻底孤立。

在新的指挥所，斋藤听到有人提议让守备部队进行最后一次冲锋，然后光荣战死。斋藤搁置了这项提议，下令让分散的部队在沿岸集结，然后在塞班岛最狭窄的地方建立防线。"你们必须将美军撕成碎片！"斋藤的参谋设想,他们可以从塔腊潘以北直到塔洛佛佛沿岸重新建立一条防线。但是,这项任务所需的锄头和铁铲藏在其他地方。即便在夜间,他也不能冒险让手下前往。

斋藤总部在塞班岛遭到夹击,因此伤亡不断。7 月 3 日,斋藤只好重新迁往另一处地点,即马昆沙正东的一座山谷。经过两个星期的轰炸和空袭,这里有大批士兵丧生,所以被称为"地狱谷"。"我们觉得,这个名字仿佛是一种不祥征兆。"美军缴获的一份记录中写道。

★★★

海军陆战队第 4 师在横扫马格西尼湾后转向北方,开始向塞班岛中部的山峰发起强攻,此时海军陆战队第 2 师几乎没有移动,但是他们在整座岛上建立了最为紧密的防线。到了夜里,陆军第 6 团的连长们发现,向前巡逻是防止日军渗透和反击的最佳方式。每天晚上巡逻队都会出动,把守防线最前方的 1 000 英尺土地。巡逻行动往往以双方交火而结束。据说查尔斯·塔科夫斯基中尉手下的团部侦察狙击排待在日军防线的时间比待在美军防线的时间更长。只有当陆军和海军陆战队在东部会合后,美军才能向加拉班推进。

加拉班的防守十分薄弱。一名日军战俘曾在这座满目疮痍的首府负责一处防空炮台。他说,他的部队从最初的 150 人减少到三四十人,而精锐部队横须贺第 1 海军特别陆战队一开始有 800 多人,最后只有 100 名幸存。这些幸存者奉命躲进山间骚扰美军。沃森将军需要一天时间来突破日军防线。海军陆战队第 27 师的部队从东侧横跨该岛,彻底毁灭了日军从北方加入斋藤的希望。7 月 4 日凌晨 1 点 30 分,一支中队大小的日军队伍闯入美军第 165 步兵团的指挥所。美国陆军立即向他们开火,日军伤亡惨重。26 名阵亡者中包括第 136 步兵联队的小川雪松。美军从他的尸体上缴获了一份宝贵的地图以及斋藤将军要求在马昆沙附近建立新据点的命令。

美国海军急于利用加拉班港口运送补给和维修受损船只。问题在于,港口中的两座小岛上藏有日军狙击手。希尔将军的参谋问德雷珀·考夫曼,他的水下爆破队是否能够解决这一问题,考夫曼尴尬地表示他手下开过枪的人不超过三个。随后,海军陆战队的一个连接手了这项任务,并且清除了加拉班港口的炸弹残片。

三浦静子从高地俯瞰加拉班，发现在政府建立的码头上，大批美军涌出停泊在那里的船只，穿过这座城镇。"我看不出他们是一支可怕的美军。我看着他们，就像在看电影一样。"码头附近停着一辆报废的坦克。如果这辆坦克属于她的哥哥，那他一定还在里面。静子想起那些被她视作兄长的人，想起那些照料过的士兵。其中凡是有行动能力的人都集中在盆地附近的山谷中。在丛林的掩护下，他们当中许多人都已负伤，胳膊上打着吊带，挂着用林间树枝砍削而成的拐杖。静子看到他们正在向前行进，月光反射在他们的头盔上，闪着些许微光。她走上前去，向他们道别。他们也纷纷表示："谢谢你，护士小姐。""再见了，护士小姐。感谢你的悉心照料。"

静子听到远处传来阵阵刺耳的爆裂声。有人悲哀地喊着什么人的名字，接着又是一阵阵低沉的爆炸声。这是手榴弹发出的响动。她立即朝着可怕的声音跑去，但是大尉将她拦住。这支来自多奈野战医院的队伍早已流离失所，现在正准备出发。他们将沿着山路穿过山坡上的甘蔗田，然后向西岸进发。静子闭上双眼，尽量不去理会耳边传来的爆炸声。就这样，她和大部队一起向马昆沙出发。

第22章

日暮途穷

步步退守的斋藤将军

1944年7月4日，塞班岛已到日落时分，而此时华盛顿时间是7月3日下午。国庆日将至，美国却不打算举行大规模的庆祝活动。自从盟军在诺曼底登陆后，美军既要应对德军反击，还要寻求突围。乔治·C. 马歇尔将军正准备提醒罗斯福总统：日军在中国战场长驱直入，不仅威胁到美军在成都附近新建的B-29轰炸机机场，还可能导致中国战区失陷。在马里亚纳群岛，凯利·特纳和他的将领们正在日夜赶工，为他们的银色新战机建设落脚之地。绰号"大猩猩"的克拉克将军率领数艘巡洋舰在某个黎明再次攻击了驻扎在硫磺岛的板井三郎和他的空军中队，并彻底摧毁了岛上的日军建筑，日军指挥官只能向上级请求增援。在塞班岛，海军陆战队员们在山腰处监视日军在加拉班附近的活动。有些队员因为熬夜而疲惫不堪，他们朝黑暗处开了几枪。军官闻声而至，质问到底是谁如此藐视军规，大家沉默不语。这位军官说，他希望每颗出膛的子弹都能击毙一名敌人。话音刚落，驻扎在加拉班地区的所有连队便集体开火。"我们用这种方式庆祝国庆，"一位士兵说，"第二天，我们没发现日本鬼子的尸体，倒是看到很多奶牛被打死了。"

　　在塞班岛西部沿海，为了浇灭斋藤将军的嚣张气焰，美国海军对日军展开潮水般的猛攻。为海军陆战队第 2 师提供火力支援的"蒙彼利埃号"巡洋舰发现塔腊潘北边海滩上有日军在活动，于是用 40 毫米口径高炮朝对方射击。当时，"蒙彼利埃号"正在近海徘徊，掩护海军陆战队深入内陆。这是舰上船员第一次近距离看到日军。"蒙彼利埃号"虽是一艘轻型巡洋舰，但它的排水量几乎是驱逐舰的五倍，所以它只能停留在距离海岸线 6 ~ 8 英里的海域。同时，为了避免船只搁浅，"蒙彼利埃号"需要在 200 英寻等深线上活动。巡洋舰上的瞭望员可以看到海军陆战队员三三两两地向北移动。船上的一名军官在航海日志中写道："他们看上去非常疲惫。他们扛着步枪，没有背军用背包，感觉还是很有战斗力的。"

　　当天晚上，海军陆战队第 25 团第 1 营正在追击一群日军。最后，这群日军士兵走投无路，只能躲进沿岸的山洞里避难。承担这次远程狙击任务的是"菲利普号"驱逐舰，它负责掩护这支追兵。驱逐舰深受海军陆战队的喜爱，在提供火力支援方面重型舰船的反应速度要比驱逐舰的反应速度慢很多。如果操作得当，驱逐舰完全可以扭转战局。晚上 9 点 30 分左右，穆斯泰因上校率领的海军陆战队第 25 团第 1 营通过野战无线电与"菲利普号"取得联系。一名侦察兵在 767 山头上找到了一个视野绝佳的观测点，然后隐蔽在暗处。

　　他通过无线电对"菲利普号"说："我看到你们已经相当接近前线。我们能听到日本人在山下唱歌。从你现在的位置向右 500 米，目标不变，发射一枚照明弹。"

　　"菲利普号"的主炮响了，夜空依旧一片漆黑。

　　"刚才可能是哑弹。再发射一枚照明弹。干得漂亮。朝着照明弹下方，齐射。"

　　"菲利普号"对弹道轨迹进行了修正："向下 600 米，目标不变。"一轮齐射。"向上 200 米，目标不变。"又是一轮齐射。

　　随后，这名侦察兵失联了几分钟，他的侦察点附近传来阵阵骚动。为了指引炮火精确打击目标，侦察兵往往需要在最靠近敌人的地方设置观测点。在夜里，在距离敌人如此近的情况下进行无线电通话很可能会招来杀身之祸。过了很久，无线电那头终于又传来那位侦察兵的声音："他们往这扔手榴弹，我们只能躲起来，现在无法进行观测。请向同一位置再来一轮齐射。"海军陆战队员们又开始指引"菲利普号"朝目标发射炮弹。

"目标不变，十发速射。我们听到他们在尖叫了。"

"打得好。停止射击，目标已被击中，燃起了两团大火。对了，我们还想知道你们舰船的编号，因为我们从未见过如此出色的火力支援。"

"菲利普号"驱逐舰舰长小詹姆斯·B.鲁特说："谢谢夸奖，我认为这荣誉是属于你们的。我们的编号是DD-498。"舰艇作战情报中心的本·布拉德里上尉听到这番对话甚感欣慰，因为他的工作得到了海军陆战队员们的认可。"菲利普号"继续向岛上发射照明弹。

这名侦察兵引导"菲利普号"将主炮瞄向新目标："沿海岸有一条公路，我们想让你朝公路拐角处开火。我们手上没有地图，无法告诉你坐标。根据刚才提供的信息，你觉得可以朝那里发射炮弹吗？"

"我觉得可以。"

"好的，我相信你可以的。五轮快速齐射。"

"马上发射。""菲利普号"的排炮再次开火。

"打得好，干得漂亮！那里还有一群日本人在唱歌。十轮快速齐射。"

"打中了。照明弹打得好。往上100米，目标不变，一轮齐射。"

"目标不变，目标不变。五轮快速齐射。我们又听到他们的尖叫了。"

"向上200米，目标不变。五轮快速齐射。可能我们刚才打中了一个军火库。"

这名侦察兵一边引导"菲利普号"向更北边的海岸开火，一边和战友撤离原来的侦察点，朝山下的小路走去，以便于观察敌情。

"目标不变，往右200米，五轮齐射。"

"目标不变，目标不变。听不到有人唱歌了，尖叫声也没有了。"

经过两小时的协同作战，"菲利普号"用完了当晚的弹药配给，准备撤退休整。海军陆战队第25团第1营的官兵们对这艘驱逐舰赞不绝口。"在给我们提供火力支援的舰船中，你们是最好的，"那名侦察兵说，"如果哪天我碰巧路过你们停泊的港口，一定要去拜访你们。我要当面感谢你们。"对话结束后，鲁特将掩护海军陆战队第25团第1营的任务交接给轻型巡洋舰"伯明翰号"。在此之前，"伯明翰号"一边火力支援琼斯上校带领的海军陆战队第6团第1营强攻日军阵地，一边旁听"菲利普号"与侦察员之间的对话。随后，"伯明翰号"通过无线电与侦察员取得联系，继续为他提供远程照明和重炮支援。在侦察员的指引下，"伯明翰号"用6英寸口径火炮击中日军停靠在沿岸高地村落里的三辆坦克。黎明时分，"伯明翰号"又将掩护任务交接给"瓦德雷号"驱逐舰，由"瓦德雷号"继续提供火力支援攻打日军。

当海军陆战队第2师沿着海岸线朝塔腊潘港推进时，霍兰德·史密斯意识到，塞班岛战役即将进入尾声。

这一点，斋藤将军早就意识到了。

多奈与马昆沙山相距八英里。由于美国海军持续不断地炮弹攻击，想要步行穿越这片地区必须得放慢脚步。每当照明弹在头顶上空炸开，三浦静子就趴倒在地，一动不动。直到光线慢慢消失，三浦静子才起身继续在黑暗中前行。穿过一片树林时，三浦静子迎头碰到一个重却柔软的物体，她定睛一看，原来是一具吊在树枝上的女尸。她朝远处望去，发现前面还有很多尸体，静子对此早已麻木了。她继续向前行进。她知道一个晚上的时间是走不到马昆沙山的，所以在步行了大约四英里之后，他们一行人在一片树林里睡下了。第二天，他们在林子里躲了一整天，到了晚上才继续前行。他们要翻越好几座大山才能到达马坤沙。在一段下坡路上，静子发现了一条山涧小溪，出于对多奈死者的尊重，她没有喝溪水。大尉叫她忘记过去，他对她说："留在多奈的伤员根本无法康复。如果让他们活着，那简直生不如死。"

看得出来，斋藤将军连日来食不知味，夜不能寐。他面容憔悴，满脸胡茬，手下官兵们都觉得他这副样子实在可怜。7月4日，一支美军小分队出现在斋藤将军驻扎的山洞对面的山谷里，用重型自动武器对山洞发起猛攻。斋藤只得把新指挥所设在海边，距离马坤沙集结点约一英里。就像他在塞班岛东边的总部一样，这个新指挥所也很容易遭受美国海军的炮击。每当美军的一些战舰发现这个目标，就会对它狂轰滥炸一番。斋藤将军手下的官兵常常担心自己会死在山洞里，很多人被飞溅的炮弹碎片击伤，斋藤也不例外。他发现自己已经被美军包围了，这让他深感绝望。他本来想打造一道稳固的防线，但是在美军穿越塔波查山北部高地之后，他的希望便落空了。斋藤的部队在塔腊潘岛上星罗棋布，占据着诸如山洞、悬崖和山丘等战略据点，可就是无法连成一线来抵御美军的压倒性火力。在被美军占领的区域，斋藤的官兵只能转入地下。他的通信渠道也遭到严重破坏，即便他知道自己的部队在哪里，他也无法调动这些队伍。

斋藤召集总参谋长和现有军官开会。海军中将南云忠一建议采取长期防御战略，他认为这样也许能够赢得时间，等待日本海军的增援。斋藤对这个方案嗤之以鼻。斋藤认为，赶来增援的海军在海上几乎被美军全部歼灭，这足以证明日本海军的无能。与总参谋部的高官一样，斋藤将日本海军视为一群"只会开舢板船的家伙"。正是因为他们的无所作为，让数以百计的陆军精英葬身鱼腹。斋藤感觉大限已至。无论南云忠一的乐观心态是否源自东京大本营的命令，他的建议都被斋藤拒绝和驳回了。大家一直争论到深夜，直至斋藤强迫大家对下一步措施达成共识。

塞班岛战役将在某种仪式中结束。

"玉碎"式袭击

美军既有成文的规则，也有不成文的规则，而哪种规则适用于被俘的日军士兵取决于残酷的现实环境。美国海军陆战队第 8 团第 1 营上尉罗伊·H. 埃尔罗德说："我们对士兵没有特殊要求，只要瞄准敌人开枪就行。我们认为，只有被打死的敌人才不会制造任何麻烦，至少不会造成太大的麻烦。"在前线的战斗中，海军陆战队员们发现的日本战俘人数实在太多，严重拖慢了他们的行军。所以在局面混乱时，这些战俘的生死便被置之度外。在塞班岛，残忍的实用主义再度盛行。"没人愿意给他们挖坟墓，"埃尔罗德说，"如果周围有日军尸体，就会有人把汽油倒在一两具尸体上，烧掉他们。但是这种方法不太管用，烧焦后的尸体散发出一股恶臭而且弄得到处都是黑烟。后来，有人想到了一个解决办法，如果附近有间小屋，他们就把挡道的尸体抬到屋里，然后把整间屋子烧掉。这个方法很管用。据我所知，我所在的区域根本无需囚禁俘虏。"海军陆战队第 8 团一位名叫小路易斯·J. 米切尔洛尼的下士说："我们的生命危在旦夕。为了保命，我们不惜做任何事情。"

美国海军陆战队士兵之所以对日军战俘持这种态度，部分原因是有些战俘诈降。这些战俘先是举白旗投降，待美军靠近时，他们便向美军扔手榴弹。有一天，海军陆战队第24团第1营的弗雷德·斯托特中尉所在连队正向塞班岛北部的狭长地带快速前进。这时候，一群受伤的查莫罗人和他们的孩子突然出现在队伍前方。迫击炮班的菲尔·伍德中尉带领一支巡逻队迎上前去，准备将这些平民带到安全的地方。正当他们往前走的时候，那些将查莫罗人送到美军身边的日军在30码外朝美军开火。整支巡逻队都中枪了，其中五人当场死亡，伍德中尉也中枪阵亡。他的中士，在夸贾林环礁战役中获得过海军十字勋章的亚瑟·B.厄尔文冲过去营救伍德中尉，不幸中弹身亡。在塞班岛战役中，日军经常利用平民作为诱饵和人肉盾牌。根据海军陆战队第25团的报告，日军将上千名平民排成好几排，督促他们往前走，想以他们为诱饵接近美军。在塞班岛北部前线，这种令人震惊的事情随处可见。每逢遇到这种状况时，海军陆战队很难拿捏尺度，他们要在生与死、使命与仁慈之间仓促地思考和判断。他们头一回遇到与平民混杂在一起的军队，这些士兵活跃在地上战场和地下战场，有些人想战斗，有些人想逃跑，还有些人想投降或战死。

海军陆战队第2团的伍德·B.凯尔中校带领全营战士在加拉班南部临时扎营。从名义上讲，他们现在是后备军。但每天晚上，他们都能看到一些掉队的日本士兵从山上下来，他们要么迷路了，要么在寻找食物。当他们走进海军陆战队防线时，大多数人都会被海军陆战队员枪杀。"我们确实想活捉他们，但我们做不到。"凯尔说。

有天晚上，伍德在周边巡逻时闻到了人类尸体腐烂的恶臭。他四处看了看，发现这气味来自B连防御区附近的一条深沟。他想到这也许是因为马克西·威廉姆斯和他的士兵们总是将日军潜入者击毙后扔进沟里，所以才会散发出如此恶臭。伍德找到威廉姆斯上尉，告诉他连长的职责就是把这些尸体埋好，因为这不仅牵涉到卫生问题，还会影响士气甚至会触犯战争法。"听到这话，他们有点生气，"伍德说，"马克西觉得这不公平，他觉得这事儿不归他管。"他们争论了一会儿，然后伍德指出，现在后勤部队没空做这事。他命令威廉姆斯把这些尸体埋好。他还说，在交战状态下，海军陆战队员应该埋葬那些被他们击毙的敌人，这是规定，而且全营官兵必须遵守这条规定。

但是,营里还有另外一条规定,即士兵不能在自己的防御区内随意开枪。威廉姆斯只能调整自己的方法,或者说,伍德猜测他会这么做。当日军慢行经过 B 连防御区时,各排保持安静,没有开枪。他们遵守了第二条规定。在必须开枪的情况下,他们让日军士兵就这样穿过自己的防御区。"整晚都有日本鬼子从这里经过,"凯尔说,"他们想从我们营的防御区找到通往另一边的路。"这给那些想节省弹药的士兵一个借口,让他们不用再拿着铲子给敌人挖坟墓,不用再累得腰酸背疼,也不用闻到尸体的各种腐臭味。在这些日本兵穿过防御区后,位于防线最外端的连队会在他们走出防御区的时候开枪击毙他们。"很快我就弄明白是怎么回事了,"凯尔说,"老马故意让手下放走日本士兵,因为他不想动手埋尸体。这就是他们的对策。"

第二天早上,凯尔找到这位任意妄为的连长,对他说:"好吧,你赢了。"他们约定威廉姆斯的连队负责射杀日本士兵,各连队每天轮流挖坟墓。这项约定的确鼓舞了士气,但是在海军陆战队第 2 团防御区的某个角落里,一些心狠手辣的士兵依旧阳奉阴违。

塔腊潘岛和马坤沙之间那段狭窄的沿海走廊历来是兵家必争之地。美国陆军第 105 步兵团和第 165 步兵团奉命攻占该走廊。为了防止日军在该区域修建防御工事,这片土地表面已被严重破坏。和大多数据点一样,这些地方早已无人驻守,尽管如此,步兵团还是要仔细搜寻每一个据点,这拖慢了他们前进的步伐。7 月 5 日,美国陆军第 105 步兵团的士兵们发现了一个前所未见的大型雷区。日军在沿海公路和塔腊潘北部的铁路支线之间埋下了大量航空炸弹,导致美军的八辆坦克在这里报废。日军还在前方悬崖和椰树林里布置了反坦克炮和机枪手,他们朝美军开火,导致步兵团无法前进。

美国情报部门对日军战俘进行审问之后,还原出当时在塔腊潘北部发生的事情。原来,当时有多达 2 000 名日军集结在马坤沙附近。这个数字从美军飞行员的报告和源源不断落在美军阵地的迫击炮弹数量上得到了证实。战俘们众口一声,说他们的战友已经厌倦了战争,但也有些人表示他们会抵抗到底。一名被囚禁在加拉班美国海军基地的日本士兵称,日军将在 7 月 6 日和 7 日晚上发起总攻。这份密报被发送给美国海军陆战队第 27师各指挥部及其情报单位。陆军参谋部二部(G-2)认为,绝大部分日军都将战斗到底，他们是不会投降的。参谋部觉得空投传单会比较有效，因为日军的主要兵力似乎集中在北部。但是夜幕降临之后，地域狭窄的塞班岛北部阵线一带则很安静。

7月6日早上，日军第135步兵团的木谷俊夫曹长注意到一群人聚集在斋藤将军的新指挥所附近。通常情况下，没有斋藤将军的允许，军曹是不允许进入指挥所的。但如今日军军纪早已不同往日。木谷俊夫很想知道发生了什么事情，他走进指挥所，看到斋藤义次将军与井桁敬治少将、南云忠一中将和总参谋长、海军少将矢野英雄站在一起。

斋藤正准备对部队发表演讲。他看上去骨瘦如柴，似乎已经心力交瘁，袖子上满是血迹。此前，他的胳膊被炮弹碎片击中，为了包扎伤口医生将他的衣袖撕开，用绷带包住胳膊。斋藤走上小讲台，整个山洞顿时变得鸦雀无声。他身后的墙上点着蜡烛，就在这摇曳的烛光下，他对着讲稿念道：

> 这20多天以来，美国鬼子不停地突袭我军，驻守塞班岛的日本陆军和海军官兵与平民一直与敌人殊死斗争，日本军人的荣耀无时无刻不体现在他们身上。我知道每个人都已拼尽全力，奈何时不我与，我们无法再继续开拓这片疆土。我们曾同仇敌忾，奋力战斗至今。但如今，我们物资短缺，进攻火炮已完全被美军摧毁。我们的战友一个接一个地战死。失败是痛苦的，但我们要用自己的生命回报祖国。美军的残暴进攻还在继续。尽管他们只占领了塞班岛的一个小角落，但在猛烈的炮火下，我们的反抗只是无谓的牺牲。无论进攻还是防守，我们都难免一死。唯有置之死地方可后生。我们要借此机会表现出日本男人的气概。我会与那些继续给美国鬼子沉重打击的战友们并肩前行。倘若这是命中注定，我愿意把我的遗骨留在塞班岛。

斋藤的解决方案很有仪式感：对美军发起一场"玉碎"①式袭击。斋藤的助手，一名大佐站起来宣布说，这场袭击将在7月7日黎明前进行。他们认为，这次袭击将一举切断美军的海上补给线，让他们无法与外界联系，

---

① "玉碎"，指日军在实力悬殊或注定要战败的情况下采取的一种具有仪式感的自杀式袭击，其目的是以殊死一搏保全名誉和气节。——译者注

日军可以就此发起反击并彻底摧毁美军。

这番演讲着实让木谷俊夫感到震惊。他走出指挥所，去视察他召集起来的"塞班岛步兵团第 1 排"，由 32 名士兵组成，他们一边在斋藤所住山洞外的人群里操练，一边轻声讨论着"玉碎"式袭击。木谷俊夫再次走进山洞去了解这次袭击的更多相关信息，他发现会议已经暂停了，里面正在举行一场宴会。借着烛光，他看到斋藤、南云和参谋长们盘腿坐在矮桌旁，他们面前是 60 多名同样盘腿而坐的官兵。现场气氛很严肃，虽然对即将发生的事情无能为力，但官兵们还是会偶尔开几句玩笑、聊一聊陈年往事，发出一阵笑声。宴会食物颇为丰盛，有蟹肉罐头、鱿鱼、米饭和日本清酒。木谷不认识海军将官，但从这四位最高指挥官头上系着的白色布带来看，他觉得吃完这顿大餐后，这些指挥官就会了结自己的性命。

聚餐结束，斋藤朝其中一位点头示意，两名士兵便立即上前将四张白色床单铺在地上。两位指挥官低声聊了几句，然后互相敬酒。每张床单上都放着一只白色枕头，枕头上放着一把用白布裹起来的短剑。四位指挥官同时踩着床单，跪在枕头上，双目紧闭，口中念念有词。斋藤站起来，朝日本宫城方向鞠了一躬，然后又跪了下来。南云中将和其他人也做了同样的动作。

事实上，斋藤没有打算跟手下官兵共进退。四位跪着的高级指挥官身后各站着一名拿着手枪的下级军官，斋藤、南云和其他两人依次拿起短剑，掀去白布，用剑对着自己的肚子。四人异口同声地高喊："天皇陛下万岁！"话音刚落，他们就切开自己的肚子。紧接着，站在他们身后的下级军官举起枪，朝他们脑袋开了一枪。他们向前倒下，双腿抽搐了几下，就这样死了。

那天晚上，大尉将多奈野战医院的幸存人员集合起来，三浦静子以为日本海军舰队会赶来支援。大尉对他们说："今晚，我们所有部队将集合在一起，对美军发起总攻。"他宣布野战医院也要参加战斗："只要是能走路的，都要准备参加战斗。"其余人员则前往山顶等候命令。他站在重伤员中间说："静子护士会带你们上山。"他塞给静子一枚手雷，让她在危难关头使用。

这群伤员开始沿着山谷向马昆沙山进发。静子明白，这一切都是徒劳。她不知道自己要去哪里，而这些伤员每走一步都很艰难。她心想：请让我死在野战医院吧！他们来到一处能够完全看到塞班岛东部的地方，静子心跳开始加速。"让我们感到惊讶的是，东海岸也全是美军的军舰，它们正在月光下开炮。"她听到西边传来炮火声，心想总攻是否已经开始了。她心里惦记着野战医院其他人的生死。很快她就忍不住了，独自一人往来时的方向跑去。

看到她回来，大尉很不高兴。"你怎么回来了？你真是辜负了我的良苦用心，这里已经被美军包围了，但西边的出口还很安全，快去吧。快点！"但静子拒绝了。

"我要和你同生共死。"她说。大尉和中尉等待着战死沙场的那一刻，而静子决定要加入他们。至少她知道病人们在山上是安全的。

早上 6 点钟左右，静子在散兵坑里醒来，大尉和中尉也醒了过来。她发现山上有人在移动，看上去像是美国士兵而且人数众多。她还看到有十几二十个人从山上朝她走来。留在野战医院的一名老伤员把静子叫过去，对她说："谢谢你，你救了我的命，只是我的死期到了。但是你不是军人，你可以保住性命。你一定要活下去。"

当美国士兵走到 200 码开外的地方时，她听到山谷里回荡着某种音乐。它的节奏很奇怪，让她觉得忐忑不安。美军走得更近了，爵士乐在山谷里回荡着，三浦静子和日本士兵都感到害怕。她觉得这音乐让他们失去了斗志，它奇特的节奏与她接受过的文化教育格格不入。士兵们萎靡不振地躲在散兵坑里，毫无战斗的欲望。刚才那位对她致谢的高级军官在散兵坑里开枪自杀了，另外一个坑里又传来刺耳的枪声。大尉再次催促她离开阵地，他对静子说："回野战医院去。"可是，她知道这样的命令已经没有意义了。眼看美军就要穿过树林，她紧紧攥住散兵坑边上的泥土，不知所措。当美国士兵开始朝她冲过来时，她手足无措地看着他们。美军对日军阵地发起了攻击，有些士兵将手雷扔进散兵坑，有些士兵则半跪着开枪，似乎在朝任何移动的物体射击。静子说："我能看清他们的脸。他们是黑人，戴着钢盔，只露出眼睛和牙齿，正在大喊大叫地冲过来。"他们离阵地 30 码，20 码，最后是 10 码。大尉用步枪对着自己，枪管顶着喉咙，扣响了扳机。中尉拿出军用匕首，朝自己的喉咙斜着划了一刀，然后又划了一刀。他倒在静子身上，温热的鲜血流满她的大腿。

　　静子早就在散兵坑前放好了一块自杀用的岩石。她握着手雷，拉开保险丝，绝望地握着保险握片，眼里噙满泪水。她将手雷扔向那块岩石，整个人扑在手雷上。

Beyond All Boundaries
☆☆☆

第 23 章

狼奔豕突

"自杀是一种叛国行为"

　　7月7日，日军打算夜间向美军阵地发起猛攻。这天早晨，他们杀死了队伍中的重伤队员，烧毁了附近存储粮食和日用品的仓库。经过一轮内部清理之后，作战部队大约只剩1 500～2 000人，其中三分之一队员配有步枪和手雷，剩余三分之二是后勤人员、病患和平民，虽然这些人手里只有一些自制长矛等原始武器，但他们还是想以光荣的方式结束自己的生命。整支部队只有10挺轻机枪。铃木大佐下令先进攻加拉班，再向阿斯里托机场挺进。他们沿着与沿海公路平行的铁路往南行进。夜幕降临，很多劳工慢慢消失在夜色中。此时仍有数百名日军士兵躲藏在山洞里，斋藤将军派出的侦察员也没有找到他们，这让铃木和他的手下深感惋惜。

　　随着美军不断前进，一些日军士兵负责护送平民往北撤离，让他们远离美军阵地。在行进过程中，他们继续在这些平民面前丑化美军，说如果被美军抓住，他们就会生不如死。士兵们会讲一些老生常谈的恐怖故事，比如：美国大兵禽兽不如，他们会把你弄得家破人亡。他们会把小孩推到坑里，放狗去咬他们，然后用坦克碾压小孩的尸体。他们还会肢解平民，强迫女人去当黑人士兵的慰安妇。"还有什么是美国海军陆战队不敢做的？"

日军士兵总是用这种充满种族歧视的话嘲讽美军。他们说，美国大兵都是野蛮人，在上战场前他们会亲手杀死自己的母亲，以证明自己视死如归。只有了解占领军对待战俘的方式，人们才能理智地做出是否投降的决定。通过这种夸张的谣传，日军能确保他们的同胞宁愿战死也绝不向美军投降。

就这样，日军士兵生拉硬拽地带领着这群平民走在沿海公路的洼地上，朝塞班岛北部行进着。他们向平民承诺，日本海军和空军会来营救他们。在这种乐观的氛围下，大场荣大尉带着急救站的80多名幸存者来到马昆沙山附近的帐篷营地，他很想以自杀式冲锋结束生命。他派手下一名军曹前往驻扎在村子里的海军指挥部，让他带回海军多出来的食物。布置妥当后，大场荣就休息了。睡到一半，他被咆哮的声音吵醒，只听到有人在大声说："言行不一不仅是懦弱的表现，也说明这个人对日本最终战胜野蛮敌人缺乏信心。"

说话的正是大场荣刚才派去寻找食物的那名军曹。

"因此，在南云忠一中将指挥部的授意下，日本的所有军队，无论海军还是陆军，必须继续战斗下去，而且不要参与明显带有自杀性质的攻击行动。即便是现在，我们的海军依然前来驱赶入侵塞班岛的美国鬼子并收复这个岛屿。我们要顽强抵抗，让我们的海军安心。"

大场荣一个箭步跑出去找到这名军曹，当场质问他："你怎么可以擅自更改驻岛司令官的命令？"这名军曹马上道歉，解释说自己只是在执行命令。他递给大场荣一份由南云忠一签发、小野寺司令签署的命令。大场荣想：这份命令是真的吗？联合舰队真的会来支援这支驻岛部队吗？他自杀的决心开始动摇了。自杀只会让日本天皇失去一名为国作战的士兵，既然如此，他有什么权利自行了结生命呢？他把手下士兵召集起来，向他们灌输这样一个观念：自杀是一种叛国行为。他说，任何想参与"玉碎"行动的人都是懦夫。

有些人想用简单的办法解决问题，他们以为自杀是一种光荣的举动，但事实并非如此。自杀跟杀死手下士兵没什么两样，这样只会削弱我军的战斗力。大家不要担心，我们会发起进攻，而且就在今晚。我们不能向敌人示弱。我们要实施突袭，偷偷包抄到他们后方，进行持续攻击。等到我们的海军和登陆部队回来的那天，敌人必将失去抵抗能力。塔波查山的树林和山丘将成为我们的要塞据点，我们了解这里的每一条沟壑、每一座山丘。这里到处都藏有我们放置的食物和弹药。只要我们重新集结起来，在马昆沙山的部队就能守住塔波查山。

大场荣心想：不论这番话是真是假，至少听起来很有道理。他不会贸然发起进攻，这样无异于羊入虎口。他要把手下变成侦察兵，让他们深入群山之中，并在山里设立哨所。他命令一名年轻军官向驻扎在马坤沙指挥部的日军第 135 步兵团铃木大佐捎去一份口信，说他将在深山丛林中与美军周旋，但是他不会参与"玉碎"行动。

当天傍晚，大场荣预计铃木已经收到了他的口信，于是带领两名随从侦察这片区域。他们顺着一条干涸的河床走进深山，走到一处峭壁旁边。那两名随从爬上峭壁，找到一个可以设置哨所的岩架。大场荣从望远镜里发现，他所在的位置和塔波查山之间有一片长达三英里的茂密的珊瑚丛。他的右侧就是马昆沙山，附近山谷里传来隆隆炮响，他想：加入自杀式袭击的人大概是有去无回了。哨所和沿岸平原之间的地势非常陡峭，美军很难发现。随后，大场荣和随从爬下悬崖。返回营地后他命令阪野中尉召集所有人去悬崖那边，在那里一直隐藏至天黑。

突袭塔腊潘前线

攻下塔腊潘之后，虽然有些狼狈，但美国陆军还是守住了沿岸平原阵地。美国陆军第 106 步兵团和第 105 步兵团分别从左右两翼同时穿越塞班岛，然后重新集结，由右翼的第 105 步兵团打头阵，两个步兵团沿海岸线向北推进。美国陆军第 27 师的另一个团——第 165 步兵团坚守在深山中，暂时无法归队与其他团连成一线。在迅速穿越塞班岛后，美国陆军第 27 师师长格里纳想对部队进行调整。第 106 步兵团、第 105 步兵团和第 165 步兵团共有 8 000 多人，在平原上进行调动已非易事，更何况日军正借助山脊和山洞搭建牢固阵地负隅顽抗。日军不断地用机枪和迫击炮骚扰美军。在这种情况下，美军若想调整，恐怕要花一些时间。

7 月 6 日晚上，日军侦察兵对美国陆军驻地的周边环境进行侦察，试图寻找其薄弱点。他们的确找到了一个薄弱点：美国陆军没有在阵地前安排巡逻，这与海军陆战队截然不同。对于美国陆军来说，接下来发生的事情是一场噩梦。

黑夜里，爱德华·麦卡锡少校目睹了这一幕。远处的叫喊声逐渐变得清晰，那是他听不懂的日语指令。移动的黑影变成清晰的人影，一群士兵朝他蜂拥而来。数百名日军士兵突袭了他所在的第 105 步兵团第 2 营的控制区。"这让我想起电影里常见的牛群受惊狂奔的情景。"麦卡锡说，"就像把摄像机放在地上的一个小坑里，从镜头里，你能看到牛群跑过来，跃过你的头，然后消失得无影无踪。一波又一波的日本鬼子跑过来，似乎永不停歇。"

日军士兵们发了疯似的朝美军冲过去，几乎所有人都很疯狂。军官们一边尖叫，一边挥舞着战刀，带领士兵们如潮水般涌向各营阵地。美军用机枪和野战炮布成犬牙交错的弧形防线，他们想以此阻挡日军的冲击。这种想法很荒唐。面对一群怀着必死信念发起冲锋的日军士兵，只有实物屏障才能阻止他们。冲在最前面的那批士兵吸引了纵深炮火，他们不断地穿越火线。紧随他们身后的是数百名斋藤组建的"伤兵预备队"，这些伤兵一瘸一拐，头上绑着绷带，挂着拐杖蹒跚而行，他们手上几乎没什么武器。美国陆军第 27 师原以为参与该次突袭的日军有 1 500 人，后来这个数字增加到 3 000 人，又上升到 4 000 多人。

此刻，美国海军却无法给予支援。"伯明翰号"巡洋舰本有足够的火力将这场突袭扼杀在襁褓中。但突袭开始后，美国海军陆战队第 4 师各步兵团迅速穿越塞班岛，进入了"伯明翰号"的火力范围。一旦"伯明翰号"开火就有可能误伤美军。美军分布在塔腊潘岛平地的防线彻底陷入混战，英格里斯舰长和其他本可以提供火力支援的舰船只能袖手旁观。

美国陆军第 105 步兵团第 1 营营长威廉·J. 奥布莱恩中校深受下属爱戴。当天晚上，他沿着防线来回跑动，举起手中的点四五口径手枪高呼，要求士兵们坚守防线。那天，士兵们都说他"与全营官兵共进退"。一名士兵受伤了，威廉拿起这名士兵手里的步枪朝日军射击，直到打光弹夹里的子弹。

肩膀中弹后，下属想将他送往医院，被他拒绝了。他跳上一辆吉普车，给一把点五零口径机枪装满弹药，朝涌上来的日军士兵扫射。托马斯·A.贝克中士则站在奥布莱恩身边与日军近身格斗，他用枪托敲打对方的钢盔，枪托打烂了，他也身负重伤，可他还是不愿意离开战场。一名士兵扶起托马斯，试图把他带到后方，不幸的是这名士兵也中弹了。贝克中士依然拒绝撤离，坚持要战死沙场。他让另外一名士兵将他拖到一棵树下，然后靠树坐着，又要了一根烟和一支手枪。在奥布莱恩生命的最后时刻，他被一群挥舞着军刀的日军士兵包围着，周围躺着很多被他杀死的日军尸体。一名目击者称，奥布莱恩的遗言是"不能退后半步。"可是，他们无力守住这块阵地。这支一直处于劣势的守军无法阻挡日军的疯狂进攻。美国陆军第105步兵团主力开始撤退，很多人一路跑向塔腊潘海岸线，在海滩上进行最后的抵抗。

第105步兵团两个冲锋营几乎全军覆没。这两个营原本共有1 200人，但是很快就有900名士兵负伤。第1营的军官死伤过半，而第2营本来有24名军官，如今只剩下7人。位于后方的第3营请求总部将所有能够移动的自行火炮都送往前线。由于一切发生得太突然，美国陆军第27师的其他两个团，即第106和第165步兵团都没能赶来参与战斗。

突袭刚进行了几分钟，就有伤员来到本·萨洛蒙上尉的营部救护所接受治疗。很快，第105步兵团第2营军医的帐篷里就挤满了伤员，完全超出其承载能力。萨洛蒙毕业于美国南加州大学，专业是牙科。就在他忙于疏通人群的时候，突然看到一名日本兵走进帐篷用刺刀刺死了一名伤员。萨洛蒙半蹲下来，开枪打死了这名日本兵。又有两名日本兵来到帐篷门口，被其他士兵开枪击毙。萨洛蒙看到还有四名日本兵匍匐在帐篷门下，他跑过去踢掉一名日本士兵手中的匕首，开枪打死第二名日本兵，又用刺刀刺死第三名敌人。他命令伤员撤退到后方1 000码之外的总部，然后从病房里拿出一支枪，掩护伤员们撤退。

被派来支援第105步兵团的海军陆战队炮兵部队也自顾不暇。海军陆战队第10师第3营的火炮掩体位于塔腊潘西南部的沿海铁路线上。威廉·L.克劳奇少校将这些火炮排成"右梯"形，以一条斜线面朝东北方向，火力指挥中心则位于后方。凌晨5点30分，在坦克的掩护下，500名日军士兵涌向美军炮兵阵地。H 炮兵连连长哈罗德·E. 尼尔森上尉知道美军就在自己的北边，所以他犹豫不决，不知道是否要下令开炮。当日军突破防线后，他立刻命令炮手剪短引信，炮口朝下，将炮弹卸到地上。当日军冲到尼尔森的火炮掩体时，炮兵们拿起卡宾枪，像步兵那样跟敌人展开近距离枪战。突然间，炮兵侧翼传来一声巨响，一枚炮弹落在他们身边。原来，一辆日军坦克正躲在一间屋子里放冷炮，于是尼尔森组织了 12 名士兵从侧翼包围这辆坦克。日军用机枪朝他们扫射，尼尔森虽然身受重伤，但他还是和士兵组成一条防线继续向敌人开火，战斗到生命的最后一刻。随着日军突破防线，逼近美军火力指挥中心，克劳奇少校想通过无线电与总部取得联系，请求总部增援。意识到通信已经中断，克劳奇少校走出火炮掩体，快步跑向总部求援，由其余士兵进行殊死抵抗。在穿过一片炮火不是很猛烈的空地时，克劳奇中弹了。除了克劳奇，第 3 营还有 45 名官兵在当天的战斗中牺牲，他们阵地周围躺着 300 多具日军士兵的尸体。

日军的攻势并没有减弱。他们在美军的防线上肆意横行，在某些区域深入了将近一英里。海军陆战队第 6 师在赶往前线的路上途径第 106 步兵团的防线，眼前惨烈的屠杀情景让他们震惊。根据他们保守估计，在 7 月 8 日这天，他们所在区域共有 1 500 具日军尸体。随后，情报人员确认称，据海军陆战队第 6 师推测，大约 3 000 名日军士兵对他们驻守的前线发起了攻击。

在打扫战场时，美军在一挺机关枪旁找到了本·萨洛蒙的尸体，而机关枪前面躺着将近 100 具日军尸体。在贝克中士牺牲的那棵树周围，躺着 8 具日军尸体。在奥布莱恩中校倒下的地方，至少有 30 具日军尸体。一艘驱逐舰在距离塔腊潘半英里的礁石上找到了美国陆军第 105 步兵团幸存的 40 名士兵。海滩上到处都是美军伤员，还有 300 多具日军尸体。为了逃避这次突袭，有些日军士兵潜入环礁湖，现在他们周围都是礁石。美军翻译乘坐水陆两用登陆车朝他们驶去，通过扩音器劝他们投降。这群日军士兵有 24 人，其中 12 人举手投降，成为美军战俘，剩下的 12 人要么自杀，要么被他们的军官杀死。当美军靠近环礁湖时，一名日军军官转身砍下 4 名手下的头颅，海军陆战队员们见状愤然开枪击毙了这名军官。

劝降日军

　　一辆吉普车在泥泞的道路上颠簸，它沿着狭窄而陡峭的山路行驶到塔波查山顶附近。这里是塞班岛的最高处，雷蒙德·斯普鲁恩斯暗下决心，他要杀光岛上的日军。据美军估计，塞班岛上有两万名日军，他要将这两万人全部歼灭。

　　吉普车停了下来，美国海军第五舰队司令与霍兰德·史密斯的两名参谋走下车，步行两百米到达塔波查山山顶。这是斯普鲁恩斯第二次登上塞班岛。大战过后，周围一片狼藉。日军的尸体已经开始腐烂，斯普鲁恩斯对海军陆战队遗体安葬小队心不在焉的工作态度有所不满，但他没有表现出来。卡尔·摩尔说，他们对尸体散发出来的腐烂气味早已麻木，"那气味的确让人讨厌，但我们觉得没有什么不妥。这种事情我们已经司空见惯了。有些尸体的腿伸向空中，裤子绷得很紧，因为尸身已经开始发胀。"他绘声绘色地描述道。自塔拉瓦岛战役以来，他们经常看到这种触目惊心的场面。

　　从塔波查山顶朝西边和南边远眺，斯普鲁恩斯看到了城镇、海滩、港口和他的舰船。他在给玛格丽特的信中写道："我们站在山顶上，现代化战争的陆地战场一览无余。我们戴着清晰的眼镜，能够看到我军正在行进的坦克，给予支援的步兵，还有那些坐着卡车从后方赶来的士兵。我能听见我军的炮弹从空中呼啸而过，再看着它们在日军阵地爆炸。"美军正在全力追击塞班岛上的日军，不给他们任何喘息的机会。

　　下山路上，斯普鲁恩斯停下吉普车，看海军陆战队对一座山丘发起进攻，这座山是那些拒不投降的日军士兵在加拉班的最后一处藏身之地。他在山上欣赏着这一壮观场面，就像在欣赏一场桌面战争游戏。山谷里布满了散兵坑，冲锋部队呈扇形散开，交替着地朝日军进攻。一罐罐凝固汽油弹迸出耀眼的火焰。

　　在塔腊潘平原，战场清理工作正在进行当中。格里纳的手下注意到，他们遇到的很多日军幸存者依旧持反抗态度，还有些人甚至想自杀。"玉"已经碎了，只留下一地狼藉。走投无路的日军散兵们做出各种各样的行为。有人在撕心裂肺地呐喊，有人偶尔开枪和打冷枪，还有人在尝试着结束自己的生命。在穿过这片区域的时候，为了避免有的日军装死，美军还会朝所有日军尸体补射几枪。

美国陆军第 27 师的一份报告称，第 106 步兵团的官兵们在清理过程中"玩得十分高兴"。海军陆战队第 23 步兵团协助陆军第 106 步兵团铲除了马昆沙山上大部分筋疲力尽却顽强反抗的日军，并加入打扫战场的工作中。海军陆战队第 24 和第 25 步兵团一路向塞班岛北部推进直至马皮角军用机场，又抄近路到达西海岸。在将塞班岛北部的日军孤立后，他们接到报告称，沿岸山洞中有无数拒不投降的人。日军曾对这些躲在山洞中的平民说，美国大兵是不会手下留情的。所以与日军士兵在一起的时候，很少有平民愿意投降。

7 月 8 日早晨，"菲利普号"驱逐舰来到塞班岛北岸。在距离北岸悬崖 500 码处的地方朝沿岸山洞和山上的石灰岩壁垒开炮。两轮炮轰之后，海岸线上的草丛燃起熊熊大火。"菲利普号"似乎击中了一间储存汽油的仓库，海军陆战队第 25 步兵团第 1 营的侦察兵马上用无线电联系"菲利普号"，兴高采烈地说："这正是我们想要的。他们坚持不了多久了！""菲利普号"舰长鲁特上校看到石灰岩粉末从一些洞口喷涌而出，这种现象之前从未有过，这表明日军在该区域布置的呈蜂窝状的地下据点已被连根拔除。鲁特对战果非常满意。在马皮角巡航的时候，他提醒海军陆战队，有些山洞大得可以容纳潜水艇。他用 40 毫米口径高炮对该地区扫射了一遍，然后收兵。近处，两栖坦克和步兵登陆艇在距离海岸一个足球场的范围内进行巡逻，他们通过背包无线电与步兵营保持联系，然后用 75 毫米口径延时炮弹对山洞洞口和海滩进行轰炸，击毙了数百名日军士兵。

斯普鲁恩斯将战争视为难解之谜。尽管没有聪明的解决方式，塞班岛也不会成为难题。自塞班岛战役打响以来，兵团情报分析员就一直在努力起草心理战宣传稿以引诱日军投降。政治宣传和对敌反间谍活动一直都是霍兰德·史密斯计划中的重要组成部分。

尼米兹的指挥部都在对日本人进行精准的文化描绘，供政治宣传人员和审讯人员使用，这也对霍兰德·史密斯的计划产生了重要影响。在一篇关于日本人文化肖像的文章中有如下描述：

日本人是很敏感的，他们情感充沛，让人很容易联想到自己的家乡和亲人。他们满怀乡愁，有着回归故土的殷切愿望。当然，他们也向往洗个热水澡、吃顿美食、喝杯美酒。日本的教育理念和文化传统让日本人对带有暗示性的语言和文体格外敏感。他们从小就被灌输了一种观念：说话要拐弯抹角，而且要善于推断。他们不喜欢三段式推论，喜欢凭直觉作出敏锐的心理反应。日本人对艺术很敏感，即使是那些智商不太高的人群也是如此。他们很容易对书法作品留下深刻印象。即便是最粗鲁的日本人也会朗诵诗歌，很多日本人还会写诗。

日本人的性格是极其抽象的。在任何事情上，日本人都要追求美感，比如插花、山水画和举行各种仪式。但是，所有这些情感和爱美之心完全隐藏在一张难以捉摸的面具后面，西方人很难看穿这张面具背后的真容。

从出生那天起，日本人所接受的教育就要求他们戴上面具，掩饰自己的真实情感。因此，在制作这些传单时，我们将日本人的特征考虑在内。尽管日本人善于伪装，但绘画和插花反映了他们的情感、乡愁和身心的脆弱。

美军起草了 14 个不同版本的传单，准备将它们投放到马里亚纳群岛。每个版本的传单都旨在说服骄傲的日本人放弃抵抗。在大规模进攻开始的那天，美军向日军空投了 17.5 万份传单，同时持续对日军进行日语广播。美军各排排长随身携带着"巡逻卡"，卡上印有日语信息，以备不时之需。经过 25 天的作战，到 7 月 27 日，在塞班岛战役中被俘的 1 734 名日军战俘只有大约一半人说他们见过或看过这些宣传资料。他们对这种宣传手段的效果看法不一。日军认为有的传单内容过于复杂，对于文化水平较低的日军士兵来说，日语中的汉字太复杂了，让他们难以理解。有的时候，传单并没有发挥应有的作用，因为日军士兵担心如果他们对传单内容表现出兴趣，他们的军官就会狠狠地惩罚他们。几名日本战俘自告奋勇，提出为美军重新拟写传单内容，帮助美军广播或者表演书法。他们说，只要让他们的战友了解美国人的真实本质和对待战俘的方式，就有可能打动他们。但是，想成功说服别人，不但需要智慧，还要有足够的勇气。

　　劝降是美国海军陆战队第 2 师直属连优秀上等兵盖伊·加瓦尔东的专长，他的劝降天赋极高。加瓦尔东是一名来自洛杉矶东部的墨西哥裔美国人。年轻时加瓦尔东曾混迹在黑帮中，后来他搬了家，邻居是一个日裔美国人家庭，他跟他们成为朋友。慢慢地，他把中野夫妇当成自家人，他们的孩子还教加瓦尔东说日语。太平洋战争爆发后，这家人被关进拘留营，加瓦尔东又一次失去了归宿感。与此同时，加瓦尔东搬到了阿拉斯加。他先是在一家罐头食品厂工作，17 岁那年报名参加了美国海军陆战队。虽然加瓦尔东在彭德尔顿军营接受了严格训练，但他任性的性格还是没有改变。

　　有一次，加瓦尔东擅离职守，偷偷到防区外面散步，在返回营地时居然带回一群日军俘虏。上司对他进行严厉警告，叫他以后不要再做这种蠢事。但是加瓦尔东并没有听命，他觉得自己有义务运用难得的语言天赋来劝说那些表面上宁死不降的日本人放弃抵抗。一天，他又带回来 50 名战俘，上司的态度改变了，他对手下说："随他去吧，这小崽子有点儿能耐。"从那时起，只要有机会，加瓦尔东都会主动去说服日本人投降。

　　7 月 7 日，"玉碎"行动结束后，加瓦尔东带着两名日军战俘来到海边一处崖顶。"既然你们有机会以一种体面的方式投降，又何必寻死呢？"加瓦尔东对他们说，"你们这是带着平民们去死，这不符合武士道精神。"他告诉他们，如果继续顽抗下去，那就只有死路一条："我们的火焰喷射器能把你们活活烤熟。"加瓦尔东知道，虽然这两名战俘接到了自杀式冲锋的命令，可他们还是活了下来，所以他已经料想到他们会作何反应。事实证明他的想法是正确的。当他要求这两名战俘给其他拒不投降的战友捎话时，其中一人说，他不想向躲在山洞里的"玉碎"行动幸存者提出这种具有煽动性的问题。另外一个人比较变通，他表示愿意到悬崖脚下的山洞去劝降战友。

　　最后，这名日本士兵带着 12 名日军士兵回来了。这些日军士兵都带着武器。加瓦尔东知道，如果他们开枪的话，他绝无生还机会。但是他不动声色地给每人发了一支香烟，然后请他们坐下来。加瓦尔东用带有美式墨西哥口音的蹩脚日语向他们打招呼："各位战友，大家好！霍兰德·史密斯将军让我给各位捎个口信。史密斯将军是这次马里亚纳群岛军事行动的指挥官，他很钦佩你们的勇气，他命令我们军队为'玉碎'行动的幸存者提供避难所。这次光荣而英勇的军事行动将名垂青史。史密斯将军向你们保证，你们将被送到夏威夷，你们在那里将过着衣食无忧的生活，直到战争结束。史密斯将军言出必行，他希望大家不要再做无谓的流血牺牲。"

让加瓦尔东欣慰的是这些日本兵没有朝他开枪，这意味着他有可能说服他们。加瓦尔东明白这些日本士兵并不知道史密斯将军是何方神圣，但他希望自己用日语所说的"将军"能成为双方沟通的桥梁。最后，他用一句颇有分量的日语结束了这番演讲："各位战友！美国海军的强大火力足以让你们全军覆没！"他用手势表示凯利·特纳的舰队很强大。

日本士兵们窃窃私语，随后，他们当中的一名中尉走向加瓦尔东，向他要了支香烟，并问他指挥部有没有医院。加瓦尔东说有，于是这名中尉让四个士兵留在原地，带着其他人返回山洞。加瓦尔东心想：盖伊，你这小混蛋，你说服他们了！

尼米兹手下的社会学家竭力主张海军官兵在与日军战俘对话时禁止使用"投降"和"战俘"等词语。美国太平洋舰队做了一项心理学研究，其结论是："我们要尽量挽留被俘人员的颜面，这是常识。"绝大多数日军士兵在发现美国人的真实面目后都觉得很惊讶，而这产生了良好的效果。"日军士兵最担心的是自己会遭受严刑拷打，而日军军官一直将这个观念灌输给所有人，包括军人和平民。但是被俘之后，士兵们惊讶地发现美军并没有虐待他们。"在某些情况下，这种惊讶足以战胜被俘的耻辱感，让这些士兵去规劝其他人放下武器。

果然，不到一个小时，这名日军中尉就带着 50 名士兵回来了。加瓦尔东看得出来，有的士兵还心存疑虑。于是他再次做出一副很有权威的样子。当日军士兵们要求提供水和药品时，他拿出一包磺胺药粉，并承诺将来还会有更多药品。就在他信誓旦旦的时候，通往崖顶的那条小路排起了长长的队伍。他先是觉得震惊，又有点紧张。当他看到海军陆战队的一支巡逻队注意到远处的骚动并朝他这个方向走来时，他终于松了口气。日落之前，加瓦尔东完成了一件不可思议的壮举，他将大约 800 名日军士兵带回海军陆战队第 2 师的营地。那天，加瓦尔东在塞班岛上说："承蒙上天眷顾。"

有时候，加瓦尔东能言善辩的劝降技巧能产生奇效，有时候也不大奏效。他不是圣人，更不是反战主义者。他说："有时候，我也得扔手榴弹，也得杀人。"高级指挥官们也是如此。在战争中，人们需要在"开枪还是不开枪""生还是死"这两个问题上迅速作出判断并承担后果。这场战争就是以这种方式进行的。

　　塞班岛战役之后，美军指挥官对日本人的性格有了更深的认识。7 月 7 日的这场浩劫更加强化了这种判断。

Beyond All Boundaries
☆☆☆

第24章
自杀崖

马皮角自杀事件

　　美军宣布塞班岛已经安全，这让士兵们觉得很突然，因为还有难以计数的日本士兵藏匿在山洞里。自杀式袭击之后，日军的军队秩序陷入混乱，美军无法预料后面还要付出什么代价。日军的散兵们占山为王，各自为战，严重阻碍了美军的进程。尽管日本已经签署了投降书，但他们还是拒绝走出山洞。美军也没有找到有效的方法去区分哪些是携带武器的抵抗者，哪些是胆小的难民。每名日本士兵身上都配有手雷，而且有平民做人质，美军别无选择，只能一律击毙。

　　7月9日，美军在马皮角军用机场举行了一场升旗仪式。这时，一架侦察机低空掠过机场，朝弗雷德·斯托特所在的海军陆战队第24第1营扔下一张纸条，称日军正沿着海滩向北移动。塞班岛北端非常狭窄，无论是空军、海军还是炮兵部队都很难提供火力支援。因此，上级要求斯托特的连队彻底消灭这支日军。海军陆战队第24团第1营A连整装待发，准备向马皮角军用机场东端移动。斯托特觉得在这紧要关头，举行升旗仪式的意义并不大。据了解，塞班岛共有大约2.5万居民，其中有3 000名日本人。让海军陆战队员纳闷的是：自美军赢得这场战役至今，被羁押的日本人不足 1 500 人，那么其他日本人去了哪里呢？

当斯托特带领巡逻队在海边悬崖上搜寻日军时，一些查莫罗人出现了。看到美军，他们面露微笑。这些平民中有两位牧师和几名修女，其中很多人都是信徒。在悬崖左侧，阿尔·桑蒂利中尉带着他的机枪小分队穿过一片甘蔗地，遇到一群人从茂密的树林里走出来。他们当中有妇女、小孩和抱着婴儿的男人，大约有 20 人。斯托特和他的翻译走上前，引导他们前往安全地带。就在这时，藏在甘蔗地里的日军士兵冲了出来，将机枪小分队攻击得七零八落。

据斯托特说，海军陆战队第 24 团第 1 营 A 连在塞班岛牺牲的最后一名军官就是绰号为"圣人"的阿尔·桑蒂利。桑蒂利曾代表福特汉姆大学夺得 1942 年的"砂糖碗"橄榄球赛冠军。在那场决赛中，福特汉姆大学橄榄球队以 2 比 0 完胜对手，桑蒂利是球队夺冠的英雄。当美国国旗在机场上空飘扬时，桑蒂利和他的副排长以及其他士兵却在战场上牺牲了。"安全"并不等于"战胜敌人"。"就在我们以为有组织的抵抗已经差不多结束的时候，竟然遭受如此沉重的打击，这实在让人难过。"斯托特在报告中写道，"在我们看来，只有登上舰船的那一刻，才有安全可言。"

崎岖的海岸线从阿尔·桑蒂利阵亡的地方开始，一直环绕至塞班岛北端的最高峰马皮山。马皮山海拔 800 英尺，这片高地顺着杂草丛生的石灰岩山脊和陡峭的梯田向下延伸至海边。一面长达 200 英尺的石灰岩城墙面朝塞班岛北端的大海。日本人把这里称为"捞捞湾"悬崖，其他人则称它为"马皮角"。斯托特中尉还在为失去战友而感到失落，他派巡逻队沿着人迹罕至的小路去搜寻这片崎岖不平的区域，而这里也是他的最后目标。在山脚下靠近海边的山洞里，巡逻队不断发现日军活动的迹象。只要出现全副武装的日军士兵，位于崖顶的狙击手就会击毙他们。"这是一个距离 400 码的靶场，"斯托特说，"我们只朝军人开枪。当军人和平民一起出现时，我们会停止射击。"

在塞班岛危机四伏的最北端，美国人终于知道日本平民很少被俘的原因。日军将平民驱赶到这里，告诉他们死是不可避免的，他们只能选择不同的死法。午后，一群人来到悬崖边，脚下是茫茫大海。"不知不觉，人群中似乎出现了某种心理反应，大家紧紧地靠在一起，"斯托特说，"人群以平民为主，里面混迹着几名身穿军装的士兵，他们在人群里来回走动，把平民当作挡箭牌。"

斯托特继续说："当他们挤作一团时，人群中传来奇怪的歌声。突然，有人举起一面旭日旗，旗帜迎风飘扬。人群越来越躁动，有人跳海自尽，歌声也变成了惊慌的哭闹声，还夹杂着手雷的爆炸声。扔手雷的是那几个士兵，他们企图阻止自己的亲人投降或逃跑。"看到美军正在靠近，很多母亲带着孩子来到悬崖边，纵身跳下。山崖里回荡着沉闷的爆炸声。

罗伯特·格拉夫写道："塞班岛是一个恐怖的地方。在官方宣布塞班岛已经安全的日子里，我们遭遇了最可怕的噩梦。"海军陆战队第4师的档案记载道："日本的父母们要么用刀捅，要么勒死或开枪打死自己的孩子，然后把孩子扔进海里，自己也跟着跳海。崖顶上的海军陆战队员们目睹了这一幕，他们恳求日本人投降，但是几乎没有人理会他们。有些人想投降，却被日军士兵制止了。"

这样混乱的局面足以让任何谎言变得合理。试想，一个日本女人看到一位美军士兵正在以跪姿射击，她很容易就认为自己的家人就是美军射击的目标，而这恰好强化了日军之前灌输给她的错误观念。海军陆战队第2团第1营营长伍德·B.凯尔说，并非所有的日军士兵都有步枪，但"可恶的是，他们每个人都有一颗手雷"。他说："他们身上总是留着一颗手雷，如果你包围了他们其中一个人并慢慢靠近他时，他就会朝你扔手雷。有人主张活捉这些士兵，这很难做到。现在又遇到这些平民，他们大部分都是手无寸铁的，你无法阻止他们。你需要找到他们，追上他们。但是他们会跑到悬崖边上，很难活捉到他们。"

美军的通信连在悬崖四周架设了扩音器，翻译人员哀求平民们别再跳崖。为了让平民们走出山洞投降，翻译人员费尽口舌却收效甚微。美军知道，这些平民与日军混杂在一起，在这种情况下，他们只能把山洞炸掉，这是一个悲剧。"不能让任何人留在山洞里，"海军陆战队战地工程师唐纳德·布茨说，"一旦你放过那个山洞，日军就会从山洞里出来消灭你。除非他们走出山洞向我们投降，否则，我们就要消灭他们。"

布茨继续说："有时候，在跟日军作战的时候，我们要让自己变得像他们一样。善恶只在一念之间。你可以为爱杀人。而你之所以杀人，是因为你不得不这么做，并不是因为你恨对方。杀了人，你可以大哭一场。如果杀人之后你毫无感觉，那你跟那些被你杀掉的敌人没什么分别。"这种战争让人的灵魂备受煎熬。

悬崖高达 200 英尺，下方的海面上散落着数百具平民尸体，很多人把手雷紧紧按在肚子上。乔治·查兰拿着勃朗宁自动步枪站在崖顶，看着海军陆战队的巡逻兵在崎岖的海岸线上仔细搜寻。"谁也无法阻止他们，"查兰说，"我们不能冲过去抓他们，那样的话他们可能会跳下去。"海军陆战队员给孩子们递糖果，用罐头食品和糖果饼干将他们引诱到防区的安全地带。查理说："那些日本女人很喜欢香烟。"但是，陆战队员要先将香烟拿出来给她们看一眼，把烟点燃，深吸一口，再递给她们，否则这些女人很可能会以为这是炸药。

大家都很纳闷：究竟是什么样的恐惧，能让一个抱着婴儿的母亲认为跳崖是最好的选择？而那些日本平民，他们先是被大海上的战舰摧毁了栖身山洞，又屡遭美军杀戮，他们在想：美国人究竟是什么样的敌人？我们的士兵说敌人很残忍，原来这是真的。看到日本平民或者坠落在石灰岩和火山岩上，或者手牵着手坦然走进拍打着岩石的漩涡中集体溺亡，美国人同样百思不得其解。马皮角上骇人听闻的自杀事件整整持续了两天，直至这些无辜平民各安天命。就在自杀潮快要接近尾声的时候，美军第一次看到日本人的集体军国主义是如何发挥作用的。他们变得冷酷无情。现在的日军站在一条怪诞的新战线上：日军反复进行愚民宣传，将所谓的"大东亚共荣圈"内的平民变成他们自杀道路上的狂热同伴。而收集和掩埋这些尸体的任务就落在了那些不想参与这一行动的人身上。

正如官方报道和民间传言一样，冰冷的现实让那些在这场残酷战争中承担最大风险的人明白，在战争中，仁慈和人道与达尔文的弱肉强食法则背道而驰。好几个星期以来，他们一直都在目睹这种残忍的自杀行为，有些人难以相信自己的眼睛。节节败退的日军和随行的平民百姓原本可以像正常人一样投降，但是他们选择了自杀，这一文化难题该如何破解？

刚刚参加完山洞清剿行动的海军陆战队和陆军的两栖登陆坦克在岩石间移动，坦克们逆流而上，希望可以救起一些跳崖的人。他们找到了一些受伤的老人和小孩，还有一些孕妇，然后将这些幸存者运到安全区域。

美军 VF-16 中队指挥官、海军中校保罗·布伊以"擅自起飞"为由对海军王牌飞行员弗拉丘实施禁飞。休班的时候，布伊拿着一瓶高级威士忌酒去向弗拉丘道歉。(照片由美国海军提供)

　　1944 年 6 月 15 日，"邦克山号"航母飞行甲板上的工作人员用平板车将一枚重达 2 000 磅的炮弹运到轰炸机旁边。(照片由美国海军提供)

SB2C "地狱俯冲者"轰炸机从"大黄蜂号"航母的VB-2中队起飞。(照片由美国海军提供)

在追击撤退的小泽治三郎航母编队时,第10轰炸中队的海军中校詹姆斯·D.拉梅奇驾驶的SBD"无畏式"俯冲轰炸机中弹。天黑后,他小心翼翼地将冒烟的轰炸机开回中队。(照片由美国海军提供)

来自"贝劳伍德号"航母第24鱼雷机中队的海军中尉沃伦·R.欧马克(中间)发射的鱼雷击中了日军的"飞鹰号"护航航母。(照片由美国海军提供)

　　一架 TBM "复仇者" 鱼雷攻击机准备在第58特混舰队的一艘航母上着陆，而一艘 "依阿华" 级战列舰则在航母左舷船尾保驾护航。（照片由美国海军提供）

　　日本联合舰队司令官小泽治三郎中将认为日军战机可以在关岛上降落和补充燃料，从远距离打击第58特混舰队。（照片由美国海军提供）

　　1944年6月20日，日军 "瑞鹤号" 航母遭到第58特混舰队战机的攻击。尽管航母被飞溅的水雾包围着，但它并没有被击沉。（照片由美国海军提供）

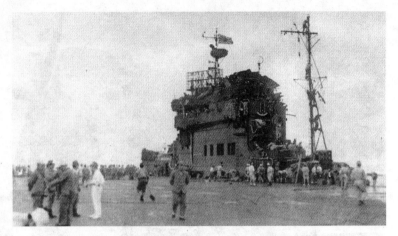

刚打完菲律宾海海战的日军"隼鹰号"航母还在海上航行，其烟囱被炸弹击中，飞行大队也基本被摧毁。（照片由美国海军提供）

"蒙特利号"航母飞行员罗伯特·L.皮弗少尉告诉杰拉德·R.肖尔茨（右一），他的室友驾驶的飞机在袭击马里亚纳群岛地面目标时被击落。（照片由美国海军上尉维克托·约根森提供）

1944 年 7 月 30 日，在击沉日本海军"翔鹤号"航母之后，美军的"棘鳍号"潜艇全体船员在塞班岛受到了热烈欢迎。前排右四身穿 T 恤者为潜艇艇长赫尔曼·J.科斯勒。（照片由美国海军提供）

　　这架来自美军第318飞行大队的P-47"雷电"战斗机与其他美国陆军战斗机一起被护航航母运送至塞班岛，肩负削弱天宁岛日军实力的重任。（照片由美国陆军航空队提供）

　　在埃斯利机场，一名军械维护员正在用瞄准管校准一架P-47战斗机的点五零口径机枪。（照片由美国陆军航空队提供）

　　美军机械师正在给辅助燃料箱加满凝固汽油剂。凝固汽油剂是航空燃油、柴油和凝固汽油的混合物。这种可怕的新型燃烧弹被首次用于轰炸天宁岛上的日军目标。（照片由美国陆军航空队提供）

　　美国陆军飞行员从日军抢来一辆牛车,用于从飞机保养场往返运送物品。(照片由美国陆军航空队提供)

　　清除加拉班战场的日军后,一名坦克兵坐着休息。(照片由美国陆军中士比尔·扬提供)

　　突袭日军据点后,海军陆战队队员沿着塔波查山的斜坡下山找水。(照片由美国海军陆战队提供)

　　海军陆战队指挥官霍兰德·史密斯（上图右）抱怨陆军在塞班岛推进的速度太慢,斯普鲁恩斯上将（上图左）被迫采取行动,解除了第27步兵师师长拉尔夫·史密斯少将（右图）职务。（上图由美国海军阿尔弗雷德·J.谢迪威拍摄,由美国海军学院提供。右图由美国陆军通信兵团提供）

　　在塞班岛东部的山脊和山谷中,美军士兵经历了这场战争中最惊心动魄的近身格斗。各排、各连和各营都很难与附近部队保持联系,有时候甚至会失去联系。日军的渗透者无处不在。（照片由美国海军陆战队提供）

312

　　拉尔夫·史密斯被解职后，太平洋战区美国陆军司令罗伯特·C.理查德森中将（图左）在没有提前告知的情况下抵达，并向海军高层表达了自己的不满，凯利·特纳斥责其行为有失礼节。随后，乔治·格里纳少将（图右）取代史密斯，成为第27师师长。（照片由美国陆军通信兵团提供）

　　1944年7月6－7日大规模自杀性袭击后的日军士兵尸体遍布塞班岛西北岸一处海滩。（照片由美国海军陆战队提供）

美国陆军第 105 团第 1 营又解除了一支塞班岛日军部队的武装，营长威廉·J. 奥布莱恩中校（图左）来到前线。几周后，奥布莱恩在战斗中英勇牺牲，被追授一枚荣誉勋章。（照片由美国陆军通信兵团提供）

荣誉勋章获得者（从左至右）：哈罗德·克里斯特·阿格霍尔姆、哈罗德·格伦·埃珀森、格兰特·弗雷德里克·蒂默曼。（照片由美国海军陆战队提供）

1944 年 7 月 7 日，美国海军陆战队坦克和步兵通过塞班岛北部山坡和甘蔗丛。（照片由美国海军陆战队提供）

海军陆战队队员与日本儿童。（照片由美国海岸警卫队提供）

1944年7月10日，美国国旗飘扬在塞班岛上空。照片居中靠右者为斯普鲁恩斯，他戴着一顶棕褐色的遮阳帽。霍兰德·史密斯站在他的左边。（照片由美国海军陆战队提供）

居住在塞班岛上的查莫罗人脱离险境，暂时滞留在查兰卡诺阿。（照片由美国海军阿尔弗雷德·J.谢迪威拍摄，由美国海军学院提供）

1944年7月17日,霍兰德·史密斯（图中持卡宾枪站立者）陪同欧内斯特·J.金上将（图左）和切斯特·尼米兹上将视察塞班岛。（照片由美国海军陆战队提供）

蒂默莱特·柯尔文上士和塞缪尔·J.拉弗下士是首批获得海军陆战队第2师战斗勋章的黑人士兵。他们都在塞班岛战役中负伤,左胸上佩戴的紫心勋章彰显了他们的战功。（照片由美国海军陆战队提供）

在塞班岛战役中，哈里·W.希尔少将是凯利·特纳的得力助手，他负责指挥部队登陆天宁岛，并按计划出色地完成部队转移。（照片由美国海军提供）

哈里·施密特少将（图左）在天宁岛战役中被提拔为集团军军长,而克利夫顿·B.凯茨（图右）负责指挥海军陆战队第4师。（照片由美国海军陆战队提供）

1944年7月24日，在天宁岛战役中，海军陆战队员从一辆水陆两用登陆车上跳下。美军决定从天宁岛北部的"白滩"登陆，打得日军措手不及。这一举措避免了很多伤亡。（照片由美国海军陆战队提供）

坦克和军车驶离"白滩"。（照片由美国海军陆战队提供）

在塞班岛上，凯利·特纳通过从日军手里缴获的野外望远镜观察天宁岛登陆情况。右一为霍兰德·史密斯。（照片由美国海军陆战队提供）

在天宁岛上，一名经过精心伪装的海军陆战队员正在与日军狙击手较量。（照片由美国海军陆战队提供）

在天宁岛上，海军陆战队员正与日军交战。（照片由美国海军陆战队提供）

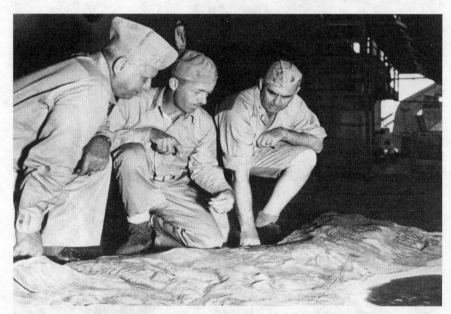

集团军军长罗伊·S.盖格少将与参谋长M.H.希尔弗索恩上校和集团军炮兵部队指挥官佩德罗·德尔·巴耶少将蹲在关岛地图模型面前商讨战术。（照片由美国海军陆战队提供）

理查德·L.康诺利少将率领的舰队为关岛登陆战提供了火力支援,他也因此赢得了"近战高手"的绰号。(照片由美国海军提供)

美军水下爆破队队员在暗礁下放置好炸药后划船离开关岛。(照片由美国海军提供)

记者富兰克·N.莫里斯登上"檀香山号"巡洋舰,采访水下爆破队第4分队队长威廉·G.卡伯里中尉(左二)和水下爆破队队员谢尔盖·阿尔托(右一赤膊者)。卡伯里手下一些爱玩闹的战士在海边竖起标语,欢迎海军陆战队登陆关岛。(照片由美国海军提供)

将幸存者送至塔腊潘后，这些两栖坦克立即补充燃料并返回悬崖边。"一名身体赤裸的年轻妇女怀里抱着一个婴儿，这个婴儿也没穿衣服，"一位名叫温顿·W.卡特的水陆两用登陆车乘员说，"我朝她大喊'站住'，但她没有停下来，而是一头栽进海里。"悬崖脚下，一名日军士兵拿着一枚手雷朝一辆水陆两用登陆车冲去，被驾驶员撞倒后，他依然伸手试图将手雷扔上车。海浪把岩石冲刷得干干净净，大海被染成了红色。

在与身着军装的正规军交战时，美军会毫不犹豫地拿起武器朝敌人开火。但是，当这些无辜的平民突然出现在他们面前时，美军士兵难免会动恻隐之心，开炮、开枪和横扫千军的冲动也随之消散。美军的一辆巡逻艇在漂浮着平民遗体的悬崖下绕行，艇上一名水兵说：

> 看到人们就这样死去，尤其是看到死者中有很多妇女和孩子，甚至还有婴儿，那种感觉真是难以名状。当时我站在船头，但我真不该站在那里，因为这些尸体已经在水中泡得肿胀，船开过去，船头会把他们撞成两截，尸体内的发酵气体会喷出来，发出"嗞嗞嗞"的声音。当然，这些尸体最终会沉入水里，成为鲨鱼的玩物。没错，我很害怕，那是另一种恐惧感。

对于眼前的惨象，弗雷德·斯托特早已麻木。他说：

> 对于死去的平民，我们没有感到良心不安，因为我们早已见惯了横尸遍野和残垣断瓦。从登陆后的第4天开始，还不到4天，我们就感到疲惫不堪，一直到第29天，这种疲惫感未曾改变。因为前4天过后，我们无时无刻不处于疲惫状态，但慢慢就习惯了。我们敏感的神经逐渐变得麻木，同情心也在减少。即便是最亲密的战友牺牲了，我们也很少表现出悲伤。在身体压力有所缓解后，也许我们会为失去战友感到难过，也会增添几分对敌人的仇恨。事实上，在整个战斗过程中，无论何时，每当杀死一名敌军士兵，我们都会觉得满足。从本质上说，这段时间我们一直在干体力活，这中间也付出了勇气，体验了恐惧、愤怒和残酷。

在美国国内，社论作者们看到马皮角跳崖事件报告后便仓促间得出了定论。《科里尔周刊》（*Collier's*）的一名编辑在社论中写道：

> 这件事让人毛骨悚然，但除了可怕之外，它对于我们在太平洋进行的战争有何意义呢？有人推测，这意味着整个日本将选择灭亡，而不是投降。因此，在认定他们真正投降之前，我们应该把日本鬼子全部消灭掉。不过，持这种看法的人不多。
>
> 还有人推测，这起平民自杀事件只是美军的一种宣传手段，其目的就是证明消灭日本的理论是合理的。这些日本平民之所以自杀，是因为他们收到了军队领袖的指令，希望以此说服白种人：若日本被占领，必将出现极其恐怖的事件，而这恰恰是富有同情心和体育精神的白种人无法接受的事情。
>
> 唯有我军打到日本本土，事情的真相才有可能水落石出。
>
> 不过，我们已经知道了关于日本鬼子的一个真相：他们是穷凶极恶、冷酷无情的敌人，对我们恨之入骨。倘若我们也激起对他们的仇恨，那我们就太蠢了。但是，如果还没有确定这些人已经完全丧失战争能力，就不能对他们表现出宽容，否则将为我们国家招来灭顶之灾，这跟自杀没什么区别。

大场荣大尉利用铃木发起最后冲锋。趁着场面混乱，大场荣在黑夜偷偷溜到半山腰的丘陵地带。考虑到美军很快就会重整旗鼓，从"玉碎"袭击中缓过神来，另一方面位于后方的美军似乎属于支援部队，警惕性没有前线部队那么高，大场荣带领自己的一小队士兵远离前线美军。大场荣、阪野中尉和他们的队伍一直留在山脊高处，因为美军主要集中在山谷中。在他们后方，也就是塞班岛北部，照明弹照亮夜空，顺着亮光，他们能看到美军的营房和军车，甚至偶尔能看到哨岗，而他们要做的是尽量避免被美军哨兵发现。

7月8日上午10点，在距离加拉班大约两英里的半山丛林里，大场荣被阪野中尉唤醒。阪野汇报说，下面山谷里有人在说话。于是大场荣派出一队侦察兵前去查探，侦察兵回来报告说，那些人是日本兵。大场荣下山去见他们,发现这些士兵虽然食物充足,但士气低落。他们是山炮团的残兵,美军向北推进的时候他们被落在身后。大场荣找到一名头上缠着绷带的少佐,这名少佐称这支炮兵部队一直处于待命状态。大场荣说自己手下有一小队人马,不知道是否可以加入炮兵团。少佐让他跟大佐谈,他告诉大场荣沿着山坡往上走,那里有个山洞,里面就是大佐的指挥部。

没走几步,大场荣、阪野和他们的小分队就看到一名准尉正跪在地上就餐,他用餐的姿势相当有礼节,似乎与当下的环境格格不入。用完餐后,这名准尉起身往树林里走去。过了一会儿,树林里传来一声枪响。大场荣也想过效仿这个人的做法,但他转念一想:如果我轻生的话,阪野和其他人怎么办?对下属的担心让大场荣断了自杀的念头。炮兵依赖大炮,没有大炮的话,他们的战斗力就会锐减。所以大场荣决定在炮兵部队附近扎营,但要保持自己这一小队人马的独立性。

突然,大场荣听到一个刺耳的声音从聚集在半山腰的炮兵队伍中间传过来。"喂!"有个人朝大场荣叫道,语气中带有些许不快。叫大场荣的是一名留着黑胡子,体格粗壮的士兵,他朝大场荣走过来,跟他要了支香烟。大场荣看着这位面无表情的士兵,心想也许他患有战斗疲劳症。大场荣拿出一包香烟,抽出一根递给他,看着他转身离开。

阪野问大场荣怎么可以容忍这种傲慢无礼的态度,大场荣则问他是否留意到这人额头上的纹身。通过这些纹身大场荣猜测他不是一名普通的士兵,而是黑帮成员。他名叫掘内。即使在正常情形下,这种人也不会对长官毕恭毕敬。大场荣觉得,在美军对塞班岛进行轮番轰炸之后,这个特殊环境让士兵们有所放纵,而黑帮出身的掘内也许会派得上用场。

在炮兵团待了几天之后,大场荣的手下变得有点松懈了,大场荣不以为意。他认为大家都需要休息,而山谷周围被一排排高大的甘蔗包围,不易被美军发现。但是,休息到第三天的时候,这种安全感被无情地打破了。

"在战死前杀死 100 个美国士兵"

三浦静子醒了过来。她觉得肚子很痛,但不记得为什么会这么痛。起初,由于光线太刺眼,她的眼睛看不清东西。随着光线逐渐变得柔和,她听到一些陌生的声音，发现自己在一个安静舒适的房间里，周围都是陌生人。

有个人用日语对她说："你受伤了，千万别动。"

两名美军军官站在她身边。美国人竟然说日语，这让她很惊讶。

"你受伤了，不能喝水。"静子坚持要喝水，一名年轻军官只好将一只盛着番茄汁的金属罐放到她嘴边。静子一把推开，但照看她的军官坚持要她喝下去。静子有点害怕，只好喝掉番茄汁。

静子只记得自己当时拿着手雷，拉开了保险销，然后整个人扑在岩石上面。那枚手雷肯定失灵了，只是低爆速爆炸，这让她保住了性命。军医检查了一下静子肚子上的伤口，对她说："你要留下来，我们会治好你的。"此刻她倒不太关心自己为什么能活下来，而是关心另一个更大的问题。

"野战医院怎么样了？"

美军军医说："除了你之外，其他人都死了。"

他告诉静子，营地还有其他日本平民。静子怀疑美国人是否会让她的同胞活下来，于是她要求亲眼见到其他平民。她还提到自己很害怕非洲裔美国大兵，军官不禁笑了起来，他说："救你的士兵就是黑人。他们发现你还没死，就把你送到医院来了。"

其实静子真正想看到的是多奈的野战医院。出于同情，静子的翻译安排了一辆卡车供她调度。医生给她注射了盘尼西林，然后找人用担架把她抬到外面的卡车上。静子努力地掩饰自己的悲伤。

当司机把车开上沿海公路时，夜幕已经降临。医院派了两名士兵护送司机和静子，其中一名士兵是非洲裔美国人。他扶着静子坐起来，让她能够看到车窗外塞班岛的萧条景象。一路上，只见一排排被烧焦的甘蔗矗立在月光中。车往右拐进丘陵地带，这段路到处都是灌木丛，比较颠簸。不一会儿，静子看到野战医院就在前方。她环顾这片靠近多奈的区域，这里曾是她引以为豪的工作地点，而现在到处都是尸体，有小孩，有母亲，有父亲，还有士兵，死难者的遗体似乎一眼望不到边。

美军军官说："海里还有很多尸体。你想去看一眼吗？"

"想。"

司机转动方向盘，开往马皮角。到了马皮角悬崖附近，他将车停在路边。军官命令两名士兵用担架将静子抬到悬崖边。海面在月光下波光粼粼。

高达 200 英尺的悬崖脚下，海浪拍打着岩石，很多尸体浮在岩石之间。静子觉得都是妇女和小孩的尸体。她低头看着，一脸茫然，觉得这一幕"无比恐怖，令人欲哭无泪"。

军官轻轻拍了拍静子的肩膀，对她说："我们回去吧。"两名士兵又用担架将她抬回卡车。伴随着引擎的启动声，卡车驶离悬崖。静子抬头看着月亮，月光洒满大地。

军官满眼诚恳地问静子："日本人为什么要这样自杀呢？"

对静子来说，这个问题尚无真正的答案，就像她还没有适应这一切一样。

7 月 9 日下午，美军的一支巡逻队发现了大场荣和他的队伍。当时，大场荣正在午睡，这支巡逻队沿着一条小溪谷往上爬，在一片灌木丛中用机枪向大场荣的营地方向扫射，子弹击中距离大场荣头顶几英寸的树叶。被声音惊醒的大场荣立刻原地翻身，站起来撒腿就跑，身后枪声连连。他沿着下坡路来到一处深谷，深谷旁边紧挨着石崖。在他右侧大约 50 码的地方传来美国人的叫喊声，于是他继续跑。没跑多远，大场荣就发现自己陷入了困境。他可以选择往左或往前跑。左边是一片开阔的土地，根据他的判断，如果穿越这片土地无疑是送死。如果往前跑，路的尽头就是悬崖峭壁，但是悬崖下面有一团灌木丛。于是，他向前朝悬崖跑去。就在这时，大场荣看到灌木丛里冒出两名日军士兵，他们正在往上爬。他大声提醒他们说，这样会被美军打死。看到附近地上躺着两名被击毙的日本兵，他意识到这是自己唯一的逃生机会。他把军刀、手枪和其他装备扔进灌木丛，然后卧倒在地，躺在两具尸体中间装死。

美军的说话声越来越大，中间伴随着阵阵枪声。接着，他听到越来越多的人在说话，声音也变得更加清晰，还有重物在地上拖拽的声音。有人把重物摔在他身上，他的脸只能紧贴着地面。大场荣觉得有人用枪托戳他的大腿，然后又开始闲聊起来。为了不引起美军注意，大场荣尽量屏住呼吸，让惶恐的内心平静下来。这种状态持续了大约 15 分钟，声音越来越远。大场荣壮着胆睁开一只眼睛，扭过头看了一下，又往山谷里望了望，发现美国人已经走远。

大场荣从压在他身上的日军尸体下爬起来，心想：这真是死里逃生啊。他捡回武器，抬头望了一眼山顶，连忙跑回刚才睡觉的地方，发现手下的

24 名队员被击毙，阪野中尉眼睛中了一枪，死在了山顶。大场荣握住阪野的双手，放在自己胸口。为了表达自己的悲痛之情，他从附近一具尸体上抽出一把刺刀，回到阪野身边，割下阪野的左手拇指。大场荣决定，如果能活着离开塞班回到日本，他要把这个小小的护身符和遗物交给阪野的家人。

　　大场荣在周围没有发现幸存者的踪迹。当天晚上，在日落一个小时后，大场荣听到山谷里传来日本人说话的声音，于是他顺着小路跑下山，遇到四名日军士兵。大场荣先是小心翼翼地表明身份，在随后的交谈中得知他们隶属于山炮团。那天夜里，又有大约 20 人加入了他们的队伍，包括黑帮分子掘内。掘内向大家简单描述了他是如何逃过了美军的攻击。他说，美军的一个排从他附近经过，他躲在岸边一棵腐烂的树根底下，逃过一劫。大场荣有种直觉：下次再遇到美军，掘内是不会躲避的。掘内懒散地坐在地上，大腿上放着一把南部式冲锋枪，他宣称自己要在战死前杀死 100 个美国士兵。

　　然而，这场战役的伤亡人数正在以无法遏制的速度飙涨。据不完全统计，美军在塞班岛战役中当场阵亡或重伤不治死亡的人数达 2 949 人。统计结束后，这个数字攀升至超过 3 400 人，再加上受伤人数，美军伤亡总人数高达 13 438 人，堪称美军在"二战"中伤亡最多的战役。日军的伤亡人数很难估计。有些日军士兵遭抛尸或焚烧，或者被 扔进深谷和山洞里，生死不明，这部分伤亡人数很难计算。霍兰德·史密斯的参谋们根据由斋藤调遣的部队人数进行了核对，猜测日军有超过 2.3 万人在塞班岛战役中阵亡。

　　日军俘虏的数量占斋藤部队总人数的一小部分。在大规模自杀式袭击的俘虏中，有一个人至关重要，他就是年仅 27 岁的野田满春。野田满春曾是南云大将手下的文书官，他对南云在塞班岛上收到的每一份文件都了如指掌。在审讯野田满春的过程中，美军发现他很健谈，而且很愿意分享自己掌握的信息。

　　从交谈中，斯普鲁恩斯得知，野田原本想在大学里继续深造，却被征召到海军，这打乱了他的人生计划，他一直对此耿耿于怀。他对美军说，只要美军不把他被俘的消息告知日军，他什么都愿意交代。"这名战俘有点表演天赋，"负责审讯野田的军官在报告中写道，"我们要优待他，否则他就拒绝提供更多线报。我认为，我们应该优待这名俘虏，甚至是迎合他特才傲物的性格，这对我军是有好处的，因为他手上掌握着大量对海军极有价值的机密情报。"凯利·特纳的智囊团队非常赞同这名审讯官的说法，他们答应不会泄露野田被俘的消息，而且会积极为野田疗伤。据特纳所说，为了引导野田主动交代自己掌握的情报，他们"三管齐下"：

1. 暗示他是一名真正的武士，他有能力尽快结束审问，帮助他的人民结束痛苦。
2. 向他保证美军对日本平民百姓没有敌意，美军优待战俘的做法就证明了这一点。
3. 声明美军指挥官明白是日本的军官和政治领袖背叛了日本平民。

野田告诉美军，美国空军到达塞班岛后，其强大的攻击力让南云感到绝望。他说，日本联合舰队的士气很低落，因为舰队司令长官丰田副武缺乏战斗精神，而燃料短缺妨碍了军事行动的进行。在横须贺港，耗油量颇高的"山城号"战列舰一直都大材小用，被用作射击训练船。

这份意外获得的情报让斯普鲁恩斯大喜过望。不过，还有一份报告称，在马昆沙山外围的一处山洞里，美军发现了某位日军大将的尸首，似乎没有什么消息比这更让斯普鲁恩斯满意的了。当斯普鲁恩斯率领着"新泽西号"战列舰在特鲁克岛突袭日军并勇追穷寇时，他隐藏已久的斗士之心显露无余。所以他对于南云忠一阵亡的看法也表现出斗士的本能。这种本能跟他的同侪哈尔西旗鼓相当，因为哈尔西在公开场合从不掩饰自己对杀敌的狂喜。在给玛格丽特的一封信中，斯普鲁恩斯吐露了心声："在此次战役中，最让我感兴趣的一件事就是南云忠一中将之死。他曾在 1941 年 12 月 7 日的战役（指日本偷袭珍珠港）和中途岛战役中担任日军舰队的指挥官。中途岛海战后，他被遣送回国驻守佐世保港，然后在 5 月份来到塞班岛。事不过三，这次他终于死了。"

第25章
政权更迭

剑走偏锋：白滩登陆

斯普鲁恩斯计划分别在 7 月 21 日和 7 月 24 日登陆关岛和天宁岛。这两次登陆计划几乎在同步实施，其中有一个问题一直困扰着负责登陆天宁岛的军长哈里·施密特："我们如何才能在不付出沉重代价的情况下让这群狂热的敌人投降呢？"

天宁岛是重要战略目标。塞班岛的惨烈景象还历历在目，在这种情况下就要进攻另一个岛屿，这让一些海军陆战队员感到不解。尤其是夏威夷和圣地亚哥的轮换部队抵达塞班岛之后，更加印证了参加塞班岛战役的老兵的心态变化。"作为这场战争的生还者，我们为自己能够坚持到底而深感自豪，"弗雷德·斯托特后来写道，"因此，当他们一路艰苦跋涉、翻山越岭来到营地时，我们很乐于享受'伟大'的角色。"

在穿越海峡、前往天宁岛之前，前线各连队需要在两周时间内完成补给和休整工作。在此期间，斯托特发现自己开始厌倦这个世界。他觉得自己思维过于陈腐，不能与时俱进，更不懂得汲取经验。"如果说 6 月 15 日的我们不知道为何而战，那么，7 月 13 日，我们依然对这件事没有清晰的概念。死亡和毁灭成了生活中的常态，几乎没人会同情受伤的战友，除非他们的伤势非常严重。总体来说,其他人都嫉妒伤员不用参与行动。"

在天宁岛抢滩登陆点的选择上,各方展开了争论。凯利·特纳认为,最理想的抢滩登陆点是位于天宁岛西南沿岸,镇中心附近的滩涂。这片滩涂很宽阔,足以容纳以营为单位的登陆部队以及为他们提供支援的海运列车。特纳想等潮水上涨到峭壁处再进行登陆,这样可以避免思书浦沼泽区的沿海潮汐的干扰。即便是在最恶劣的天气,有屏障的港口也能让舰船卸载登陆部队。

一直主张两栖作战的哈里·希尔对登陆地点有不同看法。美军在塞班岛截取的日军文件显示,日军预计美军将在天宁岛镇中心登陆。"我们对这份文件的研究越深入,"希尔说,"从军队的角度看,情况就越糟。在日军的猜测地点登陆会让我们伤亡惨重。"无论是哈里·希尔还是哈里·施密特,他们只想找到一个代价较低的方案,这样就可以避免海军陆战队冲入一台"人肉绞肉机"。

天宁岛北端的西北角有两片名为"白滩"的狭窄滩涂。这两块滩涂的面积很小,理论上这里并不是一个理想的抢滩登陆之地。因为突击部队从登陆艇来到海滩的过程是最容易遭受敌人攻击的,如果登陆地点太过狭窄,登陆部队就会暴露在敌人密集的火力和源源不断赶来的后备部队的威胁之下。关于这一点,美军已经在塔拉瓦岛战役中有过血的教训。当时,美军登陆部队对塔拉瓦岛北端发起进攻,一路都是狭长地带。在那条空间有限的战线上,美军遭遇了日军的顽强抵抗。从那时起,美军就制定了一个关于两栖作战的原则,要求编制为500人的营在进行登陆作战时,海滨沙滩的宽度至少为500码。"1号白滩"宽度只有50码左右,"2号白滩"稍宽一些,也只有100码。但是,用兵贵在出奇制胜。霍兰德·史密斯和他手下指挥官考虑到部队现在人困马乏,认为将白滩作为登陆地点也许能产生奇效。鉴于天宁岛登陆战是在未经过演习的情况下进行的,只有出奇制胜才能有所突破。

有人说,凯利·特纳从一开始就抵制在白滩登陆的想法,特纳本人则反对这一说法。但是,哈里·希尔说,当他第一次向特纳提出这个话题时,"我被他从办公室骂了出去"。

希尔说:"特纳认为白滩不是一个恰当的登陆地点,而且至少有三次,他明确命令我取消白滩登陆计划，改在天宁岛镇中心登陆。他就是不愿意听取我的建议，而且多次明确地命令我取消白滩登陆计划，并制订天宁岛镇中心登陆计划。在此之前，军队已经开始为镇中心登陆做准备了。"

特纳之所以把夺取天宁岛的任务交给希尔，是为了考验希尔的勇气。希尔问特纳为什么让他担任登陆作战的指挥官。"他两眼放光，"希尔说，"特纳对我说，他父亲为了教他学会游泳，直接把他从船上扔到了海里。"说着，特纳的眼神黯淡下来。"我从未见过凯利如此刻薄和暴躁，这不像他。他肯定有点不舒服。"希尔这番话似乎在暗示特纳之前喝过酒。

但是，想从白滩登陆的不止希尔一人。霍兰德·史密斯和哈里·施密特也持同样的观点。正是因为二人的支持，希尔才敢把这个想法告诉斯普鲁恩斯。斯普鲁恩斯很喜欢白滩登陆计划，但他不太确定登陆当天的天气情况。由于滩头太过狭窄，为了让部队前进，需要持续不断地向部队补给。倘若天气恶劣导致补给延误，希尔可无法承担后果。近日，台风在关岛南部海域形成并呈增强之势，甚至可以在低空飞行的飞机上看到这些台风。它们往往会辐射到天宁岛北部和西部，有时候每天可席卷 400 英里地域。

即使没有高空气象侦察员的报告，依然有很多足以让凯利·特纳言行失控的干扰因素。自"奇袭行动"开始以来，特纳一直很烦躁。尤其是当特纳获悉斯普鲁恩斯也支持希尔的观点时，他顿时暴跳如雷，但他不能取消登陆计划。眼看着下属任意妄为，与希尔的面谈也没有什么结果。为了保险起见，特纳命令德雷珀·考夫曼带领水下爆破队对白滩进行夜间侦察。霍兰德·史密斯一直对美国海军的行事方式不太放心，他坚持让一支"中立"队伍参与行动。在吉米·琼斯的带领下，一支海军侦察连与考夫曼共同执行侦察计划，他们成立了两支 12 人的侦察小分队，每支小分队由 6 名水下爆破队员和 6 名海军陆战队员组成。

7 月 10 日晚，在一片黑暗中，美国海军"吉尔默号"驱逐舰悄悄驶过海峡，朝天宁岛方向驶去。在距离天宁岛两英里处，侦察队登上登陆艇，朝天宁岛前进了一英里，再换乘橡皮艇。在距离海岸 400 码的地方，他们悄悄潜下水游向岸边。当考夫曼接近沙滩的时候，他发现潮汐将他推到"1 号白滩"，而不是"2 号白滩"。琼斯的队伍则完全错过了登陆点。考夫曼又侦察了一遍"1 号白滩"，发现距离沙滩 20 码处长满了珊瑚。他在海边寻找出口，结果发现了一块毛茸茸的珊瑚岩。为了方便轮式或履带式车辆从上面通过，考夫曼觉得可能需要使用一些炸药在珊瑚岩上炸开一个缺口。在悬崖顶端，一条狭窄的泥路向西一直延伸到牛岬附近，那里有天宁岛最大的军用机场。

第二天晚上，考夫曼再次游上天宁岛，这次他要侦察的是"2号白滩"。在海面上划船时，他听到岸上有人在说话。突然，考夫曼意识到说话的是日本人，便示意手下不要作声。考夫曼在海滩另一端上岸，他脱掉泳裤，把身体裹在沙子里，用这种方式隐蔽自己。当声音逐渐消失时，他搜索了一番沙滩，并在登陆点侧翼发现了一片被废弃的雷区。完成侦察任务之后，侦察队擦去沙滩上的足迹，悄悄潜回海中。

考夫曼返回"洛基山号"指挥舰后，凯利·特纳便召集手下指挥官开会，并邀请斯普鲁恩斯上将旁听。斯普鲁恩斯很喜欢白滩登陆计划中不寻常的登陆地点。这两片狭窄的沙滩确实不适宜进行像塞班岛战役那样的大规模抢滩登陆行动，但正如霍兰德·史密斯和格雷夫斯·埃斯金所强调的那样，天宁岛登陆战从本质上来说不是一场"从海岸到海岸"的战斗，此次登陆作战的起点在塞班岛，与天宁岛的距离只有六英里，就像一艘永远不需要补充燃料的补给船或是一艘永不沉没、不必担心飓风的航空母舰。塞班岛上驻扎着哈珀将军的第24军炮兵旅，共计11个炮兵营的兵力驻守着塞班岛南部高地的要害位置。埃斯利机场南面的整个区域已经布满炮位，而天宁岛北部也在哈珀炮兵旅的火力范围之内。

这些优势打动了特纳，他终于同意在白滩登陆。登陆计划被分发到克利夫顿·凯兹带领的海军陆战队第4师和沃森带领的第2师。海军陆战队第4师是登陆的主力部队，而第2师先对天宁岛的镇中心进行佯攻，再跟随第4师登陆。

随后，希尔向斯普鲁恩斯强调了他对天气的担忧，斯普鲁恩斯同意派几架水上飞机往西巡逻1 000英里，飞机上载有一名联合舰队的高空气象侦察员。斯普鲁恩斯授权希尔，如果天气恶劣，希尔可酌情决定推迟登陆。

天宁岛登陆计划一直处于随时变动的状态。它要剑走偏锋，借助一小块沙滩进行登陆，这个方法已经在刚结束的塞班岛战役中得到了验证。以这种方式登陆，表明美军很担心参与这次行动的海军陆战队所要付出的代价。这也让凯利·特纳备受煎熬。哈里·希尔看得出来，特纳有点不对劲。

希尔觉得特纳的身体有些撑不住了。特纳背上有伤，平常总是穿着一件很重的护腰。虽然特纳很少向别人提及自己的疾患，但希尔从特纳参谋那里得知伤病对他的影响很大。特纳缓解疼痛和精神压力的唯一办法就是喝酒。可是，酒精不但没有缓解特纳的暴躁，反而让他的脾气变得越来越糟糕。

7 月 12 日，美国陆军太平洋战区司令罗伯特·C. 理查德森中将在没有知会特纳和霍兰德·史密斯的情况下直接飞往塞班岛，"史密斯之争"再起波澜。理查德森到达陆军第 27 师指挥部后便马不停蹄地给史密斯的手下颁发战斗勋章，这种擅自授勋的做法激化了拉尔夫·史密斯和霍兰德·史密斯之间的矛盾。

斯普鲁恩斯知道理查德森抵达陆军第 27 师指挥部后想阻止双方爆发冲突，因为他清楚理查德森很反感霍兰德·史密斯。斯普鲁恩斯提醒史密斯说，理查德森来了，并且要求史密斯在理查德森当众冒犯他权威的时候"忍气吞声"。但事情的发展完全出乎斯普鲁恩斯的预料。在给部队颁发勇士勋章之后，理查德森宣布他要调查拉尔夫·史密斯被解职的原因，甚至有可能指控霍兰德·史密斯违反军纪。哈里·施密特与霍兰德·史密斯在理查德森的临时营房见面，霍兰德·史密斯又一次面临考验。

"你无权撤换拉尔夫·史密斯，"理查德森说，"陆军第 27 师是太平洋战区最训练有素的部队之一，是我一手调教出来的。你歧视陆军，偏袒海军陆战队。你给我听着，你不能随心所欲地玩弄陆军。此外，你和你的海军陆战队指挥官们没有资格指挥陆军部队。说到指挥部队，我们比你们经验丰富。你居然敢撤换我们陆军的将领？"

出于对斯普鲁恩斯的尊重，霍兰德·史密斯始终一言不发。理查德森继续指责史密斯的作战计划过于激进，纯属是在浪费美国士兵宝贵的生命。霍兰德·史密斯将理查德森的话语写入给斯普鲁恩斯的报告中："总之，海军陆战队不过是一群只会抢滩登陆的家伙罢了。你们知道怎么打陆地战吗？"难得的是，霍兰德·史密斯控制住了自己的情绪。

凯利·特纳不会忍受理查德森的这种行为，更不会让这种事情再次发生。他让理查德森到"洛基山号"的船舱见他。理查德森一来到船舱，特纳立刻将他狠狠训斥了一番。特纳大声咆哮着，说理查德森没有拜访他，也没有把计划告诉他，这是对他的极度蔑视。理查德森青着脸，用一些难以入耳的话回击特纳，然后生气地转身离开船舱，登上小艇，回到"印第安纳波利斯号"巡洋舰。多年以后，卡尔·摩尔仍然为特纳的行为感到震惊，他说："我觉得他那天肯定是宿醉未醒，否则我无法解释他这种行为。"

理查德森向斯普鲁恩斯投诉特纳，斯普鲁恩斯说："凯利·特纳就是这样的人，根本没人理他。"斯普鲁恩斯对特纳的袒护不无道理。只有亲眼看到作战计划被付诸实施，特纳的内心之火才能被真正点燃。至于处理人际关系，这些事跟打仗无关。特纳向太平洋舰队总司令尼米兹递交了一份名为《关于美国陆军中将小罗伯特·C.理查德森的无理指挥报告》，虽然报告内容让人火冒三丈，但尼米兹却不屑一顾，他认为这只是特纳的一面之词。

在理查德森与特纳发生冲突的四天后，一架载着欧内斯特·金上将和切斯特·尼米兹上将的飞机降落在埃斯利机场，斯普鲁恩斯早已在机场恭候。下飞机后，欧内斯特·金做的第一件事就是打消斯普鲁恩斯的顾虑，此前斯普鲁恩斯决定让联合舰队参与6月18－20日的马里亚纳海战，外界对此争议纷纷。在珍珠港和其他地方，美国空军上将们心神不宁。他们觉得这场战争的胜利是属于他们的，不能归功于斯普鲁恩斯。约翰·托尔斯一直认为斯普鲁恩斯是个外行，并故意表现出对斯普鲁恩斯的不敬。在"马里亚纳射火鸡大赛"结束10天后，"大猩猩"克拉克向塞缪尔·艾略特·莫里森抱怨说："我们真的错失了一个百年难遇的好机会。"克拉克一直对错失"成为比蒂式人物的黄金机会"而耿耿于怀。同样满腹牢骚的还有马克·米切尔。尽管他阻止了下属的抗议，但是根据查克·巴伯回忆，米切尔后来将下属的不满直接反映到了金将军那里。

对于这些抱怨，欧内斯特·金无动于衷。"我所能做的是，"金后来在回忆录中写道，"我对斯普鲁恩斯说，不管别人怎么说，我认为在菲律宾海海战中，他的舰队做了自己应该做的事情。当时还有另一支日本舰队在内海待命，随时准备着对还没有完全卸下兵员的美军运输船和没有足够时间卸货的补给船发起突袭。"

欧内斯特·金在其他文章中写道："斯普鲁恩斯正确履行了他的义务。斯普鲁恩斯和其他人都没有意识到他取得的成果影响深远。在菲律宾海海战中，日本海军损失了大量飞机，这严重削弱了日本海军在战争尾声阶段的制空能力。"

美军两栖部队也很感激斯普鲁恩斯的支持。"我觉得，对于雷蒙德在菲律宾海海战所做的决策，我是他的头号支持者，"哈里·希尔说，"我在塞班岛独自指挥两栖部队登陆，日军想迂回包抄我们。虽然我们的炮火支援舰船在西部海岸的某个地方狙击日军，但如果日军全力进攻，奥登多夫可能无法阻止他们。雷蒙德很清楚，我们有三个师的兵力滞留在沙滩上，很容易遭受日军攻击。他决定不撤走舰队，这个决定是非常正确的。我敢肯定，后世的历史学家也会认为他做出了正确的决定。"

霍兰德·史密斯派吉普车将欧内斯特·金、尼米兹和斯普鲁恩斯从埃斯利机场接到他位于查兰卡诺阿的指挥部，并在那里跟他们会面。用完午餐之后，霍兰德·史密斯带着他们视察美军登陆的海滩。他们三人提出要去塔波查山山顶看看，史密斯拒绝了，他说那里可能有日军的狙击手，但欧内斯特·金和尼米兹坚持要去。他们不仅要去山顶视察，还想绕整个塞班岛巡视一圈。史密斯又叫来几辆吉普车，安排一队海军陆战队枪手为他们保驾护航。就这样，他们四人开始了塞班岛的巡视之旅。按照计划，尼米兹将于 7 月 26 日在瓦胡岛与罗斯福总统进行战略会谈，而欧内斯特·金要参加 9 月在魁北克举行的盟国参谋长联席会议。显然，欧内斯特·金想在这两场会议之前对此次战役做一次评估。

在马皮角，这几位美军最高指挥官为眼前的景象所震惊。悬崖底下的岩石上仍然保留着"疯狂的日本人留下的无比恐怖的一幕"。欧内斯特·金在回忆录中写道，那里有成百上千的平民尸体，"这些平民受日军唆使，纵身跳下悬崖，开启了一场自我毁灭的狂欢"。他们开车前往南边的加拉班，路过斋藤和南云自杀的悬崖时，他们明白了两件事：一是中太平洋的战事胜利在望，二是后面还有更难啃的骨头。

当天晚上，这三位将军坐上一艘登陆艇，朝"印第安纳波利斯号"驶去。卡尔·摩尔在舷梯处迎接他们。摩尔将他们带到各自下榻的营房，然后去安排当晚的庆祝活动。攻取塞班岛是件值得庆贺的事情，他们还要讨论如何攻打其他两个岛屿。7 月 17 日晚，斯普鲁恩斯在"印第安纳波利斯号"的指挥官室举行了一场豪华晚宴。作为东道主，斯普鲁恩斯坐在餐桌的上首，欧内斯特·金坐在他的右边，尼米兹则坐在他的左边。当晚将星闪耀，将官及参谋按照官阶大小依次在几张长桌两侧就座。桌子上点缀着舰队旗舰的装饰物，包括上菜用的银制餐具和精美瓷器。但是，服务员刚把食物从厨房里端出来，当晚的不速之客就来了：一群黑蝇从塞班岛蜂拥而至。

这些黑蝇体长约一英寸。摩尔说，它们"一点都不怕人，只能把它们往外赶"。它们或者用黏糊糊的脚站在亚麻桌布上，或者在人们的鼻子和耳边发出嗡嗡的声音，又或者飞到碟子上品尝食物，甚至在人们的脸颊上和眼镜底下爬来爬去。船舱外，它们落在定位索和栏杆上，一个叠着一个，把直径为四分之一英寸的绳索变成了三英寸。"简直太恐怖了。"摩尔说。塞班岛到处都是腐烂的尸体，它们变成了这些小恶魔的自助餐厅。他忍不住开始想象这些黑蝇在岛上接触过什么东西。

哈里·希尔一边拍赶着黑蝇，一边试图将一大杯冰淇淋递到桌子对面。他不小心碰倒了水晶玻璃杯，红酒浸透了白色亚麻桌布。化解这种尴尬场面的最佳方式就是一笑而过。据说，塞班岛上的黑蝇已经证明它们是世界上唯一有能力打败第五舰队的外国空军。摩尔说："大家都想尽快逃离那里。"

东条英机被迫辞职

同一天，在东京，日军最高指挥部处于一种更加不安的状态。自马绍尔群岛失陷后，要求首相东条英机下台的呼声不绝于耳。作为日本最早的战争贩子，1930 年，东条英机率领具有种族主义侵略性的军事集团发动战争。1944 年 2 月，东条英机发表了一份"紧急声明"，宣称日本一旦战败，举国上下将以死谢罪，也就是所谓的"一亿玉碎"，这无疑加大了战争赌注。从这份声明可以看出，东条英机坚信日本军队的声望比日本民众的性命更加重要。加藤松尾是一名在美国留过学的记者，战前在日本一家通讯社工作。加藤说："东条英机的整个人生都是在军队这个小圈子里度过的。他认为他在军队中学到的原则同样适用于整个国家。"东条英机对于死亡的幻想已经在塞班岛得到了部分体现，只有通过领导层的变动，才能消退这种狂热。

在夸贾林环礁和埃尼威托克岛失陷后，日本海军分析师高木础吉少将进行了一项研究，其结论是"日本不可能赢得这场战争"，并敦促日本领导人"立即寻求一个折中的和平方案"，包括从中国撤军并放弃中国台湾和朝鲜。6 月 29 日，也就是菲律宾海海战结束九天后，裕仁天皇的弟弟高松宫亲王与外务大臣重光葵秘密会面。高松称，帝国海军"不宜采取进一步的军事行动"。身为海军少尉的高松宫亲王和高木砣吉一样，从始至终反对战争。他说："塞班岛很快就会失陷，到时候我们的舰队就没有任何存在下去的理由和意义了。这意味着我们输掉了这场战争。"高松宫亲王敦促重光葵"赶快想办法停止敌对行动，但有一个前提，在寻求和平解决的过程中，日本皇室的地位不能受到任何影响"。

然而，高松宫和高木砣吉的这些结论被看成是不堪入耳的狂言妄语。日本海军将领们仍然在编造故事，宣称日本海军在与美国舰队的对抗中取得大捷。与此同时，一个由包括东条英机在内的军国主义分子组成的阴谋集团正在进行密谋，他们想阻止裕仁天皇了解事情真相。尽管他们在公共场合用花言巧语编织一张大网，但皇室还是洞悉了真相。裕仁天皇的掌玺大臣木户幸一从他的密友那里打听到事实真相，东条英机在皇室的地位因此受到削弱，他再也经受不起更多打击。

塞班岛失陷的消息在东京不胫而走，地位早已岌岌可危的东条英机彻底崩溃了。他的妻子开始接到一些匿名电话，询问她的丈夫是否已经自杀。东京的各个组织都想谋杀东条英机。高木少将组织了一群人，准备用机枪伏击东条英机。从华中地区调派到帝国总司令部的陆军中级军官角田少佐和东亚联合会东京分部总裁牛岛辰熊领导的小集团暗中策划了一次行动，准备在东条英机前往宫城参加内阁会议的路上朝他的汽车扔氰氢毒气弹。

东条英机想让海军大臣米内光政加入内阁，借此对内阁进行改革。米内光政是日本现代化的忠实支持者。1940 年，他担任过八个月的日本首相。在此期间，他强烈反对与纳粹德国和法西斯意大利签订《三国轴心协定》。然而，米内光政并没有理会东条英机的游说。7 月 17 日，米内光政表示他不会加入这位死对头的内阁。在获悉米内光政拒绝了东条英机的提议之后，高木写道："东条英机政权的命脉已经完全停止了。"孤注一掷的东条英机前往宫城与他的支持者兼盟友木户幸一会面。木户幸一表情冷漠，他告诉东条英机，天皇对于他在内阁只手遮天的行为"万分恼火"。听闻此言，东条英机顿时失去了信心，心烦意乱。次日早晨，东条英机便在宫城向天皇提出辞呈。

枢密院议长平沼骐一郎是裕仁天皇十分器重的一名资深顾问，他在战后声称："我们确信，一旦塞班岛失陷，这场战争就没有继续下去的必要了。"遗憾的是，随之而来的领导层变动并没有带来政策上的改变。接替东条英机首相职位的小矶国昭是一名退役的陆军大将，曾担任过朝鲜总督。他既不支持温和派，也不支持军国主义分子。这位高官上任之后，几乎完全维持之前已经失效的战争政策，而这个政策是靠一股狂热驱动，忽略了一个尽人皆知的真相：日本已经战败，负隅顽抗是没有用的。

务实派是有自己的信念的，但在需要这种信念发挥作用的关键时刻，他们又显得不够坚定。平沼骐一郎的扭捏作态反映出日本统治阶层普遍存在的一种高傲又怯懦的心态。后来，平沼骐一郎违心地宣布："我们别无出路，唯有战斗到底。"裕仁最为器重的心腹木户幸一对平沼的言论表示赞同。东条英机的辞职产生了两方面的重要影响：其一，针对他的两个刺杀计划原本会引起一场政治动荡，但他辞职之后，这场动荡在无形中被化解，从而保护了皇权。其二，东条英机的离开将软弱无能的小矶国昭推上首相的位置。日军在战场上损失惨重，日本内阁却维持着血淋淋的现状。

在华盛顿，即使是最不强硬的评论员也明白，任何求和的言论只会落入日本政府设下的圈套中。带有自由派态度的《新共和》（*New Republic*）杂志社论作者觉察到东京"会遵循这样一种策略：它会让我们为胜利付出高昂的代价，同时给民众造成一种新的幻觉，让人们误以为只要日本没有被完全打败，就有求和的希望"。

关岛登陆

7月21日，由5.6万名海军陆战队员和陆军士兵组成的登陆部队在关岛附近海域严阵以待，准备对这片被日本人夺去的美国领土发起攻击。理查德·L.康诺利少将率领的南部编队一直带着复仇的心态攻击该岛。

康诺利深受海军陆战队员的拥戴。在海军陆战队里，只要将领坚持要求火力支援舰只进行近距离开火，他就会受人爱戴。海军陆战队员们亲切地称呼康诺利为"近战高手康诺利"。霍兰德·史密斯手下的作战处处长罗伯特·霍格伯姆上校认为康诺利是"我遇到过的最优秀的两栖作战指挥官之一"。他说，康诺利"拥有凯利·特纳的所有优点，却没有凯利·特纳身上的臭毛病。他是一位非常出色、强大和能干的人物，而且善于倾听别人意见。他会把陆战队员请过来，与他们一起讨论两栖作战方案。他也会把我请过去，跟我一起坐在桌子旁边讨论数个小时，向我提问。然后，他会穿上野战靴，与海军陆战队员们一起登陆作战。他对海军陆战队和海军所存在的问题都有所了解和研究"。

斯普鲁恩斯认为，关岛居民虽然由日本人统治，但是内心仍对美国忠心耿耿，他很担心那些居民的人身安全。所以斯普鲁恩斯嘱咐康诺利在轰炸日军时不要误伤关岛原住民。康诺利已从情报中获悉原住民的藏身地点，因此他会亲自监督突袭行动。塞班岛上停泊着三艘弹药补给船，在这三艘船的支援下，他率领巡洋舰和驱逐舰进出关岛。"我们有一条稳定的弹药传送带，"他说，"我们会让一个编队的巡洋舰打光炮弹，然后开到塞班岛去补充燃料，并从这些弹药补给船上加载弹药，再回来向日军开火。它们会在晚上离开关岛，花整晚时间前往塞班岛，再花一整天时间补充燃料和弹药，然后在第二天晚上回到关岛海域。来回一趟的时间大约是 36 个小时，回来之后，它们便开始新一轮炮击。我认为这是这场战争中持续时间最长的定向炮击。"马克·米切尔全力支持康诺利，并承诺所有四个航母战斗群将在数周内首次抵达关岛。在护航航母舰队的支援下，康诺利的编队在为期四天的行动中出动了 400 架次战机，不分昼夜地对关岛进行轰炸。

关岛西部的海岸线不足 10 英里，遍布天然的岩石峭壁，无处隐蔽，不太适合进行两栖登陆。但对于康诺利的部队来说已经足够了。美国海军第 3、第 4 和第 6 水下爆破队受命清除由日军设置的大量反舰艇障碍物。在步兵登陆艇护卫舰的近距离支援下，蛙人在阿加特和阿散附近危机四伏的环礁湖珊瑚礁之间灵活地游动，他们用金属线把低潮线串联在一起，将成堆的珊瑚捆在一个像防风围栏一样的金属网中，做好标记。他们在海岸线上用比较安全的浮标测量法测量环礁湖的深度。当天晚上，水下爆破队员们带着炸药包炸开了这些障碍物。任务完成之后，他们向康诺利的参谋提交了一份报告，参谋将这份报告的副本转交给两栖登陆部队。

为了便于第一波登陆关岛的海军陆战队员辨认方向，由戈登·卡伯里中尉指挥的第 4 水下爆破队里有一些爱搞怪的队员，他们在阿加特海滩上竖了一个路牌，上面写着："欢迎海军陆战队。美国劳军组织（USO）阿加特分会——前方两个街区。"每一支登上关岛的队伍都说这是他们做的恶作剧，"穆雷·亨利和沃尔特·赫雷贝查克说这个路牌是他们二人竖起来的。"鲍勃·贝尔德写道。

在美国海军舰队炮轰关岛的同时，飞机也从两栖登陆部队上空飞过，盖格将军通过船舷边的扩音器向他的部队喊话："全国人民以你们为荣！当你们走上战场，从敌人手中夺回这座曾属于美国的堡垒时，举国上下都关注着你们。国家给予你们的荣耀是无比崇高的。愿海军陆战队注重集体荣誉感的光荣传统激励你们夺取胜利。全国人民以你们为荣！"

水下爆破队的蛙人充当登陆艇的引导员，康纳利和盖格分别在奥罗地角半岛两侧的滩头发起第一波进攻。奥罗地角半岛分布着关岛的两处重要战略资产，一处是奥罗地角机场，另一处则是阿普拉港口。由艾伦·H.特内奇少将指挥的海军陆战队第3师先头部队在阿散角北部登陆，而由小莱缪尔·C.谢泼德准将率领的海军陆战队第1临时旅几乎同时在奥罗地角半岛南部的阿加特村登陆，那里距离特内奇部队的登陆点约七英里。

来自海上和空中的猛烈炮火几乎将日军在滩头的防御阵地全部摧毁掉，但他们身后的山丘比塞班岛的山地更难攻克。日军占据着山头，朝阿加特附近海滩开火，击毁了20辆正在靠近的美军水陆两用登陆车。特内奇指挥的海军陆战队第3师驻扎在阿散，营房对面是喧嚣的群山，而高品彪将军的战地指挥所就设在这混乱的群山之中。在登陆海滩上，海军陆战队第3师遭遇了来自日军的迫击炮、山炮和机关枪的火力拦截，同时，身处高地的日军从高处往海军陆战队的阵地扔手雷。日军第48独立混成旅团旅团长重松清少将对他的部队说："美军在塞班岛的成功登陆让他们士气大增。现在他们还没有做好准备就打算登陆关岛，这是非常鲁莽的。这是我们把敌人消灭在海滩上的绝佳机会。"日军从阿加尼亚市向海滩发起反攻，而驻扎在山上的日本炮兵部队则从高处俯视特内奇的左翼，为反攻部队提供强大的火力支援，导致美军伤亡惨重，拖延了美军突围的步伐。位于海军陆战队第3师最左侧的第3团遭遇日军的正面攻击和渗透，共有615名官兵在阵亡、负伤或失踪。在第一波登陆作战中，美国海军陆战队的坦克不到30分钟便登陆成功，他们帮助陆战队员顶住了日军步兵小规模的猛烈反攻。最后，海军陆战队第3团团长W.卡维尔·霍尔上校调动预备役前来支援，抵抗日军进攻。

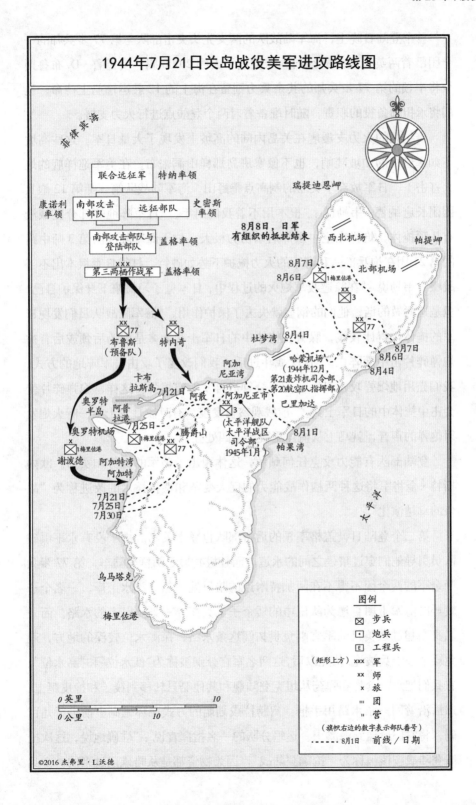

1944年7月21日关岛战役美军进攻路线图

首个登陆日晚上，海军陆战队的两支先头突击部队与第 77 步兵师的一个团沿着两英里长的战线向内陆推进了大约 2 000 码。安德鲁·D. 布鲁斯少将率领的第 77 步兵师的其余兵力则留在海上的 12 艘运输船上待命，他们将承担预备役的职责，随时准备着对两个登陆点进行火力支援。

康纳利的火力支援舰在关岛内陆的高坡上发现了大量日军。这些高坡不如塞班岛的山坡陡峭，也不像塞班岛那样山洞密布。在美军巡洋舰的炮火打击下，日军放弃了关岛的制高点腾爵山。海军陆战队第 3 师第 12 炮兵团团长唐纳德·韦勒说："根本用不着我们出手。"日军阵地的部分区域没有头顶掩体，炮弹在空中爆炸后杀伤力极大。位于海军陆战队第 3 师中路的第 21 团在炮兵部队和海军的火力掩护下势如破竹，打得日军根本出不了战壕。韦勒说："在躲避我军炮火的过程中，日本鬼子习惯俯下身保护自己。但是这样做的话，他们的钢盔就失去了保护作用。"海军陆战队员们发现日军的掩体挖得比较浅，躲藏在掩体中的日军士兵大多是因为后颈或后背被炮弹碎片击中而阵亡。"这次战斗过后，我们改变了攻击日军阵地的方式。我们先用地爆弹攻击日军，两三分钟后再发射空爆弹。这样，炮弹碎片就会击中掩体中的日军士兵。"前线观察员发现，有时候日军士兵一听火炮发射炮弹的声音，就马上从掩体里跳出来四处狂奔。

登陆部队有能力攻克任何顽敌，这体现出了美军的优势和实力。欧内斯特·金将军将这种两栖作战能力的巨大变革和谍报技术的改进称为"战争的卓越演化"。

第二个登陆日，盖格率领的后备部队也登上关岛。由于没有水下爆破队员引导他们穿过暗礁之间的水道，而且极其缺乏两栖登陆车，第 77 步兵师余下的两个团不得不在阿加特附近的暗礁处下船，涉水上岸。一名个子较矮的海军上尉自愿为队伍中的矮个子士兵探寻一条可以走的水路。而一名身高超过六英尺的军官则负责拓阔这条水路，探测水位较深的地方，避免矮个子士兵被淹。从此以后，这两名军官分别被称为"低水位"和"高水位"。官兵们把水、食物和弹药从坦克登陆舰和其他船只转移到筏子和橡皮艇上，然后沿着同一条水路用手推、肩膀拉或划船的方式在环礁湖中前进了几百码，将它们运送到海滩上。运输分队的一名指挥官说："准确地说，这次抢滩登陆战应该被称为'抢礁登陆战'，因为物资都是从暗礁运过来的。士兵们用橡皮救生筏或漂浮的方式把物资拉上岸。总之，所有东西都是从暗礁上过去的。这是一场真正的两栖作战，也可以说是一次水下作业。参与这次行动的官兵变成了'河鼠'和一半身体浸在水里的码头装卸工。"

卡伯里中尉的水下爆破队开拓了一条通向"1 号白滩"左翼的水道。登陆部队马上将救生筏绑在一起，做成一条连接水道和暗礁的长堤。沙滩上的陆路状况也不容乐观，两片白滩各有一条狭窄的道路，从海边峭壁延伸到一片田野和椰树林里。椰树林里布满密密麻麻的散兵坑和成堆的补给品，海军陆战队员就蹲在那里休息。这几天岛上车来车往，再加上间或而来的暴风骤雨，这两条道路变得泥泞不堪。后备部队上岸后，海滩上更是人满为患，这也让横跨奥罗特半岛两侧的美军住所变得更加拥挤。登陆第三天，两艘载有起重机的平底驳船加快了物资上岸速度，使海滩变得更加堵塞。在车轮和履带的搅动下，道路变成了泥带子，还不小心翻出了一个日军的尸体埋葬点，到处都是散发着恶臭的白骨。这是经过连日的海上和空中轰炸之后，日军刚刚为战死的士兵新建的墓地。

"这份工作有点不太体面，"运输分队的指挥官写道，"为了让物资顺利运转，总要有人扮演凶残工头和恶霸的角色，而我们就是这样的角色。"

7 月 22 日，即关岛登陆第二天，也就是天宁岛登陆前两天，负责一项实验性武器研发项目的海军少校路易斯·W. 孟抵达塞班岛。他要在部队播放一部影片，演示如何使用一种可怕的新式武器。孟少校是哈里·希尔在美国海军学院的同窗，两人私交不错。在希尔的举荐下，路易斯·W. 孟很快进入了第五舰队的高级领导层。登上"坎布里亚号"之后，孟播放了一段影片。影片中，一架 P-51 野马战斗机朝一个试验靶场投下了一枚燃烧弹。这架战斗机所携带的燃烧弹罐体中含有一种极其可怕的物质，它是一种用于车辆防水和制作高辛烷值航空燃油的凝胶状化合物。把它装在 165 加仑外挂燃料箱中，低空投放，就会引燃凝胶状的化合物。它犹如致命的电浆流过沿途的一切物体，可以烧毁地下掩体、散兵坑和躲在里面的士兵。

孟透露说，美国国防部不太愿意采购这种凝固汽油弹，如果他能说服太平洋战场的战地指挥官接受它，他觉得自己就更有把握推销这种武器。孟还说，这种炸弹在野战机场有现成原料，随时都可以制作。这次他带来了几百枚引信，并提议给驻扎在埃斯利机场的陆军战斗机大队配备这种新式武器。孟将全程监督炸弹的组装工作，然后向第318战斗机大队"雷电"战斗机飞行员教授炸弹使用方法。

当载着试验燃烧弹的战斗机飞往天宁岛上空时，希尔邀请斯普鲁恩斯、特纳和海军陆战队指挥部的全体参谋登上一艘驱逐舰观察试验结果。"炸弹威力惊人，"希尔说，"现场燃起高达100多英尺的火焰，火焰似乎蔓延到整个地面。"随后的测量数据显示，炸弹爆炸后，将一个长100码、宽30多码的长方形地带烧得精光，这相当于一个美式足球场的面积，其杀伤力远远超过白磷弹药。同时，希尔发现，这种化合物的燃烧距离不够长，无法使躲藏在碉堡里的敌人窒息，于是他建议往化合物里添加棕色的焦油沥青，以增加有毒气体含量。这项技术创新所滋生的道德问题增加了这种新式炸弹的恐怖感，但是哈里·希尔对此并不担心。他认为，死于凝固汽油弹"可能是一种比较轻松的死法，比被炮弹碎片从里到外把你撕碎要好得多。打仗就得死人，而许多看似恐怖的死法其实都是最快和最轻松的死法，前提是你真的敢于面对死亡。被烧死看上去是一件很恐怖的事情，因为我们都害怕被大火烧伤。但战争就是战争，我已经说过好几次，在打日本鬼子的时候，要么你杀死他，要么他杀死你。我们不能对消灭敌人的方式太过挑剔。"试验结束后，希尔给美国海军部写了封信，推荐全面发展凝固汽油弹，专供海军使用。霍兰德·史密斯也认可凝固汽油弹在天宁岛战役中的作用，于是希尔写信给尼米兹，要求空运8 500磅凝固汽油弹化合物。尼米兹按要求运送了这批化合物。

"史密斯之争"的发生加深了美国海军与陆军之间的宿怨。理查德森将军的塞班岛之行亦是对海军的一种蔑视，导致双方矛盾再起波澜。后来，道格拉斯·麦克阿瑟将军召开记者招待会，指责在中太平洋作战的海军和海军陆战队草菅人命。两个军种之间的分歧似乎永远无法弥合。虽然海军陆战队在塞班岛的伤亡率与陆军一样，但麦克阿瑟大声指责海军陆战队，称其快速进攻的策略造成了不必要的损失，实际上，美军越来越不在乎日本人的生死。自从东条英机将他的军国主义种族理论付诸实践并加入轴心国的侵略行动之后，日本人的生命在他的穷兵黩武之下早已有如草芥。而后，斋藤发起的愚蠢的自杀式袭击，用花言巧语和其他手段迫使平民在马皮角上有计划、有步骤地跳崖自杀，日军在塞班岛上进行了很多次骇人的集体自杀，这表明日本统治集团并不重视日本人民的生命。这种新式的燃烧弹受到美军各级指挥部的注意。如果说美国参战的动机不含任何种族主义或种族灭绝色彩，那么集中杀伤也只是一种战术，它是在作战过程中敌人表现出自杀决心时所采取的一种必要手段。无论是使用凝固汽油弹还是改变其成分，都表明尼米兹想要以最低代价摧毁日本崇尚死亡的决心。

当日军向东推进时，军事伦理的底线被突破了。而当美军向西推进时，底线又再次被突破。将凝固汽油弹引入太平洋战场的是美国海军，但完善燃烧弹的使用方式、用熊熊烈火摧毁日军战略据点和人口中心的却是美国陆军航空队。在华盛顿，绰号为"快乐的阿诺德"的亨利·阿诺德和他的参谋们正准备改变战争的规则，新的作战方式将会应用在他们位于马里亚纳群岛的小型机场。

与此同时，在天宁岛附近，美国海军正准备从海上再次对日军发起佯攻。

Beyond All Boundaries
☆☆☆

第26章
征服者
的天堂

佯攻天宁镇

拿破仑认为，优秀的炮兵部队总能得到上帝的垂青。而普鲁士的一位国王曾经说过："火炮使原本粗野的斗殴变得有尊严。"如果真如这些格言所说，我们又该如何评价 1944 年美军对天宁岛的轰炸行动呢？美军从附近岛屿和近海舰船对天宁岛的每一寸土地实施轮番轰炸，可谓是史上"最有尊严的"军事行动。在如此猛烈的炮火打击下，天宁岛却没有被炸成粉碎。原因很简单：海军舰炮打出的炮弹是平直弹道，很难摧毁地形狭窄的天宁岛。驱逐舰发射的白磷弹则让甘蔗地和杂草丛生的山谷变得寸草不生。巡洋舰和战列舰则负责摧毁日军的防御工事。在 3 000 码距离内，几乎没有防御工事能抵挡住 16 英寸口径舰炮的打击。"科罗拉多号"战列舰已经在加拉班碇泊处的一艘弹药补给船上补充好弹药，现在它就停泊在天宁岛镇中心的外部海域上。

"科罗拉多号"于 1923 年竣工。国际公约曾禁止美国在 70 年内生产主力舰，"科罗拉多号"与同级别战列舰"西弗吉尼亚号"是在国际公约生效前最后加入太平洋舰队的两艘战列舰。珍珠港被袭当天，停靠在美国西海岸一处干船坞里的"科罗拉多号"逃过一劫。此后，由于燃料紧缺，它只能一直待在西海岸。后来,"科罗拉多号"终于抵达南太平洋,为了防止日军向东推进,一直停泊在斐济港口,但日军从来没有发动过突然袭击,它也没有参加过瓜达尔卡纳尔岛战役。从那以后,每当有战役发生,"科罗拉多号"的职责似乎都是守护船坞。虽然它的装备非常现代化,但航行速度并不快。1943 年末,威廉·格拉纳特船长在接过这艘战列舰的指挥权时,他和手下很怀疑自己是否能参战,因为第一次世界大战后建成的最后一批重型战舰似乎都与太平洋战争无缘。塔拉瓦战役是"科罗拉多号"的处女秀。在马里亚纳海战中,许多老式战舰再次扮演风帆战列舰的角色。在遭遇日军的猛烈攻击时,老式战舰的扇形火炮虽不如传统作战队形那样实用,但其主炮的强大火力还是值得称道的。在美军登陆塞班岛之后的前几周里,"科罗拉多号"一直在塞班岛附近海域提供火力支援。在 7 月 21 日关岛登陆战开始前,"科罗拉多号"对岛上的日军碉堡和火炮掩体狂轰滥炸了三天。

现在还没到午饭时间,希尔上将派"科罗拉多号"到天宁岛执行一项特殊任务。美国陆军情报部在白滩上发现一处地方存在重大威胁:日军在天宁岛北部海岸上架设了三门 120 毫米口径大炮,由于这些炮台位于山腰,来自塞班岛的炮火无法击中这些目标,所以来自哈珀将军指挥部的一位情报官员登上一架"派帕 L-4 蚱蜢"小型侦察机,观察"科罗拉多号"发射的炮弹是否瞄准目标,并协助其纠正坐标。

日军的大炮设置在一座小山丘的山脚,很难被发现。"科罗拉多号"进行了几轮齐射之后,大炮周围的掩饰物被全部打掉。距离岸边不到 3 000 码的"科罗拉多号"花了一个半小时,从哈里·希尔的侧翼拔掉了这几根"刺"。紧接着,格拉纳特用主炮朝白滩后面的珊瑚群开炮,打通了从海滩到悬崖的通道。发起攻击的前一天,美军舰船把天宁岛围得密不透风,舰船之间距离很近,甚至存在相互碰撞的危险。"科罗拉多号"用一枚 6 英寸口径炮弹炮击日军的炮位,几枚炮弹掠过岩石和山丘,落在对面海里。还有一枚 12 英寸口径炮弹在"蒙彼利埃号"前方 80 码处掀起水柱,另一颗炮弹则掠过船尾。"蒙彼利埃号"的舰长说:"我们早就料到日军的火力会很猛,却没想到会丢这么大一枚炮弹过来。"他不得不把船停在离海岸远一点的海域。

"科罗拉多号"暂停炮击,一架 P-47 战斗机用凝固汽油弹轰炸白滩上方高地，火焰在整个甘蔗地里蔓延开来。格拉纳特连续齐射一排延时爆炸的防空炮弹，希望在空中爆炸的炸弹能击落企图逃跑的敌机。完成这项残酷的任务后，"科罗拉多号"于日落时分返回天宁岛南部，再次停泊在天宁岛外海。它与轻型巡洋舰"克利夫兰号"和驱逐舰"诺曼·斯科特号"一起，静静等待开战。

台风季即将来临。7 月 24 日早上，停泊在天宁岛白滩外的舰船既分辨不出海的尽头，也看不到陆地。持续不断的大风卷起滔天巨浪，却无法吹走陆地上由于炮击而产生的烟雾和尘埃。凌晨 5 点 15 分，德雷珀·考夫曼用无线电向希尔上将汇报，由于海浪太大，水下爆破队无法在夜间清除"2号白滩"上的地雷。于是，清除地雷的任务便落在了"加利福尼亚号"战列舰的主炮组上。飓风使能见度降到 500 码，舰船和侦察机都无法看清目标，所幸用炮火摧毁地雷对精确度的要求不是很高。

早上 7 点整，美军停止炮击。先由飞机进行一轮空袭，再重新开始炮击。美国海军和炮兵部队的炮火已经完全控制了整座天宁岛。天蒙蒙亮的时候，驻扎在塞班岛的炮兵部队便开始对牛岬的机场、公路和铁路进行炮击。"加利福尼亚号"准备向距离天宁镇数英里的一处日军军火库开火，炮长发现虽然海岸线是不规则的，但用平面位置显示器很容易确定日军的方位。于是，他借助雷达控制系统监测该区域。

载着海军陆战队第 2 师的运输支队出现在天宁镇外海海域，准备进行牵制性登陆。与此同时，海军陆战队第 4 师的士兵们从他们的坦克登陆舰、步兵登陆艇、船坞登陆舰和平底驳船登上水陆两用车，开始在白滩进行真正的登陆。盖茨将军各派一个团分别登陆"1 号白滩"和"2 号白滩"，而且每次只登陆一个营。登陆开始的时间是 7 点 40 分。

哈里·希尔为眼前这幕感到惊讶：只见首批搭载着一个营兵力的水陆两用车分成两组，陆续向海岸驶去。一架架 P-47 战斗机从上空飞过，在沙滩中心上方发出嗡嗡声。"我从没见过以如此少的兵力开始大规模进攻行动。"他说，"我敢向你保证，在那至关重要的半小时里，很多人都双手交叉祈祷。"盖茨将军担心的是，由于塞班岛战役的伤亡人数远远大于补充兵员，所以他的每个团都存在兵员不足的问题。但是，"尼米兹法则"肯定是成立的，即"如果形势对我方不利，至少对敌方也同样不利"。在登陆过程中，海军陆战队第 25 团第 2 营的一些士兵突然唱起歌来："啊，多么美丽的早晨。多么美好的一天。我有种不祥的预感，将有大事发生。"

幸运的是，驻守在天宁岛的日军以为美军会在天宁镇登陆，完全被美军的佯攻部队牵制。海军陆战队一旦在天宁岛北部登陆，日军就要被迫移向，这意味着他们要遭遇灭顶之灾。对于行进中的军队来说，他们没有藏身之处，任何突然袭击都是致命的。在这种压制性火力下，生存下来的可能性似乎微乎其微。所以，当刚刚登陆海滩的美军发现日军在使用自动武器朝他们开火时，他们感到不可思议。美军的"田纳西号"战列舰在东、"加利福尼亚号"战列舰在西、"路易斯维尔号"巡洋舰在正中间，驻守在天宁岛北部的日军根本无法与美军抗衡。最终，在滩头上的登陆部队没有遇到太多抵抗，虽然日军英勇作战，却没有坚持太久。日军的大部队留在了天宁镇后方的悬崖上，等着击退永远不会到来的登陆部队。

"诺曼·斯科特号"驱逐舰上，早上放哨的水手很兴奋，因为他刚收到消息，他们将与这次炮击任务中最训练有素的"科罗拉多号"和"克利夫兰号"并肩作战，为美军佯攻天宁镇提供炮火支援。驱逐舰的水手们总是想亲临战斗现场。"诺曼·斯科特号"在离开塞班岛之后，本来是有很多机会参战的，但是上级命令它护送被鱼雷击中舰体的"马里兰号"战列舰返回埃尼威托克岛。为了完成这次护航任务，"诺曼·斯科特号"已经 10 天没有参与战斗了，这让船员们很失落。现在，这艘以瓜达尔卡纳尔岛战役英雄命名的战舰终于又要重新投入战斗了。

为了掩护位于天宁镇南部的"科罗拉多号"，"诺曼·斯科特号"在距离海滩仅 1 400 码的海面上缓缓游弋。为了阻止日军向南移动，西摩·D.欧文斯制定了主炮射击时间表，并根据该表对日军进行炮击。7 点 30 分刚过，"诺曼·斯科特号"的瞭望员就看到天宁镇后面的一处悬崖底部冒出火光和一团团浓烟。在这之前，还没有任何船舰受到来自岸上的炮火攻击。欧文斯估计，悬崖底下隐藏了 6 ~ 8 门火炮。"科罗拉多号"上负责火力支援的指挥官西奥多·D.鲁多克少将用一副 32 倍望远镜扫视了一遍海岸线，但没有发现任何火炮的迹象。过了好久，这几门英国建造的 6 英寸口径火炮终于现身了。它们从掩体的浓密树叶中转出来，朝美军军舰迅速开火，并且击中了"科罗拉多号"。

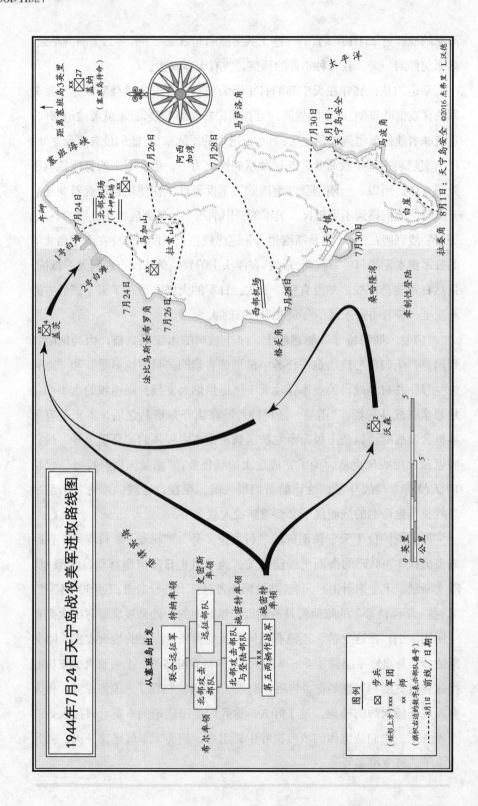

1944年7月24日天宁岛战役美军进攻路线图

"科罗拉多号"中弹的时候，首批水陆两用登陆艇刚刚从它前面经过，它正在向后退为登陆艇让开航道。至于日军炮手击中"科罗拉多号"的次序没有任何记录。能击中这种百年难遇的目标，他们肯定兴高采烈。日军发射的 22 发炮弹全部落在"科罗拉多号"的右舷，它的舷侧板被击穿两次，燃料舱被完全暴露在海面上，总共泄漏了 2.5 万加仑燃油，巨浪涌动的海面上随之出现一大块黑斑。海面上顿时燃起熊熊大火，火焰从船的吃水线上蹿到舰首楼甲板。又一枚炮弹击中舰桥下方，打烂了一门 5 英寸口径大炮，飞溅的弹片穿过舰首的上层建筑。格拉纳特的右耳被弹片割破，他的领航员、通信官和信号官也被炮弹碎片击中。海军军火专家鲁多克上将反被自己的武器所伤，他的脚后跟被炮弹碎片击中。

舰船装配工的机加工车间被弹片垂直击穿，天花板几乎倒塌。炮弹引燃了低层船舱，里面冒出浓烟，水手马上汇报说军火库快要爆炸了。经过一番快速调查，发现此事纯属子虚乌有。刚逃过一劫，舰首楼甲板就被击中。一枚炮弹穿过乘务员洗手间，导致 6 死 4 伤。另一枚炮弹击中舰船的上层建筑，使一个安装间里的 40 毫米口径弹药发出爆炸声，弹药碎片在壁舱、天花板和甲板上四处飞溅并引发大火，造成 3 死 10 伤。另一枚炮弹直接命中舰船上层 20 毫米的厚平台，炮弹碎片导致舰船的烟囱布满窟窿，船上 40 毫米口径大炮的炮座也无法正常运转，造成 9 名船员死亡、30 名船员受伤。还有一枚炮弹在 5 号 40 毫米口径炮台爆炸，摧毁了炮台及其后方信号台，导致炮台和信号台里的船员全部阵亡，并引发电路起火。1 号 5.25 英寸口径防空炮也被一枚炮弹击中，炮体被毁，装满弹药的备用弹药箱被引爆，导致 4 名船员身亡。一名船员在传递炮弹时，炮弹在他怀里爆炸。舰船全新的作战情报中心被炮弹击中，造成 2 人死亡、16 人受伤，由此产生的大火烧毁了船员们的被褥、衣物、航海图和备用救生筏。

幸亏舰上的官兵训练有素，舰体周围 11 处着火点的火势才得到有效控制。如果他们操作有误的话，局面可能会更糟糕。比方说，在登陆行动开始前，如果往船上的燃气管道添加二氧化碳，后果不堪设想。虽然日军发射的炮弹一接触到舰体就爆炸了，但舰体的深层结构未遭损伤。受到攻击后的舰体只是稍微倾斜，并没有沉没，而且只是一些未防护区域的表面被炸开或烧坏。良好的消防措施拯救了不少船员的生命，却无法拯救舰首楼 20 毫米口径防空炮台的船员，也无法让舰体中部救生艇甲板上的海军陆战队员免受炮弹碎片的伤害。"科罗拉多号"上的每门舰炮都配备了 12 名人员，而它的弹药库有 60 多名工作人员。这些工作人员将近半数在袭击中阵亡或受伤。

随军牧师和一些志愿者负责收集和运走尸体和残骸。这项恐怖的任务持续了 10 个小时，在 39 名阵亡船员中，只有 11 人戴着身份识别牌，这妨碍了遗体辨认的速度。若遗体的肢体尚在，就留下他们的遗体指纹，然后用床单裹住遗体，储存在初级船员的舱室里。重伤员则被送到下面的海军陆战师住宿舱，那里也是"科罗拉多号"上面积最大的住宿舱。船上的医疗分队要为缺胳膊少腿和浑身被烧伤的士兵进行治疗，医疗室的空气中弥漫着磺胺粉末和被切除的内脏的气味。受伤人员实在太多，让医疗分队焦头烂额。"如果及时治疗，他们是可以活下来的，"莱昂·舒克说，"但伤员实在是太多了，我们医护人员根本照顾不过来，导致很多人不治身亡。"

日军猛烈且高效的海岸炮火不仅重挫"科罗拉多号"，也让"诺曼·斯科特号"受到了极大的损坏。"诺曼·斯科特号"在半分钟内被击中了六次，其中一枚炮弹击穿了驾驶舱右舷侧的防弹护板，并在舰只的"神经中枢"舰桥里爆炸，造成灾难性损失。医疗和维修分队进入驾驶舱后，惊恐地发现欧文斯舰长和总值日官诺伊斯·大卫·法默尔也在阵亡者之列。

"科罗拉多号"的掌舵室被弹片炸开，但它还能继续战斗。尽管前甲板两座炮塔的四门大炮伤痕累累，但是作为大炮关键部位的膛线和衬管完好无损。格拉纳特指挥炮手将火炮瞄准悬崖下面的日军炮位开火。目睹这场大屠杀的"克利夫兰号"一边用它的主炮朝日军炮位进行速射，一边迅速行驶到其他舰船面前，为它们遮挡炮火。"克利夫兰号"的这一举动让"印第安纳波利斯号"上的卡尔·摩尔惊讶不已。后来他回忆说："它的 12 门 6 英寸口径大炮同时开火，看上去就像失火了一样。"摩尔觉得"克利夫兰号"完全清除了岸上的火炮。舰队的旗舰接替"科罗拉多号"，成为本次行动的火力支援舰。

"诺曼·斯科特号"的指挥权移交到海军中尉威尔·C. 赞帕手里，而赞帕的伤势还在鉴定当中。"诺曼·斯科特号"的转向装置被损坏，只能利用发动机进行转向。赞帕一边指挥舰船领着"克利夫兰号"朝大海方向驶去，一边发出旗语，向其他舰只示意此舰已失去转向装置，且舰身严重着火。"诺曼·斯科特号"上有四门火炮未受损，炮手就地对日军进行还击。"麦克德莫号"驱逐舰追上来，让它的医疗小组上船救治伤者。"克利夫兰号"一边继续进行快速射击，一边突然反向前进，成功摆脱了日军的炮火，然后关闭了引擎。日军的炮台似乎已经被消灭了，炮台周围的熊熊烈火时不时烧到弹药，发出巨大的爆炸声。

待消防员扑灭船上的大火、工程师恢复电力后，赞帕上尉又重新使用引擎动力操控"诺曼·斯科特号"行进。8 点刚过，希尔上将便命令"诺曼·斯科特号"离开该片海域返回塞班岛。载着 19 名阵亡官兵和 27 名重伤员，"诺曼·斯科特号"以最快速度向塞班岛撤退。

作为一名颇有天赋的诗人，赞帕后来不止一次地写到 1944 年 7 月 24 日早上的战况：

> 说起那天的恐怖场景，一切文字都会显得苍白无力，
> 不如让我为你重现那令人痛苦的一幕：
> 数英寸厚的甲板上到处是凝固的鲜血，
> 犹如胶状的草莓酱。
> 一场充斥着爆炸和大火的大屠杀过后，海水散发着刺鼻的恶臭，
> 那气味令人窒息，夹杂着氨水、燃烧的抹布、退潮后的内陆海
> 湾和刚清洗过的远东红点鲑内脏的味道（请用你的嗅觉去想象）。
> 请想象，坚硬的钢铁如雪片般崩裂，落入一堆篝火中。
> 40 毫米口径炮弹在脚下疯狂地爆炸，犹如一场盛大的春节庆典。
> 锅炉里的水蒸气从身边的海里喷涌而出。
> 船舵犹如赌桌上的轮盘肆无忌惮地旋转着，
> 电话突然断了线，屋漏偏逢连夜雨，
> 船缓慢地朝暗礁驶去，无法改变方向。
> 扭曲的钢梁里传来哀嚎声：改变方向。
> 你无能为力，纵然他是你的同舱伙伴。
> 船的那一头，话务员坠入船体参差不齐的狭窄裂口，
> 前额被刺穿，

犹如被搂草机钩住的南瓜，

炮弹呼啸而过，青灰色的船面被炸裂，

犹如苦涩的笑脸。

假如，仅仅是假如，

我拥有一种神奇的力量，

可以在你面前重演这一切，

让你亲历这可怕的现实，

而非苍白无力的符号，

你的内心将感到震撼和触动。

也许你也能体会这背后的疯狂。

但你会吸取教训吗？会变得更理智吗？

我无法改变你、我和所有人与生俱来的自我。

在所有难解之谜面前，

我们总是自以为是。

第二次夺岛战役

　　"诺曼·斯科特号"停靠在塞班岛运输舰区，现场已有一条医疗船待命。医疗人员用担架将伤员抬上医疗船，将阵亡将士遗体转送到岸上的墓地登记处。虽然"科罗拉多号"也伤亡巨大，但它当天仍留在天宁岛外海，用千疮百孔的主炮完成了射击计划。"科罗拉多号"一共伤亡244人，其中39人阵亡、4人失踪、98人受重伤。在没有麻醉药的情况下，重伤员在船上接受了截肢手术，共截下7条腿、1只胳膊。船上有可以短时间麻醉的硫喷妥钠，但医生没有使用这种药物。"科罗拉多号"的医务官后来写道："手术很容易造成休克，似乎只有吗啡才有明显的止痛效果。"鲁多克上将虽然负伤，但他仍然密切注意着海边悬崖的动静。悬崖下的一片密林中隐藏着两座炮台，肉眼几乎看不到它的炮管。鲁多克指挥炮手朝这两座炮台射击。"科罗拉多号"的任务完成了，凯利·特纳命其返回塞班岛。当晚，"科罗拉多号"停靠在塞班岛，将阵亡者遗体送走之后，船员们便开始清扫工作。"船员们将遗留在船上的一些残肢断臂铲到桶里，再倒进大海。"清洗救生艇甲板是件让人觉得很难受的事情。"我们被炮弹击中，然后向敌人还击，同时看到了残缺的尸体和受伤的战友。在这混乱的局面下，大家既没有表现出歇斯底里和发狂的迹象，也没有相互乱吼乱叫。现在回想起来，这的确很有意义。"这名医务官写道。

美军对天宁岛白滩的突袭没有遭遇日军太多阻挠，这要得益于第 6 水下爆破队、运送海军陆战队第 2 师的运输分队和火力支援舰只的出色表现。海军陆战队第 4 师搭乘水陆两用登陆车在天宁岛北部上岸，在接下来的几个小时里，日军甚至都没有发现美军已经登陆了。发现美军已经顺利登陆后，绪方敬志大佐从他率领的第 50 连队抽调了一个大队的兵力驻守在天宁镇附近。战役开始的时候，驻守在天宁岛的日本士兵多达 8 000 余人，包括第 135 连队的一支大队。美军登陆时，日军正在岛上进行演习。海军中将角田觉治率领的空军在"马里亚纳射火鸡大赛"后元气大伤，所以他将天宁岛的防御指挥权交给了下属绪方敬志大佐。

上午 10 点左右，海军陆战队第 24 团和第 25 团全部在天宁岛北部滩头登陆。负责运送这两个团的两栖登陆车还搭载着铰接式坡道，它们由用多余的工字钢、木材和管材临时搭建而成。士兵们要把坡道立在海滩后面的峭壁上，然后再下来。由海军陆战队员将最后一段坡道固定在崖顶。虽然这条坡道有点陡，但两栖登陆车司机完全可以沿着它将车开上崖顶，迅速进入内陆。

美军的战舰、炮兵部队和空军遇到了大量目标。中午之前，海军陆战队的先头突击连队即将抵达牛岬机场的最西端。突然，前方传来一声惊天动地的巨响。在南面大约一英里处，一股棕色烟雾升向空中，带状的白磷呈弧形朝四面八方散去。爆炸所造成的冲击波向外扩散，站在"宾夕法尼亚号"战列舰上也能看到，其强大的冲击力足以让船舰晃动，所以"宾夕法尼亚号"的船员只能避开它。后来，高达 7 000 英尺的巨大棕色烟柱在美军炮兵当中成为美谈，因为它代表着美军炮兵部队精湛的射击。引发爆炸的炮弹来自一支榴弹炮部队，这是他们第一次隔着海峡攻打目标，他们成功地用一枚 75 毫米口径炮弹击中日军一处地下军火库的通风入口。后来，爆炸所产生的大火足足燃烧了两天。

在近乎绝望的局面下，绪方敬志只能冒着来自塞班岛和海上军舰的炮火挥师北上。这也正是美军选择天宁岛北部作为登陆点的明智之处。天宁岛地势平坦，大部队毫无藏身之处。鲁多克和他的火力支援舰收紧了包围圈。教科书上提到的压制火力、狙击火力和破坏性火力现在都变得耳熟能详，并且取得了良好的实践效果，美军采用这些方法阻止日军部队和车辆的移动，分散他们的注意力。在天宁镇外海，三艘巡洋舰接替离开的"科罗拉多号"。在首批登陆天宁的海军陆战队炮兵部队的协助下，"印第安纳波利斯号""新奥尔良号"和"克利夫兰号"炸毁了所有离开天宁镇的道路。为了掩护海军陆战队朝一座距离法比乌斯圣希罗角约三英里的山岭进发，"加利福尼亚号"整夜都在有节奏地用炮火骚扰日军。由于担心被友军误伤，美军的地面部队指挥官只得拒绝了海军舰队一些绝佳的开炮机会。而天宁岛平坦的地形也让炮手指挥官们感到沮丧，因为他们最喜欢位于悬崖上的垂直目标。不过，正因为天宁岛的地势过于平坦、无所遮挡，所以日军连队在移动的时候很难逃过美国海军的"火眼金睛"。

傍晚，海军陆战队炮兵部队4个营的兵力和48辆坦克登陆成功。海军陆战队第8团第1营的连队先在天宁岛南部佯装登陆，随后在北部登陆成功。当他们与炮兵部队会合时，炮兵们跟他们开了个善意的玩笑，叫他们躲在炮兵后面前进。刚参加完塞班岛战役的海军陆战队老兵们疲惫不堪，可当盖茨将军在一艘漂浮在海面上的坦克登陆舰上宣布美军首日进攻的伤亡人数时，他们顿时笑容满面。当天有15名美军士兵阵亡，255人负伤，死者大多数来自两辆水陆两用登陆车，它们在"2号白滩"外海撞上了水雷。在当天的登陆行动中，海军陆战队展现出了惊人的效率。

首个登陆日的深夜，小股日军数次冲击海军陆战队第24团的防线，他们用手雷和大炮轰炸美军滩头阵地。战地记者弗莱彻·普拉特后来提到，驻扎在牛岬机场的日本海军和空军试图利用拉索山外侧的斜坡进入美军后方，"但他们就像是细浪冲击岩石，因为他们的攻击对象是一条固若金汤的防线"。或许用雨水冲击岩石来比喻日军的冲击更为恰当，因为在登陆后的第三天，大雨下个不停。

在首个登陆日的深夜，海军陆战队第2师的第2团和第8团向前推进了一英里左右。他们与第4师互相配合，负责防线左翼的防御工作。这两个师占据了天宁岛的整个北部区域。他们的行进速度很快，昼行夜伏，白天节省体力，晚上则挖战壕。海军陆战队第 2 师第 10 炮兵团的罗伯特·L. 乔治说："我们从北往南行进的速度非常快。路上，一小撮日军士兵组成敢死队跟踪我们。他们经常在夜间出动骚扰我们，妄图抢我们的食物和弹药。"

每当日军的主力部队试图移动，就会受到美军的火力拦截，这让他们叫苦不迭。日军在行军过程中元气大伤，但是他们别无选择，只能在天黑后尽量向北渗透，同时在半夜发起自杀式冲锋。从天宁镇出发后，他们主要在夜里行军。第二天凌晨，在六辆坦克和几门野战炮的掩护下，几千名日军士兵向滩头发起冲锋，一整夜激烈的肉搏战就此拉开序幕。到了白天，海滩上躺着 1 200 多具尸体。据估计，日军此战的伤亡总人数达 2 000 多人，几乎占天宁岛日军总数的四分之一。

第二天，冒雨行军的海军陆战队第 2 师被淋成了落汤鸡，队员们晚上便睡在全是雨水的狭长的散兵坑里。也是从那时起，他们在行进途中只遇到小股日军的零星抵抗。

"部队向南移动时，"哈里·希尔说，"他们路过很多炮台和防御阵地，它们的建造方式决定了它们只能用来抵抗来自南方的进攻。随着海军陆战队从北方杀过来，日军不得不放弃这些炮台和阵地，不战自退。"在一些开阔地域，日军常用机关枪突袭海军陆战队，海军陆战队员只能不停地应付这些袭击。但对身经百战的海军陆战队员们来说，日军的这些抵抗简直是以卵击石。

一个多月以来，驻守天宁岛的日军目睹了海峡对面塞班岛的惨烈战况。角田中将的飞行员从牛岬机场突然消失，这是意味着美军第 58 特混舰队已经对日本的空军力量造成了致命打击。驻岛日军每天收到的消息越来越清晰地表明：日本海军是不会来救他们的。如果海军不来支援，更不用指望陆军来救他们。

斯普鲁恩斯不明白日军为何拼死抵抗。在写给女儿的信中，斯普鲁恩斯说他无法透过重重浓烟、雾霭和风暴看清天宁岛的海滩。他承认，他对日本人的理解同样也是雾里看花。他说："有时候我很好奇，这些日本鬼子知道自己是在等着被我们消灭的时候，他们心里会作何感想。"

7 月 26 日早上，塞班岛外海，斯普鲁恩斯在"科罗拉多号"上参加了阵亡将士葬礼。两天后，他拜访了"诺曼·斯科特号"并参加了同样隆重的葬礼。"诺曼·斯科特号"很快就要起航，取道埃尼威托克岛和珍珠港前往马雷岛。第58特混舰队的最后一支主力"埃塞克斯号"航母群也在部队成功登陆后的第二天离开天宁岛，前往关岛支援登陆行动。现在，对天宁岛的空中支援重任落在美国陆军的肩上。B-25"米切尔"中型轰炸机中队和数艘护航航母抵达天宁岛，在它们的支援下，第318战斗机大队为海军陆战队保驾护航，协助他们扩大美军在天宁岛和关岛的控制范围，并继续清除塞班岛的残敌。

同一天早上，在关岛的盖格将军对奥罗特半岛发起攻击。海军陆战队第1后备旅充当此次作战行动的尖刀部队。天亮后，美军的七个炮兵营、海军和轰炸机先对奥罗特半岛的日军进行狂轰滥炸，然后，第1后备旅的两个团发起猛攻。在海陆空的全方位支援下，海军陆战队第4团和第22团与躲在碉堡和地下掩体中的日军发生了正面交锋，这些工事都是小幡将军为了镇守关岛的战略要害而建造的。

海军陆战队需要四天时间才能抵达简易机场。即便到了这个时候，长达一英里的简易机场仍然是最艰苦的战场之一。机场守军用轻武器和迫击炮顽强抵抗，大部分人宁愿战死在碉堡和地下掩体中也不愿投降。

7月26日早上，美军和日军进行了长达五个小时的交火。最终，谢泼德将军率领的海军陆战队第1后备旅占领了奥罗特机场，他们沿着林间小路推进到海边。在四天的时间里，这两个加强团击毙了2 000 ~ 3 000名日军。攻下奥罗特半岛后，他们不仅获得了具有战略价值的机场，还占领了阿普拉港。海军陆战队在装甲车的掩护下清除了日军狙击手。美军的飞机也开始陆续在奥特罗机场降落。

随着关岛战役的首周临近尾声，罗斯福总统抵达夏威夷，与海军上将尼米兹和麦克阿瑟将军会面。尼米兹和欧内斯特·金曾邀请麦克阿瑟参加7月16 - 29日的闭门会议，但麦克阿瑟拒绝了，这让尼米兹心有不悦。最终，麦克阿瑟还是参加了闭门会议，但开会的时候他迟到了。麦克阿瑟穿着一件皮夹克，没有带任何笔记本、地图或参谋，这副傲慢态度也让尼米兹感到不快。当马歇尔命令麦克阿瑟前往夏威夷时，身为南太平洋战区盟军司令的麦克阿瑟辩称没人告诉他将与何人见面。欧内斯特·金发现，无论他自己还是马歇尔将军和阿诺德将军，都不在受邀者之列，所以他推测罗斯福总统的此次夏威夷之行带有政治目的。民主党全国代表大会刚在芝加哥结束，罗斯福被提名为总统候选人，这也将是他的第四届任期。因此，欧内斯特·金认为罗斯福想通过与两位战区最高司令官直接会面的方式让外界看到他对战争的把控能力。或许这也是罗斯福想在欧内斯特·金面前占上风的伎俩，因为罗斯福对金的"三军统帅"头衔大伤脑筋。罗斯福曾让参谋长莱希告知金，他希望金不要再使用这一头衔。金对莱希说，如果上级命令他这样做，他肯定会奉命照办。然而，罗斯福并没有下达命令，金也继续使用"三军统帅"这一头衔。现在，太平洋战区的两位最高领导人来到瓦胡岛的地标钻石山，他们要参加一场由真正的三军统帅召开的闭门会议。会议上还有一件重要的事情有待解决，那就是决定太平洋战场的方向和下一阶段的走势。

丰富的资源带来多重选择。自 1942 年被日军赶出菲律宾后，麦克阿瑟就决心重返菲律宾。他认为这是一种道义上的责任。麦克阿瑟对罗斯福说，他曾向公众发誓，要把 1 800 万信仰基督教的菲律宾人从残忍的日本占领军手里解救出来。他问罗斯福，如果他违背了这一誓言，罗斯福能否承担背信弃义的责任？随后，他提出自己的计划：先夺取莱特岛，然后攻打吕宋岛。尼米兹向罗斯福大致描述了欧内斯特·金拟定的方案：绕道菲律宾群岛，直取中国台湾。

麦克阿瑟和尼米兹都雄心勃勃，互不相让，这也是对罗斯福的政治智慧和美国的工业制造能力的考验。后来，莱希在参谋长联席会议上说："尼米兹和麦克阿瑟称，他们眼下并无不和，他们会共同拟定一个联合作战计划。"随后，罗斯福写信给麦克阿瑟，称麦克阿瑟的计划"气势磅礴"，同时祝贺他在此前的战役中取得胜利。罗斯福在信中说："你克服了恶劣的天气和某些衣冠禽兽制造的重重困难，出色地完成了任务。回国后，我会督促国会批准你的计划，因为我相信你的计划是合理可行的。"罗斯福在信中把日本人称为"衣冠禽兽"，不久之后，他会再次用到这个比喻。

Beyond All Boundaries
☆☆☆

第27章

困兽犹斗

两月攻陷三岛

在马里亚纳群岛，太平洋舰队的高空气象学家发现在距离马里亚纳群岛几百英里的地方，一场风暴正在形成，这让他们颇为惊讶。风暴从东向北移动，海面上巨浪涌动。关岛西面的港口有暗礁保护，没有受到风暴影响。没有天然屏障的天宁岛则受到了较大的影响。滔天巨浪推动岸边的一艘坦克登陆舰使其突然横转，舰上的24辆卡车坠入海里，随后登陆舰在岸上搁浅，这让船上等待撤离的伤员很痛苦。一艘救援拖船想把登陆舰拖上岸，但失败了。登陆舰的船员只好将一只船锚抛到岸边，防止船漂离暗礁而沉没。当晚，"1号白滩"的海上堤道缆绳被海浪扯断，堤道被冲上海滩。"2号白滩"的码头支柱也被海浪冲断，堆积在珊瑚礁上。这些设施至关重要，特纳命人将这些残存设施拖到天宁镇重新组装。哈里·希尔取消了用船只进行登陆的作战计划，并命令他的运输分队和大部分小型船只前往埃尼威托克岛。由于海上运输基本中断，只能借助能驾驭巨浪的水陆两用运输车运送弹药。一支C-47运输机中队负责提供短程穿梭服务，从塞班岛飞过来投放应急物资和转移伤员。

天宁岛上，美国海军陆战队第2师和第4师分别从左右两翼冒着连绵阴雨继续火速向南推进。7 月 30 日下午,海军陆战队第 24 团占领了天宁镇,途中遇到一小股日军的抵抗,但绪方大佐原本打算用作抗敌大本营的天宁镇基本上已被日军遗弃。海军陆战队估计绪方会让他的部队驻守在天宁镇南部作最后一搏。虽然天宁镇周围都是山区,但岛屿南端的悬崖更适合防御,悬崖附近是三座海拔 500 多英尺的山丘, 是一个位置极好的天然军事要塞。

第二天, 希尔召集“田纳西号”“加利福尼亚号”“路易斯维尔号”“蒙彼利埃号”和“伯明翰号”用烈性炸药炸毁木桥和高地,为地面进攻做准备。这几艘军舰用 600 多吨炸药对日军阵地发起狂轰滥炸,直到空中侦察机看不清岛上的状况才停止炮击。翌日清晨, 也就是 8 月 1 日, 海军陆战队第 23 和第 24 团在坦克的掩护下发起最后攻击,他们从西面冲向陡峭的悬崖。同时, 海军陆战队第 2 师的两个团由北向南发起进攻。他们先清除了一个雷区,占领了悬崖底下的几处机枪位,然后将重型武器留在身后,迅速攻到崖顶。就像在塞班岛一样,他们的战术都是朗森制定的。在这次进攻中, 他们随意使用液体燃烧弹。

行进途中, 海军陆战队第 6 团的一个营向路易斯·R. 琼斯上校所在指挥部移交了一位会说英语的日本侨民及其妻子。这位侨民曾在天宁岛炼糖厂当过主管。琼斯从这对夫妻那里打听到天宁岛的日本侨民都被灌输了反美思想,他们对美军的恐惧与塞班岛的日本侨民一样强烈。居住在天宁岛的日本人又开始准备自杀。美军给这位日本侨民一个扩音器,让他坐在吉普车上, 在几辆坦克和半履带式装甲车的护送下,向数百名藏在悬崖山洞里的难民喊话。

这位炼糖厂主管告诉难民们,战斗已经结束,美国人是值得信任的,他们会给难民提供食物、水和医疗服务。他的妻子也发出了类似呼吁,她向难民们保证说美国人不会伤害他们。一些平民慢慢走出山洞,站在距离吉普车几百码远的平原上观望着。有些人开始朝美军走去,人群变得骚动起来。日军士兵想阻止他们投降。一名士兵跑到悬崖边跳了下去,其他士兵纷纷效仿。还有一些士兵拉响手雷自杀,悬崖边的山洞里冒起阵阵灰色的浓烟。

最后, 从高原西面斜坡的山洞里走出 40 余人。当这群人走近琼斯所乘坐的吉普车的射击范围时,琼斯发现他们都提着袋子,他以为里面装的是私人物品。这些平民们来回挥动旗子，似乎想表达什么。随着距离拉近，他发现这群人被一条长长的绳子绑在一起。突然，他们被炸离地面，原来他们袋子里装的是炸药包。海军陆战队第 23 团罗伯特·格拉夫所在的连队也目睹了这恐怖的一幕。巨大的爆炸似乎让那些原本摇摆不定的平民下定决心，数百人朝美军阵地走去。接下来一周多的时间里，1.3 万名日本平民被送到美军看护所，逃脱了被所谓的"保护者"屠杀的厄运。

随着天宁岛这场既疯狂又令人难过的自杀悲剧的落幕，日军有组织的抵抗活动也告一段落。这些天，日军士兵几乎无人理会劝降广播，他们迫不及待地想成为光荣战死的士兵。日本士兵们把榴弹炮拉到山洞口，点燃延时引信，炮弹落到崖底的岩石上炸开。海军陆战队的工程兵则将 TNT 炸药绑在绳上，扔进洞口。

一些日本妇女和孩子刚从一处山洞里走出来，就被日军士兵击毙了。目睹这一幕的海军陆战队第 10 团的机枪手查尔斯·培斯忍无可忍，他说："说真的，我们毫不怜悯山洞里的那些日本鬼子。尤其是看到刚才的那一幕，我们再也不会同情这些混蛋。我相信目睹这件事的人在未来很长一段时间都不会忘记这一幕。"

8 月 1 日晚上 7 点前，施密特将军宣布天宁岛已经安全。但是，肃清残敌与进攻一样危机四伏。8 月 2 日早上，一小股藏匿在崖顶山洞里的日军突袭海军陆战队第 6 团第 3 营指挥部。这股日军大约有一个连的兵力。像往常一样，双方实力悬殊，战况激烈但持续时间很短。战斗结束后，第 6 团第 3 营指挥部附近躺着 100 多具日军尸体。此次突袭美军伤亡很小，第 3 营营长约翰·W. 伊斯利上校在战斗中牺牲。伊斯利生前体格健壮，他在塞班岛战役的首日战斗中受过伤，这次是因为心脏上方遭受致命一击而阵亡。

掌管天宁岛陆基航空队的日军海军中将角田觉治也在同一天消失。据说，身为日军第一航空舰队司令的角田觉治尝试过乘救生艇离开天宁岛，然后在日军潜艇的接应下撤离。这一计划被美军挫败后，他和参谋从天宁岛东岸的岩缝中逃脱，不知去向。接替角田觉治职务的海军中将大西泷治郎在当天抵达马尼拉，重新对部队下达了命令。大西泷治郎对一名属下说："只有一个办法可以让我们微弱的兵力得到充分利用。"他提议采用一种新战术，即"敢死冲撞攻击"。这些所谓的"神风特攻队"源自马里亚纳海战中日本战斗机的自杀式袭击，也是日军在马里亚纳海战溃败所造成的消极影响之一。

卡尔·摩尔与凯利·特纳、哈里·希尔一起参加了在天宁岛举行的升旗仪式。随后，他们乘坐吉普车参观整个岛屿。他们视察了将"科罗拉多号"和"诺曼·斯科特号"打得措手不及的岸炮残骸。在距离海岸较远的一片缅栀花中，有一处更陈旧的废墟。那是两根长满苔藓的巨石柱，每根石柱的直径约为 4 英尺，高 15 ～ 20 英尺，被一块碗状的巨石压着。摩尔觉得这些巨石柱与复活节岛巨石阵相似，也许是一个消失的种族所留下的遗迹。他说："没人知道它们是什么东西，也没有人知道它们为什么会出现在这座查莫罗族居住的小岛上。"按照当地传说，查莫罗族有一位名叫塔加的酋长，他的孩子都拥有不朽的灵魂，而这些灵魂都被困在这两根石柱之中。由于灵魂被尘封，只有推倒这两根石柱，他们的灵魂才能升天。以前，村里一共有六根石柱，呈平行排列，被用作一个大型地窖的地基。如今，在这片名为"塔加屋"的考古学遗址上，只有两根石柱保存了下来。其中一根柱子很高，但已遭损坏。另一根柱子在美军的轰炸中倒了下来。经过战争的洗劫，天宁岛的史前遗迹和土著人的先祖之灵似乎都从地球上消失了。

经过战火重创之后，这些岛屿百废待兴。为了确定后续大规模卸货的准备工作，德雷珀·考夫曼特地考察了天宁镇港口。随后，他飞回珍珠港，参与制订乌利西环礁、贝里琉岛和莱特岛登陆计划，这是进攻菲律宾群岛的第一步。凯利·特纳告诉他，水下爆破队的所有军官都会得到"银星"勋章，士兵则会得到"铜星"勋章。考夫曼提出抗议，称这种按军阶行赏的方式是一种歧视行为，但他的抗议无济于事。在薪水问题上，考夫曼是比较幸运的。有一天，一位将军抵达珍珠港，他告诉考夫曼，上级同意给考夫曼手下的所有队员支付危险任务薪水。考夫曼认为这种奖励可能会适得其反，为了不走漏消息，他一直低调行事，他担心过高的奖励会让官兵自我膨胀，从而影响军事行动。考夫曼提出让官兵投票决定是否接受这笔薪水，将军同意了他的要求。结果，他率领的第 5 和第 7 水下爆破队的士兵一致认为："只有在海军陆战队所有步兵都获得危险任务薪水的情况下，我们才接受这笔钱。"

"这是大家的意见？"那位将军问道。

"是的，长官。"考夫曼说。

"好吧，我要先让霍兰德·史密斯将军看一下这份表决结果。"

"我们是一个无畏的团队，"第5水下爆破队的鲍勃·马歇尔说，"这点毫无疑问。在登陆部队中，比我们英勇的人比比皆是。塞班岛战役早期，我和登陆指挥官眼睁睁地看着海军陆战队员们在登陆过程中阵亡。他们每个人都应该获得一枚国会荣誉勋章。"

水手们喜欢收集战利品，很多海军陆战队员便利用这种心理赚钱。水手们很容易被一些假冒战利品所欺骗。海军陆战队员用金属剪将自己的野战炊具剪碎，然后把它们当作坠落的敌机部件出售。他们还把旧降落伞剪碎，缝成日军军旗的样式，用碘酒和番茄酱画旭日旗，再从日军那里缴获的色情杂志上抄几笔日式汉字。总之水手的钱很容易挣，但为了确保利润，他们并没有让大量假货涌入市场。"我们很擅长做买卖。"罗伯特·格拉夫说。

关岛战役临近尾声，岛上的日本守军再次上演恐怖的自杀场景，这是日军在马里亚纳群岛攻防战中第三次表演集体自杀了。8月初，斯普鲁恩斯一直在观察盖格的部队是如何打击困兽犹斗的日本守军的。关岛北部的战事最为激烈。当"印第安纳波利斯号"驶入阿普拉港时，斯普鲁恩斯站在驾驶桥的楼翼台上，居高临下地观赏岸上的战斗。随后，他乘小船上岸。在给玛格丽特的信中，他这样描述当时的情形："在泥浆和漫天灰尘中，我们沿着己方控制区行进了一整天。我们刚刚拿下前进方向左边靠近阿加尼亚的山丘，那里到处都是日军士兵尸体。除了战俘，我还没看到一个活着的日本鬼子。他们善于隐蔽。大约一万名日本鬼子转移到了关岛北部，这样我们更容易围捕他们了。至于他们会做出怎样的抵抗还有待观察。"日本守军在关岛北部圣罗莎山的山腰上进行最后的有组织抵抗。盖格的部队虽然受到了丛林的阻碍，但在空中火力的支援下，他们彻底击败了日军。

此时，留守太平洋战场的"埃塞克斯号""贝劳伍德号"和"兰利号"三艘航母上的飞行员早已疲惫不堪，士气低落。在大卫·麦坎贝尔率领的第15战斗机中队的报告中也提及了这项工作的疲倦程度。如果日军藏匿在树林和峡谷中，不露出任何蛛丝马迹，那么战斗机飞行员很难从空中判断自己是否成功击中目标。麦坎贝尔认为，新上岗飞行员的表现远不能令人满意。他写了一份言辞尖锐的评价报告，揶揄一位飞行员是"菜鸟新手"，因为此人在攻击日军飞机的时候忘记给机枪上子弹。他还指责另一名飞行员"心不在焉"，因为这位仁兄在执行任务时发现燃油不足，要求紧急迫降，却忘记了副油箱满载燃油。还有一位飞行员"在起飞点等候指令的时候，他的飞机撞到了后面的飞机，导致三架战斗机的驾驶舱瘫痪，使战斗机中队的进攻力量受损"，麦坎贝尔讥讽这位飞行员是"瞌睡哥"。在报告中，麦坎贝尔还详细描述了一些"仅凭一腔热情蛮干"的飞行员：

> 这种飞行员不在少数。他们有着强烈的杀敌之心，却不善于思考。比如说，他们还没打开弹舱就开始投弹，或者想投炸弹的时候打开了鱼雷开关，或者发现自己忘记装导弹。又或者，他们想按下导弹开关，却错按成机枪射击开关（这两个开关相距 20 多英寸）。还有一次，几架飞机以编队飞临集合点，其中一架飞机打开弹舱，检查弹舱是否有故障，结果投下了三枚集束燃烧弹，导致身后的一架友军战斗机陷入它制造的交叉火力网当中。

"也许有人会说：'那赶紧训练他们啊！'"麦坎贝尔继续写道，"没错，这是个好主意。遗憾的是，这支战斗机中队已有四分之一的飞行员牺牲，他们需要新手来承担重任。至于巡航战斗机和反潜巡逻机飞行员，在没有遇到敌机的情况下，他们可以像训练有素的飞行员那样'窥探'和'盯梢'敌人，但他们还不懂得如何进行射击、俯冲轰炸、编队飞行、夜间集结等操作。"换句话说，无论一名战斗机飞行员取得过多少富有传奇色彩的胜利，训练和经验依旧是必不可少的功课。但即便是大卫·麦坎贝尔这样的传奇飞行员，也需要休息。

在美国海军陆战队位于关岛的旧营房废墟上，斯普鲁恩斯参加了占领奥罗特半岛的庆祝仪式。在美军的守备部队登上天宁岛这片已被占领的土地时，海军陆战队第 3 师还在天宁岛北部肃清残敌。在满足日军决一死战的同时，他们也付出了很大的代价。盖格的部队还在继续追击日军，斯普鲁恩斯在荷枪实弹的士兵的陪同下视察了这片杂草丛生的战场。"从阿加尼亚往北走，先是看到一些分布着小型农场和椰子树的开阔区域。渐渐地，茂密的热带植物映入眼帘。如果不砍掉杂草或铲平道路，就无法进入那些林子。"他在给玛格丽特的信中写道，"我们的部队沿着为数不多的道路向日本鬼子逼近，若遭遇日军主力或从空中发现他们，我们的空军和海军炮火便对他们进行狂轰滥炸。至于要多久才能彻底消灭这些躲藏在丛林和崖洞中的日军残敌，我也不知道。"

虽然平定关岛的工作仍在进行中，但在 8 月 10 日，美军宣布日军的抵抗已经结束。关岛又重新回到美国手里，并将发挥其作为西太平洋战略枢纽的潜能。在接下来的一个月里，将近 5 000 名日军被美军从峡谷和山洞里赶出来，他们只有少数人投降，大部分人选择战斗到底。经过 22 天的战斗，尽管美军在关岛的伤亡人数不及塞班岛的一半，但数量仍超过 7 000 人，其中 1 500 人在战斗中阵亡或失踪。在关岛战役中，美国陆军与海军陆战队同心协力，相互尊重，与塞班岛上的相互抨击形成鲜明对比，这要归功于盖格和他手下的师长。

8 月 15 日，凯利·特纳所指挥的两栖部队第 51 特遣舰队解散，特纳本人被调往第五舰队，由尼米兹直接指挥。海军少将康诺利也被解职，几天后，他前往珍珠港参与制订向西推进的登陆计划。在他们所率领的六个两栖师中，大部分兵力都投入马里亚纳群岛战役。海军舰炮共发射了 2.7 万吨炮弹支援其军事行动，其中战列舰发射 1.6 万多发炮弹，巡洋舰发射 4.3 万发炮弹，而舰上 5 英寸口径炮台发射了将近 50 万发炮弹。现在，马里亚纳群岛需要的是重建而不是破坏。斯普鲁恩斯在前线一直停留到 8 月 23 日，协助建设马里亚纳群岛的军事基地和港口。工作结束后，他登上"印第安纳波利斯号"返回珍珠港。

亨利·阿诺德和他称霸全球的战略空军要将塞班岛、关岛和天宁岛作为波音、贝尔、马丁等公司生产的 B-29 轰炸机群的栖身之地。在米拉德·F. 哈蒙中将的全面指挥下，前线指挥官、航空工程师和海军工程营的人员将与各岛驻军指挥官协作，根据约翰·H. 胡佛少将的指令彻底改造这些岛屿。那年秋天，驻守在塞班岛的士兵和航空骨干多达 6.5 万人。埃斯利机场为战斗机预留了长达 6 000 英尺的停机区，还为 B-29 轰炸机预留了一条 8 500 英尺的跑道和 120 多个停机坪。在日军此前建好的航空燃油库基础上，美军又增加了四个 5 000 加仑装航空燃油箱。塔腊潘港收到以角铁连接的浮筒式码头。在天宁岛，美军打算在岛屿北部的广阔平原修建六条专供B-29轰炸机使用的停机带，为此，他们开始进行采石作业，以扩大机场容量。尼米兹决定将他的指挥部从瓦胡岛搬到关岛，尽管这一决定推迟了关岛空军基地的建设速度，但在接下来这几个月里，关岛将建成五个机场。其中，一个机场在奥罗特半岛，两个建在阿加尼亚附近，还有两个建在北部的石灰岩高原。在天宁岛北部，虽然日军不断制造麻烦，但美军整修地面的工作依然按计划持续进行。体形庞大的 D8 推土机两两一组，在步兵和半履带式装甲车的护卫下铲掉下层灌木丛。为了安全起见，推土机的驾驶室安装了防护板，并且配备了冲锋枪，每天日夜不休地进行着道路施工。

在短短两个月内，这三个岛便被美军占领，这对舰队来说是一种空前的壮举。第 58 特混舰队会经过埃尼威托克岛或塞班岛补充供给，这样它就能够在海上持续作战。第 58 特混舰队出动了 2.1 万架次以上飞机（几乎有一半是"地狱猫"战斗机），消灭了大约 1 300 架敌机。其中，在空战中击落 909 架敌机，在航母上击毁 51 架，在机场击毁 276 架。斯普鲁恩斯认为这个数据刷新了又一个纪录。美军舰载机投下了将近 7 000 吨炸弹，损失飞机数量为 334 架，其中有 54 架飞机在空战中被日军击落，150 架被防空炮台击落，7 架被友军炮火所伤，还有 19 架由于不明原因坠落，剩余 111 架飞机则是在战斗中因发生紧急情况而坠毁，其中有 73 架在 6 月 20 日因燃油耗尽而坠毁在甲板上。

海军上将哈尔西已经解除了斯普鲁恩斯对舰队的作战指挥权，他准备向下一条战线进发，借助航母对加罗林群岛、帕劳群岛和菲律宾群岛实施一系列突袭。哈尔西与斯普鲁恩斯将让太平洋舰队掌握并保持主动权，在必要情况下维持快速作战节奏。舰队的番号因更换指挥官而产生变更，这极大地迷惑了日军和美国一些新闻工作者。美国《新闻周刊》（Newsweek）的编辑们赞叹道：第三舰队"可能与海军中将雷蒙德·斯普鲁恩斯率领的第五舰队规模一样大"。无论如何估计，这支舰队在马里亚纳群岛战役中已经初露峥嵘。

由于大部分进攻部队需要登船奔赴后方，守备部队便抵达马里亚纳群岛接替进攻部队。这些老兵带着丰富的抗敌经验返回夏威夷。在卡霍奥拉韦岛，海军陆战队炮兵团团长唐纳德·韦勒与考夫曼上将一起修改火力支援教程。各军舰舰长将通过在学校里的表现来获得作战机会。若考试不及格，他们梦寐以求的被派往舰队参与作战的机会就会延迟，而且他们的个人记录中会留下污点。"驱逐舰舰长的成绩总是比巡洋舰舰长好，而巡洋舰舰长的成绩又常常优于战列舰舰长，"韦勒指出，"原因很简单，驱逐舰舰长把这视为一项任务。"当卡霍奥拉韦岛的岸基射击指挥组判定一艘"在岸上训练过程中名声大噪的"巡洋舰考试不及格时，这艘巡洋舰的舰长提出了抗议，但考夫曼上将维持原判，他自始至终都支持韦勒和他的海军陆战队。

尼米兹、斯普鲁恩斯、特纳以及他们手下的高级地面指挥官们荣誉等身，虽然他们挨个告别了太平洋战场，但这难以掩盖一个可怕的现实：马里亚纳群岛及帕劳战事结束后，日本人想完全献身于战争。虽然美军以巧妙的方式夺取了天宁岛，人员伤亡数较低（美军阵亡 290 人，受伤约 1 500 人；日军阵亡 5 524 人，404 人被俘），但在战役最后阶段所发生的骇人一幕与一个月前在塞班岛发生的自杀事件如出一辙，这更加验证了美军的担忧。要想打败这个崇尚死亡的民族，大规模的流血冲突在所难免。正如尼米兹所写："在面对我军进攻时，日军表现得非常勇猛和坚韧。他们会做一些无谓的抵抗，显得冷酷无情。他们不停地向我军战线渗透，躲在山洞里负隅顽抗，从不轻言失败。"尼米兹这番话让美军高层为之惊讶。

"没落行动"，剑指日本本土

1944 年 9 月，富兰克林·罗斯福总统与温斯顿·丘吉尔、联合参谋长委员会在魁北克市举行了一系列战略会议。9 月 13 日，在一场代号"八边形"的会议上，罗斯福总统称"日本人非常顽强，而且已经到了近乎狂热的地步。在塞班岛上，不仅军人，就连平民也宁死不降"。毫无疑问，欧内斯特·金上将已经向罗斯福总统描述了那恐怖的一幕。在 7 月与尼米兹和斯普鲁恩斯前往塞班岛视察途中，金上将曾在檀香山做了短暂停留，与在中太平洋战役中负伤的士兵进行过简单的交谈。

1944 年 7 月底，罗斯福总统也访问了夏威夷。当尼米兹和麦克阿瑟见到罗斯福的时候，不禁为他的身体状况感到不安。到了 9 月，罗斯福的身体并没有好转。亨利·阿诺德曾提到过，在魁北克见到罗斯福后，"我觉得总统身体不太正常。他似乎没有往日的活力或专注力，也不像平时那样妙语连珠，看上去总是若有所思的样子，闭目养神的次数也比平时多。"亨利·阿诺德不知道的是，罗斯福虽然闭着眼睛，心里却在思考另一件事情：为什么战场上的日军崇尚自杀？为什么平民会效仿日军的做法？

　　会后，美英共同发表了一份公告，对这些问题的思考结果也反映在了这份引人注目的公告中。一份关于该问题结论的完整报告被送到罗斯福和丘吉尔那里，约瑟夫·斯大林也收到了报告摘要。媒体也发布了此次会议的联合公报。此前，这个由盟军领导人组成的庄严机构从未用普通专有名词以外的词语描述过他们的敌人。然而，9 月 16 日发布的这份公报采用了另外一种语调："会议有两大议题，一是结束已临近尾声的欧洲战事，二是彻底消灭入侵太平洋岛国的野蛮人。他们在短时间内对所有议题达成决议。"

　　"入侵太平洋岛国的野蛮人"，在这之后的很长一段时间内，这种措辞常常见诸报端，成为美国各地民众茶余饭后的谈资。自"巴丹死亡行军"后，日军就因其残酷无情而臭名昭著。现在，随着盟军最高统帅发出宣言，仿佛每一名在马里亚纳群岛目睹了一切的步兵、前线观察员和少尉都站在了指挥系统最顶端，他们发出各种各样的信号，这些信号对世界各地的美军作战部队有着重要意义。成千上万的海军陆战队员在马里亚纳群岛看到了日军的骇人行为，这是不容日本侵略者狡辩的。一直以来，少数人认为，日本守军充满仪式感的自杀行为以及对手无寸铁的平民强制洗脑和谋杀的做法是这场战争最后一年的转折点。这并非老生常谈。马里亚纳群岛战役是美国首次参与的全面战争，它让美国重新燃起必胜的信念。美国要采取一切手段，不惜任何代价去获得对日本的全面胜利。"无条件投降"成为这种新信念的代名词。

　　在魁北克市，原本要经过讨论、审议、提议、深入研究、协商、修订和决策的慎重过程被加快，与会各方制定了《关于战胜日本的全新战略构想》。这份文件以美国联合参谋规划部 6 月 30 日的研究为基础，结合美国海陆空三军的武装进攻、封锁和轰炸等战略构想，把这些构想提升到一个类似于最高纲领的战略。该战略设想盟军将在琉球群岛、小笠原群岛和中国东南沿海一带同时实施两栖进攻，对日本进行全面的海上封锁，并对日本本土岛屿实施轰炸。这将是针对日本掀起的一场大规模的两栖作战行动。

行动的目的是迫使日本无条件投降，没有任何协商的余地。

这场残酷的联合作战行动后来被称为"没落行动"，即大规模进攻日本本土岛屿。美军将从欧洲战场大批抽调地面部队和空军，在 1945 年 9 月到达太平洋战场。"没落行动"将分为两个阶段进行，第一个阶段叫"奥林匹克行动"，从 1945 年 11 月 1 日开始，部署在菲律宾群岛的美国陆军第六集团军的 14 个师将在日本最南端的九州岛登陆。1946 年 3 月 1 日，盟军将对日本实施致命打击。第二个阶段叫"小王冠行动"，盟军的 25 个师将在日本腹地东京和横滨一带登陆。欧内斯特·金上将强烈反对在日本本土登陆，他更倾向于采用封锁和轰炸的策略。尽管如此，这个计划还是要求盟军排出一个足以摧枯拉朽的海军战斗序列。参战军舰多达 3 000 艘，其中包括 22 艘战列舰、27 艘快速航母、36 艘护航航母、50 艘巡洋舰和 458 艘驱逐舰。

美军在太平洋战区"分权而治"的指挥架构虽然导致军种间出现激烈而不快的分歧，但这种分歧也发挥了一定的作用。麦克阿瑟与尼米兹两人之间的矛盾迷惑了日军最高指挥部，让美军在未遭日军舰队抵抗的情况下抢占了马里亚纳群岛的一个立足点。如今，马里亚纳群岛已落入美国手中，成为美军的指挥要塞，这将是东京挥之不去的梦魇。因为盟军的作战半径已然扩大，可以威胁到日本的许多潜在目标，而这个范围实在分布太广，日军根本无法实施有效防御。美军从马里亚纳群岛出击，往西南方向可取帕劳群岛，往西可取台湾，往北可攻打硫磺岛。欧内斯特·金一直将马里亚纳群岛视为打开太平洋门户的钥匙，现在，这扇大门已经打开。

与此同时，西南太平洋战场与中太平洋战场之间的地理间隔正随着季节变化而缩小。9 月，美军同时在莫罗泰岛（莫罗泰岛被各方视为新几内亚战役的最后一个目标或菲律宾战役的第一个攻击目标）和帕劳群岛的贝里琉岛登陆，尼米兹与麦克阿瑟的队伍相隔不到 500 英里，相当于两支部队同时向菲律宾群岛推进。

"八边形"会议召开期间，美国参谋长联席会议举行了一场晚宴。这场晚宴被麦克阿瑟发来的一封急件打断。麦克阿瑟提议加快行军速度，建议在 1944 年 10 月 20 日登陆菲律宾的莱特岛，这比原计划提前了两个月。哈尔西的航母舰队最近对驻守菲律宾的日军发起突袭，这让麦克阿瑟坚信日军在该区域的空军实力并非像想象中恐怖。尼米兹也赞成麦克阿瑟的提议，他取消了在雅浦岛和棉兰老岛的登陆计划，同意进攻莱特岛。尼米兹仍然把贝里琉岛当作攻击目标，因为他认为只要拿下贝里琉岛，就能支援麦克阿瑟向前推进，同时完全隔离加罗林群岛。斯普鲁恩斯在 1944 年 2 月突袭了特鲁克岛，拉开了进攻序幕。原本用于攻打雅浦岛的两栖部队被分配给了麦克阿瑟。这个临时审议和回复将魁北克的那场晚宴变成太平洋战争中最重要的计划会议之一。当麦克阿瑟按计划在莱特岛登陆时，随军记者在海滩上用相机记录下这一壮观的场面。他的对手在稳步进驻塞班岛、天宁岛和关岛时展现出的场面更加宏伟壮观。美军正在重新建设这些刚刚占领的岛屿，希望把他们打造成世界上最具战略意义的军事基地。

第三部分

★★★★★

空

　　"曼哈顿计划"造出了原子弹，也加速了日本的失败。在萨马岛海战中日军战果寥寥；塞班岛上，与部队失去联系的大场荣带着几十个人进行游击战；在洛斯阿拉莫斯，蒂贝茨带领手下驾驶B-29轰炸机进行投掷原子弹后的逃生演练。继杜利特尔空袭东京之后，美军再次火攻东京……冲绳岛战役彻底消灭了日本海上和空中力量，为"二战"胜利奠定了基础。然而手握终止战争决定权的日本人却不愿按下停止键。当保罗·蒂贝茨驾驶的B-29轰炸机从空中驶过，广岛成为一片废墟。

第28章
横空出世

"曼哈顿计划"

电话那头的声音听起来有点惊慌。

"保罗，你是不是惹事了？"蒂贝茨先生在迈阿密打电话问他的儿子。

"没有。为什么这么问？"

保罗的父亲说，他们家的一些朋友打电话告诉他，联邦调查员拜访过他们，并且问了他们一些问题。起初保罗·蒂贝茨对此不以为意。9月中旬，保罗奉命从新墨西哥州的阿拉莫戈多来到科罗拉多斯普林斯市，与美国陆军第2航空队指挥官乌萨·G.恩特少将会面时，他才知道此事非同小可。

在进入恩特少将办公室之前，蒂贝茨被一位陌生人叫到一旁。这位陌生人是一名中校，他的军装上别着一枚独特的徽章，徽章上刻着"美国陆军工程兵团"几个字。这位军官开始对蒂贝茨刨根问底，他似乎对蒂贝茨了如指掌，比如蒂贝茨的私生活、从军记录及参军之前的经历。他甚至知道蒂贝茨曾评论过美国在欧洲战场的策略，并让蒂贝茨对此做出解释。这位军官还提到，有天晚上，有人在佛罗里达州瑟夫赛德镇海滩附近的一辆私家车上看到蒂贝茨和一个女人在后座上厮混，就连车窗也蒙上了一层水汽。蒂贝茨差点因为这次不检点的行为被捕，军官问蒂贝茨对此作何解释。

蒂贝茨尽量诚实、毫无隐瞒地回答了杰克·兰斯代尔中校的问题。兰斯代尔发现，蒂贝茨并非破坏分子，而是一个坦白正直的人。他很有主见，可能对自己有较高的要求。在确信这一点后，他就领着蒂贝茨去见恩特将军。

蒂贝茨走进将军办公室，坐在一名海军军官和一位平民旁边。军官名叫威廉·S. 帕森斯，美国海军上校，绰号"迪克"。那位平民名叫诺曼·F. 拉姆塞，是一名物理学博士。这时候，蒂贝茨意识到也许他的新任务非常重要。事实的确如此。

在恩特将军的示意下，拉姆塞博士转身问蒂贝茨："你听过原子能吗？"他解释说，"曼哈顿计划"是一家地处偏远的科技创新企业，它正在研发一种新型炸弹，其威力巨大，他们尚未完全掌握其潜能。拉姆塞在位于新墨西哥州洛斯阿拉莫斯的政府综合实验室工作，他是"曼哈顿计划"军械部主管帕森斯的副手之一，负责监督该部分新武器的设计和研发工作。

这个项目高度保密，正因如此，一年前，在佛罗里达州的另一片海滩上，德雷珀·考夫曼被一位曾经帮助他组建水下爆破队的炸弹专家爽约。那天早上，绰号为"俄罗斯狂人"的乔治·基斯塔科夫斯基没有赴约，因为他的才能另有他用。基斯塔科夫斯基的雇主，也就是哈佛大学校长詹姆斯·B. 科南特加入了由罗伯特·奥本海默和美国陆军工程兵团建筑部副部长莱斯利·R. 格罗夫斯少将牵头的"曼哈顿工程区"。科南特校长强行要求基斯塔科夫斯基签署合同，加入这个制造原子弹的机密项目。基斯塔科夫斯基只能响应国家号召，奔赴洛斯阿拉莫斯，如同无名小卒般从人们的视线中消失。保罗·蒂贝茨也是在这股强大力量的召唤下来到了科罗拉多。

制造原子弹的科学和工程难题正在处理中，随着蒂贝茨的加入，该项目的最后一块拼图已经完成。恩特告诉蒂贝茨，他之所以被选中，是因为上级想让他领导一支全新的空战部队，这支部队将执行一项史无前例、高度机密的任务。他们只有一项训练内容：投下世界上第一颗原子弹。这项任务有三名候选人，其中一名候选人是蒂贝茨在北非服役时的上司。由于蒂贝茨战斗经验丰富，对B-29轰炸机非常了解，并且以独立解决问题而著称，恩特最终选定了他。"我们的国家不崇尚那种自杀式袭击，"蒂贝茨后来写道，"当我们的轰炸机起飞时，它们安全返回的概率至少是百分之八九十。"

蒂贝茨与劳里斯·诺斯塔德准将之间曾有过不愉快的争吵，虽然这一行为被记录在个人档案中，但上级原谅了他。因为按照蒂贝茨的说法，阿诺德将军知道诺斯塔德的行为只是"一位胸怀大志的军官偶尔要要性子而已"。更重要的是，蒂贝茨的天赋让他获得了上司的原谅。蒂贝茨选定的投弹手、绰号"荷兰佬"的范·柯克后来说："我很难用语言来形容保罗是一名多么优秀的飞行员。他可以用飞机做一些其他人做不到的事情。我觉得他比其他任何人更了解飞行动力学，更懂得如何更好地掌控飞机。我甚至不确定他是否意识到自己对飞机的掌控远在其他人之上。"

就这样，保罗·蒂贝茨升任一支部队的指挥官。实际上，这是属于他个人的空军。1944年底，第509混成大队正式成立，它由1 800人和15架B-29轰炸机组成。这支部队的番号看似寻常，但"混成"两字却充分说明了部队特点。它表明这是一个由各种空军中队组成的部队，这些中队通常被指派给护航航母使用。与其他轰炸机大队不同的是，这支部队是完全独立自主的，它有自己的维修、工程和技术部队，还有军械与运输机中队、宪兵队和一支拥有放射科专家的医疗队。在这样严密的保护下，蒂贝茨有极大的自主决定权，他可以用自己特有的方式解决问题，以满足"曼哈顿计划"的需求。

那些熟悉空军的人对这支部队充满了好奇，因此，蒂贝茨要做的第一件事是保证安全。恩特给他提供了三个场所，分别是犹他州的温多弗、堪萨斯州的格利本德和爱达荷州的芒廷霍姆，恩特让他从中选一个当作训练场。即将在内布拉斯加州完成训练的三名B-29轰炸机中队飞行员和机组人员也划拨给蒂贝茨使用，同时他也有招募骨干的权利。

1945年初，蒂贝茨经常造访洛斯阿拉莫斯，慢慢地结识了很多在那里工作的科学家。蒂贝茨说："我对他们充满了敬畏之情。"但时间一长，他便和他们变成了朋友。蒂贝茨在回忆录中写道：

　　　随着友谊的发展，敬畏被钦佩所取代。我发现，这些懂得利用原子能的科学家们也同样尊重我，他们也很欣赏我的飞行员特长和制定空袭策略的能力。给我印象最深的是J.罗伯特·奥本海默的敏捷反应，凡是见过他的人都会有这种印象。奥本海默与人亲和，谦虚谨慎，他知道怎样做能让我这种学术门外汉不觉得尴尬。他身材纤瘦，一副弱不禁风的样子。奥本海默经常处于高度紧张的状态，而且烟瘾很重。他说话语速很快，必须要集中注意力才能听明白他所说的话。他会给你这样一种感觉：当他在跟你谈话的时候，他脑子里同时在思考其他事情。我感觉这个人的大脑被分成了好几个部分，每一部分都能根据需求提取相应知识，就像电脑显示其储存的信息一样。

有时候，他会全身心沉浸在某个问题中。所以，他往往注意不到身边的事情。每到饭点，他的妻子凯瑟琳要提醒他吃饭，或者喝水。我想，他的妻子甚至可能要提醒他去洗澡。

因注意力高度集中而导致的精神紧张让他得了胃病，需要经常吃药。凯瑟琳尽职尽责地监督他吃药，她在这位纤弱的天才身边既当保姆，又当护士。

29岁的蒂贝茨已经意识到这项任务的重要性，他说："简而言之，我的任务就是发动核战争。我不是科学家，对于中子、质子、电子和伽马射线这些陌生事物也知之甚少，但这并不重要。有一个问题曾让恩特和其他人感到担忧，而它现在是我要解决的问题，那就是：在投下一颗如此当量的炸弹时，如何才能避免对投弹飞机造成损伤或毁灭。"

有些科学家担心原子弹的爆炸威力太过强大，足以把地壳炸出裂缝。这种时候，似乎就没有必要考虑携带原子弹的飞机能否逃出生天。但蒂贝茨仍然把参与此次行动的飞行员和机组人员的安全放在首位。帕森斯上校认为，投放原子弹的B-29轰炸机若想避开爆炸冲击波，飞机至少要距离原子弹爆心投影点八英里。蒂贝茨面临的挑战就是想办法制造这样一段距离。

蒂贝茨喜欢位于犹他州的温多弗陆军航空队基地。基地旁边有一个只有百十来号人的村庄。恩特给他的三个选项里，他只拜访过这个基地。从丹佛到拉勒米，再到盐湖城，然后一路向西经过埃尔科和里诺市，就到达该基地。他觉得这个地方足够偏僻，只有一条不知通向何处的高速公路。这种闭塞的地方对那些喜欢蛊惑人心的政客没什么吸引力，这让蒂贝茨很满意。州界酒店赌场角子老虎机的数量跟镇上的人口一样多，而镇上最好的餐馆是镇长开的。

　　除此之外，绵延数英里的盐碱滩是关键，这片空旷的地域可以用来建造大型飞机跑道，并且允许有犯错的机会，四周简陋的环境也便于采取安保措施。一条铁路支线直接进出基地，非常适合运输机密货物。在基地里，官兵们住在水泥木屋中，屋子地板是冰冷的混凝土地面，配有取暖和烹饪用的煤炉。下级军官共用一层铺着柏油纸的棚屋，睡上下铺的床。只有单独住的军官才能够享受中央供暖系统。1944 年 9 月的第二个星期，蒂贝茨抵达温多弗，开始组建指挥部。几天后，分配到蒂贝茨空中大队的 B-29 轰炸机组，即第 393 重型轰炸机中队的 15 架飞机抵达温多弗，机组和地勤人员也在同一天抵达。

　　他们所从事的项目的潜力是令人难以置信的。艾利克斯·弗拉丘、弗雷德·斯托特、大卫·麦坎贝尔和约翰·切宾知道这场战争有多恐怖，在太平洋岛屿上的日本人和查莫罗人也曾经历过这种恐怖。它成就了东条英机的野心，也导致东条英机下台。它让许多人加官晋爵，也让成千上万的将士尸横遍野。同时，它也考验着霍兰德·史密斯、拉尔夫·史密斯、凯利·特纳和雷蒙德·斯普鲁恩斯的勇气和决心。但是，洛斯阿拉莫斯的科学家和温多弗的绝大多数飞行员、机组人员和技术人员没有体验过这种恐怖的战争。他们知道敌人是谁，也知道为什么要发动这场战争，但他们从未见过僵硬和肿胀的尸体。这场战争在 3 万英尺的高空上进行，他们也从未想到会看到这骇人的一幕。这样的杀戮只见流血，却缺乏亲历感。

　　对于战争的过程和后果，斯普鲁恩斯感悟颇深。他并没有被这令人痛苦的现实所折磨。回到珍珠港后，他写信给一位在国防部任职的朋友，嘲笑他无法亲历战场，信中说道："真是太遗憾了，因为我们刚刚在太平洋经历了一场非常有趣的战争。我知道，如果你能来的话，肯定会乐在其中。"对他来说，各种军事行动所带来的挑战仍然是一场智力游戏。

　　在洛斯阿拉莫斯，人们对战争也持同样的看法。像罗伯特·奥本海默和乔治·基斯塔科夫斯基这样的科学家都忙着创立抽象的科学系统和工程工艺。等原子弹最终测试成功，展现在世人面前，再由帕森斯和保罗·蒂贝茨用飞机载着它穿越被鲜血浸透的岛屿飞向日本时，它会让路易斯·孟在天宁岛上的燃烧弹实地测试相形见绌。理论与实践只有一线之隔。

萨马岛海战

整个秋天，美国海军及其附属战斗机大队一直在西南太平洋地区活动。在海军陆战队第 1 师拿下贝里琉岛后，美军伤亡人数达到 6 500 人，占该师总人数的三分之一。在战役中期赶来的第 81 步兵师的伤亡人数也达到了 3 300 多人。在攻击下一个目标前，他们需要进行不断的研究和讨论。在珍珠港，尼米兹告诉斯普鲁恩斯，他的下一次行动目标是占领台湾。尼米兹提议斯普鲁恩斯在行动之前先休假回美国休整一段时间。斯普鲁恩斯飞回蒙罗维亚，与玛格丽特和家人享受了一周假期。在快要返回瓦胡岛时，他接到了太平洋司令部（CINCPAC）发来的命令，要他去旧金山参加一场会议，与会者包括金、尼米兹和他们的参谋。会议定于 9 月 28 日举行，主要是探讨 1945 年上半年美国海军的进攻方向问题。

在美国海军西海疆指挥部，斯普鲁恩斯等候着正在梳洗的金。这时，尼米兹手下负责制订作战计划的福里斯特·舍曼少将递给斯普鲁恩斯一份文件，让他务必细读。这份文件建议第五舰队将硫磺岛和冲绳作为下一个阶段的进攻目标，而不是台湾。

斯普鲁恩斯善于从全局思考问题。在看太平洋地图的时候，他把它想象成一张由许多圆圈和圆弧拼凑而成的图画。其中一个巨大的圆圈以马里亚纳群岛为中心，囊括了东京、九州、琉球、中国台湾、菲律宾群岛和新几内亚岛。另一个较小的圆圈则以硫磺岛为中心，夹在马里亚纳群岛与日本中间，连接着东京、九州和琉球。斯普鲁恩斯还发现，只要占领冲绳，美军就能控制一个包含九州、朝鲜、中国北部沿海地区和台湾地区在内的弧形地带，从而控制整个南中国海，这是封锁日本的关键所在。与欧内斯特·金一样，斯普鲁恩斯不想让美军在日本登陆。一个国家是否为海上强国，本质上是由制海权决定的。丧失了制海权，像日本这样的岛国只能等死。

会议上，欧内斯特·金强烈反对进攻台湾，他更倾向于占领冲绳，以此作为封锁日本的基础。他也没有兴趣进攻硫磺岛，在他看来，无论谁占领这个岛屿，都会"深陷泥潭"。斯普鲁恩斯担心的是，随着美军继续西进，选择会越来越少。他已经开始喜欢攻敌不备的战术，也就是在敌人防守薄弱的地方实施攻击。但是，美军越向西进军，就越发难以迷惑日军。斯普鲁恩斯反对欧内斯特·金的意见。他认为，美军舰队在日本本土采取军事行动的时候，可以把硫磺岛当成陆基空中支援的基地，而且它也在马里亚纳群岛军用机场的支援范围之内。

若选择攻打冲绳岛，则是更大胆的冒险。1944 年 7 月，欧内斯特·金曾在塞班岛问斯普鲁恩斯，他是否有把握拿下冲绳岛。斯普鲁恩斯回答说，只要能想出一个在舰船之间在海上转移重武器的办法，就能拿下冲绳岛。在日本本土海域作战的时候，航母和战列舰需要花很长时间进行补给，因为它们在日本本土和冲绳岛之间会遭遇日军干扰。除非美军能缩短军舰回后方的补给时间，否则就无法持续攻击附近的日军基地。尼米兹请来太平洋司令部后勤部司令、海军中将威廉·L.卡尔洪，商讨如何给他的弹药补给船设计一种特殊设备。随着新设备的到来和海上补给方式的改进，快速航母特遣舰队获得了海上持久作战的能力。一位空军中将把这种能力称为"如虎添翼"。

1944 年 9 月 28 日，在旧金山举行的海军会议结束后，欧内斯特·金正式向参谋长联席会议推荐了一份战争时间表。这份时间表提出在次年 2 月夺取硫磺岛，4 月夺取冲绳岛。参谋长联席会议立刻同意了这个方案。海陆空三军对冲绳岛有着不同的利益诉求。占领冲绳之后，斯普鲁恩斯就有了一个供陆基战术飞机使用的基地。当美军舰队对驻扎在中国沿海和南中国海的日军采取军事行动时，战术飞机可以提供掩护。麦克阿瑟可以在冲绳岛部署陆军，为攻占九州岛做准备。亨利·阿诺德则有了一个距离日本本土更近的基地，更加便于轰炸日本本土。

为了保住自己对 B-29 轰炸机项目的控制权，阿诺德进行了长达一年的抗争。终于，在乔治·马歇尔的协助下，阿诺德如愿以偿。金、麦克阿瑟和其他人想把 B-29 轰炸机的使用权交给战区司令官，用于轰炸当地目标。"一般军人都有最基本的战争原则，"阿诺德后来在回忆录中写道，"没错，这些原则都被践踏了。假如我们空军不与这种分离主义做斗争的话，这些原则会一次又一次地被践踏。"

第 20 航空队独特的统一指挥架构表明了这种新型轰炸机的战略地位，还表明了阿诺德让自己的部队成为一支"均衡空军"的决心，即不仅在军事行动方面保持完整的自主性，而且在飞机采购、机组人员训练、保养维

护和基地方面拥有自主权。据说，有了这种独立自主权之后，第 20 航空队
的组织架构就类似于一支海军特遣部队，而不是轰炸机指挥部。的确，很
多时候，阿诺德把这架造价是 B-17 轰炸机三倍的新型飞机视为一艘战舰，
而不是一架普通的军用飞机。在写给海伍德·汉塞尔少将的信中，阿诺德称：
"我们必须以看待军舰的眼光看待 B-29 轰炸机，每当损失 3 ～ 4 艘军舰时，
我们都会做详尽的原因分析。"汉塞尔是阿诺德在马里亚纳群岛战役中的战
区指挥官，他认为阿诺德的这种想法很荒谬。

第 20 航空队最初打算建立三个单独的司令部，分别是由柯蒂斯·李梅
指挥的驻印度和中国的第 20 轰炸机司令部、由汉塞尔指挥的驻马里亚纳群
岛的第 21 轰炸机司令部，还有即将驻扎在菲律宾群岛的第 22 轰炸机司令部。
由于供给出现问题，李梅的队伍无法持续执行任务。1944 年秋季，李梅驻
扎在中国和印度的轰炸机联队每个月执行任务的次数不超过五次。将 B-29
轰炸机部署在菲律宾群岛的想法也因麦克阿瑟无法承诺按时建好军事基地
而胎死腹中（可能也是为了避免这种贵重的新型飞机落入这位贪得无厌的
西南太平洋战区盟军司令手中）。最终，只有汉塞尔驻扎在马里亚纳群岛的
部队能够让 B-29 轰炸机安家落户。

1944 年 10 月 12 日，被分配给第 21 轰炸机联队的首批"超级空中堡垒"
沿着第五舰队的征战路线，从夏威夷到夸贾林环礁，再到塞班岛，最后降
落在埃斯利机场。这些轰炸机来自堪萨斯州的第 73 轰炸机联队，它们降落
在已经改造过的塞班岛上。塞班岛是舰队、陆军部队和空军的大型交汇地。
尼米兹的前线指挥官约翰尼·胡佛写信给他的朋友斯普鲁恩斯，信中提到
新建的机场和来来往往的飞机："如果你看到塞班岛的建设进度，肯定会很
惊讶，它快赶上关岛的规模了。在塞班岛，我们有宽大的柏油高速路。军
用机场一直有很多大型飞机降落。有一段时间，伊斯利机场附近的交通严
重堵塞。"马里亚纳群岛的三个岛屿几乎接收了 1945 年美国生产的所有 B-29
轰炸机。哈蒙将军想在岛上开辟两条轰炸机跑道，但是塞班岛土层太过坚硬，
海军工程营没能满足他的要求，因此，塞班岛只能容纳第 73 轰炸机联队的
四支大队。尽管如此，其他岛屿的机场建设依然在快速推进。

从斯普鲁恩斯给胡佛的答复里能感受到他为自己可以参与这些岛屿的
建设而深感自豪，他说："我一向认为，我们是一个由建设者组成的伟大地

国家。从你所说的话来看，我断定我们在马里亚纳群岛依然是建设者。"

麦克阿瑟率领的第六集团军在菲律宾海域登陆后不久，美国作为战斗民族的角色再次引发了争论。

每当太平洋舰队这艘"巨轮"更换"舵手"时（比如，斯普鲁恩斯接替哈尔西，或者哈尔西接替斯普鲁恩斯），军队内部都会出现不同的态度。后来，一位在斯普鲁恩斯和哈尔西手下当过"约克城号"航母舰长的军官回忆说："在为斯普鲁恩斯和米切尔这对搭档工作时，我们很清楚自己要做些什么。计划出来后，我们知道该怎么做。你可以自己做计划，可以让船员休息一下，可以做一些保养工作，还可以定位追踪飞机。"但在哈尔西手下，"你要在凌晨 2 点的时候换班，所有事情都要临时变动，这完全扰乱了原定计划。"

一个喜欢心血来潮，另一个崇尚井井有条。一个虎头蛇尾，另一个细水长流。这就是小威廉·F.哈尔西与雷蒙德·A.斯普鲁恩斯之间的区别。1920 年初，两人开始指挥驱逐舰，从那时起两人就是好朋友。慢慢地，斯普鲁恩斯不仅钦佩哈尔西的航海技术，也欣赏他的胆略。在船只停航检修期间，船员们会带着家属在沙滩上聚会，燃起熊熊篝火，斯普鲁恩斯和玛格丽特都很放松、很理智，而哈尔西总是情绪高涨。"我记得，有天晚上他来得很晚，"玛格丽特说，"那时候差不多 10 点钟了，壁炉里的火发出噼里啪啦的声音。雷蒙德对比利说，屋里就剩下一点法国白兰地了。雷蒙德请比利喝点白兰地，比利却说：'晚上这个时候就别喝白兰地了，斯普鲁恩斯。你还是没学会喝酒的艺术。'"

1944 年 10 月 20 日，在美军登陆莱特岛之后一周的时间里，这座岛屿外海所发生的事情既突出了他们之间的差异，也平息了关于斯普鲁恩斯在菲律宾海海战中过于谨慎的争议。麦克阿瑟的军事行动触发了日本联合舰队自马里亚纳群岛战役以来第一波大规模出动飞机。日军的"翔号"作战计划涉及残余的主要舰队。现在，它只能寄希望于水面战舰。两支大规模的战列舰特遣队将穿越菲律宾海域，从北面和南面夹击第六集团军所在的滩头。尽管日本海军航空兵部队在马里亚纳海战中已被基本歼灭，但美国情报机关认为这支日军部队有死灰复燃的迹象。据说，日军又有几艘新航母下水，对哈尔西来说，这个消息比日本空军被彻底消灭的传闻还要震撼

（公平地讲，该传闻未经完全证实）。但是，哈尔西深受另一个决定的鼓舞。在他看来，这个决定能够让他挽回自己和其他人所错失的机会和造成的失误。在中途岛战役中，哈尔西的身体出现了问题，只能做这场战役的旁观者，这成了他的终生遗憾。他认为，当小泽治三郎在关岛海域与第五舰队碰面时，斯普鲁恩斯胆怯了。6月20日晚，当艾利克斯·弗拉丘和其他飞行员寻找友军的航母甲板降落时，哈尔西只能找空军上将们一起相互诉苦，抱怨海军错失了赢得这场战争的良机。

1944年10月24日下午，在萨马岛东部，来自哈尔西麾下第三舰队的飞机重创了栗田健男中将率领的强大的中路舰队，击沉了"武藏号"超级战列舰。随后，他们离开这个目标，转而攻击一支航母中队。这些航母上零星停着几架飞机，对美军所占领的滩头几乎没有威胁。小泽治三郎是这几艘航母的指挥官，相比于他之前带到马里亚纳群岛的大部队，这次的规模已不可同日而语。实际上，这小股部队仅仅是诱饵，日军把他们部署在这个地方，是为了引诱哈尔西出击。第38特遣舰队完全压制住了这几艘航母，然后该舰队离开阵地，参与南部海域的战斗。

当晚，日军南路舰队试图穿越苏里高海峡。由六艘陈旧战列舰组成的美国海军第七舰队作为火力支援分队，把海军中将西村祥治的舰队打得只剩下一艘军舰，被击沉的军舰包括"扶桑号"战列舰和"山城号"战列舰。哈尔西决定向北挺进，他身后留下的空白区域足以让栗田健男调转航向，往东穿越圣贝纳迪诺海峡。当栗田健男再次调转航向，朝南面的莱特岛滩头发起进攻时，抵抗他的只有"黄蜂号"航母前任舰长、海军少将克利夫顿·斯普拉格指挥的六艘护航航母分遣队。10月25日早上，这场长达两个半小时的鏖战后来成为人类海战史上影响最大的战役之一，被传诵至今。出人意料的是，在斯普拉格几艘特混小分队的英勇抵抗下，栗田健男强大的舰队居然调头逃窜。给美国海军最高指挥部留下深刻印象的不是"塔菲三号"护航航母编队的神勇表现，而是哈尔西的一时冲动和不关心通信的做法险些酿成大祸。斯普鲁恩斯也许比其他人都更清楚哈尔西犯错的根源在哪里。日军航母编队的空中力量早已被消耗殆尽，只有在引诱一位急于满足自大心理的舰队指挥官的时候，它才是最危险的。小泽治三郎率领的航母分队本来是拥有空中打击能力的，但它已无飞机可用。最讽刺的是，这种威慑力居然导致哈尔西犯下一个愚蠢的错误。斯普鲁恩斯后来被指责没有在马里亚纳群岛击沉小泽治三郎的舰队，但与哈尔西的错误相比简直是小巫见大巫。而日军则巧妙地利用了第三舰队旗舰"新泽西号"指挥官的心理。

现在，轮到斯普鲁恩斯扮演"事后诸葛亮"的角色了。在写给玛格丽特的信中，斯普鲁恩斯简明扼要地回顾了那24小时里发生的戏剧性事件，他说："我们的护航航母都不愿意编造假话以博取同情。至于他们为什么这么做，没人知道。他们中了鬼子的圈套。鬼子击沉了两艘护航航母、两艘驱逐舰和一艘护航驱逐舰，然后就放它们走了。"他很清楚自己的战友最失败的地方在哪里："整场菲律宾群岛战役所发生的事情正是我在塞班岛外海所料，此前我一直尽量避免发生这种事，我们被日军吸引到西面，部分日军舰队进入我们的侧翼，攻击我们在塞班岛上的两栖部队。"空军将领们错了，航母确实有可能迂回进攻，前提是航母指挥官决定采取这种战术。哈尔西便证实了斯普鲁恩斯的想法。

小泽治三郎将成为他对手的试金石，正如一位著名的海军历史学家E.B.波特在战后写给斯普鲁恩斯的信中所说：

> 日军之所以恼羞成怒，是因为你总是适时而动（对他们来说，并不是一个好时机），他们动不了你一根寒毛。如果非要找一个词形容你这种飘忽不定的行踪，他们能想到的只有"谨慎"。
>
> 小泽治三郎说你是一个很谨慎的人，我想，他多半是指你基本不会落入他们的圈套。他还用另外一个词形容过你，这个词从日语翻译过来的意思就是"正统"。他的意思是，他知道你的每一步都经过深思熟虑，然后找到一个志在必得却不会产生不必要风险的解决方案，而且该方案符合公认的战争原则。因此，他们觉得，与哈尔西相比，你的行动更加容易预测。小泽对哈尔西的评价可以用"冲动"一词来形容。

如果波特所言不虚，那么，哈尔西上钩这件事并非是完全可以预知的。但在斯普鲁恩斯看来，小泽治三郎的评价很有说服力。

　　萨马岛海战的尾声令人震惊。1944 年 10 月 25 日上午，正当斯普拉格手下官兵思考自己是如何逃出生天的时候，一架载着炸弹的零式战机撞向"圣洛号"护航航母（在参与塞班岛战役时，它曾被命名为"中途岛号"），将其击沉。这是太平洋战争中日本神风特攻队成功实施的第一次自杀式袭击，它拉开了自杀行动的序幕。在太平洋战争后续阶段，美军舰队几乎都要面对这种恐怖的作战方式。不久前，大西泷治郎把天宁岛的第一航空舰队改造成了一种可怕的新式武器。

　　莱特湾战役的大空战很快就变成陈年往事。在菲律宾群岛，日军的常规飞行大队遭遇了毁灭性打击。发动萨马岛战役的那天，大卫·麦坎贝尔和他的僚机驾驶员罗伊·拉辛拦截了 60 架冲向"埃塞克斯号"的日军飞机。在一次乱战中，麦坎贝尔击落了 9 架日军飞机，另有两架无法确认，这让他一举超越艾利克斯·弗拉丘，成为美国海军的王牌飞行员。

　　斯普鲁恩斯的舰队越向西深入推进，就越容易遭受日军飞机的自杀式袭击，这让斯普鲁恩斯意识到事态的严重性。11 月底，他写信给约翰尼·胡佛，信中说："这种自杀式袭击是一种明智又经济的作战手段，尤其符合日本人的性格。除非我们能想出某种反击战术，否则我们应该停止在日本国土外围与日本工厂生产的飞机作战，我们应该让舰载飞机去日本本土摧毁这些工厂。"

　　海伍德·汉塞尔少将在欧洲战场指挥美国陆军第 8 航空队的 B-17 轰炸机联队，他也是开罗会议的主要参与者。开罗会议上，美国陆军航空队承担起对日作战的主要职责。汉塞尔本人一直主张在白天对日本本土进行定点轰炸。"我们要明确一点，"早在 20 世纪 30 年代，汉塞尔就写下这段文字，"'战略轰炸'并不意味着我们要对妇女儿童进行无区别轰炸。"但是，抵达马里亚纳群岛之后，他发现空军军官们反对他的策略，他们对 B-29 轰炸机的角色有着完全不同的看法。第 73 轰炸机联队指挥官、绰号"罗西"的埃米特·奥唐奈准将从一开始就致力于用燃烧弹进攻日本本土，美军高层也很支持他的想法。1944 年 8 月，汉塞尔的第 20 航空队参谋长的位置被人取代，这个人对东京建筑物防火性能差的特性印象深刻，他很想利用这一点发起进攻。此人正是蒂贝茨在北非的宿敌劳里斯·诺斯塔德准将。

　　诺斯塔德不仅负责监督从制定目标清单到装载弹药等轰炸日本的所有

计划，还负责过滤所有呈交给美国陆军航空队将级司令官的信息。亨利·阿诺德不是理论派，而是一个喜欢数据的人，他只对那些能够代表结果的可衡量数据感兴趣。阿诺德以投弹吨数而不是摧毁的目标数量作为衡量标准。汉塞尔对他的上司很坦诚，他反对使用这种"荒谬的标准"，但阿诺德反驳说："从日本起飞的每一架飞机所承载的每一枚炸弹都会直接影响战争持续的时间。"当然，这是一个相当模糊的理论，但它的优点在于可以用表格和数据表采集信息。为此，第21轰炸机司令部专门成立了"统计控制办公室"。该办公室工作量繁重，它要使用穿孔卡片分拣机来计算部队现有飞机数量、每架飞机的出动次数、投弹吨数以及飞机的杀伤效率。被分派到这个团队的罗伯特·S.麦克纳马拉中校（后来成为美国国防部长）独尊一个指标：最大限度地提高轰炸效率，而且他将该指标凌驾于其他所有指标之上。

驻塞班岛的B-29轰炸机起初只执行一些很小的任务，比如试飞或轰炸硫磺岛和特鲁克岛等较小目标。这些毫无风险的例行飞行无法让它们适应东京上空的防空火炮和气象条件。1944年11月24日，美军发起了自杜利特尔之后对东京的第一次大规模空袭，B-29轰炸机集结在埃斯利机场的滑行跑道和停机坪上蓄势待发。

这支轰炸机编队由刚从欧洲战场调来的罗伯特·K.摩根少校率领，他的任务是带领111架飞机轰炸东京郊外的一家飞机引擎工厂。摩根有着丰富的飞行经验，他曾驾驶著名的"孟菲斯美女号"执行过25次轰炸任务。回忆起自己在太平洋战场领导的首次飞行任务，一切历历在目：他们从马格西尼湾的悬崖上起飞，向北飞越不久将发生一场浴血大战的硫磺岛，在滨松市上空的"入口点"初见陆地，然后朝东北方向飞往东京。机舱左侧出现了富士山的尖顶，意味着飞机已接近东京。

首次飞行任务只是一次注定失败的试飞行动，是为了验证汉塞尔在新战场的日间高空定点轰炸理论。即便有运气极佳的"罗西"奥唐奈坐在副驾驶座位上，摩根也无法打败3万英尺高空上如飓风般咆哮的大风。奥唐奈一点儿都不喜欢这次任务的理念。在88架成功抵达东京上空的轰炸机中，大多数飞行员感受到一股如飓风般强大的喷流在推动着飞机，迫使飞机的对地速度提升至每小时400多英里，导致他们的炸弹偏离了目标。

首飞过后，只有两架B-29轰炸机无法成功返航，这让汉塞尔觉得日间轰炸任务执行起来相当安全。但阿诺德认为，由于投弹精确率过低，这次任务是失败的。虽然他们只遭遇了不太激烈的防空炮火打击和英勇有余、效果寥寥的日军战斗机的拦截，但击中目标区域的炸弹却不足十分之一。三天后，美军又执行了一次飞行任务，收获了类似的结果。急于报复的日军派出双引擎飞机，对埃斯利机场进行低空轰炸，烧毁了为数不少的 B-29 轰炸机。

对于机长和机组成员来说，这两次任务都是徒劳的冒险。飞机飞行在高空云层之上，空气非常稀薄，温度降到零度以下，他们只能靠绝缘服御寒，靠加压舱维持生命。喷流层的强风犹如神风特攻队冲向目标时身后留下的烟带，让人难以适应。机组人员开始给飞机减重，把机枪、床铺、厚厚的前挡风玻璃和加热食物的电炉等各种硬件都拆了下来。减重 7 000 磅之后，飞机的航速提升至每小时 500 英里。在 3 万英尺高空上，B-29 的飞行速度比日军的很多战斗机都要快。但是，这种飞机的引擎耗油量高，投弹准确率仍然没有提高。飞行任务中断架次率约为 20%，损失飞机的数量也在不断攀升。每当一架"超级空中堡垒"被击落，就会牺牲 11 名机组成员。如果有四架或四架以上 B-29 轰炸机被击落，就相当于失去了一个排的兵力。空荡荡的营房对士气打击很大。

诺曼·韦斯特韦尔特中尉驾驶飞机从埃斯利机场起飞，执行他的第三次轰炸任务。在日本上空，他的飞机被击中并开始漏油。汽油从一侧机翼油箱沿着机身底部流出，又从一处摄影舱口流回机舱。机组人员深知他们安全返航的唯一机会就是给飞机减重。于是他们开始拆除飞机上的一些部件，就连高度机密的诺登投弹瞄准器也扔掉了。机械师手忙脚乱地计算着油位，在油箱之间不断切换，以保持四个引擎同时工作。领航员大卫·布雷登中尉想确定一个定位点或推测位置，这样他们就能知道坠机后身处何方。机长韦斯特韦尔特向附近的两架飞机发出预警，称他的飞机遇到了麻烦。接着，飞机引擎发出"噼啪"声，很快就熄火了。飞机开始下坠，直至机组成员们看到高达 15 英尺的巨浪。燃油已经漏完，飞机完全失去了动力。当第二个巨浪袭来时，韦斯特韦尔特无法拉起机头，飞机以接近 100 节时速撞向水墙。如果飞机撞上的是水泥墙，也许机组人员会好受些。巨大的冲击力使机头严重变形，韦斯特韦尔特从窗口飞了出去，当场身首异处。

投弹手戈登·内德尔森采取了飞机坠毁时的指定坐姿，面向机尾，头夹在膝盖中间，但他还是在剧烈的撞击中身亡。位于连接领航员舱和飞机后部的布雷登也采取了指定坐姿，他活了下来。负责中央火力控制系统的机枪手鲍勃·柯蒂斯在撞击之后被发现坐在机舱地板上，腰椎骨折。他们乘坐橡皮艇在海上漂了三个小时，柯蒂斯痛得大叫，大家都悉心照料着他。后来，美国海军一架正在执行海空救援任务（任务代号为"邓波"）的PBY水上飞机把他们救了起来。战争结束六年后，布雷登还是不愿讲述这个故事。当他在加尔维斯顿闻到大海的气息时，就忍不住浑身颤抖。

这种恐惧感能让人感同身受。这个故事让关岛最年轻的机长乔治·萨维奇想起他手下经验最丰富的机组成员之一，也是他的第一个中央火力控制机枪手的经历。萨维奇说："他拿出机舱后部的防弹背心，把这些背心叠放在一个小筒仓里，然后坐在它们中间。只要他觉得自己看到了什么东西，他就会立刻扣动扳机。"萨维奇担心这位喜欢乱开枪的机枪手闯祸，在执行了几次任务之后把他调去了维修组。

驻扎在塞班岛飞行中队的一名机舱中部机枪手患上了严重的恐惧症，他担心自己的座舱会失压。在高空中，如果增压机身开了一个口子，机舱内的所有人都有被吸出去的危险。射击军士詹姆斯·克兰茨坐在飞机侧面一个巨大的树脂玻璃气泡面前，他一直都很害怕变成那根真空软管里的颗粒，于是他想出了一个对策。他找来一顶旧降落伞，把它扯成碎布条，拼凑成一根保险绳，绑在他的降落伞吊带上。

有一次，克兰茨在名古屋上空两万九千英尺处执行任务，日军一架战斗机从侧翼攻击他所在的飞机，炮火击碎了B-29的玻璃罩，克兰茨最担心的事情还是发生了。大气压把他从侧面舱盖猛拽到机舱外面。所幸降落伞吊带紧紧地拉住了他，他悬在半空中十几分钟，犹如一片树叶在气流中晃来晃去。他在摇晃中失去了知觉，但保住了性命。副驾驶员先苏醒了过来，他跑到机舱后面查看情况。另一名机枪手将克兰茨拖回机舱里，趁驾驶员降低飞行高度的时候把氧气面罩戴在他脸上，过了一会儿，他终于恢复了知觉。

两天后，日军实施了报复性轰炸。11月27日破晓前，两架G4M"贝蒂"轰炸机从海上呼啸而至，袭击了因施工建设而灯火通明的埃斯利机场。日军发现机场防守薄弱，于是炸毁了 1 架 B-29 轰炸机并毁坏了其他 11 架轰炸机。当天中午，由 11 架零式战机组成的编队出现在埃斯利机场，开始低空扫射机场停机坪。第 318 战斗机大队升空反击，击落了日军 4 架零式战机，但美军又损失了 5 架 B-29 轰炸机。当汉塞尔将军坐着吉普车抵达机场的时候，日军突袭已将近结束。他发现 1 架零式战机跟在他的车后面，准备实施扫射。他迅速扑在地上，滚到车底下。汉塞尔看到这架飞机着陆，原地打转之后停了下来。飞行员走出飞机，拔出手枪，他吓得目瞪口呆。在交火中，这名飞行员被击毙了。

即使没有经历这种刺激和恐惧，埃斯利机场也需要不断缓解官兵们的紧张情绪。各种稀奇古怪的休闲娱乐方式开始流行起来。基地有一间军官俱乐部，在里面可以看到南边的美景，飞行员们喜欢聚在俱乐部里看 B-29 轰炸机从海峡对面的天宁岛上起飞。B-29 引擎很容易发生故障，飞机经常因此坠落大海。"飞机起飞时，如果听到引擎'打嗝'，那你就死定了。就这么简单。"一名飞行员说。关岛和塞班岛的轰炸机起落跑道建在悬崖顶部，天宁岛没有埃斯利机场这种容许出错的"有利海拔"。这些旁观的飞行员相互下赌注，看哪架飞机起飞失败。观看 B-29 轰炸机因起飞失败而在海上遭遇不幸变成了一种恐怖的观赏性"活动"，而做这种"活动"的恰恰就是"观众"自己。

飞行员们自娱自乐。亨利·阿诺德认为他还有很多需要改进的地方。阿诺德一直怀疑定点轰炸会受到日军和喷流风的影响。他要向总统证明定点轰炸是有效果的，还有什么比一座燃烧的城市更让人印象深刻呢？1944 年 11 月 29 日，诺斯塔德给阿诺德写了封信，建议对日本宫城进行大规模轰炸，以纪念珍珠港遇袭三周年。阿诺德将这封信退了回去，并亲自在信头处写了一句回复："暂不轰炸宫城，我们现在对日本工厂、码头的轰炸很有成效。晚些时候我们要摧毁整个城市。"

晚些时候我们要摧毁整个城市。阿诺德似乎热衷于使用燃烧弹和等待时机。

三周时间足矣。12 月 19 日，汉塞尔收到一封来自诺斯塔德的信，阿诺德在上面签了名。信中要求汉塞尔：只要 100 架 B-29 轰炸机做好了起飞准备，就马上用燃烧弹对名古屋进行全面轰炸。诺斯塔德在信中写道，这项任务"对于未来的规划极为重要"。汉塞尔向阿诺德抗议说,燃烧弹不是用来摧毁定点目标的。其实,阿诺德对此早已心知肚明,他似乎也明白,B-29 轰炸机正在与地面部队和急需证明自己的战略空军赛跑。12 月 1 日,参谋长联席会议批准了"奥林匹克行动"。美国陆军的两栖部队雄心勃勃,渴望以直接进攻的方式结束战争。阿诺德几乎没有时间用战略制空权来引起轰动。

雷蒙德·斯普鲁恩斯也很焦急。由于舰队位于开阔海域,他要找到一种更好更快的方法阻止日军空袭,而驻扎在马里亚纳群岛的 B-29 轰炸机无法做到这一点。12 月 27 日,美军轰炸机动身前往位于武藏野和多摩一带的中岛飞机发动机工厂,但收效甚微,它们只炸毁了一家医院。望着西边的硫磺岛和目标,斯普鲁恩斯明白,舰队不能坐等 B-29 完成这项工作。

第 509 混成大队的机密信息

1944 年 12 月中旬,在犹他州的温多弗基地礼堂里,保罗·蒂贝茨站在轰炸大队里所有士兵面前。"我已经考察过你们,你们也已经考察过我,"他说,"我不打算把你们全部留下,但留下来的人要跟我战斗到底。你们是来完成一项特殊任务的,那些留下来的人将被派往海外战场,你们所参与的这项任务将为这场战争画上句号。不要问这是什么任务,只有这样,你们才能被派出去。只要服从命令,你们就能安然无恙。不要向任何人提起这个基地,包括你们的妻子、女朋友、兄弟姐妹和家人。这对我们来说并非易事,但只要大家一起努力,我们就能取得成功。当然,如果一味工作没有娱乐,人生就太无趣了。所以你们可以继续休假。祝大家玩得开心。"

蒂贝茨注意到他们既震惊又兴奋,他希望自己的手下明白一点:在这个基地,他们在日常生活中要严格遵守安全规范。基地的技术区周围有保安围栏,是严禁入内的。蒂贝茨明确告诉他们:"好奇心别太强。"家人在旁边的时候,是很难抑制住好奇心的。为了鼓舞士气,蒂贝茨做出让步,允许已婚官兵的家眷到温多弗居住。他的妻子露茜和两个儿子吉恩、保罗就住在距离基地较远的地方,蒂贝茨一直对他们隐瞒事实。有时候,撒谎会导致滑稽的局面。有一次,露茜问他为什么空军基地里的一些平民看起来与这个地方格格不入？蒂贝茨说，这些人都是环卫工程师。有一天，他回到家里，发现露茜居然找来"曼哈顿计划"的一位博士帮她清理卫生间下水道。"他是一个有风度的人，"蒂贝茨在回忆录中写道，"帮我们清理了下水道。虽然他拥有物理学领域的高学历，但他不一定懂得疏通下水道。后来，他经常拿这件事开玩笑。"

1944 年 12 月 7 日，这天是莱特兄弟首次飞行 45 周年纪念日，美国陆军航空队正式启用第 509 混成大队，为期 10 天的圣诞节假期也在同一天开始。"曼哈顿计划"工程区司令莱斯利·格罗夫斯在听到放假计划时"大发脾气"，随后蒂贝茨解释了自己的想法。这一做法看似仁慈，其实并非如此。这是蒂贝茨用来考验下属的手段。他想把他们从严守秘密的约束中解放出来，看他们会作何反应。当这些休假士兵进出基地的交通枢纽（即盐湖城的火车站、汽车站，以及内华达州埃尔科镇的公交站）时，他们会偶遇一些友善的"市民"与他们闲聊。

官兵回家后不久，关于他们的报告开始陆陆续续地递到蒂贝茨手中。这些报告是那些看似毫无恶意的搭讪"市民"递交上去的。他们隶属于一支由格罗夫斯在温多弗建立的保安队，共有 30 名成员。正如蒂贝茨预料的那样，有些官兵就是管不住自己的嘴。他提前结束了这些人的假期，把他们召回基地臭骂了一顿，语气十分严厉，吓得他们心惊胆战。

"为什么你们不能把嘴闭上？"如果有人耍赖或不服气，蒂贝茨会拿出报告，仔细看一遍，念出他们犯错的时间和地点，以及他们和保安人员的对话内容。然后，他命人拘留了这些官兵。关了几天禁闭之后，蒂贝茨把他们叫回办公室。"听着，如果现在把你交给军事法庭，我会惹上很多麻烦，"蒂贝茨说，"我可以既往不咎，但这事会记录在你们的档案中。你们已经被抓到过一次了，如果再多嘴的话，你们的麻烦就大了。"

蒂贝茨在所有行动的每一个阶段都安插了保安人员。他们监听电话，如果听到任何牵涉机密信息的对话，他们会中断通话。如果他们碰巧听到一名员工的妻子悄悄把自己怀孕的消息告诉她的朋友，蒂贝茨就会找到这位准爸爸，并让其他人不事声张地去祝贺他。有一次，基地图书馆管理员向蒂贝茨汇报说，有人对原子科学感兴趣，查阅了一本与此相关的书籍。保安人员马上去拜访了这个人。"我们的做法在某些方面也许令人憎恶，但这个方法颇有成效，"蒂贝茨在回忆录中写道，"第509混成大队没有一个人泄露过机密信息。"

由于深得各级长官信任，蒂贝茨可以亲自挑选得力助手，包括他的副驾驶鲍勃·刘易斯和能够驾驶他飞机的机组成员。很多人都是他在非洲服役时B-17轰炸机中队的老熟人，他们分别是：绰号"荷兰佬"的领航员范·柯克、机尾射击手乔治·卡隆、机械师怀亚特·杜岑伯里以及"最优秀的轰炸机投弹手"汤姆·费勒比。他们不但是蒂贝茨的机组成员，还要监督其他轰炸机的训练工作。蒂贝茨对每个人都严格要求。在基地的手球场上，他向大家表明了自己的管理风格。"他不会同情任何人。"一名队员回忆道。蒂贝茨当然不会同情那些辜负他信任的人。他故意放话，声称冒犯他的人会被送往阿拉斯加。在基地大门附近，他悬挂了一幅巨大的标语："当你离开这里的时候，要忘记这里的所见所闻。"

保罗·蒂贝茨领导风格的公信力由此可见一斑，他也因此很少遇到麻烦。经历了三年战争之后，这名糖果制造商的儿子已经学会了以严治军。

第29章
胜负在
此一举

塞班岛上的游击战

作战行动结束后,海军陆战队第2师在马里亚纳群岛留下大约4 000人。此前,为了多带一个营的兵力到塞班岛,厄斯金和连队炮制了一个假计划,所以现在没有足够的船只将他们运回家,这是件很滑稽的事情。随着大量战争物资往西输送,其他货物会优先于士兵,而奥克兰不会举行狂欢聚会。

尼米兹之所以决定让海军陆战队第2师留在马里亚纳群岛,是希望他们可以在那里休养生息。然而,马里亚纳群岛上到处都是可怕的回忆,这种地方很难让人静心休养。塞班岛上驻扎着海军陆战队第2和第6团的部队,而第8团则加入了天宁岛的守备部队。这两个岛上的帐篷营地如雨后春笋般涌现,美军劳军组织开始到处巡演。沿途,一些突击队的老队员还需要去追踪藏匿在深山老林里的日军掉队士兵。7月底之后,清剿残敌的工作放慢了步伐。贾曼将军汇报称,他们每天要击毙或俘虏100名日军士兵。

在塔波查山顶峰,美国海军陆战队的一个排在搜寻战利品的时候突然遭到35名日军的火力攻击。次日,另一支连队的小分队在同一区域遭受了自动武器的袭击。在查兰卡诺阿营地附近,一名护士对医生说,她的一名病人告诉她,有一名日军大尉带着几百号人躲在山里。这对海军陆战队第

2 师的情报官波拉德上校来说是一个新发现，他开始制订一项计划，准备一劳永逸地拿下这些顽固不化的抵抗者。

最大的一次行动发生在 11 月，这次战斗的散兵线长达 5 000 人。美军从三个团抽调兵力，花了好几个小时布置阵线。在猎犬的引导下，士兵们一字排开，几乎横跨了整个岛的北部，并向西穿越塞班岛的崎岖地段，到达沿海平原。波拉德则坐在一架侦察机上观察行动情况。由于地面丛林密布，他根本看不到任何东西。地面上士兵的侦察情况也不容乐观，此次搜索行动没有发现任何日军。

大场荣大尉已经提前知晓这次行动。他手下的一名士兵伪装成平民混入了查兰卡诺阿的安置区，将美军的行动信息汇报给大场荣。大场荣站在山脊的一处岬角上，用望远镜观看美军布置阵线和整个搜索过程，他突然意识到一个重要的问题：美军在巡逻时总是低着头。他们的眼睛盯着前方，从不抬头。大场荣心想，既然这样，他的人可以躲在美军上方。他们可以爬到山脊高处，贴在悬崖边。所以，当美军朝大场荣所在方向搜寻时，他命令手下 300 人爬上山脊，在山脊里找藏身之处，在美军靠近时紧贴着悬崖。并不是每个人都能找到藏身处，有些人只能爬到树顶上躲着。

大场荣紧贴悬崖，他的肌肉抽搐着，很怕自己会掉下去。"我们要像他们所信仰的耶稣基督那样死去，"他心想，"就在这悬崖上殉道。"从树上往下看，可以清晰地看到美军就在树下 20 码处。不知为何，他们在周围徘徊不前。大场荣生怕轻微的肌肉抽搐或眉毛上滴下的汗液会惊动美军，从而引起双方交火，让他和手下所有人命丧战场。突然，远处传来一阵南部式冲锋枪的枪声，原来是掘内在开枪。美军被枪声引开，大场荣和他的手下趁机爬下山脊，在山下美军看不到的地方四处奔跑。重新集合部队之后，大场荣开始担心黑道出身的掘内能否脱身。枪声越来越远。美军在山下峡谷中发现了他的营地，并就地展开搜索。

随后，美军巡逻队带着他们的"战利品"，即七名受惊的平民返回营地。一名海军陆战队员向波拉德上校汇报此行收获，波拉德大发雷霆，他说这种收获简直毫无价值。

日军继续挑选藏身之地。圣诞节来临前，海军陆战队第 2 师的作战指挥官萨谬尔·G. 塔西斯在军官俱乐部参加了一场聚会。他刚喝了几杯，就有人给他打电话，称五名上岸休假的水手选择了错误的时机去买纪念品。那天晚上，他们在俱乐部外面撞上一群全副武装的日军士兵，其中四名水手被杀。海军陆战队巡逻队到得太晚，没能抓住这群日本士兵。行凶之后，肇事日军便消失在群山中。

大场荣的藏身地在一处朝西高耸山脊的背风处，这里有大约 150 名日军士兵和平民。这些平民之所以能获得特殊待遇，是因为他们能够提供医疗救助。营地的补给物品无法坚持太久，随着时间的推移，美军巡逻队发现并清空了日军在灌木丛中的食品隐藏点。一周后，大场荣和他的手下只能就地取材，他们靠面包果、木瓜和大蜗牛维持生计。从那时起，他们的斗争更多的是为了寻找食物，而不是伏击美军。当然，他们也会在必要的情况下伏击美军，而且效率很高，导致大多数海军陆战队巡逻队不敢离开主路。大场荣下令禁止他的手下在营地三英里范围内与美军交火。

此前，出于一名战士应有的冷静和理智，大场荣在 7 月某个夜晚拒绝执行斋藤将军下达的自杀式冲锋命令，但他每天依旧会与神秘的美军抗争。有一天，一名护士找到大场荣，向他透露了一个秘密：营地里一位名叫池上的一等兵命令她停止治疗伤员，他说自己以前是神道教祠官，可以为伤员治病。护士很愤怒，她低声对大场荣说，池上已经说服了营地里半数人员，说他能够通过触摸疗伤。

一天，大场荣看见池上和一些士兵挤在一起，他隐约听到池上在祈祷。大场荣惊讶地发现，池上说话的语调跟神道教寺庙里的神职人员差不多："你们要听大场荣大尉的话，因为他会通过我把话传给神。我们要一起打败那些包围我们、威胁我们的野蛮异教徒。"当天晚上，大场荣把池上叫到他所在的山洞，问他为什么要这样说。池上把自己的诺言一字不落重复了一遍，大场荣被他的诚恳打动，没有再深究。他向池上表示感谢，然后就让他回营房了。大场荣认为，他可以容忍任何自命不凡之人，前提是这个人的所作所为有利于促进内部团结、增加团队信心，同时不挑战他的权威，不让他手下的人陷入危险。

这位神秘主义者不断吹嘘自己拥有超自然能力，这迫使大场荣作出表态。有一天，大场荣看到池上在空中比画着大大的"X"，因为池上相信这个符号能够阻止美国人进入营地。随后，他居然冒险沿着山间小道朝美军一处阵地走去，边走边在空中比画"X"，好像这样可以限制美军的行动。看到这一幕，大场荣命人把他看住。几周后，这名精神失常的士兵似乎有所好转。但有一天，他突然溜走了。他走出丛林，朝一支美军巡逻队走去。他笑容满面地朝美军士兵鞠了个躬，然后让别人把他拘禁起来。

思书浦沼泽区收容所位于查兰卡诺阿内陆，由美国海军民政事务官员管理，这些官员都在哥伦比亚大学军事管理学院接受过培训。该收容所有 189 间民房、1 间手工艺室、14 个车间、13 处新水井、污水处理设施、公共卫生设施和给排水设施，还有一批喷洒了防蝇药剂的便坑。到 9 月底，这里将建成一家拥有 700 个床位的野战医院，医疗人员从美军各单位抽调而来。在这里接受治疗的 12.9 万名病患中，有超过 1.2 万名日本平民、4 300 名查莫罗人和朝鲜人。

在收容所里，三浦静子临时担任护士工作。如今，她的白鞋已变得破旧不堪。在给塞班岛守备部队治疗伤员的过程中，她的鞋子沾上了血渍，血渍变黑后，白鞋就再也无法恢复原貌了。静子现在还处于疗伤期间，所以大家都称她是"不愿意救自己的护士"。医院的勤杂工做出用刀切腹的动作，然后带着既同情又嘲笑的口吻说："切腹自杀，切腹自杀"。每当别人把多出来的食物送给她时，她都会把这些食物转送给病人。一名美国护士送给她一件新制服，她欣然接受了，并且很自豪地穿上了这件护士服。静子平时只做一些跑腿工作，包括给病人倒夜壶。

在此期间，她从一名病人那里听到了一个令人震惊的消息：一位在调查委员会工作的日本人在塞班岛南部发现了她哥哥驾驶过的坦克"燕子号"。有天晚上下班后，静子找到一位她信任的会讲日语的军官，请他帮忙找辆车去查清此事。

当她坐上吉普车向北行进时，塞班岛道路的变化让她惊叹不已。这些道路"宽阔平坦，简直认不出来了"。城镇的样貌也发生了翻天覆地的变化，到处都是带铝合金拱顶的奇特建筑和新马路。几乎就在一夜之间，塞班岛的行政首府便浴火重生，变成了一个完全陌生的地方。他们遇到几名闲逛的美军士兵，吉普车司机问他们是否看到过日军坦克的残骸。他们让她往另一条路走，最后，她乘坐的吉普车来到几辆报废的装甲车面前。这些装甲车破烂不堪，好像是被一只巨手从高处扔下来一样。其中一辆车很显眼，它侧翻在草丛中，车身弹痕累累，锈迹斑斑，车里长出了又高又绿的蕨类植物。车的旋转枪架上写着几个日式汉字"燕子号"。静子跳下吉普车，朝那辆装甲车跑去。

她又跑回吉普车，拿了一把铁锤，爬上坦克反复敲打舱口，无论如何用力也无法打开已经锈蚀的舱口。她就这样一锤又一锤地敲打着，直至几名美国士兵好奇地走过来。

"这位日本女孩想看看里面，请帮我们把它打开吧。"

"为什么？"

"她说她哥哥在里面。"

他们神情严肃地点点头，拿着铁锤开始工作。

半小时后，舱口的铁锈被敲掉了，金属也被敲弯了，他们终于撬开了这个钢铁"坟堆"。静子探头朝里面看，差点就被一股浓浓的腐烂味熏晕了。这股恶臭似乎来自某种液体，她的鼻子感到一阵刺痛，只能眯着眼睛、鼓起勇气往下看。里面有一具尸体，脸已经腐烂得无法辨认了，但她知道这就是她哥哥。他的名字印在军服上，肩上还佩戴着伍长徽章。他身后还有一具穿着军官制服的尸体，那是他的指挥官。两具尸体之间的甲板上有一支手枪。她的眼泪洒落在手枪上，还有几滴眼泪滴在她哥哥的尸体上。

后来静子写道："我不想离开哥哥，但我无能为力，真的。"于是，她强忍悲痛跟哥哥的尸体告别："哥哥，再见。"然后，她回到吉普车，跟着司机回去了。

这次经历改变了她。她开始反思自己对查兰卡诺阿营地的印象，以及塞班岛战役结束这一年以来她对美国人和日本人的印象。她写道："我终于明白了一点，美国佬根本不是恶魔。"她注意到，在看到她哥哥躺在坦克里的那一刻，不仅那位会说日语的美国军官热泪盈眶，其他人也很难过。医院里的伤兵们也说过："日本人太愚蠢了，东条英机简直是疯子。"没有任何一个美国人想过要杀她。

她想："既然如此，我们为什么要相互残杀呢？"

她实在想不通美国人和日本人为什么要做这种徒劳无益的事情。

进攻日本本土的代价："塞班岛系数"不值一提？

1945 年元旦，切斯特·尼米兹与哈尔西参观了正在关岛新建的太平洋舰队司令部总部，随后尼米兹返回珍珠港，召开了一次记者招待会。招待会刚开始，一名记者没有提问题，而是发表声明。他说："在我看来，1945年对日本本土的某些日本人来说将是煎熬的一年。他们要么被轰炸、枪杀、烧死，要么流离失所。"

尼米兹打心眼里赞成这一说法，但他的回答却缺乏哈尔西式的诙谐。"噢，没错。"他说：

> 我现在能预见到这一幕。虽然我不是预言家，但我能预见到1945 年对日本人而言是难过的一年。
>
> 我能预见到，在我们的潜艇、空军和水面舰只接近他们的商船并对其进行持续打击后，他们的航运会大幅缩减。
>
> 我能预见到，当日本的军舰离开安全的港口时，我方数量不断增加的潜艇会越来越多地对他们构成威胁。
>
> 我还能预见到，今年我们对日本本土的空袭节奏将会增加。而从日军最高指挥部的观点来看，我看不出来他们有任何乐观的理由。

"您认为我们无法采用断粮和轰炸的方式迫使日本人投降吗？"

"我不知道。我无法判定他们承受惩罚的能力。"

"将军，您是否欢迎苏联加入太平洋战场并成为我们的盟友？"

"是的。我为你说的最后一点感到高兴。"

"很抱歉，您的笑声盖过了您刚才说的话。"

"我刚才说，我们很欢迎苏联加入太平洋战场，而且我为你所说的'成为我们的盟友'感到高兴。"

"将军，过去这一年里，我们在太平洋战场取得的最大成就是什么？哪一场战役的收获最大？"

"我认为夺取马里亚纳群岛是最大的胜利，因为这不仅极大地打击了日本人的声望，也打击了他们在加罗林群岛和日本本土之间自由往返的能力。

可以这么说，我现在的心境与三年前刚担任太平洋战区太平洋舰队总司令那天有所不同。那时候我们前途渺茫，而现在我们一片乐观。"

大卫·麦坎贝尔归国接受最高勋章并在全国进行巡回演讲，乐观主义顿时甚嚣尘上。麦坎贝尔在乌利西环礁登上"邦克山号"航母抵达布雷默顿市，再从布雷默顿飞往纽约，为一个行业组织发表演讲。后来，他为这家飞机制造商格鲁曼公司代言，领取了三周固定薪水。美国政府召他到华盛顿接受荣誉勋章，以表彰他驾驶"地狱猫"打击日军的壮举。1945 年 1 月 10 日，眼窝深陷、无法从轮椅上站起来的罗斯福向麦坎贝尔和绰号"激进分子"的潜艇舰长劳森·P. 拉梅奇授予了一条淡蓝色的星条勋带，带子上悬挂着一枚点缀着三叶草的五角形铜星，铜星上覆盖着月桂树叶和橡树叶。麦坎贝尔、拉梅奇跟海军上将金、马歇尔将军和阿诺德将军互相打趣。接下来，麦坎贝尔经历了这场战争中最糟糕的事情：成为一个名人。他被拉去为纪录片《女斗士》站台宣传（这部纪录片是在"约克城号"上拍摄的），坐着一架双引擎"比奇 18"型飞机到全国各地巡回演出。从杰克逊维尔到北岛，麦坎贝尔拜访了美国各地的海军训练中心，并在海湾石油公司无线电广播电台与中途岛战役中第 8 鱼雷轰炸机中队唯一的幸存者、海军少尉乔治·盖伊共同主持节目。对麦坎贝尔这位海军王牌飞行员来说，战争已经提前结束了，这让他难以接受。

大约就在这个时候，另一部影片在珍珠港上映。这部影片是专供雷蒙德·斯普鲁恩斯审议的。它是一部短片，主角是三只山羊，其中一只戴着日军防毒面具，另一只戴着美军防毒面具，第三只没有戴任何防毒面具。当毒气释放到它们所在的羊圈时，没戴防毒面具的山羊瞬间倒地而死，戴着日军防毒面具的山羊先是撑了一会儿然后也倒下了。只有戴美军防毒面具的那只山羊毫发无损。后来，斯普鲁恩斯对萨维·弗勒斯特谈起这部短片时说道："看了这部片子之后，我提出，如果允许我们在硫磺岛使用这种新式防毒面具，我们就能挽救很多美国士兵的生命。硫磺岛的日本守军迟早都会死，况且那里没有日本平民。中毒身亡不比被火焰喷射器、子弹、炸弹和炮弹杀死差。"

斯普鲁恩斯指出，硫磺岛是个特例，因为岛上没有平民，所以他认为这种道德约束不适用。弗勒斯特后来写道："这群日本鬼子可能会以一种更人道的方式战死，美国士兵也不会因此枉送性命。但是，如果这样做的话，我们就被贴上了发动毒气战的标签，也让日本能够名正言顺地用毒气进行报复。"1945 年 1 月 14 日，斯普鲁恩斯再次登上"印第安纳波利斯号"前往乌利西环礁，接替刚刚打完莱特湾战役的哈尔西。动身之前，斯普鲁恩斯决定放弃毒气战。在使用毒气的问题上，马歇尔将军一直以来也持同样观点。最终，罗斯福总统否决了参谋长联席会议提出的使用毒气弹倡议。

第五舰队正蓄势待发。珍珠港里停满了战舰，准备将海军陆战队第 4 师的老兵们运往天宁岛，为进攻硫磺岛作准备。他们把上岛变成了一场登陆演习：突击部队全副武装，沿着绳梯爬下来，坐上在天宁港附近梭巡等候的登陆艇，然后前往进攻出发点。时间有如白驹过隙，重新回到天宁岛的第 4 师官兵几乎认不出这个地方了。"去年 7 月，我们曾在天宁岛北部登陆并对日军发起突袭。如今，整个北部地区都变成了一个巨大的机场，"海军陆战队第 25 团第 2 营的弗兰克·S. 克雷格中尉说，"登陆天宁岛那天，就在这里，我们击退了反攻的日军。现在，看到飞机一架接一架地从这里起飞，一种成就感油然而生。"

每一周，第 21 轰炸机司令部可使用的飞机数量都在不断增加。1944 年底之前，天宁岛的北部机场（即以前的"牛岬机场"）将能够容纳第 313 轰炸机联队。到 1945 年初，从印度转来的第 58 轰炸机联队将降落在位于格关角附近的西部机场。除此之外，第 314 和第 315 轰炸机联队也在飞往关岛的途中。海伍德·汉塞尔已经在关岛建立了新指挥部。不过，以投弹量衡量轰炸效果的阿诺德认为轰炸机联队的进展过于缓慢，他对此十分不满。劳里斯·诺斯塔德把汉塞尔发回华盛顿的消息都过滤了一遍，只强调汉塞尔办事不力，这更激发了阿诺德的不满。

每个军种内部都存在纷争。在战略空军部队，有人主张采用高精准度定点轰炸，也有人倾向于使用燃烧弹，双方就此而展开了激烈争论。汉塞尔一直主张定点轰炸，他不怎么需要麦克纳马拉上校的统计控制办公室，因为他很怀疑以投弹量和飞机出动次数衡量轰炸效果的意义。他写道，这些数据"很容易搜集，它们看上去很真实、很具体，令人印象深刻"，但轰炸是否真的摧毁了敌人发动战争的能力，很难从数据上体现出来。由于阿诺德同样质疑汉塞尔的观点，人微言轻的汉塞尔根本无法阻止诺斯塔德想烧平日本的野心。为了实施这个计划，美国陆军航空队向关岛调派了一名新指挥官。1945 年 1 月 6 日，曾在中国和印度指挥过 B-29 轰炸机联队的柯蒂斯·李梅抵达关岛。表面上，李梅是在参观前线，但诺斯塔德已经准备通知汉塞尔：李梅将接替汉塞尔任第 21 轰炸机司令部司令一职。阿诺德希望驻扎在马里亚纳群岛的轰炸机能尽快向日军展示武力，以便让支持者和怀疑论者对这支独立的空军部队留下深刻印象。相反，汉塞尔的定点轰炸一点儿都不出彩，无法满足阿诺德的要求。

诺斯塔德看不惯汉塞尔。他很鄙视这位马里亚纳群岛的指挥官，他认为汉塞尔"是个十足、彻底、极其无能之辈"。没有任何事情能改变他对汉塞尔的印象。况且，汉塞尔与某位任性的下属不和，这位下属就是奥唐奈将军。奥唐奈同样不相信高空轰炸的效果，也很看不惯汉塞尔的为人。最终，诺斯塔德决定"在我们输掉这场该死的战争之前"解除汉塞尔的指挥权。1 月 19 日，汉塞尔批准了一项轰炸任务，对神户附近的一家川崎飞机制造厂实施了定点轰炸，摧毁其大部分飞机。这是他指挥的最后一个成功任务，可能也是他夺回颜面的唯一机会。

后来，柯蒂斯·李梅连续 49 天进行高空定点轰炸，依然没有取得什么效果。于是，他决心对轰炸方式进行变革。李梅心想，用燃烧弹进行轰炸也许是个不错的解决办法，他开始尝试着改变第 21 轰炸机司令部发动战争的方式。

李梅做的第一件事是鼓舞士气。统计控制办公室的罗伯特·S. 麦克纳马拉和他手下的分析人员借助穿孔卡片分拣机对美国第 8 航空队在德国的作战数据进行了梳理，并得出了一个结论：飞行任务中断架次率与死亡率成正比。换句话说，飞行员是出于恐惧而中止任务的。李梅制定了一项新的人事政策：只要飞行员执行够 35 次任务，就可以回家。"在李梅将军推出飞行次数限制之前，我们大多数人经历了太多困境，都变得有点听天由命了，"大卫·布雷登说，"我们真的没指望能活下来。"新政策鼓励飞行员坚持到底。在马里亚纳群岛，李梅早已把这个教训牢记于心。麦克纳马拉回忆说："我在太平洋战争中遇到过各军种的指挥官，而李梅是最优秀的。但他非常好斗，很多人甚至觉得他很野蛮。"

1945 年 1 月底，李梅飞往乌利西环礁拜访雷蒙德·斯普鲁恩斯，表示支持进攻硫磺岛的计划。海军陆战队占领硫磺岛将有利于美军控制战局，这让斯普鲁恩斯放松了不少。关岛陷落仅有六个月，日军便加强了关岛的防御工事。在第 5 两栖作战部队迄今为止攻击过的目标中，硫磺岛离日本本土最近。霍兰德·史密斯预计这次战役伤亡人数较大，这个问题一直困扰着斯普鲁恩斯。斯普鲁恩斯觉得自己要为即将到来的杀戮承担责任，因为是他游说高层攻打硫磺岛的。他问李梅："你觉得硫磺岛的价值大吗？"李梅回答说："噢，对我来说，硫磺岛有巨大价值。没有它，我就无法有效地轰炸日本。"硫磺岛既是前哨站，也是日军的战斗机基地。美军 B-29 轰炸机曾多次往返轰炸硫磺岛，均以失败告终。如果能拿下硫磺岛，不仅能消除这一双重威胁，还能把它变成一个避难所，让那些无法飞往马里亚纳群岛的 B-29 轰炸机或机组成员在此休整。

"我心里轻松了不少。"斯普鲁恩斯写道。

为了给凯利·特纳的两栖舰队扫清障碍并牵制日军空中力量，斯普鲁恩斯命令马克·米切尔和快速航母特混部队攻击东京地区。斯普鲁恩斯想直击日本空军的心脏，即日军机场和飞机制造厂。"我已经厌倦了在外围打击敌人，"他对米切尔说，"我们要对军事目标实施精确轰炸，然后把攻击平民百姓的任务交给陆军航空队。"1945 年 2 月 10 日，航母编队从乌利西环礁出发。

在同一天，斯普鲁恩斯乘坐"印第安纳波利斯号"前往塞班岛，与凯利·特纳商讨硫磺岛登陆事宜。到达塞班岛后，特纳的忠实助手哈里·希尔指着新旗舰"埃尔多拉多号"的营房对斯普鲁恩斯说，特纳发高烧了，正在里面休息。"过去这两年他一直埋头工作，实在是太辛苦了，不仅瘦了很多，而且气色很差。"希尔说道。特纳已患病将近一个月，在如此重要的军事行动中，他很有可能卧病在床。"我从未看到他病得这么厉害，我很担心他的病情，"希尔写道，"美国海军不能没有他。"斯普鲁恩斯让特纳继续休息。

两天后，斯普鲁恩斯登上"印第安纳波利斯号"离开塞班岛，重新与米切尔和航行中的航母舰队会合。斯普鲁恩斯已经跟特纳开了一次短会，在会议上他对特纳说，作为登陆硫磺岛的前奏，他会冷不防地给予日军双重打击，即借助航母对日本本土机场和飞机制造厂进行连续三天的攻击，同时指挥海军轰炸硫磺岛。海军陆战队原本计划连续轰炸硫磺岛 10 天，但斯普鲁恩斯只给了他们三天时间。他觉得轰炸硫磺岛的时间要与轰炸日本的时间同步，这样才能达到出其不意的效果，而且他不想让舰队在没有"华盛顿号"和"北卡罗来纳号"战列舰防空炮火掩护的情况下在日本沿海停留太久，因为这两艘战列舰在登陆日这天已经被特纳调去执行轰炸任务了。

　　参谋长联席会议批准在1945年4月1日对冲绳岛发起攻击，时间表容不得特纳在硫磺岛逗留太久。每次舰队完成军事行动之后，都要前往乌利西环礁补给，光是这项工作就让他感到时间的紧迫。日军在硫磺岛新建的高炮阵地和碉堡已经形成一个巨大的网络，至于军舰如何才能有效地破除这个网络，凯利·特纳和他的参谋们就这个问题争论不休。特纳估计只需三天炮轰便可拿下硫磺岛，这一乐观想法与斯普鲁恩斯不谋而合。

　　2月16日，也就是特鲁克岛大突袭一年以后，第58特混舰队的16艘航母乘风破浪，到达日本近海100英里处。一路上，为特混舰队保驾护航的不仅有潜艇，还有一支来自塞班岛的、由10架B-29组成的轰炸机队。这些轰炸机在3 000英尺高空沿着一条长达110英里的侦察航线飞行，为巡逻艇监视日军动静。天刚破晓，米切尔的轰炸机中队便出发了，日军没有察觉美军的到来。这些轰炸机的目标是东京附近的机场、飞机引擎工厂和组装厂。负责本土防御的敌机各自为战，明显缺乏协作精神。虽然它们战斗力很强，但不足以对抗五支航母编队。这天，目标区域天气晴朗，有利于轰炸机飞行员对东京附近的10座机场以及位于立川、武藏野和多摩的飞机引擎工厂实施有效轰炸。这些飞机引擎工厂一度被认为生产了日军40%的战斗机引擎。

　　2月17日早晨，天气有变坏的迹象，斯普鲁恩斯命令米切尔停止开拔。当航母群完成攻击任务并向南返航时，斯普鲁恩斯宣布了一个不亚于"马里亚纳射火鸡大赛"的战绩：美军共摧毁509架敌机，其中在空中击落332架，在机场摧毁177架，击沉1艘轻型航母、无数艘小型舰艇，并重挫了几家飞机引擎工厂和组装厂。美军损失49架飞机、45名飞行员和机组人员，包括"列克星敦号"和"兰利号"飞行大队的队长。

　　返回基地之前，"卡伯特号"的一些飞行员奉米切尔之命执行一项特殊任务。在东京上空，他们打开弹舱门，割开一捆捆传单。成千上万张传单如落叶般飘落在东京。传单上是一幅漫画，画中裕仁天皇拔剑向后挥舞，带领着一只长着骷髅头的蛇状怪物前行，这个怪物在满是毒蛇和虫子的日本妇女和儿童尸体上爬行着。这幅怪诞漫画的旁边写着几个潦草的日式汉字："战争带来疾病"，传单背面则写着："轰炸机将炸毁水管和电线，居民无法获得食品和日用品，会变得体弱多病。你们要奋起反抗军阀，制止这场毫无意义的战争。"飞行员先将 2.7 万份传单投放到东京，然后又在父岛列岛上空投放了 4 000 份。对于麻木不仁的日本民众而言，这些传单既是一种恳求，也可能是一种警告。日本政府的某些派别可能也制作了一小部分传单。

日本本土上空的"传单战"以斯普鲁恩斯 2 月突袭日本为起点。最终，在战争结束前，共有一亿份传单和报纸被投放到日本，其中大部分都是第 21 轰炸机司令部派出的 B-29 轰炸机投放的。这项逐步进行的工作意义重大。东京电台的评论指出，日本政府最担忧的是"传单炸弹"所引发的"心理战"。从 1945 年 3 月开始，太平洋舰队、太平洋战区司令部的心理战部和战时新闻处每周都会出版报纸《马里亚纳评论》（*Mariana Jiho*）并向日本本土投放，该报纸的内容使日本人产生极大的恐惧感，在日本国内起到了破坏性的效果。

日本政府高层对于战争的质疑日益加深。近卫文麿公爵在 1941 年担任首相，其间他没有阻止日本陆军的军国主义分子与美国开战。2 月 14 日，他写了封信给天皇，信中措辞哀怨：

> 尽管很遗憾，但我认为日本战败已成定局。从坚持我国政策的立场出发，我们最大的担忧不是战败本身，而是战败之后的社会主义革命。我认为，我国当前的内外部局势的确朝着布尔什维克化的方向发展。在我看来，实现苏联共产主义革命的条件日趋成熟，这些条件包括：贫困而导致民众支持工人阶级，民众亲苏、仇视英美的情绪日益高涨，陆军内部某些势力推行改革运动，一群所谓的"新官僚"利用陆军内部的改革运动所进行的运动，还有在幕后暗中操控的左派势力等等。
>
> 近来战局吃紧，"一亿玉碎"的呼声也甚嚣尘上。拥护这一想法的都是所谓的右翼分子。然而，据我所知，他们都是苏联共产主义

势力的工具，他们想让国家陷入动荡之中，从而引发革命。我认为，
倘若这场徒劳无用的战争继续下去，会给苏联共产主义分子可乘之
机。因此，我坚信我们应该采取措施，尽快结束战争，以维护我国政策。

但如此恳切之言并没有打动对东京战争政策拥有一票否决权的日本军
政府。狂热的陆军一直呼吁：倘若日本战败，所有民众应以死谢罪。他们
的决心在美军截获的日军情报中有所体现，这些情报被直接送往华盛顿。
日本陆相阿南惟几将军坚信，假如美军入侵日本，反倒是给了日本一个反
败为胜的机会。即使日本无法完全击退入侵的美军，日本人的顽强抵抗也
会给美军造成重大伤亡，迫使美军提出有利于日本的和平解决方案。裕仁
天皇向他的密友兼心腹证实，他们有可能取得这样的胜利。

在制订"奥林匹克行动"计划的早期阶段，美国陆军规划者借鉴塞班
岛战役的经验，预估了该行动可能造成的伤亡人数。塞班岛地形与日本本
土相类似，美军第一次在此遭遇了大股日军。美国陆军和海军陆战队投入
马里亚纳群岛战役的兵力相当，两个兵种的伤亡率都在 20% 左右。塞班岛
一战，美军阵亡 3 400 人，1 万人受伤。与防御塞班岛的日军守备部队规模
相比，该伤亡率可以用于估计进攻日本本土的代价。日本守军每阵亡七人，
美军就有一人阵亡、数人受伤，这被称为"塞班岛伤亡系数"。美国第六集
团军参谋部认为，马里亚纳群岛的守军与全民动员的日本本土相比简直是
小巫见大巫，因此，光是在攻打九州岛的最初四个月里，美军的战斗人员
会减少 12 4935 人，其中 2.5 万人阵亡，还有 26.9 万人死于疾病和非战斗负伤。
他们还发现了一件不可思议的事情：日军兵力从 350 万人激增到 500 万人，
并召集了一个由一万架飞机组成的战斗机群，其中一半战斗机的任务是实
施自杀式袭击。

1945 年春，双方不仅在相互评估对方的战斗力，也在判断对方使用这
种战斗力的意愿，这是战争政治角力的关键所在。日本是否考虑过无条件
投降？除非走投无路，否则没有哪个国家愿意投降。日本要表现出什么样
的尚武精神，才会迫使美国人坐到谈判桌面前？只有在有利可图的情况下，
军事强国才愿意投入战斗。转折点会在何时何地出现？这些都是当前亟待
解决的问题。有些答案就藏在海军上将斯普鲁恩斯指挥的最后两场战役中。

死神 B-29 的逃生演练

硫磺岛是一座从地壳深处隆起的火山岛，它的海拔一直在升高。就在雷蒙德·斯普鲁恩斯、凯利·特纳和美国海军陆战队密谋拿下这座岛屿的时候，硫磺岛海拔以每年 4.5 英寸的速度上升。这个火山岛已经存在一千多年了，在海风的吹拂下，海浪日复一日地拍打着硫磺岛的海滩，形成了一条黑锈色火山灰带。2 月 19 日，曾夺取塞班岛的海军陆战队大举进攻这座位于西太平洋的弹丸小岛。

斯普鲁恩斯负责指挥第五舰队，凯利·特纳指挥两栖部队，马克·米切尔则指挥快速航母。布兰迪所指挥的海军部队搭载霍兰德·史密斯的远征军作为援军。史密斯手下的军长哈里·施密特负责指挥三个海军陆战师，这三个师将负责此次战役中最残忍的工作。海军陆战队第 3 师师长格雷夫斯·厄斯金和第 4 师师长克利夫顿·盖茨分别是塞班岛战役和天宁岛战役的元老，只有第 5 师师长凯勒·E. 罗基首次参与太平洋战争。

从空中和海上连续轰炸三天后，四支水下爆破队开始进攻前的侦察。当他们接近硫磺岛时，日军发起了猛烈攻击，打头阵的所有步兵登陆艇有不同程度的人员伤亡。2 月 18 日晚上，一架"贝蒂"轰炸机投下的一颗炸弹击中了快速运输舰"布莱斯曼号"，舰上的 37 名船员和第 15 水下爆破队队员阵亡。蛙人向特纳汇报说，水底没有发现任何妨碍登陆的水雷或障碍物，特纳立刻命令登陆部队开始行动。2 月 19 日上午 9 点，在水陆两用登陆车的带领下，第一波登陆部队到达海滩。

美军的海上和空中轰炸毫无效果。无论怎样狂轰滥炸，都无法撼动栗林忠道中将在硫磺岛坚固的玄武岩上挖掘的防御工事。地下医院、指挥所和炮位由地下通道相互连接，完全不受轰炸影响。滩头每一处阵地都在日军的迫击炮和大炮的火力范围之内。当海军陆战队员爬上积满厚厚火山灰的悬崖峭壁，就会遭到日军炮火的毁灭性打击。海军陆战队员每前进一步，都要付出以"四"为单位的时间代价，比如：他们花了四个小时才抵达机场，又花了四天时间才到达折钵山。在折钵山上，海军陆战队第 28 团的一支巡逻队把美国国旗绑在一节管子上，插在山顶。后来这一幕被载入人类史册。

2 月 21 日黄昏时分，刚刚攻打完东京的"萨拉托加号"航母返回硫磺岛海域，准备执行夜间空袭任务。突然，硫磺岛东北方向飞来六架自杀式飞机对它发起协同攻击。神风特攻队的四架单引擎战机击中了"萨拉托加号"，飞机上携带的炸弹同时爆炸。经此一战，美军共有 93 名官兵牺牲，另有 61 人失踪，幸存者只好海葬牺牲者，"萨拉托加号"航母也就此结束了它的征战生涯。日落后，在若明若暗的夜色中，位于东南方的护航航母"俾斯麦号"被两架双引擎神风特攻队战机撞沉，船上伤亡人数超过三分之一。

美国的战争规划者早就预料到，当战争进行到重要阶段的时候，美军伤亡人数会激增。如今，预料成真。美国在整个"二战"中的战斗伤亡总人数为 125 万人。不管是 1944 年夏天的诺曼底登陆，还是 1945 年夏天的马里亚纳群岛登陆，参战的两栖部队人数都很庞大，其中伤亡人数就高达 100 万人。如果进攻日本，美国将会付出多大的代价？参谋长联席会议根据最新情报对日本守军规模及其装备程度进行评估，预测在为期 90 天的战斗中，美国地面部队和海军的最低伤亡人数分别为 15.6 万人和 17.5 万人，其中有 3.8 万人在行动中阵亡。

在新年的头几个月里，保罗·蒂贝茨利用在美国西部犹他州、内华达州和加州沙漠里用经过改进的新飞机严格训练他的机组人员。尽管原子弹的威力尚且停留在理论层面，但洛斯阿拉莫斯的科学家们赞同海军上校帕森斯的评估结果，即 B-29 轰炸机至少距离原子弹爆心投影点八英里才能躲过核爆炸冲击波。因此，投下炸弹后，倒计时就开始了。在炸弹下坠爆炸之前，轰炸机要抓紧时间逃离现场。炸弹从 3 万英尺高空以倾斜角度下坠，落到距离地面 2 000 英尺左右的爆炸高度，这一过程需要 43 秒。在投弹和爆炸的短暂时间内，轰炸机要飞出一段八英里的偏距，能够做到这一点的唯一办法就是调转航向，利用炸弹会继续沿着飞机航线以极高的对地速度坠落在对角线目标上。根据蒂贝茨的计算结果，机组人员必须以 155 度的角度俯冲转弯才能顺利逃离爆炸现场。驾驶一架 4 引擎轰炸机做如此高难度的动作，这需要很高的飞行天赋，而且没人知道 B-29 轰炸机的飞行翼面能否承受由此产生的张力。

B-29 轰炸机机组人员接受了严格的课堂教学，随后接受了长时间的实战训练，他们已经熟练掌握了飞机的操控技巧。与此同时，投弹手们不断地演练如何将绰号为"胖子"的原子弹仿制品（这些仿制品被称为"南瓜"）

投进一个直径为 400 英尺的圈中。蒂贝茨说，诺登投弹瞄准器以"精确度奇高"而闻名，但事实并非如此。尽管它的性能优于其他同类产品，但还是无法消除大风带来的影响。

海上导航是另一个具有挑战性的课题。蒂贝茨每次挑选五名机组成员去古巴哈瓦那郊外的一个机场，练习如何在雷达的指引下对加勒比海的小岛进行轰炸和射击。由于这项任务是高度保密的，所以被派去哈瓦那的机组人员在过境时免于审查，这也让机组人员们可以趁机夹带一些酒水和雪茄回到温多弗。

每次蒂贝茨前往洛斯阿拉莫斯视察时，他总要乔装打扮一番。洛斯阿拉莫斯国家实验室位于圣塔菲市郊外的群山之中，占地 4.5 万英亩。走进基地大门之前，蒂贝茨会摘掉制服上的陆军航空队徽章，别上陆军工程兵团的黄金城堡徽章。正如他后来在回忆录中写的那样，这个做法有助于"避免激怒一些敏感的科学家。他们愿意制造原子弹，但从来没想过要使用它。这些科学家心思敏锐，他们知道自己在为军队工作，但他们认为自己效力于军队的非战斗部门，也就是'曼哈顿工程区'。其实他们也明白，该部门肯定有军人要去做投掷原子弹这件丑事，但是他们有意忽略这一事实"。

大多数"曼哈顿计划"参与者都清楚原子弹将是他们的劳动成果。蒂贝茨的这番话听上去有点愤怒，似乎是对他们爱国情怀和奉献精神的无端指责，但这情有可原。蒂贝茨从未体验过这样的工作节奏，也从未承担过工作性质所带来的巨大压力。这项工作所需的恒心和高度保密性对他的婚姻造成了伤害。"我担心的是，我对露茜不够好，"他后来对一名记者说，"我们不能把关于这个项目的任何信息告诉任何人，包括自己的妻子。如果某个人把秘密告诉了妻子，那他就不知道妻子会把这事告诉谁。所以，我干脆不跟妻子说话，基本上是不透露一个字，尤其是她住在温多弗的那个阶段，我发现自己变得沉默寡言。我不能把对我而言最重要的事情告诉她，所以我在其他事情上也很少发言。面临这样的处境，对我们来说都是不公平的。但我知道，对露茜来说更不公平。我不是一个好丈夫，也不是一名好父亲。在这场战争中，我肩负重任，我一心想把工作做好，却无暇兼顾其他事情。我跟两个儿子说过：'我亏待了你们的母亲。'我常年见不到他们，跟他们比较疏远，更不知道如何向他们表达父爱。我先是在欧洲执行飞行任务，然后又来到温多弗训练飞行员。但是，问题不在于我是否能跟孩子们好好相处，而是我根本就不在他们身边。我要去打仗。"

1943 年底，欧内斯特·金知道了"曼哈顿计划"。当时，乔治·马歇尔去拜见金，并向他透漏了这个位于新墨西哥州沙漠、投入数十亿美元的绝密计划。马歇尔承诺，每隔三个月他会将计划的最新进展告知金（他确实也这样做了），前提是金要守口如瓶。直到 1945 年 2 月中旬，尼米兹上将才知道这一计划。帕森斯的助手、海军中校弗雷德里克·L. 埃什沃斯带着一封绝密信件来到太平洋司令部位于关岛的新指挥部，坚持将信件亲手交给尼米兹。尼米兹上将支走自己的副官，把埃什沃斯请进办公室。埃什沃斯打开制服外套，解开衬衫纽扣，抽出一只贴身腰包，拿出一封沾满汗渍的信件，将它递到尼米兹手里。看到他如此郑重其事，尼米兹乐得合不拢嘴。

这封信虽然有欧内斯特·金上将的署名，但埃什沃斯怀疑执笔人是格罗夫斯将军。信件主要是告诉尼米兹，尼米兹在元旦新闻发布会上的发言是多么有先见之明。它描述了原子弹的特点及其史无前例的爆炸当量，并授权太平洋司令部将此事告知他的一名军官。天宁岛被选为安置原子弹的地方，因为它的空战设施优于塞班岛，关岛则被认为过于偏南方。

埃什沃斯的职责就是协调各方，将原子弹运送到战区并进行组装。他请尼米兹帮他在天宁岛挑选一个场地，为他的先头部队提供栖身之所。这支先头部队包括一个名为"艾伯塔计划"的团队，这个团队由帕森斯领导，专门负责处理运送上岛武器和训练空勤人员。阿诺德以"银盘"作为第 509 混成大队的绝密计划的代码。使用该代码的人在美国陆军航空队拥有最高特权。埃什沃斯拜访了陆军航空队驻天宁岛最高指挥官金布尔准将时，金布尔建议他驻扎在北部机场，因为第 509 混成大队的 B-29 轰炸机可以在那里融入其他轰炸机编队。天宁岛的街道布局呈网格状，陆军工程兵团里的一名纽约人按曼哈顿街道的名称给它们命名。根据金布尔的建议，第 509 混成大队在"哥伦比亚大学园区街"落户了。

尼米兹把他的参谋长、绰号"歌剧幽灵"的查尔斯·H. 麦克莫里斯叫到办公室，并把那封信递给他看。尼米兹说，如果司令部要满足信中的各种要求，那么作战指挥官汤姆·希尔也需要看看这份秘密计划。尼米兹意识到这份计划很紧急，于是他问埃什沃斯："华盛顿那帮人不知道 8 月之前我们有很多仗要打吗?"尼米兹想知道他为什么不能马上得到原子弹。埃什沃斯解释说,根据格罗夫斯将军判断,这是由核爆武器的研发进度决定的。8月是最现实的完工时间。尼米兹走到窗边,看着窗外沿阿加尼亚延伸到蓝色太平洋海岸悬崖的绿色山坡。他在那里站了一会儿,仔细思量埃什沃斯说过的话。最后,他转过身对埃什沃斯说:"非常感谢你,中校,我觉得我早生了20年。"

"我感觉他已经意识到了事情的严重性。"埃什沃斯后来说道。

马里亚纳群岛的未来来得早了点,很快,全世界都会迎来这样的未来。第21轰炸机司令部的常规B-29编队在轰炸日本的常规任务中损失惨重,幸存下来的老兵们觉得自己有了一定地位,有权享有基地提供的最小限度的舒适条件。在接下来的几个月里,他们会发现,天宁岛北部高原的避风角落里有一处绝密的技术设施,里面有一群不同寻常的飞行员和不受管制的平民,这些人享受着特殊待遇。这些老兵们会因此觉得不高兴。

但是,随着3月的临近,他们面临着很多任务。他们那位喜欢叼着雪茄的指挥官柯蒂斯·李梅将彻底改变常规战略空袭的规则。

Everybody's Business

☆☆☆

第30章
匹夫有责

"火攻"东京

太阳底下没有新鲜事,这是亘古不变的道理。古有希腊人登陆特洛伊,今有凯利·特纳抢滩塞班岛。前有轴心国空袭平民,后有柯蒂斯·李梅火攻东京。1940年,在帝国总理府用完晚餐后,阿道夫·希特勒问阿尔伯特·斯佩尔:"你看过伦敦地图吗?"希特勒打算将英国首都作为空袭目标,"那里的建筑很密集,只要一把火就能摧毁整座城市。这种情况两百年前就发生过。戈林会用一种新的燃烧弹让伦敦所有地方都燃起大火。"

任何一支空军都要评估潜在轰炸目标。早在1923年,美国陆军的空战理论家就已经注意到东京这座城市。当时,一场8.3级地震引发海啸,导致14万日本人死亡,也让美国的战争规划者意识到东京易受火灾侵袭。1928年,具有广泛影响力的空军倡导者比利·米切尔写道:"对日本本土进行空中打击将起到决定性作用,因为日本的所有城市都很拥挤,而且很容易定位。总的来说,他们的房屋由纸、木或其他易燃物质构成。因此,空袭对他们国家的影响特别大。"1939年,美国航空兵团战术学校的军官就是带着这一观点发表了关于轰炸日本的演讲。1942年,美国战略情报局出版的东京地图用不同阴影表示各区域易受火灾影响的程度。在犹他州的杜

411

格威武器试验场，标准石油开发公司受命研究如何通过燃烧"占工业化日本屋顶面积最大比例的小型住宅和公寓式建筑"来摧毁日本。在佛罗里达州的埃格林基地，美军搭建起东京市的模型，测试最新款的燃烧弹。德国村庄的复制品也被投入测试。

1943 年，华特迪士尼公司推出了一部动画片，宣传空袭可能有助于赢得战争。这部名为《空中致胜》的动画片采用了庆祝胜利的交响乐作为伴奏，它向美国民众介绍了亚历山大·德·舍维尔斯基少校的理念。舍维尔斯基曾是一名俄罗斯的海军飞行员，后来加入美国国籍，成为一名影响深远的制空权理论家。他阐述了轰炸机如何才能携带弹药在敌方陆军和海军上方飞过并直接摧毁敌人的军事工业。他说，这种变革使卷入战争的平民成为合法的攻击目标。"这种飞行技术"，他用浓重的俄罗斯口音解释说，很可能会"把我们的整个地球表面变成战场。士兵与平民的区别将完全消失。我认为，虽然我们身处美国，但很快就会出现平民伤亡，这只是时间问题。因此，战争会变成一件与每个人都息息相关的事情"。

日本民众肯定要卷入战争。美军计划于 1944 年感恩节这天空袭东京。在此三周前，装有新型摄像头的 B-29 轰炸机从东京上空飞过，拍下了数千张航空照片。这些照片被用来制作摄影棚大小的东京市缩尺模型，以便规划者可以近距离研究这座城市。日本的军事工业分布在住宅区。据说，有些家庭还为工厂制作零部件，它们构成了一个"影子产业"。据华盛顿的"联合目标集团"估计，只要使用 160 万吨炸弹，就可以摧毁整个日本的军事力量和经济能力，这个数字略大于美国陆军航空队投向德国的炸弹总量。阿诺德预计，只需要 1945 年投下炸弹总量的三分之二"就有可能完全摧毁日本内陆"。

1944 年，柯蒂斯·李梅拜访位于内布拉斯加州的格兰德岛，这是他第一次看到 B-29 轰炸机。驻扎在格兰德岛的作战行动总指挥保罗·蒂贝茨把李梅拉到一边，向他提了一个建议。根据自己在埃格林基地看到的燃烧弹测试结果，蒂贝茨建议李梅仿效英国轰炸德国的方式空袭日本，即在夜间低空飞行并投掷燃烧弹。

"他似乎不太感兴趣。"蒂贝茨后来在回忆录中写道。但不到一年，李梅就回心转意了。李梅计算过：在夜间从小于或等于 6 000 英尺的高空投

放燃烧弹，恰好证明美国陆军通过结束战争的方式来获取战略制空权的做
法是正确的。

低空飞行允许轰炸机可以携带更重的负荷，对 B-29 轰炸机娇贵的引擎
不会造成太大的压力。而且在夜间飞行的轰炸机不太容易受到战斗机攻击。
李梅认为，既然夜间被日军战斗机攻击的概率如此之低，那他的轰炸机根
本没必要携带机枪弹药，这就省去了 8 000 发子弹，即 3 200 磅重量，而节
省出来的重量可以用于携带炸弹。每架 B-29 轰炸机可携带 24 枚集束炸弹，
每枚炸弹重达 500 磅，在定时器的控制下，轰炸机每隔 50 英尺投下一枚炸
弹。如果 300 架轰炸机同时出动，那么东京每平方英里土地将遭受 24 吨燃
烧弹的袭击（即 5 000 多枚 M-69 小型燃烧弹，每一枚小型燃烧弹的重量为
6 磅）。

1945 年 3 月 8 日，李梅下达命令，要求 300 架 B-29 轰炸机从塞班岛、
天宁岛和关岛集结，准备在第二天晚上轰炸东京。同一天，诺斯塔德提醒
位于华盛顿的第 20 航空队公共关系处，叫他们做好准备，迎接"一场可能
非常精彩的表演"。B-29 轰炸机将以低空飞行的方式在 5 000 英尺高空实施
轰炸。

在北非服役的时候，保罗·蒂贝茨就是一名在前线作战的飞行员，所
以他很清楚前线飞行员的感受。驻扎在天宁岛北部机场的轰炸机大队机械
师费斯克·汉利说："我们觉得这简直太疯狂了，我们不想参加这次任务。"
听说了这次任务的飞行参数后，驻扎在关岛的某轰炸机中队飞行员乔治·J.
萨维奇心想：我的老天，有些人真是愚蠢至极。有的飞行员开始给家人写
告别信。"我们觉得这次凶多吉少，"布雷登说，"但职责所在，我们别无选择。
人总是难免一死。所以，是的，我们会去的。"萨维奇很实际，他吩咐机组
人员装满几桶航空燃油，拿起几捆抹布擦洗他们的飞机。飞机表面越光滑，
飞行速度就越快，这样能帮助他们逃出敌机的射程范围，提高安全返航的
概率。

3 月 9 日下午，从塞班岛、天宁岛和关岛的轰炸机跑道起飞的 300 架 B-29
轰炸机飞行员和机组人员都认定李梅的命令会让他们有去无回。燃烧弹原
本是雷蒙德·斯普鲁恩斯在天宁岛战役中少量使用的战术工具，如今却要
被大规模投放到日本本土。斯普鲁恩斯曾不同意对硫磺岛的日军使用毒气，

但是现在，凝固汽油弹却要从擦得锃亮的轰炸机上如暴雨般落在日本本土岛屿。

总攻开始前一个小时，导航机先行到达东京上空，从低空投下燃烧弹，在预定目标区域燃起大火，为后续大部队指明目标。李梅的主力轰炸机部队排成一列纵队飞行，绵延 400 英里，沿着垂直于导航机的路线接近东京。再过两个半小时，他们就要改写人类空战史。

燃烧弹是一种凶残的武器。它们在大约 2 000 英尺的高空被定时引爆，每一枚重量为 500 磅的集束炸弹会散落 38 枚 M-69 小炸弹。这些小炸弹是 20 英寸长的金属管，每根金属管都装有一个纱布袋，袋子里填满了凝固汽油剂。小炸弹里面有一个喷射式点火头，一旦受到撞击，点火头就会被点燃，将凝固汽油剂喷射到空中，由此产生的 6 000 度炽热大火将持续燃烧 6～10 分钟，根本无法扑灭。由于燃烧弹的下落速度比常规炸弹慢，它们更加容易随风飘散。因此，飞行员和机组人员几乎看不到自己投下的燃烧弹会造成什么后果，但那些在编队后方的轰炸机却看到了劳里斯·诺斯塔德向公共关系处所承诺的一幕：一场非常精彩却又无比恐怖的表演。

当大卫·布雷登所驾驶的轰炸机抵达东京上空时，大火已经燃烧了一段时间，天空中浓烟弥漫，有股难闻的味道。越接近东京，他的飞机就摇晃得越发厉害。地面的大火形成上升气流，似乎要把他的 B-29 轰炸机推离地面。飞机在如此低的高度飞行，机舱根本无需增压。陷入火海的东京哀鸿遍野，被烧焦的人类尸体散发出的臭味随着上升气流扑面而来。这股恶臭渗进机舱，让一些机组成员恶心作呕。强烈的上升气流不断地冲击着飞机，让机身颠簸不停。布雷登系紧安全带，戴上护目镜，透过红色镜片，他看到探照灯在夜空中照射。在一片浓烟中，两架迷失方向的轰炸机撞在一起，在下坠过程中解体，22 人遇难。

东京中央航空指挥部的最上贞夫上尉称，由于燃油短缺，他们无法派值班战斗机去拦截美国轰炸机。但是，整座城市都回响着重型防空大炮的声音，美军的轰炸机犹如被强力探照灯照住的昆虫，让很多飞行员感到恐惧，乔治·萨维奇也是其中之一。在强光照射和火力网的拦截下，萨维奇察觉他的飞机左翼被炮弹击中，一号引擎停止工作。他刚启动活叶螺旋桨、升起左副翼以保持双翼平衡，机组人员就说四号引擎着火了。他看到油压在下降，于是命令机组人员启动四号引擎的活叶螺旋桨，但是他忘记升起右副翼了。正因如此，这架动力不足的轰炸机突然翻转，萨维奇心想，这次难逃一死。那一刻，他的脑海里闪过两个念头：一是飞机通常就是这样被击落的，二是既然我们还没死，就肯定有补救办法。

那晚，第二个念头救了他一命。"我敢打赌，在战斗中被击落的飞机，至少有半数是因为飞行员放弃求生欲望而坠毁的，因为这些飞行员会说，'噢，我处在一个多么可怕的困境中！我该怎么办？'他们只会大声呼喊，不会思考。"事实上，在平时的训练中，他们学了数百种应急措施，足以应对任何一种状况。"引擎起火后，灭火的办法有 30 多种，"萨维奇说，"第一个办法就是切断燃油供给。飞机上有灭火装置，拉开灭火手柄。一定要拉对手柄。启动活叶螺旋桨，然后操控飞机侧滑，使火焰烧不到机身。我遭遇过很多次飞机引擎起火，但都一一化解了。"萨维奇将飞机调转过来，恢复到正常的飞行姿态，并扑灭了引擎的大火。做完这些动作后，他欣喜地发现，由于飞机的激烈旋转，地面的探照灯已经照不到他了。当天晚上，萨维奇和他的机组人员确实看到几架敌机升空，但是它们很谨慎，而且一直在孤军作战，收效甚微。

他的领航员要花 30 分钟进行定位并找到前往硫磺岛的方向。五个半小时后，他们的银色轰炸机紧急迫降在中部机场，先后撞上了一辆卡车和吉普车，最后停了下来。机上无人受伤，或者说暂时无人受伤。硫磺岛上长达五周的战斗仍在持续，整个岛屿火炮轰鸣，战斗机每隔几分钟就升空执行近战支援任务。当天下午，一架运输机将他们送到塞班岛，随后再返回关岛。

火攻东京后，罗伯特·J. 麦克纳马拉参与盘问那些回到关岛的机组人员。李梅也亲自审问了一部分人。在一间坐满机组成员和情报人员的会议室里，大家都很激动。一名年轻的机长叫嚷道："妈的，我想知道这是哪个婊子养的想的鬼主意。这架大飞机的设计轰炸高度是 2.3 万英尺，而我们执行任务的飞行高度是 5 000 英尺，昨晚我失去了两名僚机驾驶员。"

李梅不是那种睚眦必报之人，他与口若悬河的阿诺德截然不同。阿诺德绰号"快乐的阿诺德"，因为他总是面带微笑，而这种抽搐的笑容往往具有欺骗性。李梅少言寡语，说话时喜欢叼一支雪茄。跟阿诺德的假笑一样，这已经成为他的标志性动作。麦克纳马拉说过："我从未听李梅说过两个字以上的话，他基本上只说：'对，不，是的。'"现在，这位马里亚纳群岛轰炸机联队的指挥官站在这名年轻机长面前，与之对峙。他黑着脸，神情严肃地盯着这名机长，完全漠视与任务指标无关的任何事物。"我们为什么来这里？"他厉声质问对方，"你失去了你的僚机驾驶员，我和你一样难过，因为是我派他去执行任务的。我也上过战场。但是，你只是损失了一名僚机驾驶员，我们却摧毁了整个东京。"

据日本警方统计，大轰炸过后，东京共有 26.7 万座建筑被摧毁，占东京所有建筑的四分之一。有 100 万人无家可归，官方提供的死亡人数为 83 793 人。东京大轰炸一个月后，德国的一座城市也遭受了燃烧弹袭击。美军一名心理学家与这座城市的幸存者交谈之后说："尽管这些人表现得很想把他们的故事告诉我，但他们已经失去了精神动力，无法准确记住发生过的事情。那些幸存者讲述的故事通常都断断续续的，他们的描述反复无常，与真实记忆不符，很容易变成造谣生事或无中生有。"因此，在书写这种故事时往往要采用一些陈词滥调，比如"火灾的受害者""犹如人间地狱"等等。作家 W.G. 泽巴尔德说，这种老套的话是为了"掩饰和消除那些超出我们理解能力的经历"。无论是轰炸的始作俑者还是受害者，他们都意识到这种阐述是多么的浅薄和苍白无力。看到东京陷入火海之中，费斯克·汉利说这一幕"令人震撼"，但他也说，"这是一个很无力的形容词"。当 B-29 轰炸机机组成员回到基地，从发动机舱捡出被烧黑的三合板、报纸和房屋的构件。"我对此毫无感觉，"大卫·布雷登说，"但我很高兴能远离这一切。我想，这就是战争只适合年轻人的原因。"

一个关于手段与结果的问题摆在某些人面前，这个问题悬而不决，但又很少有人明确表态。"我们对自己做过的事情感到不安，"汉利说，"我们完成了使命。轰炸任务结束后，我们对燃烧弹烧过的区域进行了勘察，发现那里到处都是机床，那些居民在制造零部件。这说明这些人参与了战争。"很明显，美军想要证明此次军事行动的必要性，从而为这些骇人听闻的结果开脱。

B-29 轰炸机飞行员是一个无情的职业。这个职业不需要多愁善感，因为在下降过程中，死亡经常不期而至，比如引擎在基线边关闭，飞机在接近机棚的时候坠毁等。"你学会了一件事,"萨维奇说,"每当有人死于飞机事故时,你不再紧握双手,你所能做的就是把自己的事情做完。然后再问,'发生了什么事?怎么会这样?怎样才能避免这种事?'牧师不会走过来对你说,'伙计们,我们要围坐在一起,为这几名没有返航的机组人员痛哭。'实际情况是,作战指挥官会对你说,'他之所以遇难,是因为他做了这些事情!千万别学他!'或许这听起来有点残忍,但这是你们保命的方法,尤其是在驾机参与战斗的时候。"

在一个藏有日军的岛屿上生活,难免让人觉得心惊胆战。海军陆战队员们有时候想通过看电影或寻找战利品来解闷,但一想到大场荣大尉在山上观察着自己的一举一动,顿时黯淡了许多。有人告诉萨维奇,如果在非执勤时间出去徒步,他很可能会被日军枪杀。萨维奇发现,只要调整一下心态,就能克服这种压力。他说:"如果我看到日本鬼子,我就会杀死他们。他们最好防着我,我可不用提防他们。"

东京的中央航空指挥部曾禁止派战斗机拦截美军轰炸机,大轰炸过后,日军高层开始重新审议是否取消这一禁令。"当美国人袭击我们的时候,我们的战斗机编队不忍心袖手旁观,"最上贞夫说,"他们希望自己至少可以派出飞机,而且可能破坏美军的空袭计划。1945 年 3 月 10 日,东京遭受了严重破坏。从那天起,我们的中央航空指挥部意识到,不能再禁止战斗机去拦截轰炸机了。至少我们可以保卫那些制造飞机零部件的区域。在那些日子里,我一直从家里乘车上下班。甚至连我的父亲都训斥我,质问我们到底在做什么。"

燃油短缺是减少战斗机出动次数的原因之一。其实还另有隐情,只是中央航空指挥部不愿意说出这一理由。最上贞夫说:"我们节省下来的燃油要用在执行特殊攻击任务的飞机上。美军的庞大舰队即将突袭日本本土,这些飞机就是用来攻击它们的。"

东京大轰炸结束大约一周后,裕仁天皇前往被烧焦的街区视察。他的随从坐在车里,注意到日本民众满脸茫然,"当天皇的皇家车队驶过时,他们露出了责备的目光。我们没有像往常那样事先宣布天皇的到来,但我觉得他们早就料到这是一次'亲善访问',毕竟有 3 ~ 4 辆带着菊花饰章的汽车从他们身边路过。"这名随从的态度反映出日本的政治文化,它要求民众绝对服从天皇，即使受再多苦，也不能违背这条原则。

两天后，也就是 3 月 20 日，被普遍视为温和派的日本前外务大臣币原喜重郎在一封写给朋友的信中称，"如果我们继续抵抗，即使数十万人战死、受伤、忍饥挨饿，即使数百万幢建筑被摧毁或焚烧"，日本也有可能达成一份更有利的和平协议。

历史学家赫伯特·P. 比克斯写道，当大和民族面临灭顶之灾时，"币原喜重郎依旧认为，把整个日本变成战场是有好处的。这就是温和派币原喜重郎的思维模式，可能裕仁天皇也持同样观点。"日本前首相近卫文麿公爵向其秘书透露说："每当想到眼下困境是那帮疯子造成的，我就不由得心生倦意。"

3 月 19 日，诺斯塔德和李梅的闪电战依然持续着。名古屋、大阪和神户相继受到大规模的燃烧弹袭击，其中名古屋被袭击两次。美军在每次行动中平均出动了 380 架轰炸机。这些轰炸机并没有从空中给予这些城市毁灭性的打击，但规模却是前所未有的。

在关于美国陆军对日本进行战略轰炸的所有文章中，看不到任何高级指挥官明确支持屠杀平民的言论。更准确地说，他们用一种无动于衷、稍带几许冷漠的态度看待这件事。战争是残酷的，如果总纠结道义问题，那么世界上就没有任何一支空军会取得胜利。

1942 年 3 月，美国海军学院极具影响力的杂志《海军学院学报》（*Proceedings*）重印了由一名英国飞行员兼空战理论家写的一篇短文。这篇文章提出了以平民为攻击目标的理由，令人不寒而栗：

> 有人说，杀一个人比摧毁一台机器要容易得多，因为机器是很多人花了很多时间制造出来的。根据我们执行轰炸任务的经验，杀人并非易事，其影响十分深远。因此，如果一名工人被炸死了，他的兄弟、父亲或儿子很有可能会旷工。归根到底，人类的家庭是靠关系链维系的，这根"链条"比世界上最大、最复杂的机器的链条都要长得多。当然，我也知道有人站在人道立场反对攻击平民。对此我毫不担心。我只想说，在选择轰炸目标的时候，首先要衡量和预计由此达到的效果。如果通过令人信服的调研发现杀死一个小孩

比摧毁一台机器更能挫伤敌人发动战争的能力，那么我们就应该注
意到这个事实，然后再谈其他道德问题。

几座大城市被燃烧弹焚毁，这对日本而言是一场国难，它会对今后数
十年的战争与和平产生深远影响。美军进攻马里亚纳群岛的初衷并不是为
了获得这种效果。提倡定点轰炸军事目标的海伍德·汉塞尔一直都是派凯
利·特纳夺取马里亚纳群岛的决策者。虽然汉塞尔仓促下台被其他人取代，
但在这之前，他已经为李梅搭好了舞台。在此后几年的周末里，第 21 轰炸
机司令部的很多飞行员再也没闻到过烤肉的味道，也许费斯克·汉利也是
其中之一。

Divine Winds
☆☆☆

第31章
天赐之风

"冰山行动"

　　"我知道，国内有些厌战群体对我们在硫磺岛上造成的伤亡非常不满，"斯普鲁恩斯在写给玛格丽特的信中说，"我本以为到了这个时候，他们应该知道，与日本这种无情又疯狂的敌人打仗，我们的士兵不可能避免受伤或阵亡。"斯普鲁恩斯刚刚视察了后方一家医院和一艘医疗船，当他看到伤病员时，那种顺利完成任务的满足感顿时烟消云散。尽管心情有些低落，但他还是认为，乔·罗森塔尔拍摄的六名战士在折钵山顶升起美国国旗的那张照片是"迄今为止我们拍得最好的一张战争题材照片"。他写信告诉妻子，战争结束后，他要把这张照片放在家里最显眼的位置，因为他也参与了夺取硫磺岛的决策，他想以正确的方式纪念这件事。他在信中说："等我们安顿下来，我要找人把这张照片装裱起来。应该找个一流的雕塑家把它做成铜像，它实在是太完美了。"这场战争曾动摇了斯普鲁恩斯对人性的信心，但是当他看到这幅极具美学意义的照片后，他倍感振奋。他把图片复印了一份，然后卷起来塞进一根管子里，将它寄给了玛格丽特。

　　虽然斯普鲁恩斯很喜欢这张新闻图片，但他对哈尔西在战地记者面前所说的话很不满意。"首先，"他在信中对妻子说，"我觉得我们不应该像哈尔西那样大肆辱骂敌人。其次，贬低敌人的抵抗行为和战斗素质对我们筹备战争并无帮助。日军还有很大一部分舰队未被消灭，而且我们有充分的理由相信，他们会在自认为恰当的时间出动击沉我们的军舰，或者被我们的军舰击沉。哈尔西的态度似乎是，日本鬼子都是卑鄙小人，我已经轻松战胜了他们。我们差不多把他们赶尽杀绝了。但是，我们驻扎在硫磺岛的海军陆战队员可不是这样看待日本人的。"

斯普鲁恩斯对海军陆战队领导层评价很高。在硫磺岛战役中，霍兰德·史密斯最后一次担任海军陆战队司令官。由于此次作战行动只有海军陆战队参加，所以史密斯没有与陆军产生纠纷。但是，由于战役伤亡人数过高，士兵们压力过大。在战役进行过程中，史密斯拜访了哈里·希尔。希尔让史密斯住在他的小隔间，他这样做也许是出于对史密斯的怜悯。希尔很担心史密斯，他说：

> 他像是变了一个人，愤世嫉俗、郁郁寡欢。我很为他的状态担忧，我也跟医生谈过这件事。他整天待在小隔间里，我一有空就到下面去跟他玩克里巴奇纸牌，这是他最喜欢的休闲活动之一。他明显带有怨气。我不知道他在塞班岛战役之后跟尼米兹讨论过什么，他似乎在生所有人的气，包括陆军驻瓦胡岛高级指挥官理查德森将军、尼米兹、斯普鲁恩斯、特纳和其他很多人。他的情绪实在是太低落了，我担心他会伤害自己，于是我和医生采取了几项措施让他接受定期观察。

1944年夏，日军曾派出数千名士兵支援马里亚纳群岛，结果被美军潜艇阻击，被打散的日军士兵只能转而前往硫磺岛。栗林忠道将军将他们安置在岛上。美军在硫磺岛折损了2.6万余人，超出美军在马里亚纳其他三个岛屿战役中伤亡人数的总和。然而，要攻占面积大于硫磺岛、距离更接近日本本土的冲绳岛，美军的伤亡会更大。

美军将冲绳岛登陆战定在1945年4月1日。为此，第58特混舰队打算先攻打九州岛的军用机场，因为这些机场多数会威胁到此次军事行动。对美国航母而言，日本本土海域是危险之地，但斯普鲁恩斯迫不及待地想支持一场他提议的战役。

1945 年 3 月 18 日，米切尔的航母反舰战斗机横扫了日本神户和大阪地区、冲绳岛、伊江岛、庆良间列岛、鹿屋以及位于吴港的日本海军基地。这支混编攻击机群携带了更多传单。在鹿屋上空，这些舰载飞机又投放了一万多份描绘裕仁天皇带领军队屠杀无辜的漫画，旁边配上一句话："战争带来疾病。"

第二天早上，飞机起飞后，斯普鲁恩斯坐在"印第安纳波利斯号"的舰桥上，看到附近一支航母编队冒起浓烟。浓烟来自"富兰克林号"航母，它被一架日军战机偷袭。由于美军战机倾巢而出，舰载雷达没有探测到这架日军战机的到来，所以让它偷袭得手。

7 点刚过，日军的"彗星"轰炸机突然从正前方 2 000 英尺高的云层猛扑下来，用机载炸弹击中了"富兰克林号"。重达 250 公斤的炸弹穿透了飞行甲板，距离前方即将起飞的飞机仅 100 英尺，最后在航母机库里爆炸，气浪从下往上冲破了飞行甲板，甲板上的 31 架飞机被大火吞噬。这些满载弹药的飞机聚集在船尾准备起飞，挂在机翼下方的炸弹和火箭弹开始爆炸，从船首蔓延到船尾。机翼上松动的炸弹击穿甲板，造成船体下方爆炸。被飞行员们称为"小火箭"的 12 英寸口径反舰火箭弹在"海盗"战斗机的挂载点着火，沿着飞行甲板滚落下去，有的火箭弹射入海中。机库甲板已经完全陷入火海之中，火势蔓延到"富兰克林号"的第四层甲板。

火箭弹继续引爆，副舰长乔·泰勒惊叹于他的消防队员所表现出来的勇气："每当一枚炸弹爆炸，消防队员都会本能地采取行动。我真希望有什么办法能记录下每一名消防员的名字，他们的英雄气概是我迄今为止见到过的最伟大的事物。"

究竟弃舰还是保舰，一度成为难以抉择的难题。"圣塔菲号"巡洋舰舰长不确定"富兰克林号"是否会下沉。这支航母编队的指挥官、海军少将拉尔夫·E. 戴维森也非常认同这种看法，他指示莱斯利·E. 盖尔斯舰长随时准备弃舰。身陷火海的盖尔斯饱受折磨，差点被浓烟呛死。戴维森要求盖尔斯向一艘驱逐舰发信号，让它过来带领船员离开"富兰克林号"。盖尔斯的腰几乎弯到了膝盖，他一边咳嗽，一边找到一块小抹布捂住脸，才慢慢恢复了知觉。他摇摇晃晃地站起来，决心一定要拯救这艘航母。"富兰克林号"开始倾斜,冒着火焰的燃料从一根破裂的汽油管流到狭窄的人行通道。中午,雷蒙德·斯普鲁恩斯命令第 58 特混舰队的所有单位原地待命,直至"富兰克林号"获救并开始航行。

就在"圣塔菲号"赶来灭火的时候,舰身倾斜的"富兰克林号"向它靠了过去。"富兰克林号"飞行甲板上突出的部分撞到了"圣塔菲号"的上层建筑。随着"富兰克林号"瘫痪在海里,舰长哈罗德·C. 弗里茨让体形较小的"圣塔菲号"一直紧挨着"富兰克林号",用它纤瘦的船舷顶着"富兰克林号"的右舷。在海浪的作用下,两艘战舰相互拍打,炮台受到挤压,天线断裂,发出一阵阵可怕的声响。站在飞行甲板上的船员惊慌失措,他们叫喊着:"我要下船!它要爆炸了!船快翻了!"在 1 000 多码外的"亨特号"驱逐舰上,信号兵正用 40 倍望远镜观察"富兰克林号"的旗语。突然,他发现"富兰克林号"的机库甲板发生剧烈爆炸,将停在甲板上的飞机炸得粉碎,飞机引擎被炸飞。水手们在着火的飞行甲板上四处乱窜。这名信号兵说,为了躲避爆炸,一大群人从船头跳进海里,"就像一大群牛被推下悬崖"。

"富兰克林号"的随军牧师约瑟夫·T. 卡拉汉忙着为遇难者念临终祈祷。副舰长乔·泰勒称这一幕"撼人心魄。牧师约瑟夫似乎无所不在,为那些死者和临终者施行涂油礼,并敦促幸存者和他一起取出消防软管,丢掉弹药,竭尽所能地挽救这艘航母。他之所以这么引人注目,不仅因为他头盔上用油漆涂涂的红十字,还因为他那看似超然的神态。只见他的头低垂着,从一个地方走到另一个地方,似乎在冥想或祈祷"。

戴维森命令"圣塔菲号"按照"汉考克号"航母提供的空中战斗巡逻方向前进,负责转移伤员和灭火。"富兰克林号"上的幸存者爬上无线电天线,沿着管道从飞行甲板滑下舱楼。人员疏散完毕、火势得到控制后,"匹兹堡号"重型巡洋舰受命将"富兰克林号"拖离现场。燃烧着的燃油继续流入海中,弹药库不断引爆,甲板上的船员从"匹兹堡号"拖过来一根牵引索,将它绑在"富兰克林号"的右舷锚链上。这天刮的是东风,它的巨大船体犹如一张风帆。到了下午 2 点,"匹兹堡号"成功地以两节航速将"富兰克林号"往南拖去。3 月 20 日早上,"富兰克林号"航母的工程师已经修复其转向和动力系统,它可以靠两台发动机以巡航速度航行,为它保驾护航的有"关岛号"巡洋舰、"阿拉斯加号"巡洋舰和其他 12 艘驱逐舰。

1945 年 3 月 19 日，也就是"富兰克林号"被袭击的那天，"黄蜂号"航母也被一架"彗星"轰炸机击中。轰炸机投下的一颗炸弹在船员走廊和洗衣房爆炸，造成四层甲板结构性损坏，91 名船员阵亡，14 人失踪。"企业号"航母也遭到敌机攻击，但它侥幸脱险，并前往乌利西环礁休整了两周。"富兰克林号"的人员伤亡数刷新了美军航母在"二战"中的伤亡纪录，共有 800 多名船员在袭击中丧生。四天后，"富兰克林号"与另外两艘受损的航母一同抵达乌利西，它们与被神风特攻队袭击的"伦道夫号"航母会合。在硫磺岛外海遭受袭击后，"萨拉托加号"也停泊在普吉特湾进行维修，包括它在内的五艘美军大型航母丧失了战斗能力。这次日本本土海域的战略计划让美军付出了难以承受的代价。在距离日本本土更近的冲绳岛外海，这样的代价还将持续。一周后，斯普鲁恩斯成为日军的攻击目标。

第 58 特混舰队返回冲绳岛外海，准备进行代号为"冰山行动"的冲绳岛登陆战。第五两栖军将两百多艘战舰划入凯利·特纳旗下，包括 179 艘攻击作战运输舰和货船以及 187 艘坦克登陆舰，它们负责运送攻击梯队并为其提供补给。这支部队共 8 个师、18 万名战斗人员。特纳的坦克登陆舰和步兵登陆舰护卫艇从乌利西出发，经历了一段波涛汹涌的旅程才抵达冲绳，尽管出发前就已收到台风预报，但他们还是坚持前行。3 月 31 日，斯普鲁恩斯对登陆前的准备工作颇感满意。此前，他们已经在冲绳西部的庆良间列岛登陆，虽然这些岛屿地形凹凸不平、人烟稀少，但它们能够为前线的美军舰队提供最安全的停泊地，还可以用于补充弹药。欧内斯特·金曾经问斯普鲁恩斯这次行动究竟是否可行，斯普鲁恩斯表示最担心的就是弹药补给问题。在对硫磺岛进行了一番研究之后，凯利·特纳认定，位于冲绳岛的火力支援舰要提供的弹药量将是攻打塞班岛的三倍。本次行动的登陆点是渡具知海滩西岸，这与塞班岛登陆计划极其相似，但规模要大得多。

斯普鲁恩斯初到冲绳岛便遭遇了晴天霹雳。登陆前一天，正在火力支援区待命的"印第安纳波利斯号"发现前方三英里处有一些日军飞机在攻击美军船舰。几分钟后，一架"隼"式战斗机出现在云层中，它调转机身后朝"印第安纳波利斯号"右舷船尾俯冲下来。舰上的 20 毫米口径高炮立即开火迎击。由于事发突然，船上的大型武器没来得及准备并瞄准敌机。

在敌机俯冲的过程中,舰上发射的曳光弹击中了机身,它看上去摇摇晃晃的,似乎驾驶员已经无法控制飞机。紧接着,飞机向下猛冲,撞上了主甲板左舷后部。驾驶员在飞机坠毁前投下炸弹,炸弹穿透甲板,落到下方餐厅。

餐厅里,几名船员正围着一张桌子吃早餐。这枚从天而降的炸弹把桌子劈成两半,然后继续穿透船员休息区,把油舱撞出一个缺口,最后穿过舰底在海里爆炸。燃油、海水和汽油混合在一起,像喷泉一样从主甲板的大洞往上喷,灰色的海水洒落在船尾炮塔上。喷涌的海水将一架准备起飞的 OS2U "翠鸟" 水上飞机从弹射车上掀翻,机身翻转在甲板上,造成两名船员受伤、船体向后朝港口方向倾斜。庆幸的是抢险队及时找到了海水倒灌的位置,这艘旗舰便依靠自身动力行驶 30 英里,前往庆良间列岛。尽管船体损伤并不严重,但 "印第安纳波利斯号" 仍然需要维修。斯普鲁恩斯只好放弃这艘已经有感情的旗舰。这次袭击导致美军 9 人死亡、20 人受伤,前往冲绳岛的任务也提前结束。

次日,由西蒙·玻利瓦尔·巴克纳中将麾下的第 10 军所实施的登陆作战行动基本上没有遭遇抵抗。到了日落时分,巴克纳主力部队的 7.5 万余人成功上岸,其中包括罗伊·盖格少将率领的第三两栖军(含海军陆战队第 1 师和第 6 师)、约翰·R. 霍奇中将率领的第 24 军(含陆军第 7 步兵师、第 77 步兵师和第 96 步兵师)。"印第安纳波利斯号" 到达庆良间列岛后,由一艘海上打捞船进行维修,斯普鲁恩斯则在岛上待命。潜水员需要拆除舰上一个被撞坏的螺旋桨,斯普鲁恩斯则在扇形船尾附近来回踱步,看着他们工作。天色已晚,打捞队的一名军官局促不安地走向斯普鲁恩斯,对他说:"长官,很抱歉,我的队员把螺旋桨弄掉了,它已经掉到海底了。"

"真倒霉。" 斯普鲁恩斯说道,继续在海滩上踱着步。

从停泊靠岸到接受维修,再到现在弄掉了螺旋桨,这一切都没有让斯普鲁恩斯自乱阵脚,因为这是具有里程碑意义的一天。他要换一艘新旗舰继续指挥战斗。斯普鲁恩斯选择了一艘用于火力支援的旧战列舰 "新墨西哥号",这一选择表明他要留在战场,以便直接指挥部队前进。米切尔的任务还未完成。为了保护美军在琉球群岛的落脚点,第 58 特混舰队已经在海上连续停留了 92 天。

应尼米兹上将的要求,麦克阿瑟命令驻扎在吕宋岛的第 5 航空队空袭日军在台湾修建的军用机场。柯蒂斯·李梅率领的 B-29 轰炸机队则从马里亚纳群岛出发，轰炸位于九州岛的日本空军基地，让日军的陆基航空力量无法干扰在九州岛登陆的美军。李梅还命令驻扎在天宁岛的第 313 轰炸机联队用降落伞向日本海域投掷航空水雷，首先封锁日本重要的航运大动脉下关海峡，然后再封锁美国海军选定的其他航道和港口。航空水雷包括压力水雷（只要有船只从水上经过，即便是最轻微的压力也能引爆这种水雷）、磁性水雷以及感音水雷（由螺旋桨声触发的水雷），这些武器非常先进，日军尚未掌握如何清除这些水雷的技术。李梅将这些行动命名为"饥饿作战第 1 阶段"与"饥饿作战第 2 阶段"，两个作战阶段只有细微的差别，这样的命名方式似乎也很符合他的个性。

就在斯普鲁恩斯和参谋们将指挥部搬到"新墨西哥号"的时候，裕仁天皇迫使在任内丢失硫磺岛和莱特岛的首相小矶国昭辞职，同时任命 78 岁的亲信铃木贯太郎担任首相一职。据说铃木贯太郎是一位"反战政治家"。然而，作为日本首相，他又重新让自己的国家和人民投入到全民自杀的旋涡中。他的作战方针被称为"全民会战"，即召集大量死士，派遣神风特攻队飞机、人肉鱼雷、装满炸弹的小船、人肉定位机载导弹以及一波又一波"竹矛骑兵旅"向美军发起进攻。日本民众会将美军扔下的炸弹碎片收集起来熔化掉，用来生产铁铲。在这样一个国家，只要某种精神占了上风，寻找杀人工具便不再困难。

这种精神也体现在"大和号"超级战列舰最后一次从吴港出动的戏剧性结局。1944 年 4 月 6 日，"大和号"出发前去攻击在冲绳岛外海集结的美军舰队。"大和号"是日本海军的骄傲，它经常被美军追踪却很少现身。到了战争后期，它成为裕仁天皇恐怖战争祭坛上的祭品。这艘人类历史上最大的战列舰只参加一些象征性的行动，但是，第 58 特混舰队的飞行员们永远不会忘记那个时刻。

1944 年 9 月，美国海军实行一项新政策，要求海军军官必须配备一名来自航空队伍的副手。于是，斯普鲁恩斯的原参谋总长卡尔·摩尔被阿瑟·C. 戴维斯少将取代。1945 年 4 月 6 日晚上，经破解密码专家提醒，美军潜艇发现了"大和号"。戴维斯找到斯普鲁恩斯，递给他一份打击这个地标式目标的详细计划。斯普鲁恩斯礼节性地看了一眼计划书，然后一声不吭地将它撕成了碎片。斯普鲁恩斯抓起一张纸,在上面潦草地写了几个字:"米切尔,你去搞定它。"他眼里闪过一丝光芒,把那张纸塞回戴维斯手里。"阿瑟,"斯普鲁恩斯说,"如果我们给米切尔一份详尽的计划,他会记恨我一辈子的。他会觉得我不相信他。他知道该怎么做。"米切尔派出 380 架飞机执行这项任务。下午 3 点左右,"大和号"被美军的 11 枚鱼雷击中并爆炸,3 300 名船员中有 90% 的人随着巨舰葬身海底,包括经验丰富的舰长有贺幸作大佐。

斯普鲁恩斯对他的领导班子实行宽松管理,让他们在战争最艰难的时期也能保持良好的伙伴关系。在冲绳岛,第三两栖军军长、关岛登陆战时斯普鲁恩斯的"同船伙伴"盖格将军把第五舰队的军医叫到他的指挥部,说他有点发烧,下巴肿痛,右脸颊肿胀。"你被病菌围攻了,"大卫·威尔卡茨医生说,"老年人最容易患腮腺炎。"

刚满 60 岁的盖格请求军医不要说出去,"我会成为军中笑柄的。威尔卡茨,千万别把这事告诉斯普鲁恩斯。快点把我治好,我保证听你的医嘱。"盖格还说,他有办法支开他的私人医生,不让他知道自己的身体状况。这位第五舰队的首席军医会配合盖格吗?威尔卡茨没有答应他。

辞别盖格后,威尔卡茨在"新墨西哥号"的上层后甲板区遇到斯普鲁恩斯。"盖格怎么了?"斯普鲁恩斯问道,"我希望他身体没什么大碍。"

威尔卡茨将诊断结果告诉斯普鲁恩斯:"他很怕你和他的手下取笑他,求我为他保密。"

斯普鲁恩斯说:"很好,你继续给他看病,早点把他治好。"

此后没有人提起这事,直到这周周末,一份包裹被送到盖格的桌上,里面有一块折叠得很奇怪的布。盖格将包裹摊在桌子上,发现那是一片用别针扣起来的尿布。是斯普鲁恩斯亲自制作的。

"这个该死的老家伙!"盖格咆哮道,"但我不能跟他作对,免得中他的圈套。请告诉这个该死的老家伙,我会把这东西跟我珍藏的战旗、战利品一起放在我的私人档案室里。"

1945 年 5 月 11 日,大批美军两栖登陆艇用迫击炮和火箭弹开路。随后,巴克纳率领的第 10 军对整个冲绳岛海岸线发起攻击,目标是包围日军的首里城堡据点。在战役中期,双方步兵都遭遇了这场战争的最大伤亡。

当"新墨西哥号"返回停泊地时,一轮新月已挂在夜空。甲板上的船员搬运了一整天的补给品和弹药，早已累得筋疲力尽。晚饭后，斯普鲁恩斯和威尔卡茨医生走到外面的上层后甲板区，享受这晚宁静和凉爽的空气。威尔卡茨说："这天气就像印第安纳州的春天。"

"也是适合用飞机进行自杀式袭击的天气。"斯普鲁恩斯答道。尽管语气轻快，但很显然，他为白天发生的事情感到难过。前天早上，数架神风特攻队飞机在冲绳岛海域撞击马克·米切尔的旗舰"邦克山号"航母，352名船员阵亡。这天，斯普鲁恩斯刚刚参加了航母上举行的葬礼。

突然，"新墨西哥号"的高音汽笛开始鸣叫。一艘驱逐舰报告说，它的雷达侦测到 35 英里外有两架日军飞机。两架 F4U "海盗"式战斗机发现敌机正在靠近美军舰队的停泊地，立即升空追击敌机。7 点刚过，这两架日军飞机就出现在美军视野中，它们径直冲向第五舰队的旗舰，将两架鸥翼式战斗机甩在身后。

当第一架川西 N1K2 "紫电式"战斗机向"新墨西哥号"俯冲下来时，舰上发射的一枚 5 英寸口径炮弹在它下方爆炸，导致其机身着火，从舰艇的前桅上方掠过，在左舷船尾附近坠毁。第二架日军战机中岛 Ki-84 "疾风"绕了一个大圈，然后从"新墨西哥号"的右舷正面发起攻击。"疾风"战斗机的速度实在太快，舰上的高炮指挥官根本来不及调转 5 英寸 25 倍口径火炮。负责 20 毫米和 40 毫米口径高射炮的炮手拼尽全力，依然无法在 8 ～ 10 秒内拯救同船战友的生命。他们眯着眼睛，想透过硝烟和战舰排出的大量废气中看清这架飞机的身影，但他们既不能击落这架自杀式飞机，也无法让它改变航向。附近舰只的齐射弹击中了"新墨西哥号"的船楼并导致六名船员负伤，这架"疾风"战斗机在船体中部坠毁。威尔卡茨回忆说，他当时听到雷鸣般的撞击声、哭喊声，还有尸体掉落甲板的声音。随后，又一架自杀式战斗机撞向舰只中部，再度引发爆炸。第二架飞机投掷的一枚炸弹在被称为"鬼子陷阱"的 20 毫米口径火炮组的打击下爆炸，这架飞机向前一头栽进二号烟囱，把烟囱撞出一个 30 英尺的大洞，飞机也随之解体。

"新墨西哥号"上的备用弹药也被引爆燃起大火，火焰从烟囱往上冒，熊熊燃烧的大火让烟囱看上去就像一把焊枪。烟囱内部的超高气压产生了文丘里效应，这样有助于让大火远离火炮甲板。远离舰队的两架"海盗式"战斗机飞行员为"新墨西哥号"和其他几艘舰只吸引了火力，自己却陷入困境。

作为现场唯一的军医，威尔卡茨开始担心自己的军医处。他想，现在"新墨西哥号"正处于战斗状态，而他的整个军医处都在船舱内。"长官，"他指着船体中部对斯普鲁恩斯说，"那里需要我。"

斯普鲁恩斯看了一眼现场，评估了一下现场形势，然后对威尔卡茨说："好吧。你和大伙儿待在一起，我要去舰桥那边，我知道附近有一条近路。"话音刚落，斯普鲁恩斯就消失在一堆废墟中。

有那么一阵，惊慌失措的第五舰队船员找不到他们的指挥官。斯普鲁恩斯的文书官塞·休伊说自己在船舱尾部见过他。休伊和查克·巴伯发疯似的四处寻找斯普鲁恩斯，最后发现他正在船体中部和船员一起用消防软管灭火。他命令休伊和巴伯评估舰艇的受损程度，并查看敌机是否在甲板上留下电报密码本。说完，斯普鲁恩斯朝舰桥走去。

威尔卡茨监督医护人员为伤员验伤并收集死者遗体。大约到了午夜时分，他终于完成了这项工作。斯普鲁恩斯来回踱着步，听浑身血迹、衣冠不整的威尔卡茨汇报伤亡情况。"有你在这里，我很欣慰，医生，"斯普鲁恩斯说道，他蓝色的双眼如冰山般坚定，"舰船受到重创，甚至连机舱都暴露在外。但我相信，我们一定能坚持到检修完毕，继续战斗。"44 名伤势严重的船员被转移到舰队停泊区。51 名遇难者的遗体身份很难辨认，有些阵亡人员只能靠牙科图标或指纹辨认身份，还有些阵亡人员甚至连牙齿和指纹都找不到。自杀式袭击造成了严重伤亡。

与此同时，冲绳岛的先头突击部队也遭受了前所未有的伤亡：7 600 人阵亡，31 800 人负伤，包括巴克纳将军，他在战役结束三天前被一枚炮弹击中身亡。这是自瓜达尔卡纳尔岛战役后，美国海军付出的最惨重的代价，第五舰队共有 19 艘军舰被击沉，181 艘军舰受损，几乎都是拜自杀式袭击所赐。神风特攻队的闪电袭击在 4 月初达到顶峰，此时正值美国全国上下为富兰克林·D. 罗斯福总统的去世而哀悼。这种袭击一直持续到 5 月德国投降。凯利·特纳也派出驱逐舰在冲绳岛附近担任雷达警戒船，以便在神风特攻队飞机袭来时发出警报，但是这些驱逐舰尤其容易遭受自杀式袭击。有这样一个惊心动魄的例子："拉菲号"驱逐舰在不到 90 分钟的时间里居然遭遇了 22 架自杀式飞机的袭击，其中 6 架飞机撞到了这艘军舰，但它幸免于难。战役结束后，将近 5 000 名舰艇官兵在该次行动中阵亡，1 万多人受伤。"这是我们在这场战争中最惨痛的经历。"斯普鲁恩斯说。

日军致命的自杀式袭击无所不在,所幸雷蒙德·斯普鲁恩斯的运气不错,从未在袭击中受伤,这让威尔卡茨惊讶不已。这是斯普鲁恩斯的旗舰第二次遭遇自杀式攻击,他还是毫发无损,一路上还拿着消防软管灭火。将军级别的人物很少需要勇猛杀敌,但威尔卡茨认为斯普鲁恩斯是"一位名副其实的勇士。在战斗中,他沉着、勇敢,拥有必胜的决心,某种程度上,能够让他身边的人获得勇气和慰藉。他镇定自若的神态鼓舞人心,让我想起佛瑞斯塔和他对尼尔森的评价。我觉得很自豪、很欣慰,而且我敢肯定,在斯普鲁恩斯的带领下,第五舰队是不可战胜的,冲绳岛必定被我军攻陷,日本必定像德国那样以战败收场。我们必定赢得这场悲惨的战争"。

"集体自杀"仪式

随着西太平洋战事渐入高潮,铃木内阁将最高国策制定权交给由一群官员自发组成的"最高战争指导会议"。该会议的参与者包括首相铃木贯太郎、外务大臣东乡茂德、海军大臣米内光正、陆军大臣阿南惟几、帝国陆军参谋长梅津美治郎以及联合舰队司令长官丰田副武,他们也被称为"六巨头"。

5月上旬,在一系列会议中,"六巨头"提出了一个想法:请苏联做说客,说服美国结束这场战争。这个想法别出心裁,因为莫斯科方面已经告知东京,苏联不会续签《苏日中立条约》。所以,问题关键在于:为了获得苏联的帮助,日本应该提供什么样的等价交换物以及日本应该向盟军提出什么样的投降条件。此前,日本从未严肃地提出这两个问题。

在重大挫折面前,日本领导层不愿意或没有能力用负责任的态度管理这个国家。这在5月22日"六巨头"召开的会议上再次有所体现。此刻,日军冲绳岛的首里前线遭受美军攻击,阵亡人数至少达5万人,梅津美治郎却说:"我们在冲绳岛前线还没有战败,现在是平局。我们为什么要摆出战败国家的姿态?我们应该以'公平交换'为基础进行谈判,以弱者的立场开始谈判对我们没有任何好处。"按照高木惣吉的说法,"梅津美治郎说这番话的态度十分强硬,会议几乎无法进行下去"。在日本这个有着悠久政治暗杀传统的国家，如果一名官员大胆公开自己的政治分歧，将是一件很危险的事情。

阿南惟几、梅津美治郎和丰田副武已深感穷途末路，他们三人不可能与其他追求实用主义的同事达成共识。在这生死攸关的时刻，请一个中立国家为日本进行外交斡旋是至关重要的。然而，邪恶的政治博弈让这一建议无法得到应有的重视。

日本政府顽固不化的战争政策伤害的不仅是被困在冲绳岛上的普通老百姓，还有更多的日本民众。

5 月 27 日，"密苏里号"战列舰抵达冲绳岛的渡具知，威廉·F.哈尔西上将接替了斯普鲁恩斯的职务。尽管斯普鲁恩斯习惯性地希望在心理上坚持原则，但他已经心力交瘁。哈尔西问他，麦克阿瑟的陆军航空队正在采取什么样的措施来支援海军的军事行动，即将离职的斯普鲁恩斯冷冰冰地回顾了一番第 5 航空队在台湾岛战役的表现。据估计，在这场战役中，乔治·C.肯尼将军率领的第 5 航空队摧毁了日本在台湾岛上 80% 的工业生产能力。斯普鲁恩斯说："他们炸掉了很多糖厂、火车和其他生产设备。"同时补充道，第 5 航空队几乎没有采取任何措施压制日军的空中力量。斯普鲁恩斯曾与阿诺德发生过口角，因为阿诺德命令负责冲绳岛机场建设的将军暂缓新战斗机跑道的修建工作，优先建设供轰炸机使用的新设施。当时，柯蒂斯·李梅公开反对使用 B-29 轰炸机执行战术任务，比如轰炸神风特攻队机场，而斯普鲁恩斯则迫切需要陆军航空队在某些地方挺身而出，给舰队一个喘息的机会。

尼米兹理解下属承受的压力。斯普鲁恩斯手下的官兵早已筋疲力尽，这项令人疲倦的工作已经消磨了凯利·特纳、霍兰德·史密斯和其他所有人的精力。现在，哈里·希尔接替特纳出任第五两栖军指挥官一职，约翰·麦凯恩则撤掉了米切尔航母编队最高指挥官的职位，指挥权就此移交。让哈尔西的一位幕僚惊讶的是，虽然经历如此大的变动，哈尔西仍然淡定从容。

在太平洋前线的最后一晚，斯普鲁恩斯失眠了。晚饭后，停泊在渡具知的"新墨西哥号"拉响了防空警报，斯普鲁恩斯立刻前往这艘受损的战列舰舰桥。晚上 10 点，日军飞机仍然不断发起袭击。月亮在一片雾霭中发出奇异的光芒，防空重炮的射击声盖过了来自海岸和附近军舰的声音。在夜幕的掩护下，"新墨西哥号"没有开炮，但它上方满是日军飞机引擎发出的嗡嗡声。巴伯后来回忆说："我走到外面往天上看，仿佛有很多女巫骑着扫把从圆月中间穿过。"不知何故，斯普鲁恩斯发现，虽然舰艇的主炮组和5英寸口径高射炮轰轰作响，但只要炮声有一定的节奏，他就可以安然入睡。他最受不了的是间歇性的炮火声，或者沉寂之后突然响起炮组齐射的声音。好在他再也不用适应冲绳岛那恐怖的炮火声了。

斯普鲁恩斯是"奥林匹克行动"和"小王冠行动"的反对者，他赞成进攻冲绳岛，因为他认为该岛的地理位置极佳，有利于对日本实施封锁。他觉得在日本本土登陆的风险过高，而且这种风险并不是专属于美军。他亲眼看到冲绳岛战役中幸存者的境况，大多数幸存者都是老人和带着孩子的中年妇女，他在该岛上没有看到年轻男性，只有少数几个处于就业年龄的女性。斯普鲁恩斯写信告诉玛格丽特："在所有这些岛屿上，这些可怜的本地人通常只是无辜的旁观者，他们对国家之间的争端不感兴趣，却是这些争端的最大受害者。"然而，抛开所见所闻不谈，在写下上面这段文字的时候，斯普鲁恩斯对冲绳岛上发生的丑事毫不知情。

大田正秀是一名家住冲绳岛的年轻人。在美军开始登陆之前，他被迫加入了一个被称为"铁血学生军"的辅警队。大田说，日本人将冲绳居民视为"三等日本人"，因为他们认为冲绳人"不够忠诚，没有爱国主义精神"。因此，冲绳当地居民成为驻岛日军的替死鬼和宣传洗脑的对象。日军的一些军官曾是南京大屠杀的刽子手。大田说，冲绳岛被美军攻陷后，驻岛日军开始屠杀本地居民："日本兵到处散播谣言，说他们之所以打败仗，是因为冲绳居民给美国人当间谍。他们告诉那些被疏散到九州和其他地区的小孩，冲绳人背叛了自己的国家，所以日本打了败仗。后来还发生了很多可怕的事情。"

大田所说的"很多可怕的事情"是指日军举行了一场称为"集体自杀"的可怕仪式。实施这次自杀行动的命令是由日本陆军下达并通过当地长者颁布的。在庆良间列岛长大的金城成亮称，"集体自杀"这一说法是战后被杜撰出来的。"这个词很容易被误解，"他说，"现在，国家说这些人的死是'自愿的'，但事实并非如此。冲绳人并没有主动自杀。"但是，在所谓的"大东亚共荣圈"内，每一个地方都保留了"玉碎"的"神圣"传统。

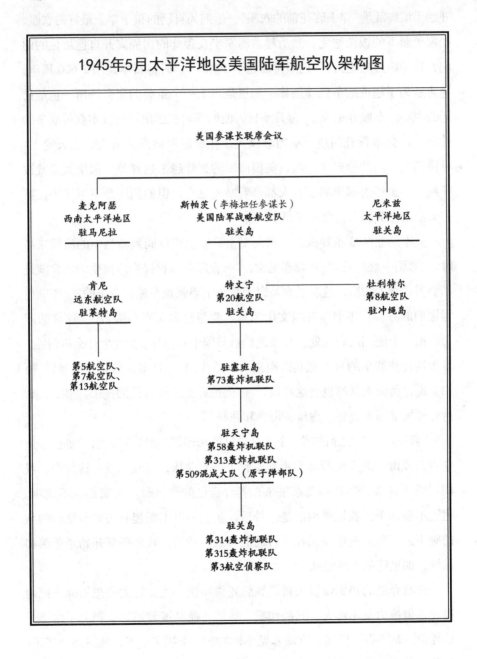

1945年5月太平洋地区美国陆军航空队架构图

美国参谋长联席会议

麦克阿瑟
西南太平洋地区
驻马尼拉

斯帕茨（李梅担任参谋长）
美国陆军战略航空队
驻关岛

尼米兹
太平洋地区
驻关岛

肯尼
远东航空队
驻莱特岛

特文宁
第20航空队
驻关岛

杜利特尔
第8航空队
驻冲绳岛

第5航空队、
第7航空队、
第13航空队

驻塞班岛
第73轰炸机联队

驻天宁岛
第58轰炸机联队
第313轰炸机联队
第509混成大队（原子弹部队）

驻关岛
第314轰炸机联队
第315轰炸机联队
第3航空侦察队

按照宫城春见的说法，"每个人凭直觉意识到自己应该做些什么。他们开始手忙脚乱地'穿上临死前的衣服'。他们为自己的孩子穿上最好的衣服，把家里剩下的饭菜吃完，然后趁着海军半夜轰炸的间隔离开自己居住的山洞，往神庙方向走去。"这座神庙建于 1940 年，时值日本建国 2 600 周年。神庙是为了超度战争亡魂而建。那里是岛上一个重要的聚会场所，也是社区的中心。宫城春见说："每月 8 日，他们都要在那里祈祷日本获得战争的胜利，还会举行升国旗、唱国歌仪式。在那里聚会意义重大。那天晚上，村民们三三两两地聚在一起，美国海军的轰炸越来越猛烈，很快大家就被吓跑了。虽然去那里的所有人都带着必死之心，但他们还是下不了手。第二天早上，美国人就登陆了。"

美军的登陆成了导火索。当美军士兵登上庆良间列岛当中的座间味岛时，"悲剧一触即发，"宫城春见说，"一直以来，村民们所接受的教育就是不要丢日本人的脸。这种教育是以天皇为中心强加在他们身上的，'不准使用你们的方言！不准以冲绳文化为重！要与日本人齐心协力！'这样的观念已根植于他们内心深处。如果他们被美国士兵抓住，会发生什么事情呢？参加过侵华战争的日本老兵以南京大屠杀为例，'日本人做了这种事，'他们会说，'美国人自然也会这样做。'你们最好先杀掉自己的孩子，然后自杀，这好过被美国人羞辱、虐待、侮辱和强奸。"

"我记得，我们杀的第一个人是自己的母亲，"金城成亮说，"那些手里拿着刀或镰刀的人割断他们手腕或脖子上的动脉，但我们没有这样做。我们用绳子自杀。当我们要亲手杀死养育自己的母亲时，大家都泣不成声，迟迟不愿动手。我记得很清楚。最后，我们不得不搬起石头对着她们的脑门砸下去，我们就这样杀死了自己的母亲。然后，我和哥哥开始杀弟弟和妹妹。那里犹如人间地狱。"

宫城春见的奶奶惊慌失措，她想死得痛快一点。她丈夫想用绳子把她勒死，但他力气不够大，只能作罢。然后，他又试着用折叠剃刀了结妻子的性命，却弄得一团糟。宫城春见小姨的喉咙上挨了一刀，他以为她死了，结果她并没有死。她睁开眼睛，看到一名美国兵正低头看着她。"他们的眼神不经意间相遇了，"宫城说，"她大吃一惊，然后赶紧闭上双眼。但士兵轻轻地拨了一下她的眼皮，她只能再睁开眼睛。她想屏住呼吸，但你也能想象得到，这是不可能的。那位美国士兵把她抱出山洞。那年她 18 岁，完全记得山洞里发生过的大多数事情。她说，当她的喉咙被割了一刀时，她并没有觉得痛。鲜血涌出刀口，身体感到一股暖流流过，随后她就昏昏欲睡。山洞变成了一片血海，每个人都躺在别人的鲜血中。"

　　如果说与敌人的第一次接触就让那些对领主没有太多感情的冲绳老百姓遭受了这种噩梦，那么，进攻日本本土也许会给那些在种族问题上持错误立场的日本平民造成更大规模的灾难。与"火攻"东京相比，它所带来的恐惧感是截然不同的，而且会带来深远影响，甚至使前者相形见绌。由于驻冲绳岛的日军没有精确名单，所以很难计算出冲绳岛战役中日军的伤亡人数。据权威机构统计，日军阵亡人数约为 6.5 万人，冲绳岛籍士兵阵亡 2.8 万人，平民死亡 9.4 万人。

　　在全面战争中，死亡的方式有很多种，有人却偏偏喜欢用道德标尺去衡量它们，这种做法显得武断而荒谬。他们将冲绳岛上的暴行分门别类，从而为数万甚至数十万伤亡人数找到一个可接受的理由。斯普鲁恩斯很反感这种人，他说这些人简直"多此一举"。美国要赢得这场战争，而这场战争早就超越了所有所谓的伦理道德界限。

　　冲绳岛战役结束后，美军才知道前路有多艰难。政策制定者们不再热衷于谈论塞班岛的伤亡率。冲绳岛战役中美军的伤亡人数预示着他们在之后的"奥林匹克行动"和"小王冠行动"中必将付出更为惨重的代价。麦克阿瑟的参谋们已经意识到日军正在本土大量集结，他们开始修正"没落行动"的预计伤亡率，不再以塞班岛伤亡率作为基础（以此为基础的话，美军在"没落行动"中将有 50 万人阵亡）。他们采用了一种名为"不祥率"的全新衡量标准。此前，美军预计每阵亡一名美国士兵，日军就要付出七人阵亡的代价。但根据冲绳岛战役的经验，他们将这个比例改成了 1 比 2。

　　无论在冲绳岛还是在附近岛屿，日本人都表现出对死亡的狂热崇拜，太平洋司令部驻关岛指挥部和美国媒体也注意到这一点。"整个日本，"赫伯特·比克斯写道，"都想通过集体自杀的方式实现民族救赎。"李梅手下的飞行员加大了宣传力度，他们散发了数百万张传单，号召日本国民反抗军国主义分子。不可否认的是，这个号召实事求是，具有独特的道德力量。

Methods of Death on the Wing

☆☆☆

第32章 死亡之翼

用18架飞机结束战争？

1945年，从西太平洋进行的激烈空战可以看出美日两国习惯采用的空战方式截然不同。自杀式袭击在战术上很有效，在战略上则毫无价值。但从某种程度上说，这种方式适合单打独斗。自杀式战斗机向下俯冲，越来越接近目标，然后一声巨响，飞行员控制了整个过程。飞机和飞行员留下的残骸便成为袭击幸存者的纪念品。有时候，这些残骸上甚至还留有飞行员的姓名。曾遭遇过两次自杀式袭击的斯普鲁恩斯认为，日军的攻击方式与美国陆军航空队的做法“完全是两个极端”，因为美军是“从大气层扔炸弹，这种方式虽然稳妥但效率极低”。从战术层面上讲，李梅的轰炸机大队所执行的任务意义不大，因为它们无法打击那些能够在短时间内扭转战局的目标。但在打击重工业目标方面，B-29轰炸机的杀伤力就立刻显现出来了，而且完全不像通过谍报活动破坏重工业那样掺杂个人色彩。

美国海军“胜利角号”运输船载着第509混成大队地勤梯队的1 200人从西雅图出发，途经檀香山和埃尼威托克岛，于5月29日抵达天宁岛。一周后，混成大队的空勤梯队也乘坐运输机抵达天宁岛，该梯队包括520名军官和征募飞行员，他们将被分配到第509混成大队的各运输机和支援飞机。6 月，驾驶过第 509 混成大队"超级空中堡垒"轰炸机的战斗机组人员开始陆续抵达北部机场，他们将驾驶 18 架被分配给第 393 重型轰炸机中队的 B-29 轰炸机。参加"银盘"计划的 B-29 轰炸机都经过特殊改装，引擎、可调距螺旋桨、气动弹舱门等部件都已经完成升级，并去掉了机枪，只保留了尾炮，同时在驾驶舱多了一个位子，留给在飞行过程中启动和看护原子弹的"武器专家"。

蒂贝茨说，在"胜利角号"抵达天宁岛之前，他所率领的机密团队在海外的活动只能称为流浪。在没有征求任何人的建议或同意，甚至在没有知会格罗夫斯将军的情况下，蒂贝茨向华盛顿发送了电码，要求启动整个流程。"我知道，如果按常规渠道走，肯定会引发一轮又一轮的讨论。"蒂贝茨在回忆录中写道：

> 我故意没有向上级提及我的计划。但是，麻烦接踵而至，这早在我的预料之中。格罗夫斯叫我去华盛顿。我刚走进他的办公室，他就把我劈头盖脸地臭骂了一顿，脏话连篇。他说，我这样自作主张无异于抗命。在他发泄完怒气之前，我都把自己当成陆军飞行大队里资历最老的少尉。我开着破烂不堪的飞机从战区赶来。他刚说完，我就注意到他眼里闪烁着光芒。格罗夫斯不喜欢意料之外的事情，但是他私底下对我的计划还是很满意的。
>
> "你是怎么搞的，把部队都调动起来了。"格罗夫斯说。
>
> "在动身前往太平洋之前，我给科学家们施加压力，让他们别再纠结于细枝末节，赶紧完成任务。"
>
> 在天宁岛西北角，也就是距离天宁岛白滩 300 码的地方，世界上首批原子弹航空兵正在搭建机棚。这片区域是预留给第 509 混成大队和"艾伯塔计划"中的武器专家的，由格罗夫斯的特别助理埃尔默·E. 柯克帕特里克上校负责监工，工程的保密工作也非常全面，就连美国海军战区长官约翰·胡佛中将也以为这个场地只是一个普通的"某种鱼雷车间"。

蒂贝茨手下的飞行员和空勤人员住在为海军工程兵部队第 18 营预留的

一片闲置空房里。他们要在那里接受一系列培训课程，课程内容涵盖战区历史、日本文化、空中与海上救援方法、雷达轰炸、应急措施和摄像机操作等。蒂贝茨已亲自监督过这支秘密部队的训练工作，所以他不太愿意服从第 313 轰炸机联队指挥官的行政管理。约翰·戴维斯准将对第 509 混成大队将要执行的特别任务毫不知情，每当他向蒂贝茨提出一些问题，蒂贝茨总是拒绝回答。时间久了，蒂贝茨察觉到戴维斯有些不满。但是，有件事让蒂贝茨觉得很好笑。有一天，戴维斯将蒂贝茨叫到他的办公室，问道："你手下的机组人员都像今天来上课的这帮人吗？"

"是的，长官。"

"噢，真该死，他们让我们学校的老师很有挫折感。跟我们的讲师相比，他们对飞机、飞行技能和其他任何事情的了解都要深入得多。"

后来，李梅的手下坚持要统一维护 B-29 轰炸机，蒂贝茨就这个问题跟他们发生了冲突。蒂贝茨称，"除了我自己的机械师，我不想让其他人在我的飞机周围闲逛。"最终，他说服了李梅。李梅命令他的手下不要干涉第 509 混成大队的事务。

在短暂的休息时间里，第 509 混成大队的队员们参观了天宁镇的遗迹，看了岛上被摧毁的坦克飞机和"塔加屋"的石柱。美军还组织了劳军演出和棒球表演赛。比赛场地用伪装网围起来做边线。圣路易斯红雀队的球星伊诺斯·斯劳特赤脚打了一场比赛。一位轰炸机投弹手用两夸脱（1 夸脱 ≈0.946 升）"时代波本"威士忌的钱请几名海军工程兵帮他搭建了一个带花洒的私人帐篷充当宿舍，方便他的机组成员在里面洗澡。这位投弹手还从塞班岛征用了一辆吉普车供机组成员使用。他说："我们有杰克丹尼威士忌，我可不想让他们知道我们给自己留了好东西。"1945年夏天，蒂贝茨在天宁岛从事着一项极其严肃的事情，而他手下的官兵学会了忙里偷闲，放松自己。

蒂贝茨将那几个月称为"我的军事生涯中最疯狂的日子"。从温多弗飞往天宁岛需要 70 个小时，由第 320 部队运输机中队负责运营的"青蜂"航线机组成员每隔 15 天往返一趟温多弗，将一些关键人员运送到天宁岛。这是一条专门为原子弹计划搭建的空中桥梁，在往返于这条桥梁的飞行员中还有两名女飞行员，蒂贝茨称她们是"我见过的最称职的两位多引擎飞机驾驶员：朵拉·多尔蒂和海伦·戈斯内尔"。

在关岛，李梅和尼米兹找蒂贝茨开了一次会，将进攻日本的计划告诉了蒂贝茨。蒂贝茨明白他的任务将面临什么样的风险。"我们只有少数人知道这些周密的计划很可能不会实施，"他写道，"这支由 1 800 人和 18 架飞机组成的小股部队要完成 200 万名士兵的使命！我们要结束这场战争，拯救美国和日本数十万人的生命，我们对此信心满满。"在指挥部用完午餐后，李梅带着蒂贝茨来到一间简报室，房间里的一张桌子上摆满了航拍照片，照片中是被烧焦的日本城市。这都是蒂贝茨在格兰德岛的一次户外烧烤聚会上力劝李梅采取区域燃烧弹轰炸战略的结果。"你说得对，保罗。"李梅说。曾经因为拒绝低空飞行而被派往太平洋战场的蒂贝茨意识到李梅在说反话。火浪会接踵而来。

蒂贝茨分别在春季和初夏的时候飞往华盛顿，讨论了原子弹轰炸目标事宜。4 月底，"曼哈顿计划目标委员会"在美国国防部劳里斯·诺斯塔德的会议室举行首次会议，莱斯利·格罗夫斯主持了此次会议。接下来的两次会议在洛斯阿拉莫斯举行，蒂贝茨的"武器专家"、海军上校帕森斯与诺曼·拉姆塞以顾问身份参加了会议。5 月 31 日，目标委员会结束讨论，确定以京都、广岛、横滨和小仓为轰炸目标，因为这些城市未经战争破坏，而且都是战争工业和军政中心。两周后，陆军部长亨利·L. 史汀生将京都从轰炸名单中剔除掉，因为这座城市是日本文化的宝库。经过进一步研究，长崎被加入名单，新潟县则取代了小仓市。有人提议安排一次试爆，向日本人展示原子弹的威力。他们认为这样可能会让日本人坐到谈判桌前，但这一提议被否决了。罗伯特·奥本海默说，没有什么比用原子弹摧毁一座城市更能给敌人留下深刻的印象。国务卿詹姆斯·F. 伯恩斯想知道：如果原子弹没有成功引爆，会产生什么后果？如果它真的爆炸了，需要什么样的证据才能说服日本人相信这骇人的景象是由某种单一武器造成？如果日军把盟军战俘安置在爆炸点，又会产生什么后果？

不愿和解的日本军队

5 月 31 日下午，也就是美军宣布冲绳岛安全三周之后，"新墨西哥号"抵达关岛。上岸后，斯普鲁恩斯搬进一间位于高山山坡上的大房子，这间房子毗邻太平洋司令部的指挥部，它有四间带浴缸的卧室、一间厨房和一间佣人房，客厅与餐厅是连在一块的，还有一间巨大的门廊。他跟总参谋长阿瑟·戴维斯、私人医生威尔卡茨以及作战行动指挥官萨维·弗勒斯特一起住。在关岛举行的中途岛战役胜利三周年庆典上，29 岁的海军少校爱德华·斯普鲁恩斯再次与父亲不期而遇。小斯普鲁恩斯刚刚被解除了"狮子鱼号"潜艇的指挥权。

斯普鲁恩斯父子俩的关系一直不是特别亲密。爱德华后来写道，那天，他们一起走了很久。在这过程中，老斯普鲁恩斯"对于美军驻冲绳岛海域的舰船和船员因自杀式袭击而遭受的伤亡深感担忧。之前我从未见过他如此忧心忡忡"。

哈尔西想对日军采取一些反制措施。他率领快速航母从冲绳岛出发，于 6 月 2 日和 3 日对九州岛的目标发起攻击。此次空袭导致美军损失了 16 架飞机和 12 名飞行员。两天后，哈尔西和他的先头突击部队遇到一场大台风，"匹兹堡号"巡洋舰的船舷断裂 100 英尺，"黄蜂号"航母和"班宁顿号"航母的前部飞行甲板断裂 25 英尺，其他三艘舰船也严重受损，并造成六人死亡。斯普鲁恩斯宁愿完成他在琉球群岛最开始负责的工作，但是尼米兹没有让他这么做。这表明太平洋司令部很器重斯普鲁恩斯这位规划者。哈尔西的冲动先是让美军在莱特湾付出了生命的代价，又在 1944 年 11 月和 1945 年 6 月的台风中损失惨重。这就是尼米兹让他手下最出色的战役规划者协助策划"奥林匹克行动"所要付出的代价。时间不等人，太平洋司令部想迅速展开此次行动。

6 月 6 日，在"最高战争指导会议"的一场会议中，日本最高指挥部率先正式提出结束战争的议题。"六巨头"似乎为军国主义倡导者阿南惟几和梅津美治郎发起的"心理闪电战"着迷。他们呼声很大，就连铃木首相也振作精神，发表了热情洋溢的演讲，宣扬全国人民光荣赴死的理念。在此之前，铃木被外界广泛认为是一个优柔寡断、在政治理念上持温和立场的首相。这次重要会议达成的最终政策宣称日本人很团结，他们拥有地理优势，必须将战争进行到底。

6 月 8 日，"六巨头"再次开会，邀请裕仁天皇参加会议。在向天皇逐一列举了他们的调查结果之后，他们告诉天皇，日本本土已经正式投入一场决战中，也就是所谓的"全国玉碎"。

据说，掌玺大臣木户幸一为这个结果感到震惊，随后他开始拟订终战的潜在条件。他和裕仁天皇始终都"将军事胜利视为和平举措的前提条件"，就在他向首相呈送求和条件的同一天，裕仁颁布了《终战诏书》，号召日本"粉碎敌国之狼子野心"，以"实现战争之目标"。正如历史学家理查德·B.弗兰克所说，"除了号召国民决一死战，这份诏书没有给出任何政策方面的暗示。因此，对于政府高层正在秘密进行的踌躇不前的求和举动完全无法得到公众的理解，更不可能赢得公众的支持。"

然而，日本外交官无法再打动美国人。那些在 1941 年关注日本举动的人不禁回想起天皇密使访问华盛顿的照片。就在日本偷袭珍珠港前一天，这位密使还情真意切地提出和平建议。1945 年 6 月 1 日，盖洛普公司在一份民意调查问卷中问道："倘若我国同意不向日本本土派遣占领军，日本可能会提出投降并召回海外军队。如果我们有这种机会的话，您觉得我们应该接受日本的和平提议吗？又或者，我们是否应该战斗到底，直至在战场上完全打败日本？"对于这一假设的和平提议，90% 的美国民众表示不接受。

日本并没有给出和平提议。战争结束后，枢密院议长平沼骐一郎在接受美军审讯时称，日本政府循环论证的思维模式使其无法做出绝大多数人都知道要怎样做的决定。"那些熟悉内幕，尤其是在陆军和海军长期服役的人自然明白，在当时的环境下，战争不会这么顺利地结束，"他说，"因此，这相当于我们必须立即结束战争。铃木也这样认为。成为首相之后，他发表了一些好战宣言，这听起来有些矛盾。但是我认为他之所以做出这些举动，是因为他坚信在战争时期，一名首相不应该发表带有绥靖主义色彩的演讲。如果仅凭铃木的好战宣言便草率地断定他毫无寻求和平之心，那真是大错特错。我想，他的本意是战争必须终止，而且必须采取适当措施终止战争，但他又不能在公众面前表现出自己的真实意图。"

平沼骐一郎也有同感，他说："我也意识到战争已经无法继续下去了。我们必须尽快达成和平协议。与此同时，我的确认为乞求和平有违我们的本意。尽管我们不能让战争进行下去，但为了结束战争而乞求和平的做法实在不可取。"对日本而言，可怕的不仅仅是美国的作战部队，还有不愿和解的日本军队。

第33章

机遇
与疯狂

启动本土大决战

美军正以史无前例的规模集结部队，准备实施"奥林匹克行动"和"小王冠行动"。为了筹备"奥林匹克行动"，斯普鲁恩斯的第五舰队将于1945年11月1日把沃克·克鲁格将军的第六集团军运往九州岛，并以哈尔西的第三舰队作为支援（这两支舰队的军舰数量足以引起人们的注意）。在"小王冠行动"中，第五舰队需要在1946年3月1日将罗伯特·L.艾克尔伯格少将的第八集团军运送到东京平原，给日军最致命的打击。与欧洲战场相比，美国陆军在历时三年半的太平洋战争中所投入的兵力简直不值一提。现在，美军很快就要向太平洋战区增补地面部队，而陆军的航空联队也不再需要留守欧洲大陆。在吉米·杜利特尔中将的带领下，配备了B-29轰炸机的第8航空队在冲绳岛部署完毕。"饥饿行动"已经开始，美军在日本海域布下了大片的磁性水雷、感音水雷和压力水雷，潜艇和航母在四处巡逻，轰炸机在马里亚纳群岛机场频频起飞。美国来势汹汹，对日本本土的全方位打击似乎势不可挡。

但是随着时间的推移，美军要攻击的目标却变得越来越难以撼动。专门负责监控日军军用无线电频率的美军无线电情报部门发现日军在九州岛集结的人员数量令人震惊。6 月 18 日，马歇尔将军向杜鲁门总统汇报说，日本南部岛屿的守军可能多达 35 万人。马歇尔主张海军和航空队阻断日本增援部队的去路，这一主张得到了金上将的支持。麦克阿瑟的指挥部预测，日本本土拥有 2 500 ～ 3 000 架飞机。六周后，麦克阿瑟领导的西南太平洋战区司令部的密码破译团队①截获了日军的军用无线电联络信息。这些信息表明，日军在九州岛部署了 68 万人抵抗美军进攻，这个数字几乎是马歇尔预测的日军最高人数的两倍。美日双方的兵力比例将达到一比一，这对美军而言是相当危险的。7 月中旬，太平洋司令部发现日军在日本与朝鲜一带部署了 8 750 架飞机。在目睹了神风特攻队在冲绳岛海域给美军造成的惨重伤亡之后，太平洋司令部对此深感不安。不到一个月后，美国陆军航空队预计日本可能会集结一万多架飞机，其中一半飞机属于神风特攻队。那年夏天，日军自杀式袭击的数量将会以令人吃惊的速度猛增。即便日军使用的是已经完全淘汰的飞机，舰队也很容易遭其攻击。海军中将奥柏瑞·费齐在接受美国全国广播公司采访时吹嘘："神风敢死队经常靠偷袭得手。很快他们就会发现，这股神圣的风吹错了方向。"就在他接受采访后不久，"卡拉汉号"驱逐舰便被一架携带一枚小型炸弹的单引擎双翼飞机击中。这架飞机是由木头、三合板和涂漆织物组成的，按理说这种构造的飞机在战争中不堪一击。但就是这架过时的飞机，击毁了美国海军防控体系中两个重要部件：搜索雷达和雷达波发射器。它投下的炸弹穿透上层操作室，发生二次爆炸，致使"卡拉汉号"沉入海底。一架过时的轰炸机靠偷袭成功地击沉了一艘装备精良的快速驱逐舰，这让美国海军意识到，即便是古董级别的飞机（这种飞机通常不在美军情报部门的估算范围内）也能给军舰构成严重威胁，尤其是那些航行速度较慢、只装有轻型武器并搭载了部队的运输船，这种船将成为神风特攻队在日本周边海域的主要攻击对象。美国海军已经意识到事态的严重性和"奥林匹克行动"所面临的威胁，因此，海军最优秀的炮术专家威利斯·李少将带领一支特别小组离开太平洋战区，回到缅因州的卡斯科湾，他将带领团队改进雷达侦测技术和瞄准自杀式飞机的火控技术。

---

①该密码破译团队是盟军在世界范围内实施的一项名为"超级计划"的秘密情报计划的重要组成部分。——作者注

　　迫于日军的压力，美军在九州岛登陆的可能性变得十分渺茫。8 月，隶属于参谋长联席会议的联合战略调查委员会①对"奥林匹克行动"所要付出的高昂代价做了初步估算：假设行动周期为 90 天，美军伤亡人数将达到 50 万人。即便保守估计，美军的阵亡人数也要超过 10 万人。据说，这个数字让马歇尔将军意识到进攻日本的代价与占领纳粹德国的代价一样惨重，想到这里，他顿时心生惧意。在反复查验过这些数字后，美国陆军将每月征兵指标调高了 60%，增加到每月 10 万人，并且预测战争将持续至 1946 年底。

　　根据最新情报评估，驻九州岛的日军兵力比第一次预测时强大了很多，斯普鲁恩斯对此深感担忧。每进行一次调查，日本可用于自杀式袭击的飞机数量、师旅数量都在不断攀升。继登陆硫磺岛和冲绳岛之后，斯普鲁恩斯更希望将下一个登陆地点定在中国沿海、中国台湾北部和长江以南地区。他认为，中国大陆有极好的舰队泊锚地，"我们可以用较低的代价给日本造成大规模破坏。由于麦克阿瑟已经在菲律宾屯兵，日本到南太平洋的供给线实际上已被切断。"

　　无论陆军航空队还是海军，从未想过从陆地进攻日本本土。6 月 13 日，阿诺德抵达关岛与尼米兹会面，同时检验尼米兹的军事部署成果。阿诺德计划在马里亚纳群岛部署 1 000 架 B-29 轰炸机，以确保陆军航空队把对待德国的那套方法再次用在日本身上，即从空中摧毁日本的所有工业设施。李梅对阿诺德说，他可以用大约 100 天时间"解决掉"（这是阿诺德的原话）30 ~ 60 座日本大城市。尼米兹对金说，此前有人说他支持入侵日本，事实并非如此。美国海军从始至终都对"奥林匹克行动"持怀疑态度，而金本人是最大的反对者。金在回忆录中写道，该行动反映出"有些人对制海权完全缺乏了解。"

　　正如斯普鲁恩斯对尼米兹说的那样，"我们眼下最好不要对日本进行登陆作战。我们应该让日本鬼子自食其果，自生自灭，就像我们之前在其他地方做的那样。"金也表示赞同。他认为，粮食耗尽后，饥饿不堪的"敌人只能乞求投降"。金这番一厢情愿的说法值得注意。然而，在一份 4 月 30

---

①卡尔·摩尔把联合战略调查委员会称为"一群睿智的老者组成的委员会，其职责是审核参谋长联席会议悬而未决的事情"。该委员会成员包括恩比克将军、美国陆军航空队费尔柴尔德将军，以及海军中将罗素·威尔逊。——作者注

日递交给参谋长联席会议的备忘录中，金突然改变了态度。他告诉同事，他认为是否登陆日本这一问题仍有待讨论，而且他赞成将登陆日本的提议上报杜鲁门总统，由总统做最后定夺。

超大功能电台所截获的情报表明，为了抵抗美国进攻，日军正打算大幅改变战术。他们预谋在近海用自杀式袭击集中攻打登陆部队，只要美军开始上岸，第一总军和第二总军将发起大规模反击。该战术与日军在塔拉瓦战役之后所采用的反登岛战术截然不同。在以往战役中，日军是等美军两栖部队完全登陆之后才发起反攻。

自杀袭击小分队受命将炸药放置在坦克车和两栖装甲车的履带下面。日本陆军大本营调配了 14 个师团、5 个独立混成旅和 3 个装甲旅防御九州岛，并抓紧时间训练新部队。日军迫切希望美军能在秋天进攻日本，因为各方面已经准备就绪，如果美军推迟进攻，他们的口粮很快就会消耗殆尽，并且容易引发其他问题。

一向以珍惜士兵生命为傲的麦克阿瑟却期望美军可以尽快登陆日本。之前他一直抨击海军在塞班岛和其他地方不顾士兵生死而大开杀戒的鲁莽行为。现在，面对太平洋战争中最血腥的登陆战，这位陆军掌门人却执意对日本从正面发起两栖进攻，海军反而不想操之过急。

原定的登陆日期是 11 月 1 日，在此之前的任何轰炸和封锁手段无疑都会削弱日本的实力。但是，在人类军事史上，还从未有军队能从海上成功入侵一个强大的工业化国家。麦克阿瑟的指挥部预计，在接下来的九州岛战役和本州岛战役中，美军总伤亡人数将达到 72 万人。6 月，麦克阿瑟还在不事声张地向马歇尔确认说，化学武器专家的培训工作正在紧锣密鼓地进行当中。麦克阿瑟表示他已经安排人员将澳大利亚仓库中的氯化氰和芥子气运往吕宋岛，以备在"奥林匹克行动"中使用这些化学武器。

为了运输另一种易腐品，美军正在建设一条地下管道。从 1944 年开始，美军一直致力于开发一种可以将血液运往西太平洋战场的系统。到了冲绳岛战役时，研发工作取得了重大进展。这些血液来自美国各地的捐献者，它们被封装在干冰里，然后用飞机送到奥克兰市，再转运到位于关岛的一间冷藏库。该供血体系事关生死，它决定了"奥林匹克行动"能否顺利实施。新鲜血液的保质期是 21 天，美军必须在保质期内迅速将血液送到医疗船上的流动配送中心，以备急用。如果血液无法及时送到配送中心，或者医疗船在运输血液的过程中被日军击沉，那么成百上千的伤员会因失血过多而死。

从拉包尔到特鲁克，再到雅浦岛，这些岛屿都建有很多日军要塞。在美军看来，这些行将荒废的要塞与当地环境格格不入。而对于那些驻岛日军而言，最严峻的考验是忍受饥饿。在被美国海军陆战队攻打过的马里亚纳群岛和琉球群岛等后方区域，朗森将拒不投降者悉数铲除。在亚洲大陆，每天都有 8 000 多名无辜平民死亡。在日本本土，成千上万名美军战俘被日军羁押，饮用水和食物的供应量逐渐减少。阿诺德、劳里斯·诺斯塔德和柯蒂斯·李梅注意到，日本的部分大城市仍在一片火海之中。数十年来，裕仁天皇一直野心勃勃，与那些让国民陷入狂热的军国主义分子沆瀣一气，妄图借此巩固自身政权。在遭受原子弹轰炸之前，东京火攻是对裕仁的一次重大打击。然而，此刻的日本仍然希望血战到底。美军另一项名为“魔法计划”的秘密情报计划截获了日本外务省及其驻外使节之间的无线电通信信息。这些信息显示，东京火攻对日军士气“似乎没有产生任何影响”，马歇尔等人对此深感沮丧。对国民心理的认知是一件非常主观的事情，难以用标准去衡量。但是一旦知道如何去倾听民声，就能够察觉出民心所向。高木惣吉后来在回忆录中写道，冲绳岛被美军攻陷之后，“民众就像刚从一场大手术中苏醒过来，每一块骨骼都透着寒意和剧痛。相比之下，陆军则狂热地宣称，现在是时候在日本本土发起一场大决战了，我们要彻底击败敌人。这是一个天赐良机。”

如果说“六巨头”把继续战争视为机遇的做法看似疯狂，那么，疯狂与机遇都只是相对而言的。美日两国对胜利有着不同的定义。斯普鲁恩斯和其他理性主义者在想：我们要采取什么样的作战方式，才能打败一个崇尚死亡的民族呢？当中会有哪些制约因素呢？航空队是否应该否定自己的工作效率？在理想主义情怀的驱动下，是否应该不惜一切代价开启谈判？当初，由于粗心大意和疏于防范，我们让背信弃义的日本人偷袭了珍珠港。在珍珠港事件发生三年后，我们还能在多大程度上信任日本的外交官？

当致命武器和病态目的无法衡量，当是非曲直的判断变成对“恰当”行为的本能抉择，哲学家们总反复要求人们在两者之间保持“相称原则”。从某种意义上说，这场战争已经颠覆了文明社会。在资本主义日益壮大的世界里，时间就是金钱。而现在，时间会带来空前规模的死亡。"战争期间，有时候时间对敌人是有利的，"斯普鲁恩斯说，"但有时候也会对我们有利。如果时间对敌人有利，我们就要推动战争。当时间变得对我们有利时，我们就要放慢步伐，拖延战争。"在伤亡激增的1944年，美军在世界各地平均每月伤亡人数高达6.5万人。在冲绳岛战役的头几周时间里，美军每周伤亡人数就达到7 000人。当然，日军也伤亡惨重。是否应该对日本实施原子弹袭击，从而止住死亡的步伐？又或者，日本人是否会像美国人那样看待时间，亲手按下死亡的停止键？这是一个难以权衡和回答的问题。归根结底，停止战争的决定权在日本人手里。

终战之役一触即发

被称为"小男孩"的原子弹的设计是很合理的。它的弹道外壳里面有一支枪管，能够将一部分铀-235发射到一个空心铀柱中。根据洛斯阿拉莫斯工程师的计算，这颗原子弹的故障率只有万分之一。有些纯粹主义者提出原子弹故障率应进一步缩减到百万分之一。对此，蒂贝茨反驳道："见鬼去吧，谁也没有如此大的把握。我觉得万分之一的概率是可以接受的。"蒂贝茨指出，在欧洲执行轰炸任务的生存概率都只有它的千分之一。原子弹的设计并无不妥，但是由于美国在田纳西州橡树岭生产可裂变铀的速度很慢，原子弹的生产能力受到限制，因此，美国还需要另一种可替代方案。

绰号"胖子"的原子弹有着更高的核反应效率。它使用的是放射性同位素钚-239，这种材料可以大批量生产。格罗夫斯将军曾在1944年12月向马歇尔将军承诺，杜邦公司位于华盛顿汉福德核工厂的反应堆将生产出足够的钚，只要其他部件设计合理，他们就能在1945年下半年制造出18枚原子弹。但是"胖子"原子弹的构造非常复杂。

在乔治·基斯塔科夫斯基的带领下，路易斯·阿尔瓦雷斯博士和他的起爆装置研发团队掌握了一个技巧，将32枚起爆雷管装进一个直径为四英尺的球体内，在百万分之一秒内同时起爆，冲入球体的五英寸钚燃料芯体内的爆炸波将对芯体产生均匀的压力，使其达到"超临界状态"，从而引发原子连锁反应。基斯塔科夫斯基初到洛斯阿拉莫斯时就发现这群物理学家在打扑克的时候很容易上当，也许是因为他在跟考夫曼和水下爆破队打交道的过程中学会了狡黠。不久以后，这群容易上当的物理学家就展现出他们在物理理论方面的才华。阿尔瓦雷斯引导基斯塔科夫斯基放弃了水下爆破队最喜欢采用的雷管击发工具作为导火索，因为他意识到，用高压击发电子雷管会产生更高强度的、预料之中的同步爆炸。

安装和测试这个球体的任务落在了基斯塔科夫斯基手下一名技术人员身上，这位技术人员名叫劳伦斯·H. 约翰斯顿。在距离实验室两英里的一间靠发动机发电的活动房里，他开始了自己的工作。约翰斯顿手上的主要工具包括一台5 000伏直流发电机、各式各样的电容器、一大堆导火索、一把汽油焊枪、一些化学用玻璃器皿、火柴和一盒电雷管。约翰斯顿用一周的时间进行了一系列危险的测试，测试所产生的震荡波导致他耳朵失聪，但他进一步完善了起爆装置，使其在给定的公差范围内可以产生32次爆炸，形成一个完美的球形爆炸波。基斯塔科夫斯基的团队从附近的印第安人村庄里聘请女工来组装这些"爆炸桥丝点火器"。7月16日，该引爆装置将在位于新墨西哥州沙漠中的阿拉莫戈多进行测试，如果测试顺利，蒂贝茨至少能知道他和第509混成大队是否需要执行原子弹轰炸任务。毕竟他们已经为此训练了很长时间。

7月12日晚，日本政府试图继续争取苏联的支持，希望通过苏联说服美国结束战争。外务大臣东乡茂德给日本驻莫斯科大使佐藤尚武发电报称："天皇陛下希望战争早日结束，但在大东亚战争中，如果美英坚持要求我国无条件投降，我们别无选择，唯有拼尽全力维护大日本的生存与荣耀。"

佐藤回复道："苏联加入我国阵营并赞成我方观点的可能性几乎为零，这绝非危言耸听。"佐藤认为斯大林不会放弃唾手可得的东北亚战争的胜利果实。这是苏联控制满洲里的大好时机，它还可以借此一雪1905年在日俄战争中败给日本的前耻。

美国人明白，日本摆出的友好姿态一直都是虚与委蛇。从"魔法计划"截获的情报看，美国从一开始就察觉日本的停战倡议是不会有下文的。杜鲁门及其内阁知道"最高战争指导会议"已经处于瘫痪状态，会议内部分裂成两派势力，一派穷途末路，另一派则在苦苦寻求和平。这两派势力之间的分歧注定日方不可能向盟军提出任何和平条约。

东乡茂德想力陈自己的立场。7月13日，他指示佐藤告知克里姆林宫，日本天皇希望派近卫文麿公爵以"特使"身份"带着天皇陛下的亲笔书信"前往莫斯科，"以表明天皇陛下结束战争之愿望"。苏联外交部长莫洛托夫立刻回复说，他"根本无法满足"这一请求。"魔法计划"截获的日本外交电文被直接发送到白宫。这些电文让美国高层关于日本是否真心求和的争论尘埃落定。

佐藤竭尽全力却收效甚微，他提醒东乡茂德不能将赌注全部压在苏联身上，因为这样做是徒劳无益的。东京方面并不认同佐藤的看法，华盛顿方面却恰恰相反。美国人明白佐藤的意思。如果说投降的想法已经在个别日本领导人中流传的话，求和的希望却被负隅顽抗的强硬派浇灭了。美国陆军部长史汀生对此并不难过，也不怨恨，正如他在回忆录中写的那样："我们不能代替日本人做出投降的决定，他们需要亲自做这件事。"

"直到7月21日，"美国国务卿伯恩斯后来写道，"日本军国主义分子还让政府给日本驻莫斯科大使发电报称，'在任何情况下，我们都不同意无条件投降。即使战争无止境拖延，只要敌人要求我国无条件投降，我们都会遵照天皇的命令，齐心协力同敌人战斗到底。'这份电报被我们截获，电报内容让我无比沮丧。这意味着我们不得不使用原子弹，还意味着苏联可能要参战。"

蒂贝茨准备在7月中旬从华盛顿返回中太平洋战场。返回战场之前，他打算顺道前往新墨西哥州，视察原子弹在阿拉莫戈多的试验情况。"胖子"原子弹是一种复杂的内爆武器，它的静态试验结果将决定陆军航空队在一个月内向日本投掷三枚原子弹的大胆想法是否可行。不过，蒂贝茨最终没去成阿拉莫戈多。试验前夜，他接到轰炸机投弹手汤姆·费勒比的一封快信，费勒比敦促他马上返回天宁岛。

原子弹试验这天，蒂贝茨的飞机降落在天宁岛北部机场。他发现，陆军航空队内部有人想在行政上"越俎代庖"。李梅似乎向他的作战指挥官泄露了一些关于原子弹的信息，这名作战指挥官觉得这是一个机会，他游说李梅接手这项历史使命。

蒂贝茨越想越气，他直接飞往关岛。1942年，蒂贝茨跟劳里斯·诺斯塔德之间的争吵差点断送了他的职业生涯。现在的蒂贝茨在处理重大分歧的时候明显成熟了许多。鉴于他已经跟李梅建立了某种友谊，他不想越级向阿诺德汇报这件事。他想直接跟李梅解决这个问题。见面后，爱抽雪茄的李梅问烟斗不离手的蒂贝茨：第313轰炸机联队有一支身经百战的机组团队，为什么他们不能承担这项任务？蒂贝茨的回答不像是解释原因，更像是在发表声明。他说："我的回答很礼貌但也很坚定。我想亲自执行这项任务，而且第509混成大队需要在没有外部干扰的情况下执行任务，这支队伍就是为了独立完成这项任务而成立的。"蒂贝茨认为他们的价值不言而喻。如果李梅的作战指挥官需要这支队伍证明他们的技术水平，他就应该亲自参与他们的飞行训练，身临现场地检验训练水平。

蒂贝茨深知，作为一名指挥官，就要学会忍受孤独。尤其是在国家机密面前，他早已体验过多次。他常说：

很多时候，我真想把自己的经历告诉别人，但是我没有一个可以谈心的人。我知道我们在做什么，也知道为什么要这样做。由于有命在身，我不能把这些事情告诉任何人。

当一个人成为指挥官的时候，他就处在一个既不能有朋友，也不能有敌人的位置。正常的人际关系在这里不适用。你不能在乎别人怎么看你，也不能辗转反侧、彻夜难眠。指挥官确实是件孤独的差事。而我所担任的职位比大多数指挥官职位更孤独。那年我才29岁，似乎已经显得老气横秋了。

上级直接告诉我：如果我们成功执行任务，就能促使战争尽快结束。这么说来，忍受孤独是值得的。

7月16日，"印第安纳波利斯号"在旧金山修复完毕，再次成为斯普鲁恩斯的旗舰。"印第安纳波利斯号"从旧金山起锚向西进发，舰上的军官都不知道船上有一只绝密的大木箱，箱子唛头标识的收货地点是陆军航空队位于太平洋前线的某个基地。当晚，一份关于阿拉莫戈多原子弹试验成功的报告被呈交到陆军部长史汀生手里。史汀生当时正在德国柏林郊外的波茨坦协助杜鲁门筹备与丘吉尔和斯大林的会晤。"曼哈顿计划"的军事指挥官莱斯利·格罗夫斯少将给蒂贝茨发了一份密函，称"胖子"起爆装置测试成功。

第二天早上，蒂贝茨确认将由他率领的第509混成大队负责投掷这枚原子弹。他带着罗伯特·布兰查上校参加人生中最重要的一次飞行训练。布兰查是李梅的作战行动指挥官，也是蒂贝茨潜在的竞争对手。按照蒂贝茨的领航员、绰号"荷兰佬"的范·柯克计算的时间，费勒比准时到达瞄准点上空，投下"胖子"的仿制品，这枚惰性"南瓜"弹正中靶心。然后，蒂贝茨开始执行为了让飞机逃离核心投影点而设计的动作。他驾驶飞机向前加速，再以155度转角调转航向。这套动作他们已经操练过很多次。布兰查被巨大的推力按在座位上，脸色发白，看上去有些不舒服。返回基地后，蒂贝茨在范·柯克预测的15秒时间内成功着陆。后来他说："布兰查爬出那架飞机，长舒了一口气。从那以后，我再也没听到他、李梅或其他人讨论我们是否有资格携带原子弹去轰炸日本。"

在关岛，一部关于阿拉莫戈多核爆试验的电影交送给尼米兹审核。而在太平洋战区的联合情报中心，埃德·温莱顿暗示他的员工不久将有大事发生，但他并没有透露详情。7月中旬，根据华盛顿发来的命令，尼米兹指示哈尔西停止派航母攻击某些日本城市，其中包括广岛和长崎。"上级没有告诉我原因，"哈尔西后来写道，"当时我觉得十分费解，直到7月22日，威廉·R.普内尔少将①在太平洋司令部的指示下加入我们，我从他那里头一回听说原子弹这事。"

7月21日早上，在波茨坦，一名特派信使将格罗夫斯的原子弹试爆测试报告呈交给史汀生。当天下午，史汀生找马歇尔将军商讨此事。随后，杜鲁门总统接见了他们。史汀生后来在回忆录中写道，杜鲁门总统看过格罗夫斯的报告之后感到"无比振奋"。8月1日之前，将有两枚原子弹可以在战场上使用。至于杜鲁门是什么时候明确命令美军对日本使用原子弹，一直没有明确记载。按照格罗夫斯将军的说法，"据我所知，他决定采取不干涉政策，也就是不打乱军队现有的计划。"

终战之役，一触即发。

---

①威廉·R.普内尔是格罗夫斯将军的贴身顾问，也是美国海军在陆军部军事政策委员会的代表。该委员会由罗斯福的高级科学顾问范内瓦·布什领导，负责军事研发工作，而且对"曼哈顿计划"拥有最高权限。格罗夫斯指出，普内尔虽然默默无闻，但是他提出了"只要两枚原子弹就可以结束战争"的见解：第一枚原子弹是为了证明它的存在，第二枚原子弹要尽快投掷，以表明美国有大批这样的武器。具体内容请参照诺里斯的著作《原子弹竞赛》（*Racing for the Bomb*），第381页。

Prompt and Utter
Destruction

☆☆☆

第34章
灭顶之灾

在美军登陆关岛前几天，有个人走出山洞，跑到关岛西北方的悬崖上，用一面镜子和信号旗向美军一艘驱逐舰发信号。在日军长期占领下，关岛人逐渐开始仰慕甚至崇拜乔治·雷·特威德。特威德用从海里打捞上来的无线电接收器收听新闻广播，同时为关岛民众创立了一份地下报纸。他曾经是美国海军驻关岛基地的一名无线电通信员。1941年，关岛被日军攻陷，之后的两年多，特威德一直过着躲躲藏藏的生活。特威德是关岛人民的希望，只要他还活着，他们就坚信美国人会回来。7月10日晚，美国海军"麦考尔号"驱逐舰派一艘捕鲸船将特威德送到克拉克将军的航母编队，他重返部队的消息让整个舰队成员兴奋不已。特威德代表着那些忠贞不屈的战士，代表着不论遇到多大困难，美军都不会停止抵抗。

就在特威德被护送到航母舰队的同一天，美军宣布塞班岛已经安全。次年，大场荣大尉带领手下顽强抵抗美军。在岛上负隅顽抗的日子里，大场荣的任务除了四处觅食就是躲避美军的搜捕。回到军队后，特威德又重新过上了海军无线电通信员的生活，然后晋升为军官。一年后，大场荣必须决定自己要成为什么样的战士。日本陆军的军队文化给他提供了强大的典范，比如：日本首相东条英机、陆军参谋本部参谋总长梅津美治郎和陆军大臣阿南惟几。战争刚爆发时，大场荣被东条英机的野心所鼓舞，加入军队。狂热的阿南惟几则倡导打持久战，抵抗到底。但是，大场荣认为殉道的作用不大，他不想让自己像铃木大佐及其手下那样白白牺牲，他认为自己的职责是保卫祖国。无论自杀式冲锋的场面多么壮观，把自己像玉石般砸碎的愚蠢做法对保卫祖国并无益处。一些人赞同大场荣的观点，便加入了他的队伍，其中有些人已经记不清这一切是如何发生的。在大场荣的营地附近，还有一等兵池上这个例子。池上的想法与穷途末路但心意已决的日本领导人相似。但如果说期望日本赢得战争只是一种妄想，那么无论最终结局如何，一个人想维护自己作为战士的尊严，也并不是什么不切实际的想法。美军轰炸机在日本上空撒落的传单也传达了同样的信息。

手下将一张传单拿给大场荣，传单内容让大场荣震惊。传单上有张东京被大火夷为平地的照片。大场荣把照片给营地所有人看了一遍，很多人都说这张照片是伪造的。大场荣不太确定这张照片是否是伪造的，因为他曾经看到美军巨大的银色轰炸机返回塞班岛。大场荣不知道它们执行了什么样的任务。他又把照片给一名来自东京医院的士兵看，这名士兵认出了几条铁道线，但整个街区都被烧光了，他感到很惊讶。

"您觉得他们真的在轰炸日本吗，大尉？"他问大场荣。

"我不知道。如果这是真的，我们就战败了。我们的海军不会回来了。"

黑道老大掘内仍然在统计他杀死的美军士兵人数。他曾经发誓，要在战死前杀死 100 名美军士兵陪葬。在美军于上一年 11 月的清剿行动中，他用计将美军的注意力从悬崖引开，救了大场荣一命。尽管掘内的帮助很大，但他的黑帮习气根深蒂固，他从不受大场荣指挥。掘内总是带着两名战友，身上挎着从美军手里抢来的勃朗宁自动步枪，把自己当作游侠。大场荣也懒得去约束他。掘内看似对军衔不屑一顾，不喜欢别人叫他"二等兵"掘内。有一次，大场荣派人命令他不要随意朝美军开枪，以免暴露营地方位，他基本上从命了。他对传达命令的人说："告诉大场荣大尉，我知道了。"但他从不直接说自己会服从命令。

掘内是黑道出身，按照自己的荣辱观行事，不太愿意服从军队领导，这也是日本军队领导层的缩影。阿南惟几、梅津美治郎和"最高战争指导会议"的其他成员本身就是某种类型的黑帮分子，出于某种不可告人的目的，他们不听从上级指挥，还扬言要所有人跟他们同归于尽。马里亚纳群岛战役结束后，他们的斗志本应受挫，但是到了 1945 年夏天，战事越来越激烈，这更加坚定了他们以死护国的决心。

"默杀"波茨坦公告

如果把日本海军败走莱特湾比作夕阳西下，到了 1945 年 7 月下旬，这轮夕阳的最后一抹余晖就彻底消失在了夜幕中。海军上将哈尔西成了日本海军的掘墓人。1945 年 6 月，第三舰队在莱特湾完成补给，哈尔西命令舰队所有战斗部门向日本本土进发，将日本联合舰队消灭在其军港内，摧毁日军的斗志。

美军"持续地进行地毯式打击"，用战斗机和一种装备了变时引信的260 磅碎裂弹扫荡日军机场，导致日军飞机无法升空，而哈尔西的特遣航母编队能够在日本海岸 150 英里范围内自由穿行。这种新型碎裂弹装有地面遥感雷达，可以在空中自动触发爆炸，这种炮弹对散兵坑和堑壕里的目标有着致命的杀伤力。每当美军飞机发现地面上有完好无损的日军飞机时，都会怀疑那些是用来引诱美军飞机进入高射炮阵地的仿制品。日军让拥有战斗能力的飞机远离美军飞行路线，藏在村里楼房之间的大树下，或者停在田地里，用干草垛覆盖机身。

7 月 14 - 15 日，美军将打击目标瞄向日本的交通运输设施，击沉或损坏了九艘铁路轮渡，这些轮渡负责将北海道煤矿的原煤运往本州岛。7 月 17 日，哈尔西和麦凯恩迎来了一支来自英国的太平洋舰队。这支舰队加入他们的战斗序列，派遣战列舰炮轰东京东北部的工业设施。次日，特遣舰队派出飞行编队袭击横须贺海军造船厂，其任务是找到并击沉"长门号"战列舰。在四年前的珍珠港事件中，日本海军大将山本五十六正是坐镇这艘旗舰指挥偷袭行动的。由于天气恶劣，日方防空炮火过于密集，加之美军战机装备计划中不准使用穿甲弹，此次袭击进行得并不顺利。最后，"长门号"上层建筑轻微受损，侥幸逃脱。

7 月 24 - 25 日，哈尔西突袭位于日本内海的吴港。尽管斯普鲁恩斯希望给日本机场更多的打击，哈尔西的快速航母特遣舰队司令约翰·麦凯恩也反对袭击日本舰船，但哈尔西有充足的理由停泊在港口，并且将燃料匮乏的日军舰队作为攻击目标。他认为，此举既可以报珍珠港之仇、提升国民士气，又可以保护前往俄国的护航路线，还可以防止日本人在战后重组舰队。此外，还有一个理由，那就是"太平洋司令部命令我们摧毁联合舰队"，哈尔西认为"单是这一个理由就已足够"。哈尔西作为一名舰船杀手，战果累累。他不仅击沉了"伊势号"战列舰，重创同级别的"日向号"战列舰并致其甲板被海水淹没，而且让久负盛名的"榛名号"战列舰、"利根号"重型巡洋舰和"青叶号"巡洋舰搁浅海滩。日军刚建造的"葛城号"航母的飞行甲板也被炸裂变形。后来，哈尔西在回忆录中提到，"天城号"航母"简直可以用来滑雪了。日本联合舰队司令可以只穿着一件潜水服走进他的'大淀号'旗舰船舱"。日本联合舰队共有 12 艘战列舰、25 艘航母、18 艘重型巡洋舰、22 艘轻型巡洋舰、177 艘驱逐舰，幸存下来的只有 1 艘战列舰、5 艘航母、2 艘重型巡洋舰、2 艘轻型巡洋舰和 5 艘驱逐舰。跟以往一样，日本的空中力量根本无法牵制美军航母。第三舰队歼灭了日军 2 400 架飞机，绝大部分飞机是在地面被摧毁或受损的。此外，还有 173 辆机车、40 间飞机库和兵营、41 辆坦克和铁路货车车厢、4 座桥梁、1 座发电站和 1 座灯塔在美军的突袭中被毁或受损。

哈尔西通过美联社向国民表达了他的必胜信念："虽然我们留给日本海军的是无助，但是保险起见，我们还是要把他们赶出山洞。遗憾的是日军的军舰没有轮子，否则我们可以将它们赶上岸，继续穷追不舍。"

7 月 24 日，在波茨坦的马歇尔接到了一份来自莱斯利·格罗夫斯的指令草案，该草案命令第 509 混成大队使用原子弹轰炸日本城市。马歇尔当场在草案上签字确认。第二天早上，陆军部长史汀生签字之后，马歇尔便与杜鲁门总统商讨这一计划。随后，该指令通过电报被送至驻关岛的美国陆军战略航空队指挥部，电报内容如下："1945 年 8 月 3 日之后，第 20 航空队所辖之第 509 混成大队应选择可以进行目视轰炸的天气，对广岛、小仓、新潟、长崎等任何一座城市投掷第一颗特制炸弹。"

吴港大轰炸之后，哈尔西便登上了各大媒体的头版头条。很快，他的风头就被来自柏林郊外的新闻抢去。

7 月 26 日，在征得中国国民党领导人蒋介石的同意后，哈里·杜鲁门总统和温斯顿·丘吉尔首相以美、英、中三国的名义发表了一份《波茨坦公告》

（*The Potsdam Proclamation*），其部分内容如下：

> 对日本应予以一机会，以结束此次战事。
>
> ……
>
> 德国无效果及无意识抵抗全世界激起之自由人之力量，所得之结果，彰彰在前，可为日本人民之殷鉴。此种力量当其对付抵抗之纳粹时不得不将德国人民全体之土地、工业及其生活方式摧毁殆尽。但现在集中对待日本之星则较之更为庞大，不可衡量。吾等之军力，加以吾人之坚决意志为后盾，若予以全部实施，必将使日本军队完全毁灭，无可逃避，而日本之本土亦必终归全部残毁。
>
> ……
>
> 以下为吾人之条件，吾人决不更改，亦无其他另一方式。犹豫迁延，更为吾人所不容许。
>
> ……
>
> 吾人通告日本政府立即宣布所有日本武装部队无条件投降，并以此种行动诚意实行予以适当之各项保证，除此一途，日本即将迅速完全毁灭。

这并非盟国首次要求日本无条件投降。自 1943 年 1 月卡萨布兰卡会议之后，罗斯福总统就以此作为日本投降的基础。"无条件投降"这个词并不是新创的辞藻，而是一个有具体含义的法律术语。正如美国国务院律师所强调的那样，无条件投降将给予占领军在战败国进行某种政治改革的权力。在其他情况下，国际法是不允许这种事情发生的。在 1944 年年中的一次会议上，罗斯福总统发誓说，他不会再重复在《凡尔赛条约》（*Versailles Treaty*）中犯过的错误。他说："实际上，所有德国人都否认他们在第一次世界大战中投降的事实。然而这一次，他们终于明白自己要投降了。日本人也是如此。"

但是，《波茨坦公告》所要求的绝不是无条件投降。公告内容确实限制了日本投降的程度，它宣称美军只是临时占领日本，将来还是会归还日本本岛的主权。最具争议性的条款莫过于天皇的地位问题。在美国国务院内部，关于如何安置天皇的争议甚嚣尘上。代理国务卿约瑟夫·格鲁是一名日本问题专家，他支持保留天皇制，但国务院的一些"亲中派"认为，美国不应区别对待日本军国主义分子和德国纳粹分子，这样是不公平的。最终，《波茨坦公告》没有谈及天皇的地位问题，转而指责"刚愎自用之军国主义顾问"挑起战争，实则暗示裕仁天皇本人无需为战争负责。因此，美国有可能倾向于保留裕仁的皇位。不过，该公告中并没有保证会这样做。

《波茨坦公告》的各种条件限制了日本投降的程度，东京方面并不买账。日本首相铃木贯太郎刚收到《波茨坦公告》，就马上把它送到"六巨头"面前。这几个人的内部分歧还是很大，所以日本对盟国的回应基本上是含糊其词的。铃木向媒体发布了一份贬低《波茨坦公告》的简短声明，称该公告只是在重复开罗会议的要求："帝国政府认为该公告缺乏重大意义，唯有默杀之，并尽全力坚持完成战争。"

"默杀"一词有多重含义，它可以表示"以沉默应对对方论据，使其不成立"，也可以表示"在沉默中等待，直到我们找到聪明的回应方式"，又或者指"在沉默中等待，直到我们能说些睿智的话"，还可以表示"不值得回应，直接忽略它"。至于这个词是表示蔑视还是需要进一步斟酌，要视语境而定。根据铃木所发表宣言的余下内容，包括发誓要"尽全力坚持完成战争"，盟国领导人将这份宣言解读为日本拒绝投降。"默杀"是一个优柔寡断之人在无力回天的情况下故意采用的一种闪烁其词的说法。他想以此为国家争取时间，结果却事与愿违。不到两周前，日本政府曾请求苏联充当和平说客。裕仁托人给斯大林捎去口信，试图开启两国高层的交流通道。但是，只要苏联还想夺取满洲里、报日俄战争中败给日本的一箭之仇，那么，日本的求和就注定失败。更现实的是，"六巨头"不能为苏联提供任何好处。日本人的想法既坚定又固执，这一点在"温和派"海军大臣米内光政大将身上有充分的体现，他将《波茨坦公告》视为美国斗志已被动摇的证明，将"默杀"视为一种通情达理的回应方式。

《波茨坦公告》没有明确提出美国会使用原子弹，只是提及原子弹的部件正运往天宁岛。1945年7月26日，斯普鲁恩斯的旧旗舰"印第安纳波利斯号"在天宁港的反潜网内抛锚停泊。一艘坦克登陆艇开到它旁边，舰上的甲板部队迅速往登陆艇方向跑去，将储存在舰船中部机库甲板的一只长15

英尺的大木箱挂在舰载空中吊臂上，再用吊臂把箱子放上登陆艇。箱子里装的是"小男孩"原子弹的引爆装置。舰上还有一只铅桶，由两名士兵寸步不离地守护。随后，这只铅桶也被吊到登陆艇上。这两人不在"印第安纳波利斯号"的船员花名册上，他们的真实身份分别是"曼哈顿计划"的放射学家、医学博士詹姆斯·E. 诺兰上校和"曼哈顿计划"国外情报主管罗伯特·R. 福曼少校。桶里装有少量铀-235。出于保密需要，杜鲁门并没有把这个耗资20亿美元的计划告知美国国会，他也不打算向敌对势力宣布这枚核弹的存在。

1945 年 7 月 25 日，经陆军部长史汀生准许，乔治·马歇尔将军把格罗夫斯将军拟订的对日本使用原子弹的指令呈送给杜鲁门总统。

三天后，一支 B-29 轰炸机编队从阿尔布开克附近的科特兰空军基地起飞，降落在天宁岛的北部机场，其中一架轰炸机前弹舱载着"胖子"原子弹的球状组件。在路易斯·阿尔瓦雷斯博士和劳伦斯·约翰斯顿的护送下，来自陆军航空队空运部的两架 C-54 运输机将"胖子"的钚燃料芯体运到天宁岛。阿尔瓦雷斯和约翰斯顿原本是"艾伯塔计划"的成员，刚刚被任命为陆军航空队军官，身份从平民变成军人。

卡尔·A. 斯帕茨将军从被解散的美国驻欧洲战略航空司令部调至太平洋战场。他于 7 月 29 日抵达哈蒙机场，担任太平洋战区所有战略航空队的指挥官。斯帕茨任命柯蒂斯·李梅为总参谋长，允许他保留对部署在马里亚纳群岛的所有 B-29 轰炸机的有效控制权。第 21 轰炸机司令部改名第 20 航空队，归内森·法拉格特·特文宁指挥。特文宁有丰富的南太平洋战场作战经验，他曾在地中海领导过盟军的战略航空队。

当斯帕茨从华盛顿乘机来到关岛时，他身上携带着格罗夫斯授权使用首枚"特制炸弹"的指令草案。

"印第安纳波利斯号"巡洋舰在太平洋战争中执行的最后一项任务便是将原子弹运送到马里亚纳群岛。"印第安纳波利斯号"先将这批"秘密货物"从旧金山的猎人岬海军造船厂运到天宁岛，然后取道关岛前往莱特岛。途中，它被一艘日军潜艇瞄中。

斯普鲁恩斯曾担心"印第安纳波利斯号"太过脆弱。经过大面积的现代化改装后，舰体变得头重脚轻，他觉得一枚鱼雷就可能让这艘巡洋舰倾覆沉没。7 月 30 日后半夜，两枚鱼雷击中了"印第安纳波利斯号"的右舷。

鱼雷的爆炸摧毁了舰载发电系统和陈旧的消防系统。由于舰体失去动力，查尔斯·B.麦克威无法发出紧急调遣信息和无线电求救电话。传令钟也被毁坏，导致传令官不能将关闭发动机的指令传达给工程师。大火向前蔓延，直至被快速行驶的舰船所激起的大量海水浇灭。这艘又旧又重的巡洋舰严重倾斜，最终整个舰体翻转过来，舰艏沉入水中。幸存船员只能顺着一股西南方向的洋流漂流，此处距离最近的海岸有300英里。第四天早上，在经历了鲨鱼的攻击和长时间海水浸泡后，幸存者终于被一架搜救机发现，飞机驾驶员向驻守菲律宾的一处海军指挥部汇报了情况。直到这时，指挥部还不知这群船员已经失踪。在"印第安纳波利斯号"的1 196名船员中，只有318人逃过一劫。次日中午，这318名幸存者被送往贝里琉岛和萨马岛的医院接受治疗。对斯普鲁恩斯而言，这是一次惨痛的损失。

正当"印第安纳波利斯号"的幸存者在海上忍受煎熬时，在地球的另一边，哈里·S.杜鲁门正准备启程回国。8月2日早上11点20分，在总参谋长、五星上将威廉·D.莱希和国务卿詹姆斯·F.伯恩斯等人的陪同下，杜鲁门登上美国海军"奥古斯塔号"巡洋舰。"奥古斯塔号"当天傍晚起锚，经弗吉尼亚州返回华盛顿。

在关岛，斯普鲁恩斯把手下叫到办公室，向他们宣读一份绝密电报：在接下来几天里，陆军航空队将向一座日本城市投放原子弹。"我不记得他的原话，"查克·巴伯后来在回忆录中写道，"但我们当时都备受鼓舞，因为这次打击将让日本人措手不及，从而结束这场战争。我感觉，无论斯普鲁恩斯还是我自己，我们内心都没有一丝内疚。"

头号目标：广岛

现在，保罗·蒂贝茨要为"银盘计划"挑选参战的B-29轰炸机了。蒂贝茨出差前往奥马哈市，直奔格伦·L.马丁公司的生产现场挑选产品。在几名车间主任的协助下，他挑了一架看上去装配精良的飞机，还精心挑选了他认为最适合与他一起驾驶这架飞机的机组人员，包括投弹手汤姆·费勒比、领航员范·柯克和副驾驶员鲍勃·刘易斯。这架飞机刚完成最终整改，蒂贝茨便立刻委派刘易斯前往工厂验收。

　　这架轰炸机被运到天宁岛后，刘易斯先给它涂上了混成大队的圆形"R"标志和这架飞机的序号"82"，然后试飞了几次，便把它当成自己的专属轰炸机了。可是，到了执行这次历史性飞行任务的时候，蒂贝茨就成为这架飞机的主人。蒂贝茨觉得，既然要执行如此重要的任务，应该给飞机起个响亮的名字。"此时此刻，"蒂贝茨在回忆录中写道，"我想起了我那留着一头红发的母亲。她是一个充满勇气的人。从我小时候起，她的沉着自信对我来说一直都是力量的源泉。这一点在我的心灵探索期尤为明显。当时，我决定放弃我的医生事业，入伍成为一名飞行员。父亲觉得我失去了理智，但母亲很支持我，她对我说：'儿子，我知道你可以的。'有一次，我从温多弗飞往迈阿密，飞行途中遭遇了雷雨天气，最终我还是完成了这次艰难的飞行任务。我到现在还记得母亲脸上露出的喜悦和兴奋。从那时起，她开始明白，正是这种飞行带来的兴奋感，促使我全身心投身到飞行事业。她甚至愿意和我一起分享这种感觉。我母亲名叫艾诺拉·盖伊，这个名字很动听。"

　　第509混成大队携带"小男孩"和"胖子"的复制惰性弹试飞了几次，一向要求严格的蒂贝茨感觉一切准备就绪。8月3日，李梅命令第509混成大队开始执行"第13号特别轰炸任务"。此次任务的首要轰炸目标是广岛，第二轰炸目标为小仓（视天气情况而定），第三轰炸目标则是长崎。

　　8月5日清晨，蒂贝茨召集驻守在天宁岛的"参谋长"召开了一场"参谋长联席会议"，这些"参谋长"就是第509混成大队的高级官员和科学家，他们包括：格罗夫斯的副手、洛斯阿拉莫斯国家实验室驻天宁岛高级主管、陆军少将托马斯·F. 法雷尔，美国海军驻军事政策委员会代表、海军少将威廉·R. 普内尔，"艾伯塔计划"主管军官、蒂贝茨执行广岛轰炸任务的武器专家、海军上校帕森斯，帕森斯的副手、海军中校弗雷德里克·L. 埃什沃斯，以及诺曼·F. 拉姆塞医生。

　　帕森斯在会议上说，他有天晚上做了个噩梦，梦见轰炸机在起飞的时候发生了事故，他惊醒以后再也无法入睡。帕森斯的噩梦引起了大家的注意。因为就在前一天晚上，基地有四架飞机坠毁，机上搭载的燃烧弹被引爆，火光照亮了整个夜空。帕森斯担心的是，如果搭载原子弹的飞机发生这种灾难，那么半个天宁岛都要被夷为平地。法雷尔建议大家保护好自己，帕森斯则另有想法。他说，几个月前，他的副手曾提出一个建议，但被他否决了。

现在他觉得这个建议很实用，那就是在飞行过程中对原子弹完成最终组装。只要在飞机起飞后，把铀棒和起爆炸药插入"小男孩"的发射枪中，即便飞机真的发生事故，除了机组成员，其他人都不用担心自己的生命安全受到威胁。帕森斯的想法得到大家的一致赞同。于是，作为武器专家的帕森斯开始起草原子弹安装的工艺流程。

会议结束后，蒂贝茨前往北部机场的停机坪，他的 B-29 轰炸机就停在那里，飞机驾驶舱左下方喷涂着他母亲的名字。几名工作人员正在用一辆拖车将"小男孩"装弹坑，然后"艾诺拉·盖伊"被拖到装弹位，工作人员再把原子弹装上飞机。在现场监工的蒂贝茨觉得这枚长 12 英尺、重达 9 000 多磅的铁灰色锥形圆筒体炸弹简直就是"一个丑陋的怪物"。混成大队的一些成员从它旁边路过，在机身上随手写了几句话。劳伦斯·约翰斯顿写道："我的中国朋友送给日本的礼物。"还有一句话是写给裕仁天皇的："'印第安纳波利斯号'的小伙子们送给你的礼物。"

马里亚纳群岛战役之后，无论是硫磺岛战役、冲绳岛战役，还是"奥林匹克行动"和"小王冠行动"，从某种意义上说，这些太平洋战争最后阶段的战役和行动仅仅是一种保障措施，是为了空战理论家们在犯错时有挽回的余地。这些错误也许会发生在行动的各个环节，比如：乔治·基斯塔科夫斯基没有正确设定炸弹爆炸时间，保罗·蒂贝茨没能在他的先遣队内部守住秘密，帕森斯在飞行过程中组装原子弹失败，罗伯特·奥本海默、里奥·西拉德和恩里克·费米等杰出科学家对于原子能的计算是错误的。还有，当裕仁天皇看到自己国家的城市陷入火海，他就意识到抑制军国主义者追求死亡的狂热、控制民族自尊心以及认输投降是多么迫在眉睫的事情。

自从看过目标委员会"预留名单"上四座城市的航拍照片之后，蒂贝茨偏向于把广岛作为头号目标。由于没有飞机制造厂，广岛在此前的空袭中逃过一劫。这样一座完好无损的城市如果被原子弹轰炸，会让世人对原子弹的毁灭效果印象深刻。毕竟原子弹本身就能起到心理威慑的作用，而不是军事威慑。杜鲁门曾把广岛称为军事目标，此举只是为了掩饰动机。其实，原子弹的轰炸目标既不是第二总军的指挥部，也不是它的训练和调度中心，更不是广岛这座城市本身。随着计划的推进，人们逐渐意识到，原子弹的真正目标是日本宫城主人的心灵和良知。在 8 月 6 日之前，B-29

轰炸机从未把这座宫城当成目标。

参与此次飞行任务的 B-29 轰炸机共有四架，其中三架执行轰炸任务，另外一架作为候补应对紧急情况，届时飞到硫磺岛待命。8 月 5 日晚上 11 点，第 509 混成大队在基地礼堂举行最后一次任务情况介绍会，四架飞机的机组成员都出席了会议。蒂贝茨主持会议，帕森斯和拉姆塞教授和他一起坐在讲台上。"我们一直在等待今夜的到来，"蒂贝茨说，"经过长达数月的训练之后，我们即将接受实战的检验。成败很快见分晓。我们今晚所付出的努力可能要永载史册。在这次飞行任务中，我们将向日本投放一枚炸弹，而这枚炸弹是你们此前从未看过或听说过的，它的破坏力相当于两万吨 TNT 炸药。"蒂贝茨并没有用"原子"或"原子能"这样的字眼，但他提到的爆炸当量足以让在场的所有人浮想联翩。尽管他们看过从阿拉莫戈多寄来的静态照片，但这个数字完全出乎他们的意料。

帕森斯发言称，他带来了一部关于这枚炸弹在新墨西哥州进行试爆的影片，可以让大家感受一下它的威力到底有多大，但是礼堂的投影仪坏了，影片无法播放，帕森斯只好改为演讲。他画了几幅蘑菇云的图，并描述爆炸所产生的蘑菇云是什么颜色的。

蒂贝茨宣布简报就此结束，再次梳理了一遍轰炸计划：在轰炸前一个半小时，先由三架气象侦察机侦察第一、第二和第三目标的气象条件。随后，"艾诺拉·盖伊"在硫磺岛上空与仪器测量飞机和摄像飞机会合，飞到四国地区上空、横跨目标西部陆地、侦察瞄准点。然后投放炸弹，紧接着做出练习过多次的俯冲动作，向右调转航向。绰号"大艺术家"的 B-29 仪器测量飞机将投放一捆装有降落伞的传感器，然后向左下方俯冲。负责摄像的第 91 号飞机与前面两架飞机保持安全距离，在后面记录下这一可怕的历史性事件。凌晨 1 点钟左右，这次情况介绍会在第 509 混成大队随军牧师威廉·B. 唐尼的祈祷中结束："全能的主啊，爱你的子民在向你祈祷。我们祈祷你与那些飞天勇士同在，他们将与我们的敌人决斗。我们祈祷战争尽快结束，让和平再次降临地球。"

最后，航空队医唐·扬走到蒂贝茨和其他飞行员面前，递给每个人一只硬纸盒。假如飞机在日本上空坠毁，他们的机组成员就要用到盒子里的东西。里面是用于自杀的氰化物胶囊，每人一粒。

☆☆☆

第 35 章
大局已定

投下维护世界和平的终极武器

　　蒂贝茨没料到"艾诺拉·盖伊"会在镜头面前露脸。在北部机场的飞机保养场，印有"艾诺拉·盖伊"几个字的 B-29 轰炸机在泛光灯的照射下发出银色的光芒，摄像机开始拍摄。这是蒂贝茨上校第一次看到影片的制作过程，他很担心拍摄会让飞行任务泄露出去。"这样一来，潜藏在附近山上的日本兵就知道这里肯定要发生不同寻常的事情，"他在回忆录里写道，"当然，我之前也知道拍照是难免的，没想到还要拍影片。"这是人类历史上最重要的一次空袭任务，陆军公共事务处在这一关键时刻进行拍摄，确实让蒂贝茨措不及防。气象侦察机已经起飞，"艾诺拉·盖伊"原定于凌晨 2 点 45 分出发。为了交差，蒂贝茨和他的机组成员只能在镜头面前强颜欢笑，忍受了长达 20 分钟的闪光灯的照射。最后，他忍无可忍，不到凌晨 2 点，他就命令摄像师们离场。

　　对飞机进行起飞前检查后，蒂贝茨和其他 11 名机组成员钻进飞机，这11 人分别是来自新泽西州里奇菲尔德帕克市的副驾驶员罗伯特·A. 刘易斯上尉、来自北卡罗来纳州莫克斯维尔市的投弹手托马斯·W. 费勒比少校、来自宾夕法尼亚州诺森伯兰市的领航员西奥多·J. 范·柯克上尉、来自巴尔的摩市的雷达对抗官雅各布·贝塞尔中尉、来自新墨西哥州萨姆纳堡市的海军上校兼武器专家威廉·S.帕森斯、来自内华达州卡森市的电子仪器助理莫里斯·R.杰普森少尉、来自密歇根州兰辛市的机械师怀亚特·E.杜岑伯里上士、来自底特律的助理机械师罗伯特·H.舒玛德中士、来自得克萨斯州泰勒市的雷达操作员约瑟夫·A.斯蒂博瑞克中士、来自纽约州林布鲁克市的机尾射手乔治·R.卡隆上士以及来自洛杉矶的无线电报员、一等兵理查德·H.尼尔森。

蒂贝茨坐在驾驶舱的左边座位，和刘易斯一起进行了一次飞行前检查。然后，他示意启动引擎。地勤人员分别扳动四台巨大的螺旋桨，每台螺旋桨要转三圈，使燃油流过呈辐射状排列的气缸。然后，杜岑伯里拉起启动器手柄，每台引擎都突然发出刺耳的声音并喷出火焰。蒂贝茨加大油门，听着引擎发出低沉的隆隆声，看着机油压力表读数缓慢上升后保持稳定，他感到很满意。确保已经拉上手刹后，他双手竖起拇指，示意地勤人员移走轮子下方的垫木。随后，他朝地面上大约100名送行者挥挥手，再次加大引擎油门，顺着一英里长的跑道往西南方向前进。与此同时，他还需要留意跑道旁边的四架坠毁的"超级空中堡垒"残骸。

"82号轰炸机呼叫天宁岛北部机场塔台，已在A跑道准备就绪，随时可以起飞。"

"82号轰炸机，82号轰炸机，批准起飞。"

"艾诺拉·盖伊"开始滑行起飞。

一轮新月初上夜空，轰炸机编队依次起飞，然后转向经过塞班岛。八分钟后，帕森斯和莫里斯·杰普森俯身进入炸弹舱。杰普森打开手电筒，帕森斯把无烟线状炸药插入发射枪，该发射枪会将一块铀-235射入另一支枪里。他花了整整25分钟安装原子弹，在此过程中，他一直向蒂贝茨通报进展。杰普森用带电插头替换了电气安全插。机组成员用螺栓拧紧盖板并检查电路，随后，蒂贝茨用密码把每一步动作转发给天宁岛的法雷尔将军。随着飞机离天宁岛越来越远，他的低频发射器无法发射信号。

蒂贝茨与其他三架飞机取得联系，然后离开驾驶舱，到"艾诺拉·盖伊"尾部去看他的机组成员。他穿过连接飞机前部和后部增压机舱的密闭通道，找到斯蒂博瑞克和舒玛德。卡隆也离开他冰冷无聊的机尾机枪位，跟他们三个人碰头。"你知道我们在做什么吗？"蒂贝茨问卡隆。

"鬼才知道，上校，我可不想考虑这个问题，免得惹祸上身。"

"我们已经在路上了，你可以随便猜。"蒂贝茨说。

"不会是去扔化学炸弹吧？"

"不完全是，但答案很接近了。"他们四个人又多聊了一会儿，正当蒂贝茨钻进通道准备返回驾驶舱时，卡隆抓住他的靴子。

"我们今天是要去扔原子弹吗，上校？"

"没错。"

蒂贝茨返回驾驶舱，回到机长座位，穿戴好救生衣和降落伞包。他将身体尽量后倾，然后小憩片刻。大约半个小时后，刘易斯叫醒蒂贝茨。飞机要爬升了，他们的会合点硫磺岛就在前方。蒂贝茨打电话给查克·斯维尼少校和乔治·马夸特上尉。查克·斯维尼少校是"大艺术家号"仪器测量飞机机长，乔治·马夸特上尉则是第 91 号飞机机长。蒂贝茨绕岛飞行一圈之后，这两架飞机与他组成编队，彼此相距 9 300 英尺。查克·麦克奈特驾驶的"绝密号"备用轰炸机离开编队，降落在硫磺岛。此刻 6 点刚过，火红的太阳从东边升起，第一道温暖的曙光出现在天边。

由克劳德·伊瑟利驾驶的"同花顺号"气象侦察机在广岛上空发出了一条加密信息，称头号目标上空天气良好，1.5 万英尺高度的云量只有十分之二。随着"艾诺拉·盖伊"逐渐靠近日本海岸，贝塞尔中尉开始调整他的无线电频率，以窃听某些已知的日军战机的控制频率。正当蒂贝茨开始向高达 30 700 英尺的海拔缓慢爬升时，贝塞尔的无线电接收器返回的音频表明，日军的防空雷达已经侦测到了他们的飞机。任务开始前几天，第 509 混成大队经常派 B-29 轰炸机三三两两地飞越日本上空，短距离飞行后又很快折返。所以日本人现在已经对三架一组的 B-29 轰炸机编队司空见惯，敌机控制频率保持静默。贝塞尔截获了一些来自第 38 特遣舰队无线电的通信信息。当天，第 38 特遣舰队正在东京以东 300 英里的海域补充燃油并进行射击演习。贝塞尔发现，美国海军飞行员之间的无线电交流很奇怪。

当"艾诺拉·盖伊"在四国地区上空飞行并穿越本州岛海岸时，其内部通话系统开始保持静默。前方就是目标城市，人们刚从睡梦中醒来，天空的云层很稀薄。"艾诺拉·盖伊"既没有遭遇防空炮火，也没有遇到前来拦截的敌机。当它抵达爆炸起始点时，帕森斯走过来朝蒂贝茨身前望去，投弹手此刻已经从飞机驾驶员那里接管了飞机。距离投放原子弹还有90秒的时候，蒂贝茨把飞机的操控权交给了26岁的投弹手费勒比。

"飞机归你了。"蒂贝茨边说边松开操纵杆。

费勒比把"南风，风速80节"这个数据输入诺登投弹瞄准器。他从瞄准器往外看，说："好了，我看到那座桥了。"从空中往下看，横跨大田河的相生桥呈T字形，很容易辨认出来，因而被选为投弹的瞄准点。除了费勒比，三架飞机里的所有人都戴上了偏光护目镜。费勒比觉得护目镜会妨碍他使用投弹瞄准器。机舱传来气动马达打开弹舱的"嘎吱"声，罗伯特·尼尔森也启动了无线电，它持续发出"呜呜"声，标志着15秒警报开始。在"大艺术家号"轰炸机上，一台摄影机呼呼地旋转着，阿尔瓦雷斯博士和劳伦斯·约翰斯顿则开始记录三台示波器的读数。这些示波器通过一包挂在降落伞上的遥感感应器收集信号。8点15分15秒，无线电声音信号停止了。"艾诺拉·盖伊"向上减速，当重达9 000磅的"小男孩"原子弹从弹舱下落时，蒂贝茨的座位从背后将他猛地向前一推。帕森斯心想："听天由命吧。"

帕森斯将操纵杆突然向右一摆，再向前一推，飞机立刻以155度转角向前俯冲，这个动作已经演练过多次。当原子弹沿着抛物线坠向相生桥时，保持监听状态的感应器包也跟着向下飘落，第91号飞机跟在后面，用摄像机记录这一幕。

一道强光闪过，顿时让整个世界失去色彩。"艾诺拉·盖伊"机舱内变成白茫茫的一片，蒂贝茨的嘴里有一股铅的味道。坐在密闭通道前方领航员位子上的范·柯克看到了一道犹如摄影灯泡发出的白光，然后听到了沉闷的"啪嗒"声，就像金属薄板被折弯或飞机机身被飞溅的弹片击中的声音。很久以前，在欧洲战场执行轰炸任务时，他驾驶的机身曾被击中，这个声音让他感觉很熟悉。

机尾射手乔治·卡隆是"艾诺拉·盖伊"机组成员中唯一看到爆炸冲击波的人。他看到一股犹如暴风雨般的气体向内卷起并盘旋而上，直冲云霄。紧接着，带着微光的巨大冲击波呼啸而来。每架飞机都受到了两次强烈的震动，一次来自冲击波，另一次则是冲击波撞击地面再反弹到飞机上。蒂贝茨紧紧地握住操纵杆，努力让飞机保持水平。帕森斯大叫道："高射炮！"

鲍勃·刘易斯感觉就像一个巨人用一根电线杆砸中了飞机。

遭受超自然力量打击的广岛震颤着。山冈美智子当时只有 15 岁，在一家电话局当接线员。这家电话局距离核爆震源仅 500 米。美智子后来回忆说："原子弹爆炸时听不到什么声音，我只是感觉到一股强大的力量袭来，非常强大。眼前有很多颜色，不是高温散发出来的颜色，不太像黄色，也不是蓝色。"随后她昏迷了，感觉自己飘浮在空中。

当美智子醒过来时，发现自己被埋在一堆石头下面。她母亲找来几名士兵把她从废墟中挖了出来。眼前完全是另一番景象。松本由人是日本陆军一家新闻单位的摄影记者，他看到输电线冒着火花冲进他的房间，紧接着他听到巨大的"噼啪"声，只见一道明亮的强光闪过，感觉"爆炸气浪如针扎一般"。他和妻子跑到屋外，外面一片漆黑。

"大家都灰头土脸，所有人都吓得神志不清，"美智子说，"人们被吓得说不出话，就算他们身上着火了，也叫不出疼。他们没有说'好热！'而是坐在那里，任凭火在身上蔓延。"暗棕色的色调笼罩着核爆震源附近的平地，看上去就像没有烧制好的陶瓷。"周围的一切都被夷为平地，没有门，没有柱子，没有墙，也没有篱笆，"一名幸存者回忆说，"无论你想去哪里，只要走直线就可以了。"

在俯冲转弯的过程中，汤姆·费勒比没有看到蘑菇云。调转机头后，他看到了原子弹爆炸后的效果。"有些建筑物被原子弹连根拔起。有些奇怪的事情正在发生，因为我看到城市变得支离破碎，建筑物被炸得粉碎，似乎有股力量将它们朝我们的方向推来。"蒂贝茨后来回忆道。完成俯冲转弯后，蒂贝茨的飞机成功逃生，他决定在回基地之前在广岛上空再绕一圈。

"几分钟前，这座城市还是阳光普照，我们在飞机上看得一清二楚，现在已是一片狼藉。"蒂贝茨在回忆录中写道，"它完全消失在可怕的浓烟和大火里，震惊和恐惧掠过我们心头。在这历史性的时刻，我无法准确记起我们发出了怎样的感叹，但是我们都觉得心惊胆战。无论当时说了什么，肯定都反映出了我们难以平复的情绪和难以置信的心情。遗憾的是，我们无法重现'艾诺拉·盖伊'号轰炸机上所有人的兴奋。"

鲍勃·刘易斯在他的飞行日志中写道："我的天哪！"后来，他详细解释了写这句话的原因，因为他已经同意把这本日志留给《纽约时报》驻天宁岛的一名记者。罗伯特·奥本海默曾援引印度教经典来表述他参与创造的力量。蒂贝茨把自己的骨干队伍看成使者，他说："没料到史上最恐怖的战争之神会青睐我和我的 11 名伙伴，让我们成为它的信使。我们既不是成吉思汗，也不是帖木儿，更不是尤利乌斯·恺撒或拿破仑。这些人心狠手辣，却都是一将功成万骨枯的人物。但与我们所执行的任务相比，他们的所作所为简直不值一哂。"

返航途中，内部通话系统大部分时间都保持静默状态。乔治·卡隆在机尾射手舱盯着蘑菇云看了足足一个半小时，偶尔会评论一下蘑菇云底部闪耀的火光。终于，他看到大火消失在北面地平线之外的烟雾之中。

东京方面也为这枚炸弹的杀伤力和杀伤范围感到震惊，日本领导层陷入了沉默。日本广播公司注意到广岛电台停播，才发现整个广岛已被毁灭。电报通信突然中断，电台莫名其妙地变成静音，这些都是日本参谋本部所有无线电报员与陷入火海的广岛联系之后得出的结论。广岛附近的几座火车站报告称，那里的人们听到了可怕的爆炸声。参谋本部普遍认为广岛的事态并不严重，只是部分居民道听途说而已。为了确认事情真相，参谋本部的一名年轻军官奉命坐飞机前往广岛，亲自调查情况并撰写报告。

顺利完成任务的"艾诺拉·盖伊"机组成员没有欢呼庆祝。"我们是经过专业训练的，自然不会在执行任务的时候做出那样的举动。"范·柯克说，"想想我们成长的那个年代，贝比·鲁斯打出全垒打之后只是绕垒跑一圈，没有其他庆祝动作。我们不是不喜欢张扬，而是我们因自律感到自豪。"

那一刻，保罗·蒂贝茨坚信他们对日本施加的恐怖打击有助于阻止战争蔓延。他说："回想人类科学史上的神奇发明，我欣喜地发现，新武器总会使未来战争变得难以想象。比如：长矛比棍棒更致命，弓箭比长矛更强大。火药的出现让弓箭成为明日黄花。武器装备技术的每一次进步都会让战争变得更加可怕。迄今为止，人类还是喜欢用战争解决人与人之间的争端。现在，我们终于发明了能够维护世界和平的终极武器。"

劳伦斯·约翰斯顿后来也回忆说："很多人问我，当时我是否为死去的日本人祈祷。不，我没有。任务开始前，该做的祈祷都已做过，包括询问上帝我是否应该参加这次任务。做完所有祈祷后，我相信上帝不仅宽恕了日本人，也宽恕我们用这种方式制止战争带来的杀戮和浪费。感谢上帝，让我有幸参与这次轰炸任务。"

松本由人跑回屋里拿上相机返回他在广岛城的办公室。沿途的恐怖场面让他不忍心按下快门。路边躺着很多被熔化的沥青烤焦的尸体，一名妇女单手抱着她的孩子，大声哭喊道："求求你睁开眼睛！" 20 分钟后，他按下快门，拍下第一张照片。此时的松本没有意识到他的工作只是徒劳，因为广岛已经没有可以刊登这张照片的报社了。

帕森斯向驻守天宁岛的诺曼·拉姆塞发了一封加密电文："轰炸效果明显，行动非常成功。从视觉上看，超过了'三位一体'试爆效果。投弹后，飞机情况正常，格林尼治时间 8 月 5 日 23 点 15 分，云量十分之二，我军对广岛进行目视轰炸，未遭遇日军防空炮火和战机拦截。"法雷尔将军将这份电文摘要转交至国防部，国防部又马上汇报给杜鲁门总统。杜鲁门刚参加完波茨坦会议，正乘坐"奥古斯塔号"巡洋舰取道英格兰普利茅斯前往弗吉尼亚州的纽波特纽斯市。

中午，杜鲁门与莱希、伯恩斯共进午餐，他对原子弹拯救人类生命而感到欢欣鼓舞。他说："这是人类历史上最伟大的事件。我们可以回家了。"随后，激动不已的杜鲁门在船上来回走动，逢人便分享这个好消息，每个人都发出欢呼声。"奥古斯塔号"的内部简报称，船员们的第一感觉是"往日本多扔几个原子弹，我们就可以回家了。总统后来说，在他宣布过的所有事情中，这件事是最让他高兴的"。

轰炸机要在下午 3 点左右才能返回天宁岛。收到帕森斯的报告后，驻天宁岛官兵便迫不及待地举行了"终战野餐"。虽然他们没有目睹原子弹摧毁一座城市的壮观景象，但他们有足够的缓冲距离举行庆祝活动。地勤人员找来一支乐队和一辆平板卡车，在没有女舞伴的情况下，士兵们相互配合跳起了吉特巴舞。他们还举行了吃馅饼、扔鸡蛋和两人三足赛跑等活动。

轰炸机编队回来时，所有人的目光都转向了西边。"艾诺拉·盖伊"降落在停机坪上，蒂贝茨叼着烟斗走出机舱，官方庆祝仪式正式开始。斯帕茨将军在蒂贝茨胸口别上一枚铜十字英勇勋章。蒂贝茨发表了简短讲话，要求官兵们继续注意作战行动的安保工作："我们发现了一座日本城市并将其摧毁，华盛顿方面稍后将公布这次行动的细节。"

当晚，东京的新闻广播对广岛被轰炸一事语焉不详。其中一家电台宣称：

"8月6日早上8点20分，几架B-29轰炸机袭击了广岛，它们扔下燃烧弹和炸弹后便逃离现场。现在相关人员正在对广岛的受损程度进行调查。"次日下午3点左右，另一家电台报道称："敌人似乎使用了一种新型炸弹。"

日本外务大臣东乡茂德从同盟通讯社那里获悉广岛遭受了原子弹袭击，他很清楚这种令人震惊的武器意味着什么。东乡茂德立即敦促内阁利用眼前的大好时机，按照《波茨坦公告》提出的要求体面地投降。内阁否决了东乡茂德的建议。帝国陆军部传来消息说，一定要先调查清楚广岛到底发生了什么事情，再做最终决定。

那天下午，奉帝国总参谋部之命从东京飞往广岛进行实地调查的参谋官被100英里以外、飘浮在天际的巨大蘑菇云吓得目瞪口呆。整座城市被夷为平地，犹如地球表面的一块伤疤。他的飞机在广岛上空盘旋了几圈，然后在广岛南部降落。下飞机后，参谋官马不停蹄地协助当地政府救助市民。等到他向东京汇报情况的时候，白宫已经发布了公告。

蒂贝茨认为，日本政府似乎想把原子弹对广岛造成的影响降到最低。他觉得这种做法"必定会影响华盛顿授权使用第二枚原子弹的决定"，尽管决定权目前属于斯帕茨将军。在华盛顿，杜鲁门和国防部对"超级计划"拦截到的日本军用无线电通信信息很感兴趣。正如普内尔将军预测的那样，想让日本屈服，只需要使用两枚原子弹。但是保险起见，美国还是在8月21日将第三枚原子弹的部件运送到天宁岛。法雷尔将军和帕森斯建议说，如果华盛顿命令使用第三枚原子弹，应该把它投放到东京地区。

裕仁天皇宣布"终战"

广岛上，大批难民撤离，从附近城镇赶来援助的居民越来越多，导致日本官方很难统计广岛居民人数，也无法确定死亡人数。县警察局统计出的伤亡人数为78 150人，另有13 983人失踪。后来美军对原子弹爆炸中心高达上百万摄氏度强热的花岗岩及其附近矿物质进行了测量和分析，结论显示：核爆中心位置在岛病院往南45米处，也就是相生桥的东南方向。根据理查德·罗兹提供的数据，广岛死亡人数攀升至14万人。接下来的五年里，因原子弹爆炸造成的死亡人数达到20万人。不过，当时人们并不相信核爆之后的放射性沉淀物会造成持久的辐射危害。

如此大规模的伤亡变成了一些抽象化的数字。这些数字虽然精确但不够真实，因为它们既无法衡量原子弹对日本民众、工业生产能力或经济能力造成的毁灭性影响，也无法表明原子弹给幸存者造成的阴影。在日本，没有哪个群体比军事领导人更沉迷于自己的幻觉。他们认为自己的看法神圣且不可亵渎。为了促使日本军事领导人立刻做出停战的理性举措，阿诺德下令让马里亚纳群岛的轰炸机司令部继续空投传单。塞班岛电台也进行了类似的广播，鼓动日本听众"打听广岛所发生的事情"，并"请求日本天皇结束战争"。

伯纳德·奥基夫是一名在天宁岛上装配原子弹的技术员，他知道自己每天都要争分夺秒地工作，因为司令部在督促他尽快组装好第二枚原子弹。

他说："由于第一枚原子弹在广岛成功爆炸，组装第二枚原子弹的压力变得更大，因为它比第一枚原子弹要复杂得多。我们又压缩了一天时间，计划在 8 月 10 日组装完毕。大家一直认为早一天轰炸另一座城市会让日本人以为我们手上有大量原子弹，从而加快投降速度。我们深知多节约一天时间，战争就会提前一天结束。我们住在那座小岛上，每天晚上都有飞机出动执行任务。而除了被击落的 B-29 轰炸机之外，每天也都有人牺牲。但我们知道，对于在整个太平洋执行任务的美国海军而言，每天都很重要。此外，'印第安纳波利斯号'被击沉这件事对我们的影响也很大。"

8 月 9 日，绰号"胖子"的原子弹正式投入战争。查克·斯维尼少校驾驶着名为"博克斯卡"的 B-29 轰炸机从天宁岛北部机场起飞，载着"胖子"原子弹飞向第一目标小仓。由于小仓上空云层太厚，斯维尼被迫改道前往第二目标长崎。到达长崎后，透过厚厚的云层，投弹手科密特·比汉勉强能按要求实施目视轰炸。后来，"博克斯卡"又因为燃油不足无法返回基地只能紧急迫降在冲绳岛。

短时间内遭受了两次核裂变武器打击，这让日本政府始料未及。更糟糕的是，第三次打击很快就要到来。8 月 9 日午夜，日本政府收到消息，得知苏联军队正在进攻整个满洲里东部边界。日本陆军大臣阿南惟几命令帝国军队在这场"圣战"中为"神圣的祖国战斗到最后一刻"。

8 月 9 日晚，内阁在御文库的地下防空洞里举行了一场御前会议。求和是这场会议的主要议题。会议一直持续到 8 月 10 日黎明，求和派和战争派各执一词。会场摆放了两张平行的长桌，上首是裕仁天皇的御座。裕仁落座后，内阁首相铃木贯太郎命人宣读《波茨坦公告》，随后他就公告内容进行了利弊分析，接下来便要求"六巨头"成员各自表述观点。

铃木贯太郎、海军大臣米内光政和外务大臣东乡茂德都强烈要求接受《波茨坦公告》，但条件是保留日本天皇皇位。阿南惟几将军、梅津美治郎将军和海军大将丰田副武则愤怒地拒绝了盟国的条件，坚称盟国必须满足三个额外条件才能接受议和：一是盟军不得占领日本，二是日本自行审判战争罪犯，三是日本以自发形式撤兵。他们说，如果这三个条件得不到满足，战地指挥官就不会遵守政府下达的投降命令。"我们还有战斗力，谈不上战败，"战争派中最顽固不化的阿南惟几说，"如果敌人敢在本土登陆，那他们就给了我们一个彻底将其击垮的有利时机。我们严阵以待，必须破釜沉舟，打好这场决战。但是，如果能找到另一种结束战争的方式，即有条件地接受《波茨坦公告》，我们也愿意放弃战争。"

梅津美治郎怒斥道："虽说我们不一定能取得胜利，但我们还没有被打败。我们已经意识到战局对我国不利，但是，只要亿万民众有着坚定的决心，做足准备，我们还是有可能向死而生。"梅津美治郎再次强调，如果盟国不满足上述三个条件，日本就不能接受《波茨坦公告》。"六巨头"们没有明确表态，只是反复讲述日本所面临的毫无胜算的局面，并把这归咎于原子弹爆炸造成的后果。最后，他们建议向华盛顿施压，让盟国接受日本提出的三个条件。

这种尴尬的场面让铃木首相不知所措。面对无法化解的僵局，他做了一件从未做过的事情。他请被国民神化的日本国家元首发表个人观点："外务大臣建议接受《波茨坦公告》，还有人提出了三个投降条件。至于应该采纳哪种建议，请陛下作出圣断。"

如此直接的问题可谓是某种形式的政治革命，因为天皇的个人观点是不具有法律效力的。只有通过内阁的准许，他的意愿才能变成政策。正如裕仁在 1946 年所说："那是我第一次既能表达个人观点，又不侵犯他人权威。"然而，对于当时的日本内阁来说，除了让裕仁做决定，他们别无选择。

"考虑到当前国内外形势不容乐观，我认为继续战争就意味着国破家亡，意味着杀戮和残暴行为将继续下去。那些力主继续战争之人曾信誓旦旦地告诉我，九十九里浜的新增兵员和补给品将会在6月之前到位。我现在才知道，这项战备工作到9月份都无法完成。对于那些希望在本土决战的人，我想提醒他们，他们的计划与实际情况存在差异。我的子民是无辜的，我不忍心再看到他们继续遭受无妄之灾。结束战争是恢复世界和平、帮助我国逃离灾难的唯一方式。"

听到这里，与会者中很多人开始放声大哭。裕仁天皇停顿了一会儿，努力让自己的心情平复下来，继续说："一想到那些尽忠之人，那些在遥远战场阵亡或负伤的陆军士兵和水手，那些在本土遭受空袭、变得一无所有甚至失去生命的普通百姓，我就心痛万分。当然，我同样不忍心看到忠诚、勇敢的日本战士被解除武装，不忍心看到那些对我忠心耿耿的人被当成战争的始作俑者而遭受惩罚。然而，现在我们要做的是忍辱负重。每当回想起皇祖考明治天皇在三国干政时的感受，我只能强忍泪水，以外务大臣提出的建议为基础，接受同盟国的公告。"

首相铃木贯太郎宣布："圣上之决断，亦应作为本次会议之最终结论。"此刻是东京时间凌晨3点多，当着"六巨头"的面，内阁开始投票决定是否按照天皇的建议行事。

位于关岛的太平洋司令部通信处工作人员正在全神贯注地收听东京广播电台和其他广播节目，好奇战略航空队司令部到底给日本带来了怎样的变化。"接二连三的灾难所造成的效果显而易见，"太平洋司令部的档案记载，"在随后的几个小时里，东京广播电台的通告表明，日本政府正考虑采取一些不同寻常的行动。日本官方媒体同盟通讯社在8月10日凌晨零点15分宣布：该社的信号发射台将彻夜保持开启状态，准备播放'一份重要公告'。"

这份"重要公告"如期而至，但它并未将裕仁天皇的意图清晰地表达出来。作为极右派的代表人物，阿南惟几仍旧反对投降，他歪曲了投降提议，授意东京广播电台在8月10日晚些时候用英语向美国播送。11小时15分钟后，这份公告才被转交到盟国政府手中。瑞士作为中立方向美国和中国传达了公告内容，英国则是通过瑞典获悉了公告内容。

当天晚上，也就是华盛顿时间1945年8月9日，杜鲁门总统发表了电台广播，宣布美国使用了原子弹。"相信全世界已经注意到，我们向日本的军事重镇广岛投放了首枚原子弹，"杜鲁门说，"之所以选择广岛是因为我们希望此次袭击能尽可能避免平民死亡。这只是一次警告，更猛烈的攻击还未开始。如果日本拒不投降，我们将用原子弹摧毁它的军事工业，成千上万的平民会因此丧生，这的确是一件不幸的事情。原子弹研究成功后，我们将它用于实战。我们把它用在那些偷袭珍珠港的人身上，用在那些坐视美军战俘饿死、殴打和枪杀战俘的人身上，用在那些公然践踏国际战争法的人身上。我们之所以使用原子弹，是为了减少战争带来的痛苦，为了拯救美国千千万万个年轻的生命。我们会继续使用原子弹，直至彻底摧毁日本发动战争的能力。只有日本投降，我们才会停止使用原子弹。"

在接下来的五天里，日本政府发生的叛乱事件让美国完全不明白日本领导层到底是想谈和还是想推翻皇位。8 月 10 日，B-29 轰炸机再次从马里亚纳群岛起飞，继续轰炸东京郊外的中岛飞机制造厂。后来，杜鲁门担心日本将空袭视为和平谈判破裂的标志，便命令 B-29 轰炸机停止空袭。

讽刺的是，日本政府也决定维持现状。日本领导层不想为公众提供太多信息，以免局面失去控制。8 月 11 日，日本报纸刊登了情报委员会撰写的"妥协"声明，这份声明没有明确表示日本是否打算投降。相反，它大肆宣扬子虚乌有的胜利，表示日方对美国的野蛮行径和使用新型炸弹的做法非常失望，号召民众"行动起来，克服各种困难，保卫帝国国体"。

这份声明虽然是内阁的合法行为，却违背了裕仁天皇的意愿。这种径自发布声明的行为太过鲁莽，甚至有叛国的嫌疑。不出所料，这种花言巧语只能让日本民众再次遭受第 509 混成大队的轰炸袭击。8 月 21 日左右，第三枚原子弹将在天宁岛组装完毕。美国政府注意到，在发给盟国政府的声明中，日本确实已经接受了《波茨坦公告》，但声明中包含一个限定条件，即"盟国所提要求不损害天皇陛下作为日本最高统治者所享有之君主特权"，日本才会接受《波茨坦公告》。

美国当然不会同意这一限定条件。8 月 11 日上午 10 点 30 分，国务卿詹姆斯·F. 伯恩斯起草了一份回复，坚称天皇的统治权必须置于盟军最高司令官道格拉斯·麦克阿瑟将军之下。伯恩斯通过各种新闻渠道将这份可以让日本民众免受第三次原子弹袭击的倡议散播出去。当天华盛顿时间 17 点 15 分，瑞士政府向东京转达了该倡议。

海军陆战队在关岛上行进。(照片由美国海军陆战队提供)

美军带着军犬向防守森严的奥罗特半岛推进。(照片由美国陆军通信兵团提供)

　　美军占领马里亚纳群岛敲响了日本法西斯的丧钟。在美国还未宣布塞班岛安全之前，美国陆军航空工程兵就已开始对珊瑚进行爆破和铲平工作，把塞班岛变成第21轰炸机司令部B-29轰炸机的基地。不久，他们在天宁岛和关岛也开辟了机场。(照片由美国陆军通信兵团提供)

马里亚纳群岛失守后，日本侵略战争的总设计师、日本首相东条英机被迫辞职。（照片由美国海军提供）

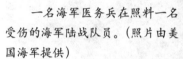

一名海军医务兵在照料一名受伤的海军陆战队员。（照片由美国海军提供）

驻马里亚纳群岛第21轰炸机司令部首任指挥官海伍德·S.汉塞尔准将指挥东京大轰炸。（照片由美国陆军航空队提供）

轰炸机编队想给战争增添一抹个人色彩。(照片由美国陆军航空队提供)

美国陆军航空队总参谋长、绰号"快乐的阿诺德"的亨利·H.阿诺德将军从华盛顿飞抵马里亚纳群岛,开始履行第20航空队的指挥权。正是因为阿诺德想直接打击日本,美国海军才会从日本手里夺下马里亚纳群岛。(照片由美国海军航空队提供)

一名军械士小心翼翼地踩在一架"超级空中堡垒"的弹舱里,将引信安装在重达500磅的炸弹尾翼。(照片由美国陆军航空队提供)

航空兵的工作往往是沉闷的,但公共关系宣传处想捕捉一些轻松时刻。1944年11月,美军以马里亚纳群岛为基地对东京实施首次轰炸。"牧童之车"是轰炸任务结束后第一架返回塞班岛的B-29轰炸机。此次轰炸任务以失败告终。(照片由美国陆军航空队提供)

来自硫磺岛的日军飞机数次空袭埃斯利机场得手。图中，航空工程兵冒着被燃烧的燃油和爆炸的弹药伤害的危险，用推土机将停机坪的其他飞机救出来。(照片由美国陆军航空队提供)

1944年11月前后的埃斯利机场。(照片由美国陆军航空队提供)

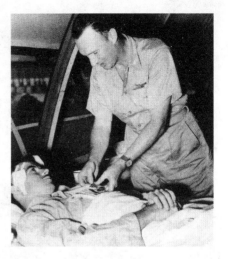

汉塞尔将军慰问执掌司令部之后的第一位伤员卡尔·W.麦金尼中尉。麦金尼是一名投弹手，在空袭日本的时候，他所在的编队遭受敌机的攻击，造成他头部受伤，一条大腿骨折。（照片由美国陆军航空队提供）

从领航员座位看过去的驾驶舱视角。东京上空，一名投弹手（图左）在投弹前负责驾驶飞机。（照片由美国陆军航空队提供）

海军上将哈尔西率领快速航母特遣舰队对吴港实施一系列打击，彻底摧毁了日本海军。"日向号"战列舰、"天城号"航母以及在干船坞里的D形袖珍潜艇均遭受打击。（照片由美国战略轰炸调查团提供）

柯蒂斯·李梅少将
接替汉塞尔的职务，用
低空投放燃烧弹的方式
轰炸日本。(照片由美
国陆军航空队提供)

1945年6月，美军向横滨投放集束燃烧弹。(照片由美国陆军航空队提供)

太平洋司令部的传单描绘了"日本军需工厂"被炸毁时的情形。传单上的中文标语提醒台湾居民：美国正在轰炸日本的军事设施，请他们不要靠近这些轰炸目标。（照片由美国陆军航空队提供）

这张传单是由美国海军的飞机投放的，它的正面写着警示语："战争带来疾病。"背面则告诉日本民众："你们要奋起反抗军阀，制止这场毫无意义的战争。"（照片由美国海军提供）

完成广岛轰炸任务后，第509混成
大队创始人、第20航空队原子弹轰炸编
队指挥官保罗·蒂贝茨上校返回天宁岛，
他身上佩戴着铜十字英勇勋章。（照片由
美国陆军航空队提供）

绰号为"小男孩"的
原子弹是人类历史上首枚
原子弹。1944年8月6日，
在铀-235的裂变作用下，
这枚原子弹摧毁了广岛。
（照片由洛斯阿拉莫斯国家
实验室提供）

1944年8月9日，绰号为"胖子"
的第二枚原子弹摧毁了长崎。这枚
原子弹通过常规炸药产生高度复杂
的内爆压迫钚-239燃料芯体，从而
形成核分裂连锁反应。（照片由洛
斯阿拉莫斯国家实验室提供）

"艾诺拉·盖伊号"轰炸机机组成员合影。前排从左至右分别为：机尾射手乔治·R.卡隆上士、雷达操作员约瑟夫·A.斯蒂博瑞克中士、机械师怀亚特·E.杜岑伯里上士、无线电报员理查德·H.尼尔森、助理机械师罗伯特·H.舒玛德中士。后排从左至右分别是：投弹手托马斯·W.费勒比少校、领航员西奥多·J.范·柯克上尉、轰炸机编队指挥官兼驾驶员保罗·W.蒂贝茨上校、机长兼副驾驶员罗伯特·A.刘易斯上尉。(照片由美国陆军航空队提供)

广岛原子弹爆炸。(照片由美国陆军航空队提供)

在广岛轰炸任务中，绰号"迪克"的海军上校威廉·S.帕森斯是蒂贝茨所驾驶飞机"艾诺拉·盖伊"的武器专家。(照片由美国陆军航空队提供)

广岛一片废墟。照片右边是广岛县产业奖励馆,左边是岛病院,已变为废墟。(照片由美国战略轰炸调查团提供)

长崎原子弹爆炸。在日本投降之前,第20航空队曾计划每月向日本投放3～4枚原子弹。(照片由美国陆军航空队提供)

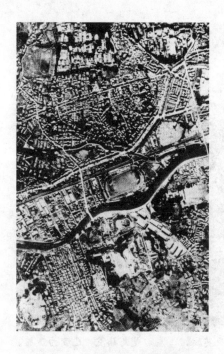

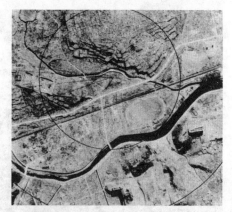

1945 年 8 月 9 日前与 8 月 9 日后长崎市貌对比图。（照片由美国战略轰炸调查团提供）

幸存者在浦上罗马天主教堂废墟的阴影下搭起简陋的棚屋。

阿南惟几将军和"最高战争指导会议"的其他强硬派分子宁可毁灭整个民族，也不愿承受投降的耻辱。即便在美国投下两枚原子弹之后，"最高战争指导会议"也不同意以可接受的条款跟美国或苏联进行沟通。

只有被日本民众视为真神的裕仁天皇才能打破僵局。8月15日，他颁布了《终战诏书》(Imperial Rescript)，宣布日本决定投降。他亲自通过无线电广播向日本民众宣读了这份诏书。

被关押在关岛的日本战俘收听裕仁天皇的广播。(照片由美国海军提供)

1945 年 8 月 30 日，美国海军陆战队员们携带突击装备，冒着"长门号"战列舰的炮火登陆东京地区，"长门号"根本无法阻止美军登陆。

骄傲：1945 年 12 月 1 日，大场荣从邻近岛屿的一名日本海军将官那里获知战争已经结束，于是他在塞班岛向美军交出佩剑投降。[照片由《时间与生活》(*Time Life Pictures*) 摄影杂志 / 盖蒂图片社 (Getty Images) 提供]

耻辱：如果日本人不厌恶投降，也许他们就能意识到：马里亚纳群岛的失陷预示着日本的战败。其实，早在 1944 年，这种看法在日本军队内部就已经很普遍了。(照片由美国海军提供)

8 月 13 日东京，日本政府内阁开了一整天的会议，外务大臣东乡茂德与裕仁天皇单独协商对策。裕仁的心腹木户幸一意识到时机已经成熟。当天早上，一名随从给他送来一份美军投放的传单，上面重申了《波茨坦公告》的要求，并敦促日本民众坚定地发出自己的呼声。"这份传单让我感到惊恐，"木户幸一说，"在这个节骨眼上，传单散播到了这里！如果军队拿到这些传单，肯定会被激怒，军事政变将不可避免。"后来，事情的发展果然如他所料。

木户幸一一力劝裕仁天皇与内阁会面，因为只有天皇才能扭转这些顽固派军国主义者的看法。裕仁立刻召见外务大臣东乡茂德，对他说："既然美国动用破坏力如此巨大的武器对付我们，我们就不应该错过这次机会。请转告铃木首相，我希望在《波茨坦公告》的基础上尽快结束战争。"随后，裕仁又召见了内阁成员，对他们说："我已经仔细聆听了各种反对意见，但我的决定还是跟之前一样，没有改变。在认真研究了世界局势和国内环境后，我认为我们没有必要让战争进行下去。"裕仁表示他从《波茨坦公告》的措辞中已经感觉到同盟国"相当赞成"保留他的皇位。其实，木户幸一的秘书长曾提到，裕仁天皇"信任盟国，他知道它们不会消灭我们的国家或人民"。裕仁的决定极为关键，这迫使曾经做过他助手的阿南惟几只得转而支持主降派。随着这位态度强硬的陆军将领立场的转变，在场的所有内阁成员都不再反对投降。15 名内阁成员当场签署了一份接受《波茨坦公告》条件的决议备忘录。

8 月 13 日晚到 8 月 14 日晚，美国政府领导人和军队指挥官都是在紧张的等待中度过的。在此期间，B-29 轰炸机向四国地区的重点城市投放了 550 万张传单。传单包含各种提议和《波茨坦公告》内容。像往常一样，这些传单敦促日本民众向政府施压，迫使政府投降。美国已经使用了原子弹，还有必要再入侵日本吗？

日本的沉默态度令人迷惑不解。于是，杜鲁门决定对日本重新实施空袭。8 月 14 日早上，B-29 轰炸机全面恢复行动，800 多架轰炸机从马里亚纳群岛起飞，不分昼夜地空袭本州岛。包括 184 架护航战斗机在内，阿诺德说他已经实现了以千架飞机袭击日本的雄心壮志。当时，配备了新机种的第 8 航空队被调往新战场，而刚到冲绳岛就职的吉米·杜利特尔将军不太喜欢这种带有象征意义的举动。他的一名下属劝他说，战争结束前，他至少要安排 B-29 轰炸机袭击一次日本。杜利特尔回答说，如果战争真的结束了，就没必要让他手下任何一名航空兵冒着生命危险为他充满传奇色彩的指挥生涯锦上添花。

　　东京时间 8 月 14 日下午 2 点 40 分，也就是华盛顿时间 8 月 14 日凌晨 1 点 49 分，东京广播电台宣布，一份接受《波茨坦公告》的"终战诏书""很快就会到来"。裕仁天皇及其内阁正在为诏书的措辞而纠结，至于他们最终使用什么样的措辞，目前尚不清楚。8 月 14 日晚些时候，诏书终于颁布了。日本投降对第二次世界大战影响深远。当天晚上，日本政府的官方公报刊登了《终战诏书》，太平洋战争宣告结束。日本政府同意接受美国提出的条件，并通过瑞士政府向美国传达了这一信息。然后，这则信息又被转发给美国国务院。当天晚上，华盛顿时间 6 点 10 分，国务院收到该信息。不到一小时，杜鲁门总统便召集内阁在椭圆形办公室开会，与会者还有前国务卿科德尔·赫尔。杜鲁门宣读了日本接受投降提议的内容，白宫记者团一片欢腾，迅速将这条消息发回报社。杜鲁门在妻子的陪同下来到白宫北草坪的人工喷泉旁，对着聚集在那里的人群作出代表胜利的"V"字形手势。后来，杜鲁门在回忆录中写道："我是在模仿丘吉尔。"他拿起麦克风说了几句话。在回忆录里，他是这样写的："我在柏林的时候说过，美国不想争夺领土，也不想索要战争赔款。我们所做的一切都是为了给世界各国争取和平与幸福，这也是我们为之奋斗的目标。在人类历史上，没有哪个国家取得过如此彻底的胜利，也没有哪个国家像美利坚合众国这样对敌人宽宏大量、对友邦雪中送炭。也许我们应该将'山顶布道'的教义付诸行动。"

　　但是，身为太平洋舰队司令的尼米兹不想就此放过日本人。尼米兹命令太平洋战区的所有驻军暂停攻击，他在 ALPOA 579 号令中要求道："停止对日军的进攻，继续搜索和巡逻，保持最高级别的防御和内部安保措施，防止日军叛变，防止日方军队或个人在最后时刻偷袭。"接到这份命令的时候，哈尔西率领的第 38 特遣舰队正在距离东京 150 英里的东南沿海。哈尔西把战争结束的消息告诉了手下的指挥官，73 名正前往本州岛执行轰炸任务的飞行员奉命扔掉炸弹返回基地。"密苏里号"战列舰的汽笛长鸣一分钟，舰队船只纷纷升起庆祝胜利的信号旗。

　　8 月 15 日，东京正值雨季，大雨拍打着海岸，空气湿热难耐。人们昏昏欲睡，就算听到空袭警报声，他们也不再惊慌失措地躲进避难所。一小群军官听说日本政府已经接受了《波茨坦公告》，他们对宫城发起攻击，想要夺取"终战诏书"录音带。根据原定计划，"终战诏书"将在当天晚些时候通过电台向全国广播。宫城守卫成功镇压了叛乱，密谋叛乱的军官也在宫城大门外剖腹自杀。陆军大臣阿南惟几回到家中，他喝得酩酊大醉，用军刀剖腹和割喉自杀。死之前，他在一张卷轴上写下遗言："以死奉谢大罪，唯信神州不灭！"

日本民众对这一戏剧性事件毫不知情，所以没有引发骚乱。民众也不知道苏联的炮兵部队和装甲部队已经进入满洲里东部。近日，日本从一名美国战斗机飞行员俘虏那里获悉，美国原本打算用更多的原子弹轰炸日本，东京就是下一个目标，日本民众对此更是一无所知。他们只知道当天中午将有一次重要的电台广播，这才是他们最关心的事情。

这是他们第一次听到天皇的"玉音"。在前一晚录制的"终战诏书"中，裕仁天皇表明了他的想法。

他说："帝国之所以向美英两国宣战，实亦为希求帝国之自存与东亚之安定而出此，至如排斥他国之主权，侵犯他国之领土，固非朕之本志。"

他继续说道："然交战已阅四载，虽陆海将兵勇敢善战，百官有司励精图治，一亿众庶克己奉公，各尽所能，而战局并未好转，世界大势亦不利于我。加之，敌方最近使用残酷之炸弹，频杀无辜，惨害所及，实难逆料。"

接着，他发出感慨："如仍继续作战，则不仅导致我民族之灭亡，并将破坏人类之文明。如此，则朕将何以保全亿兆赤子，陈谢于皇祖皇宗之神灵乎！"

"此朕所以饬帝国政府接受联合公告者也。"

在诏书末尾，裕仁说："宜举国一致，子孙相传，确信神州之不灭。念任重而道远，倾全力于将来之建设，笃守道义，坚定志操，誓必发扬国体之精华，不致落后于世界之进化。"

作为东条英机的幕后推手，裕仁将军队变为日本至高无上的组织，而军队却做出了与其尊贵地位不相符的事情。裕仁的地位和精神赋予他们极大的热情，正是在他的支持和纵容下，日军发动了横跨半个地球的种族主义战争。现在，裕仁却说这样做不仅是为了拯救祖国，而且是为了拯救"人类文明"和挽救无辜生命，使其免遭"残酷炸弹"的伤害，这种骄傲自大的想法匪夷所思。他以受害者的姿态出现在世人面前也算一种大胆创新的做法。即便是美国的某些指挥官也对原子弹在军事上的必要性心存疑惑。无论是美国人还是日本人，没有人质疑原子弹的心理震慑作用和政治影响。正因如此，原子弹才会成为史上最强武器。

来自天宁岛的蒂贝茨轰炸机编队扔下两颗原子弹，裕仁天皇就改变了自己的看法，这便是原子弹威力的最佳证明。8月15日颁布的《终战诏书》是这样说的，而前首相近卫文麿公爵也在他的日记中证实了这一点："原子弹的出现让人始料未及，其作用是无可置疑的。遭受原子弹轰炸后，裕仁终于为日本的战士们找到了一个体面的台阶，既能减轻战败的耻辱感，又能为投降扫清障碍。"

就在东京颁布《终战诏书》的同一天，托马斯·F.法雷尔准将从"曼哈顿计划"指挥部飞往马里亚纳群岛。法雷尔此行的主要目的是组建一个特别调查团，前往日本两处原子弹爆炸中心点评估原子弹的威力。但是，伽马射线探测仪或高空摄影都无法记录原子弹对隐藏目标的影响。不可否认的是，两枚原子弹使好战且顽固的裕仁天皇改变了心意。

在马尼拉，德雷珀·考夫曼与艾克尔伯格将军的参谋正在制订"奥林匹克行动"在九州岛东南部的初步登陆计划。巨大的工作压力让考夫曼消瘦了许多。由于过度疲劳，原本就身材清瘦的考夫曼体重从175磅掉到125磅。晋升为海军上校后，考夫曼肩负指挥海上侦察行动的重任，为即将到来的史上最大规模的两栖登陆战做准备。在诺曼底登陆战中，美国水下爆破队伤亡惨重，"奥林匹克行动"的伤亡人数将有过之而无不及。考夫曼说："我估计水下爆破队可能会有三分之二的人阵亡，这已经是我们最乐观的预计结果了。"根据计划，他要派30支水下爆破队深入险境，他的队伍将面对一系列未知的危险。凯利·特纳也对此次行动的合理性提出质疑，因为他知道日本守军的数量正在猛增。仅九州岛就增加了90万名日军和一万架飞机，其中大部分飞机隶属于神风特攻队。它们的袭击目标不是巡洋舰和战列舰，而是运兵船。这些运兵船在海上只有支援舰护航，最容易遭受自杀式飞机袭击。

特纳担心考夫曼的身体无法承受高强度的作战工作，于是决定让考夫曼回国休息两周。广岛和长崎被原子弹轰炸时，考夫曼正在华盛顿休养。他说："听到这个消息，我和佩琪的第一反应就是迅速跑到天主教堂。我们说了一些感恩的话。"考夫曼从塞班岛带到马尼拉的排长鲍勃·马歇尔现在担任第 3 水下爆破队队长，他带领的爆破队是九州岛登陆战的先头部队。这天，他正在加州欧申赛德市海边的一艘快速运输舰上演练"奥林匹克行动"。突然，他看到有人在岸上的海军基地放烟花。当日本投降的消息传到洛斯阿拉莫斯国家实验室时，所有人停下手头的工作。大家拉响警笛，狂按汽车喇叭以示庆祝。乔治·基斯塔科夫斯基的一位同事在家里临时安排了一场庆祝酒会，基斯塔科夫斯基在一块空地上点燃了 1 000 余磅的火药，疯狂庆祝之后才回家休息。

　　太平洋的另一边，斯普鲁恩斯和他儿子正在关岛上散步。当他们路过几间铁皮活动房时，里面传来欢呼声。18 年后，爱德华·斯普鲁恩斯在给一位朋友的信中写道："我们去问怎么回事，他们说广播里刚刚宣布日本已经投降了。父亲很高兴，但他没有表现出来。我们又继续散步。"老斯普鲁恩斯"非常兴奋，但他还是很严肃地说，'我们还有很多工作要做'"。

第四部分

★★★★★

地

日本宣布投降后,"没落行动"利剑归鞘。此时,征服者变成了占领者。盟军驻日最高司令官麦克阿瑟开始实施人道主义救援计划。他的任务是让日本永远臣服于美国。人口众多、饱经战争创伤的日本从倡导虚无主义的全面战争向仁慈的和平社会迅速转变。"大东亚共荣圈"分崩离析仅数周,一个自由的国家开始从废墟中重生。在随后的几十年里,关于美国是否有必要向日本投下原子弹的争论无休无止。然而,正如战争终结者蒂贝茨所说:"那些人从来没有在鬼门关前徘徊过。"

Eight Bells for an
Empire
☆☆☆

第 36 章

帝国丧钟

受降仪式：愿人间再无纷争

为了庆祝战争结束，狂欢持续了好几周。停战后，美军此前制订的史上最大规模的进攻计划在性质和目标上发生了转变，计划对日本实施的终极打击"没落行动"只能利剑归鞘。该计划打算以前所未有的规模动用运输船和两栖重型车辆，依靠战术飞机和舰艇对日本实施轰炸，其后勤补给、弹药补给、空运救护和封锁线规模都是空前绝后的。美军还打算大规模动用携带核武器的战略空中力量对跨大洋和跨洲作战行动给予支援。战争的结束意味着这次行动的效果无法得到验证。不过，大家没有因此而沮丧，因为最困难的任务已经由来自天宁岛的轰炸机完成，那就是迫使一位被神化的凡夫俗子在关键时刻回心转意。完成这项任务后，美国太平洋舰队这台无可匹敌的"战争机器"要打的最后一场战役就是做好善后工作。全面战争持续了一年多。现在，征服者变成了占领者。

"黑名单行动"原本是对日本进行最后清算的军事行动，但是现在变成了一场声势浩大的人道主义计划的代号。杜鲁门总统任命道格拉斯·麦克阿瑟为盟军驻日最高司令官。麦克阿瑟的任务就是让日本永远臣服于美国。为了完成这项艰巨任务，麦克阿瑟将在军事策略、后勤服务和心理战方面做出一系列部署。

萨拉托加大捷和约克镇战役后，美国人接受敌人投降的方式开始与历史上的做法完全不同。成吉思汗的铁骑席卷亚洲，战败者惨遭屠杀，尸横遍野，他用皑皑白骨警告敌人不要与之为敌。查理曼大帝征服了穆斯林和异教徒，在一天之内将数千名战俘斩首示众。与日本人同样宁死不降的罗马士兵一向以蹂躏占领的土地著称。而败在西塞罗和塞内加的军队手里，就意味着要遭受灭顶之灾。一位与罗马为敌的战士在决战前对他的同胞说："罗马军队所经之处寸草不生，他们却自称是和平使者。"后来，打败罗马军队的外籍军团也因羞辱战俘、手法残暴而臭名昭著。罗马历史学家李维曾描述过当时盛行的一种羞辱罗马战俘的方式：让罗马战俘按军衔一字排开，强迫他们挨个俯首穿过轭门。外籍军团的胜利者们挥舞着长剑辱骂和嘲笑这些战俘，如果他们有抵触情绪，可能被当场处决。

战后的日本成了寸草不生的荒地。军国主义者投降之后，美国立即在日本本土开展重建工作。麦克阿瑟以极大的热情和谦逊的态度投入到这项工作中。假如这个项目取得成功，就会抵消他在战争早期犯下的错误。"黑名单行动"将由三支主力地面部队负责实施，以东京地区为中心向周围延伸。海军上将哈尔西担任先锋，他的第三舰队与艾克尔伯格将军率领的第八集团军（总人数达 24.7 万人）共同占领了东京湾地区、本州中部和北海道地区。斯普鲁恩斯和第五舰队将负责护送第二梯队，即由克鲁格将军率领的第六集团军（共 27.9 万人，包括三个海军陆战师和海军中将哈里·希尔率领的第五两栖军），他们与一支来自英联邦的占领军共同占领本州西部和南部、四国地区、九州和日本海南部。海军中将托马斯·金凯德率领的第七舰队和陆军中将约翰·R. 霍奇率领的陆军第 24 军共 9.2 万人负责控制朝鲜和中国附近的海岸。北太平洋战区司令、海军中将弗兰克·杰克·弗莱彻负责本州和北海道北部海域的扫雷工作，并待命接管陆地区域。在太平洋空运司令部的协助下，共 8.9 万人的陆军远东航空队将负责建造一座由冲绳岛延伸至日本本土的空中桥梁。尼米兹所率领的驻关岛太平洋舰队准备在马里亚纳群岛、小笠原群岛、火山群岛、伊豆群岛和千岛群岛建立一个海军管理处。

麦克阿瑟统领的联合部队共 70.7 万人，最初目标是接受日本投降、占领日本并解除日军武装。后来，这项任务变为：在这片已经去军事化的国度培育自由精神、建立代议民主制度以及教导民众尊重人权。正如太平洋司令部提出的那样，"待军国主义分子的权力和军国主义的影响力完全从日本的政治、经济和社会生活中完全消除"，麦克阿瑟的最终目标就是在《联合国宪章》(*Charter of the United Nations*) 框架内改造日本国民的性格。

美国海军将战败的日本看成一艘刚下水的新船。第 38 特遣舰队提交的最后一份战地报告的封面上有一张插图，描绘的是它对日本本土进行的最后一次"彻头彻尾的扫荡"。这句话也同样适用于更重大的政治任务。麦克阿瑟具有极高的政治天赋，他既以最高统帅的身份完全控制日本，又无需亲自参与这个战败国的管理。他的方法就是：将裕仁天皇置于自己的指挥之下，同时借助日本现有的治理体系来贯彻他的指令。

1945 年 8 月 19 日傍晚，治理日本的初步行动正式开始。一架 C-54 运输机降落在马尼拉附近的尼科尔斯机场，飞机上坐着由陆军中将、陆军参谋本部副参谋长河边虎四郎率领的 16 人日本投降代表团。在麦克阿瑟的再三强调和坚持下，这架运输机被命名为"巴丹号"。

飞机着陆时，麦克阿瑟故意缺席。一名传记作家后来写道，麦克阿瑟"是一个精明的'东方通'，在这种场合他是不会出现的"。麦克阿瑟的情报主管查尔斯·威洛比带他们上车，从机场前往麦克阿瑟在马尼拉的总部。威洛比和河边虎四郎不需要翻译，两人都会德语。麦克阿瑟的总参谋长 R.K. 萨瑟兰向河边虎四郎的代表团呈交了几份文件，这些文件规定了首批美军进入日本的时间和方式，并要求日方做到以下几点：

1. 为美军先遣梯队提供安全通道。

2. 日本军队撤退。

3. 所有船只、飞机、坦克停运停航并解除武装。

4. 建造供美军指挥官使用的通信设施。

海军上将尼米兹也向日方提出要求：

1. 日军所有军舰停泊在港口，原地待命。

2. 在海上的日本军舰以最简明的语言向最近的盟军电台汇报方位。

3. 移除舰炮炮栓，确保指向船艏和船尾的主炮组不能发射炮弹，清空鱼雷发射管，然后前往离军舰最近的盟军港口，夜间要垂直往空中打探照灯。

4. 潜艇要浮出水面，悬挂一面黑色旗帜或信号旗，打起信号灯，前往关岛、中途岛或苏比克湾上岸。

5. 扫雷艇在解除武装之后补充燃油，然后向太平洋司令部报到，在美军的统一指挥下执行扫雷任务。

6. 日军所有飞机不得起飞，所有港口要打开障碍栅，清除水下爆破炸药和水雷区，打开航标灯，港口领航员随时待命，并提供能够显示港口所有障碍物的航海图。

　　两天后，雷蒙德·斯普鲁恩斯搭乘"新泽西号"战列舰抵达马尼拉港。这是16个月来，"新泽西号"首次挂出他的将旗。8月21日，在驻日盟军总司令部，斯普鲁恩斯与麦克阿瑟、克鲁格、凯利·特纳和哈里·希尔坐在一起，共同商讨美军登陆第六集团军控制区以及从本州岛西部和南部撤离战俘等计划。克鲁格麾下有三个军，其中一个军由哈里·施密特所率领的海军陆战队第2、第3和第5师组成。

　　经过审议，斯普鲁恩斯和希尔决定向日方港口主管提出以下要求：

1. 港口内所有日本船只撤离，日本船只或人员不得在登陆地区附近活动。

2. 重建助航设施，清扫码头和防波堤，清理航道上的垃圾和飞机舰船残骸，并将其从海里打捞上来。

3. 拆除数之不尽的单人自杀式鱼雷军械库，确保甲板上大型舰炮安全。

4. 提供经过修正的航海图和地形图，指派港口领航员和翻译员。

5. 去除炮台伪装，把所有炮管涂成白色。

6. 建立海上语音无线电通信网络，把当地执行投降条件的情况汇报给指挥部。日本人必须完全遵守这些要求。

　　由于美军飞机在"饥饿行动"中向日本本土海域投放了1.7万余颗水雷，所以哈里·希尔的两栖登陆艇要费很大的劲才能把占领军送上岸。在战争结束前的四个月里，被美军水雷炸沉的日军军舰吨位数占其被击沉或受损舰船吨位数的一半有余，日本政府只能关闭神户港、大阪港、下关港、福冈港、吴港和名古屋港等主要港口。相对而言，固定在海底的老式水雷比较容易侦测和清除，只需要扫雷艇扫描两三次即可。但是，那些由水压、磁场和声波信号引爆的新型感发水雷需要扫描七八次，这样可以耗尽它们船次计数器的能量，延迟触发爆炸的时间。日本扫雷艇部队幸存下来的100艘扫雷艇无法完成这项工作，只有美军的扫雷艇可以胜任。

　　哈尔西和艾克尔伯格分别率领第三舰队和第八集团军率先占领日本。1945年8月26日，第11空降师的一支特遣小分队在东京西南方向25英里处的厚木机场降落，他们的任务是安装通信设备，为四天后后续部队进驻机场做好准备。看到昔日仇敌的工作效率如此之高，日军士兵哑口无言。"美军的机动化速度和投入整个战场的程度给日本人留下了深刻印象，而日本人也没有掩饰他们的惊讶。"麦克阿瑟在回忆录中写道。不到45分钟，可移动式无线电发射器就安装完毕，机场可以向冲绳岛发射无线电信号了。

　　8月27日，天气相当不错，只是海边有点雾霭。在"尼古拉斯号""欧班农号""泰勒号""斯托克姆号"和"瓦尔德隆号"等数艘驱逐舰的护送下，"密苏里号"战列舰进入东京湾以南的相模湾。由"约克公爵号"战列舰领衔的一支英国皇家海军中队紧随其后。舰上战旗飘扬，所有船员都以立正姿势站在甲板上，这样既可以凸显气势，也可以防止船只碰到未清除的水雷时发生意外。第38特遣舰队公关处干事、海军少校唐·索伯恩通过一架飞机的无线电广播获悉了美英舰队进入日本腹地海域的消息。"尼古拉斯号"驱逐舰遇到一艘日军驱逐舰，之后要求一些港口领航员和翻译员上船，把日军驱逐舰上的人带到用得着他们的地方。"密苏里号"收到一个速递包裹，是内华达州里诺市商会派人送给哈尔西上将的一个马鞍，让他装在裕仁天皇的白马上。哈尔西曾经发誓，有朝一日自己一定要骑着天皇的白马出去溜达，但日本投降后，哈尔西始终没有这样做。

　　第二天早上，美军第一批战舰正式进入东京湾。哈尔西煞费苦心地记录下了军舰的进场顺序：最先进入港湾的是扫雷驱逐舰"艾里森号""汉布尔顿号"和"托马斯·E.弗雷泽号",然后是"梭特号"驱逐舰和"特文宁号"驱逐舰,紧随其后的是占领军特遣舰队司令奥斯卡·C.贝吉的旗舰、"圣地亚哥号"轻型巡洋舰,最后是运输驱逐舰"戈塞林号"、驱逐舰"韦德伯恩号"以及水上飞机维修供应舰"坎伯兰湾号"和"苏森号"。正当这些军舰轮流在港口停泊的时候,海军准将罗杰·W.辛普森率领着救援部队准备上岸。一架载着海军上将尼米兹的水上飞机从关岛飞过来,降落在东京湾,"南达科他州号"升起尼米兹的将旗。"密苏里号"进入锚位,准备举行受降仪式。

8月29日下午,这支为战争打造的舰队开始了它的行善之旅。"圣胡安号"巡洋舰带领着"戈塞林号"驱逐舰、"兰斯当号"驱逐舰以及"仁爱号"医疗船进入东京湾,停泊在距离陆地四英里处。在东京附近的一座人造岛上,坐落着著名的"大森"战俘营。战俘们看到登陆艇出现,立刻欢呼雀跃起来。登陆艇靠近海岸时,数以百计的盟军战俘从海滩周围蜂拥到码头,有些人甚至跳进海里,想游过去与登陆艇会合。战俘营中盟军的高级军官、美国海军重型巡洋舰"休斯敦号"舰长亚瑟·L.马赫被要求将他的人叫回战俘营,准备有序登船。马赫告诉第三舰队军医、海军准将乔尔·布恩,有个地方叫"品川医院",那里就像地狱,"肮脏不堪,到处都是病患和死人",它附近还有一个战俘营。在第三舰队飞行员的协助下,辛普森的医疗团队迅速执行侦察飞行任务。第二天深夜,"越狱计划"将1 500名战俘从东京周边的战俘营中解救了出来。

正当250艘军舰持续进入东京湾时,一支富有传奇色彩的登陆部队在距离横须贺港南部约30英里处上岸。这支部队就是重组的海军陆战队第4团,该团曾被派往中国战场,后来在1942年的科雷希多岛战役中几乎被日军全歼。与此同时,在第七舰队F6F"地狱猫"舰载战斗机的护送下,一大批"空中火车"军用运输机将约瑟夫·M.斯文少将的第11空降师运送到位于横须贺西北部20英里处的厚木机场,本州岛南部上空充斥着运输机引擎发出的低沉的嗡嗡声。两周前,厚木机场被用作神风特攻队的大型训练基地,士兵们因为担心日本投降而发生了暴乱。8月29日,第八集团军控制了厚木机场。全副武装的美军受到日本军官和政府要员的热情接待,日方官员像是前来参加露天聚会,而不是拼死抵抗到底。

对于负责占领横须贺海军基地的美国海军水手而言,夺取"长门号"

战列舰这个"战利品"无疑是无上的荣誉。在珍珠港事件中，这艘 4.3 万吨排水量的庞然大物曾是日本联合舰队的旗舰。如今，它变成了世界一流舰队的唯一幸存者。"霍勒斯·A. 巴斯号"快速运输舰停泊在"长门号"旁边，从舰上走下来 91 名来自"南达科他州号"的押解船员和 49 名拆弹技术员。在托马斯·J. 弗林舰长的带领下，登上"长门号"的美军士兵受到确实"很懂礼貌"的日本水手的热情接待，弗林后来提到："这些点头哈腰、谨小慎微甚至是提心吊胆的家伙们居然是折磨我们战俘、残暴成性的敌人，真让人难以置信。同一天，我们收到了那些人深陷困境的报告。""长门号"上的日本军旗被迅速降下，取而代之的是美国国旗。

第 18 和第 21 水下爆破队队员在横须贺港登陆，拆除了岸炮和沿海碉堡，评估了码头状况，并解除了海军舰只的武装。他们小心翼翼地进行拆除工作，很怕踩到伪装地雷，结果并没有发现这种武器。爆破队员拆除了所有炮台，将炮身滑管和其他活动部件扔下船，磨平所有齿轮齿，检查日军军火库，确保其中并未存有弹药。英国的一支登陆部队负责拆除海峡小岛上的碉堡，来自海军陆战队第 4 团的一个营则负责处理海峡对岸富津崎的两座碉堡。

8 月 29 日上午 10 点 30 分，登陆部队的旗舰"圣地亚哥号"轻型巡洋舰停靠在横须贺港。海军上将贝吉与哈尔西的总参谋长罗伯特·B. 卡尼少将走下船舰，准备接受横须贺港海军的投降，并把这个基地改造成他们的指挥部。威廉·T. 克莱门特准将是海军陆战队第 4 团在科雷希多岛战役中为数不多的幸存者之一。这次，他领导这支重建的海军陆战团登陆并占领日本。在日军指挥部大楼，克莱门特主持了升美国国旗仪式，而那面国旗正是海军陆战队员在占领关岛和冲绳岛之后升起的旗帜。当天下午，艾克尔伯格将军抵达横须贺，担任各区域部队的指挥官。几小时后，麦克阿瑟乘坐飞机抵达厚木市，然后改坐汽车前往横滨，在新格兰酒店组建了临时指挥部。

美军在东京地区发现了多个战俘营，海军医疗团队要进行大量的急救手术。位于横滨海边的第 42 综合医院每分钟要为三名伤员做手术。第八集团军从本州中部和北部地区救出了 2.4 万余名战俘，B-29 轰炸机从马里亚纳群岛出动 900 架次，向 158 个营地空投了 4 000 多吨食物、衣物和医疗用品。降落伞数量开始捉襟见肘，有些补给品是以自由落体的方式投放的，导致战俘被包裹砸死的情况时有发生。

麦克阿瑟视察了东京湾地区。"这个国家的经济和工业已经接近崩溃的边缘，"他说，"人力成为唯一现有或潜在的战争资源。"在与日本高官见面后，麦克阿瑟从他们的"顺从和真诚表现"推断出日本政府及其高级指挥官已经"完全不想打仗了"。当时，几乎每一名美国陆军士兵和水手都有些妄自尊大。但麦克阿瑟并没有洋洋得意，他敏锐地感受到日本人士气尚存。铃木贯太郎后来回忆道："投降的时候，我觉得自己冷静平和。可是我身边的人都很焦虑，有些人坚决认为我们应该与盟国谈判，要求其做出保留我国国体的承诺。但这种主张似乎很不符合逻辑，所以我没有听取。我的看法是，我们战败了。既然我们承认自己战败，就应该将决定权交由胜利者，这才是最有丈夫气概的做法，也是自古以来军队的传统。只有我才知道我们应该做些什么，那就是信任敌人的指挥官。武士道精神不是日本专有的事物，而是一种普遍的准则。所谓武士道，就是像保护本方士兵一样保护已经投降的对手。众所周知，天皇陛下从不怀疑别人，他甚至命令我信赖敌人，让敌人处理一切事务。"

9月2日，美国海军"密苏里号"正式举行受降仪式。早上8点05分，"布坎南号"驱逐舰把尼米兹和其他盟军代表送到"密苏里号"。由于麦克阿瑟要求仪式准时开始，所以舰上的官兵排练过将装着假肢的日本外务大臣重光葵从舰船舷梯入口带到举行仪式的走廊甲板以确定所需的时间。排练的时候水手们轮流将扫帚柄塞到工装裤里，然后绷直双腿沿着这条路线走一趟，旁边有人用秒表记录时间。

8点56分，"兰斯当号"驱逐舰载着以重光葵和梅津美治郎将军为首的11人日本代表团开到"密苏里号"旁边，代表团成员登上"密苏里号"。此前，梅津美治郎一听说自己要率领代表团去参加受降仪式，这位最极端的军国主义者曾威胁说要切腹自杀。重光葵的秘书加濑俊和说："要想让他体面地履行职责，需要天皇亲自出面劝说。"令人惊讶的是，梅津美治郎最终默然接受了这项任务。

美军官兵穿着卡其色的军便服，没有系领扣，没有打领带，也没有挂勋带或腰佩武器，只是根据个人情况戴着军便帽或常规军帽。在战争尾声努力游说美国加入太平洋战场的英国人则以胜利者的姿态，穿着白衬衫、白色短裤，头戴军帽，同样没有佩戴任何勋章。1853 年，海军准将马休·佩里曾来过东京湾，当时船上悬挂的 31 星美国国旗现在挂在舰长穆雷住舱的门头上，面朝舰艏方向，以便让走廊甲板上的所有人都能看到。

在一张不起眼的船员餐桌上，重光葵代表日本天皇和政府在投降书上签字，梅津美治郎则代表日本参谋本部签字。随后，麦克阿瑟、尼米兹和其他 10 个国家代表轮流签字。"现场氛围很严肃。"莫里森后来写道。

麦克阿瑟知道，在这样一个重要时刻，个人是渺小的。"在回忆接受远东军阀们递交降书那一刻的情绪和印象时，"他在回忆录中写道，"我多么希望自己能文思泉涌，妙笔生花，把自己当时的情感完全表达出来。因为我意识到，在这不朽的时刻，那些真理最终会融入到史诗和诗歌作品中，在伟大的先知和预言家中间流传。"

第 38 特遣舰队的海军专家顾问团欢欣鼓舞。约翰·麦凯恩抓住哈尔西的胳膊，两人跳了一支简短的吉格舞，"像小学生那样咧嘴大笑"。

9 点 25 分，简短的受降仪式结束了，麦克阿瑟做了简短的祝福："让我们祈祷全世界恢复和平，愿上帝保佑人间再无纷争。仪式到此结束。"为了庆祝胜利，第 20 航空队集结了 600 多架轰炸机和 349 架舰载飞机从东京湾上空掠过。在清晨的阳光里，有"杀人机器"之称的 B-29 轰炸机发出银色的光芒。

东条英机最后的日子

雷蒙德·斯普鲁恩斯没有参加受降仪式，这似乎是对历时四年的太平洋战争一个最恰当的总结。当"密苏里号"在举行受降仪式时，第五舰队司令斯普鲁恩斯还在冲绳岛。威尔卡茨给他打了两针霍乱疫苗。8 月 30 日，斯普鲁恩斯登上"新泽西号"战列舰，遵照尼米兹的指示留在舰上。太平洋司令部之所以这样安排，是因为他们担心如果日本人诈降，将"密苏里号"上的美军高级指挥官一网打尽，到时候谁来指挥舰队呢？毫无疑问，斯普鲁恩斯宁愿在巴克纳湾默默无闻地忙碌，也不愿意奔赴 960 英里以外的这场庆典。

首批舰队顺利进入本州岛之后，麦克阿瑟便加快了占领日本其他地区的进度。斯普鲁恩斯将于 9 月 25 日把第六集团军第 1 军的三个师派往和歌山市，而克鲁格将军则要在号称"神社过万"的京都市建立地区司令部。斯普鲁恩斯的任务包括：部署美军和日军扫雷艇，为登陆扫清障碍以及从该地区数百座战俘营中救出盟军战俘。斯普鲁恩斯将佐世保至长崎一带以及广岛湾作为第六集团军的另外两处登陆地点。

为了从最近刚扫过雷的海域中留出一条安全通道，斯普鲁恩斯提出使用"试验"船。一群勇敢的水手主动请缨去操作这些在战斗中受损的"自由轮"和"胜利轮"。这些轮船用一桶又一桶沥青作为压舱物吸收水下爆炸引起的冲击波，并且借助内支撑板来强化吃水线以下的船体外壳。骨干船员戴着安全帽、穿着救生衣，从上层甲板遥控实验船。他们还做了额外的保护措施，将床垫固定在甲板、头顶和壁舱等位置，以防止发生爆炸时受伤。最终，这些"扫雷别动队"的船只安然无恙，后续船只可以放心行驶。

斯普鲁恩斯常说这是"一场有趣的战争"，玛格丽特不喜欢丈夫的这个说法，因为她知道战争是恐怖的。她问丈夫："雷蒙德，你怎么可以这样说？"

"我是一名职业军人，战争本来就很有趣。"斯普鲁恩斯经常这样回答。

他从不好大喜功，因为这样会妨碍工作。他的确是在认真享受工作。每次遇到挑战，他都会制订应对计划。在过去四年的太平洋战争中，斯普鲁恩斯遇到过很多挑战，但是他乐此不疲，包括塔拉瓦战役、马绍尔群岛战役、塞班岛战役、天宁岛战役、关岛战役、硫磺岛战役和冲绳岛战役。现在，他面临的挑战是这位最具影响力的专家政治论者要完成的最后一个战时项目。

尽管日军在 1945 年屡战屡败，但其陆军的主力部队并没有与盟军交手。在太平洋星罗棋布的岛屿上，从新几内亚到菲律宾群岛，盟军都是零敲碎打地与日军作战。日本投降后，日本陆军依旧保有巨大的战斗潜力。日本参谋本部告诉麦克阿瑟，日本本土的武装部队人数多达 225 万人，另有数百万军队部署在亚洲大陆，而且在整个东半球都有驻军。麦克阿瑟在回忆录中写道，首批登陆日本的美军确实"为势均力敌的战斗做好了准备"。如果看似顺从的本土日军主力像塞班岛或冲绳岛驻军那样疯狂，会造成何种后果？用当代一位著名历史学家的话说："如果按常规方式入侵日本，那就不是另一场诺曼底登陆战了，更像是'海滨版斯大林格勒战役'。"这也是参与"没落行动"的全体美军官兵担心的事情。

考虑到九州岛的山区和广阔的关东平原缺少公路和铁路，倘若美军要进攻这些地区，必将伤亡惨重。每念及此，美军官兵都为原子弹的威力惊叹不已，更感谢上帝让原子弹扭转了裕仁天皇的想法，并让日本完全臣服于麦克阿瑟。

九州岛的这场大战并没有发生，但从岛上陡峭的地形、糟糕的路况以及美军侦察队在隐秘储藏点发现的化学毒气弹来看，这场战役一旦打响，其恐怖程度难以想象。斯普鲁恩斯命令把这些化学武器运到外海，将其处理后倒进海里。1937－1945 年，日军共制造了 700 万枚化学毒气弹，他们也许会毫不犹豫地在本土决战中使用这些毒气弹。

9 月 4 日，裕仁天皇紧急召开帝国会议。尽管裕仁没有使用日语中表示投降的"降参"一词，但在会议上，他承认自己已经命令军队"停止抵抗"，且告知日本民众"遵守投降条件，设法重新获得全世界的信任和信赖"（麦克阿瑟语）。美军占领日本后，日本民众也是这样做的。在绝望的时候，日本民众变得和衷共济，就像某种超有机体，在外激素的刺激下几乎立刻进入了休眠状态。麦克阿瑟保住了裕仁天皇的地位和尊严。作为回报，裕仁也要求军队进行有序及真心诚意的投降。

与东条英机野蛮对待马里亚纳群岛和其他地区的无辜平民不同，美国占领日本后，在法律、组织架构和问责制方面，对军人和平民一视同仁。美军惊讶地发现，他们所到之处，日本人总是很配合美军的工作。反过来，日本人也对美军的不扰民政策感到诧异。按照麦克阿瑟的说法，"日本人曾担心美国占领日本后会如何对待他们，这种担忧是基于日本陆军在亚太地区殖民地所采取的政策。在那些地区，虽然当地粮食短缺，但日军还是强迫当地人为他们提供粮食。"美军占领日本各县市后，当地政府要求居民把珍藏的洋葱、土豆、水果和肉送给美军，但都被美军一一婉拒了。美军指挥官解释说，他们已经有足够的口粮。9 月 4 日，20 辆满载面粉、燕麦、罐头食品和大米的货车抵达横须贺市政府大楼旁，这是美军为当地居民提供的救济物资。第二天，又开来了 11 辆大货车，上面装的是医疗用品、毛毯、茶叶和其他生活急需品。麦克阿瑟在回忆录中写道："市长十分惊讶，他没想到美国人如此慷慨。"

麦克阿瑟明白，古往今来，征服者由于迷恋权力变成占领者。第一次世界大战末期，麦克阿瑟在德国战场上担任师长，他曾目睹外国占领军因狂妄自大而恃强凌弱，犯下了占领者最容易犯的错误。麦克阿瑟多次强调美军士兵应衣着得体，行为得当，要表现得谦恭有礼。他还命令手下指挥官要尊重和保护日本的神社、艺术品、历史与宗教古迹。这些亲民行为让日本人心悦诚服，开始全面与美军合作。帝国参谋本部承诺说，日本军队最晚在10月初全部解散。霍兰德·史密斯的替罪羊、驻塞班岛的第27步兵师于9月6日登陆厚木市。48小时后，美军第1骑兵师也抵达厚木，有幸成为美国陆军第一支进入日本首都的先遣部队。

在美国驻日本大使馆，麦克阿瑟、哈尔西和艾克尔伯格主持了升国旗仪式。珍珠港遇袭那天，这面旗帜曾飘扬在美国国会大厦上空。1944年7月4日，这面旗帜又飘扬在罗马上空。1945年7月20日，它又飘扬在柏林上空。1945年9月10日，麦克阿瑟指示裕仁解散帝国参谋本部，该指令三天后生效。至此，被人们视为"操纵傀儡皇帝的黑手"的参谋本部瓦解，军国主义分子的影响被彻底消除。

第二天下午，东京郊外的某个地方，由保罗·克劳斯少校率领的美军反间谍小组敲响了一所豪宅的大门。这所豪宅位于一处农场，它的后院正对着富士山，风光无限。现在，它的前院变成了美国媒体的露营地。

房子里，日本宪兵队的一名秘密警察正在执勤，他要保护屋里的主人不被日本刺客杀害。屋主通过翻译告诉克劳斯，他只跟负责人说话。克劳斯说自己就是负责人，于是屋主打开一扇窗，探出身子说："我是东条将军。"

就在这时，一名新闻记者的闪光灯泡"啪"地闪了一下，东条英机被激怒了，他缩回了屋里。当他再次出现时，一名记者评述道："这就像是《罗密欧与朱丽叶》中男女主角阳台约会的情景。"东条英机要求克劳斯说明来意。克劳斯说，他是来逮捕的。闻听此言，东条英机又躲进屋里。几分钟后，屋里传来一声枪响。

克劳斯带着五名手下冲进屋里，一大群记者也跟着走了进去。只见东条英机躺在地上，胸口有枪伤。东条英机还有知觉，他用自己那把点三二口径手枪指着克劳斯。克劳斯说："把枪放下。"东条英机呻吟了一下，手枪掉在地上。在场的一名记者说："看看那个狗杂种，他没胆量剖腹自杀。"

美军士兵约翰·威尔普斯收起东条英机的枪，然后打电话叫日本医生过来。

在场的人开始搜刮纪念品。一名记者从东条英机身上拿走一个香烟盒。另一名记者则切了一小片东条英机穿的马裤。还有一名记者满屋子找那颗穿透东条英机胸膛的子弹，终于在屋里一张单人沙发里发现了弹头。有些人拿出手帕，沾了一点东条英机的血。东条英机脸色发白，命悬一线。他的妻子在对面邻居家的草坪上目睹了屋里发生的这一切，悲痛难忍，整个人跪在地上。

医生赶到现场对东条英机进行急救。这时，一名机智的记者用东条英机家里的电话抢先将这条新闻发回报社。东条英机情况稳定后，医护人员用担架把他抬离现场，送到横滨医疗站。艾克尔伯格将军前往医疗站慰问他。

"我撑不了多久了，"东条英机对曾长期驻扎在新几内亚和菲律宾群岛的艾克尔伯格说，"真的很抱歉，给您添了这么多麻烦。"

"你是指今晚还是过去几年的麻烦？"

东条英机说："今晚。"他想把自己的佩刀赠送给艾克尔伯格，但却发现早已被美国人拿走。

将东条英机送上审判台和绞刑架之前，需要先把他救活，这需要美国大兵给他多次输入 B 型全血。谈起这次为了伸张正义而集体献血的行为，来自宾夕法尼亚州艾伦顿市的约翰·A.阿基纳说："我希望他活着，这样他就能得到应有的惩罚。既然进来了，我们不能让他轻易离开。"康复之后，东条英机发现横滨老乡们居然在拿他自杀失败的事情开涮，这让他始料未及。为什么子弹没打中他的心脏呢？原来，就在日本投降生效之前，他去找过私人医生，医生用钢笔画出了他的心脏位置，在胸口中央。

一个自由国家在废墟中重生

尽管长崎受到重创，但它的港口仍然完好，斯普鲁恩斯安排九州岛的所有战俘从该港口撤离。1945 年 9 月 11 日，"避风港号"医疗船在威奇塔巡洋舰的护送下抵达并停泊在出岛码头。这两艘船由海军中校约瑟夫·蒂姆斯指挥，其医务部的主要任务就是把数以千计的盟军战俘从周边地区解救出来。战俘共计 9 000 多人，大多数是荷兰人和英国人。在未来几天里，这些战俘要在伤员鉴别分类中心经过灭虱、体检、领受干净衣物等程序，然后再撤离日本。

医疗船上的医护人员趁这个机会开始研究原子弹对人体的影响。他们在附近一所残破的校舍里发现了 300 多名日本难民，无论从职业层面还是个人层面，他们对这些难民产生了浓厚的兴趣。这些垂死的难民盘腿靠墙而坐，"给家人讲一些小笑话，逗他们开心，轻描淡写地回答他们善意的问题，有一种行将就木之人的冷漠，"记者乔治·韦勒写道，"我很同情他们，但没有因此自责。一想到日军犯下的罪行，我就释然了。"

韦勒说，长崎"就像一个被烤焦的苹果，切开一看，里面的核也变成了焦黑色"。韦勒冒充上校身份到长崎采访，成为首名成功进入长崎的西方人。为了把一手报道发回报社，他长期躲避麦克阿瑟公关部和宪兵的跟踪，他的报道多数被新闻审查人员截获，直到 60 多年后才被允许发表。

韦勒为生命的顽强而感到震惊。"长崎不能说是一座死亡之城，"他写道，"日本人表现出顽强的生存意志。城市街道已经面目全非，既无制造业，也看不到商业活动，犹如庞贝古城一般。但是，沿街还是有很多人，睁大眼睛寻找获利良机。"

海军医疗团队工作了两天后，由法雷尔将军率领的"曼哈顿计划"特遣小分队来到长崎评估放射性物质的危险性。人们受辐射影响的风险程度似乎并不高，无论麦克阿瑟、盟军还是新闻审查人员都不打算将原子弹爆炸带来的影响公之于众。日本人所说的"核爆辐射病"包含贫血、呕吐、牙龈出血、厌食、胰腺炎和疲劳乏力等症状，这些都是由于人体骨髓受到严重辐射造成的。遭受如此大量伽马射线照射所产生的后果很恐怖也很新鲜。美军认为，就算不向公众公布真相，也要把这种后果记录下来并加以研究。医生们发现，在原子弹爆炸的头几周里，受害者的死亡率是 100%。到了第 5 周和第 6 周，死亡率下降到 50%。"避风港号"的战争日记称，尽管"不可能也无法合理地对日本人的身体健康状况进行综合调查"，但是，医疗团队还是对这些后来被称为"核爆幸存者"的患者进行治疗，研究他们的 X 光照片，收集病理标本，并进行活体检查和尸检。他们注意到，如果患有放射性疾病的人在原子弹爆炸后能够得到最低限度的治疗，长崎市民的死亡率就会降低很多。放射性疾病患者的体重急速下降。一小队海军特遣小分队及其临时拼凑的团队不具备大规模防治"核爆辐射病"的能力，但"避风港号"的医疗人员确保为受辐射人群提供足量的盘尼西林以及少量的骨髓再生药物戊糖核苷酸，这是一种酵母提取物，在美国已经通过测试。

9月15日上午，斯普鲁恩斯乘坐"新泽西号"战列舰来到和歌山市。被燃烧弹袭击过的地区犹如查尔斯·狄更斯小说中描写的异域星球，只留下些许痕迹。无家可归的人们住在街边的棚屋里。饥饿的小孩成群结队地乞讨、扒窃和交换物品，勉强维持生活。在日语中，这些孩子被称为"呷铃小孩"。"呷铃"是模仿硬币丁零当啷响的象声词。日本财务大臣宣称，如果不发放紧急救济粮，在即将到来的冬天，将有1 000万日本人挨饿。面对缺衣少粮的现状，麦克阿瑟只能让日本商船队为日本本土服务。这支船队包括211艘货轮、21艘油轮和101艘运输舰。即使生活物资匮乏，美军禁止日本人将海军舰艇改装成客运船，而是让他们等候进一步通知。

斯普鲁恩斯跟随一支勘测队到日本乡下寻找适合占领军登陆的海湾和丘陵海岸。日本的乡村依旧风景如画，连绵起伏的青山给他留下了深刻的印象。那里的农民和渔民对美国人的态度也同样让他难忘。在写给玛格丽特的信中，斯普鲁恩斯说那些村民看起来"面无表情，很冷漠"。

9月17日，台风在和歌山登陆，每小时90节的风力使大量船只和水上飞机搁浅，并造成几起人员伤亡事故。虽然天气如此恶劣，麦克阿瑟依然命令斯普鲁恩斯前往他在东京的新指挥部开会。新指挥部包括美国大使馆、耗巨资兴建的东京第一酒店以及一幢正对着宫城的办公大楼。指挥部还可以看到帝国广场。"东京玫瑰"曾发誓，要把麦克阿瑟绞死在帝国广场上。现在，麦克阿瑟并没有被绞死，而是与部下讨论盟军战俘的遣返问题。斯普鲁恩斯还在那里遇到了老战友比尔·哈尔西和弗兰克·杰克·弗莱彻。他们三个先是拜访了艾克尔伯格将军，然后一起参观了横滨监狱。斯普鲁恩斯见到几十个可能被指控战争罪的在押犯，包括发起战争的日本内阁官员、菲律宾通敌者以及"巴丹死亡行军"的罪魁祸首本间雅晴中将。还有一名在押犯尤其让斯普鲁恩斯感到震惊，他就是盖世太保派驻日本秘密警察组织的联络人约瑟夫·艾伯特·梅辛格。在被派往东京之前，梅辛格被称为"华沙屠夫"。调到日本后，他想说服日本政府铲除住在上海的两万名犹太人。

"他是一只胖懒虫，而且盛气凌人，"斯普鲁恩斯写信告诉玛格丽特，"他早已丧失斗志。把他处决掉，这世间就少了一个害人精。"

1946 年 1 月，根据《波茨坦公告》精神，麦克阿瑟将组建远东国际军事法庭，对梅辛格之流进行审判。斯普鲁恩斯希望审判早日进行，他坚信麦克阿瑟会给世人一个公道。

斯普鲁恩斯说："我认为，在完全掌控日本后，麦克阿瑟会让那些虐待盟国战俘的元凶得到应有的惩罚。清除战犯的行动应该从参与战俘营事务的人开始，再回溯指挥系统，找出那些身居要职却纵容虐待战俘行为之人，甚至挖出直接下达虐待战俘命令的始作俑者。通过这种方式，我们应该能够清除许多穷凶极恶的日本军国主义分子。我相信，大多数日本普通民众不会因这种清剿行动感到悲痛或愤怒。"

在监狱遇到梅辛格后，斯普鲁恩斯虽然感到震惊，但他是个务实派。他想，如果战争朝另一个方向发展，自己和其他美军军官的命运会怎样呢？不过，这项事业一直都是正义的，敌人多行不义必自毙。

没有什么比这件事更让斯普鲁恩斯激动。"他从来不恨他们，"斯普鲁恩斯的女儿说，"相反，他很钦佩他们。我觉得这正是他能够打败他们的原因。"塞班岛战役，斯普鲁恩斯带领一支强大的舰队围攻日军最大的基地，他并没有贪功，而是让作战舰队持续为登陆部队提供火力支援。在天宁岛使用燃烧弹后，斯普鲁恩斯克制住自己对胜利的渴望，没有在硫磺岛战役使用毒气，而是围缴敌人在九州岛囤聚的物资，并派医生去救治核爆投影点的病人和受辐射的平民。他钟爱的"印第安纳波利斯号"被一架自杀式飞机击中，随后又被鱼雷击中并沉没，他认识的大多数船员都被淹死，可即便如此，他也没有仇恨敌人。在冲绳岛，斯普鲁恩斯的新旗舰"新墨西哥号"再度遭受自杀式飞机的袭击，这艘战列舰被炸裂，他还是尽其本分，拿起消防软管去灭火。当然，斯普鲁恩斯并不是不喜欢报复敌人。中途岛海战中，南云忠一是斯普鲁恩斯的死敌。后来南云忠一战败自杀，斯普鲁恩斯得知后非常高兴。不过，正如他女儿所说的那样，"他会想敌人所想，他会试着去了解敌人"。仇恨就像一头失去理智的野兽，但这头野兽从来奈何斯普鲁恩斯不得。

在横滨见过那些在押犯后，斯普鲁恩斯严格的道德观似乎有所减弱，因为罪恶是相对的。他回到横须贺，带着手下跟市长探讨娼妓问题。日本人认为这不是一个很严重的问题，甚至连麦克阿瑟也持同样的观点。日本内务大臣命令东京警视厅设立"慰安设施"，以约束美军士兵的冲动欲望，降低日本女性被美军强奸的风险。很多从事这一职业的年轻女性在燃烧弹袭击中失去了家园。为了养家糊口，她们投身到这种带有高度自主创业色彩的行业中。有些人把这些女人的进取心和积极性视为她们对已被推翻的旧世界的一种谴责，正是这个旧世界让她们在社会和经济生活中饱受束缚。东京郊外有一家名为"国际皇宫"的妓院，它以近乎工业化的模式运作，效率极高。美国军人喜欢称之为"柳木厂"，与福特公司位于密歇根州的大型飞机制造厂同名。

威尔卡茨找到几名在"国际皇宫"上班的性工作者，通过一名翻译向她们解释了戴避孕套的好处，并介绍了一些预防性病的药物。"一切都按计划进行，"斯普鲁恩斯的文书官塞·休伊写道，"性病感染率很低，美军酒后强奸妇女的事件发生率也被控制在最低水平。纠察队没有遇到士兵骚扰妇女的问题，官兵都自得其乐。"事实确实如此，直至一名随军牧师向他认识的国会议员投诉，美国海军才开始处罚嫖娼的水手。金上将不堪舆论压力，取缔了处于美国海军永久管辖权范围内的横滨和佐世保的所有妓院。"妓院被取缔了，犯罪率和性病感染率却大幅攀升，结局就是这样。"休伊写道。但在其他地方，麦克阿瑟还是允许美军官兵寻欢作乐。"他们一直想劝我取缔所有妓院，"他说，"我是不会这样做的。无论如何，我都不会下达'反亲善'令①。"

人口众多、饱经战争创伤的日本正处于从倡导虚无主义的全面战争向仁慈的和平社会迅速转变的时期，这种初露苗头的变革是社会复原的副产物。封建帝王思想被连根拔除。黑市横行，人们只能到黑市购买生活必需品和日常消耗品。政治犯重获自由，秘密警察组织就地解散。政教分离，天皇走下神坛。女性获得了投票权。工会变得合法化。日本没落、"大东亚共荣圈"分崩离析仅数周，一个自由的国家开始从废墟中重生。

---

① "反亲善"令，即禁止美军士兵与日本女人发生性关系。——译者注

遣送日本战俘回国

9 月 17 日晚，英国皇家海军太平洋航母特遣队司令、海军中将伯纳德·罗林斯爵士在皇家海军"乔治五世国王号"战列舰上举行盛大宴会，款待斯普鲁恩斯和哈尔西。"庆祝活动非常热闹，"斯普鲁恩斯回忆说，"比尔玩得很尽兴，喝得酩酊大醉。我们玩到凌晨 1 点半才回到自己船上。"由于第二天要去东京拜访麦克阿瑟，宿醉的哈尔西一大早便醒来了。幸好这场会面时间不长。麦克阿瑟告知哈尔西，他占领日本的任务已经完成，可以返回美国了。"麦克阿瑟夫人很快就从马尼拉乘飞机抵达东京，所以我们随便聊了几分钟，麦克阿瑟将军便出发去接她了。"斯普鲁恩斯写道。

第二天晚上，美军在横须贺造船厂为哈尔西及其即将回国的幕僚举办了欢送会。欢送会一直持续到午夜，斯普鲁恩斯很早就回去休息了。他说："我估计他们会玩到深夜，比尔是主角，他又喝醉了。"第二天下午，哈尔西登机飞往夏威夷，在漫长旅途中，他还要经历多次转机。斯普鲁恩斯则要去参观陈旧的"三笠号"战列舰。这艘军舰是斯普鲁恩斯军旅生涯的试金石。1908 年，当他的偶像东乡平八郎还在担任联合舰队司令的时候，他就参观过这艘军舰。哈尔西离开后，尼米兹便将美国海军在日本领海所有部队的指挥权交给了斯普鲁恩斯。最终，斯普鲁恩斯承担起遣返盟军战俘的重任，他要把 1.1 万余名战俘从第六集团军所辖区域的战俘营遣送回国。

海军陆战队第 5 师在九州岛的佐世保登陆。该师师长、海军少将莫顿·L. 戴约上岸考察杂乱拥挤、堆满废料和垃圾的海军基地设施。"视察了佐世保海军基地后，军官的脑海中浮现出一个问题，"他说，"以日本海军手上可利用的简陋工具和设备，他们怎么可能表现得如此出色？他们完全不懂批量生产的方法，也不知道大现代化的生产手段。他们确实很擅长手工制作。他们依靠长时间手工操作生产了很多令人赞叹的产品。在产业组织、设备和生产手段方面，他们落后了美国很多年。"

在日本其他地方，日本人喜欢在四处分布的山洞和防空洞里藏东西的特点也很明显。他们花费无数人工将各种设备藏起来，但潮湿的山洞是不宜储藏易腐材料的，他们常常会弄巧成拙。这种做法似乎反映出日本人在战争后期的心态。

虽然也有例外，但人们总的印象就是："我们高估了日本人制造现代化战争装备的能力，他们本不应该给我们制造出这么多麻烦的。显然，日本人只是靠个人英勇和为他们天皇牺牲一切的精神，再加上我们的军队远道而来，这才让他们有可能持续抵抗了那么长时间。"

第二天，海军陆战队第 2 师的两个团在长崎登陆。与此同时，"艾拉·杰弗里号"快速运输舰将第 3 水下爆破队的蛙人送到和歌山海岸，为第 33 步兵师引路。参加过塞班岛战役的爆破队队长鲍勃·马歇尔以突击的方式侧身游向海滩，在登陆前进行一系列侦察活动。上岸后，马歇尔遇到了几十个人，他们衣着华丽，头戴高顶礼帽，身着西装。他们是和歌山市市长及其随从，早已恭候多时。这次海军蛙人们不必在附近写上"欢迎来到和歌山市"的标语了，因为东道主已经准备好了标语，还邀请他们参加游园会。

8 月 15 日宣布投降这天，日本本土陆军规模高达 225 万人。从这天开始，日军每天遣散 5 万陆军。到 10 月 15 日，日本陆军所有作战部队正式宣告解散。大约有 8 万人作为"遣散工作联络人"继续服役，但这些人不允许佩枪。太平洋司令部的档案中写道："日本陆军已经不复存在，这标志着史上最大规模的投降正式结束。在短短的六周里，大约有 700 万名日军放下武器，包括在偏远的太平洋战场和印度洋战场的日军。"

解除日军武装的工作进行得非常顺利，因此，麦克阿瑟准备宣布美国占领军的数量将在六个月内从 40 万人减少至 20 万人。10 月 16 日，日本陆军部和海军部被撤销，陆军参谋本部最后一任总参谋长梅津美治郎将军直接证实了裁军的效果。他向帝国议会汇报说，美国人解除的不仅是日本的武装，还有"日本人的战斗精神"。有人问梅津美治郎，他的小集团成员被罢黜后，是否会筹划秘密活动。梅津美治郎回答说，日本陆军不会靠"任何秘密组织"存活下去，"在一个崭新的和平世界里，他们会设法让世人重新尊重日本"。

麦克阿瑟将半数占领军送回国内的提议在美国本土遭到强烈反对。美国的一些媒体称，这个提议更像是为了向日本示好，而不是为公众安全着想。美国公众本来就鼓噪着让凯旋的军队早日回国，而美国陆军部也正疲于应付这项任务，他们不想遣送更多人员回国。10 月 16 日，麦克阿瑟在东京发表的一番演讲也体现了这种政治压力。他在演讲中指出，日本民众现在如惊弓之鸟，很担心盟军"报复"。这样的描述有悖事实。美国本土的批评家认为美军花了太长时间去占领日本，还认为麦克阿瑟对待昔日仇敌的态度过于温和。麦克阿瑟的这番话就是讲给他们听的。

麦克阿瑟说：

我知道，在人类历史上，无论在战争时期还是和平时期，无论在我们的国家还是在其他国家，没有任何一次裁军工作能够完成得如此迅速或顺利。我们已经禁止日本从事一切与军事相关的活动，包括海军和空军。

日本的军事力量及其在国际事务中的军事影响力就此终结。在世人眼里，它不再是世界强国。如果这个国家想生存下来，它将来就要走和平发展的道路，在极度困难和危险的情况下，盟军不费一枪一弹，甚至没流一滴血便促使日本投降，这样的成就足以载入史册。我们已经证明波茨坦会议的重大决策是正确的。

投降给日本人带来的落魄感、耻辱感和终结感是无以复加的。他们不仅损兵折将，精神上也同样遭遇毁灭性打击。战争初期，日本军队趾高气扬，傲慢自大。而现在，他们已经变得卑躬屈膝、战战兢兢。已被彻底打败的日本人自知罪孽深重，害怕盟国提出的投降条件会严惩他们。

我想再次向我们盟军的壮举致敬。除了少数特例，他们完全可以被视为占领军的楷模。当一切时过境迁，后世历史学家可以质疑他们的举动。当形势发生逆转，他们本可轻易仿效敌人的做法，而且这样做也合情合理。但是，他们既恪尽职责，又努力克制住自己，他们没有做出残暴和野蛮的事情，在两者之间实现了完美的平衡。日本民众不仅深受震动，而且上了宝贵的一课。

日本人的思想不容易受到外界影响。在这之前，即便是面对战败这种灾难性的事件，他们也照样执迷不悟。现在，他们第一次真切体验到自由国度人民的生活方式。震惊之余，他们也开始产生新的思想和观念。

The War Wearies
☆☆☆

第 37 章
战之殇

最后投降的士兵

　　"大东亚战争"就像一场旋风，驱散了东半球说各种语言的难民。战争期间，100 多万名外国侨民成为战俘和奴隶，被迫长期滞留在日本本土，他们当中以朝鲜人、中国人和琉球人为主。战后，他们聚集在港口寻找返乡的机会。在占领军看来，这些难民会给公共卫生造成威胁，而他们的职责就是确保难民的安全，并等待合适的时机将他们遣送回国。

　　美国的人道主义援助计划是先将快被饿死的盟军战俘从日军的羁押中解救出来，然后着手解决日本社会更广泛的危机。这两项工作完成后，美军便将注意力转向背井离乡的难民。美军要将 670 万名日本人（包括战斗人员和平民）从太平洋地区遣送回国，其中半数日本人来自包括东北三省在内的中国战场。除此之外，还要将苏联控制区域内的 93.6 万名日本人送回日本。还有几十万名日本人滞留在太平洋各处岛屿。经验丰富的日本矿工可优先回国，因为寒冬将至，日本本土缺乏熟练的煤矿工人，有可能会爆发另一场危机。《波茨坦公告》犹如一纸契约，美国人要履行职责，向曾经的宿敌大施恩惠。

　　9 月底，海军上将斯普鲁恩斯任命海军少将唐纳德·B. 贝里担任"日

本人遣返"小组指挥官。作为一名后勤专家,唐纳德当时已经是一支名为
"第6服务中队"的补给小组指挥官。他不仅掌管着150多艘坦克登陆舰和
"自由轮",还负责管理整支日本商船队。为了找到被日本人拘禁的盟军战
俘,美军武装小分队乘坐护航驱逐舰在各个岛屿间巡逻,把日本人带到舰
上进行现场审问。如果他们发现了被审问者曾触犯战争罪的证据,就会将
其扣押,留给上级审问,并将嫌疑人的姓名和军衔报告给麦克阿瑟的指挥部,
由指挥部决定是否下逮捕令。在遣送工作的高峰期,美军曾在一周时间内
将19.3万名日本人遣返本土。

日本某些重要基地的投降时间是与东京湾的受降仪式时间一致的,特
鲁克基地便是其中之一。马里亚纳群岛海军司令、海军少将乔治·D. 穆雷
在他的旗舰"波特兰号"重型巡洋舰上接待了特鲁克基地的投降代表团。
随着特鲁克管辖范围内所有岛屿上的日军逐步投降,加罗林群岛上有13万
名日军官兵等待遣送,包括特鲁克岛上的4.9万名日军。这些日本人普遍
营养不良,由于闹虫灾,他们种的甘薯大幅歉收。"这些犹如稻草人的饥民
在路边排成好几排,等待美军审查。他们的脚踝像手腕一样瘦,面颊凹陷,
肋骨突出。"太平洋司令部的报告写道。

远离日本本土的防御工事发生了很多令人沮丧的事。日军在马绍尔群
岛的米勒岛上建有军事基地,《终战诏书》颁布后,它成为第一个投降的中
太平洋日军军事基地。此前,基地的5 000名驻军减员50%,一部分是由
于美军空袭和疾病,但绝大部分是被饿死的。在加罗林群岛的沃利埃岛,6
500名驻军因饥饿减员三分之二,另有500人在空袭中死亡。在马里亚纳
群岛的罗塔岛上,2 600名日军和5 200名平民把悬崖峭壁上的山洞当成避
难所,靠钓鱼和耕种为生。海军陆战队的一支登陆部队和海军工程营重建
了机场并开辟了一条前往关岛的航线,分批将这些士兵和平民送回家。

12月,大场荣大尉意识到自己该投降了。11月,他差点被美军抓住。
他一直带领着51名手下四处逃避美军的追捕以及针对他们的袭击。他们在
一处名叫"崖山"的隐蔽山顶上建了营地,这里只有一条小路可以上山。最终,
美国海军陆战队第2团第3营K连的一个排在小路两旁设伏,双方发生激
烈交火,大场荣的12名手下被击毙。掘内带着7名日本兵朝美军一处重武
器阵地发起正面进攻,但是K连擅长混战,冲进开阔地的掘内被20多名

海军陆战队员的交叉火力击毙。

　　大场荣和幸存者撤退到山里。他自尊心极强，不愿以死谢罪。他一直坚持着，忍耐着，祈求某天能得到解救。掘内的死让他深受震动。战争结束了，他被打败了，日本被打败了，甚至连看似战无不胜的掘内也被打败了。他手下的一名军官拉了他一把，他这才回过神来，跟那名军官沿着陡坡爬上崖山。一架飞机从阵地上方飞过，撒下的传单先掉在树上，然后落在沾满鲜血的土地上，大场荣翻开他个人战争史的最后一页。

　　看完传单，他们大声叫道："战争结束了！"

　　大场荣有一阵子没见过美军巡逻队了，他觉得这是敌人的诡计。后来，他听说硫磺岛失守，又听说美军有一种很恐怖的新型炸弹，甚至听说日本投降了。但是，大场荣需要证据来说服自己相信这一切。

　　大场荣通过查兰卡诺阿营地的平民朋友与美军指挥部互换信息。美军安排马里亚纳群岛附近小岛帕坎托的一名卫戍司令给他写了封信，请马八准将在信上签字，然后通过这位平民按照正式礼仪交给大场荣。所有流言都得到了证实，流落荒岛许久的大场荣两腿一软，跪在地上。

　　1945 年 12 月 1 日，大场荣带着他的队伍沿着塔波查山的山脊齐步下山。他们排成两队，高唱着军歌，在面露惊讶的美军队伍面前停下脚步，放下他们的武器。海军陆战队第 2 师的赫尔曼·刘易斯少校走上前，站在大场荣面前，二人相距一步。大场荣用左手从刀鞘里抽出军刀，将刀柄举到头顶以示敬意。然后，他把军刀递给刘易斯，刘易斯双手接过军刀。

解脱：活着离开死亡之岛

　　日军"凤翔号"航母从马绍尔群岛的沃特杰岛、马洛埃拉普岛和贾卢伊特环礁疏散了 2 000 名日本人。圣诞节前两天，1.2 万名日军士兵和平民从波纳佩岛撤离。至此，遣返马绍尔群岛与吉尔伯特群岛上滞留日本人的工作宣告完成，该区域由海军上将穆雷的马里亚纳群岛司令部管理。美军需要将马里亚纳群岛 8 万名日本人于 1946 年 1 月 10 日前运送回国。

　　凡是离开故土的日本人内心都有浓浓的乡愁，因此，美国海军临时管理处想"借助为本地日本人谋福利和自主管理之名，激发他们的兴趣和积极性"。海军临时管理处将权力下放给地方议会和警察局，兴建学校，甚至用日本方言编写教材。在马朱罗环礁和莱岛，海军创办卫校，把平民培养成医生和护士。海军军官和他们一起分发食物，改造蓄水池，将旧家具、独木舟、水泥、帆布、炊具和服装变废为宝。

三浦静子是最后一批从塞班岛回国的日本人。调养好身体后，她开始照料其他人。她对工作非常热情，却被指控盗窃医药用品，被送上美国简易军事裁判庭。不过，这件事以喜剧收尾。静子出庭时遇到了法庭的日语翻译菅野勇，对他一见钟情，后来两人喜结良缘。

无线电广播在播放裕仁天皇的《终战诏书》，静子听不清他在说什么，诏书内容在营地里引起巨大反响。她认识的一位名叫"桑野先生"的日本人第二天在车间里大声宣布："没错，日本已经战败了。"就这样，心直口快的桑野因为讲真话被军国主义分子活活打死。正如静子所说，"营地里的人悄悄说，他真是死有余辜。"静子的丈夫调到美军一支侦察队，被派去邻近岛屿向当地居民传达日本投降的消息，她并不想让丈夫冒险。由于担心丈夫的生命安全，静子没有向任何人透露此次任务。菅野勇顺利完成任务，回家后他只把此行所见告诉了静子：美国已经开始彻底净化日本人的思想和日本历史，彻底消除当权者建立在错误观念上的看法和主张。1946 年元旦，裕仁天皇发表宣言，否定了天皇的神圣地位，承认自己是人，而不是神。

静子奉命给家里的亲戚写信。她的父母姐妹都住在天宁岛，他们现在还活着吗？他们全家人在马里亚纳群岛住了这么久，故乡还有人记得她吗？对她来说，最稳妥的办法就是联系山形县的一座佛教寺庙，她叔父在这座寺庙当僧侣。她决定先去那里。

美军把静子送到加拉班港的一艘美国轮船上。看到加拉班已经发生了翻天覆地的变化，她惊呆了。这座城市规模迅速扩大，到处都是新建筑，街道上人声鼎沸。船队很快便起航了。当她乘坐的轮船安全驶出港口时，一艘日本护航驱逐舰鸣笛示意，美国货轮齐声回应。静子转身最后看了一眼塞班岛。她注视着塔波查山，向她的病人、士兵和在这里光荣战死的人永别，包括她永远葬身在塞班岛的哥哥。

静子看到的第二座山便是富士山。当这座覆盖着皑皑白雪的圣山映入眼帘时，她几乎要窒息了。刚回到日本的静子遇到了一连串神奇的事情。

他叔父所在的山形县寺庙现在已经变成了一座难民营，用来收容战争中流离失所的学龄儿童。1946年3月21日，她来到寺庙，在难民宿舍发现了亲生妹妹藤子。静子知道藤子此前乘坐一艘货轮离开了马里亚纳群岛，后来，据说有几艘货轮被击沉了。现在又重新见到妹妹，她顿时精神抖擞，她们紧紧拥抱在一起。藤子告诉姐姐，她乘坐的那艘货轮确实被击沉了，但这次袭击靠近日本本土，所以被及时救起。另一艘船将她从海里救了上来，随后，她与静子一起来到寺庙找叔父。

趁着丈夫前往东京北部的福岛县探望家人，静子带着藤子在东京四处闲逛。藤子很喜欢黑市。姐妹俩在东京住了几天，谈论她们在战争中遇到的人和事。静子还抽空去了一趟原工作单位"南太平洋贸易公司"总部，公司给了她一张面额1 000日元的退休金支票。静子在塞班岛难民营只有400日元的工资，所以这笔钱对她来说是很好的补充。然而，就在同一天，街头流氓把她所有的钱都抢走了。

对静子而言，重归故土并没有任何损失。到达他叔父所在的山形县寺庙后，她惊讶地发现自己怀孕了。她跟僧侣们住在一起，等待丈夫从福岛回来。静子住的房间有壁炉取火，叔父和婶婶对她悉心照料，还慷慨地给她提供味噌稀饭和萝卜片。日子久了，婶婶知道藤子在黑市工作，心有不满，怀疑静子也在做同样的事情，所以扬言要把姐妹俩赶出去。

1956年5月4日，藤子和静子经历了一件难忘的事。山形县每年一度的三圣山朝圣活动正在进行，姐妹俩在欣赏樱花的时候，发现一座桥的对面有两位跟她们年纪相仿的女孩。身怀六甲的静子穿着一件宽松的衣服，那是麦克阿瑟的占领军提供的美国陆军长裤。那两位女孩也穿着类似的服装，背着美国军队派发的背包，背包背面绣着几根白色布条。她走近发现布条上写着两个字：三浦。那两个女孩竟然是静子的妹妹，她们与静子父母生活在一起。全家人都沉浸在重逢的喜悦中，彼此倾诉各自的经历。

当然，他们在天宁岛的磨难大同小异，所幸他们的结局并不悲惨。为了躲避轰炸，静子的父母和三个姐妹躲进山洞避难。不久，山洞就遭到美军攻击。一连串的爆炸使他们身负重伤，脑部也受到震荡。静子父母抱着浑身鲜血的女儿跑出山洞，他们原本想跳崖结束生命。刚走出山洞，他们就遇到了一辆美军坦克。静子母亲朝这辆钢铁怪兽怒吼着，只求一死。就在这时，美军的一名日裔翻译上前好言相劝，然后挽着她的手，上了一辆吉普车。她的两个女儿还活着，但年子可能撑不住了。她的肚子被炸开了一道口子，她母亲脱下缠腰带绑在年子的肚子上，防止内脏流出来。美军军医给她做了手术，保住了她的性命。最终，他们跟着最后一批被遣返的侨民回到日本。就在全家团聚后的第二天，静子分娩产下一个女儿。

战争带来的创伤永远难以磨灭。冲绳岛集体自杀的幸存者、曾被逼杀死自己母亲和兄弟姐妹的金城成亮说："和平的降临意味着人们的心态从畸形恢复到正常。但是，我越想恢复到正常心态，那种畸形心态就会反弹得越厉害。我的内心无比痛苦。别忘了，那时我还是一个小孩，心智还没有成熟，不懂得批判国家意识形态，也不懂得思考集体自杀的意义。我只是在想，为什么我的母亲、弟弟、妹妹会死得这么惨。20 多年后，我才敢在公众面前谈起集体自杀这件事。绝大多数岛屿都希望淡化这段历史，我能理解它们的痛苦。"

在塞班岛历经千难万险后，静子活了下来。能够从死亡之岛活着回来，这本身就是一种解脱。

1946 年底，美国海军完成了太平洋地区大规模遣返日本人的工作，共计遣返 510 多万人。然而，仍有 130 多万日本人被苏联扣押。斯大林暗示说，他会违背自己的承诺，不会将这些日本人遣送回国。为此，麦克阿瑟做出了愤怒的回应。最终，苏联扣留了 46.9 万名日本人做苦工。苏联军队的政委们倾向于扣留年轻人，因为年轻人更容易接受政治教化。按照麦克阿瑟的说法，苏联根本没打算在世人面前为这些行为辩护。他在回忆录中写道："遣返政策本应向远东人民证明国际社会是怎样优待他们的，但现在却没有达到这样的效果。"

在天宁岛，原子弹的起爆装置被拆除了，因为现在没必要对日本使用第三枚原子弹。"密苏里号"受降仪式结束 15 天后，诺曼·拉姆塞和他的技术团队动身回国。他们把钚燃料核弹的核心部件装到箱子里运回国，把剩余的电子器件和部件扔到海里。根据命令，原子弹实验室需要保留六个月，但没过多久，实验室就被藤蔓占据了。

第 509 混成大队的一支大型分遣队在执行完"魔毯行动"后乘坐海军"杜尔号"攻击作战运输舰回国。"魔毯行动"是一项将美军在世界各地的参战老兵护送回国的计划。11月4日，蒂贝茨的队员抵达旧金山市，当他们从金门大桥下方路过时，不由得兴奋起来。市民们在桥梁护栏上向他们挥手致意，这些市民并不知道自己在向谁挥手，也不知道这些人取得了什么成就。下船后，蒂贝茨一行人换乘一辆军用列车，前往位于新墨西哥州罗斯威尔的陆军航空队基地休整一周，并在那里等待退伍。

陆军航空队倾向于用B-29轰炸机将士兵们从马里亚纳群岛送回美国，因为这些轰炸机已经不再适用于战场。这些号称"被战争透支"的轰炸机引擎一直都在超龄服役。大卫·布雷登驾驶的B-29轰炸机从塞班岛途经夸贾林环礁时一台引擎熄火，从夸贾林环礁到瓦胡岛的途中另一台引擎也熄火了，从瓦胡岛到旧金山时第三台引擎熄火。

"坐在机组第二排的投弹手是个迷信的家伙，"布雷登说，"有一次我们执行任务的时候，一位来自混成大队总部或支队总部的某个人加入我们，机组成员变成了13人。结果投弹手说他不坐这趟飞机，理由是飞机上有13个人。其他人都说，'好吧，随他去。'他参与了剩下的所有飞行任务，但飞行次数比我们少一次。我们飞了35趟，他飞了34趟。在驾驶已经被战争透支的B-29轰炸机回国之前，他还需要再执行一次任务。"

结果，他的飞机在距离旧金山市500英里的地方坠毁，他也不幸遇难。

驾机飞越科罗拉多大峡谷时，布雷登心想："只剩一台引擎了，我该怎么办？"随后他们在俄克拉荷马州的廷克机场着陆，给这架飞机换上了三台全新的莱特R-3350引擎。

飞机引擎可以修补，飞行员身体和精神的损耗就不那么容易弥补了。绰号"快乐小子"的哈洛伦说，战争结束后，"我们的机长没活多久。"

"他自杀了？"一名记者问他。

"回家没多久他就去世了。"

战争就是一场拳击赛

战争结束后，雷蒙德·斯普鲁恩斯成为日本领海范围内的盟军海军最高司令。鉴于他取得的一系列成就，这样的安排合情合理。1945年底之前，他将第五舰队的帅印交给了长期诋毁他兼竞争对手、海军中将约翰·H.托尔斯。几周后，斯普鲁恩斯获得嘉奖。尼米兹在华盛顿担任海军作战部长后便将斯普鲁恩斯提拔为太平洋舰队及太平洋战区总司令。托尔斯垂涎这个职位很久了。斯普鲁恩斯本想把它让给托尔斯，但尼米兹不同意。"他想让雷蒙德做他的接班人。"玛格丽特说。尼米兹认为斯普鲁恩斯是最佳人选。1945 年的感恩节恰逢周末，斯普鲁恩斯接替米尼兹，成为太平洋舰队和太平洋战区总司令。作为尼米兹的继任者，斯普鲁恩斯做的第一件事就是允许日本人在小笠原群岛恢复捕鲸和捕海豹活动，以缓解日本冬季缺少食物的难题。

斯普鲁恩斯从未被授予五星上将军衔，他的军阶低于战功不如自己的威廉·F.哈尔西，并就此结束了自己的战时军旅生涯。斯普鲁恩斯对此安之若素，他是一个自我价值感很强的人，"海军五星上将斯普鲁恩斯"这样的尊称、排场和媒体的关注对他而言并不重要。虽然尼米兹在整个 20 世纪 50 年代游说众议院军事委员会授予斯普鲁恩斯五星上将军衔，但斯普鲁恩斯本人并没有提出这个要求。他知道，大部分了解他的人都认为他是能力极强的海军作战行动指挥官，仅凭这一点，他就心满意足。1948 年 6 月，斯普鲁恩斯在写给金上将的信中说："比尔·哈尔西晋升为第四位五星上将属于实至名归，我从没想到国会同意授予我第五位五星上将。我一直觉得，能够在这场战争中肩负起作战行动指挥的重任已经是件无比幸运的事情，而且我们取得了圆满的结果，对我而言这本身就是一种奖励。"金上将称斯普鲁恩斯是"美国海军最聪明的指挥官"。这一评价是否得当，还要视具体事件而定。

在斯普鲁恩斯任内，美国在太平洋地区的前景逐渐成形。珍珠港遇袭四周年纪念日这天，陆军航空队成立了太平洋航空司令部，由乔治·丘吉尔·肯尼出任司令。从此以后，美国在太平洋战场的战略空军力量终于有了名字。太平洋航空司令部设在希凯姆机场，前身是肯尼率领的远东航空队，包括第 5 航空队、第 7 航空队、第 8 航空队、第 13 航空队和第 20 航空队。两天后，第五两栖军重新登上返回美国的轮船，由太平洋部队总司令斯普鲁恩斯统领。12 月 15 日，欧内斯特·金上将主动要求尼米兹解除他海军作战部长的职务。太平洋战争刚开始的时候，美国财政部曾把海岸警卫队划归海军部。1946 年元旦这天，海岸警卫队又重新由美国财政部管理。

在珍珠港，威尔卡茨医生继续以太平洋舰队军医的身份为斯普鲁恩斯效力。他说："我们又能一起散步了。清晨，我们通常先散一会儿步，再去吃早餐。将军无所不谈，他屡次提到美国海军在太平洋战争中所付出的巨大努力，他为他的第五舰队感到自豪。除了为失去如此多的英勇战士感到痛心外，他觉得自己没有留下任何遗憾。他承认日本人在陷入绝境时依旧作战勇猛，也承认他很尊重对手。他也会重申自己很想去纽波特的美国海军军事学院任教的要求。"

到专业军事学院任教通常是海军军官升职加薪的必经之路，但斯普鲁恩斯重返纽波特的心愿与此无关。他想重新获得某些东西，画一个比特鲁克岛更大的圆圈。斯普鲁恩斯想重温那些美好的旧时光，意气风发地与凯利·特纳一起指点江山，一起修订作战手册，玩战争游戏，让那些跟他们竞争和挑战他们的学生经历冰与火的考验。那时，他们和自己的妻子都风华正茂，两人的关系既如手足又如叔侄。1946年3月，斯普鲁恩斯被任命为美国海军军事学院院长，他将致力于改进学院在军事战略、军事行动和后勤方面的教学工作。他很珍爱这个地方，因为在这里，对海军事务的学习没有局限于他在海军军官学校接受的那种专业训练。"在那里，"斯普鲁恩斯平静地对威尔卡茨说，"我可以反思和研究整个太平洋战争中的重大战役，让所有的胜利、失败和错误都载入史册。"这确实是一场很有趣的战争。

★★★

战后，霍兰德·史密斯依旧愤愤不平。他为《星期六晚报》（*Saturday Evening Post*）写了三篇文章，公开发各种各样的牢骚。"他居然觉得口无遮拦是件好事，我为他感到遗憾，"1948年，斯普鲁恩斯在写给前参谋长卡尔·摩尔的信中说道，"不过，我并不打算跟他谈论此事。"媒体对于拉尔夫·史密斯在塞班岛被解职的报道又重新引发了一场争论。正反双方各持立场，一方是在《时代》杂志上为海军陆战队摇旗呐喊的通讯记者罗伯特·谢罗德，另一方则是在陆军出版物《步兵杂志》（*Infantry Journal*）上刊文反驳谢罗德的格里纳将军。霍兰德·史密斯的自传带有很强的倾向性，他在书中也添油加醋地描述了这件事，玷污了他自身作为调解人的名声。这番纷争一直持续到1949年，马歇尔将军亲自出马，命令各方罢手，这件事才告一段落。

　　太平洋战争结束后，德雷珀·考夫曼带领水下爆破队在科罗拉多的两栖部队训练基地进行训练。海军陆战队某些领导人深感水下爆破队应被并入海军陆战队，经过一番争论，领导层决定将水下爆破队留在海军部队。在这过程中，一位名叫戈登·莱斯利的海军陆战队员创造了历史。在塞班岛、天宁岛和莱特湾战役中，莱斯利一直跟随第 5 水下爆破队作战。战争结束后，他升任第 5 水下爆破队队长。海军陆战队跟莱斯利失去了联系，而他在 1944 年的大半年时间里没有从海军陆战队领过工资，也不知道自己已经升职两次。听闻此事后，考夫曼为了保住海军陆战队的良好声誉，想用合理的薪水召回自己的手下。但总部的人似乎被这个过失吓坏了，担心莱斯利重返陆战队所带来的后果。"后来，戈登让事情变得更加糟糕，"考夫曼说，"他向上级提出请求，要求从海军陆战队预备队调到海军常规部队。上级斩钉截铁地告诉他，从来没有海军陆战队员要求调到海军常规部队。如果有海军陆战队员提出这样的要求，那简直是不可思议。"考夫曼向霍兰德·史密斯求助，史密斯把这件事交由几名上校处理，指示他们劝说可怜的莱斯利放弃水下爆破队灌输给他的那些思想。但是莱斯利没有心软，最终如愿完成了这次调动。

　　戈登·莱斯利终于拿回了欠薪。他来到银滩最豪华的科罗拉多酒店，给了酒店经理一笔钱，对他说："我要搞个聚会，花完这 4 000 美元后，你随时可以结束聚会，因为我只有这么多钱。"他租下酒店一整层楼的套间，然后邀请所有队友来参加聚会。据考夫曼所说，这帮人纵酒狂欢，连续喝了 13 天白兰地牛奶宾治酒。到了第 14 天，他参加西太平洋解放战争而获得的收入已经花完，酒店也没有被这帮人闹成平地，这个故事圆满结束。

　　不久之后，德雷珀·考夫曼便参与到原子弹的研发活动中。他在科罗拉多无所事事，无意间看到报纸上的一篇文章。该文章间接提到，他父亲的老朋友、海军上将布兰迪正在比基尼环礁组建一支专门测试原子弹的联合特遣队。这项计划首次对裂变式原子弹进行重大科学和战场测试，被称为"十字路口行动"。考夫曼写信给布兰迪，请求布兰迪允许他以核安全官的身份参与测试，布兰迪批准了。裂变式原子弹爆炸后，与爆炸点距离多远才是安全区域？对于这个问题，科学家们的想法各有不同，有些人持谨慎态度，有些人漠不关心。考夫曼找来老部下帮忙。布兰迪强调说，这是科学家和军方联合主导的项目，而不是一场科学顾问参与的军事行动。世界已经迎来一个新时代，对各个国家而言，原子弹构成的战争风险达到一个前所未有的高度。就像"避风港号"医疗船的医生和医护兵在出岛港码头为核辐射病人检查身体一样，考夫曼来到了战争科学的最前沿。从伦敦大轰炸到塞班岛暗礁，再到弥漫着伽马射线的原子弹轰炸遗迹，战争科学一直在不断演变，足以引发世界末日的战争手段也日趋完善。

被美军缴获的"长门号"战列舰开往比基尼环礁参与核爆测试，这也是它的最后一次航行。在试验中，"长门号"先是经受住了空中核爆的考验，然后又在水下核爆炸中幸免于难。在海上漂了五天后，舰身受损的"长门号"沉入海中。"长门号"曾是日本海军大将南云忠的旧旗舰，此次担任测试的靶舰，它充分衡量了原子时代的影响。

考夫曼和他的团队与后来创立加州大学洛杉矶分校医学院的斯塔福德·沃伦博士一起，从容地乘坐登陆艇进入比基尼环礁，以测定核爆炸效果。在空中核爆测试后的三天内、水下核爆测试后的六天内，他们可以去环礁的任何地方。他们在距离核爆投影点仅50码的地方采集水样，甚至登上靶船查看船体是否安全，以确定能否上船。船舶修理人员已经准备好登船修理这艘受到辐射的靶船，他必须阻止他们上船。8月27日，考夫曼返回华盛顿，创办了一所专门培养放射安全监督员的学校，并在旧金山的猎人岬海军造船厂建造了永久性校舍，该造船厂隶属于海军少将帕森斯率领的美国海军核防御师。考夫曼因为自己的英勇行为获得了嘉奖，但这并没有给他的职业生涯带来太多益处。正如他父亲所说，海军不需要一个会拆解炸弹或潜入敌人滩头阵地的海军将官，尽管他有一大把海军十字勋章可以炫耀。另一方面，考夫曼因为创立拆弹学校、组建爆破队和试验性的测试委员会而获得嘉奖，这些奖励也是他晋升的基础。考夫曼担任过各级别指挥官，最终以三星海军中将和美国海军军官学校校长身份退役。

参与"曼哈顿计划"的科学家知道自己正在做什么。考夫曼说："他们似乎都有不同程度的负罪感。"参与原子弹项目的军人是不应该有负罪感的。有些人想让保罗·蒂贝茨被悔恨吞噬，但蒂贝茨常常让这一希望落空。蒂贝茨不但没有内疚，反而认为他在1945年8月6日执行的广岛轰炸任务是一项义不容辞的使命，而且效果显著。那些凭直觉谈论科学家道德矛盾心理的作家很难理解蒂贝茨，因为蒂贝茨崇尚残酷的实用主义，他认为在全面战争中，人们会被迫做出很多糟糕的选择。他觉得自己问心无愧，并没有因为自己用原子弹轰炸过广岛而坐卧不安。他是如何做到的呢？在亲眼见证和亲身经历那些事后，他回到国内依旧开着一辆丰田车。对蒂贝茨这样精通系统和组织的人来说，在挑选座驾的时候他更倾向于理性消费。

有些小问题蒂贝茨觉得微不足道，记者们却喜欢打破砂锅问到底。有些记者喜欢生拉硬拽，故意问一些有潜藏意义的问题，比如：原子弹装上飞机后，蒂贝茨是否碰过它？他并没有碰过原子弹。非常讽刺的是，蒂贝茨是边抽烟边把原子弹扔向轰炸目标的，而吸烟已经导致数百万人死亡，它远比原子弹的杀伤力大。一位作家曾经说过，"即便是最有创意的作家，也想不出如此转折的剧情。"

1948 年，杜鲁门总统邀请蒂贝茨和其他三位有杰出贡献的空军军官前往白宫，他们分别是新成立的空军首任参谋长卡尔·斯帕茨、"杜利特尔行动"的规划者吉米·杜利特尔以及空中加油的发明者大卫·施伦上校。会面时间很短。杜鲁门在椭圆形办公室依次跟他们交流。轮到蒂贝茨时，杜鲁门盯着他看了 10 秒钟。

"你对外界的议论有什么看法？"杜鲁门问他。

"总统先生，我觉得我只是奉命行事。"

杜鲁门用手拍了下桌子："你做得很好。是我派你去炸广岛的，如果有人因此跟你过不去，让他们来找我。"但是，在使用原子弹的必要性、作用、后果以及它是否有违军事指挥者良知等方面，人们依旧争议不断。

批评者们提出疑问：杜鲁门下令使用原子弹的理由究竟是什么？1953 年 1 月 12 日，杜鲁门在写给一名空军军史学者的信中解释说，他曾在波茨坦与伯恩斯、史汀生、莱希、马歇尔、艾森豪威尔、金和其他将领"开会讨论过如何使用这种可怕的武器。我问过马歇尔将军，如果我军在东京平原和日本其他地方登陆，会造成多么严重的伤亡。马歇尔说，倘若进攻日本本土，单是我军伤亡人数至少在 25 万人左右，也有可能达到 100 万人。日军会付出同样惨重的代价"。军方预计的 100 万伤亡人数是没有任何事实依据的，就是这样一个数字，居然成为某些人的有力依据。批评者们表示，美国要为使用原子弹的行为做出合理解释，从而达到不可告人的目的。这番话的言外之意是，尽管 25 万这个预测数字已经占美军在太平洋战争中死亡总数的很大一部分，但这不足以证明使用原子弹是正确的。难道"仅仅"损失 25 万人（更不用说日军阵亡人数是这个数字的好几倍）就可以排除使用原子弹吗？曾在统计控制办公室为李梅工作过，后来成为国防部长并发动越战的罗伯特·S.麦克纳马拉就持这种观点。麦克纳马拉在自传中写道："在某些人看来，屠杀 67 座日本城市 50%～90% 的人口和用两枚原子弹轰炸他们是两种截然不同的做法，跟我们想要实现的目标是有差距的。"但是，这种观点似乎站不住脚。

当时有人提出，避免人员伤亡只是杜鲁门使用原子弹的次要动机（或者这个动机根本不存在），杜鲁门的主要动机是为了震慑苏联，达到杀鸡儆猴的目的。又或者是为了迅速结束战争，以防苏联参与占领日本。这种观点一直持续至今。但是，极少数熟悉美国外交史的历史学家不相信杜鲁门真的是为降低美军伤亡而使用原子弹。

随后几十年里，世人一直以敏锐的眼光审视美国使用原子弹的动机。人们普遍认为斯大林有斡旋的诚意。而美军很多高级将领认为，从军事角度而言，美国没有必要用原子弹轰炸日本。海军上将尼米兹后来说，原子弹的军事必要性不大。1950 年，海军五星上将莱希在他的自传中写道："在广岛和长崎使用这种残忍武器对我们的抗日战争没有实质性帮助。"这两位将军的言论纯属老生常谈，完全不切正题。使用原子弹的目的既不是为了取得"纯粹的军事效果"，也不是为了给战争带来"实质性帮助"。美国海军手里已经握有一个撒手锏，那就是它更喜欢采用的封锁和轰炸战术。这两种战术可以让日本人饱受流行病和饥荒的折磨。数百万日本人可能会慢慢病死或饿死，而美国却不用背负违反战争人道主义的骂名。

莱希宣称：日本人早已做好投降的准备。虽然这个观点引人注目，但缺乏有力的证据支持，因为莱希和其他人所指的"日本人"不仅数量众多，而且陷入巨大的分歧中。杜鲁门本人也通过"魔法计划"和"超级计划"所截获的情报了解到这一点。原子弹犹如外科大夫手中的手术刀一样精准，只有它才能彻底打破日本最高战争指导会议无法解开的死结。

日本真的是因为遭受原子弹轰炸而被迫投降吗？多年来，历史学家中既有人提出新的"事件解读"，也有人重申先前的"道德论"，就是没人提供新数据来回答关键问题：裕仁天皇决定在 8 月 14 日发布《终战诏书》的时候，他心里到底是怎么想的？"日本"并没有投降，投降的是裕仁本人，钩心斗角的战争指导会议让他感到绝望。毫无疑问，裕仁的想法很复杂，但他在《终战诏书》中的言辞已经认可了原子弹的作用。"敌方最近使用残酷之炸弹，"他曾说过，"频杀无辜，惨害所及，实难逆料。如仍继续作战，则不仅导致我民族之灭亡，并将破坏人类之文明。如此，则朕将何以保全亿兆赤子，陈谢于皇祖皇宗之神灵乎！此朕所以饬帝国政府接受联合公告者也。"

对历史学家而言，在没有更为确凿证据的情况下，如果对如此直接表达的动机不屑一顾，是一件很奇怪的事情，然而这种情况至今仍时有发生。反对向平民使用原子弹的"道德论"与反对向平民使用任何武器的"道德论"都是无可辩驳的，只能具体情况具体分析。

美国联邦基督教协会领导人认为轰炸平民城市的做法有违道德，杜鲁门称，这样做的目的是为了报复日本。他的回复颇为经典："在对日本使用原子弹这件事上，我是世界上最不安的那个人。但在当时，日本偷袭珍珠港，杀害美国战俘，这两件事更让我感到不安。让他们听话的唯一方式就是用原子弹轰炸他们。要对付野兽，就必须采用野蛮的手段。这话听起来刺耳，却是实话。"这番激烈的二元论措辞带着浓浓的"道德等价"气息，在后来很长一段时间里成为修正主义者和反事实论者的素材。

显而易见，在占领日本期间，杜鲁门的报复心并未在政策中体现出来。美国政府的报复心因日本投降而有所缓解，他们没有把"一战"结束后严惩德国的那一套施加在日本人身上。其实，早在 1943 年，罗斯福就承诺要对日本实施大棒政策。第二次魁北克会议发表的公开声明称日本人是"太平洋的野蛮人"，这份声明轰动一时。可是，当自诩是救世主的道格拉斯·麦克阿瑟着手实施华盛顿计划，开始解除日军武装、废除日本军备并重建日本社会时，他完全没有把日本人当成野蛮人。最终，美国背离了从伟大的古希腊和古罗马帝国遗传下来的战争传统。与斯巴达和罗马不同的是，美国先将敌人无情地打倒在地，然后又会无比仁慈地帮助敌人。

美国是否会攻入日本？这个问题关乎很多人的生死。所以，这些人担心的并不是这个决定在哲学层面的问题，他们知道该做些什么。在美军内部，关心日本人命运的不止德雷珀·考夫曼一人。考夫曼说："倘若我们进攻日本，为了保卫自己的国家，日本人的伤亡人数将是原子弹轰炸死亡人数的数倍。直到今天我都坚信这一点。当然，我军伤亡人数也将不相上下。每当我听到大家讨论投放原子弹的道德问题，我都无法理解那些高深的理论。我的脑海里想到的是那些更切合实际的事情，尤其是需要我亲身参与的事情。"假如数以万计的美军战死沙场，媒体披露美军拥有制胜法宝却藏而不用，那又会引发多大的争议？陆军部长亨利·史汀生后来评论道："战争就像一场拳击赛，强大的一方不会在弱小一方疲软的时候手下留情。他只会用最大的力量、最快的速度击倒对方，以求速胜。"

接下来人们关注的是日本人的生死问题。麻省理工学院院长卡尔·T.康普顿是史汀生创建的临时委员会的成员。在"没落行动"规划阶段，该委员会受麦克阿瑟领导，后来它的职责变成向杜鲁门总统建议是否对日本使用原子弹。康普顿的工作是对相关审议进行评价。日本投降后，康普顿在日本调研了一个月。1946年，康普顿在《大西洋月刊》(*Atlantic*)上撰文称：

> 我始终坚信原子弹的使用拯救了数十万，甚至数百万美国人和日本人的生命。如果没有使用原子弹，这场战争也许还会持续数月。像陆军部长史汀生和三军参谋长这样有良知的人深知前路艰险，也知道原子弹能达到什么样的效果，他们别无选择。
>
> 我所引述的证据明确无误地表明：假如我们没有使用原子弹，持续数月的大规模的人员伤亡和破坏在所难免。所幸我们及时使用了原子弹，之所以说"所幸"，是因为我们之前没有预料到一件事：如果进攻日本的计划按原定时间进行，那么，在1945年10月，冲绳岛上空将战机密布，港口满是等待发起攻击的登陆舰。当月肆虐冲绳岛的台风将破坏登陆计划，给我们造成不亚于珍珠港事件的军事灾难。
>
> 了解这些事实，尤其是根据这些事实做决策的人认为，有些人的想法总是不切实际和一厢情愿。这些喜欢放马后炮的人现在开始公开谴责使用原子弹，其理由是原子弹太不人道，或者日本已经被

打败了，根本不需要使用原子弹。促使日本人投降的并不是一两枚原子弹，而是原子弹给整个日本社会带来的恐惧感。

1948 年 7 月 1 日，斯普鲁恩斯从海军退役。他和玛格丽特驱车一路向西，在加州的蒙特雷半岛买了一幢房子，准备在那里颐养天年。凯利·特纳却没有如此安逸的晚年。玛格丽特·斯普鲁恩斯说，"两栖之王"特纳的晚年"绝对是一场噩梦"。1961 年 1 月，他的妻子哈丽特去世了，"他开始酗酒，身体每况愈下。就在哈丽特去世后不久，雷蒙德给凯利打电话说：'什么时候给你打电话最合适呢？我想每天都给你打电话。'然后，雷蒙德每天早上 7 点钟左右给凯利打电话，我们很担心他有什么不测。"世人难逃生老病死，2 月 12 日，一个周日早上，斯普鲁恩斯接到电话，获悉凯利·特纳去世了，距离他妻子去世不到六周。

在那之后的很多年，卡尔·摩尔经常去加州的圆石滩拜访斯普鲁恩斯。斯普鲁恩斯曾用专业知识为摩尔出谋划策，帮他解决工程、补给和维修等方面的问题，摩尔对此一直心怀感激。1963 年 4 月，摩尔去圆石滩待了六天。他后来回忆说："当时，斯普鲁恩斯的技术知识似乎已经跟不上潮流了。他坚持要在开车前将旧汽车的发动机预热 15 分钟。如果他夫人没有预热直接开车的话，他会非常生气。"擅长运筹帷幄的斯普鲁恩斯已经无所筹谋，只能指挥自己的妻子开车。

至于他曾经指挥过的美国海军，美国驻日本大使约瑟夫·L. 格鲁在 1944 年的海军节上是这样说的："在过去的三年里，我们打造了一支世界上最伟大、最强大，当然也是最高效的海军，这座海上'桥头堡'是人类历史上任何一座梦幻城堡都无法匹敌的。"尽管美国海军、海军陆战队和海岸警卫队在太平洋战争中阵亡 5.6 万余人，另有 8 万余人负伤、9 万人下落不明，但欧内斯特·金还是很享受战争的胜利，因为这证明了他在华盛顿和盟军规划会议上坚持的观点是正确的。

格鲁说："在人类战争史上，从未出现过一支如此高效的海军力量，它强大到足以让一支高效且战无不胜的百万雄师在本国国土上无条件投降，甚至没有任何象征性的抵抗。诚然，在此之前，经过我军的连续轰炸后，日本早已变成一片废墟。我们向日本投放的第一枚原子弹已经展现出可怕的威力，让他们知道负隅顽抗只能招致种族灭绝。但是，如果没有强大的海军，我们就无法占领塞班岛、硫磺岛和冲绳岛，更谈不上轰炸日本本土。没错，也许我们可以通过发动大规模两栖登陆作战行动一举拿下日本本土，但是，如果没有强大的海军做后盾，我们不会也不敢去策划这样的进攻。"

美国海军的舰队早已通达四海，属于美国的霸权时代即将到来。美国军事的威慑力无处不在，它的野心也蔓延到海外。60 年后，海军的征兵广告带有明显的说教意味，它的宣传口号是：海军是"一支永远强大的全球性军事力量"。

日本的 18 家废旧金属企业参与处置日本海军的固定资产，负责拆解 455 艘舰只，包括 35 艘大型战舰。1949 年 1 月 15 日，随着最后一艘战舰"利根号"重型巡洋舰解体完毕，曾经的无敌舰队不复存在。开启重建的日本不再需要这些军舰。一种新的道德准则取代了军舰，这种道德准则开始审视原子时代日益加剧的风险，并呼吁国际社会寻求和平。在战时保持沉默的日本自由派人士开始表达他们对爱与权力的观点，这个话题早在基督教国家或罗马创立之前就已存在。一些有影响力的人开始力劝日本社会回归过去。"我思考过人类的命运和人类文明的前途，并寻找人类生活的新方向，"广岛大学伦理学教授森泷一郎写道，"经过一番思索后，我决定把现代文明称为'权力文明'，并得出一个结论，地球上应该只留下'爱的文明'。"

被原子弹轰炸的那那些地方，人们长期遭受辐射病的折磨、每天都在举行葬礼、学校变成孤儿院，人类无尽的欲望、追逐权力的恶果以及因为野心而造成的破坏已显露无余。在这种情况下，人类应该走向何处？17 世纪，弗朗西斯·培根呼吁英格兰和全世界将科学视为一种工具和持续不断的挑战，他坚信"生产力就是知识，知识就是生产力"。洛斯阿拉莫斯国家实验室是由国家推动建设的具有历史意义的机构，我们也可以把它视为培根实用科学的完美产物。但是，这个实验室制造了什么样的武器？就连森泷一郎也说过，刀剑是没有道德可言的。武器本身并无善恶之分，但武器使用者的道德意识会赋予武器生命。有人认为，各国领导人应该改变民众的思维方式，使其尊崇精神道德法则和社会公义。这种观点忽略了一个事实，即东条英机是在裕仁天皇的神权授意下，打着社会公义名号带领日本走向灭亡。

　　也许正是因为美国人打仗的方式很聪明，无论他们所采用的致命武器如何先进、如何有想象力，道义和国家命运都成为政治家关心的问题，而不是军人的问题。这些人打败仗的可能性极小，而且仅限于技术层面，比如在两栖作战过程中使用航母的方式出错了，或者错误仅限于个人工作中出现的小失误。

　　在爱德华·斯普鲁恩斯眼里，父亲"为人严肃、冷漠、固执己见。他希望别人都听他的，似乎无法容忍幼稚的行为"。不过，他对有些行为还是有较高的容忍度的。爱德华说："我们很少在一起做事情，除了偶尔散散步或开船出海。就算遇到问题，我也不太愿意向他吐露心声。他属于'权威型'父亲，这种父亲在德国家庭中应该相当普遍，总是占主导地位，总是沉着冷静，成天忙着干事业。在我印象中，他和母亲没有发生过争吵，他也从未向我表达过父爱。千万别让我父亲看到这番话。"

　　后来，爱德华·斯普鲁恩斯在一次车祸中丧生。玛格丽特说，老斯普鲁恩斯痛不欲生，他知道自己错过了向儿子表达父爱的机会。从此以后，这对"父子兵"再也无法一起上阵杀敌，悔恨犹如船锚般将他拖入深渊。都是这场战争惹的祸。他们深陷战争的旋涡，耗光了所有精力。这种代价是统计控制办公室无法衡量的。

　　在这场战争中，美军官兵无数次进入深沟峡谷和山洞清剿敌人。轰炸机机长与机组成员通力协作，一次次从本州岛上空的急流中穿行而过。他们从马里亚纳群岛起飞，给那些不知廉耻的敌人致命一击。人们总是对永不结束的全面战争有着敏锐的感知，"公平战争"理念也是以这种感知为基础，其基本原则包括相称原则、禁止使用有毒武器以及避免使用那些容易失控的武器，比如生物战剂。公正地讲，战争的目标必须是寻求和平，而最终解决方案必须是"慎重且合理"，以免武器变成复仇的工具。根据"公平战争"原则，如果无条件投降不遵守"每一个作用力都会产生大小相等、方向相反的反作用力"这一物理规律，也被认为是不合理的。如果某个国家因为惧怕恐怖的武器而被迫投降，而战胜方是一个军阀政权，它在对方投降后立刻进行种族清洗，那该怎么办？

　　20 世纪 30 年代，富兰克林·罗斯福曾恳求各国，不要把平民变成军队的攻击目标。然而，历史学家巴顿·J. 伯恩斯坦所说的"'二战'期间道德观有了较大的转变，合理攻击目标和人群被重新定义"一直都没有停止过。

托马斯·阿奎那曾把"双重效应原则"引入神学。他假设某个国家对X国发起突袭，为了反抗侵略，X国开始酝酿一场战争。X国已经预见到一点：如果为了自卫而发动战争，可能会对这两个国家造成巨大的平民伤亡。只有以下条件得到满足时，"双重效应原则"才允许X国发起这场战争：

1. X国不想造成平民伤亡，它只是想自保和保护本国人民。

2. 平民伤亡并不是X国发动战争的初衷。

3. 相对而言，X国反抗侵略的重要性大于平民伤亡所带来的损害。

但是，上述条件太过模糊。我们要用什么方法才能衡量一个国家抵抗侵略的"重要性"呢？

现实主义认为，对无政府社会而言，战争是有机的基本因素，因为人们对于权力的追逐是永恒不变、无法抗拒的，这也是人类的基本欲望。而在国家利益这个"自由市场"里，强者理应获胜。有正义感的强者反对这种观点。切斯特·尼米兹和雷蒙德·斯普鲁恩斯因为双方人员的死亡而痛苦不已。与此同时，他们还是授权下属在战争中使用极其残忍和高效的屠杀手段。按照他们的说法，他们这样做是为了迅速结束战争，将死亡人数降到最低水平。这纯粹是"为了达到目的而不择手段"的婉转说法。

1945年10月5日，海军上将尼米兹在华盛顿纪念碑前发表了一次重要演讲。这番演讲的背景是：美军的陆军将领认为，在原子时代，美国不再需要海军舰队，海军的重要性有所下降。

尼米兹提到美国海军在研发原子弹过程中所发挥的作用。他许诺要将原子弹作为"国家制海权的一个主要组成部分"进行研究。尼米兹还说："我们要与世界各国友好相处，但我们也要确保橄榄枝是种在含有高纯度铀-235土壤中的。我倡导的并非犬儒主义，而是我们得克萨斯州和海军同袍们常说的'明智之举'。"

尼米兹演讲结束后，1 000架海军飞机从华盛顿上空飞过接受检阅。其中一部分飞机排成尼米兹姓氏的大写字母。接下来，阅兵大游行正式开始，载着参加过珊瑚海、中途岛、瓜达尔卡纳尔、塔拉瓦、塞班岛、"马里亚纳射火鸡大赛"、硫磺岛和冲绳岛等战役的老兵的吉普车缓缓驶过广场。平板卡车拉着大炮、登陆艇和飞机跟在后面。游行队伍的最后一辆车载着两件特殊物品：一枚未爆炸的日军炸弹和一座黄色宝塔。炸弹是从珍珠港一艘战列舰上回收的，宝塔上悬挂着一把曾属于日本海军大将的武士刀，它是一个月前美军在"密苏里号"受降仪式上缴获的。这天的游行只展示了常规武器，但就像在马里亚纳群岛上举行的游行一样，人们已经感受到了核武器的气息。

保罗·蒂贝茨获得杜鲁门的支持，大多数时间他的睡眠质量都不错。也许他会再次梦到自己在海里亚上空投放糖果，但他没有跟别人提过这事。跟所有小孩一样，孩童时代的蒂贝茨曾梦想驰骋蓝天。怀抱赤子之心的他后来对日本实施了毁灭性的打击。现在，已经晋升为空军准将的蒂贝茨对某些人的说法大为恼怒。有人总说，美国根本没必要用原子弹袭击广岛和长崎，因为"日本当时已经准备投降了"。

84 岁那年，蒂贝茨再次面对这种说法。他既没有兴趣探讨托马斯·阿奎那的理论，也不想考虑日本失败的政治，更不想去质疑在他精神错乱时刻火星撞地球的残酷逻辑。他认为，在这场战争中，除了占据有利地理位置的人，没人能逃脱被轰炸的命运。有些美国人的空闲时间很多，却懒得读书看报，难道需要一名空战飞行员去告诉他们这样做的缘由吗？

在回应这个问题时，蒂贝茨态度坚决。正是这种坚决的态度，1945 年，蒂贝茨被派往太平洋战场，向全世界传达这样一个看似自相矛盾的新观念：核战争是防止全面战争的灵丹妙药。

有些人能够接受并支持这种悖论，有些人似乎还没有做好接受它的准备。当年，蒂贝茨驾驶轰炸机从天宁岛作战基地出发，用原子弹轰炸广岛。如今，他代表自己这一代人发声，捍卫他们曾经为之奋斗的事业。他知道，有些人永远都无法理解他们做过的事情。他觉得这些人缺少某种阅历。

"那些人从来没有在鬼门关前徘徊过。"战争终结者蒂贝茨说。也许三浦静子和大场荣大尉明白他这番话的含义。

THE FLEET
*** AT ***
FLOOD TIDE | 致　谢

　　在此，我要再次感谢兰登书屋负责本书的主编翠茜·迪瓦恩，她就像出版界的水下爆破队员。她深入了解了本书的细节，在布满"巨石"的叙事部分埋下"炸药"，标出对"航行"有潜在危险的区域，清除人为障碍物，帮助读者在遥远的彼岸安全"登陆"。我还要感谢莎拉·墨菲、卡洛斯·贝尔特兰、艾米莉·德哈芙、金·霍维、格雷格·库比、绍纳·麦卡锡、维吉·尼亚诺雷、玛姬·奥伯伦德以及由詹妮弗·赫尔希、卡拉·韦尔什所带领的兰登书屋的其他工作人员。像往常一样，杰弗里·L.沃德负责绘制本书的地图和进攻线路图，他的工作非常出色。

　　感谢一个由历史学家和作家组成的非官方行业协会，该协会的成员互通有无，不求回报，对本书的创作提供了很大帮助，其工作人员包括：约翰·布吕宁、理查德·B.弗兰克、乔治·弗里德曼、查克·哈伯莱恩、梅雷迪斯·欣德利、安妮·雅各布森、乔纳森·W.乔丹、小唐纳德·M.柯恩、艾利克斯·克肖、詹姆斯·库内卡、约翰·B.伦德斯特罗姆、特里·麦克奈特、本杰明·米利甘、乔纳森·帕歇尔、大卫·A.罗森博格、詹姆斯·M.斯科特、巴雷特·提尔曼、安东尼·塔利以及约翰·乌科维茨。谢谢你们慷慨地与我分享信息。

　　我要特别感谢理查德·B.弗兰克、巴雷特·提尔曼、亚当·沃德和杰哈德·L.韦恩伯格。感谢他们看过本书手稿后给我提供了有用的意见。当然，若本书的事实或阐述出现错误，我负全部责任。

　　还有很多人不辞劳苦，邀请"二战"老兵口述历史，并把这些历史完

538

整记录并妥善保管下来,我对他们表示感激。这些历史的中间人应被授予"终身成就奖",他们包括:罗纳德·E.马塞洛、约翰·T.梅森和保罗·史迪威。

全国各地的档案管理员和工作人员给我提供了极大帮助,他们包括:来自美国海军军事学院的伊芙琳·切尔帕克,来自海军学院的皮特·戴利中将、詹尼斯·约根森中将、威廉·米勒中将,来自阿尔弗雷德·M.格雷海军陆战队研究中心的弗雷德·埃里森、安妮特·阿莫曼、彼得·费拉罗上校、吉姆·金瑟尔上校、约翰·莱尔斯上校以及查尔斯·内梅耶尔中校。来自太平洋战争国家博物馆的乔·卡瓦诺、里根·格劳以及迈克尔·哈吉将军。还有来自美国"二战"博物馆的杰里米·柯林斯。在这里,我还要感谢美国国家档案馆、富兰克林·D.罗斯福总统图书馆、海军历史遗产司令部以及档案管理网站 www.fold3.com 上专业人士的帮助。感谢波士顿赛诺特与威廉姆斯律师事务所的艾克·威廉姆斯和霍普·丹纳坎普,谢谢他们提供的忠告和建议。

我喜欢把精力放在一些有趣的事情上,比如空中战斗巡逻原则或线状侦察技术等。感谢我的妻子莎拉和我们的孩子大卫、格蕾丝·安妮和哈奇对我的耐心和包容。我的父母大卫·霍恩费舍尔和爱尔莎·霍恩费舍尔一直用他们的爱默默地支持着我,让我可以自由追寻梦想。无论我做什么事情,他们都会给我加油打气。我要向你们表达深深的谢意,我爱你们。

欢迎加入 书友会

十几年来，中资海派陪伴数百万读者在阅读中收获更好的事业、更多的财富、更美满的生活和更和谐的人际关系，拓展他们的视界，见证他们的成长和进步。

现在，我们可以通过电子书、有声书、视频解读和线上线下读书会等更多方式，给你提供更周到的阅读服务。

认准书脊"中资海派"LOGO

让我们带你获得更高配置的阅读体验

加入"iHappy 书友会"，随时了解更多更全的图书及活动资讯，获取更多优惠惊喜。还可以把你的阅读需求和建议告诉我们，认识更多志同道合的书友。让海派君陪你，在阅读中一起成长。

中资海派微信公众号　　中资海派天猫专营店

也可以通过以下方式与我们取得联系：

采购热线：18926056206 / 18926056062　　　服务热线：0755-25970306

投稿请至：szmiss@126.com　　　　　　　　　新浪微博：中资海派图书

经济管理·金融投资·人文科普·政史军事·心理励志·生活两性·家庭教育·少儿出版